KB202310

역사로 보는
목회돌봄

베씨 버치필드 클랩쉬와 앤 머든 재클
두 명의 버지니아 분들에게 바칩니다.

＊이 책은 김도형, 김은하, 김태선, 박순희, 방도향, 손대형, 안준혁, 엄기표, 예안교회, 이금숙, 이회훈, 이희성(그외 익명의 분들) 님의 도움으로 나오게 되었음을 밝히며 이에 지면으로 감사의 마음을 전합니다.

Pastoral Care in Historical Perspective

역사로 보는
목회돌봄

윌리암 A. 클렙쉬 & 찰스 R. 재클 편저

김진영·현상규 옮김

PASTORAL CARE IN
HISTORICAL
PERSPECTIVE

지혜와 사랑

Pastoral Care in Historical Perspective

Edited by
William A. Clebsch and
Charles R. Jaekle

Head & Heart
Seoul, Korea
2022

전혀 예상치 못한 때에 목회 돌봄에 관한 역사적인 저술인 이 책이 번역되지 않은 것을 알게 되었습니다. 마침 지혜와 사랑 출판사의 배려에 의하여 번역에 착수하였습니다. 과정은 녹녹지 않았습니다. 은퇴를 앞둔 시점에 여러 상황들이 번역의 발목을 잡았습니다. 난항을 겪을 무렵 공동역자인 현 박사를 만나서 공동번역을 결정했습니다. (번역은 김진영 박사가 서문, 제 1-4부, 제 5부의 12-13, 16-21을, 현상규 박사가 제 5부 1-11, 14-15를 번역하였습니다)

이 책의 구조는 크게 두 부분으로 나누어져 있습니다. 저자들의 목회 돌봄을 보는 견해와 돌봄 신학에 대한 첫 부분과 그에 대한 실제 사례들을 역사 속에서 발췌한 둘째 부분이 5부에 제시됩니다.

우리 민족 교회사의 흐름 가운데 이 자료들은 한국교회의 목회 돌봄의 오늘과 내일을 비추어 볼 수 있는 비교적 객관적인 척도가 될 것으로 기대합니다. 세월의 흐름에 따라 문화와 삶의 정황가운데 가늘게 쪼개져 있는 신학과 교리의 갈래를 넘어서서 아우를 수 있는 돌봄과 치유가 필요한 시점이라 여기는 역자는 이를 이루어가는 데 이 책이야말로 우리들의 아우름을 도울 수 있는 좋은 생각들의 집합체라 생각합니다. 또한 이 저서는 우리 각자의 신학과 믿음은 어떤 지향점을 가지는

가를 분별할 수 있는 역사적 자료로서 그 가치를 지닌다고 생각합니다.

대표 역자로서 사족을 덧붙이자면, 번역은 제2의 창작이라고 합니다. 그런 점에서 독자들이 학자이건, 신학도이건 상담에 깊은 뜻을 둔 치유자들이건 간에 자신들의 삶에 이 책이 주고 있는 내용들을 번역해야 하는 몫이 있다고 생각합니다. 번역물의 독자는 부족한 번역을 이해하기 위한 언어를 넘어선 저자들의 생각을 읽어내는 행간읽기에 동참할 몫이 있다고 봅니다. 번역자들이 온전히 이루지 못한 아쉬운 부분을 하나의 부담으로 남겨드립니다.

이 책을 번역하고 책으로 나오기까지 수고하신 많은 분, 출판사 사장 문희경 박사와 글을 다듬기 위하여 수고한 호남신학대 박사과정 제자들과 쉽지 않았던 중세기 글들의 초역으로 수고해 준 김창섭 박사에게 고마움을 전합니다.

－역자 김진영－

지그문트 프로이트의 '정신분석'이 등장한 이래로, 상처받은 사람들의 치료와 회복을 위한 노력들이 다양한 모습과 형태로 이루어져 왔습니다. 그 결과 세속적인 심리치료는 영혼 돌봄의 중심이었던 교회에까지 그 영향력이 미치며, 안타깝게도 영혼 돌봄의 중심축이 정신분석이나 심리치료가 진행되는 상담실로 옮겨졌다는 인상을 지울 수 없습니다. 기독교의 역사는 교회를 통한 영혼돌봄의 역사라고 하더라도 지나친 말은 아닙니다. 하지만 오늘날 목회상담이나 기독교상담 분야에서는 지난 이천 년 동안 교회가 어떤 형태의 영혼 돌봄의 사역을 해왔는지 잘 모르는 듯합니다. 우리는 일반 심리치료의 이론과 기법에 익숙해야 할뿐만 아니라 하나님의 형상대로 지음받은 영혼을 돌보는 사역을 더 효과적으로 감당하기 위해 기독교의 역사속에서 잊혀진 영혼 돌봄의 보물을 되찾아야 합니다.

『역사로 보는 목회 돌봄』은 제가 기독교 심리학에 관심을 갖고 공부하는 과정에서 접하게 된, 기독교의 영혼 돌봄을 담고 있는 소중한 자료입니다. 우연한 기회에 자리를 함께 하게 된 김진영 박사의 제의로 이 책을 번역하는 의미있는 일에 동참하게 되었습니다. 이 책을 번역하는 과정에서 번역이 '아이의 출산'에 견줄 만한 고된 작업임을 실감하였습니다. 고어체로 된 영어 본문과 문장 구성, 특정한 시대적 상황에서 행해진 영혼 돌봄의 형태, 그리고 각각의 영혼 돌봄의 기초가 되는 다소 생소한 신학적 배경 등은 번역작업을 어렵게 만들었습니다. 하지만 '내가 이해해야 독자들이 이해할 수 있다'는 심정으로 번역에 임하면서, 독자들이 본문의 의미를 이해하지 못해 고개를 갸우뚱거리는 일을 줄이기 위해 무척 애를 썼습니다. 모든 평가는 독자들에게 맡기며, 모쪼록 이 번역서가 영혼 돌봄을 위한 소중한 자료와 자산이 되기를 소망합니다.

번역과정에 도움을 주신 분들에게 감사의 마음을 전하고 싶습니다. 초벌번역을 읽고 어색한 부분을 꼼꼼히 살펴준 백석대학교 상담대학원의 신신비 전도사와 이를 바탕으로 수정한 원고를 전체적으로 점검해준 백석대학교회에서 섬기고 있는 장태림 전도사, 그리고 번역의 완성도를 높이기 위해 여러 제안을 해준 문희경 박사께 진심으로 감사드립니다. 또한 부족한 남편을 위해 늘 기도로 지지와 격려를 아끼지 않는 나의 사랑이자 소중한 친구인 아내와 나에게 기쁨과 즐거움을 주는 세 아이(준환, 준희, 준효)에게 진심어린 고마움을 전합니다. 무엇보다도 저를 영혼돌봄의 사역으로 인도하신 나의 하나님, 나의 예수님께 영광을 돌립니다.

－역자 **현상규**－

　이 책은 목회돌봄과 목회상담의 형성과 역사를 이해하는 데 필독서다. 이 책은 기독교가 상처입은 영혼들을 돌보고 치유할 수 있는 풍부한 자원을 갖고 있다는 것을 알려 준다. 전통적 목회돌봄의 치유, 지탱, 지도, 화해의 기능은 상처입은 현대인들에게 더욱 필요하다. 이 책을 통해 전통적 목회 돌봄의 관점에서 한국신학교육과 한국교회목회를 새롭게 고찰하고 한국적 상황에서의 목회 돌봄이 형성되고 발전되길 기대한다.

손운산 박사

(전 한국목회상담협회장/학회장)

　목회 돌봄의 역사적 보고(寶庫)를 열어주는 책!
　기독교의 역사 속에서 각 시대 사람들의 요청에 따라 교회가 응답한 목회 돌봄을 유형별로 정리하고 구체적 사례들을 제시함으로써, 본서는 오늘의 교회에게 목회 돌봄의 풍부한 유산을 열어 보여 준다.

홍영택 박사

(감리교신학대학교 목회상담학 교수)

　윌리암 클렙쉬(William A. Clebsch)와 찰스 재클(Charles R. Jaekle)의 역작, Pastoral Care in Historical Perspective는 지난 수십 년 동안 수많은 목회(기독교)상담자와 실천신학자들에게 사랑을 받아온 책입니다. 목회 돌봄이 역사 속에서 어떻게 이해되어 왔는지 그 의미와 방법론을 정확하고 자세하게 소개하고 있기에 목회(기독교)상담과 실천사역 현장에서 사람을 만나는 사람들에게 하나님께서 창조하신 사람을 어떻게 돌볼 수 있는지 분명한 방향성과 지침을 제공하고 있기 때문입니다. 이 훌륭한 책이 사랑하고 존경하는 학자 두 분에 의해 번역이 되었다는 것에 대해 정말 기쁩니다. 그만큼 번역에 대한 신뢰성을 보장하기 때문입니다. 특히 오랜 세월 학문의 현장에서 목회(기독교)상담을 가르치시다 최근 은퇴하신 김진영 교수님께서 책임 번역자이시기에 이 책의 가치가 더욱 빛이 나는 것 같습니다. 교수님의 삶과 혜안이 번역 안에 녹아 있기에 원저자가 무엇을 말하고 있는지 또렷하고 선명하게 이해할 수 있기 때문입니다. 이 귀한 책을 후학들을 위해 번역해 주신 노고에 진심으로 감사를 드립니다. 이 책은 사람을 돌보는 일에 관심을 가진 학자와 목회자, 사역자, 학생들에게 필독서입니다. 이 책을 통해 하나님께서 귀히 여기시는 사람을 보다 잘 돌볼 수 있는 우리가 되기를 소망합니다.

이상억 박사

(장로회신학대학교 목회상담학 교수)

이 책은 목회와 돌봄 그리고 목회상담의 역사를 설명해주는 소중한 자료이다. 초대 기독교 시대부터 목회심리치료에 이르기까지 기독교 돌봄 역사 전반을 다루는 '역사로 보는 목회돌봄' 는 기독교적 돌봄이 교회 안에서 발전해 온 과정을 시대별로 상세하게 소개하고 있어, 목회 돌봄에 대한 이해와 함께 교회사에 대한 깊은 이해도 갖게 해준다.

모아기를 목牧에 모을 회會가 덧붙여진 목회(牧會)는 하나님의 백

추천사

9

성에게 영적 돌봄을 제공하여 자라나게 하는 일이다. 그러기에 목회는 '돌봄'이고, 돌봄은 교회사역의 중심이며, 교회의 역사는 곧 돌봄의 역사이다. 돌봄의 역사를 아는 만큼 목회 돌봄을 더 잘 실천할 것으로 기대할 수 있는데, '역사로 보는 목회돌봄'만큼 기독교 돌봄의 역사를 충실하게 설명하는 책을 아직 보지 못했다.

우리에게 익숙한 것을 송두리째 뒤바꾸는 4차 산업혁명이 본격화된 이때, 목회상담학 역시 새로운 돌봄의 신학을 정립해야 할 도전 앞에 서 있다. 목회 돌봄 역시 여러 차원에서 이전과 달라질 수 밖에 없는데, 변화를 준비하는 목회상담가들이 온고이지신(溫故而知新) 하도록 '역사로 보는 목회 돌봄'이 출간되었다. 이 책이 새 시대 새로운 목회상담신학의 출발점이 되기를 간절히 소망한다.

노항규 박사
(한일장신대학교 신학과/심리상담학과 교수,
전 한국목회상담협회/학회장)

우리는 신학대학교와 신학대학원에서 목회 돌봄과 치유 전문가들이 이 책을 목회 상담과 돌봄을 위한 전문 훈련과 재교육을 위한 훈련 매뉴얼로 사용한다는 얘기를 듣고 무척 기뻤습니다. 아울러 종교적이며 동시에 비종교적인 영역에서 발행하는 영혼 치료에 관한 학술 논문과 연구서에도 이 책이 자주 인용되고 있다는 점 깊이 감사드립니다.

제2판이 세상에 나온 지 7년이 지난 지금, 우리는 이 책이 원래 의도보다 더 좋은 용도로 사용되고 있다는 것을 알게 되었습니다. 역사적 관점과 그 관점에서 저자들이 조망했던 많은 자료를 통하여 이 책은 기독교 시대 전반에 걸쳐서 특히 영적인 차원에서 서구적 성격(Western personality)의 중요한 변화에 관한 기록물이 되었습니다. 이 역사적 관점은 오늘날의 현대적, 자기 의식적, 비평적, 자발적인 성격에 예리하게 초점을 맞추게 했습니다. 바로 이 새로운 인간성은 목회 돌봄의 현대적인 실천과 더불어 다양하게 변화하는 비종교적인 치료 기법들에서도 관심을 가지는 연구 대상이 되었습니다.

이 현대적 성격은 특히 결혼과 가족 치료 분야에서 두드러지게 나타나면서, 상처를 받는 새로운 방식들이 드러나고 이에 따라 도움이 될 새로운 기법의 필요성이 대두되었습니다. 그런 점에서 현대의 치료 기법들은 이 책의 범위를 넘어서는 내담자들과 기법들을 다룹니다. 하지만 만약 우리가 오늘날의 서구적 인간성이 확산되는 현상을 이해해야만 한다면, 먼저 우리는 서구적 인간됨의 초기의 변화를 반드시 알아야 합니다. 그럴 때 치유기법들 가운데 심리치료가 가진 중심역할이 새롭게 벌어지는 사건들과 상황에 대처하기 위해서 변화해야 한다는 점이 얼마나 중요한지 우리가 가늠할 수 있을 것입니다.

시대에 뒤떨어진 느낌을 주지만 제2판은 시의적절합니다. 역사적으로 비추어 본 목회 돌봄은 교회와 목회 사역보다 더 넓고 깊은 관심사를 다루고 있습니다. 그러므로 이 책은 과거에 인용된 자료들이 요약하고 있는 것과는 다른 새로운 형태를 취하고 있지만, 오늘날에도 여전히 존재하는 인간의 비애와 욕망을 잘 묘사하고 있습니다. 수많은 다른 책들의 경우와 마찬가지로 이 책의 시의적절함은 과거를 진지하게 받아들인 것에 대한 보상입니다.

제5부의 첫 다섯 장의 실제 사례들은 기독교가 후기 헬레니즘의 스토아학파의 성격을 어떻게 동화시키고 변화시켰는지 그 과정을 보여줍니다. 이와 같은 수정된 묘사가 지나치다고 여기는 독자들은 보에티우스(Boethius)[1]의 『철학의 위로(Consolation of Philosophy)』를 읽으면 기독교의 이상들을 어떻게 스토아학파의 금욕주의적 삶의 양식을 통해 새롭게 구성하고 고양했는지를 이해할 수 있습니다. 사형선고를 받고 옥살이를 하는 집정관이 묘사하는 위로의 철학은 네 가지 목회기능 가운데 지탱의 기능이었습니다. 보에티우스는 인생에 있어서 불운이 행운보다 더 배울 가치가 있는 것임을 깨닫게 됩니다. 그것은 철

---

1. 역주: Anicius Manlius Boethius(480-524)는 로마의 원로원 의원이었으며 6세기 초 철학자이다. 로마제국의 마지막 황제인 Odoacer가 제국의 황제 직위를 폐하고 이탈리아의 왕으로 선포한 지 4년 후에 태어났다. 그가 역모의 죄로 감옥에 갇혀 있을 때 저술한 것이 이 책이다.

학자가 행운이라는 말 속에서 지상의 행복이라는 거짓된 약속을 암시하고 있다는 것을 알게 되었기 때문입니다. 이교도적인 스토아학파에서 말하는 인간됨은 인간 스스로 어떤 지배력을 갖고 있으며 행운이건 운명이건 간에 마땅히 해야 할 것을 할 수 있도록 강해져야 한다는 신념을 지니고 있습니다. 보에티우스가 암시적이며 심오하게 그려낸 기독교화한 로마의 인간성은 첫 다섯 장에서 자연스럽게 반영되어 있습니다. 이를 통해서 인간의 지배 아래에 있는 만물은 무상하며, 인간은 인간의 다스림을 초월하여 모든 것을 열매 맺도록 섭리하시는 신의 존재에 대한 믿음을 통해 소망을 갖게 된다는 모호성을 바탕으로 살아가는 것을 배우게 됩니다.

6장부터 12장에서는 중세시대 로마의 기독교적 인간성을 명백하게 그리고 있습니다. 이 시대의 인간의 삶은 영적인 선과 악의 세력 간의 영원한 전투의 상급으로서 이해됩니다. 인간이 된다는 것은 죽음의 피할 수 없는 조종이 울리는 그날까지, 아니 어쩌면 그 이후까지 계속되는 열띤 싸움을 의미합니다. 따라서 인간의 강점과 약점을 일목요연하게 분류하여 규정하였으며 이것과 관련하여 부수적인 덕과 악(virtues and vices)에 관한 내용을 명료하게 정리했습니다. 자신을 괴롭히는 죄를 알고 있다면 그에 상응하는 덕을 훈련함으로써 균형을 잡을 수 있습니다. 이처럼 모든 악은 대중요법과도 같은 훈련을 통해 치료받게 됩니다. 중세의 분명한 인간성 이해를 위해서는 후기 로마가톨릭의 고해세칙서를 읽을 것을 권합니다. 거기에서 징벌을 받을 것에 대한 공포 때문에 악행을 후회하는 불완전한 참회(attrition)와 다른 사람들 특히 신적인 타자(divine Other)의 가치를 존중하지 못하고 상처를 입혀서 죄를 범한 것을 슬퍼하는 참된 참회(contrition)를 구별할 수 있을 것입니다. 이러한 구별은 어떻게 로마가톨릭에서 영혼을 죄악으로 가득한 상태에서 정결하게 하시는 하나님의 사랑의 제단으로 끌어올려 정화하는지를 보여줍니다.

13장에서 19장은 계몽주의 시대의 인간성을 묘사하면서, 각 개인이 지닌 특별한 역량에 대하여 강조하고 있습니다. 이와 같은 역량들은 충실한 훈련과 연습을 통해 덕성으로 제련될 수 있습니다. 이에 관련한 추천도서는 너무 많아서 나열할 수 없습니다. 하지만 종교적 감성을 훈련하기 위한 영적인 덕성과 자비실천의 목록은 명시하였습니다. 전자는 존 웨슬리가 선호하였던 하나님을 향한 순전한 충성이며, 후자는 제레미 테일러가 강조하였던 이웃을 위한 자선의 의무입니다.

이 책의 마지막 두 장에서는 현대적 인간성의 자기 주도, 자기 탐색, 많은 차원과 기분과 자세를 갖고 살아갈 수 있는 역량을 갖춘, 그야말로 "다차원적(polypolitan)"인 현대적 인간성에 관하여 잘 묘사하고 있습니다. 이 외에도 니체와 프로이트의 저술들이 출판되어 있어서 읽을 수 있습니다.

이 책을 서구 종교적 성격 발달의 개관으로 간주하는 것이 오늘날 전통적인 방식과 아울러 다양한 모양으로 새롭게 꽃 피우고 있는 목회와 치유기법들의 강조점을 훼손하는 일은 아닙니다. 정신분석과 내담자 중심치료에 기반하고 있는 최근의 전통적인 치유 방식이 있습니다. 명상, 동작, 호흡법 등이 있으며, 완전히 새로운 기법인 사랑의 마사지, 생체 에너지 요법(bioenergetics), 교류 분석, 실존분석, 근원 치료(primal therapy) 등의 형태도 있습니다. 오늘날의 목회적, 종교적 영혼 치유 방식은 이 모든 기법을 포괄하고 있습니다. 이와 같이 다양한 치료법은 인간성의 양태와 성격에 관한 탐색과 발견에 대하여 점점 개방되어가는 문화에 영향을 받은 면이 있습니다. 그리고 이와 같은 다양성 때문에 조심스럽게 묘사한 바와 같이 상처를 주기도 하고 희망을 품게 하기도 하는 인간의 상황들이 생겨나고, 소설, 희곡, 연기, 회화, 환상, 그리고 가늠할 수 없는 인간 경험의 수많은 투사형태 등이 나타나고 있습니다.

이 책이 처음 출판되었을 때는 치료를 제공하는 전문가들의 영역은 정신건강의학이나, 이것의 보수적인 변형인 내담자 중심치료, 환원주의적 분석, 정상으로의 회복과 적응을 돕는 여러 종류의 전문성을 갖춘 기법들이 포진하고 있던 시기였습니다. 현대의 목회 돌봄, 특히 상담형식의 목회 돌봄은 고전적인 정신건강의학 체계의 도움을 받아 발달했습니다. 전문적 목회 돌봄의 기법을 전수하려는 목회자들은 건강과 복지를 관장하는 기관에서 분석의 관점으로부터 지지 치료의 범주에 이르는 목양의 관심을 가진 인가된 치료자들의 감독과 임상훈련을 받았습니다. 상담 또는 심리치료 전문가가 된 목회자들은 자애로운 정신건강의학과 의사에게 훈련을 받았고, 우호적이지 않은 의사에게서는 강인해졌고, 호의적인 정신건강의학과 의사에게서 조언을 구하며, 유능한 정신건강의학과 의사에게 치료를 받았습니다.

지금은 상황이 바뀌었습니다. 목회심리치료를 전공한 목회자들은 에살렌[2] 만남이나, 게슈탈트 심리학자, 가족 과정-치료사, 롤핑(Rolfing) 요법사 등을 통하여 손쉽게 슈퍼비전을 받을 수 있게 되었습니다. 이 전문가들은 초기 목회상담 운동가들이 배우고 훈련받았던 의료 모델과는 거리가 먼 것들입니다.

이 책이 참고한 자료들이 다루었던 고전적인 정신건강의학은 19세기 후반의 기계적인 과학에 그 뿌리를 두고 있으며, 정신과 의사와 환자가 관계를 맺는 방식은 19세기의 권위주의적인 의사가 신체적인 질

2. 역주－Esalen은 미국 캘리포니아 주 빅 서(Big Sur, CA)에 설립된 인도주의적인 대안 교육에 초점을 맞춘 비영리 교육기관으로 The Esalen Institute가 본래 명칭이다.

환을 앓고 있으나 의학적으로는 무지한 환자를 대하는 자세와 일치합니다. 사회적으로 승인을 얻은 후 전문적인 훈련을 받은 의사는 객관적이라고 인정을 받습니다. 그는 의학적인 도구들과 고대 문물의 지혜를 소유하고 있습니다. 만일 환자가 의사의 손길에 자신을 맡겨서 지시를 따른다면 편두통이나 소화기 장애, 공포증, 우울증 등 그 외의 질환을 치료받을 수 있을 겁니다. 환자가 만약 자기 질환이 의학 전문가의 진단과 처방이 필요한 것으로 본다면 지시대로 살아가게 될 것입니다.

가장 의미심장한 변화는 환자가 자기 문제가 어떤 것인지 깨닫게 되는 순간에 일어납니다. 날이 갈수록 사람들은 전형적인 정신건강의학 질병분류에 잘 들어맞지 않고 그 정보에 근거한 목회상담과도 조율이 되지 않는 질환들을 지니고 치료받으러 찾아옵니다. 상담과 같은 전공은 자극에 매우 민감합니다. 그러므로 치료자의 첫 과제는 환자의 고통을 덜어 주기 위하여 치료자에게 상처를 보여주도록 하는 것입니다. 만약 치료 방식이 객관적이며, 전통적인 지식의 체계로부터 온 것이라면, 그리고 그것이 비밀스러운 것이든 개방적이든 간에, 상처를 전승된 지식의 궤도 안으로 가져와야만 합니다. 과거보다 더 많은 새로운 질환들이 나타나고, 새로운 형태의 인간됨이 나타날 때, 이것과 관련한 연구와 탐색이 제시하는 것은 새로운 치료 수단들의 필요성이며, 그것은 치료자보다 환자에게서 단서를 찾을 수 있습니다. 우리 시대에 새롭고 때론 기이한 치료법들이 현란하게 등장하는 것은 현대인들의 삶에 스며들어 있는 다양성과 개별성으로 인한 인간의 욕구를 이 사회가 반영하고 있음을 보여줍니다. 우리가 사는 현대에서 전통적 가치가 더이상 현대인의 삶의 양식을 보호하거나 정당화하지 못한다는 것은 일반 상식이 되었습니다. 그러므로 우리는 가치 기준을 찾느라 애쓰고 있습니다. 인격의 성취는 자기-성취가 되었습니다. 삶의 목적은 자기-

지향이 되었고, "소명(calling, *Beruf*)"이 아니라 "직업(occupation)"이 되었습니다. 쾌락을 추구하고 개별화되고 자기실현적인 인간성은 특정 질환 때문이 아니라 방향의 상실로 상당한 고통을 겪고 있습니다. 서구 기독교 전통의 전 역사에 따르면, 과거부터 현재에 이르기까지 사람들은 고통스러울 때 목회자를 찾았습니다. 아플 때 치료받기(healing) 원합니다. 상실하거나 낙심했을 때, 위로와 격려(sustaining)[3]를 찾습니다. 중요한 결정을 내리지 못할 때는 조언(guidance)[4]을 구합니다. 고의로 또는 실수로 잘못을 저질러서 친구들이나 하나님으로부터 배척을 당하였을 때 화해(reconciliation)하고자 할 것입니다.

오늘날 내담자들은 불행을 느끼기 때문이 아니라 **행복을 느끼지 못해서** 치료를 받으려는 사례들이 급증하고 있습니다. 상담자는 삶의 목적을 상실하여 생긴 상처나 권태감 뒤에 감추어진 고통을 찾으려 할 것입니다. 그러나 오늘날의 내담자들은 현 상태에 대한 치료나 회복, 그것을 넘어서는 어떤 것을 원합니다. 오늘날 우리는 삶의 영적인 "무게"와 삶의 목적이 결핍되어 고통을 받고 있습니다. 삶의 의미와 가치를 발견할 수 있다면 어떤 고통과 상처도 기꺼이 감싸 안을 수 있습니다. 우리는 회복을 원하기보다는 향상(uplift), 문자적으로 "적절성(relevance)"을 갖기 원합니다. 우리는 지식이 아니라 지혜에 목말라하며, 적응이 아니라 만족을 갈망합니다.

우리 사회 어느 곳에서도 가정생활 그 가운데에서 결혼을 통해서 겪게 되는 새로운 삶의 방식과 긴장, 새로운 기대감과 고뇌 등에서 드러나는 현대인의 특성들에 대한 새로운 목회 돌봄을 요구하는 것을 찾을

---

3. 역주: 목회 돌봄의 네 가지 기능의 하나로서 sustaining은 지지 혹은 지탱으로 번역되지만, 이 문장에서는 격려로 번역하였다.
4. 역주: 이 단어 역시 목회 기능으로서는 지도 혹은 인도라는 개념으로 번역될 것이다.

수 없습니다. 십 년 전 이 책을 출판했을 때 새로운 상황에 대한 자료들을 포함하기는 했으나, 결혼상담에 대한 구체적인 처방은 없었습니다. 오늘날의 결혼과 가족관계가 얼마나 복잡한 문제인지 지난 10년 동안 훨씬 더 명확해졌고 폭넓게 알려졌습니다. 저자들은 이 문제가 오늘날 얼마나 복잡한지 분명하게 의식하면서 부족한 부분을 보충하려고 한 장에서 다루었습니다. 화해의 기능이야말로 목회 돌봄의 전면에 자리 잡아야 하며 결혼과 가족 문제를 위한 목회적인 통찰을 진술하는 적절한 도구가 된다고 주장하였고 그 당시에 필자들은 화해의 기능이야말로 지금도 그렇게 생각합니다. 그럴 때 전체를 아우르고 종합하여 새롭게 성취하는 관계를 위한 화해의 개념 확대를 요구하게 될 것입니다.

결혼상담에 대한 교회의 역사기록들은 대부분 그리 강한 인상을 주지 못했습니다. 종교개혁 이전까지 오랫동안 결혼 생활에 대하여 과도한 경고로 일부일처제 혼인을 강요하였으며, 이혼과 재혼(계속되는 다혼)에 관해서는 이것을 금지하는 약간의 설교와 주석들이 있을 뿐 오랜 세월 기록이 전혀 없었습니다. 종교개혁 시기에 와서는 경건한 의사들과 목회자들이 결혼한 이들이 경험하기 쉬운 실수와 고통에 대하여 기록하며, 그들을 위한 처방과 조언을 제공했습니다. 1619년에 윌리엄 와틀리(William Whatly)목사가 *The Bride Bush: Or Directions for Married Persons*라는 보고서를 출판하였습니다. 그는 다음과 같이 적고 있습니다.

> 남자 대부분은 결혼 생활에 들어가서 불평을 일삼는다. 자신에 대하여 불평을 해야 마땅하다. 이는 적절치 않은 것이며 하나님의 정하신 계명에 대하여 우리들이 슬픔에 젖은 비난을 하게 하는 어리석은 교만의 열매이다. 결혼하지 않았더라면 행복하였을 것이라며 탄식한다. 아, 결혼하지 않았더라면.

와틀리는 그를 찾아온 불만족한 교인들에게 다음과 같이 교훈하고 있다.

> 수치이므로 침묵하세요. 당신은 참으로 나쁜 동반자와 결혼하였습니다. 당신의 악한 육체, 죽음의 신체, 단지 남편이 죄를 짓는 것입니다.

부부 사이에 일어나는 사적 영역에 대한 규범은 전문적인 의사와 목회자가 실행했던 구체적인 결혼상담에 대한 상세한 기록을 공개하는 것을 금지했는데 이는 고해의 내용과 실제 해결을 위한 처방을 공개하지 않는 것과 같습니다.(141-143쪽 참조). 결혼이 우리 사회의 제도와 모든 인간관계에서 가장 어려운 문제라고 한다면, 서구 전통 사회의 경험 가운데 가장 광범위한 경험의 범위에 걸쳐 있으면서도 우리가 가장 모르는 영역이기도 합니다.

우리가 아는 바와 같이 두 사람이 구성하는 관계 가운데 결혼만큼 두 사람의 내면에 가장 즉각적이고 결정적인 영향을 끼치는 인간관계는 없을 것입니다. 행복과 불행의 가능성이란 점에서 도박과도 같습니다. 임신을 피하기 위한 수단 그리고 일탈과 무규범을 용인하려는 태도 때문에 보호를 위한 법규의 본래 의도가 퇴색되기도 합니다. 결혼의 모든 측면은 깨어지기 쉽습니다. 결혼 행위는 하나님의 섭리에 의한 연합이란 관점에서부터 우발적인 동거생활에 이르기까지 그 범위를 넓혀가고 있습니다. 그러나 어떤 관계이든지 강렬한 순간에 시작됩니다. 전통적으로, "죽음이 우리를 갈라놓기까지"라는 표현은 현세적인 상징으로서 인간의 만남은 두 사람 사이의 모든 것을 요구한다는 의미를 담고 있습니다. 전통적으로, 두 사람이 하나의 성(姓)을 가지고 반지를 나누어 갖기로 동의했다는 것은 다른 어떤 사람도 나눌 수 없는 두 사람만의 삶을 살아가기로 서약하고 결단한 사실이 얼마나 엄중한가를 강조합니다. 오늘날 많은 사람이 전통적인 상징을 피하고, 애정과 사랑의 시적인 서약에 의한 일시적인 연합을 기도합니다. 남자와 여자가 시험적이며 사사로운 헌신으로 "자연스럽게" 관계를 맺는 것이 오늘날의 압도적인 분위기입니다. 내일 무슨 일이 있을지, 어떤 매력과 욕구가 새로운 유행일지, 어떤 사람이 새로움을 줄지 알 수 있겠습니까? 하지만 연인끼리는 함께 사는 짜릿함을 여전히 찾고 있습니다. 사람들은 헌신적인 동시에 느슨할 수 없으며, 헌신이 없는 관계는 본질을 잃어버립니다. 결혼의 고뇌와 위기는 새로운 분위기에서 사라지지 않습니다. 우리는 상징을 의도적으로 없앤다고 상징이 요구하는 바를 몰아내지 못한다는 것을 알게 됩니다.

수명이 길어져서 오늘의 많은 결혼 생활이 신체적으로 금혼식을 넘어서까지 생존하게 되었습니다. 삶이 연장되는 것만큼 만족한 결혼 생활을 유지할 수 있을까요? 이혼으로 결혼 생활의 어려움에 종지부를 찍고 나면, 새롭고 더 당혹스러운 어려움이 전개됩니다. 이전 세대가 가졌던 가치와 의미는 현시대에 그 효용성이 떨어지고, 결혼은 수많은 이들에게 문제시되고 의미 없는 것으로 변해 갑니다. 과거의 부부는 결혼을 유지하며 고통과 함께 기쁨을 누렸듯이, 자신들이 누리는 친밀감에 따르는 죄와 혼란에 관하여 조언을 얻기 위하여 가정이나 목사를 찾아올 수 있었습니다. 그러나 오늘날에는 관계의 밑그림과 목적 모두 근본적인 의문 아래 놓여있습니다. 고착된 의미들로 인하여 급격하게 변하는 환경에 있는 사람들은 좌절하지만, 인간 경험의 깊은 의미를 가늠하려는 행위 자체에 생리적인 욕구가 발생합니다. 현대적 인간성을 지닌 사람들은 새로운 의미를 찾고자 합니다. 그런 요구가 새로운 동반자 개념을 암시하지 않을까요?

이런 방식과 더 많은 방식으로 결혼은 현대 인간성의 핵심에 이르는 문제들의 패러다임으로 대두됩니다. 한 사람이 어떻게 다른 사람에게 속하거나 함께 할 수 있을까요? 개별성의 관점으로 보면 우리 현대인은 자신들의 삶을 예술적인 창작 활동으로, 자신들을 예술가로 바라볼 수 있습니다. 자신의 삶의 결, 윤곽, 색조, 구조에 자신이 책임을 져야 하며, 자신의 삶에 가치를 부여하는 것이 바로 그 책임감입니다. 두 명의 예술가가 두 개인을 위한 하나의 그림을 그릴 수 있을까요? 어떤 헌신과 강렬함이 어떻게 한 사람이 다른 사람에게 속하도록 할 수 있을까요? 요약하면, 전통적인 형태의 결혼의 미래가 어떨지는 결정적인 노력에 달려있습니다. 아마도 다른 이를 위한 헌신은 어떤 사람 자신의 가치와 무게를 위한 필수 요소일 것입니다. 이것이 없다면, 대안과 선택, 초연할 수 있는 능력을 지닌 현대의 삶은 소외되고 파편화되며 외로운 삶으로 체험될 것입니다. 헌신이 없이는 소속도 없고, 소속이 없는 이들은 사람들에게 휩싸이는 느낌으로 괴롭힘을 당하며 결국 비인격화되고 말 것입니다.

우리는 이 문제에 답을 제공하려고 하는 것이 아니라 현대의 인간성이 지닌 고뇌와 가능성의 한 예로서 결혼을 사용하고, 목회 돌봄의 관점에서 이전의 성격 유형들을 다룬 이 책이 의도하는 과제에 대한 이해를 제공하려고 합니다. 현대의 인간성을 치료적으로 돌보는 일에는 역사적이고 철학적인 지혜가 포함됩니다. 다양한 전문직에서 실천하고 있는 심리치료가 숙련된 기능의 기법적이고 전략적인 고려들이라는 쉽게 다룰 수 있는 한계에서 철학과 윤리학과 같이 불확실한 영역으로 인도하는 것은 우리 시대의 상징이라 할 수 있습니다. 탁월한 기량을 가진 심리치료사들은 이 운명을 받아들이고 예언과 신화와 꿈의 언어를 말하는 지도자가 되었습니다. 한때 적응하는 방법을 추구하던 내담자들은 이제 끊임없이 깨달음(enlightenment)을 추구합니다. 목회자처럼 치료사들은 궁극적인 의미와 헌신의 궁극적인 가치가 무엇인지 확신에 차서 내담자와 생각을 나눕니다. 현대의 치료사들은 새롭게 등장하고 있는 지금껏 알지 못했던 인간성에 민감하게 반응합니다.

그러나 이 책에서 다루고 있듯이 다른 새로운 인간성은 이전에도 등장했었습니다. 과거에 유용했던 목회의 기능이 오늘의 상황에 맞도록 수정된다면 목회자들과 특히 종교적인 내용에 확신이 없거나 결핍되어 보이는 치료사들에게 도움이 될 것입니다. 목회 돌봄의 기법의 네 가지 기능 즉, 지탱, 지도, 치유 그리고 화해는 오늘날에도 효과적으로 활용되고 있습니다. 이 활동들은 목회자들이 오래전부터 실행해 온 치료적 차원을 단순히 기록하는 것이 아닙니다. 지금 이곳에서 새롭게 일어나는 것을 알려주고 있습니다. 아마도 독자 누구든지 과거에 목회자들이 행하였던 일들을 오늘날 심리치료사들이 실행하고 있는 것을 현장에서 목격한 필자들의 놀라움을 공유할 수 있을 것입니다. 아마도 인간의 고뇌의 지속성과 인간의 갈망의 독창적인 성과에 대해, 유혹에 대해 그리고 인간이라는 경이로움에 대해, 전문 조력가들이 그러한 고뇌의 어떤 부분을 승리로, 유혹의 어떤 부분을 경리로 변화시킬 수 있는 그 독창성에 대해 경탄을 금치 못할 수도 있습니다.

과거는 우리가 현재를 보다 분명하게 볼 수 있게 도와줍니다. 우리의 선조들이 그들에게 부여되었던 인간성을 어떻게 경험했는지 알게 되면, 우리는 현대인으로서 우리가 누리거나 어쩌면 경멸할 수 있는 선조들의 만들어냈던 인간성보다 진보하고 있다는 것을 깨달아야만 합니다. 새로운 기쁨으로 일어서고 새로운 절망으로 가라앉는 이 인간성이 목회 돌봄과 다른 치료 기법들이 반드시 직면해야 하는 과제입니다.

종교적이건 비종교적이건 치료 전문가들은 인간의 능력을 성장시키는 데 도움이 된다면 서구의 인간성의 역사와 서구 목회 돌봄의 역사를 통해서 배워야 합니다. 그렇지 않으면 새로운 곤경들 속에서 성취하려고 노력하기보다는 과거의 곤경들 속에서 무지몽매한 채 신음하게 될 것입니다.

윌리암 A. 클랩쉬
찰스 R. 잭클

PART 1.

●

목회 돌봄의 형성

PASTORAL CARE IN HISTORICAL
PERSPECTIVE

목회 돌봄의 형성

1. 서론

영혼 치료 또는 목회 돌봄이라 불리는 기독교 사역은 셀 수 없는 많은 사건, 곧 상상할 수 있는 인간의 모든 상황, 형편, 여건, 정신상태 등에서 발생하는 매우 어려운 일들을 해결하기 위한 모든 실행을 말한다. 이방 종교의 영향에서 겨우 벗어나 다듬어지지 않은 목회자들, 전문적인 이론과 실제로 다듬어진 목회자들 그리고 이 두 극단 사이에서 모든 점에 숙련된 목회자들은 나름대로 사람들이 고통을 극복하도록 도움이 될 방법을 찾기 위해 노력했다. 역사적 관점에서 이러한 목회 돌봄을 조망하는 것은 역사의 유수한 자료를 연구하고 고귀한 일의 가치를 인정하며 위대한 전통을 받아들이는 일이다.

전반적인 목회 돌봄 활동을 기록한 작은 발췌본이라도 기록된 내용 자체는 광범위하다. 그러므로 발췌한 기록이지만 기독교의 배경 안에서 두 가지 특징이 확실히 드러난다. 첫 번째는 다양한 상황에서 고통을 겪고 있는 사람들을 도우려는 돌봄의 독창적인 목회기법을 한눈에 파악할 수 없다는 것이다. 두 번째 특징은 과거에 목회적으로 도움을 주었던 밀접하고 독특한 각각의 활동이 구체적인 인간적, 역사적, 개인적, 문화적, 교회적 상황에서 별개의 것이라는 점이다. 역설적으로, 오늘날 영혼 돌봄의 새로운 방법으로 제안된 그 어떤 것도 정말로 새로운 것은 없으며, 각각의 목회 활동은 언제나 그랬듯이 늘 새롭고, 독특하고, 반복할 수 없는 것이다.

그러므로 단번에 내린 피상적인 목회 돌봄에 대한 평가였다고 하더라도 전통 가운데 자리잡고 있는 방대한 보물들에 대한 깊은 이해를 갖게 되며, 지금 일어나는 인간 고통에 대한 독특성과 영혼을 돌보는 새로운 방법에 대한 감각을 예리하게 만들어 줄 것이다. 과거 목회자들이 행한 사역들은 독창적이며, 그 시대에 걸맞고, 풍부하고 창의적이어서 돌이켜 볼 때에 신선한 기대감을 갖게 한다. 이는 오늘날 영혼 돌봄을 제공할 때에도 새롭고 독특하며 진정성이 보장되는 창의적인 사역을 요구하게 된다.

기독교 목회 돌봄은 특성상 단순히 기술을 축적한 것이 아니므로 간결하게 분류하고 범주화할 수 없다. 목회의 전통에 대하여 배운다는 것은 그 자체가 광범위한 것이므로 목회 역량을 신장시키기 위한 어떠한 보장도 하지 않는다. 목회의 기량에 관한 지식은 객관적이고 비인격적인 방법으로 전수될 수 없다. 목회자들은 고통 중에 있는 사람들을 돕는 기독교의 신앙 그 자체가 지닌 지혜와 자원과 권위를 대변하는 인격체이다. 목회 역량은 목회 관계 안에서 얻어지는 것이므로 이 전통으로부터 배우려는 수련생은 실제 목회의 역사적 상황으로 들어가는 법을 찾아야만 한다. 사용된 물감과 돌에 대한 화학적 분석의 지식이 미켈란젤로의 후예를 만들지 않는다. 미켈란젤로는 그의 천재성이 나타나기 전에 있었던 미술과 조각의 위대한 전통을 알고 있었으며, 그 전통 안에서 자기에게 부여된 높은 가치를 지닌 천재성을 인지했을 것이다. 그러므로 이 책이 제시하는 목회 돌봄의 분석과 역사적 연구는 모든 목회 활동이 포괄하는 광대한 전승지식의 보관소의 문을 여는 것에 불과하다. 뒤에서 다루고 있는 사례들을 통해서 목회 전통에 대리적으로 참여할 수 있다. 이 전승지식은 목회 돌봄을 제공하는 데 관심이 있는 사람들과 상담과 치유전문가들에게 활력이 될 것이다. 목회자, 의사, 정신건강의학과 의사, 상담가, 변호사, 사회복지사들은 역사의 방대한 문헌에서 발췌한 자료에서 어쩌면 저자들이 주목하고 언급한 것들을 초월하는 단면들과 황홀경들을 식별해 낼 수 있을 것이다. 이 모든 것을 인정할 수밖에 없음에도 불구하고, 이 책의 저자들은 감히 편집하고, 분석하고, 체계화하고, 주석을 달고 분류했다.

목회 돌봄은 인간됨의 문제에 대한 새로운 통찰 그리고 철학자와 신학자라고 불러도 무방한 행동주의 과학자들과 치료기법에 정통한 전문가들이 개발한 식견들에 의하여 도전받고 자극받는 상황이다. 오늘의 목회 돌봄은 급격하고 대대적인 과도기를 지나고 있다. 이 과도기는 고통을 겪는 사람들을 도왔던 기독교 목회자들이 장구한 세월 동안 축적했던 경험을 이해하고 과학적 학문으로 변용하기 위한 기간이 되고 있다. 우리는 이전의 독특한 상황들에 다시 들어갈 수 있는 것도 아니고, 그 상황들의 방식과 목적에 더는 구속되지 않는다. 그러나 역사는 절대적인 단절을 모른다. 우리는 우리가 영혼 돌봄의 새로운 방법이라고 받아들이는 많은 것들이 사실은 그 과제에 대한 유서 깊은 접근방법들의 단순한 변형이라는 것을 알 수 있다. 우리 시대는 진실로 변화의 시대이지만 그렇다고 이런 상황이 처음은 아니다. 우리 이전에 살았던 이들도 그 시대의 행동과학과 치료기술과 철학과 신학으로부터 나온 새로운 통찰에 직면했었다. 과거에 살았던 이들은 목회기법에 필요한 과학적 학문을 배우기 위하여 힘썼으며, 심지어 그 기법을 창의적인 방법으로 실천하려고 노력했다. 급변하는 시대에 사는 우리가 목회의 자세와 기능을 규명하고 영혼 돌봄의 방법과 수단을 묘사해내기 위하여 힘쓰듯이, 과거 시대에도 역시 수 세기 동안 변화를 거듭해 왔다는 것을 기억해야만 한다.

기독교 역사 속에서 목회 돌봄에 관하여서는 대제 그레고리 1세보다 더 위대한 저자는 없다. 주후 590년에 로마의 대주교가 되어 교황청을 발전시켰던 베네딕트 수도사인 그레고리 1세는 6세기 말에 주교로 승진한 것을 계기로 『목회 돌봄(Pastoral Care)』이란 탁월한 저작을 내놓았다. 이 책은 대단히 영향력이 있어 이후 새롭게 주교가 되는 이들에게 교회의 경전과 같은 대접을 받게 된다. 그레고리의 규범이 막대한 영향을 끼쳤던 것은 그 시대가 우리의 시대와 비슷한 격변기였다는 사실에 기인 한다. 그레고리 1세는 교회 교부들의 고전 전통을 요약하면서 영혼 돌봄이란 주제를 당대에 활용할 수 있도록 성문화하였다. 그레고리 1세가 활동했던 당시는 교회가 유럽대륙을 점령한 튜턴족과 슬라브족들을 기독교화하려고 노력하던 시대였다. 그레고리 1세의 저술은 유럽문화를 선도하고자 하는 교회의 목표를 달성하기 위한 영혼 돌봄의 양식, 주제, 목적, 방법을 제공하는 주요 자료가 되었다. 베네딕트의 수도원 규칙서가 서방 세계의 수도사들에게 요청하던 행동 양식이 된 것처럼, 그레고리의 『목회 돌봄』은 세속적인 치료자들에게 행동규범을 제공하는 교범이었다는 것이 정확한 표현일 것이다.[1]

당대의 변화와 도전에 감명을 받은 그레고리 1세는 목회 돌봄을 간명하게 정의하고 있다. 우리가 당면한 변화의 시대 역시 그 시대와 같은 요청을 받고 있다. 따라서 그레고리 1세의 역할을 우리 시대에 옮겨

---

1. Henry David, S.J.가 편집하고 번역한 *Pastoral Care, St. Gregory the Great*("Ancient Christian Writers," Westminster, MD: The Newman Press, 1955), 10쪽을 참고하라.

와 살펴보고, 불가피하다면 오늘날 목회 돌봄의 정의와 관점을 명시하는 것이 바람직할 것이다. 목회 또는 실천 신학의 최근 추세와 모순되지만, 우리는 목회 돌봄이 기독교 사역 전체에서 고귀하고 필수적인 부분을 차지하고 있다고 본다. 그러므로 목회자가 비록 다른 전문가들과 유사한 서비스를 제공한다고 할지라도, 목회 돌봄은 예배 주관, 교회 행정, 설교, 교육, 공동체 등과 같이 집단 지도력을 포함하는 모든 목회 사역의 관점을 지니고 있다. 반면에 변호사, 의사, 정신건강과 의사, 상담가, 사회복지사 등이 행하고 있는 치료기술과 도움 서비스의 관점과는 분명 구별된다.

현대 기독교인들에게 알려진 목회 돌봄의 방대한 지식에 대한 적용과 평가를 위하여 보편적인 정의와 구분을 하는 것이 필요하지만 바람직하지는 않다. 이러한 지식에 관한 대표적 사례들이 이 책의 대부분을 이루고 있는 발췌된 자료들에 나타나 있다. 각각의 역사적 시기에 해당하는 자료들을 그 시대에 맞추어 배열하였다. 이 장에서 처음이자 마지막으로 간결한 정의도 내리고자 한다. 다음에는 과거의 흐름을 나열하며 교회 전통 가운데 있었던 목회의 역사를 간략하게 살펴볼 것이다. 이어 목회 돌봄의 네 가지 기능을 상세히 분석하고 이 기능들이 기독교 역사에서 어떻게 발전했는가를 살펴볼 것이다. 마지막으로 개론적인 설명을 통해 목회 돌봄의 특정한 역사적인 특징들이 어떻게 오늘날의 영혼 돌봄 사역을 풍부하게 할 수 있는지 제시할 것이다.

2. 정의

영혼 치료 또는 목회 돌봄의 사역은 궁극적인 의미와 관심이 필요한 상황에서 일어난 문제들로 **고통받는 사람들**이 **치유, 지탱, 지도, 화해**의 길로 갈 수 있도록 **기독교 신앙의 대변자**(*representative Christian persons*)가 도움을 주는 활동들로 이루어진다.[2]

I. 대변자

첫 번째는 간략한 정의로서, 목회 돌봄은 인간의 고통을 견딜 수 있도록 적법하게 혹은 실제적으로 자원과 지혜와 기독교 신앙과 삶의 권위를 줄 수 있는 사람, **기독교 신앙의 대변자**에 의하여 실행되는 것이다. 대변자는 자격을 갖춘 목회자들의 공식적인 직책이지만, 교회 특유의 직책을 가질 수도 있고 갖지 않을 수도 있다. 이들은 "장로," "목사," "교역자," "사제," "감독," "주교," "집사," "사역자" 등 수많은 이름으로 불린다. 목회 돌봄을 실행하기 위하여 이들은 기독교 신앙의 자원과 신앙인들의 경험에서 나온 지혜, 기독교 신자들에 대한 권위를 지니고 있어야만 한다. 그레고리의 『목회 돌봄』은 주교, 실제로는 교황이 영혼을 목양해야 하는 무거운 책임을 지닌 다른 주교들을 지도하기 위하여 저술된 것이란 것을 주목해야 한다. 17세기에 리차드 박스터는 목회자로서 『참된 목자(*The Reformed Pastor*)』라는 책을 써서 목회자들에게 교본으로 제시하였다. 실제 사례 3장에 초기 교회에 주교들을 위한 지도서로 『사도교훈(*Didascalia Apostolorum*)』을 소개하고 있다. 안수받지 않고 공식적인 책임을 맡지 않은 사람들도 고통당하는 사람들을 위하여 기독교 신앙의 권위를 견지하고 도울 수 있

---

2. 치유, 지탱, 지도는 시워드 힐트너의 *Preface to Pastoral Theology*(Nashville: Abingdon Press, 1958), 89-172. 힐트너에게 빚을 지긴 했지만, 이 용어들을 우리들의 독자적인 의미로 발전시켰다. 역주: 국내에서는 『목회신학서설』로 번역되어 있다.

다. 앞으로 등장하는 자료들 가운데 하나인 평신도들이 어떻게 죽음의 위기에 처한 사람들을 위한 목자가 될 수 있는가에 관한 내용은 중세 후기 가톨릭교회의 전통을 서술한 자료에서 인용한 것이다(실제 사례 10장을 보라). 기독교 전통의 수많은 문서에서 안수받은 사람들이 목회자로 기능하는 법을 할애하고 있다. 반면에 공인되지 않은 사람들도 목회를 계속 실행했던 것이 확실한데도 불구하고 이에 대한 분석이 전혀 없다. 어쨌든 위에 언급한 모든 경우에도 신앙고백은 목회 돌봄의 필수 요소가 되었는데, 이는 목사가 인간이 고난을 견디는 상황에서 기독교의 신앙을 고백하게 하고 기독교의 의미를 제공하는 대변자이기 때문이다.

II. 고통받는 사람들.

두 번째는 목회 돌봄의 사역은 고통받는 사람들을 향하고 있으며, 그들을 개별적으로 지지하고 돕는 것을 목표로 한다. 고대나 현대의 그리스도인들은 모든 신자에게 돌봄을 제공하는 감독들이 정책을 작성하여 공포한 것을 "목회 서신"이라 부른다. 오늘날 목회 서신은 인종차별이 신자들의 양심을 무겁게 짓누르는 현상으로 향할 수 있다. 이러한 환경에서 적절한 목회 돌봄이 이뤄지기 전에 한 사람이 자신이 인종차별의 상황에 개입된 것을 우려하게 되면 그 문제는 그에게 고통이 된다. 그 사람이 자신의 고통은 한 개인의 자원만으로는 해결될 수 없다는 것을 어렴풋이 인식하고 자신의 아픔과 혼란스러운 마음을 신앙의 자원과 지혜와 권위를 대변한다고 여겨지는 사람에게 가지고 올 때 목회 돌봄은 시작된다.

영혼 돌봄은 언제나 고통받는 사람들을 위하여 실행되기 때문에 목회자는 기관과 단체의 주장들에 맞서서, 한 개인을 지원하기 위한 준비를 한다. 개인의 필요와 기관의 주장 간에 어떠한 불일치도 없으며 항상 조율되고 조화로운 분위기가 되어야 한다는 전제는 목회자에게 비현실적이며 더 나아가 가혹한 것이다. 종종 목회 돌봄은 개인적인 상처의 고통을 덜어주거나, 또는 치료의 방법을 찾을 수 있도록 집단에 알리는 방법을 모색한다. 집단을 위하여 목회 돌봄은 중지되고 다른 사역인 가령 전도사역으로 대체된다. 이런 변환은 의식하거나 의식하지 못하거나 필요하다. 심각하게 혼란을 겪는 사람은 절제해야 한다. 이는 절제가 자신에게 유익하며, 동시에 집단을 보호하기 위한 것이기 때문이다. 이런 방식으로 혹은 다른 방법에 따라 영혼 돌봄은 사회적으로 책임 있는 행동으로 이어지며, 후자가 이행된 후에 비로소 전자가 재개된다. 그런데도 영혼 치유의 적절한 사역은 관리와 제도 또는 사회적인 권리와 요구에 따라 집행될 수 있는 것은 아니다. 왜냐하면, 개인의 복지가 최우선의 가치로 존중될 때만이 이러한 목회 돌봄을 실행할 기회를 얻게 되기 때문이다.

III. 의미 있는 고통.

세 번째로 기독교인은 남녀를 불문하고 수많은 상황에서 기독교의 영적 자원을 대변하는 사람으로 받아들여지지 않으면서도 이웃으로 또는 자애로운 방법으로 다른 이들을 돕는다. 그러므로 기독교인 의사와 변호사들은 흔히 고통받는 사람들에게 원활한 치료와 지지의 사역을 하고 있다. 그러나 인격적인 고통이 심오한 관심을 불러일으키고 근본적인 의미에 대한 질문을 제기할 때만이, 그리고 고통당하는 사람이 그러한 깊은 관심과 의미를 제공하는 기독교 신앙의 대변자로부터 제공되는 도움을 받아들일 만한 준비가 되어있을 때 진정한 목회 돌봄이 이뤄진다. 물론 변호사와 의뢰인 간에도 당면한 문제에 진지하게 다가가며 옳고 그름의 의미심장한 주제에 연관될 때 도움은 제공될 수 있다. 그러나 그들의 행위가 기독교 목회 돌봄이 될 수 있는 것은 진지한 태도와 주제가 기독교의 확신과 연관성을 가진 것으로 이해되고 해석될 때만이 가능하다. 오늘날의 기독교만이 궁극의 의미의 주제에 관하여 독점하고 있지 않음은 분명하다. 실존주의 철학의 배경을 갖고 있으며 나치 지배하에 감옥에서 산산조각이 나는 경험을 했던 한 철학자이자 정신건강의학과 의사 는 다음과 같이 기록하였다.

> 내 개인적 확신과 경험(임상적인 또는 초임상적인 경험)에 따른 견해에 의하면, 정신 위생의 최우선의 목적은 인간의 의미를 향한 의지를 자극하며 구체적인 의미의 잠재성을 제공하는 것이다. . . 그러므로, 니체의 언급에서 지혜를 이해할 수 있다. "*왜* 살아야 하는지 이유를 지닌 사람이 *어떻게* 살아갈지 마음속에 간직하고 있다." 이 말에서 나는 모든 심리치료와 교육의 좌우명을 발견한다. 이것이 또한 의미치료(logotherapy)가 인간의 의미를 향한 의지를 소환하며 그것이 무의식 가운데 숨겨져 있거나 억압되어 있을 때 언제든지 일깨우고자 애쓰는 이유이다.[3]

그러므로 비기독교인(이는 이교도나 반기독교인을 지칭하는 것은 아니다)이 고통당하는 사람을 돕기 위한 관심은 우리가 정의하고 있는 기독교 목회 돌봄의 경계선에 근접해 있는 것을 발견하게 된다. 더군

---

3. Viktor E. Frankl, *From Death Camp to Existentialism*, tr. Ilse Lasch(Boston: Beacon Press, 1959), 103. Reprinted by permission of the Beacon Press, 1959 by Viktor E. Frankl.

다나, 프랭클은 모든 인간은 아니라 하더라도 대다수 인간의 고통이 비록 "무의식에 숨겨졌거나" 또는 "억압된" 것이라 할지라도 궁극적 의미의 주제를 결국 가리키는 것이라는 점을 인식했다고 본다. 그러므로 인간의 고통을 다루기 위한 모든 시도는 기독교 목회 돌봄이 표면적으로 참여하는 의미와 관심에 암시적으로 관련되어 있다.

목회 돌봄은 가장 심오한 의미와 고도의 관심에 대한 문제를 제기한다. 이는 도움을 제공하는 사람과 도움을 받는 사람의 인격의 부분들이 삶과 믿음의 의미와 연결된 그 심층부에서 실행되는 것이기 때문이다. 앞에서 인용한 그레고리 1세의 저술은 목회자의 역할을 하면서 동시에 세속적이며 덧없는 문제에 집중하는 사람들을 향해 진지한 경고를 하고 있다. 목회자들은 고통받는 사람들의 내면과 외적인 문제들에 관심을 가지라고 교훈한다. 그레고리 1세 이전과 이후의 목회 돌봄의 긴 전통의 다른 대변자들처럼 그레고리 1세는 상처나 고뇌로 고통받는 사람이 삶의 개선이 필요할 때 심도 있는 도움을 주는 행위는 어쩔 수 없이 영혼의 문제 즉, 의미 있거나 허황되거나, 순종과 불순종, 믿음과 불신, 겸손과 교만에 대한 주제와 결부될 수 있다는 점에 유념하고 있다. 물론 개인의 고통의 문제가 깊은 삶의 문제와 관계없이 일어나는 경우도 많이 있기 때문에 기독교 신앙을 대변하는 사람들은 더 피상적인 문제들로 고통을 겪고 있는 사람들을 다루기도 한다. 그러나 목회 돌봄 특유의 입장은 고통받는 남녀가 희미할지라도 자신의 궁극적인 관심을 향하여 관련된 문제를 해결해 보려는 욕구를 느끼고 기독교 신앙의 확증에 자신들의 관심사를 가져오기를 원할 때 그 역할을 담당하게 된다.

IV. 도움을 제공하는 다른 행위들.

　네 번째로 도움을 주는 다양한 행위들은 목회 돌봄과는 보조적이거나 긴밀한 관계를 지니고 있다. 하지만 이것들은 목회 돌봄의 구체적인 사역에 속하는 것은 아니다. 자선, 복지, 교육, 외상의 수술, 윤리적 상담을 제공하는 것 등은 이웃사랑을 실천하는 기독교 이상과 밀접한 관련이 있다. 이런 행위들은 목회 돌봄의 한두 가지의 특징을 지니고 있으며, 개인을 돕는 것에 활용되기도 하며, 기독교 신앙의 대변자들에 의해 실행되기도 한다. 때로는 치료와 지도와 지탱과 화해를 목표로 하며 의미추구를 위한 진지한 행위와 관계가 있을 수 있다. 그러나 상호 간의 친밀한 소통이라는 주요구성이 전제되지 않는 한 목회 돌봄이 될 수 없다. 후기 중세시대 끔찍한 흑사병이 지중해 연안 전 지역을 휩쓸고 지나갔을 때 이집트의 피해가 특히 심했다. 거주민들 대부분이 살아남기 위해서 도시와 마을을 버리고 피난했다. 이때 로마와 특히 알렉산드리아에서는 위험에 처했으면서도 자애로운 마음으로 병자들을 보살피고 시신을 매장하는 일을 하는 기독교인이 많이 남아 있었다. 이와 같은 선행에 결여된 것은 고난으로부터 궁극적 관심을 도출해 내는 기독교 신앙을 대변하는 것이다. 이 사례에서 도움을 주는 행위는 칭찬받을 일이지만, 목회적인 것은 아니다. 목회 돌봄은 자비의 행위나 사랑과 자선의 사역, 이웃이 되는 것 또는 교인을 모집하는 것과는 그 의미가 같지 않다.

　하나님으로부터 오는 모든 것은 선하다고 신학적으로 확신하는 사람이 있지만, 사람의 고통의 문제를 해결하는 것이 언제나 하나님과 관련된 축복으로 받아들여지는 것은 아니다. 이 점에 있어서 가혹하지만 흥미로운 사례로 중세 유럽에 세례를 받은 기독교인들의 일부 가운데 사탄의 이름으로 치유 받은 것을 들 수 있다. 기독교 사제의 물 뿌림, 기름 부음, 축귀, 미사의 예전 등으로 질병을 치료받을 수 없게 되자, 마법사를 찾아가 자신들의 풍습의 일부였던 어렴풋이 기억해낸 가신(household deities)과 요정과 꼬마요정들로 돌아가 거기에서 치료책을 찾아내기도 하였다.[4] 이처럼 자칭 기독교인들이 자칭 기독교인들이라고 하는 사람들이 있는 상황에서 치료받았다는 사실을 영혼 치료 사역의 본보기라고 할 근거는 없는 것이다.

우리가 현대의 조력 전문가들이 스스로 기독교인이라고 하며 신앙 공동체에서 전문가로 인식되는 경우, 그들이 제공하는 도움의 행위를 고려할 때 섬세한 구분이 필요하다. 그들은 의사, 장의사, 변호사, 정신건강의학과 의사, 사회복지사로서 치료하고 지탱하며 지도하고 화해의 사역을 한다. 일반적으로 그들이 제공하는 도움은 자신들이 속한 특유의 전문적 자원과 차원에서 제공된다. 이들이 심층적인 차원과 의식적인 면에서 훈련된 기독교적 직업이라고 할 수 있다 하더라도 그들이 기독교의 신학적인 자원과 지혜와 권위를 대변하며 활동하지 않는 한 그들의 도움은 목회 돌봄 사역의 영역 밖에 있는 것이 된다. 아울러 자비와 공동체의 복지와 교육과 구제 등의 사역을 실행하기 위하여 교회에서 공적인 자격을 갖춘 전문 목회자가 행하는 광범위한 활동일지라도 동일하게 적용해야 한다. 다시 말해 그들의 전문적인 기량과 활동은 반드시 영혼의 치료와 돌봄이 필요한 환경으로부터 구분할 수 있어야 한다.

우리가 정의하는 기독교 목회 돌봄은 한계를 제한하는(de-finition) 것이다. 목회 돌봄에는 분명한 한계가 있고, 이것은 대부분의 도움을

---

4. G. G. Coulton의 *The Medieval Village* (Cambridge: at the University Press, 1931), 262쪽 이후를 참고하라.

제공하는 활동이 목회 영역 밖에 놓여있다는 것을 인정하기 때문이다. 전문 목회자들이 도움을 제공하는 모든 행위가 적어도 그 의도에 있어서 목회적이라고 주장한다면 이는 스스로 속이며 자신들의 목회적 책임을 저버리는 것이다. 목회 돌봄은 그 한계를 인식할 때에 그 사역의 존엄성에 이르게 될 것이다.

V. 목회 돌봄의 기능.

다섯 번째는 영혼의 치료의 구체적인 기능들을 간략하게 기술하고자 한다.

A. **치료**는 기독교적 대변자가 병든 사람을 온전하게 회복할 수 있도록 돕는 행위이다. 여기서 회복이란 영적인 통찰과 복지를 새로운 차원에서 획득하는 것을 전제한다. 목회적 치료는 어떤 질환에서 나음을 얻는 것이지만, 질병을 바라보는 영혼의 능력이 신장되었다는 의미의 치료와 영적인 의미를 추구하려는 경험으로써 건강이란 점에서 다른 치료와는 구별된다. 목회 치유는 치료 작용과 행위에 참여 또는 적용을 통하여 일어나거나, 또는 치료받고자 하는 사람에게서 어떤 영적인 자세와 활동이 나타날 때 일어난다.

B. **지탱**은 상처를 입은 사람이 상처 입기 전 상태로의 회복이나 치료가 불가능하거나, 회복과는 거리가 먼 상태를 견디고 초월할 수 있도록 도와주는 것이다. 지탱의 기능은 보통 공감 어린 위로의 도구를 활용한다. 그러나 단지 수용하기 위한 체념이 아니라 원하지 않았던, 또는 해롭고 위험한 경험을 견뎌냄으로써 영적인 성장이 이루어지도록 돕는다. 아마도 지탱 사역이 잘 나타나는 상황은 죽음으로 도저히 회복할 수 없는 상실을 겪은 이들을 위하여 행하는 목회 사역이라 할

수 있다. 이들은 사랑하는 사람을 떠나 보내면서 직면했던 죽음이 지닌 의미심장한 영적인 의미를 깨닫는 경험을 하게 된다.

C. **지도**의 목회적 역할은 현재와 미래의 상태에 큰 영향을 주는 것으로 생각과 행동을 선택해야 하는 중대한 갈림길에서 어찌할 바 모르는 사람들이 당당하게 선택할 수 있도록 돕는 것이다. 지도는 두 가지 방식으로 이뤄진다. 먼저 추론적인 지도는 그 사람 고유의 경험으로 축적된 그 자신이 가진 자원과 목록을 소중히 여기어 결정을 내릴 수 있도록 돕는 경향을 지닌다. 다른 하나인 귀납적인 지도는 결정하게 만드는 가치와 선택의 선험적인(*a priori*) 틀을 채택하도록 돕는다. 추론적인 지도가 가장 잘 나타나는 현대적인 형식은 "내담자 중심 치료"[5]이며, 귀납적인 지도의 고전적인 형식은 기독교의 오래된 전통의 도덕적인 신학과 결의론(casuistry)에서 볼 수 있다.

D. **화해**의 기능은 사람과 사람 사이 더 나아가 사람과 하나님 사이의 깨진 관계를 다시 정립하는 것이다. 폭넓게 말하자면, 이러한 수평적이고 수직적인 관계는 각각 불가피하게 나머지 관계를 포함하는 것으로 이해되었다. 다시 말해서 기독교의 목회에서는 하나님과의 그리고 이웃과의 깨어지거나 회복된 관계를 구별하기 위하여 이 둘 사이를 분리하는 경우는 거의 없다. 화해의 사역에는 두 가지의 두드러진 시행 방식이 활용되는데 우리는 이것을 용서와 치리라고 한다. 전통적으로 기독교 목회 돌봄은 **고해와 해벌(보속)**이란 성례전적인 양식으로 **용서**의 틀을 사용하였다. 고해와 해벌 모두 삶을 수정하고 하나님과 이

---

5. 칼 R. 로저스는 이런 형태의 치료상담의 대변자로 널리 알려진 인물이다. 미국의 개신교회 집단에서 행하여지는 목회상담에 거의 규범적인 영향을 미쳤다. 다음의 저서들을 참고하라. Carl R. Rogers, *Client-centered Therapy* (Boston: Houghton-Mifflin Co., 1951), Seward Hiltner, *Pastoral Counseling* (Nashville: Abingdon Press, 1949), 특히 47쪽 이후를 보라. Carroll A. Wise, *Pastoral Counseling: Its Theory and Practice* (New York: Harper & Brothers, Publishers, 1951).

웃과의 올바른 관계를 회복하는 것을 목적으로 한다. 한편, **치리**(*discipline*)는 관계로부터 소외된 사람들이 좋은 관계를 다시금 정립할 수 있는 상황으로 들어오게 하는 방식으로 활용되어 왔다.

각기 다른 시대와 장소에서 이와 같은 다양한 목회의 도구가 활용됐으며 그 양식 자체도 상당히 변화되고 변형되었다는 점을 염두에 둬야 한다. 예를 들어, **치유**에서는 기도, 기름 바르기, 약용식물(herbs), 의학, 성자의 유품(relics), 성물, 축귀 행위, 서원 등이 사용되었다. **지탱**에서는 기독교의 전통에서 피할 수 없는 삶의 고통과 죽음을 어떻게 견뎌낼 수 있는지 보여주는 수많은 문헌에서 도출해 낸 기도, 성물, 규범 등이 활용되었다. **지도**에서는 수없이 많은 상담의 기법을 사용하였고 다양한 덕성과 죄의 목록과 조언의 방법 등이 사용되었다. **화해**에서는 다양한 예전과 성례와 개인적인 도구가 사용되었다.

마지막으로 목회 돌봄의 기능과 양식과 도구들을 구별하여 정의하는 것은 분류 자체를 위한 것이지 명확한 차이를 드러내고자 함이 아님을 밝혀 둔다. 기능과 양식과 도구는 분명하게 목회 돌봄의 어떤 한 "사례"에서 활용되지만, 그것은 우리 사회에서 만이 아니라 기독교 전통 일반에서 채택되기도 했다. 가령 미혼의 임신 여성이 받은 상처로 인하여 회복과 치료를 위한 목회 돌봄을 받는 관계에 있다고 하자. 그녀는 상황이 종료되기까지 임신 중절이나, 구금 또는 태아를 "포기"하는 상황, 가족과 사랑했던 사람과 더 심하게는 하나님과 깨어진 관계에 처하는 등의 불가피한 상황에 일시적으로 처하게 될 것이다. 이와 같이 복잡하지만 예견되는 상황에서 목회 돌봄의 모든 기능과 양식과 도구들을 적재적소에 다양한 형식으로 채택하여 활용할 수 있다.

요약하자면, 역사적인 관점에서 살펴볼 때, 목회 돌봄은 상당히 독특한 성격을 지닌 사역으로 볼 수 있다. 고통받는 사람들은 적어도 자신들의 고뇌가 인간 실존의 기본 문제임을 지각하고 자기 스스로 개별적인 상황에서 목회적인 도움을 받을 수 있다는 점을 은연중에 알게 된다. 기독교 목회는 이들을 위해서 영적 자원과 지혜와 권위를 대변하는 사람이 실행하는 사역이다. 치유, 지탱, 지도, 화해는 네 가지의 구별되는 목회 기능이다. 각각의 기능에는 한 개 이상의 형식과 다양한 도구가 사용된다. 이 간략한 정의들은 목회 돌봄의 역사가 가득 담겨 있는 보물 상자를 열 수 있는 열쇠가 된다.

PART 2.

●

목회 돌봄의
역사적 시기

PASTORAL CARE IN HISTORICAL
PERSPECTIVE

목회 돌봄의 역사적 시기

1. 값진 보물

기독교 목회 돌봄의 기록된 역사 자료들은 실제 행했던 목회 돌봄과 활동에 대한 극히 일부에 불과하다. 기독교 목회의 광범위한 영역을 여덟 시대로 나눈 것은 넓은 시각의 차원에서 부적절하게 왜곡하지 않고 단지 지도를 제공하는 차원임을 밝힌다. 다만 이 지도는 이곳에 소나무 한 그루, 참나무 몇 그루, 저기 단풍나무가 떼 지어 있다고 선을 그어 보여줄 뿐이다. 실제 숲에 가서 보면 날줄과 씨줄과 같은 일정한 패턴은 없고 단풍나무가 울창한 숲에서 참나무 군락을 발견할 수 있을 뿐이다. 마찬가지로 목회의 역사를 시기별로 명확히 구분할 수 있도록 중요한 시대들이 서로 동떨어져 있는 것은 아니다. 더구나 영혼 돌봄의 관점으로 기독교 역사를 시기별로 구분하는 일은 마치 지도가 제공하는 도로가 실제 도로와 일치하지 않는 것과 같아서 우리에게 익숙한 기독교 교리사의 구분과 상당히 다를 것이다.

그럼에도 목회 돌봄의 역사적 시기는 기독교 역사의 시대를 흥미롭게 구분하고 있다. 분명히 목회 돌봄의 역사의 각 시대에 목회자들은 혼란스러워하는 사람들을 치유하고 지탱하며 지도하고 화해하는 사역을 하였다. 모든 시대에 네 가지의 목회 돌봄의 기능이 실행되었다는 것이다. 각각의 시대마다 한두 가지의 독특한 목회 기능이나 그 기능을 실행하는 방식이 그 시대에 전반적으로 스며들어 있어서 그 시대를 대표하는 특징이 되었다. 어떤 시기에서든 한 목회의 실행에서 치유나 지탱, 지도나 화해가 다른 모든 기능들을 그 안에 아우르고 있다. 목회 돌봄의 역사 가운데 이렇게 두드러진 강조점들은 새로운 문화와 개인적인 조건에 부합되는 것들로 검증되었기 때문에 목회자들의 상상력을 사로잡았다. 정확하고 세밀한 묘사보다는 이 연구의 명료성을 위해서 저자들은 목회 돌봄의 역사적 관점에서 여덟 시기로 나누고 각 시대의 특징으로 구분 짓는 문제를 식별하고 토의하고자 한다. 그 시대의 상황에서 실행되었던 분명한 목회 기능의 표본들을 연대순으로 배열하여 실제 사례들에 기록하였다.

기독교의 영혼 돌봄에서 최근의 새로운 현상은 하나의 기능이 다른 기능을 실행하는 방식을 극대화하는 힘으로부터 비롯된다는 것이다. 고통을 겪고 있는 사람들을 치유하고 지탱하며 지도하고 화해하는 방식에 대한 새로운 발견과 고안물은 거의 없다. 예를 들어 중세 초기에 있었던 지도의 방식은 다분히 귀납적인 것이었다. 그러나 현대 미국에서의 방식은 대부분 연역적인 방식이다. 중세 초기에 비교적 덜 문명화된 환경에서 살았던 사람들에게 어떤 행위는 옳고 유익하지만, 어떤 행위들은 옳지 못하고 위험한 것이라는 점을 분명히 하는 것이 필요했다. 그러나 문화 다원주의와 개인주의 가치관이 우선시되는 현대에서는 연역적인 방식이 목회 돌봄의 기능으로 지배적일 수밖에 없다.

목회 돌봄의 네 가지 기본 기능이 기독교인들의 모든 경험을 통하여 실행되고 있는 한, 각각의 기능은 다양한 형태와 도구를 활용하여 실시되어야 한다. 중세 초기에는 죄와 그에 상응하는 징벌을 설명하는 고해 세칙과 더불어 기본적인 기독교 윤리를 위한 교리 훈련이 사람들을 지도하는 주된 도구였다. 다양한 목회 기능 수단들은 시간과 장소에 따라 상당히 조율해서 사용했기 때문에 우리가 보기에는 이상하고 때로는 기이할 때도 있다. 예를 들어, 치유 향수에 성자의 이름을 붙인다거나 개인의 죄의 고백을 공공연하게 상세히 밝히기도 했다. 그러다 그런 목회 도구는 치료의 가치가 없다고 간주하여 폐기 처분되기도 했다. 미국의 저명한 종교심리학자 윌리엄 제임스도 치료의 근거로 사적인 고백보다는 공적인 고백을 주창한 학자였으나 개인의 종교적인 사적 자유를 존중하는 현대적 경향을 침해한다는 이유에서 더는 사용하지 않는다. 그러므로 우리들의 역사적 연구는 지금은 사라져 버렸으나 한때 최고로 유용하고 적합했던 목회 실천 수단들에 주목할 것이다. 골동품과 같은 고풍스러운 점에 흥미만 느끼고 폐기해 버리는 것이 아니라, 이 목회 기능들을 우리 시대에 다시 사용할 수 있는 가치와 유용성에 관하여 주목할 것이다. 임종을 바라보는 이들을 지탱해 주기 위하여 치유를 위한 기름 부음(anointing for healing)의 도구가 로마 가톨릭 전통에서 "종유 성사(extreme unction)"로 바뀐 것처럼, 목회 돌봄의 다른 도구가 변형되고 재활용된 것들을 계속 살펴볼 것이다.

2. 시대 구분

기독교 목회 돌봄의 역사를 여덟 시기로 구분하여 간략하게 서술하고 각 시대에 두드러졌던 기능이 무엇인가 살펴보게 될 것이다. 이를 위하여 각 시기를 아래와 같이 요약한다.

I. 초대 교회

기독교 목회 돌봄의 초기는 주후 180년까지 지속되었다. 세상에서 굴곡진 삶을 살아가는 초기 기독교인들은 이 세상이 신속하게 지나갈 것으로 믿고 있었으므로 그들을 지탱하는 것에 강조점이 있었다.

II. 박해시대

주후 180년부터 디오클레시안 황제 시대(주후 306년)에 이르는 박해 기간이다. 고난을 겪는 사람들을 하나님과 교회와 화해시키는 사역이 지탱하는 사역보다 더 중요해졌다. 이 기간에 목회자들은 죄의 목록과 이에 상응하는 벌을 체계적으로 정리하는 데 주력했다.

III. "기독교" 문화

세 번째 시대는 콘스탄틴 황제 치하에서 합법적인 종교가 된 기독교가 새로운 문화 규범에 맞춰 살아가도록 지도하는 특징을 지닌다. 이 강조점은 비잔틴 문화의 번성으로 동방교회까지 이어진다.

IV. "암흑기"

서방교회에서는 북부 유럽에서 발흥한 튜턴족과 조우하게 되면서 영혼 돌봄이 연역적인 지도를 중심으로 급속하게 양극화되었다.

V. 중세 기독교

흔히 중세 융성기로 불리는 시대로서 잘 정리된 성례전을 중심으로 목회 돌봄 방식을 체계화하였다. 이 성례전은 일상의 삶을 괴롭히는 온갖 질병을 치료하도록 고안되었다.

VI. 종교개혁시대

르네상스와 종교개혁에서의 개인주의의 발흥으로 인해서 전무후무하게 화해 사역이 중요해진다. 영혼 돌봄을 중시하던 종교개혁시대는 교리와 교회론에 있어서 대변혁을 일으켰던 종교개혁이 영혼의 치유에서는 영향력 있는 변혁을 일으키지 않았다는 점에서 르네상스 인문주의 시대에 속한다.

VII. 계몽주의 시대

계몽주의 시대에는 기독교의 목회 돌봄을 사악한 세상이 주는 위협인 배반과 유혹들을 잘 통과할 수 있도록 지탱하는 사역에 초점을 맞추었다.

VIII. 후기 기독교시대

18세기 말과 19세기 초 사이에는 과거의 기독교 세계의 사회 변혁에 의한 새로운 환경과 이에 부응하는 현대 기독교의 자발주의(voluntaryism)와 다원주의 사회에서의 개인적인 신념과 가치체계로

부터 기독교적 가치와 규범을 도출해 내는 지도 사역이 대부분 목회 돌봄의 형태로 자리 잡았다.[1]

도스토옙스키와 프로이트와 같은 19세기의 신기원(新紀元)적인 사상가들에게서 그 흔적을 볼 수 있듯이, 우리 시대에 깊이 있게 파악한 인간에 대한 새로운 인식이 생겨나면서 목회자들이 아닌 전문가들이 고통을 겪고 있는 사람들에게 치유, 지탱, 지도, 화해의 돌봄을 담당하는 것을 보게 되었다. 이런 상황에서 목회 돌봄은 다른 전문직과는 다른 하위급 동반자 지위로 떨어졌다. 이러한 목회 상황의 타당성에 대한 심각한 의문이 제기되는 동시에 목회 돌봄은 심리학, 법학, 의학, 교육학, 사회복지학 등으로 부터 기법을 빌려와 사용하게 되었다. 이러한 문제 제기와 다른 분야의 전문지식을 빌려오는 현상은 우리 시대가 과도기임을 확실히 보여주고, 또한 아직은 그 어떤 목회 형태도 우리 시대를 새로운 시기라고 할 수 있을만큼 충분히 강력하게 형성되지 않았음을 보여준다.

3. 초대교회의 지탱

초기의 기독교 목회 돌봄에는 두 가지 특징이 있다. 하나는 기능과

---

1. 기독교 역사와 관련된 광범위한 문헌 가운데 영어로 저술된 가장 유용한 단행본은 C. C. Richardson, W. Pauck, R. T. Handy가 개정한 Williston Walker의 *A History of the Christian Church* (New York: Charles Scribner's Sons, 1959)이다. 549-568쪽에 나오는 참고문헌은 이 책의 여덟 시대의 종교문화사에 대한 방대한 저작들을 제공하고 있다. 그러나 목회 돌봄의 역사에 대한 연구는 전무하다. H. H. Niebuhr와 D. D. Williams가 편집한 *The Ministry in Historical Perspectives* (New York: Harper & Brothers, 1956)은 소중한 자료를 담고 있으며 가장 치밀한 최근 연구이다. John T. McNeill의 *A History of the Cure of Souls* (New York: Harper & Brothers, Publishers, 1951)는 주로 목회 훈련을 다루고 있다.

형식과 도구의 극단적 다양성이고 다른 하나는 모든 돌봄 행위를 종말이 임하기까지의 비교적 짧은 기간 안에서 실행하려는 관심 때문에 다양성이 널리 일반화되었다는 점이다. 이런 관심은 자연스럽게 지탱의 기능이 강조되는 목회 돌봄으로 이어졌다.

1세기 기독교는 그 자체로도 엄청난 종교적 다양성을 보여주는 유대교에서 배양되어 등장했다. 2세기 말에 이르러 기독교는 추종자들만이 아니라 헬레니즘 문화의 수호자들에 의해 명백히 차별화된 종교로 성장하였다. 이 시기의 기독교는 예루살렘, 안디옥, 알렉산드리아, 에베소, 로마와 남부 갈리아 등지를 중심으로 활발한 활동을 펼치며 발달했다. 각각의 지역들은 각기 구별된 문화, 사역, 예전, 성경 사본, 전통과 신학 그리고 목회 실제 등을 독립적으로 만들어냈다. 이러한 신앙공동체들은 상호 영향을 주고받았지만, 로마제국의 통치(*Pax Romana*) 아래 지중해 연안을 지배했던 세계질서와 문화에 전반적으로 고립되어 있었기 때문에 기독교의 표준화를 거의 이루지 못했다. 그러나 초기 기독교의 가장 괄목할만한 공통된 사상 중 하나는 주님의 임박한 재림과 그에 따른 세계역사의 실존적 종말에 대한 기대였다. [실제 사례 1장을 볼 것]

선지자, 전도자, 교사, 선교사, 행정가, 여타의 교회 직분자 등과 많은 교회에서 신중하게 구별되었던 목회자들은 질병, 죽음, 사별, 죄, 결혼생활의 갈등 등의 광범위한 개인의 실존적 문제들을 보살펴주었을 것이다. 하지만 위에 언급한 실존적인 문제들은 신자들이 소망하는 재난에 의한 종말이 있기까지 잠깐 인내할 상황으로 받아들여졌다. 따라서 **재림**(*parousia*)에 대한 신앙인의 기대감이 모든 목회 돌봄 사역에 큰 활기를 불어넣었다. 목회 돌봄에 대한 기록들은 인류 역사의 임박한 종말론에 따라 노예들은 노예의 삶을, 과부는 미망인으로서, 처녀들은 순결을 인내하며 지키라고 가르쳤다. 치유행위는 예수 자신이 행하였던 치유의 기적을 모방하는 방식으로 실행되었다. 그러나 병든 자들과 저는 자들의 고통을 덜어주기보다는 그리스도와 그의 제자들의 능력을 보여주는 전시효과에 의미를 두었다. 따라서 **지도**의 사역은 믿음을 갖고 세례받은 그리스도인이 장성하여 종말이 이를 때까지 악을 피하는 것에 대한 것이었다. **화해**는 깨어진 관계를 묶어주는 것 보다 회중의 순결에 더 관심을 보였다.

대부분의 기록에는 초기 기독교인들의 삶과 믿음을 좌우한, 세월은 짧고 종말이 가까웠다는 경고음이 울려 퍼지고 있었다. 복음서 기자는 "깨어 있으라. 어느 날에 너희 주가 임할는지 너희가 알지 못함이니라."(마태 24:42)고 경고하고 있다. 이 구절을 인용하면서 1세기 말의 한 저자는 신자들에게 "기회 있는 대로 너희의 영혼에 유익한 것들을 얻기 위하여 모이기에 힘쓰라. 이것은 마지막 날에 너희가 발견될 때에 완전할 수 있게 하기 위함 때문이라."[**디다케: 열두 사도의 가르침** (*Teaching of the Twelve Apostles*)]고 교훈하고 있다.[2]

세례받은 신자들은 그리스도 안에서 하나님의 용서를 받았기 때문에 서로 존중하며 세상을 향하여 흠이 없는 삶을 살아갈 것을 기대했다. 2세기 중엽에는 세례받은 후에 범한 죄에 대한 문제가 로마의 회중들과 그 외의 지역에서 제기되었다. 이 주제는 헤르마스(Hermas)의 유명한 문서 [**목자**(*The Shepherd*)]에 잘 나타나 있다. 이 책은 저자가 환상을 통해 목자의 형태로 나타난 참회의 천사와의 만남을 기록한 내용인데, 여기에서 용서는 세례받은 후에 죄를 지은 사람에게도 베풀어

---

2. *Didache* XVI: 2, *The Apostolic Fathers With an English Translation by Kirsopp Lake* (2 vols., "The Loeb Classical Library," London: William Heinemann Ltd., and Cambridge, MA: Harvard University Press, 1912), I, 333. By permission.

진다는 메시지가 있다. 그러나 세례 후의 회개와 용서는 오직 한 번 허락되며, 그것도 덜 심각한 죄의 경우에 허용되었다. [**목자**]는 주 예수의 권위를 의지하여 목회자가 참회와 고해를 수행해야 한다고 권면하고 있다. 이 책이 유명해진 것은 교회의 교부들, 이레니우스(Irenaeus), 터툴리안(Tertullian), 오리겐(Origen)이 이것을 정경으로 간주하였기 때문이었다. 헤르마스는 하나님은 자비하시고 인간은 연약한 존재이기 때문에 하나님께서 죄를 용서하신다고 가르쳤다. 세례 이전에 지은 죄는 무지해서 범했지만, 신자는 세례를 통하여 깨끗하고 거룩해졌으며, 새로운 지식을 얻고, 정결하고 의롭게 살아갈 수 있는 새로운 상태가 되었다. 그러나 실제로는 사람들이 죄를 지었다. 때문에 헤르마스는 세례받은 후에 죄를 지은 신자가 참된 회개와 합당한 대가를 치렀다는 명백한 증거를 보여준다면 회개와 자비의 기회가 한 번 더 주어진다는 현실적인 해결책을 제시했다.

저자는 목자로 나타난 천사가 헤르마스에게 하나님의 모든 계명을 지키라고 명령한 후의 흥미로운 대화를 기록하고 있다.

> "스승님, 하지만 질문이 있습니다." 그러자 스승님은, "말해 보아라."고 말씀하셨다. "우리가 물에 들어가서 과거의 죄를 용서받는 것은 한 번만 있을 뿐, 두 번째 회개는 없다고 어떤 스승님에게 들었습니다." 스승님이 내게 말씀하셨다. "네가 옳게 들었느니라. 그 말이 옳도다. 죄를 용서받은 자는 결코 다시는 죄를 지어서는 안 되므로 마땅히 정결한 삶을 살아야 한다. 그러나 네가 이 모든 것에 관하여 정확한 답변을 원하였으므로, 앞으로 믿을 자들에게나 이미 주 예수를 믿는 자들에게 어떠한 구실을 만들지 않도록 네게 설명하겠다. 이미 믿은 자들이나 앞으로 믿을 자들은 죄의 회개가 없고 다만 그들이 과거에 지은 죄는 용서받

았느니라. 오늘 이전에 부름을 받은 자들의 마음과 만사를 아시는 주님께서 인간의 연약함과 하나님의 종들이 악행을 범하고 실수하게 하는 마귀의 간교함을 아시기에 회개의 기회를 주셨다. 그러므로 자비하신 주님께서 피조물에게 자비와 회개를 베푸시고 나에게 이 회개를 다스릴 권한을 주셨다. 그러니 내가 말한다. 만일 사람이 위대하고 거룩한 부름이 있고 난 뒤에 마귀와 죄의 유혹에 넘어지면, 한 번의 회개의 기회가 있다. 그러나 계속 죄를 짓고 반복해서 회개한다면 이는 그에게 유익하지 못하니 살아가기 어려울 것이다." 내가 스승님께 말씀드렸다. "선생님께 이 말씀을 들은 후에 확실한 생명을 얻었습니다. 만일 내가 죄를 더는 짓지 않는다면 제가 구원을 받게 될 것을 알았습니다." 스승님이 말씀하셨다. "너는 구원을 얻을 것이니라. 이 일을 행하는 모든 이가 구원을 받을 것이다."[3]

세례받은 후에 지은 죄에 대한 초기 기독교인들의 두려움이라는 관점에서 지도와 화해의 사역이 두드러지는 것이었으며, 이 사역은 곧 오실 주님을 기다리는 일반적인 자세에서 비롯된 것이었다. 그러나 수십 년이 흐르면서 재림에 대한 기대감은 희미해져 갔고, 교회는 당시 지배문화와 그 문화가 공인한 종교와 대립하면서 공개적이고 지속적인 적대적 관계를 견지했다.

4. 박해기의 화해

로마제국의 네로 황제(A.D. 54-68)가 지배했던 시기부터 간헐적이

---

3. *The Shepherd of Hermas*, Mandate 4, III. *The Apostolic Fathers With an English Translation by Kirsopp Lake*, II, 83, 85. By permission.

며 국지적인 박해가 발생했지만, 기독교 교회는 2세기 말엽에 가서야 본격적으로 제국 문화의 종교에 적대적인 대상으로 인식하게 되었다. 그런 상황에서도 헬레니즘 사회와 밀접한 기독교인들은 그들의 가치들과 그들의 신앙을 편하게 받아들였다. 제국의 관점에서는 기독교인이 제국의 목표에 충성할 태도가 없다면 쓸모가 없는 시민이었다. 충성은 제국의 의전에 참여하는 형식을 취해야 했는데 기독교인들은 번번이 그것을 거부했다. 그런 이유에서 잘 알려진 주후 177년 가울 지역의 리옹과 빈에서의 박해로부터 디오클레치안이 퇴임한 주후 306년까지, 비록 수차례의 비교적 평화로운 시기가 있었음에도 교회와 로마제국 간에 광범위하면서 때로는 노골적인 적대감이 만연했다. 황제가 바뀔 때마다, 황제에게 종교적인 충성을 위해 그들의 신앙을 포기하라는 제도적인 위협이 이어지지는 않았으나 꾸준히 되풀이되었다. 그리고 이런 시기마다 수많은 신자들이 위협과 타협하였다. 이 시대에 당면한 목회적인 문제는 기독교 신앙 포기의 양상과 정도가 어느 정도까지 용서받을 수 있는가를 판단하는 것이었다. 배교자들과 교회, 견실한 신자들과 이탈하였던 교인들, 교회의 당파 간의 화해가 목회의 주요 기능이 되었다. 교회 초기에 정해진 세례 후 범죄에 대한 한 번의 용서의 기회는 간음, 우상숭배, 살인의 대죄보다는 경한 것에 적용되었다[실제 사례 2장을 보라]. 그러나 차츰 우상숭배조차 제한의 범위가 넓혀져 다른 대죄들도 용서받을 수 없는 죄가 아닌 것으로 간주되었다.

3세기 중엽 제국 전체에 광범위하게 행하여진 데시우스 황제에 의한 박해는 배교한 신자들을 다시 받아주기 위한 표준화된 절차와 적용의 기준을 세우는 기회가 되었다. 카르타고의 주교인 키프리안[실제 사례 3장 참고]의 영향으로 교회 회원의 자격을 판가름하는 주교의 역할과 목회자의 기능인 신자들을 돌보는 주교의 사역은 박해의 상황에서 실질적인 갈등의 모습을 드러냈다. 주교의 공식 역할이 화해의 사역으로 표준화되고 활동하게 되면서 특정 지역에서 배교했던 신자들을 교회공동체에 다시 받아들이는 것에 대해 다른 많은 기독교 목회자들이 반발하였다. 이런 이유에서 이 시대는 도덕적인 입장과 목회적인 입장 간의 날선 논쟁이 치열하게 벌어졌다. 터툴리안(사례 2장)과 노바티아누스(Novatianus)와 히폴리투스(Hippolytus) 등을 예로 들 수 있는데, 한쪽은 관대한 대부분의 목회자들이 서있었고 다른 한 편에는 도덕적인 신학자들이 대치해 있었다. 터툴리안을 포함한 엄격주의자들(rigorists)은 배교했던 신자들과 교회가 화해해야 한다는 지배적인 교회의 정책을 거부하였기 때문에 교회 분리주의자로 취급되어 교회에서 추방되었다.

삼위일체 교리에 대한 주요저작을 쓴 로마의 대주교 노바티아누스는 데시우스 황제의 박해 기간에 이방 종교와 타협했던 교회 인사들을 회복시키고자 했던 키프리안(Cyprianus)과 입장을 같이했다. 그러나 주후 251년에 매우 자유주의적인 코넬리우스 (Cornelius)가 로마의 주교가 되자, 노바티아누스는 그에 대한 반응으로 자신의 경쟁자였던 주교의 입장과 차별화를 선언하고 타락한 신자들을 교회로부터 영구 추방하자는 강경론을 펼쳤다. 우리에게는 이름이 익숙하지 않지만 같은 시대에 주교로 활동했던 한 사람은 노바티아누스와 그의 추종자들을 오직 주님만이 하실 수 있는 인간의 영혼에 대한 심판을 자신들이 할 수 있다고 주장하는 것에 대하여 탄핵해야 한다는 주장을 다음과 같이 기록하고 있다.

오 경건하지 못하고 간악한 이단자 노바티아누스여. 지난날 수 없이 많은 죄를 교회 앞에 범하였으며, 하나님의 교회에 배교자였던 당신은 선행을 하면 이것들이 기억에서 사라질 것이라고 가르쳤었지. . . . 범한 죄가 선한 일을 하게 되면 기억에서 사라질 것이기 때문이라니. 이제 와서는 악마가 벗겨낸 타락한 사람들이 입은 상처는 저주받아야 하고 그 모습 그대로 파멸되어야 한다고 주장하는가! . . . 우리는 노바티아누스가 한 번 타락했던 신자들에게 그리도 사악하고 가혹한 일을 벌이고 있는가 놀랍지 않은 것은 그와 같은 얼버무리는 일들이 이전에도 있었던 것을 알기 때문이다. 한때 선한 지도자였던 사울은 시기심에 사로잡혀서 다윗에게 그토록 가혹하고 적대적인 일을 벌였다. 사도 가운데 한 사람으로 선택되었던 유다는 같은 마음을 품고 하나님의 집에 신실하였으나 나중에 하나님을 배반하였다.[4]

교회는 주교들에게 그리스도가 보였던 자비를 실현할 수 있어야 한다고 주장하면서 타락했던 신자들을 교회공동체 신자들의 교제에 온전히 합류할 수 있도록 적극적으로 허용하기 시작했다.

박해시대 교회의 지도자들이 출교나 공적인 참회와 회개에 대한 엄격한 절차를 주장하던 때에 오히려 용서에 관한 문헌들이 꽃을 피웠다[실제 사례 2장 참고]. 물론 목회자들은 신자들이 투옥되거나 사형선고를 받을 때 용기와 믿음을 갖도록 지탱의 사역을 수행했고 이와 함께 치유와 지도의 사역도 신속하게 진행하였다. 더불어 박해를 모면하기 위해서 타협했던 신자들이 약해진 신앙을 회복하고 다시 교회의 공동체에 온전히 합류하기 위한 신학과 절차에 관한 다양한 목회적 관심사와 활동이 활력을 얻었다. 그들이 행하였던 타협방식들은 제국의 종교

4. "A Treatise Against the Heretic Novatian by an Anonymous Bishop," ∫14, *The Ante-Nicene Fathers,* ed. A. Roberts and J. Donaldson (9 vols., Buffalo: The Christian Literature Company, 1885-96), V, 661.

에 대한 신자 증명서를 사서 소지하거나 박해를 피해 도망하거나, 제국의 종교의식에서 경배를 대신할 사람을 고용하는 것 등이었다. 다양한 타협방식으로 인해 어떤 방식이 진정한 배교행위가 되는가를 판단할 수 있는 섬세한 구분법을 개발하는 것이 필요했다. 자연스럽게 교회에 대한 불충의 정도에 따라서 화해를 위한 각기 다른 징벌과 절차가 마련되었다. 또한, 목회자들은 신자들이 박해와 관련하여 중대한 결단에 직면했을 때 지도하는 방안을 찾았다. 그러나 이 사역조차 배교했던 신자들이 변함없이 하나님과 회중과 화해를 추구하거나 혹은 피하려는 것을 확인하는 목회적인 노력의 연장선에서 이루어졌다.

5. 제국 교회에서의 지도의 대두

헬레니즘 문명 안에서 오랫동안 완강히 저항하는 세력으로 간주 되었던 기독교가 황제들의 주도로 문명의 연합을 위한 새로운 원리를 제공하는 역할을 하게 되었다. 이때 영혼의 치료와 관련된 교리, 예전, 정책 등 교회의 모든 행사가 신속하고 급진적인 변혁을 겪었다. 4세기 초 콘스탄틴의 공인을 통하여 힘을 얻게 된 때로부터 유스티니안 1세와 그 후예들이 집권했던 비잔틴 문명의 황금기에 이르기까지 반(反)기독교적인 황제였던 줄리안의 짧은 통치 기간과 게르만족의 정복으로 대변되는 정치와 사회의 변화에도 불구하고 기독교는 사회 통합체로서 지속해서 성장했다.

전통적인 기독교는 교회에 교리의 일치와 교회의 연합에 무거운 책임을 부과했다. 이는 사회 통합체의 역할을 담당한 공동체로서 교회의 완전한 연합이 중요했기 때문이다. 기독교인에게 부과한 책임은 분야

별로 달랐다. 대중과 황제로부터의 갑작스러운 요청 앞에서 목회자들은 어찌할 바를 모르는 이들에게 그들의 결정과 행동에 대해 문화적으로도 중요하고 기독교적으로도 의미가 있는 것으로 해석하고 설명하는 지도의 임무에 관심을 집중했다. 신학자들은 교회의 교리를 세우는 데 필요한 지배적인 철학을 채택하고, 예전학자들은 교회 예배를 위한 공식적인 예전의 장엄한 환경을 조성했듯이 목회자들은 제국이 공인한 종교의 지도자로서 공식적인 교육자이며 국가의 삶의 행복을 제공하는 자의 역할을 하게 되면서 사람을 힘들게 하는 문제에 대한 신앙적인 해석을 찾았다. 위대한 궁정 설교가였던 요한 크리소스톰(John Chrysostom)은 당시에 영향력이 있던 스토아주의적인 윤리학을 사용해서 기독교의 의미를 더하면서 기독교 신학과 종교적인 정책과 함께 대중적인 도덕률을 정립했다.[실제 사례 5장 참고]

안디옥교회의 설교자로 부임한 첫째 혹은 둘째 해에 크리소스톰은 안디옥을 도덕적으로 개혁하기 위한 설교를 연속적으로 하였다. 그가 했던 설교의 일부분만 보더라도 그가 얼마나 확신에 차서 지배문화의 가치로부터 기독교적인 덕성을 세우려 했는가를 충분히 엿볼 수 있다.

> 절제를 훈련한다는 것이 좋다는 것을 알기 위하여 우리에게는 어떤 말이나 어떤 가르침도 필요하지 않다. 왜냐하면 우리는 우리 자신들의 본성 안에 그것에 대한 지식을 소유하고 있기 때문이며, 절제가 유익하고 선한 것인지 질문하기 위한 수고와 노력이 필요하지 않기 때문이다. 우리는 모두 이것에 대해 동의하며 누구도 이 덕에 대하여 의문을 품지 않는다. 마찬가지로 간음이 악한 것이라고 설명하고 배우는 데 어떠한 어려움도 없다. 간음죄의 사악함을 알고 있기 때문이다. 우리 스스로 이러한 판단을 배우게 되며 비록 우리가 덕을 실행하지 못하더라도 덕을 찬양

한다. 한편, 우리가 악을 행하더라도 악은 경멸한다. 이것은 하나님의 탁월하고 선한 창조이다. 하나님은 우리 양심과 선택의 능력을 통하여 행동하기 전에 덕에 대하여 친근감을 가지며 악을 향해서는 적대감을 갖도록 만드셨다.[5]

기독교와 고대 문명을 그리이스어를 사용하는 기독교 세계에 혼합하는 것은 지도의 목회 기능을 강조하였다. 기독교 전통의 원칙을 주입하기보다는 이미 기독교의 규례에 개방되어있는 문명의 표준과 규범에서 이끌어내는 지도 고유의 사역이었다. 정통 교리의 전파가 대주교회의에서 반복적으로 논의되었던 대로 미묘한 기독론적인 차이를 전달하기 위하여 세심하게 교리화하는 것을 필요로 하였던 반면, 영혼의 치유는 주후 380년에 데살로니가의 데오도시우스 칙령 이후에는 제국의 시민권과 동일선상에 놓였던 교회의 회원권에 의하여 나타나는 광범위한 개인적인 문제들을 다루기 위한 주제들을 다루게 되었다. 아타나시우스의 엄격한 신학에서 교리의 주요주제들이 채택되는 동안, 목회는 철저한 기독교 사회를 열어가는 기독교를 향한 제국의 후원에 대한 확신을 기초로 마련되었다. 유세비우스 팜필리우스(Eusebius Pamphilius)와 락탄티우스 퍼미아누스(Lactantius Firmianus)는 그 확신을 신학 전반에 확장하여 전개하였다. 교회와 국가 간의 적대감이 종료되자 거의 모든 목회자들은 새로운 공익을 위하여 어느 곳에도 매이지 않는 열정을 갖게 되었고, 제국의 모든 시민들의 현재와 영원의 복지를 위하여 헌신하는 공공 관료의 자격을 얻게 되었다. 공적인 예배를 수행하는 것이 목회자들의 주요 업무가 되었지만, 목회자들은 사

---

5. John Chrysostom, *Concerning the Statues,* Homily XIII, 8, *A Selected Library of the Nicene and Post-Nicene Fathers of the Christian Church,* First Series, ed. by Philip Schaff (14 vols., Buffalo: The Christian Literature Company, 1886-90), IX, 428-429.

회와 개인의 도덕성의 심판자로서 중요한 역할을 수행하게 된다. 다양한 목회 기능이 공식화되었다. 치유의 사역은 성유(holy oil)를 붓는 일에 집중되었고, 화해의 사역은 주로 교회의 정책 규범을 관리하고 시행하는 것에 관련되었다. 작고한 코크레인(Cochrane) 교수가 주장한 것과 같이, 그리스도인들의 세계는 "기독교를 위하여 안전"[6]하게 창조되었으므로, 지탱의 사역은 사별과 불치의 병을 위한 개인적인 고통에 초점을 맞추었다. 이 모든 사역은 지도의 중심 기능을 지탱해주었다. 아마도 제국 교회의 시대와 같이 영혼 돌봄에 있어서 지도의 사역이 강조되었던 시대는 이후에 없었을 것이고, 어느 시대에도 지도의 기능이 그토록 온전하게 문화를 고려한 추론 방식(eductive mode)으로 실행된 적은 없었다.

6. 유럽인들을 위한 귀납적인 지도

5세기 초반이 지난 후 고대 제국의 서방 또는 라틴 지역에 있던 교회들은 우리가 아는 바와 같이, 서유럽의 지역을 점령한 유목 민족들에게 교회를 소개해야 하는 힘겨운 과제에 직면하게 되었다. 콘스탄틴 대제가 시작한 연역적인 지도에서 얻게 된 경험은 야만인들이 가진 고통의 문제에 대한 기독교의 설명과 진단과 처방을 받아들이도록 설득하는 목회적 과제를 위한 적절한 준비가 되었음이 입증되었다. 고대 로마의 문명과 국교가 된 기독교의 관리자로서 교회는 이 문화와 삶에 대한 해석을 가르치기 위한 엘리트 계급인 베네딕트 수도사들을 양성하게 된다. 교회가 사회를 위한 중요한 역할을 하게 되며 이를 위한 지

---

6. Charles Norris Cochrane, *Christianity and Classical Culture* (New York: Oxford University Press, 1944), 197.

적인 토대를 구축하기 위해서 하나님의 나라를 지상에서 대변하는 기관이며 천국을 향한 유일한 통로라고 묘사하는 교회론을 저술한 히포의 신학자 어거스틴을 의존하게 된다. 왕들과 황제들은 교회의 수도원들과 주교 회의와 교구들을 활용하여 자신들의 지배력을 투박하고 정착되지 못한 종족들에게 확장하였다.

수도원에서 유용하게 사용된 것으로 확인된 영혼 돌봄이 일반인들을 위한 목회의 표준이 되었다. 하나님을 두려워하며 사랑하는 것에서 육체의 소욕을 정화하는 수도원의 기치는 겸손을 키우고 교만을 죽이라는 영적인 성장의 엄밀한 지침이 되었다. 너시아의 성 베네딕트(주후 529년)의 수도원의 규율을 바탕으로 두려움의 단계에서 시작하여 사랑의 삶으로 마치게 되는 겸손의 열 두 사다리가 마련되었다. 신실한 수도사는 (1) 지옥이 하나님을 경멸하는 자를 기다리고 있으며 천국은 하나님을 두려워하는 자를 기다린다는 것, 천사들이 모든 사람의 행동을 시간마다 하나님께 아뢴다는 것을 기억하며, 끊임없이 하나님을 두려워한다. (2) 자신의 의지를 사랑하거나 자기의 욕망을 기뻐하지 않는다. (3) 지도자에게 온전히 순종한다. (4) 앞길에 놓인 모든 장애물들과 상처들을 침묵으로 견딘다. (5) 악한 생각과 은밀한 죄를 숨기지 않으며 자기의 수도원장에게 겸손하게 고백하여 드러낸다. (6) 자신의 비천함에 만족하며 자신에게 부과된 일에 부족하고 무익한 종임을 인정한다. (7) 다른 이들보다 부족함을 인정하며 자기의 마음 깊은 곳에서 그 사실을 믿는다. (8) 수도원의 규율이나 자신의 지도자의 모범에 의한 것이 아닌 것은 행하지 않는다. (9) 질문을 받기 전까지 침묵한다. (10) 쉽게 웃거나 빨리 웃지 않는다. (11) 웃지 않으며 온유하게 겸손하고 엄중하게 짧게 합당한 말을 한다. (12) 자신과 자신의 행동을 바라보는 사람들에게 겸손함을 나타내 보인다. 이렇게 함으로써 수도사는 지옥에 대한 두려움을 통해서가 아니라 그리스도의 사랑과 덕을 위한 기쁨을 통하여 이웃사랑의 순수한 행동을 성취하고 교회의 지침을 자연스럽게 준수할 수 있게 된다.[7]

겸손의 사다리를 제정하기 위하여 베네딕트는 겸손의 단계를 자기보다 한 세기 전에 동방 수도원의 권위 있는 존 카시안(John Cassian)[8]이 고안하였던 겸손의 단계를 새로 작성하고 재배치하였다[실제 사례 6장]. 첫 단계와 마지막 단계만이 베네딕트의 생각이었다.[9] 서방 기독교의 도덕성의 표준이 되었던 겸손의 훈련을 위한 사다리는 콘스탄틴의 시대와 그의 후예들이 계승했던 성찰들을 포함하게 되었다. 베네딕트에 의하여 부여된 형태에서 사다리는 중세기의 삶의 상상력과 수도원적인 경건과 아울러 12세기에의 대중들에게까지 그 가치들이 스며들었다. 12세기 초에 클레르보의 성 베르나르(Saint Bernard of Clairvaux)[실제 사례 8장]는 긴 논문을 써서 겸손의 단계를 상세히 설명하고 그 반대의 것을 교만에 의해 내려가는 단계에서 보여주려고 했다. 베르나르가 채택하고 있는 영적이며 도덕적인 삶의 구도인 "사랑의 사다리"는 자기를 위하여 자기를 사랑하기, 자기를 위하여 하나님 사랑하기, 그리고 하나님을 위하여 하나님 사랑하기, 마지막으로 천국에서 하나님만을 위하여 자기를 사랑하기의 네 단계로 활용하였다.[10]

---

7. 몬테 카시노의 대주교인 베네딕트(Benedict, abbot of Monte Cassino), *Regula Monachorum,* vii, Justin McCann이 편집하고 번역한 *The Rule of Saint Benedict* (Westminster, Md.: The Newman Press, 1952), 36-49쪽의 본문과 번역부분을 참고하라.
8. Cassian, *Institutes,* IV, xxxix, in *NPNF: 2,* XI, 232을 참고.
9. Paul Delatte, *The Rule of Saint Benedict, A Commentary,* tr. Justin McCann (London: Burns Oates, 1950), 103.
10. Bernard de Clairvaux, *The Twelve Degrees of Humility and Pride,* tr. Barton R. V. Mills (London: Society for Promoting Christian Knowledge; New York and Toronto: The Macmillan Co., 1929), 특히 6페이지 후반을 참고하라. *Saint Bernard on the Love of God,* tr. Terence L. Connolly (Westminster, Md.: The Newman Press, 1951) 를 참고하라.

기독교 경건의 영적 성장을 보여준 사다리 개념은 수도사들만이 아니라 일반인들을 위한 목회 돌봄에서 대단히 중요한 것이었다. 영적인 엘리트 계층은 단계의 전 과정을 이상적인 것으로 삼았다면, 일반인들은 겸손의 사다리의 첫 세 단계를 최소한으로 성취하기 위하여 목회자들의 지도를 받았다. 베네딕트의 수정본에서 첫 단계는 하나님을 두려워하는 것이며, 다음은 욕망을 정화하는 것이고, 마지막이 교회에 순종하는 것이다. 이 과정을 실생활에 적용하기 위하여 교회의 규율 아래 구체적이고 상세한 규정이 마련되었고 "도덕 신학"의 요소를 목회자가 교인의 일상생활에 적용토록 했다. 그러므로 신자의 삶을 위하여 신중하게 고안하고 엄격하게 실행되며 엄중하게 마련한 기독교법의 규정에 따라 해석하고 적용했다는 점에서 지도 사역은 귀납적이었다. 이것들은 중세 초기 동안 유럽의 비교적 문명화되지 않고 자유로운 민족들을 지도하기 위하여 고안되어 기독교인 삶에 적용하였다.

6세기 말 그레고리 교황은 고통당하는 사람들을 기독교 신앙, 기독교 문화와 도덕으로 지도하는 것을 목회자의 사역으로 강조하기 위하여 조직하고 법제화했다. 훈련되지 않은 자연 그대로의 사회에 직면한 목회자들은 일반 개인과 집단의 일상적인 삶에서 부딪히는 모든 위기를 포괄하는 성례전의 의례와 실제를 빠르게 만들어갔다. 목회자들은 혼란스러워하는 사람들에게 그들이 겪는 고통을 교회로 가져와 도움을 받을 수 있도록 가르쳤다. 교회와 만나게 되었던 게르만족과 프랑크족들은 유럽으로 가져온 자신들의 문화를 그대로 유지하기 위해서 그 힘을 발휘했고 교회의 후원과 지도하에 유럽의 문명을 형성하였다. 전반적으로 이들의 문화는 세속적이며 활기차며, 종족적이며 성애적이었다. 목회 사역이 성적인 도덕성과 여타의 자연적인 욕구를 훈련하는 것에 특별히 초점을 맞춤으로써 기독교 신앙이 야만족들의 자연적이고 이교적인 경향에 제동장치 역할을 했다.

　중세 초기 전반에 걸쳐서 목회 돌봄은 귀납적인 형태의 지도 사역에 중점을 두었다. 지도의 기능을 위한 도구인 치유와 지탱과 화해의 지속적이지만 보조적 기능들이 야만적인 이방 문화의 풍부한 자원들과 전통 기독교의 풍부한 전승들이 혼합되고 융합되는 가운데 크게 성장했다. 후자는 성례전의 정교함을 경험하게 되어 이미 필요로 하였던 영적인 현실의 객관화가 요구되었다. 거칠고 다듬어지지 않았던 민족들은 그들이 저질렀던 구체적인 죄와 그에 상응하는 징벌 목록에 대하여 배우게 되었다. 가령, 할리트가(Halitgar[사례 7장])가 작성한 참회서는 세 단계의 죄악 된 입맞춤과 각각에 해당하는 금식의 단계를 정하였다. 청소년들이 분별력을 가질 나이에 이르러 기독교의 초보 지식을 얼마나 습득하였는지 알아볼 수 있도록 청소년기들이 겪는 삶의 위기에 은혜의 선물로서 고대의 입교 예식이 실행되었다. 중세기 초 목회자들이 실행해야 할 다양한 목회의 기능은 정교하게 만들어졌으나, 언제 어디서나 고통받는 사람들을 돌볼 때에 그들이 경험하는 혼란을 교회의 시각에서 바라보며 교회가 마련한 해결책과 처방을 받아들이게 했다.

7. 중세 기독교와 성례전적 치유

　11세기 말까지 가톨릭교회는 유럽 사회의 일상적인 삶에 깊이 스며들었다. 종교적인 일체감이 사회적인 응집력을 만드는 기반이 되었으며 기독교 유럽의 보편성과 연합체는 교황과 제국의 거룩한 로마 황제라는 두 개의 상징을 만들었다. 이러한 환경에서 영혼의 치유는 인간이 타고나거나 우발적으로 발생한 손상을 치유하는 하나님의 은혜의 힘을 그 중심에 두었다. 목회자들은 그 은혜를 객관적이고 성례전적인 수단들을 통해 구체화함으로써 치유 사역을 실행하였다. 중세기의 교구는 다양한 조건을 가진 다양한 사람들이 살아가는 밀접하고 포용적인 지리적-사회적 단위가 되었고, 교구의 사제들은 그들에게 신체 또는 영적 건강을 위하여 필요로 하는 신성한 의약품을 나눠주는 역할을 하였다. 도유(塗油)의 성례전은 사제들에게 사람들의 질환을 진단하고 치료하는 능력을 부여하였다. 널리 시행되는 세례는 원죄로 인한 일반적인 질병을 극복하고 죄인들의 본래의 영적인 상태를 회복시켜 주었다. 다른 성례전들도 인간의 복지에 큰 변화와 위험이 있을 때마다 치유의 은혜를 제공하였다. 견진성사는 사춘기와 청소년들에게, 혼배성사는 결혼을 위하여, 종유성사는 임종을 앞둔 사람에게, 고해성사는 실제 죄를 범할 때마다 시행되었다. 미사는 일반적인 상황인 유혹, 질병, 귀신들림, 도덕적인 흠, 중요한 결단, 기념일들, 농사 일과, 경제적 위기, 여행, 사별, 혼란의 순간들, 기쁨과 염려 등에 대하여 은혜를 제공했다.

성례전을 통한 은혜는 중세 사람들을 이전의 건강한 상태로 회복시키기 위하여 제공될 뿐만 아니라, 영원한 축복을 얻기 위해 소망하는 상태를 향하여 영적으로 성장할 수 있도록 힘을 주었다. 기름 부음의 성례전은 지탱의 기능을 수행했고, 법전으로 만들어진 도덕신학은 지도의 기능을, 중요한 화해의 기능은 십자군 전쟁 당시로부터 사람이 죽은 이후에 연옥에서 영혼이 잠정적인 징벌 상태를 면하게 된다는 영적인 죄의 사함을 교리화한 체계를 통하여 이루어졌다. 그러나 후자의 목회 기능들은 성례전적인 치유를 지속적으로 강조하는 체계 아래 놓여있었다.

목회자들을 위한 한 가지 괄목할만한 중세기의 매뉴얼 『수교정자와 의사(*Corrector et medicus*)』는 제목부터 당시에 편만하였던 치유에 대한 강조를 잘 보여주고 있다. 이 책에는 주후 1000년부터 1025년까지 보름스의 중요한 교구의 주교였던 부르카르트(Burchard)에 의해 편집된 교회 행정 교본 19권이 포함되었다. 여기에서 부르카르트는 다음과 설명하고 있다.

> 이 책은 몸에 대한 치료와 영혼을 위한 방대한 내용을 담고 있으며 모든 사제와 심지어는 교육을 받지 않은 사람들, 안수를 받았거나 받지 않았거나, 가난한 자나 부자나, 소년이나 청년이나 장년이나, 병들었거나 건강하거나 장애가 있거나, 남녀노소를 막론하고 모든 사람을 어떻게 도울 수 있는지 가르치고 있으므로 "수교정자(the Corrector)"와 "의사"라고 칭할 수 있다.[11]

부르카르트는 광범위한 영적 질환에 대해 진단하고 구체적인 치료법을 제시함으로써 자칫 부적절하다는 평가를 받을 만한 주장을 훌륭하게 만들었다.

도시의 삶으로 인한 새로운 사회학적 현상 그리고 장인들과 부르주아(중산층) 계급의 새로운 경제적 요인이 대두된 이후, 방대한 중세 교구를 단순하게 정비하는 대변동이 있었다. 새로운 변화로 인해서 위대한 두 탁발수도회인 프란시스코 수도원과 도미니칸 수도원이 태동하였는데, 이들은 교회가 그동안 친숙했던 농경과 장원의 삶으로부터 축출되었던 사람들과 유익한 만남을 지속하도록 해주었다. 이 두 교단

---

11. "The Corrector of Burchard of Worms," *Medieval Handbooks of Penance*, tr. John T. McNeill and Helena M. Gamer (New York: Columbia University Press, 1938), 323. 귀중한 원저 *Corrector et medicus*에 대한 탁월한 번역이 323-345에 수록되어 있다.

은 교황 이노센트 3세 아래서 교회 안의 막강한 영향력을 지니게 된다. 또한, 이 기간에 교회는 가톨릭교회의 7대 성례전을 지정하고 규정하는 성례전 체계를 법제화하게 된다. 동시에 목회 돌봄의 표준화를 위한 노력은 제 4차 라테란 공의회(1215년)에서 다양한 지도와 화해 사역에 활용되고 있었던, 상당히 대중화되었으나 지역적으로 다변화되어 있었던 고해 규정서들을 폐지하기로 결정한 사실에서 찾아볼 수 있다[사례 7장].

공의회는 고해성사를 규정하면서 "의사의 진료 후에 상처를 입은 환자의 환부에 포도주와 기름을 붓는" 일을 사제들에게 명하였다 (Canon 21). "육체의 연약함은 때로 죄로 인함"이라는 가정에 근거하여 공의회는 "신체의 의사가 환자의 병상으로 부름을 받기 전에 영혼의 의사를 먼저 부르도록 권유하여 영적인 건강이 회복된 후에 육체의 치료를 받도록 하는 것이 대단히 유익하다. . ."고 공식적으로 선포하였다(Canon 22). 불순종하는 의사는 "그의 죄과를 지불하기 전까지 교회로부터 축출"되었다. 동일한 법규(Canon)는 "의사가 육체의 건강 회복을 위하여 환자에게 죄악의 도구에 의존하도록 권유하는 것"을 금지하며 이를 어길 시 파문하도록 했다.[12]

이 표준화는 결국 도시들과 새로운 화폐경제가 활성화되면서 대두

---

12. 제 4 차 라테란 공의회의 Canon 21-22, *Disciplinary Decrees of the General Councils, Text, Translation, and Commentary,* J. J. Schroeder (St. Louis, Mo. and London: Be. Herder Book Co., 1937), 260, 263. 일곱 성례전에 관한 공식적인 목록은 1439년의 플로렌스 공의회에서 작성되었으며 그리스도가 제정한 것은 두 개의 성례전이라는 프로테스탄트 교회의 주장에 대항하여 트렌트 공의회(1545-1563)에서 재확인되었다. 그럼에도 불구하고 일곱 성례전은 12세기까지 피터 롬바르드(1100-1160)에 의하여 인정받았으며 물론 토마스 아퀴나스(1225-1274 추정)에 의하여도 인정되었다. 그러나 피터보다 나이가 많은 동시대 인물인 세인트 빅토르의 휴고(Hugo of St. Victor, 1096-1141 추정)는 30개의 성례전을 열거하고 있다. *The Oxford Dictionary of the Christian Church,* ed. F. L. Cross(London and New York: Oxford University Press, 1957), 1198 참고.

된 중산층의 다양한 요구들에 부응할 수 없는 것으로 입증되었다. 그러나 현대 가톨릭교회는 유럽의 기독교인들 대부분이 하나님의 은혜와 성례전을 통하여 나타났던 치료의 능력을 만장일치로 받아들였던 중세 기독교 시대를 서방교회의 황금기로 간주하고 있다.

8. 르네상스와 종교개혁기의 화해

16세기의 종교개혁은 기독교 교리라는 관점에서 새로운 종교적 시기를 열었다고 보지만, 목회 돌봄에 차원에서 14, 15, 16세기는 한 단위의 시기를 구성하고 있다고 할 수 있다. 르네상스와 종교개혁기 동안 개개인들을 의로우신 하나님과 화해하게 하는 것은 모든 영혼 돌봄 사역의 분수령이 되었다. 초기 화해의 사역은 주로 사람들을 중재하는 형태를 취하거나 하나님의 용서를 얻기 위한 신비적인 방법으로 그들을 돕는 것이었다. 16세기에 들어서는 목회자와 교회가 치리의 형식으로 화해 사역을 활용하였다.

하나님과의 영적인 화해에 몰두하여 심지어 하나님과의 온전한 연합을 이루는 것과 하나님의 사랑하시는 피조물인 인간과의 화해가 중세기의 마지막 성취로 나타나면서 문화의 르네상스 시작을 알리는 두 개의 위대한 기념비적인 문학 작품인 플로렌스의 단테 알리기에리(1265-1321)의 『신곡(*The Divine Comedy*)』과 즈볼레의 토마스 아 켐피스(1380-1471로 추정)의 『그리스도를 본받아(*The Imitation of Christ*)』에 반영되어 있다. 이 두 대작은 각각의 방식대로 하나님과 그의 지으신 우주와 육체, 영혼과 마음이 완전한 통합을 이루기 위한 분투와 놀라운 인간의 노력의 절정을 담고 있다. 단테의 작품에서는 베르길리우스로 상징되는 이성과 베아트리체로 상징되는 초자연적인 계시를 통하여 연옥에서 낙원으로 가는 순례의 길이 묘사되었다. 인간의 이와 같은 순례에 대한 실질적인 관심을 재확인하면서 단테는 마지막 환상에서 "나의 고상한 환상 가운데 권력은 실패하였지만, 균형 있게 움직이는 바퀴와도 같은 나의 욕망과 의지, 태양과 다른 별들을 움직이게 하는 사랑은 돌고 있다."고 외친다.[13] 이와는 다른 방식으로, 일상적인 삶의 형제인 게르하르트 그루테(Gerhard Groote)의 추종자들의 열정적인 헌신을 요약하고 안내하고 있는 『그리스도를 본받아』는 지금 이곳에서의 하나님과의 연합된 삶, 주님을 닮아가려는 사람의 하나님을 향한 외침에 초점을 맞추고 있다.

> 주님은 모든 선한 사람들이 추구해야 하는 목표입니다. 주님은 생명을 지닌 모든 자의 가장 높은 정상이시며, 모든 언어의 가장 깊은 곳에 자리 잡고 있습니다. 당신을 신뢰하는 것만큼 당신의 종들에게 위대한 위로는 결코 어느 곳에서도 얻을 수 없습니다.[14]

루터의 개인 구원의 확신에 대한 유명한 명제 - *um ein gnädigen Gott zu Krieger*(하나님의 자비를 얻기 위하여) - 는 오랫동안 르네상스 시기 인간의 종교적 추구가 되어왔으며, 그가 종교개혁을 시작할 무렵에는 구원의 확신을 얻고, 인정받기 위한 방법과 기술이 이미 고

---

13. *The Divine Comedy of Dante Alighieri* (Paradiso, Canto XXXIII), Charles Eliot Norton 역(3 vols., second edn., Boston and New York: Houghton, Mifflin and Company, 1893), III, 215.

14. *The Imitation of Christ* by Thomas à Kempis, translated by Ronald Knox and Michael Oakley Trs. © Evelyn Waugh and Michael Oakley, 1959, published by Sheed & Ward, Inc., New York, III.59.4, p. 179.

도로 발달해 있었다. 르네상스 시기, 특히 독일과 스페인의 위대한 기독교 신비가들은 그 시대의 많은 평신도와 사제들, 수도원의 수도사들이 했던 것처럼 하나님과 영혼의 화해에 대한 동일한 확신을 추구하였다. 이러한 영적인 분위기에서 극히 개인화된 다양한 종교적인 표현들을 추구하였던 때였으므로 표준화된 성례전과 의례들은 중세 후기의 새로운 중산층의 정신을 부분적으로 포용할 수밖에 없었다. '**하나님을 봄**(*visio dei*)'을 이루기 위하여 클레르보의 베르나르에 의하여 개발된 영적 사다리라는 초기 수도원의 처방은 세속적인 사제들과 중산계층의 평신도들에 의하여 받아들여졌다. 그러므로 이 시기의 인문주의는 루터의 신중심주의가 하나님 다음으로 "두 번째 지위"를 차지한 신자들이 다가갈 수 있는 "자비하신 하나님"을 발견하기 전에 이미 객관화한 성례주의에 도전이 되었다. 젊은 루터와 그리고 이전에 수많은 다른 개혁자들에게 개별적이며 귓속말로 하는 고해성사는 인간이 하나님의 사함을 얻고 의롭게 되었다는 것을 알게 되는 온전한 인격적인 참여와 궁극의 관심을 요구하는 중심적인 종교 행위였다. 영향력 있는 목회자들은 신자들에게 자신들의 영적인 온전함에 대한 확신에 참여하거나 그들의 확신을 끌어내는 숙련된 영적 지도자들이었다. 중세 가톨릭주의에 대한 루터의 도전은 하나님과 인간의 화해와 관련된 잘못된 교리가 아니라, 이 화해를 너무 쉽사리 지나치게 기계적으로 전락시킨 것에 대한 도전이었다.

화해의 목회 기능에 대한 풍성하고 다양한 해석들과 표현들이 프로테스탄트교회는 물론 가톨릭교회에서의 개혁운동에 의해 생겨났다. 예수회(Society of Jesus)의 창시자인 성 이냐시오 로욜라(Ignatius de Loyola)와 같이 구원의 확신에 대하여 신자 개개인들을 능숙하게 지도하였던 지도자는 없었다[사례 14장 참조]. 이탈리아 가스파리 출신의 추기경 콘타리니(Contarini)는 하나님 앞에서 죄인들의 칭의에 대한 새로운 종교적 강조점을 기꺼이 수용하였다. 라인 지방의 마틴 부처(Martin Bucer)와 그 뒤를 이은 존 캘빈(John Calvin)은 하나님과 신자들과의 화해를 위하여 동료 신자들과의 화해를 포함하는 체계화된 교회 훈련제도를 보다 상세하게 개발했다. 영어권의 기독교계에서는 윌리암 틴데일(William Tyndale)과 다른 초기 프로테스탄트 지도자들이 하나님과의 화해를 수평적인 화해의 삶을 시작하는 것으로 이해하였다. 성경의 언약에서 발견되는 두 가지의 화해를 위한 절차는 하나님과 사람, 사람과 사람 간의 계약으로 이해되었다.

종교개혁에 의해 촉발된 화해 사역에 대한 다양한 묘사들에 따르면 목회자가 보통 사람들의 일상적인 삶을 이해하고 개입하는 것이 요구되었다. 이는 목회자들이 가정에서 온전한 사회적, 경제적 책무를 수행하게 되었다는 것을 의미하였다. 가톨릭에서는 성례전의 은혜를 나누어 주도록 훈련된 사제에 대한 중세기의 이해에 충실하기 위하여 이 단계를 밟지 않았으나, 예수회의 규범을 받아들여 교육과정을 재정비하고 사제가 사회로부터 은둔하는 전통적인 수도회의 입장에서 벗어나 사회적 참여를 강조하게 되었다. 이와 같이 죄인들이 하나님과 화해하고 신자들이 그들의 동료 신자들과 화해하는 일은 르네상스와 종교개혁 시기에 목회 돌봄의 주요주제였고 치유, 지탱, 지도의 기능은 중요하면서도 보조적인 기능을 담당했다.

9. 계몽주의 그리스도인의 영혼의 지탱사역

계몽주의로 인하여 17-8세기 서구 사회는 신이나 종교에 의존하지 않는 세계와 삶에 대한 설명과 이해를 얻게 되었다. 이 시기에 기독교는 종교의 주요 관심사인 영혼의 불멸과 종교의 주요가치인 개인의 도덕성 성취에 집중하면서 계몽주의 사상에 적응해 나갔다. 목회 돌봄은 인생의 순례 길에서 맞닥뜨리게 되는 고난, 어려움과 역경을 지나는 동안, 그것이 인격적인 덕성의 길이 되도록 신자들을 지도해 주는 지탱 사역에 초점을 두었다.

영어권의 기독교인들을 위하여 목회 돌봄을 전수하고 가르친 청교도 지도자인 리차드 박스터(1615-1691)의 『참된 목자(*The Reformed Pastor, Gildas Salvianus*)』(1656)는 세대에 걸쳐서 영혼을 돌보는 사역자들에게 지침서가 되고 있다. 박스터는 영혼의 목회를 다음 두 가지로 간결하게 정의한다.

1. 행복 또는 선이 인간의 궁극적 목표라는 것을 사람들에게 알리는 것.
2. 이 목표를 성취하기 위한 올바른 도구를 알려주어 사용할 수 있도록 돕되, 잘못 사용하지 않도록 할 것.

1항의 관점에서 박스터는 "현재의 삶의 헛됨과 비교하면서 약속된 행복의 확실성과 탁월성을 말해주고, 앞으로 오게 될 생애에 있는 완벽한 축복을 사람들에게 보여주기 위한" 목표를 설정했다. 따라서 "사람들이 자신들의 인식과 관심의 흐름을 바꾸어 이 세상에 대한 당연한 염증을 느끼게 함으로써 영원한 보화를 찾도록" 하였다. 영혼 돌봄의

2항의 관점은 "잘못된 길은 수치스러운 것이어야 하며, 모든 죄의 악은 드러나야 하고, 악으로 인해 사람들이 빠지게 되는 위험과 그로 인해 겪었던 상처들은 반드시 밝혀," 사람들이 하나님의 약속과 은사만을 의지하게 하는 것을 의미했다.[15] 다른 저자들은 당대의 교회 전통에 부합하는 개념들로 그들의 사상을 진술했지만, 주된 합의사항들로 인해서 계몽주의 목회 돌봄은 소멸하지 않는 영혼들을 덧없는 실존의 위험성, 특히 불멸성을 위협하는 상황 가운데에서도 지탱하는 일에 일차적으로 관심을 두게 되었다.

서구의 국가들에서 서방교회의 종교전통에 있었던 지탱과 지도의 사역은 각각 다른 색채와 강조점으로 나타났다. 존 번연의 작품[사례 17]을 통하여 잘 표현되었던 영어권의 청교도주의는 유한한 실존 상황에서 기독교 순례자들이 겪게 되는 무서운 곤경들을 극복해나가는 데 필요한 장비로서 성경을 강조했다. 루터교회, 개혁교회, 영국국교회와 그로부터 파생된 교회들로 알려진 고전적인 프로테스탄트교회들은 올바른 신앙과 그 신앙에서 비롯된 올바른 삶에 강조점을 두었다. 18세기 영국의 복음주의 열정의 기초가 된 독일의 경건주의는 영혼들이 전통적인 기독교 교리의 공격으로부터 피난처를 찾을 수 있는 "마음의 종교"를 권유하고 양육하는 길을 모색하였다[사례 18]. 이에 반하여 가톨릭교회의 예전 체계는 감각과 감정에 호소하는 의식과 예식 그리고 시각적인 보조물들을 사용하여 세속적인 관심에서 생겨나는 유혹으로부터 경건한 영혼들을 구원하기 위하여 노력했다. 이 운동들을 통해서 목회자가 인격적이며 실험적인 종교에 능숙한 사람이 되어 소기의 목

15. Richard Baxter, *The Reformed Pastor*, ed. Hugh Martin (London: SCM Press Ltd., 1956; Richmond, Va.: John Knox Press, 1963), pp. 48-49.

표를 성취하기 위한 "목회신학" 또는 **목회학**(*pastoralia*)의 전형을 개발할 것이 요구되었다.

이에 부응하여 신자들이 지지를 받아야 하는 각종 난관을 발견하고 기술하기 위한 도구로서 종교심리학이 새로운 주목을 받았다. 도덕적 삶을 살도록 지도하는 목회 기능이 지탱의 관심으로부터 자극을 받게 된 것처럼, 목회자들은 회심의 방편과 과정을 분석하고 화해의 기능을 일차적인 지탱의 과제와 긴밀하게 연결하려 하였다. 이 시기가 지닌 중대한 의미는 횡행하던 마녀재판에 대한 기독교 목회의 관심이 종식되는 것을 볼 수 있었던 것이다. 이는 교회 밖의 의료기법이 개발되면서 각종 질환과 비합리적인 행동을 물리적, 심리적으로 설명하고 치료하는 것이 귀신들림으로 설명하고 축귀와 사형으로 치료했던 것을 대체하게 되었기 때문이다. 목회적 치유는 계몽주의 시대에 폐지된 이후 지금까지도 회복되지 않고 있다.

계몽주의적 인간은 기독교를 존중하면서도 인간의 본성은 불변하며, 전통의 속박에서 자유롭게 된다면 새롭게 꽃피울 수 있는 역량을 지닌 존재로 확신하였다. 교육이 마음을 계발하고 위생이 신체를 꽃피울 수 있도록 돕는 것처럼 목회 사역은 고상하고 영원한 목표를 향하여 영혼을 양육하고 지탱하도록 도왔다. 화해의 회심 사역과 지도의 도덕적 관심의 지원을 받아서 지탱의 사역은 개인의 종교적 덕성이라는 목표를 추구하였다. 지탱자로서 목회자는 종교적인 주제들에 있어서 대가가 되어야 한다는 요구를 받는다고 느꼈고, 실제로 전문적인 종교인이 되었다. 그 요구를 온전히 성취할 수 없는 불가피한 실패로 인해서 평신도 사역을 강조하는 독일 경건주의 운동과 웨슬리 부흥 운동이 적절한 예시가 되는 중요한 운동들의 기반이 마련되었다. 이와 유사하게 가톨릭교회에서는 종교적 도덕주의를 강조하는 얀센주의[16]와 몰리니스트[17]의 새로운 운동들이 발흥해 당시 지배적 교단인 예수회의 날카로운 공격을 불러일으켰다.

초대 기독교 시대에는 역사적 미래에 대한 기독교 신자들의 절망감 때문에 지탱 사역이 목회 돌봄에서 중요했다면, 계몽주의 시대에는 사뭇 다른 이유들 때문에 지탱 사역이 중심적인 목회 기능이 되었다. 현세에 대한 역사적 희망과 인간의 열망이 매우 높았기 때문에, 이러한 맥락에서 목회의 지탱 사역은 일차적으로 아무리 현세의 삶이 풍성할수 있다 하더라도 신자들에게 그들의 개인적인 운명이 내세에 있음을 강조하였다.

10. 종교적 개인주의 시기의
목회의 지도 사역

프랑스 혁명과 제1차 세계대전을 겪는 동안 서방국가들의 사람들을 고무했던 문화적 확신은 종교와 종교적인 헌신이 개인과 인격적인 삶의 사적인 영역에 속한 것이므로 누구도 침범할 수 없다고 간주하는 성향이었다. 현대 개혁교회 신학의 아버지라 불리는 프리드리히 슐라이어마허(Friedrich Schleiermacher)는 그의 저서 『종교에 관하여』(1799)에서 "참된 교회의 원리에 따르면, 세상에서 살아가는 목사의

---

16. 역주─얀센주의는 프랑스에서 주로 일어났던 가톨릭교회의 신학 운동으로 원죄와 인간의 타락, 신의 은총의 필요성, 예정론 등을 강조하였다. 이 운동은 네델란드 신학자 코넬리우스 얀센(Cornelius Jansen, 1638년 사망)의 사후에 그의 친구들이 그의 저작을 출판하기 시작하면서 이루어졌다.
17. 역주─몰리니스트(Molinist)는 16세기 스페인의 예수회 소속 신학자였던 Luis de Molina 에게서 유래된 신학 운동이다. 인간의 자유의지와 하나님의 섭리가 화합하여 시도될 때에 일어난다는 주제로 알려져 있다. 하나님의 예정과 예지를 주장하게 된 배경이 되었다.

사역은 사적인 일이며, 예배당(성전) 또한 종교를 말하고자 하는 자신의 소리를 높이는 사적인 공간이다."[18]라고 선포했다. 근대 서구 문명인 당시의 유럽 여러 국가 지도자들은 종교의 사적 자유(privacy)를 강하게 주장했다. 그들은 1773년까지 로마 가톨릭교회의 공적 기능을 보호하고 관리해 오던 예수회를 폐지하도록 교황청을 종용하였다. 결국에 예수회는 1814년에 구체적인 종교 단체로서 다시 설립될 때까지 지하 운동으로만 존립하게 되었다.

종교의 사적 자유는 교회의 회원자격을 자발적인 형태로 만들었으며, 교회의 다원화를 발달시켰다. 고통을 겪고 있는 사람들이 개인적이며 사적이며 다원적인 결단을 하도록 지도하는 기능은 19세기 전반에 걸쳐서 목회의 관심과 목회 활동에 스며들었고 동시에 후에 심리학과 종교심리학에 몰두하게 되는 발판이 되었다.

이 시기의 초기에는 근대 민족주의, 중산층의 도덕성, 그리고 기술 문명이 태동하면서 정치, 사회, 지성의 혁명이 일어났다. 이러한 운동들 때문에 전통적이며 일치된 기독교로서의 국가와 민족의 정체성이 약화되었고, 지금껏 교회의 권력이 구축하고 유지해왔던 기반인 국가의 지원이 철회되었다. 사적인 견해의 영역으로 종교를 표방하며 개인의 선택으로 교회에 소속되는 것이 기독교의 새로운 입지가 되었지만, 그렇다고 결코 교회의 영향력이 없어진 것은 아니었다. 개신교회의 거대한 선교의 활력으로 태동한 19세기 대부흥운동은 개인적, 사적인 결단을 통해서 예수 그리스도를 개인의 주(Lord)이며, 구세주(Savior)로 영접하도록 호소하였다. 기독교는 일차적으로 개인의 도덕성에 그리고 사회 복음과 같은 현상에서 정의로운 사회를 구축하기 위한 자발적

---

18. Friedrich D. E. Schleiermacher, *On Religion, Speeches to its Cultured Despisers*, tr. John Oman (New York: Harper & Brothers, Publishers, 1958), pp. 174-75.

인 노력에 호소하면서 중산층의 인격적 고결함을 추구하는 윤리의 수호자가 되었다. 사적인 확신들을 적절하고 친밀하게 나눌 수 있는 영역으로서의 가정생활은 종교 생활과 목회의 주요 관심사가 되었다.

기독교 교육의 양육과정의 수단으로 어린이를 기독교적인 삶으로 지도하는 것은, 부흥운동을 통하여 성인들을 기독교인의 삶으로 이끌었던 지도의 사역 못지않게 의로운 삶을 가능하게 하는 유익한 것으로 생각되어 사람들의 관심을 끌었다. 목회는 요람에서 무덤까지 전 생애에 걸쳐서 기독교가 주요 자산이 된다는 것을 지도하는 사역에 초점이 맞춰졌다. 도덕적 지도는 개인들을 설득력 있고 도움이 되는, 하나님의 임재에 대한 의식으로 이끌어 주려고 하는 종교적인 지도의 토대에 기반을 두었다[사례 19와 20을 보라]. 이와 같이 종교에 대한 주관적이며 개인적이며 사적인 의미는 종교의 다원주의적 다양성보다도 더 넓고 다양한 종교적 경험을 제공했다. 종교적 경험은 미국의 철학자이자 심리학자인 윌리엄 제임스의 저작들 가운데 가장 잘 묘사한 종교심리학을 새롭게 탄생하게 한 연구와 분류의 대상이 되었다[사례 21을 보라]. 신학적으로 목회자들은 자신들을 매우 다양한 종교의 이론과 실제에 있어서 전문가로 이해하였다.

물론, 부수적인 목회 기능은 계속되었지만 개별적이고 연역적인 지도 방식을 갖고 있었다. 20세기에는 중요한 신앙적 치료 운동이 새로운 종교의 형태를 탄생시키는데, 그중에 크리스천 사이언스를 예로 들 수 있다. 이러한 주관적인 기반을 지지해주는 일은 물리적이고 물질적인 세계의 힘겨운 현실에 직면한 사람들에게 영적인 위로를 제공하는 사역이 되었다. 사적인 영역으로 내몰린 종교는 과거 형태의 교회 치리는 지속하지 못하게 되었지만, 치리는 몰몬교와 같이 강렬한 분파주의 운동을 기반으로 새롭게 나타났다. 용서의 형태를 지닌 화해의 사역은 주로 사람들이 그리스도를 믿는 결단을 하는 방향으로 진행되었다. 그러므로 치유, 지탱 그리고 화해는 지도 사역의 보조역할을 하였으며, 지도는 개인적인 영적인 삶과 종교적인 확신과 더불어 크고 작은 삶의 결단을 위한 규범들을 끌어내는 것에 주력하였다.

PART 3.

●

네 가지
목회 기능

PASTORAL CARE IN HISTORICAL
PERSPECTIVE

네 가지 목회 기능

목회 돌봄의 사역이 역사적인 시대를 거치면서 각각의 시대별로 실행했던 내용이 서술되고 그에 따라 돌봄 사역의 정의가 내려졌다. 치유, 지탱, 지도 그리고 화해의 네 가지 목회 기능은 기독교 세계에서 문화적, 심리적, 학문적 상황과 변화하는 종교적인 상황에 따라 번갈아가면서 다양하게 대두되었다. 시대마다 실행한 목회적 노력을 하나의 중심적 기능으로 구분했으나, 네 가지 목회 기능이 함께 기능한 것으로 나타났다. 따라서 네 가지 목회 기능이 함께 상호 관련을 맺으면서 변화했다는 사실을 염두에 두고 역사적 관점에서 네 가지 기능을 차례로 살펴보는 것이 도움이 될 것이다. 각 기능은 심리학의 다른 언어로 묘사되며, 이질적인 문화적 상황에 직면해 다른 방식으로 구체화하면서 독자적으로 발전, 정교화 그리고 변화해 왔다. 앞서 기독교의 목회적인 노력에 관한 일반적인 역사를 간략하게 소개했다. 이제 네 가지 목회 기능에 대한 "윤곽" 혹은 "전기"라고 할 수 있는 구체적인 역사를 탐색할 것이다.

이 장에서 우리는 각각의 목회 기능의 실행과 형태와 방법의 특성을 파악하기에 충분한 역사적 연구를 하고자 했다. 이를 위하여 지루한 역사적 진술이나 경직된 연대기적 설명과 같은 겉치레는 피했다. 치유는 축귀(exorcism), 마술, 마녀사냥, 의료, 정신병학 등과 같은 광범위하고 다양한 기법과 실제를 다뤄야 하는 매우 복잡한 기능이다. 그와 대조적으로 지탱은 자체적으로 상당히 정비된 안정적인 사역이다. 지도의 기능은 매우 복잡한 사역이며 아마도 오늘날 모든 목회 사역 가운데 가장 쓰임새가 풍부하다는 평판을 받을 것이다. 한편, 화해의 기능은 현재 용서와 다른 체계적 방법으로 실행되고 있으나 화해 사역의 역사를 살펴보는 일은 대단히 유익할 것이다. 그러므로 네 기능에 관한 우리의 논의는 길이도 같지 않고 사전에 계획된 방식을 따르지 않을 것이다. 하지만 각 기능의 주요 형태와 방법을 분석하면서 우리 시대에 이바지할 만한 잠재력을 평가하기 위한 역사적 탐구를 하게 될 것이다.

1. 치유

치유는 병든 사람이 약함을 극복하고 온전하게 회복해서 이전의 상태를 넘어 앞으로 나아갈 수 있도록 돕는 것을 목표로 한다. 목회 치유의 목표인 온전함은 단지 질환이 시작되기 전 상태로의 회복만을 의미하지 않는다. 병 고침이나 회복이 목회 돌봄에 의해 일어날 때 고통당하는 사람이 질병에 걸리기 전에 경험하였던 상태보다 훨씬 고상한 영적 수준을 갖게 되기를 희망한다. 충수염을 앓는 사람은 맹장을 제거하는 수술을 통해서 앓기 전의 정상적인 신체 상태를 회복함으로써 치유될 수 있다. 그러나 기독교 목회 사역에서 이해하는 치유에는 회복 그 이상이며 질병을 앓기 이전에 갖고 있었던 상태에서 더욱 진전된 것이 포함된다. 수술로 맹장을 제거한 사람은 질병과 수술의 위험을 경험하는 가운데 기독교 신앙으로 지도받아서 삶의 새로운 깊이를 발견하게 될 것이다. 질환은 언제나 위기를 동반하며 삶의 일상을 침범한다. 심각한 경우에는 삶을 완전히 멈추게 한다. 병든 사람이 도움을 요청하는 것은 순전히 인간으로서의 약함을 의식하게 되는 과정에서의 외침이다. 사회적 지위, 돈, 가정과 같이 이전에는 상당히 중요하다고 여겼던 것들이 갑자기 상대적으로 그리 중요하지 않게 된다. 병든 사람은 자기 스스로 보호할 수 없으며, 붕괴하고 갑자기 멸절될 수 있는 피조물임을 인식하게 되면서, 시편 기자가 묘사한 것처럼 삶이란 무너져 버릴 수밖에 없다는 깨달음을 얻게 된다.

> 아버지가 자식을 불쌍히 여기시듯이 여호와께서 자기를 두려워하는 자를 불쌍히 여기시니 우리가 어떻게 만들어진 것을 아시며 우리가 먼지에 불과한 존재임을 기억하심이라. 인생은 그 사는 날이 풀과 같고 그 영화가 들의 꽃과 같다. 바람이 불면 그 꽃은 떨어져 다시 볼 수 없다. (시편 103:13-16, 현대인의 성경)

다른 한편으로 삶의 변덕스러움을 경험한 사람은 그 전에 누렸던 자유와 건강에 감사하게 되고 위기를 통해서 변화할 수 있다. 폴 투르니에는 다음과 같이 말하고 있다.

> 2년 전에 아내의 다리가 골절되었을 때에, 그녀는 "병원은 언제나 환자로 가득하지요. 내가 거기에 가야 한다면 이번 한 번이면 좋겠어요."라고 나에게 말했다. 삶과 건강은 거저 받은 선물인 것으로 판명이 되고 삶의 연장과 건강의 회복은 의료진들의 수고에 힘입어 얻은 것일지라도 자비하신 하나님의 축복이며 집행

유예와도 같이 우리에게 주시는 기회일 뿐이다. 우리는 하나님
께 왜 유예하시는가를 여쭤야 한다.[1]

회복과 성장을 목표로 하는 치유는 영혼의 치료 사역의 중요한 기능
이 되어왔다. 그 역사는 다양하고 광범위하며 지속적이고 풍부하다.
각각의 시기마다 교회는 치유의 사역을 첫 번째로 삼고 다른 여러 기능
을 번갈아 가면서 다양한 도구와 방법을 사용해왔다.

I. 기름부음

교회가 생겨난 초기 몇 세기 동안 기름부음은 치유를 위한 대중적이
며 의미있는 수단이었다. 기름은 공적 예배나 병실에서 사용되었으며,
주교나 사제 또는 평신도로서 은사를 받은 사람이 사용했다. 기름은
목회자나 평신도가 사용했으나 때로는 환자 자신이 직접 사용하기도
했다. 흔히 병든 부위에 십자가 성호를 긋고 기름을 부었다. 다른 신체
부위에도 바르기도 했는데, 세 번 또는 다섯 번 어떤 이들은 스무 군데
에 기름을 바르게 하였다. 간혹 일주일간 매일 반복하여 기름을 발랐
다.[2] 어떤 경우에는 물과 기름을 함께 마시게 하였다. 물과 기름은 열
을 내리게 하고 질병을 일으키는 부정한 영들을 쫓아내려는 목적으로
사용했다.[3] 마귀가 병든 자의 감각기관을 통하여 공격한다는 생각으
로 허리와 입을 포함한 감각 부위에 기름을 발랐다. 심지어 신체의 구

1. Paul Tournier, *A Doctor's Casebook in the Light of the Bible,* tr. Edwin Hudson
   (New York: Harper & Brothers, 1960), p. 173.
2. Ludwig Eisenhofer and Joseph Lechner, *The Liturgy of the Roman Rite,* tr. A J.
   and E. F. Peeler (New York: Herder and Herder, 1961), p, 383을 보라.
3. F. W. Puller, *The Anointing of the Sick in Scripture and Tradition* (London:
   S.P.C.K., second edn., rev., 1910), p. 83을 보라.

멍들을 통하여 마귀가 들어온다고 믿어 감각기관의 입구마다 십자가 성호를 그리며 기름을 발라 마귀의 공격을 차단하고자 했다.

9세기까지 치유를 위한 기름 바르는 관습은 서방 기독교 안에서 근본적인 변화를 맞았다. 기름 부음은 죽음을 추모하는 의례인 종유성사로 바뀐다. 샤를 대제의 신학적 조언자 가운데 하나였던 올리언즈의 테오둘프 주교(Theodulf of Orleans, 주후 818년 사망)는 신체의 열다섯 군데에 기름을 붓게 하는 목회 돌봄 지침서를 보냈다.

> 병든 사람에게 기름을 바를 때에 사제는 주기도문과 신조를 암송하는 데 참여하게 하여 그의 영혼을 하나님의 손에 위탁하고, 십자가 성호를 통해 환자를 강건하게 하여 삶의 작별을 고하게 하라. 그리고 사제는 그 환자와 대화하라. . . .[4]

테오둘프는 기름 부음을 마지막 의례로 본 것이 분명하다. 이 예전은 기세를 몰아 치유의 사역으로서 종유성사를 새롭게 하려고 노력해온 최근까지 중심적인 의례가 되었다.

II. 성자와 유품

교회의 치유 사역의 아주 흥미로운 측면은 유품과의 접촉을 통한 치유이다. 유품은 성자(saint)의 신체 부분으로 알려진 것이나, 예수님 또는 마리아의 삶과 관련이 있는 물건을 말한다. 유골, 머리카락, 옷, 십자가의 나무 조각, 동정녀의 젖가슴에서 나왔다는 젖 등이 치유의 정도를 좌우하는 것으로 믿었다. 12세기의 역사가는 오제르(Auxerre)에

---

4. Puller, 위의 책 , p. 194에서 인용.

서 주후 887년에 토어의 성 마틴의 유골을 가져온 이야기를 전한다. 절름발이라서 수월하게 구걸하여 연명하는 두 명의 절름발이가 그 유품이 온다는 소식을 전해 듣고 혹시 정상이 될까 봐 그 지역을 벗어나려고 했다. 그러나 그들이 가졌던 최악의 공포가 사실로 드러났다. 그들이 도시를 떠나기 전에 유품이 도착해버렸고 원치 않게 치료가 되었다.[5] 이 사건으로 유품이 지닌 치유의 힘이 널리 퍼져 부유하고 권력 있는 사람들이 질병의 완치를 위하여 유품을 수집하게 되었으며, 어떤 특정 질병에 어떤 유품이 더 효과가 있는지 알려졌다. 마틴 루터의 후견인이었던 작센 주(州)의 영주 프레드릭 선제후는 질병을 극복할 다른 수단을 찾던 루터와 달리 유명한 유품 수집가로 유품 보관소까지 지었다[실제 사례 12].

성자에게 드리는 기도 또한 치유를 일으킨다고 믿었다. 어떤 질환으로 고통당하는 환자를 위한 특정한 성자의 능력은 그 성자가 어떻게 죽었는가에 따라서 결정된다. 초대교회의 순교자인 성 아가타는 젖가슴이 절단되면서 죽임을 당했고, 이후 여성의 유방 질환과 수유하는 여인의 수호 성자로 불렸다. 성 아폴로니아는 그녀의 치아와 턱이 부서져 죽임을 당한 관계로, 그녀를 부르며 치통을 호소하는 사람들을 위한 기도가 행해졌다. 다리와 발의 질환은 성 요한의 가호 아래 행해졌다. 홍역은 성 라사로의 영역이었다. 130명 이상 되는 성인들의 이름이 특유의 질환에 효험이 있다고 알려졌다. 약물, 향유, 연고 등이 성인의 이름을 부르는 것과 함께 치유를 돕는 수단으로 사용되었다. 이렇듯 치유 행위는 적절한 수호성인의 이름과 함께 실행되었다. 현대 의약품에서도 여전히 성 바돌로뮤의 해열제, 성 야곱의 기름, 성 게르

---

5. Henry Charles Lea, *A History of the Inquisition of the Middle Ages* (3 vols., New York: Harper & Brothers, 1888), I, 47-48.

만의 차 등의 이름이 사용되고 있다.[6]

성물보관소를 지어서 성자의 유골이나 영적으로 강력한 유품을 보관하여 기념했다. 콜로네의 대성당에 있는 성물보관소는 동방박사 세 사람의 해골을 보관하고 있다고 알려져 있는데 유럽 전역에서 환자들이 치료받고자 이곳을 방문한다. 그 도시에 있는 성 게레온 교회는 수호 성자의 치유의 힘을 지닌 유품을 보관하고 있다. 이 밖에도 콜로네에는 훈족에게 죽임당한 일만 일천 명의 처녀들과 울설라의 순교자들을 기념하기 위하여 세워진 수도원의 내벽에는 이때 순교 당한 여성들의 뼈라고 주장하는 것들로 덮여있다.[7] 현대에 들어서 가장 유명한 치유의 성물보관소는 프랑스의 로더와 캐나다의 뷰프레의 성 안나 성전이다. 오늘날 이 두 군데의 성물보관소는 중세에 세워진 어떤 유명한 곳보다 많은 사람이 방문하고 있다.

III. 치유 은사를 받은 이들

기독교의 치유 사역은 특별히 치유의 은사를 받은 사람들에 의하여 실행되기도 한다. 특별한 치유의 능력을 지닌 사람들은 역사적으로 유명해졌다. 교회는 주후 1161년에 고백자 에드워드를 그의 경건성과 치유의 기적을 행할 수 있었기 때문에 성자로 시성하였다. 실제로 특별한 질환인 목에 생기는 연주창(scrofula)이나 결핵은 "왕의 질병"이라고 불렸는데 에드워드는 안수로 그 질환을 치료하는 데 성공했다. 그의 계승자들은 이 병과 관계된 치유의 능력을 전수받았다고 믿었다. 영국은 헨

---

6. Benjamin Lee Gordon, *Medieval and Renaissance Medicine* (New York: Philosophical Library, 1959), pp. 34-35.

7. Howard W. Haggard, *Devils, Drugs, and Doctors* (New York: Harper & Row, Publishers, 1929), p. 301.

리 8세(1547년 사망)가 교황청의 간섭에서 벗어나 그의 왕국을 이끈 이후에도 치유의 사역은 계속되었다. 그는 "경련의 반지(cramp rings)"를 나눠주어 경련과 발작을 예방하는 목적으로 사용하게 했으며 엘리자베스 1세 여왕은 축복의 반지를 늘 착용했다. 영국의 찰스 2세(1685년 사망)는 연주창과 다른 질환의 치료자로서 바빴으며 네덜란드로 피신해 있는 동안에도 치료를 위해 찾아온 병자들로 둘러싸였다. 앤 여왕(1714년 사망)은 영국의 왕족 가운데 치유 사역을 했던 마지막 인물이다.[8] 아씨시의 성 프란시스(1226년 사망)는 치유의 기적으로 유명했다[실제 사례 9]. 퀘이커교의 창시자인 조지 폭스(1691년 사망)는 그의 회심 이후에 정신질환만이 아니라 신체적 질병을 치료하는 은사로 널리 알려졌다. 폭스의 추종자들은 신경증적인 그의 신앙으로 인하여 영적 권위가 손상될 것을 우려해 치유의 성공사례를 완곡하게 묘사했다. 그러나 그의 사역을 축소하려는 노력에도 불구하고 꽤 많은 치유 사례들이 "기적의 책"에 수록되어 있다.[9]

치유 은사자에 의해 행해진 목회 치유는 프로테스탄트 교회와 가톨릭교회의 종교개혁 이후에도 목회자들과 평신도들 모두에게 특별한 능력으로 나타났다. 수많은 흥미로운 기록 가운데 블랙 포레스트의 뫼틀링엔 마을의 루터교회 목회자였던 존 크리스토퍼 블룸하르트(1805-1880)에 관한 것만큼 치유의 효과를 극적으로 나타낸 설교 사례는 없을 것이다. 그의 전기 작가는 피부의 불치병으로 고통당하는 노동자의 치료사례를 기록하고 있다. 이 환자는 최후의 수단이라고 생각하고 유명한 설교자를 찾았다.

---

8. Haggard, *op. cit.*, pp. 294-296.
9. Vernon Noble, *The Man in Leather Breeches* (New York: Philosophica Library, 1953), pp. 73-74을 보라.

블룸하르트가 교회의 설교를 위하여 가운을 입고 있는 순간 목사 앞에 그 환자가 나타났다. 그 사람의 질병은 블룸하르트의 긍휼을 자극하기에 충분하였고, 증상을 한눈에 알아볼 수 있었다. 그 남자가 증세를 말하려 하자, 불룸하르트는 말했다. "친구여, 나의 시간이 별로 없습니다. 당신의 고통을 알아보겠습니다. 교회로 가서 주님께서 도와주시기를 간구하십시오." 환자는 거절감에 치밀어 오르는 화로 분노를 제어할 수 없어 혼잣말로 중얼거렸다. "자비한 블룸하르트여 거기 당신의 경건한 사람들과 함께 계시는구려! 내가 교회로 가야 하겠지요, 안 그렇소?" 그러면서도 목사가 설교하는 가운데 자신을 언급해 주기 바라며 교회로 갔다. 블룸하르트는 "구하라 주실 것이요."라는 본문을 설교했고, 환자는 블룸하르트의 설교가 자신에게 얼마나 중요한 것인지 깨닫지 못했다. 조용히 중얼거렸다. "저 목사는 나는 안중에도 없는 말씀만 전하는구먼." 그는 칭찬 반 분노 반을 마음에 품고 교회를 떠나 집을 향하여 걷기 시작했다. 그의 마음에는 설교 중에 사용된 많은 낱말이 있었지만, "경건한 교인들", "이 긍휼" 이런 단어들이 계속 맴돌았다. 그러자 이내 혼란스러운 마음이 상쾌한 기분으로 휩싸였다. 그의 피부는 특별한 느낌이 느껴졌다. 어느 한 부위에서 시작된 그 느낌은 퍼져가면서 점점 더 강해졌다. "내가 치유되고 있나?" 흥분에 사로잡혀서 곧장 집으로 달려와 홀로 침실에 들어가 불빛을 찾아 피부를 살펴본 그는 치유가 시작되었다는 것을 알게 되었다. (블룸하르트는 이 과정이 두 주간 걸린다고 말했다) 이 사람은 결과에 대하여 확신이 생길 때까지 기다렸다가 엘베펠트로 가서 블룸하르트의 몇몇 친구들 편에 자신의 병이 나았다는 기쁜 소식을 블룸하르트에게 전했다.[10]

10. F. Zündel, *Pfarrer J. C. Blumhardt, Ein Lebensbild* (Zürich, 1880), pp. 437-438, Percy Dearmer이 번역한 *Body and Soul: An Enquiry into the Effect of Religion Upon Health* . .(New York: E. P. Dutton & Company, 1909), pp. 397-398.

영적 치유에 대한 이와 같은 기록은 우리 시대에는 알려지지 않을 뿐만 아니라 어떤 이들은 사기라고 의문을 제기할 수 있을 만한 것이다. 그러나 은사자들에 의하여 이루어진 순수한 치유의 능력에 관한 이야기들은 오늘날에도 과학적인 탐구와 결과에 전혀 영향을 받지 않고 알려져 있다.[11]

IV. 축귀 사역

목회 치유사역의 극적인 국면은 거룩한 말씀과 성스러운 예전을 사용하여 악령을 몰아내는 축귀 사역이다. 예수님도 귀신을 내쫓으셨다. 복음서의 기록에 따르면, 처음부터 예수님의 제자들도 같은 방식으로 치유했다. 사람들은 세례를 통해 정결하게 되고 그들의 몸에서 악령이 쫓겨나가 치유가 되었다. 4세기경 예루살렘의 씨릴 주교는 모든 세례 받게 될 이들은 귀신을 쫓아내는 세례를 받는다고 했고, 가톨릭교회의 초기 예전서에는 세례받을 때 귀신을 내쫓는 예전이 포함되어 있다. 축귀 예식은 귀신을 쫓아내는 사제는 엎드려 있는 세례 받는 이의 머리에 손을 얹고 긴 엄명(adjuration)을 읽었다. 이것은 아브라함과 이삭과 야곱과 모세의 하나님이 천사를 보내주셨으니 저주받은 악마는 하나님의 심판 앞에 엎드려서 하나님과 그리스도를 인정하고 세례를 받으려 하는 하나님의 종에게서 물러가라는 내용이었으며, 사제가 세례 후보자의 이마에 그은 성호는 마귀가 다시는 침범할 수 없도록 하는 징표가 되었다. 세례와 연결된 축귀 예전은 부모와 대부가 서원하는 현대의 세례예식에도 그 아이의 이름으로 귀신을 물리치고 이마에 십자

---

11. Jerome D. Frank, *Persuasion and Healing: A Comparative Study in Psychotherapy* (Batimore: The Johns Hopkins Press, 1961).

가 성호를 긋는 방식으로 여전히 남아있다.[12]

초창기에 축귀 사역은 목회자들에게 한정된 것은 아니었다. 터툴리안과 오리겐은 가장 배움이 부족하더라도 순전한 이들의 기도와 엄명은 귀신을 몰아낼 수 있다고 주장했다. 동방교회에서도 퇴마사라는 특유의 사역자는 세워지지 않았으나, 은사를 받은 자가 축귀를 수행했다고 한다. 코넬리우스 교황(251-252)에 이르러, 로마교회는 사제의 네 가지 부수적인 사역 가운데 하나로 축귀 사역을 발전시켰다. 유아세례가 어른이 교회로 나오는 입교에 선행되는 것과 같이, 축귀 의식은 점차 사제의 사역으로 흡수되었다.

축귀 사역이 일반적인 사제의 사역으로 흡수됐다는 것은 축귀의 요구나 실행이 중단되지 않았다는 것을 말한다. 축귀를 통한 치유 사역에 대한 생생한 기록이 스페인의 수녀원 원장의 일기에서 발견된다. 그것은 1628년과 1631년 사이에 마드리드에 만연했던 귀신들림 현상과 관련된 것이었다. 그녀는 다음과 같이 기록하고 있다.

> 내가 이 상태에 처해 있음을 발견했을 때에 내 안에 일어나는 움직임이 너무도 특이해서 그 원인이 자연적인 것은 아니라고 판단하였다. 하나님께 이 끔찍한 고통에서 건져달라고 간구하면서 여러 가지 기도문을 암송하였다. 내 상태가 나아지지 않자, 부수도원장에게 축귀를 요청했다. 그는 나의 요청을 받아들이지 않았고, 내게 일어나는 모든 것이 단지 나의 상상에서 비롯된 것이라고 말했다. 나는 내가 할 수 있는 모든 것을 믿고 받아들였지

---

12. Cyril of Jerusalem, Procatachesis 9, *NPNF: 2*, VII, 3. 젤라시안 예전서에서 나온 라틴어로 된 축귀 예전의 형식은 L. Duchesne의 *Christian Worship: Its Origin and Evolution*, tr. M. L. McClure (fifth edn., London: Society for Promoting Christian Knowledge, 1931), pp. 299-300. 현대의 세례예식은 *The Book of Common Prayer*(American), pp. 276, 280을 보라.

만, 고통은 나를 정반대 방향으로 몰아갔다. 성모마리아 축성일에 부수도원장은 성의를 걸치고 여러 기도문을 낭송한 후에 하나님께 마귀를 드러내어 내 몸 안에 있는지 나에게 보여주시거나 아니면 내 안에서 느끼고 있는 고난과 고통을 덜어달라는 기도를 하였다. 축귀를 시작한 후 오랫동안 더는 어떤 것도 느껴지지 않아 내가 자유롭게 되었다는 것을 알게 되어 행복감을 느끼고 있을 때, 갑자기 평생 한 번도 경험하지 못한 생각의 지배를 받아 말하고 행동하는 실신과 섬망 상태에 빠져들고 말았다. . . 이 현상은 석 달 동안 계속되었으며 그동안 나는 정상적이며 자연스러운 상태를 거의 느낄 수 없었다. 천성이 차분한 성격이었던 나는 어렸을 때조차 내 나이에 어울리지 않게 놀이를 즐기지 않았고, 쾌활함도 습관적인 움직임도 없었다. 따라서 스물여섯 살에 수녀가 되고 심지어는 수도원장이 되었던 내가 지금껏 한 번도 해본 적이 없는 어처구니없는 행동은 초자연적인 것으로 생각하지 않을 수 없다. . . .[13]

현대인들은 이상하게 생각할 수 있겠지만, 스페인의 여수도원장의 이야기처럼 극적인 예는 교회의 신체적 질병 치유에 대한 지속적인 관심과 적극적인 참여를 설명하기 위하여 기독교 역사의 모든 시대에 인용되었다. 그러나 대체로 개혁교회는 귀신들림 현상에 대하여 회의적인 시각을 가졌으며 이로 인해 개혁교회의 정신이 지배하는 곳에는 축귀가 거의 행해지지 않았다. 영국에서 17세기 초 순회설교자가 축귀를 시도했는데 이것은 오히려 목회자의 축귀 행위를 금지하는 법안이 만들어지는 결과를 낳았다. 전반적으로 복음주의 개혁교회 신자들은

---

13. L. F. Calmeil, *De La Folie*, T. K. Oesterreich, *Possession; Demoniacal and Other* 에서 인용함. D. Ibberson 번역(London: Kegan Paul, Trench, Trubner and Co., Ltd., 1930), p. 41.

루터의 입장을 따랐다. 사탄의 실재와 능력을 확고하게 믿지만, 마귀의 공격을 치료하기 위하여 기도만을 사용하도록 권유했다[사례 18을 보라].

오늘날 축귀 사역은 가톨릭교회에서 사제의 서품 과정의 몇 가지 단계 가운데 하나이며 대개 신학 수업 과정 중 어느 시기에 그 단계를 배우게 된다. 사제만이 축귀의 능력을 사용할 수 있으며, 로마교황청의 예전(*Rituale Romanum*)의 절차를 신중하게 밟아야 하고, 동시에 대주교와 주교 관구의 법령을 성실하게 준수해야 하며 대체로 축귀 의식을 거행하기 전에 반드시 주교의 승인을 얻어야 한다.

V. 마법 의료 (Magico-Medicine)

초대교회부터 중세의 기독교인은 정신과 신체 질환 모두 악마의 영향이라고 믿었으며, 기도와 간구와 예전적 행위와 성별된 음료 등이 치료방법으로 사용되었다. 기독교가 유럽의 소위 야만족들과 조우하게 되면서 기독교의 주문과 예전과 성물들이 치료력을 강화한다는 이유로 질환과 합리적인 연관성이 없어 보이는 약용 연고와 약물을 함께 사용하게 되었다. 악마의 활동이 초래한 것으로 알았던 간질의 치료법은 자살한 사람의 해골에서 나온 물을 환자의 목구멍에 부어 마귀가 파멸의 효력을 맛보고 황급히 달아나게 하는 거였다. 앵글로색슨족의 주술 치료방법은 *The Leechdom of Bald*에 주로 기록되어 있다. 기록에 의하면 살모사에 물린 사람을 위한 치료의 방법은 검은 달팽이를 성수반에서 씻은 후 환자가 그 물을 마시게 하는 것이었다.[14] 주후 1000

---

14. Gordon, 위의 책, p. 557과 361면 이후.

년경 다양한 자료에서 수집하여 엮은 마법 치료서인 『라크눈가 (Lacnunga)』는 그리스의 의약 치료, 앵글로 색슨 민족 주술, 그리고 기독교의 치료법 등을 혼합한 것이다. 작은 요정들이 부리는 마법에 대한 예방책과 관련해서는 희미하게나마 기독교 영향을 받은 이교도 치료법을 제시하고 있다. 그 치료방책은 성찬 접시 위에 성경 구절을 적고, 성별된 약초와 포도주와 순수한 미혼녀가 떠온 물을 섞은 물에 성찬 접시를 씻은 후에 교회로 가져와 미사를 드리며 시편의 노래를 부르고 성삼위의 이름으로 마시게 했다. 『라크눈가』가 추천하는 다른 약물도 위와 유사한 처방이다.

두통과 모든 장기의 질환에 좋은 뼈 고약을 만들어 사용하였다. 루타(rue), 무와 "암프레(ampre)", 새깃털, 화란국화, 재목 (ashthroat), 숫퇘지목(boarthroat), 애기똥풀(celandine), 사탕무우(beet)와 베토니(betonicas), 립 워트 질경이(ribwort), 붉은 호브(red hove), 헬레니움 속(helenium), 스미르느움 올루사트룸(alexanders roots), 클루프통과 클로트(cluftonge and clote), "연질경이(lithewort)"와 카르다민 히르스타(lambscress), 야생타임(hillwort), 개암나무(hazel), 소파 잔디(couch-grass), 갈퀴 (woodruff), 래트 싹(a sprout of "wraet"), 봄나물(springwort), 스피어워트(spearwort), 유라시아 질경이(waybroad)와 쑥 (wormwood), 루피너스(lupins)와 "aefurths", 갈퀴덩굴 속 (hedge-clivers), 홉(hop-plants), 서양톱풀(yarrow)과 뻐꾸기슬픔(cuckoo sorrels), 효시아무스 (henbanes), 알룸니그럼 (broad-leek). 이 모든 식물들을 같은 양을 가져와 절구에 집어 넣는다. 모두 함께 찧어 아이비 베리 송이들을 거기에 더한다. 그리고 재 나무 껍질(ashbark), 버드나무가지(willow twigs), 참나무 껍질(oak bark), "위르" 껍질("wir"bark), 요리사과 껍질

(crabapple bark), 버드나무 껍질(sallow bark), 담배 (woodbine) 잎을 가져와 이 모든 식물들을 모든 나무의 밑에서 그리고 동쪽에서 가져와야 한다. 모든 껍질들은 문질러서 성수에 넣어 부드러워질 때까지 끓인다. 이 재료들을 절구에 넣고 한꺼번에 찧는다. 수사슴의 기름, 염소의 기름과 잘 숙성된 오디 음료와 소기름과 돼지기름과 양기름을 가져와 한꺼번에 섞어 잘 녹인 후에 둥근 덩어리에 붓는다. 그런 후에 모든 뼈는 잘 쌓아 모아놓고 도끼머리로 잘 빻은 다음 끓이면 기름이 떠오르고 둥근 덩어리에 섞이게 된다. 그런 후에 오래된 버터와 함께 식물들과 각종 나무껍질들을 끓여서 하나로 만든다. 끓는 시점이 되면 준비가 된 것이다. 사용할만한 고약이 타르가 되도록 모든 기름을 긁어내어 접시에 둔다. 고약이 만들어질 때까지 불 위에 두고 지나치게 끓이지 않도록 조리한다. 헝겊으로 거른다. 다시 불 위에 올린다. 마늘 아홉 개를 축복한 후 가져와서 포도주에 빻는다. 헝겊에 거른다. 몰약을 식물에 바른 후에 성유반(font-holy wax)에 넣는다. 그리고 때죽 나무와 흰 향을 피운다. 그리고 고약에 부어 계란 세 개 분량이 되게 한다. 오래된 비누와 늙은 소의 골수와 독수리의 골수를 준비한다. 그것을 타르가 된 고약에 섞어서 고약의 색이 갈색이 될 때까지 숟가락으로 젓는다. 이 때 나의 하나님 주를 찬양[예를 들어 시편 117편]하며, 이스라엘의 축복의 하나님[눅 1:68과 시 72:18]을 부른다. 그리고 마리아 송가(*Magnificat*)와 "니케아 신조"(Credo in Unum)와 같은 신조와 마태, 마가, 누가, 요한복음에 나오는 기도문을 낭송한다. 상처가 있는 부위에 고약을 발라서 부위에 스며들게 하라.[15]

---

15. *"Lacnunga' A Magico-Medical Commonplace Book,"* XXXI a., ed. by J. H. G. Grattan assisted by Charles Singer, in Grattan and Singer, *Anglo-Saxon Magic and Medicine* (Published for The Wellcome Historical Medical Museum by Geoffrey Cumberlege, London: Oxford University Press, 1952), pp. 111, 113. 역주―여기에 등장하는 식물들의 이름은 때로는 학명 또는 유사한 식물명으로 옮김, 보다 정확한 용어를 독자들이 찾을 수 있도록 원명을 기재함.

그러나 유럽인들이 가톨릭교회로 완전히 흡수된 후에야, 기독교 목회적 치료가 신체질환의 치료를 위해서 정교하게 만들어진 예전체계를 도입하면서 전성기를 맞이하게 되었다[사례 11].

VI. 오늘날의 목회 치유

치유가 계속하여 돌봄 사역에서 중요 부분이 되자 어떤 시기에 이르러 목회 치료의 구체적인 체계가 만들어졌다. 중세 서방 가톨릭교회는 영적인 구원만이 아니라 신체적인 치유를 위한 하나님의 은혜를 전달하기 위한 성례전에 주목했다. 르네상스와 계몽기에는 구체적인 특색들에 대한 실험적 탐색이 이루어졌으며, 이후에 성례전를 통한 치유는 의학과 약학의 전문직에 귀속되어 정확하고 엄격한 치료과학으로 발전하였다. 이와 비슷한 변화로 한때 수도원이나 주교관구의 관리를 받았던 병원들을 지금은 교회가 요구하는 자격요건이 없는 전문가들이 고용되어 운영하고 관리하고 있다.

현대에 이르러 교회의 치유 사역을 실행하는 은사자에 의한 영적 치료나 치유 은사에 대하여 목회자 사이에 새로운 관심이 생겨나고 있다. 일부 치유자들은 대부분 교회 밖에서 이루어지는 사역을 교회를 위하여 회복하자는 노력으로 의료적 치료의 가치를 거부해 왔다. 그러나 현대의 의학과 정신건강의학은 치료에 중요한 보조적 역할을 하는 목회자의 사역에 높은 가치를 부여하고 있다. 오늘날 안수나 기름 바름, 혹은 기도와 축마 예전을 통한 목회 치료에 관해 제기되는 새로운 관심에도 불구하고, 이 활동들은 서구 문명에서 대두되는 치유에 대한 이해의 중심에서 벗어나 있다. 다른 한편 목회자가 의사와 정신건강의학과 의사와 협력관계를 맺고 치료의 역할을 하는 창의적인 사역에서는 대체로 목회 치유의 역사적 전통을 절제하면서 목회 영역 밖에 있는 치료전문가들이 개발한 개념으로 자신들의 활동을 설명하는 경향이다.

목회 치유는 분명히 오늘날에도 지속되고 있다. 그러나 그 기능은 교회 밖의 치유기법과 기독교 목회 치유전통 두 가지가 협의, 분리 또는 혼란 가운데 있다. 영혼 치료의 기능이 역사적 형태의 소생 가능성을 넘어서 버렸는지 아니면 잘 표현되고 있는지는 아직 불분명하다. 치유 영역은 목회 돌봄의 네 가지 기능 가운데 그 자체로 많은 문제를 지니고 있지만, 지탱과 지도와 화해의 기능들과 조합하여 새롭고 참신한 방법에 가장 개방적인 것으로 보인다.

2. 지탱

지탱은 기독교 경험의 첫 시기 동안 영혼 치료의 기능에서 중심적이며 중요한 기능이었다. 성경을 반영하는 대부분의 저술은 목회 사역에 근거하며 그 기능의 탁월성을 보여주고 있다. 기독교 초기 기독교인은 역사의 전체 흐름이 쇠퇴하고, 하나님의 섭리 아래 있는 인간의 숙명을 인식하는 것으로부터 멀어진다고 생각했다. 이 숙명이란 역사의 흐름을 뒤집으시는 하나님의 영원한 역사에 따라 격변하며 다가오는 것이다. 초기 기독교 마지막 무렵 역사적 환경은 성취를 향한 경향과 파괴를 향한 경향이 혼합된 상태로 형성되었다. 격변의 시기에 지탱 사역은 개인의 참된 운명을 내치려는 환경에 자연스럽게 집중하고 적응하도록 했다. 그러나 기독교인은 여기에서 더 나아가 이러한 환경이 심지어 생명을 파괴하는 때라도 그 파괴를 넘어선 인간의 궁극적인 성취를 추구했다.

전통적 기독교 초기 몇 세기 동안 목회적 지탱 사역은 당혹스러운 상실감에 의하여 고통당하는 영혼들을 돕기 위한 네 가지 과제를 형성했다. 첫째는 **보존**(preservation)으로 고통을 겪는 사람의 상황에서 상실을 최소화하기 위한 노력이다. 두 번째는 **위로**(consolation)로 하나님 은혜 아래 있는 인간의 사명을 성취할 기회까지 상실하지 않도록 돕는 것이다. 셋째는 고통을 당하는 자에게 남아있는 자원을 활용하는 **강화**(consolidation)로, 박탈된 삶에 직면할 수 있는 토대를 구축하는 것이다. 마지막으로 **구속**(redemption)은 상실을 감싸 안고 자신이 되어 박탈에 직면한 삶으로부터 애써 무엇이든지 성취할 수 있도록 출발을 돕는 것이다.

지탱의 네 가지 과제가 역사적 실존에 관한 기독교인의 확신의 독특한 변화에서 생겨나는 동안에도 기독교 목회자들은 산재한 개인의 고통의 문제들을 개선할 수 있도록 도왔다. 사람은 누구나 자신이 성취하고자 하는 것으로부터 곤두박질치는 경험을 한두 번 하게 된다. 예기치 못했던 갑작스러운 성공, 사별, 사회 경제적 추락, 새로운 책임의 부여, 건강 상실이나 상실의 위험, 회복할 수 없는 심각한 신체 손상 등 무엇이든 될 수 있다. 우리들에게 닥쳐오는 그런 사건들을 창의적으로 대처하기보다는 혼돈에 빠지거나 과도하게 공격적이게 되거나 절망하거나, 약물과 같은 화학적인 해결책을 구하거나, 혹은 불행의 나락으로 떨어진다. 어떤 사람은 그런 경험에서 빨리 벗어나 자신을 견고하게 하는 새로운 도약의 기회로 만들지만, 어떤 경우에는 후퇴의 경험이 병리적인 철수로 발전해서 삶의 전반에 부정적인 영향을 주고 패배주의에 빠지거나 방어기제를 악화시키게 된다. 그럴 경우, 잠깐 물러서는 것에 대해서는 쉽게 이해할 수 있으나, 지속해서 철수하는 경우에는 역동의 숨겨진 요소들을 가늠할 수 없다. 예를 들어 승진을 오랫동안 바라고 있던 중견 직장인이 몇 주 사이에 아주 심각한 인격적인 혼돈 상태에 빠지는 것을 직장 동료들과 가족들이 보게 된다. 이런 상황에 직면해 있는 이 사람 내면의 어떤 무엇이 어느 순간 창의적으로 대처할 수 없게 만드는 걷잡을 수 없는 힘이 된 것이다.

어떤 문화권의 사람들을 뒤로 물러서게 만드는 상황들이 다른 세계관을 가진 사람에게는 그런 영향을 미치지 않을 수 있다. 존 캘빈은 죽음을 뒤로 물러서지 않고 지탱해주어야 하는 기회로 보지 않고 하나님과 인간이 화해하는 기회로 보았다[사례 13을 보라]. 그는 죽음을 두려움과 불안을 일으키는 것이 아니라, 자신의 본향으로 들어가는 기회이며 죽어가는 사람이 영적으로 강하게 되는 과정으로 보았다. 이처럼 사별의 경우는 목회적 화해의 기능이 특히 요구되는 상황이지만, 오늘날 우리의 문화에서는 사별을 위험천만한 사건으로 여기고 지탱 사역의 중요한 기회로 본다. 그러나 유능한 목회자나 친구는 슬퍼하는 사람이 죽은 사람을 향하여 갖게 되는 적대감과 죄책감을 포함하는 양가감정에 직면하도록 도와서 성공적인 애도에 필수요소인 고백과 용서를 통한 화해에 이르게 한다.

지탱 사역이 필요한 일반 상황들에서 다른 목회 기능이 요구될 수도 있지만, 지탱의 네 가지 과제는 인생의 모든 것이 내리막길로 치닫는 느낌이 지배적인 상황에서 이루어진다.

I. 보존

보통 첫번째 과제는 보존이다. 달리 말하면, 다른 위협들, 추가적인 상실 또는 과도한 퇴행으로 나가지 않도록 현상을 유지하는 것이다. 사별의 경우에 애도의 과정을 시작할 수도 없는 무능력이 슬퍼하는 사

람에게 나타날 수 있다. 그 사람은 상실로 인해 너무나도 망연자실하
게 되어서 병리적으로 부인 (denial)하는 상황으로까지 철수하게 된다.
목회적 도움을 주는 이는 비애를 표현하는 다양한 방식을 찾아내어 철
수가 정상적인 한계를 넘지 않도록 해야 한다.

　현상 유지하기에 의한 지탱사역의 극적인 사례는 심각하게 혼돈을
경험하는 소녀를 치료했던 심리치료사에 의해 기록된 삽화 이다. 행복
한 시기를 지나고 있는 한 소녀는 전화로 자궁암의 조짐이 있다는 의사
의 진단을 듣고 심한 혼란에 빠졌다. 그의 기록은 다음과 같다.

　　소녀가 치료를 받으러 왔을 때 나는 그녀의 모습에 충격을 받았
　　다. 어떠한 불안의 증상은 없었으나 죽음의 창백함이 있었으며
　　얼굴과 눈은 생명의 마지막 순간에 헛되지만 격하게 안간힘을
　　쓰는 사람의 얼굴과 눈이었다. 몸은 허약하고 좌절감으로 비틀
　　거렸다. 내가 의자에 앉지 않고 연민의 몸짓으로 그 아이의 머리
　　에 손을 대자, 그녀는 내게 기대어 흐느꼈다. 그녀는 길게 안간
　　힘을 쓰고서야 자신의 두려움과 마지막이 될 수 있다는 끔찍한
　　좌절감에 대해 토로했다. 나는 믿음과 용기에 대하여 얘기해주
　　었고, 암이 아닐 수 있으며 의학이 때로는 암을 성공적으로 치료
　　할 수 있다고 말해 주었다.

　　내가 자리에 앉자, 소녀는 내 손을 붙잡을 수 있는 위치에 자리
　　잡고 내 눈을 똑바로 바라보았다. 내가 그녀의 깊은 두려움을 보
　　았을 때 정신병원에 있는 정신증 환자들에게서 있을 법한 무언
　　가를 느꼈다. "오 선생님, 너무 무서워요." 내가 말하기 시작하
　　자 소녀는 아주 차분해졌고 내가 하는 말을 꿈꾸는 것 같은 목소
　　리로 반복했다. "네, 믿음을 가질 수 있어요." 소녀가 하는 말을
　　통하여 그에게 유일한 현실은 내 음성과 내 손과 내 눈이라는 것

을 알아차렸다. 그녀가 완전히 심리적으로 포기했다는 것을 느끼자 나는 정신증 상태로 들어가고 있는 내면적인 충격을 순간적으로 감지했다. 나는 두려움과 의혹을 느끼게 되었고, "당연히 내가 대처할 수 있어, 이 아이를 놓칠 수 없어."라고 생각했다. 소녀의 눈이 내 눈을 흔들림 없이 응시한 상태에서, 내 안에 강한 힘이 솟구쳐 그녀를 향하자, 그녀는 안도하며 눈자위가 흔들렸다. 나는 곧 소녀의 움직임과 눈을 보면서 정신증 상태가 아니라는 것을 알았고, 내가 그 소녀가 허우적거렸던 내적인 고립의 심연 언저리에서 그녀를 붙잡고 있었다는 것을 느꼈다.

소녀는 의자로 돌아가 똑바로 앉아서 자신이 방금 느꼈던 평안을 이야기했다. 나 역시 깊은 평화와 일체감 느꼈다. 그녀는 처음으로 안심할 수 있었다고 말했다. 그녀는 자신이 발견한 안전의 한계를 살피면서 하나님을 믿는 신앙이 암으로부터 자신을 보호할 수 있는지 물었다. 현실적인 권위가 필요하다는 것을 알기에 나는 하나님께서 자연법을 통하여 일하신다는 것을 믿는다고 말했다. 만일 그녀가 암에 걸렸다면 그것을 바꾸시지 않지만, 그녀의 고통의 시간을 잘 견딜 수 있도록 하나님께서 함께하실 것이라고 이야기해 주었다.[16]

위 사례는 보존의 매우 극적인 경우로 절망하고 있던 소녀는 심리치료사를 찾아가서 자신의 것이 아닌 치료사의 내면에 있는 힘과 자원으로 그녀의 흔들리는 믿음을 북돋을 수 있었다. 치료사의 보존의 도구는 말로 표현할 수 없는 마지막 분석에 있었다. 그러나 혼돈의 순간의 만남은 두 사람의 내면에 반쯤 잠겨 있거나 잠자고 있는 힘의 자원들을

16. Stanley W. Standal and Raymond J. Corsini (eds.), *Critical Incidents in Psychotherapy* (Englewood Cliffs, N.J.: Prentice-Hall, Inc., 1959), p. 66.

두드려 궁극적인 질문과 추구에 직면하도록 일깨워 주었다. 성취로부터 뒷걸음치던 삶은 멈춤의 순간을 발견하고 완전한 철수는 저지되었다. 오랜 세월 동안 목회자들은 압도하는 불행감에 의해 붕괴되는 듯이 혼란스러운 사람들을 돕기 위한 수많은 방법을 찾아내었다. 신체접촉과 응시, 말씀과 몸짓의 도구들은 일일이 셀 수 없고 분류될 수 없지만 그럼에도 불구하고 그 유용성은 분명하다. 보존은 지탱의 첫 번째 과제이다.

II. 위로

보존 후에 무엇이 요구되건 어떤 도구가 사용되던 그 다음에는 위로가 위치한다. 존 크리소스톰은 목회자라면 위로의 적절한 순간에 민감해야 한다고 젊은 미망인에게 보내는 편지에 썼다[사례 5]. 그녀의 슬픔이 최고조에 이르렀을 때는 편지쓰기를 삼갔으나 슬픔이 어느 정도 잦아들었을 때는 그의 위로가 그녀에게 도움이 되었다고 기록했다.

역사적인 관점에서 나타나는 목회적 위로는 슬픔을 겪고 있는 사람이 여전히 희망을 안고 사는 공동체에 소속되어 있다는 느낌이 들게 하여 자신의 비참한 기분을 해소하도록 도움을 주었다. 키프리안은 조만간에 순교하게 될 티바리스의 기독교인들에게 하나님께서 그들을 알고 계시며 지상과 천상에 있는 성자들의 고난과 맥을 같이 하고 있다는 교훈으로 위로하였다[사례 4]. 기독교 시대가 펼쳐지기 오래전부터 불가피한 상실의 상황에서 주어졌던 고전적인 히브리 종교의 위로의 말씀이 있다.

여호와는 나의 목자시니 내가 부족함이 없으리라.

그가 나를 푸른 풀밭에 쉬게 하시고 잔잔한 물가로 인도하시며

내 영혼을 소생시키시고

자기 이름을 위하여 나를 의로운 길로 인도하시는구나.

내가 죽음의 음산한 계곡을 걸어가도 두려워하지 않을 것은

주께서 나와 함께 하심이라.

주의 지팡이와 막대기가 나를 지키시니 내가 안심하리라.

주께서 내 원수들이 보는 가운데 나를 위해 잔치를 베푸시고

나를 귀한 손님으로 맞아 주셨으니

주의 선하심과 한결같은 사랑이 평생에 나를 따를 것이니

내가 여호와의 집에서 영원히 살리라. (시편 23편, 현대인의 성경)

　현대 문헌 중 특정한 기독교 문학에서 종교적 위로와 격려의 힘이 약해지지 않고, 고통에 직면하여 삶의 외적 현실에서가 아닌 인간 영혼의 깊은 곳으로부터 극복할 수 있는 귀에 울리는 위로의 노래가 있다. 여기에서 고난 중에 있는 사람이 혼자가 아니라는 확신을 통하여 위로를 받는다.

황혼이 질 때 나와 함께 하소서,

어둠이 짙어질 때 주여 나와 함께 하소서.

다른 사람의 도움이 실패하고 위로가 떠나갈 때

무기력한 자의 도움이시여 나와 함께 하소서.

생명이 얼마 남지 않은 순간에 속히 썰물이 빠져나가듯이

땅에서의 기쁨은 희미해지고, 그 영광이 사라질 때

내 주위에 보이는 모든 것들이 변하고 썩어질 때

오! 당신만이 변하지 않으시니 나와 함께 하소서.

모든 지나가는 순간에 주의 함께 하심이 필요하오니

유혹하는 자의 힘을 이길 것이 주의 은혜 외에 무엇이 있을까요?

주님과 같은 나의 인도자가 나와 함께 계실 수 있을까요?

구름과 햇빛으로 주여, 나와 함께 하소서.

주님의 축복의 손이 있기에 내가 어떤 원수도 두려워하지 않습니다.

질병은 가볍고, 눈물은 쓰지 않습니다.

죽음의 쏘는 독이 어디에 있나요? 주님의 승리 앞에 무덤이 어디에 있을까요?

주님이 나와 함께 하시면 나는 여전히 이길 것입니다.

내가 눈을 감기 전에 주님의 십자가를 잡게 하소서.

어두움을 거슬러서 빛을 비추시고 내가 하늘을 향하게 하소서.

하늘은 아침을 깨우고, 땅의 헛된 그림자를 물리칩니다.

삶에나 죽음에나 오 주여 나와 함께 하소서. 아멘.[17]

위로는 낙담하여 회복될 수 없는 상태나 상처와 박탈의 경험으로 인해 낙심한 사람이 빠진 비탄감에서 벗어날 수 있도록 돕는 목회적 지탱 사역의 두 번째 역할을 한다. 우리가 인용한 고전과 현대의 위로의 시는 반복하여 암송함으로써 위로가 주어진다고 제시하면 안 된다. 위로는 "고개를 들도록" 도와주는 몸짓이나 축복을 비는 것, 침묵으로 함께한 이후에 나타나는 기분의 전환 등을 의미한다. 그러므로 위로는 보존

---

17. Henry Francis Lyte, 1847에 지음. 라이트는 1820년에 "나와 함께 하소서"를 되풀이 말하는 죽어가는 친구를 방문하고 난 후에 이 시를 썼다. 미국의 개신교 성공회 교회의 찬송가의 개편을 위한 연합 위원회가 편찬한 *The Hymnal 1940 Companion*(New York: The Church Pension Fund, 1949), 289면에 이 찬송시의 원문의 몇 가지 변화가 요약되어 있다. 여기에 인용한 시는 개신교 찬송가 본의 가장 최근판으로 *inter alia*, *The Hymnal of the Protestant Episcopal Church in the United States of America 1940*(New York: The Church Pension Fund, 1940), 467장.
역주－새찬송가(한국찬송가공회, 2007)는 481장 "때 저물어 날이 이미 어두워"(첫줄 가사)이다.

과 구별된다. 보존은 철수하는 움직임에서 멈춤의 순간을 찾는 것이고, 위로는 철수하는 동안에 깊어지는 불행감 느낌을 덜어주는 것이다.

III. 강화

불행감에서 벗어나는 일은 상실에도 불구하고 남은 자원들을 한곳으로 모으는 지탱 사역을 가능하게 한다. 우리는 새로운 움직임을 강화라고 부른다. 강화를 통해서, 상실을 경험한 사람은 이 고통을 삶의 전체성 안에서 거리를 두고 보고 다시 마음을 추스르게 된다.

미국의 대도시에 있는 십대 청소년들을 위한 약물중독 재활병원의 원목은 18세의 소녀와의 대화를 다음과 같이 소개한다.

> 소녀: 글쎄요, 저는 학교생활을 접었고 이렇게 변변치 않게 살아
> 요. 제가 무슨 일을 했었는지 목사님은 아시죠?
> 원목: 알지요.
> 소녀: 제가 지금 뭘 하고 있지요? 여기에 있어요. 치료받고 있어
> 요. 하지만 어디로 가야하지요?
> 원목: 앞으로 나아가기를 바라고 있죠.
> 소녀: 저는 다시 이전 상태로 돌아갈 수 없어요. 좋거나 나쁘거나
> 하지만 대부분이 나빴어요. 지금은 달라요. 목사님이 말씀
> 하시듯이 어디론가 앞으로 나아가야 해요. . . . [침묵] . . .
> 하지만 어디로 가야 할지 모르겠어요.[18]

혹은 남편과 사별한 미망인이 실존적인 철수를 겪다가 자신을 가다듬고 위로를 얻으며 자기의 자녀들과 함께 살아야 할 이유를 우연히 깨

---

18. 필자의 개인 소장 자료.

닫는다.

목회자의 지탱 사역에서 강화 행위는 고통을 겪고 있는 사람이 자신의 전체적인 불행에서 삶을 재건할 수 있는 기반을 마련하도록 돕는다. 실제적인 상실은 그 자체가 부분적인 상실이다. 실제로 그렇게 보일 수 있지만, 삶의 모든 것이 무너진 것이 아니다. 이제 실제적 상실은 받아들일 수 있다. 상실을 받아들이고 새롭게 직면하는 것은 문자 그대로 "얼굴을 들어 직접 대면하는 것"을 의미한다. 아마도 예부터 전해진 "비참함은 친구를 좋아한다."는 격언을 기반으로 재조직할 수 있을 것이다. 어떤 수단이나 도구를 사용하던지, 지탱 사역의 세 번째 기능인 강화는 상실을 경험한 사람이 삶의 전체적인 관점에서 상실을 바라보게 하고 오직 상실한 삶이 그에게 남은 것임을 받아들이도록 하는 것이다.

Ⅳ. 구속

지탱의 목회 기능 중 구속은 자기의 상실을 수용하고 남은 자원을 다시 모은 사람이 새롭게 펼쳐진 기반에서 한때 성취를 추구했던 삶을 계속해서 살아갈 기회를 얻도록 돕는다. 치유 사역에서는 상실을 복구하거나 위험을 차단하고 실제적 치료가 이루어져 영적인 성장이 가능한 것이기 때문에 당연히 회복을 전제로 하지만 지탱에서는 상실이 복구되지 않는다. 그래서 지탱 사역이 영적인 성장을 향하여 진행되는 동안 이전의 상태로 회복할 수 없는 삶 대신에 긍정적인 시각을 회복하기를 기대한다. 남편을 잃은 미망인은 남편의 덕성을 자신의 삶에 내면화하여 자신의 상실을 복구할 수 있다. 아내와 사별한 남편은 자녀들에게 어머니와 아버지의 두 역할을 할 수 있다. 상실에서의 구속의 특징은 제러미 테일러(Jeremy Taylor)가 잘 보여준다. 그는 질병 심지어 죽음을 선으로 포용함으로써 무능감을 어떻게 잘 이용하는가를 알려준다[사례 16]. 존 밀턴(John Milton)의 유명한 소네트는 자신이 시력을 잃은 것을 어떻게 받아들이는가를 묘사하고 있다.

> 내가 나의 빛이 어떻게 소진되었는가 생각할 때
>> 이 넓고 어두운 세상에서 내 삶의 반이 남았는데,
>> 그리고 하나의 달란트를 숨겨둔 것이 그만 쓸모없게 되어
> 내 영혼은 비록 나의 창조자를 섬기려 하지만
>> 내가 해놓은 일을 내놓으려니
>> 가장 적은 꾸지람을 얻기를 원하네.
> 나는 어리석게도 묻는다.
>> "빛은 없는데 어찌 하나님께서는 하루의 일을 하게 하시나요?"
>> 그러나 그 중얼거림을 가로 막으며 인내가 이내 답을 한다.
> "하나님은 사람의 노력이나 재능을 필요로 하지 않네.
>> 자신의 가벼운 멍에를 잘 짊어지는 자가 그 분을 잘 섬기는 것일세.
>> 그의 권세는 왕과 같으니, 그의 명으로 수천의 무리가
>> 땅과 바다를 건너 쉼없이 달려오도다.
> 다만 서서 기다리는 자들 또한 그분을 섬기는 것일세."

V. 기독교 역사에서의 지탱

사실상 기독교 사역에서 드러난 지탱의 역사적 발전은 지탱의 네 가지 과제를 실행하는 부분에서 별다른 변화가 없었다. 그러나 역사적 실존 안에서 인간의 성취 가능성이 갖는 상대적 무게감으로 인해, 네 가지 과제는 서로를 변화시키는 관계 속에 실행되었으며, 지탱 기능과 다

른 세 기능과의 관계를 바꾸어놓았다. 초대 기독교 시기의 목회 경험에서 역사적 성취는 최소화되었다고 일반적으로 가정한 것을 보았다. 그러므로 쇠퇴하는 움직임이 삶의 정상적 과정으로 기대되었고, 심지어 초월적 역사의 성취에 도달하는 기회로 환영받기도 했다.

계몽주의 시대에 와서는 매우 다른 조건에서 지탱 사역이 두드러지게 활성화되었다. 인간의 성취의 대부분이 역사적 실존의 조건 안에서 가능하다고 생각했다. 그러므로 지탱은 기독교적인 규범 아래서의 도덕적인 삶이 어떻게 상실로부터 신속하게 회복시키는가를 보여주고자 하였다. 신성, 도덕성, 불멸성의 지배적인 덕성 아래에서는 절망적이고 방향을 잃은 비참한 인간의 환경으로 인해 생긴 상실감은 회복이 쉽고 거의 자동으로 얻게 되는 방식으로 최소화되었다.

현대인들은 역사적 실존이 인간 삶의 결실을 위한 거의 무한한 가능성을 제공한다고 가정하면서도, 동시에 자신들을 철수하게 하며 삶을 쇠퇴시키는 거대한 힘의 미묘함을 자신들의 조상들보다 더 잘 인식할 수 있게 되었다. 지탱의 사역을 제공하는 상황은 바뀌었고, 삶의 "유익"이라고 간주했던 것들이 "상실"로 가중되는 절망적인 상황을 오늘날 흔히 보게 되지만, 그럼에도 지탱은 지속해서 대두되는 목회 기능이다. 새로운 철수의 시기가 되면, 보존, 위로, 강화, 구속의 새로운 양태가 나타난다. 이러한 변화의 소용돌이에서 기독교인은 인간의 성취로부터 영혼을 몰아가는 힘에 대항하여 고군분투한다. 피에르 테이야르 드 샤르댕(Pierre Teilhard de Chardin)은

> 만약 인간이 기독교의 완전성을 최대한 실현하고자 한다면, 기독교인은 악에 저항하는 데서 흔들려서는 안 된다. 이와 반대로 온 힘을 다해 세상의 창조적 힘과 연합하여 악을 물리치기 위해

서 진지하게 싸워야 한다. 그래야만 그의 내면이나 주위에 있는 어떤 것도 사라지지 않는다. . . . 신자들은 인간이 온 힘을 다하여 그 잠재성을 실현하기 위하여 힘쓰기 전에는 성공하지 못할 것이라고 생각하는 사람들의 독실한 동맹이다.[19]

교회의 찬송가를 통해서, 목회자와 평신도들의 인격적 돌봄을 통해서, 그리고 엄청난 분량의 경건한 문서들에 의하여 오늘날 지탱의 사역은 지난 세기들보다 훨씬 더 많이 실행되고 있다. 기독교의 영혼치유의 중요한 일부분인 지탱 사역은 네 가지 과제를 통해서 계속되고 있으며, 혼돈과 변화의 시기를 거치면서 창의적인 사역이 될 것을 약속하고 있다.

3. 지도

지도는 한 개인이 다양한 생각의 방향과 행동 중에서 어떤 선택을 해야 하는가에 대하여 어려운 문제에 봉착했을 때 지혜를 얻게 하는 영혼치유 사역의 한 기능이다. 근본적으로 지도 사역은 도움을 주는 과정에서 한 개인의 삶의 의미와 방향을 계발하고 비춰주는 유용한 지혜가 실행될 수 있게 된다고 전제한다. 이 지혜는 문제를 겪고 있는 그 사람 안에 내재해 있는 것이기도 하고, 상담자의 체험이나 공유하는 문화에서 우세한 공동 가치, 상담자의 고도의 지혜, 상담자와 내담자의 상호적인 혹은 독립적인 지식의 체계나 지식으로부터 얻을 수 있다.

---

19. Pierre Teilhard de Chardin, *The Divine Milieu* (New York: harper & Brothers, Publishers, 1960), 64. By permission.

어떤 경우이든, 지혜는 고통을 받는 당사자의 독특한 현재 상황에 맞게 적용될 수 있도록 변형되거나 구체화되어야 한다. 그러므로 목회 기능으로서 지도는 그 자체를 위한 윤리적 원리를 개발하거나 일반적인 삶의 과정에서 적용해서는 안 된다. 오직 특별한 문제와 분투의 열기 속에서 그 독특한 상황에 쓸모 있는 결단을 끌어낼 수 있는 지혜를 구해야 한다. 첫 번째 관심은 시급하게 해야 할 곤란한 선택이며, 절대적인 도덕적 교훈에 관한 관심은 이차적일 뿐이다.

I. 조언

지도 사역의 형태는 양극단에 걸쳐있다. 하나의 극은 조언하는 형태이며 다른 극에는 경청과 반영의 활동이 있다. 조언은 가장 시급한 요청이 있을 때나, 도움 제공자와 도움을 받는 이의 외부로부터 오는 지식과 지혜를 내담자의 필요에 맞추어 활용할 수 있는 역량을 상담자가 지니고 있을 때 가장 적절한 지지가 되는 유용한 사역이다. 이와 같은 지도의 형태를 귀납적이라고 부른다. 이는 혼란스러워하는 사람에게 스스로 결정할 수 있도록 우선적이며 권위 있는 가치를 제공하기 때문이다.

조언은 다양한 방식이 있다. 일반적인 것에서 특별한 것으로, 또는 보편적인 것에서 개별적인 것으로 이끌어가는 상담의 형태가 있다. 이 방식에는 대체로 결의론(決疑論)이 있어야 한다. 이 결의는 올바른 행동을 위한 규범과 원리들로 구성되어 있으며, 이것들에서 구체적인 상황에 맞는 논리적이며 직접 적용할 수 있는 것들을 채택한다. 기독교 문헌에는 목회자들이 고해성사와 교육과 도덕적 행위에 관하여 일반적인 조언을 실행할 때에 품성개발과 지도를 위하여 저술된 결의론에 관한 수많은 명세서와 편람들이 포함된다[사례 7과 9를 참조할 것]. 제레미 테일러가 저술한 *Ductor Dubitantium*(1660)은 사례들과 예시들에 고전적인 의복을 입힌 탓에 독자들이 쉽게 인식하기 어렵다.

> 무래나의 아내와 사랑에 빠진 퀸투스 밀비우스는 자신의 아내 버지니아를 살해하고 무래나의 아내와 도망하거나 그녀를 떨어뜨려 놓으려 마음을 먹는다. 그의 편한 친구 프리스쿠스 칼부스에게 자신의 계획을 알려준다. 그는 살해와 간통의 계획을 바꾸기 위하여 자신의 친구 밀비우스에게 위험하고 악마의 음성과도 같은 수치스러운 일을 꾸미기보다는 차라리 무래나의 아내에게 거짓말을 하라고 설득했다. 그의 조언은 자비로웠고, 설득력이 있었다. 간통은 미래였지만, 의도된 살인은 현재였다. 그리고 악은 기획된 것보다는 덜해졌으며 어느 한 사람도 어긋나지 않았으나 한 생명은 구했다. 그러나 만약 이 행동으로 버지니아가 엄청나게 격분하여 복수심으로 간음을 하거나 남편을 살해할 수 있을 수 있었을 것을 . . . 이것은 조언하지 말았어야 했다. . . .[20]

조언의 다른 형태는 고통받는 사람을 자신의 행복을 끌어낼 수 있는 상황으로 인도해 주는 것이다. 이 형태는 전도(교회 명부에 올리는 일)와 관련이 있으나 구분되는데 그 이유는 그 사람이 필요로 하는 지혜와 도움을 얻도록 이끌어주는 것이기 때문이다. 성 이냐시오 로욜라(St. Ignatius Loyola)의 *The Spiritual Exercises*는 이 형태를 잘 보여주는 예이다[사례 14참고]. 이냐시오는 영성 지도자가 반드시 배경으로 남아야 한다고 말했다. 그가 돌보는 내담자를 결코 억지로 하도록 내

---

20. Jeremy Taylor, *Ductor Dubitantium*, V. 21, in *The Whole Works of The Right Rev. Jeremy Taylor, D.D.* (3 vols., London: Henry G. Bohn, 1867), III, 170.

제3부_ 네 가지 목회 기능

몰아서는 안되며 지도자의 관점이나 편견을 강요해서도 안 되며, 심지어 지혜나 진리의 확실한 실체가 주는 진정성조차 강제해서는 안 된다고 생각했다. 오히려 지도자는 뒤에서 따라가며 하나님께서 수도자를 어떻게 인도하시는가 관찰하며, 고난 가운데 있는 내담자를 격려하고 불필요한 약속과 유혹에 대항하도록 경계할 뿐이다. 지도자는 "창조주가 그의 피조물에게 즉각적으로 일하시도록, 피조물이 창조주요 주이신 분과의 관계를 유지하도록 한다."[21] 지도자는 고해자가 지혜를 찾도록 도와주며, 그를 목양하여 훈련된 그리스도인의 삶을 향하고 그 안에 살아가도록 하는 것이다. 다시 말하면, 지도자는 수도자를 인도하는 영분별의 능력이 있어서 수도자가 하나님의 영을 바라보고 있는지, 아니면 다른 영에 사로잡혀 있는지 조언하며 경계할 수 있어야 한다. 이냐시오는 하나님의 인도하심은 언제나 교회의 보호와 지혜를 통해서 이뤄진다는 것을 의심하지 않았다. 그러므로 하나님의 인도는 항상 종교적 부르심과 관련된 것이 아니라, 경건한 평신도에게 교회의 은혜와 진리가 필요하도록 이끌어야 한다고 하였다. 여기에서 우리는 어떤 상황에서도 내담자를 뒤에서 따라가며 필요한 것을 공급하는 지도자의 모습과 내담자에게 유익하다고 여겨지는 치료의 환경을 제공하기 위하여 안내하는 치료자의 모습을 보게 된다.

II. 악마퇴치(Devil-craft)

역사 속에서 지도 사역은 다른 영혼 돌봄 사역의 기능과 함께 중요한 활동으로서 악마퇴치를 했다. 루터는 어떤 사람도 사탄에 홀로 대항할 수 없기 때문에 하나님께서 교회와 말씀의 사역을 제정해 주셨다

---

21. Ignatius Loyola, *The Spritual Exercises*, Fifteenth Annotation [사례 14를 보라].

고 말했다. 그러므로 신자들이 손에 손을 잡고 서로 도와줌으로써 홀로 있는 개인을 파괴하려는 사탄의 힘을 무력화할 수 있다고 확신했다. 사탄과 그 졸개들은 신자를 고립시키고 심지어 누구든지 예수 그리스도로부터 어떤 도움을 받을 수 없다는 확신을 하도록 전략을 편다고 여겼다. 따라서 교회의 훈련은 교회와 기독교인 각 사람을 향하는 공격에 대항하기 위하여 신자 개개인이 전열을 강하게 세워 서로서로 부여잡고 신앙과 힘을 강하게 하도록 하였다.

사탄에 대항하는 훌륭한 전사로서 상담자에게 사탄의 기법과 전략을 제공하는 탁월한 자료가 있다. 존 번연의 자서전 『죄인의 괴수에게 넘치는 은혜(*Grace Abounding to the Chief of Sinners*)』[사례 17]는 사탄에 대하여 아무것도 몰라서 사탄이 무자비하고 효과적인 전쟁을 벌일 때에 아무런 도움이 안되었던 상담자와 어떻게 만남을 종료했는지 말해 주고 있다.

> 이맘때쯤 나는 오래전 기독교인에 대한 나의 생각을 깨뜨릴 기회를 얻게 되었다. 그에게 내 이야기를 해주었다. 그러면서 나는 성령을 거스르는 죄를 범했을까 두렵다고 말했더니, 그는 내게 자기도 그렇게 생각한다고 말했다. 이때 나는 별로 달갑지 않은 위로를 받았지만, 그와 이야기를 좀 더 나눴다. 그러면서 그는 선한 사람이기는 하지만 악마와의 싸움에 대해서는 낯선 사람임을 발견했다. 그래서 기회가 있을 때마다 자비를 구하기 위하여 하나님 앞에 나아갔다.
>
> 이제 다시 유혹하는 자가 나의 비참한 상황을 조롱하며, "주 예수와 갈라서서 그를 불쾌하게 만들기 위하여 내 영혼과 그것을 삼키는 화염 사이에 서 있는 주 예수님을 보면서, 그곳에 유일한

길, 하나님 아버지께 그의 아들과 나 사이에 중재자가 되어 달라고 기도하는 것뿐이다."라고 말하는 것을 들었다.

. . . 아! 나는 그에게 새로운 세상과 새 언약과 새 성경을 만들도록 설득하는 것이 그러한 것들을 위해서 기도하는 것만큼이나 쉬웠다는 것을 알았다.[22]

목회 지도의 한 부문으로서 악마퇴치는 가톨릭교회와 프로테스탄트 전통 모두 14세기에서 17세기까지 매우 중요한 기능으로 자리 잡았다. 그 당시에는 이 기능을 가장 중요한 것으로 여겼으며 그 뒤로 지탱과 지도와 치유와 화해의 기능을 위치시켰다. 모든 곳에서 사탄은 기독교인이 살아가는 동안 치명적인 영적인 전투를 벌여야 하는 중대한 적수라는 사실에 대해 동의가 이뤄졌지만, 그에 대한 이해와 통찰은 상황과 시기에 따라 다양했고 그에 부합하는 독특한 형식으로 악마퇴치가 상담으로 시행되었다. 악마퇴치는 존 번연의 목회와 사상에서는 전반적으로 지탱의 기능에 속했다. 번연은 그의 삶이 모든 측면에서 사악하고 부도덕한 세상의 함정과 올무로 둘러싸고 있다고 보았다. 그의 과제는 천국의 상을 얻기 위한 고통의 여정을 지나면서 끝까지 자신의 영혼을 보존하는 것이었다. 악마의 공격으로부터 자신의 선을 지키기 위해서는 먼저 악마가 어떻게 일하는지 알아야 했다. 그러나 악마와 싸우는 데 중요한 측면은 지혜의 근원으로서 성경을 사용해서 대단히 곤혹스러운 결단을 하게 하려는 그의 유혹을 거부하는 것이다. 치유에서의 악마퇴치로 여겨졌고, 특히 중세의 참회에서는 화해의 흥미

---

22. John Bunyan, "Grace Abounding to the Chief of Sinners," *The Complete Works of John Bunyan,* ed. John P. Gulliver (Philadelphia: Bradley, Garretson & Co., 1872), 51.

로운 측면이었으며, 지도에 있어서도 중대한 부분이 되어왔다.

III. 경청

경청을 강조하는 지도양식은 조언과 반영을 포함한 세 가지 중 하나의 방식으로 연속선상의 다른 극에 위치하였다.

경청이 지향하는 바를 간단명료하게 정의하자면, 대부분의 상담 과정에서 상담자가 자신이 말하려는 유혹을 억제하지 않으면 내담자가 무슨 말을 하고자 하는지 전혀 알 수가 없다는 것이다. 디트리히 본회퍼(Dietrich Bonhoeffer)는 이 점을 잘 지적하고 있다.

> 많은 사람이 들어주는 귀를 찾고 있다. 그러나 기독교인 가운데서 찾지 않는다. 왜냐하면 기독교인들은 자신들이 들어야 할 곳에서 말하기 때문이다. 자기 형제에게 경청하지 않는 사람은 머지않아 하나님께도 경청하지 않게 된다. 그는 아무 일도 하지 않고 하나님 면전에서 수다만 떨 것이다. 이것이 영적인 죽음의 시작이다. 결국에는 영적인 수다와 경건한 단어들로 잘 꾸며진 성직자의 겉치레의 겸손 외에는 남는 것이 없을 것이다. 오랫동안 인내심을 갖고 경청할 수 없는 사람은 그것을 의식하지 않는 한, 현재 말하는 주제에서 벗어난 이야기를 하고 타인에게 진실한 말을 할 수 없을 것이다. 자신의 시간이 너무도 소중해서 조용히 있을 수 없다고 생각하는 사람은 결국에는 하나님과 그의 형제를 위한 시간도 갖지 못하며 다만 자신만을 위하며 어리석은 행동을 하는 것 외에는 아무것도 하지 못할 것이다.[23]

---

23. Dietrich Bonhoeffer, *Life Together,* tr. John W. Doberstein (New York: Harper & Brothers, Publishers, 1954), 97-98.

또 다른 이유에서 경청은 상담자에게 없어서는 안 될 목록이 되었다. 고통을 겪고 있는 사람의 내적인 상태에서 그의 어려움을 해결할 수 있는 열쇠는 내담자가 자신의 내적인 압박을 풀어줌으로써 그의 짐을 덜어주는 것이다. 알렉산드리아의 오리겐(주후 254 사망)은 상담의 의미에 관한 설교에서 문제와 어려움을 말하는 것이 정서적 건강에 좋다고 교훈하였다. 좋은 상담가를 선택하기 위한 지혜로운 충고를 주고 있다.

> 성서가 우리에게 가르쳐주고 있는 것이 무엇인지 알아봅시다. 우리 마음 가운데 죄를 묻어버리는 것은 옳지 않다는 것입니다. . . 그러나 만약 한 사람이 자기 자신의 고발자가 된다고 가정해 봅시다. 자기를 고발하고 자신의 죄를 고백함으로 토설하면 그의 병의 모든 원인을 사라지게 합니다. 주위를 주의 깊게 둘러보아 자신의 죄를 고백할만한 적합한 사람을 찾으십시오. 먼저 당신의 질환의 원인을 찾아낼 수 있는 의사를 첫 대상으로 삼으십시오. 그가 만일에 고난 겪는 자를 공감하고, 슬픔에 빠진 자와 함께 울 수 있고, 공감의 말을 이해할 수 있다면 그리고 학식이 있고 자애심이 있는 의사임에 틀림이 없다면, 당신에게 무언가를 하라고 말하거나 당신에게 필요한 조언을 해줄 것입니다. 그렇게 하십시오. . . [24]

끝으로, 경청은 고통당하는 자가 자신이 말하고 있는 것의 내적인 의미를 성찰하게 해줌으로써 도와주는 사역이다. 이는 그의 내면에 숨겨져있거나 혼돈스럽거나, 모호한 생각을 명확하게 듣도록 돕기 위함

---

24. Origen, *In Psalm xxxvii*, Hom. ii, 6, quoted by R. C. Mortimer, *The Origins of Private Penance in the Western Church* (Oxford: at the Clarendon Press, 1939), 28-29.

이다. 이러한 지도 사역은 자기 이해가 내담자의 어려움과 그의 영적인 성장을 위한 해결책의 필수적인 열쇠를 제공한다는 확신의 통찰을 발달시킨다. 13세기 시스턴의 익명의 수도사는 고백에 대하여 아름답고 감동적인 글을 썼다. 결단을 위한 자기 이해의 중요성을 잘 예시해 주는 부분을 여기에 소개한다.

> 만약에 내가 나의 양심을 들여다보지 않는다면 나 자신에 대하여 무지한 채로 남게 될 것이다. 하지만 지금은 내 영혼을 살펴본다. 나는 내가 보는 것에 질겁하게 된다. 깊이 들여다보면 볼수록 내가 발견하는 것들은 더욱 끔찍하다. 오래전에 저지른 나의 첫 번째 죄의 순간으로부터 죄짓기를 멈추지 않았으며 지금도 죄를 그치지 않는다. 죄를 지으면서 슬픔이나 눈물 없이 악을 바라보면서 죄를 짓는 것에 익숙해져 있다. 이것은 바로 저주의 표시와 같다. 몸의 지체 가운데 하나가 감정을 갖지 않을 때 이는 이미 죽었다는 표시인 것이다. 의식하지 못하는 질병은 고칠 수 없다.[25]

내적인 불일치와 억압들을 드러내는 내담자가 자신의 내면의 혼돈 상태의 역동을 치료자와 작업하는 것을 강조하는 현대의 심리학이 발달하기 이전에 이미 수도원의 삶에서의 내적 성찰과 중세기 기독교 수도원에서 발흥한 신비주의가 있었다. 최근 심리학이 가톨릭 신비주의로부터 크게 벗어났다 하더라도 이 둘 사이에는 중요한 결단 행동을 둘러싸고 있는 어려움이 인간의 영혼 가운데 자리 잡고 있다는 유사하고 심오한 확신이 있다.

---

25. *Meditatio Piisima*, tr. Geoffrey Webb and Adrian Walker in *The School of Self-knowledge, A Symposium from Mediaeval Sources* (London: A. Rl Mowbray and Co., Limited, 1956), 35.

Ⅳ. 결단의 중요성

지도의 목회 기능의 역사는 인간의 다양한 세부적인 부분과 여전히 영원한 관점(*sub specie aeternitatis*) 가운데 있는 결단과 염려를 이해하고 묘사하기 위해서 지속적인 노력을 해왔음을 보여 준다. 가톨릭 전통에서 이 사역은 악마론의 언어로 고난에 대해 논의하거나 대죄에 대한 이해를 활용하는 방법으로 이루어졌다. 대죄의 체계가 지나치게 기계적이며 시대착오적이라고 거부한 프로테스탄트 교회의 지도 사역은 여전히 하나님 앞에서의 인간의 개인적 결단이 고도로 의미 있는 것이라고 간주해 왔다.

만일에 어떤 사람이 마귀에 빙의되거나 사로잡혀 있다면, 그는 우주의 구속의 드라마에 참여하는 자라는 것을 인정하는 방식으로 그가 처한 상황을 지나치리만큼 구체적으로 묘사할 수 있을 것이다. 존 카시안(John Cassian)의 때를 지나 누르시아의 베네딕트와 그레고리 대제에 의하여 연이어 수정된 심리적 이해의 체계는 놀랍도록 상세하고 깊이 있게 서술되었다. 교만을 죄의 뿌리로 보았으며, 다른 여섯 가지 죄는 교만의 주변에 있으며 교만의 죄에서 자양분을 공급받는다. 그 후에 대죄의 체계에 대한 더 상세한 사항에서는 일곱 가지 죄 각각이 다른 수많은 죄의 모판이 되고 있다고 하였다. 악은 교만으로부터 양육된다고 말하면서 12세기 후반이나 13세기 초에 영국의 수녀원장이 저술한 문서에는 교만을 사자에 비유하여 그 짐승이 낳은 새끼들은 경건한 여성들을 얽어매고 혼란스럽게 하는 다양한 유혹으로 공격하는 것으로 묘사하고 있다.

그녀는 다음과 같이 쓰고 있다.

교만의 사자는 많은 새끼를 낳았다. 그것들 가운데 몇 마리에 이름을 붙이겠다. **헛된 영광**[*Vana Gloria*]이 첫째이다. 자신이 하는 모든 것을 대단한 것으로 생각하며, 칭찬을 들으면 아주 기뻐하고 자신이 생각하는 것만큼 높은 평가를 얻지 못하면 불쾌하게 여긴다. 두 번째 새끼는 **경멸**[*Indignatio*]이다. 이는 어떤 사람이 다른 사람에게서 보거나 들은 것을 조롱하는 것, 혹은 아래 사람이 고발하거나 가르쳐주는 것을 멸시하는 것이다. 세 번째 자식은 **위선**[*Hypocrisis*]으로 자신을 실제 자신보다 더 낮게 보이려고 하는 것이다. 네 번째는 **주제넘음**[*Presumptio*]이다. 자신이 할 수 없는 것 이상을 하는 것이며 자신과 관련이 없는 것에 간섭하는 것이다. 다섯 번째는 **불순종**이다. 자녀가 부모를, 부하가 상관을, 신자들이 목회자를, 하녀가 여주인을, 모든 낮은 자가 높은 자를 따르지 않는 것이다. 여섯 번째는 **다변**[*Loquacitas*]이다. 이 자식을 먹이는 자는 말이 많고, 자랑을 일삼고, 다른 사람들을 판단한다. 때로 거짓말을 하고, 수다를 떨고, 잔소리하고, 비난하고, 아첨하고, 큰 웃음소리를 낸다. 일곱 번째는 **신성모독**이다. 이 자식의 유모는 거창한 맹세를 하고, 혹독한 저주를 퍼붓고, 하나님과 성인들에 대해 험담을 한다. 그 이유는 고통을 겪거나, 보거나 듣고 있기 때문이다. 여덟 번째는 **성급함**이다. 이 자식을 양육하는 이는 모든 불의와 모든 악 가운데 인내하지 못하는 자이다. 아홉 번째는 **불손**이다. 이 자식을 기르는 자는 악이든 선이든 자신이 행하는 모든 일에서 머리를 곧게 치켜드는 자이다. 그리하여 그가 하는 모든 절제되지 않은 행동에 대한 어떠한 지혜로운 조언도 먹혀들지 않는다. 그 외에도 부, 번영, 높은 가문과 화려한 의복, 재치, 아름다움, 강함과 고상한 삶으로부터 나오는 것들이 교만과 거룩한 도락을 부추겨 키운다. 그 외에도 교만의 사자가 기르는 수많은 자식이 있지만, 더욱 주의를 기울여서 생각해야 할 것들에 이름을

지어주었다.[26]

예술과 설교를 통하여, 그리고 다양한 가르침의 방식으로, 대죄들은 지난 천 년 동안 서구 사람들에게 깊이 새겨졌으며, 하나의 연합된 체계로서 사람들이 하나님과의 관계에 있어 자신에 관해 이야기할 수 있는 방식을 제공하였다. 어떤 이든지 자신을 에워싸고 있는 죄에서 시작해 다른 죄들과의 상호관계를 추적하고 인생의 핵심 문제, 즉 하나님과의 관계에 귀착된 자신을 마침내 발견하게 된다. 대죄의 체계로 인해서 우리는 **하나님 앞에**(*coram deo*) 서 있는 인간의 상황에 대하여 말할 수 있고, 동시에 자신과 다른 사람들과의 관계에서 오는 문제들을 세부적으로 묘사할 수 있게 되었다.

종교개혁 이후 그리고 계몽주의 시대에 이르러 사람들은 점점 전통적인 기독교의 삶과 행위의 가치관을 반영하지 않거나 그것과 거리가 있는 관점에서 인간의 문제와 결단을 바라보게 되었다. 더 나아가 구원의 궁극적인 관심사보다는 차선의 가치에 대한 관심사에 윤리적 결단의 초점을 두었다. 이런 상황은 목회 기능으로서 지도의 정체성에 대한 중대한 의문을 제기하였다. 사람이 세상에서 살아가는 존재로서 자신을 바라볼 때, 목회 지도의 전통적인 형식은 거의 연관이 없어 보이며 때로는 가혹하며 기껏해야 신기하게 보일 뿐이다[사례 19와 20 참고]. 목회적 지도가 어떻게 기독교 영혼 돌봄의 역할을 다하기 위하여 역사적인 뿌리를 유지하면서, 현대인들의 동기와 결단과 행동에 창의적으로 개입할 수 있는가 하는 질문은 당혹스러운 것이다.

---

26. "The Whelps of Pride," from *The Rule of Anchoresses(Ancrene Riwle)*, ed. J. Morton (Camden Society, 1853), quoted by Roger Sherman Loomis and Rudolph Willard, *Medieval English Verse and Prose in Modernized Versions* (New York: Appleton-Century Crofts, Inc. 1948), 53-54.

4. 화해

그리스도 안에서 하나님의 성취와 모든 기독교인의 섬김 두 가지 모두를 아우르는 개념인 "화해"(고후 5:19-21)는 기독교 전승 지식 가운데 신중하게 서술된 가장 두드러진 영역이자, 목회 돌봄의 네 번째 기능에 해당한다. 목회적 함의 가운데, "화해 사역"은 소외된 사람들이 하나님과 이웃과의 관계를 맺게 하거나 적절하고 결실이 있는 관계를 새롭게 하도록 돕는 사역을 의미한다. 영혼 치유의 이 기능은 치유, 지탱, 지도와 동등한 위상을 갖지만, 이 세 가지 사역과는 역사적으로 그리고 분석적으로 구별된다.

I. 두 가지 형식

화해의 두 가지 양태는 용서와 치리이다. 그러나 이 두 가지는 실제 상황에서 언제나 상호의존적으로 나타난다.

한편으로, 화해는 용서를 통하여 발생한다. 용서는 비록 교만과 상처의 벽이 사람들을 분리시키고 소외시킨다고 하더라도 사람들을 서로에 대해 그리고 하나님에 대해 재정립하고 재결합해주는 일이 일어났음을 보여주는 선포 혹은 발표, 또는 심지어 매우 단순한 몸짓일 수 있다. 고백과 회개는 용서를 위한, 또는 소외된 사람의 삶 가운데 현실로서 행위가 필수적인 전제조건이다. 이 양태에 대하여 차후에 더 논의하게 될 것이다.

다른 한편으로, 화해의 한 양태로서 치리(discipline)에는 교정을 위한 우정의 말이나 사제의 권고 또는 심지어 고백과 회개 그리고 삶을 개선하기 위한 더욱 엄격한 조치 등이 포함될 수 있다. 기독교의 목회적 치리에 대한 가장 명료한 서술들 가운데 하나는 캘빈의 기독교 강요에서 볼 수 있다.

> 어떤 사람들은 치리를 혐오하여 그 명칭을 들으면 위축되기 때문에 다음과 같이 이해를 돕고자 한다. 만약 어떤 공동체나 아무리 작은 가족으로 구성된 가정이라도 치리 제도 없이 적절한 상태로 유지될 수 없다면, 가능한 한 질서가 있어야 하는 교회에서는 치리가 더욱 필요한 것이다. 이와 마찬가지로 그리스도의 구원에 대한 교리가 교회의 영혼인 것처럼 치리는 몸의 근육이 되어 몸의 각 지체가 제자리를 잡도록 돕는다. 그러므로 치리를 없애거나 그 회복을 가로막고자 하는 모든 이들은 의도였건 무지의 소산이건 근본적으로 교회를 허무는 데 이바지하는 것이다. 각자가 기뻐하는 것을 행하도록 허락된다면 무슨 일이 일어나겠는가? 교리에 대한 설교에 사적인 훈계와 교정, 그리고 교리를 지탱하고 그것이 무익한 것이 되지 않도록 하는 다른 도움들이 포함되지 않는다면, 교회는 무너지게 될 것이다. 그러므로 치리는 그리스도의 교리에 대항하여 격분하는 자들을 제지하고 길들이기 위한 굴레와 같으며, 전혀 신앙에 관심이 없는 이에게 자극을 가하는 박차와 같으며 또는 심각하게 타락한 자에게 그리스도의 온유함으로 훈육하는 아버지의 회초리와 같다.[27]

치리의 다른 표현은 자극이나 제지의 수단도 되지만 보호의 목적으로 활용되기도 한다. 어떤 식으로든 고통을 받는 신자가 믿음의 행렬에 남도록 하며, 교회의 지탱 사역과 훈계를 통하여 악한 세력의 유혹과 공격을 방어하도록 돕는다. 어떤 경우에 치리는 악마의 공격만이

---

27. John Calvin, *Institutes of the Christian Religion* (IV xii. 1), ed. John T. McNeill, tr. Ford Lewis Battles ("The Library of Christian Classics," XXI, London: S. C. M. Press, Ltd; Philadelphia: The Westminster Press, 1960), pp. 1229-1230.

아니라 하나님의 진노에 대한 보호 역할을 하기도 했다. 미국 성공회의 기도서(*The Book of Common Prayer*)의 "두 번째 교훈"에서 이 문제를 잘 요약하고 있다. 제목이 규정하듯이, 목회자가 성만찬 예식을 위해 주의를 시킬 때, 다음의 교훈을 읽어줌으로써 도움을 줄 수 있다는 것이다. 목회자는 다음과 같이 도움을 주게 된다.

> 여러분의 범죄가 하나님께만이 아니라 이웃에게 범죄임을 알았다면, 그들과 화해하십시오. 여러분이 이웃에게 행한 모든 상처와 잘못을 위하여 또한 하나님께 행한 범죄에 대한 용서를 구하기 위하여 여러분에게 있는 최대한의 역량에 따라서 배상과 보상을 준비하십시오. 그렇지 않으면, 성찬을 받는 것은 아무 소용이 없으며 도리어 여러분의 죄를 더할 것이기 때문입니다. 그러므로 누구라도 하나님을 모독하거나 그의 말씀을 훼방하거나 비난하거나 간음을 했거나 어떤 악, 시기, 여타의 무거운 죄를 지었다면, 자신의 죄를 회개하십시오. 그렇지 않다면 성찬상 앞으로 나오지 마십시오.[28]

교회의 규범과 관습에 서술된 다른 형태의 치리는 죄를 범한 자들이 해벌을 받고 교회의 공동체로 돌아오는 길을 제공하고 있다. 이 치리는 목회적 화해의 조건과 방법이 되었으며 고통을 경감시키기 위하여 고안되었다. 사람들이 서로 상처를 주었을 경우 하나님 안에서 다시 함께하는 방법을 명백하게 기록하고 있다. 주후 325년에 니케아 공의회에서 작성한 고대 규범들은 리시니우스 박해 하에서 배교하여 출교당한 사람들이 예배가 진행되는 동안 나르텍스[29]에 서서 삼 년 동안 속

---

28. *The Book of Common Prayer* (American), 87.
29. 역주: narthex는 고대 기독교 교회당 본당 입구 앞의 넓은 홀로 참회자, 세례 지원자를 위한 공간을 말한다.

제3부 _ 네 가지 목회 기능

죄의 "참관"을 하고 본당에 들어올 수 없게 하는 방안을 마련했다. 그 후에 7년 동안 "무릎 꿇기"를 하게 해서 그들이 무릎을 꿇은 채 본당의 중심인 회중 가운데 예배를 드릴 수 있었다. "수찬금지자(co-standers)"라는 기간에는 죄인이 다른 교우들과 함께 예배에 정상적으로 참석할 수 있으나 제단에서 제공되는 성찬은 받을 수 없었다. 이후에 완전한 화해가 성취된다. 오늘 우리에게 이와 같은 과정이 가혹하게 보일 수 있으나 어긋나고 길을 잃었던 자들이 교회의 공동체에 다시 복귀할 수 있는 화해를 위한 좋은 의식이다.

II. 교회사에서의 용서

영혼의 치료사역의 한 기능으로서 화해는 흥미로운 발달의 역사를 거쳐 왔다. 세월의 흐름에 따라 화해 사역에서의 강조점의 변화를 추적해 보는 것이 도움이 되는 이유는 발달 역사가 현재의 딜레마에 대한 관점을 제공하며 현대의 언어와 개념을 명료화하는 데 도움을 주기 때문이다.

기독교 목회의 제2세대보다 앞선 오리겐과 터툴리안과 같은 초대 교부들의 저술에 특별히 기록된 바와 같이 목회의 화해 사역에는 네 가지 주요 요소들이 있다. 첫 번째는 그리스도인이면 제공할 수 있으며 효능이 있는 공적 고백의 처방이 필요한지 아닌지를 판단하기 위한 **준비**나 영적 상담이다. 만약에 필요하다면 상담은 그가 호된 시련을 준비할 수 있도록 돕게 된다. 다음은 "고해성사 또는 외적고백 (exomologesis)"라고 불리는 고백 또는 회중 전체 앞에서 공적인 고백이 따른다[사례 2를 참조]. 세 번째로는 이방인들과 기독교인들 앞에서 공개적으로 행하는 **참회**(penance)이다. 참회 중에는 예배의 중심 행위인 성만찬으로부터 제외된다. 참회를 준행한 후에 하나님과 교회와 화해가 이루어지는데 주교는 죄인을 기도와 축복을 주는 성만찬으로 복귀시킨다.

초대교회에는 회중 앞에서의 공적 고백을 규범으로 간주하였으나, 그런 일을 자주 접하게 되는 신실한 신앙인들의 다수가 저항감을 가지게 되어 그 실행은 약화되었다. 그러나 고해 세칙서가 등장하기 전에 화해 사역의 초점과 관심의 중심에는 고백 자체가 있었다. 터툴리안은 고백에는 대단한 치료의 힘이 있다고 생각하였다. 고해 세칙서의 등장과 함께 사적 고백으로의 변화로 인해서 치료 능력의 중심에는 참회의 실행이 있다고 간주하였다[사례 7]. 중세 초기의 고해 세칙서는 교회가 사제직을 통하여 영적인 과오를 지혜롭게 분별할 수 있다고 보았다. 그러므로 적절한 진단과 처방을 할 수 있다고 생각하였으나 고해 진단의 본질 그 자체는 거룩하기도 하지만 속된 것이기도 하였다. 고해 세칙서는 온갖 종류의 영적이며 세상적인 질환에 대한 치료책을 처방했다. 기도와 암송, 자제와 음식의 제한, 성적 금욕 등이 포함되었다. 살인과 같은 중범죄를 지은 경우 죄인은 남은 인생을 수도원에서 살아야 하는 고행을 부과했으나 일반적인 죄인은 일상의 일에서 자신의 구원을 이루기 위하여 힘썼다.

13세기에 이르러서는 참회의 예전 자체가 사제들이 제공하는 화해의 능력을 교회 안에 귀속시켜서 사제에 의하여 실행되는 것으로 개념이 분명해졌다. 이런 일이 일어나자 용서의 마지막 요소에 관심이 쏠려 **면죄**(absolution) 개념이 정립된다. 성례전의 힘으로서의 면죄는 자체로 효능을 가졌으며, 참회는 더는 죄에 대한 치료책이 안 되었고 다만 범죄에 의하여 촉발된 일시적인 형벌을 감하거나 피할 수 있는 죄에 대한 사면으로 받아들여졌다. 현대의 로마 가톨릭교회의 고백에 대한 이해는 면죄를 획득하기 위하여 행해지는 개념으로 자리 잡아 왔다.

프뤼머(Prümmer)는 "고백의 예전의 **본질적 형태**"는 구술형식으로, "성부와 성자와 성령의 이름으로 그대의 죄를 사하노라."라고 하고 있다. 참회자가 이 예전을 "적절하게 받아들이면," "모든 죄와 영원한 형벌의 용서" 뿐만이 아니라 "거룩하게 하는 은혜와 성령의 덕성과 은사들을 덧입으며," "이전에 은혜로 얻었던 모든 선한 것들을 새롭게 한다."[30]고 주장하였다.

프로테스탄트 종교개혁은 고백에 대한 두 가지 태도에 일반적으로 합의하고 있다. 의무적이지 않으며 안수받은 목회자에게 말하지 않아도 되었다. 고대 로마 가톨릭교회는 신자들 개개인이 일 년에 적어도 한 번은 자신의 사제에게 고백해야 하는 법을 만들었다. 프로테스탄트 종교개혁은 이 법을 거부하고 정규예배의 순서에 따라 회중들이 고백하는 것을 선호하였다.

이 합의를 넘어선 개혁가 개인과 그의 추종자들은 고백의 이런저런 측면을 강조하며 위험을 피하는 점을 강조하는 개혁자의 길을 따랐다. 노르위치(Norwich)의 성공회 주교 조셉 홀(Joseph Hall)은 1628년 "오래된 종교 (Old Religion)"라고 불리는 조약을 기록했다. 그는 여기에서 참회 전에 면죄를 허용하는 관용에 대하여 논의할 필요가 있다고 주장하였다.

> 그러나 이제 고백이 행해진 직후에 참회자에게 손을 얹고 성찬의 권한을 부여한다. 면죄 후에 경건의 행동들을 명한다. 가령 육체의 징벌, 여죄에 대한 정화 . . .

일반적인 이해로 새로운 지침은 마치 사순절 전에 부활절과 같은 터

---

30. Dominic M. Prümmer, *Handbook of Moral Theology,* tr. Gerald W. Shelton, ed. John Gavin Nolan (New York: P. J. Kenedy & Sons, 1957), pp. 294, 296. By permission.

무늬없는 것이었다.[31]

루터는 사람이 하나님과 다른 사람과의 화해를 위하여 고백이 도움이 된다고 강조하였고 고백은 신자들 서로의 고백을 들으며 서로에게 "사제"가 되며, 예수 그리스도 안에서 믿음을 가진 자들을 위하여 용서를 선포하는 상호행위라는 확신이 있었다. 1520년에 루터는 다음과 같이 쓰고 있다.

> 사적인 고백을 나는 진심으로 선호한다. . . 왜냐하면 고통받는 양심들과 동일하지 않아도 치료가 되기 때문이다. 우리가 우리의 양심을 형제에게 있는 그대로 드러내고 은밀하게 그 안에 숨어있는 악을 알려줄 때 하나님께서 말씀하시는 위로의 말씀을 형제의 입술을 통하여 듣게 된다. 그리고 그것을 믿음으로 받아들이면, 형제를 통하여 우리에게 말씀하시는 하나님의 자비 안에서 평화를 발견한다.[32]

III. 캘빈과 교회 치리

독일의 중부 내륙지방(Rhineland)과 남부지역의 개혁 전통은 영혼의 치료 기능으로서 화해의 사역을 진지하게 수용했다. 경건한 기독교 도시로 만들고자 하는 제네바시(市) 지도자들의 진지한 결심을 확인한

---

31. Joseph Hall, "The Old Religion," IX.4, *Works,* ed. Josiah Pratt (10 vols., London: Printed by C. Whittingham, 1808), IX, 277.

32. Martin Luther, *The Babylonian Captivity of the Church,* tr. A. T. W. Steinhaeuser, *Works of Martin Luther* (6 vols., Philadelphia: Muhlenberg Press, 1943), II, 250. By permission.

후에 캘빈은 1541년 제네바로 돌아왔다. 종교개혁의 이상과 이해가 흔들리고 있는 상황에 제네바는 프로테스탄트 기독교의 모범도시가 되었다. 목회자의 네 가지 종류가 있는데 즉, 목사, 교사, 집사와 장로였다. 장로는 "교회조직의 훈계(fraternal corrections)"를 감당하여 교회와 도시의 행정 체계에 두드러진 지위를 확보하였다. 그들에게 캘빈은 평신도 영적 지도자의 규범을 마련해 주었다. 선한 성품과 영적인 지혜를 바탕으로 수많은 시의 행정구역에서 선택되어 시의 행정장관들에 의하여 장로들이 임명되었다. 그들의 임무는 모든 시민의 삶을 살펴 무질서하고 잘못된 행동을 사랑으로 교훈하며 지도하는 것이다.

필요에 따라 특히 위중한 사례에는 제네바 교회 법정에 소환하여 자문과 조력을 요청함으로써 보다 강력한 조치가 이뤄졌다. 교회 법정은 목사들과 장로들로 이루어졌으며 교회 치리의 주요 기관으로 캘빈이나 다른 목사가 주관하였다. 맥닐은 "매주 목요일 아침에 감독 장로들에게 적발된 범법자들은 법정에 경찰에 의하여 연행되어 왔다. 캘빈이나 다른 목사에게 개인적인 상담을 받거나 사전에 교훈을 받기도 하였다."라고 적고 있다. 전체 법정 앞에서 심의가 진행되고 적절한 교정 조치가 범법자의 유익을 위하여 채택되었다. "법정과 의회의 기록들은 교정을 위하여 보고된 범죄에 관하여 구체적이며 상세하게 보고되었다. 교회 불참, 중세 종교 행위에 대한 갈망, . . 음주, 도박, 음란, 가정 이탈, 아내 폭행과 간음" 등이 보고서에 명시되었다. 교훈과 함께 교정 조치의 대부분은 초대교회의 기독교 고행목록과 비슷하다. 많은 경우에 부과된 치료는 행동과 자세의 교정에 효과적이었으며 하나님과 이웃들과의 화해를 얻기에 효과적이었다.[33] 제네바의 실험은 종교개혁의

---

33. John T. McNeill, *The History and Character of Calvinism* (New York Oxford University Press, 1957), 165.

시도 가운데 영혼 치유의 부분으로서 치리적인 화해를 되살리는 가장 흥미롭고 창의적인 것이 되었다. 캘빈주의자들이 행한 것과 같은 세련되게 화해 사역을 성취할 수 있는 전통은 다른 어느 시기에도 없었다.

그럼에도 불구하고 목회의 화해 사역의 형식으로서 치리는 제네바에서 캘빈이 교회의 주행정가로서의 역량을 발휘하였던 때조차 수많은 실패를 경험했다. 개인적 교훈이 고소되는 경향이 많아지면서 치리는 율법주의로 전락할 정도로 폭이 좁고 완고해졌다. 무엇보다도 캘빈은 시의 지도자들과의 유착 관계로부터 교회를 분리해낼 수 없었다. 제네바는 교회와 시정부가 권위와 책임을 나란히 가지는 작은 기독교 왕국이었다. 구조상, 개인의 필요에 관한 관심과 도시의 평화, 질서 그리고 선한 도덕성을 향한 관심의 구분이 없었다. 개인 성장의 목표는 기관의 유지를 위한 의무에 종속되는 경향을 지녔다. 더 나아가 제네바 교회 생활은 세상의 혼란과 경쟁으로 침해당하는 위협 속에서 인간성을 향한 관심과 치유와 성장에 실패한 인간을 위한 진지한 노력을 해야 하는 압박을 견딜 수 없었다. 제네바의 캘빈주의자들은 치료에 대하여 인내와 유연하게 대응하는 상황을 항상 단속하려고 애썼다. 결국, 제네바는 추방, 감금, 화형으로 치리의 딜레마를 해결했다.

종교개혁의 좌파집단인 회중교회, 침례교회, 퀘이커 그리고 이후 감리교회 등은 교회의 구성원들이 신체적이며 영적인 행복을 위한 상호 책임을 강조하였다. 현대의 개신교회는 과도한 개인주의로 비판받아왔다. 그러나 역사의 다양한 시기에 위의 좌파집단들은 회중 전체 앞이나 회중의 다양한 모임 앞에서 행하는 공개적인 고백에 대하여 생생하고 진지한 관심을 표현하였다. 고백을 들은 후에 집단은 지혜를 끌어내고 잘못을 범한 형제를 교정하고 회복시키기 위한 관심을 모았다. 초기 감리교회에서는 집단 치료의 방식에 특별히 관심을 가졌다.

"계급"과 "계층"을 떠나서, 개인들은 "더 엄격한 치료적 훈련"을 받게 하였다. "특별히 자신의 마음을 다른 이들에게 쏟기 원하는" 사람들을 "속회(bands)"에 초청하여, . . . "지도자가 시작하면 각 회원들은 자신의 영혼의 상태에서 과오와 유혹의 경험을 고백하고 비판을 수용하였다. 그 집단에 받아들여지기 위하여 사람들은 비록 자신의 '급소'를 찌르는 것이 될지라도 자신의 모든 허물을 말하기 원한다는 선언을 해야 했다."[34]

목회 돌봄의 화해 사역을 모든 신자에게 목회자가 제공하는 이론적인 틀을 넘어서서 회중의 일상의 부분들이 전체를 아우를 수 있도록 평신도들이 크고 작은 목회 돌봄을 실행하도록 했던 것은 좌파 개신교회였다. 아래는 켄터키주의 마운트 타보르 침례교회(Mount Tabor Baptist Church)의 기록에서 발췌한 것이다.

1803년 7월 세 번째 토요일

교회는 예배 후에 회의안을 토의하기 위하여 모였다. 첫 번째 보고서는 술을 지나치게 마시는 아넷 자매에 대한 것이었다. 그리고 그녀는 유죄로 판결이 되어 보우, 필립스, 클랙 세 자매들이 다음 모임에 아넷 자매를 소환할 것을 명했다. . .

1803년 8월 셋째 금요일

교회에 모여 예배 후에 사안을 다루었다. 첫 번째 위원회는 아넷 자매에게 이 회의에 소환을 명령하였고 세 사람은 교회의 명령을 시행했으며, 겸손하게 자신이 행한 일에 대하여 깊은 사과를

---

34. John T. McNeill, *A History of the Cure of Souls* (New York: Harper and Row, Publishers, Incorporated, 1951), 279.

하였다는 보고를 하였다. 그러므로 교회는 그 자매가 공동체에
참여할 수 있는 권한을 회복시켰다.]35)

IV. 오늘날 화해의 폐기

기독교 목회 돌봄에서 창의적이며 가치 있는 화해 기능이 악한 세대
에 약화되고 있음을 나타내는 지표가 많이 있다. 아마도 화해는 영혼
치유를 위한 나머지 세 개의 기능들보다 더 많이 오해와 침식에 시달려
왔을 것이다.

유용하면서 도발적인 책, *Preface to Pastoral Theology*를 쓴 시
워드 힐트너는 그가 원래 용어인 "교회 치리"라고 불리었던 화해 사역
이 목회의 관점을 폐기했다고 주장한다.

기독교 치리의 원래 의도는 범죄자를 이전과 동등하게 되돌려서
교회를 보존하는 것이다. . . 사회 기관으로서의 교회가 성장함에
따라 강조점이 교회에 유익한 것이 곧 범죄자를 위하여도 유익하
다는 가정 하에 교회만을 위한 치리로 무게중심이 이동하였다.

결국 "'교회에 유익한 것'이 회중들에게 힘을 갖게 되었을 때. . ."
영혼 돌봄을 위한 치리의 기능은 이차적인 것이 되었다.36) 교회의 순
수성을 위한 동기는 언제나 화해 기능과 부합되었기 때문에 프로테스
탄트 목회 전통의 몇몇 주요 인물들은 추문에 대하여 매우 심각하게 생

---

35. "MSS. Volume of Mount Tabor Church, 1798-1870," in William Warren Sweet,
    *Religion on the American Frontier, The Baptists 1783-1830, A Collection of
    Source Material* (Chicago: University of Chicago Press, 1931), 260-261.
36. Seward Hiltner, *Preface to Pastoral Care* (Nashville: Abingdon Press, 1958), 65.
    66-68쪽 도 참고할 것.

각해서 사람들의 개별적인 욕구에 관한 관심을 동등하게 취급해야 하는 것을 간과하고 말았다.

예를 들어, 리차드 박스터는 그의 저서 *The Reformed Pastor*에서 화해 사역에 상당히 많은 기법이 요구된다는 점에 민감한 나머지 단정하지 못한 이들과 범죄자들을 향해 가혹하고 편협한 태도를 보였다. 그는 치리 실행에 필요한 기법을 정리한 후에, 범죄자들의 죄가 범죄자 자신들과 하나님께 얼마나 흉악한 영향을 끼치는지를 보여주어서 많은 범죄자의 마음에 감동을 줘야 한다고 주장하였다. 박스터는 치리를 소홀하게 되면 세상의 눈으로 볼 때 기독교가 부패하게 될 것이며, 세상 사람들이 "사탄보다 그리스도가 더 거룩하지 않으며, 기독교의 종교가 세상의 거짓된 종교들보다 더 못한 것"[37]이라고 믿게 될 것이라고 하였다.

가톨릭 전통에서 화해는 회중들을 허물없이 지켜주는 방안이라기보다 징벌의 대체물(quid pro quo)로 여겨지는 경향이 있다. 이런 경향은 특히 참회의 실행 방법이 변해서 징벌이 훨씬 더 간소화하고 견딜 만한 것들로 축소되었으며 면죄의 조건이 금전 변제로 바뀌면서 뚜렷하게 나타났다. "10세기까지 실행 방법과 변제 방식이 참회의 정상 요소로 널리 수용되었다."[38]

여기에서 프로테스탄트와 가톨릭 양측 모두가 영혼 돌봄의 합법적인 형태인 화해와는 모순되는 방향으로 발달한 점을 주목해야 한다. 프로테스탄트 신학에서 화해 사역은 교회 치리가 과도하였던 캘빈주의 체제의 실패로 평판이 나빠졌다. 가톨릭의 종교재판 역시 전반적으로 서구 세계에서 목회적 화해 사역의 한 양태였던 교회 치리를 혐오와

---

37. Richard Baxter, *The Reformed Pastor,* ed. Hugh Martin (London: SCM Press, 1956: Richmond, Va.: John Knox Press, 1963), 62.

38. McNeill, *A History of the Cure of Souls,* 124.

경멸의 시선으로 바라보게 된 하나의 실험이었다. 이단의 감금과 진압을 위하여 13세기에 형성된 이 운동은 죄인들과 이단자들의 과실을 바로잡고 신자들의 집단으로 돌아오게 한다는 희망으로 조사관들을 모집하였다[사례 11을 보라]. 이 운동은 인도적이고 적절한 화해의 도구로서의 목회의 자부심에 엄청난 부채를 안겨주고 결국 와해되었다. 종교재판 조사관들은 범죄자들의 영혼 구원을 위하여 일한다고 여기면서 이단이나 범법으로 소환된 사람들을 다룰 때 엄격한 법령을 실행하는 권한이 자신들에게 부여되었다고 생각했다. 그리하여 고문과 심지어 죽임도 어떤 영혼들을 둘러싸고 있는 흑암의 주권을 처리하기 위한 적절한 책략으로 자주 사용되었다. 고해 재판관들은 자신들을 목회자로 생각하기보다는 법관으로 간주하여 증거와 법적 절차를 중시하는 엄격한 민법에 따라 행동한다고 여겼지만, 종교재판이 그 자체가 저지른 극악무도한 행위들로부터 도피할 수 있었다는 것은 역사의 아이러니였다.[39]

더 나아가서 가장 심각한 실패는 용서에 의한 화해를 이루는 형식에 있었다. 고백, 참회, 면죄의 집행자로서 사제는 고해를 듣고 고행을 부과하는 일과 관련해서 그들 자신의 성장에도 기울여야 하는 전문적인 훈련을 충분히 받지 못했다. 영혼 치유의 역사 가운데 일어났던 비극들 가운데 하나는 이 고해 훈련에 대한 감독은 물론 일어날 수 있는 구체적인 목회상황에 대한 어떠한 논의도 없이 고해신부에게 강제되는 비밀엄수에서 발생했다. 1215년에 가톨릭교회가 신자들 각자에게 자기 교구 신부에게 일 년에 적어도 한 번은 고해성사하도록 요구하였을 때 절대 비밀엄수의 전통이 완전히 강제되었다. 서방교회에 전체를 아우르

---

39. Henry Charles Lea, *A History of the Inquisition of the Middle Ages* (3 vols., New York: Harper & Borthers, 1888), I. 399ff.

제3부_ 네 가지 목회 기능

는 시행령이 되었던 제4차 라테란 공의회의 법규 21항은 분별력을 갖게 되는 나이의 모든 신자는 의무적으로 자신의 교구 신부에게 자기가 일 년 동안 지은 죄를 고해성사하며, 그에 따른 고행을 실행해야 했다. 이 절차에 순응하지 않고 그에 수반되는 규정인 연례 성만찬을 준수하지 않으면 교회로부터 추방당하며 기독교적 장례도 금지되었다. 교구 신부만이 신자가 교구 밖의 신부에게 고해할 수 있도록 승인을 할 수 있었고, 그렇지 않으면 면죄를 얻을 수 없었다. 어떤 신부라도 그에게 고백한 것을 말이나 다른 표시로 전하게 되면 교회로부터 가장 위중한 형벌을 당했다.[40]

이러한 제한을 초래한 특별한 상황과는 별도로, 용서에 의한 화해를 이루었던 구체적인 사례에 대한 보고들로부터 사역의 기술을 배우고 영적인 지침을 얻는 것이 불가능했다는 것은 용서에 대한 목회 돌봄 사역 차원에서 매우 안타까운 일이었다. 현대에 와서 구체적인 경험에서 얻은 지혜를 나누고 전달할 수 있다는 사실은 값을 매길 수 없는 자산이다. 견습생들은 대가들의 실제 경험을 배움으로써 장인들이 될 수 있다. 이러한 현대의 전문직에서, 더 어려운 사례들이 축적된 지혜의 유익을 얻을 수 있게 되었고, 특히 능숙한 전문가는 인증을 받고, 무자격자들은 이 모두가 비밀을 침해하지 않는다는 절대적인 비밀 엄수주의로부터 자유롭게 되었기 때문이다. 이 문제에 대한 교회의 엄격함의 결과로 가톨릭교회에서는 고해성사가 공식적인 일이 되어 신자들이 미사를 통해 다소 형식적으로 계속 실행하고 있는 반면에, 프로테스탄트 교회에서는 은사를 받은 소수의 사람들이 창의적인 고해 전문 사역자가 될 수 있다.

---

40. Oscar D. Watkins, *A History of Penance* (London: Longmans, Green and Co., 1920), 748-749를 참고하라.

화해 사역과 관련한 교회의 딜레마의 반응으로 최근에 심리학자 모우러(O. Hobart Mowrer)가 도발적으로 목소리를 높였다. 그는 교회가 인간의 문제들, 특히 죄책감에 대한 프로이트의 이해에 포로가 되었다고 믿었다. 모우러는 현대 인간의 주요 고통이 죄책감이며, 인간 상호관계에서 경험하는 문제들의 안팎에는 자신이 동료 인간을 향한 책임과 신뢰를 무너뜨렸다는 심오한 인식과 현실에 놓여있다는 믿음을 갖고 있다.[41]

우리 시대에 와서 목회 돌봄의 기능으로서 화해의 약점은 명백하다. 현대 회중의 삶의 구조와 리듬에서는 한 사람의 영혼 상태에 대하여 진지하게 논의할 수 있는 곳이 없다. 예전에는, 가톨릭 전통에서는 고백과 참회가, 프로테스탄트 교회에서는 성만찬에 대한 준비가 되었는지 묻는 주기적인 질문이 그 목적을 수행했었다. 목회자는 교인들을 만나서 공허한 잡담이 되지 않을 대화를 하거나 세상의 당면한 문제들에 관한 시사 이야기와 세상 안에서 살아가는 기독교인의 위치에 관한 이야기를 나눈다. 화해의 역할이 상실되면서, 일이 생기면 목회자는 즉흥적으로 해내야만 한다. 불가능한 것은 아니지만 특별한 개인적 은사가 필요하다. 이러한 상황에서 많은 목회자들은 자신들이 하는 상담의 많은 부분이 그들을 아마추어 정신건강의학과 의사나 사회복지사의 수준이 되도록 요구한다고 느끼게 된다. 이러한 불안의 부분적인 원인은 목회자를 하나님과 사람의 단절된 관계를 이어줄 수 있는 영적인 대화에 주의를 기울이고 그것에 은사가 있는 사람으로 규정하는 상황에서 평소의 목회적 일상에서는 소외된 교인들과 대면으로 접촉

---

41. 모우러는 이러한 관점을 피력하는 다수의 저술을 남겼다. 특히 "Even There, Thy Hand," *The Chicago Theological Seminary Register*, LII:I (January 1962), 1-17; Ross Snyder, "Toward What is Mowrer in Motion?" *ibid.*, 17-21를 보라.

하지 못한다는 느낌이다. 소외가 인간의 큰 고통과 불안의 뿌리가 되는 시기에 이러한 즉흥적인 사역의 상황 때문에 실제로 교회는 목회적 화해의 사역을 잃어버리게 되었다.

PART 4.

●

목회 돌봄의
과거와 현재

PASTORAL CARE IN HISTORICAL
PERSPECTIVE

PART **04**

목회 돌봄의 과거와 현재

1. 개요

앞에서 목회 돌봄의 다양한 기능과 양태에 대한 개괄적인 설명과 기독교 목회의 중요한 역사적 사건들을 묘사하였으며, 네 가지 기능에 대하여 상세하게 설명했다. 이러한 정의, 윤곽과 설명은 19세기에 이르는 동안 기독교 경험을 통하여 이루어졌던 목회를 다양한 방식으로 기록한 방대한 분량의 문서들을 살펴본 결과들이다. 5부에서는 목회 기록들의 실제 사례들을 발췌하여 구성했다. 이 실제 사례들은 목회 돌봄의 주요 여덟 시대를 대표하며, 다양한 양태로 실행했던 목회 돌봄의 네 가지 기능을 풍부하게 예시하고 있다. 그러나 명심해야 할 것은 돌봄을 어떤 고정된 틀에 집어넣어서는 안 된다는 사실이다. 시대적으로 그 시대 상황에 맞추어 서술한 것을 발췌한 사례들은 전문가가 아닌 독자들도 공부할 수 있도록 소개하고 있다. 저자들은 자신들의 분석을 동의하지 않거나 부응하건 간에 독자가 스스로 결론을 도출하

제4부 _ 목회 돌봄의 과거와 현재

147

도록 초대하고 있다. 바라건대, 독자 자신이 목회 돌봄의 방대한 영역의 기록물을 스스로 탐구하도록 자극받기 바란다. 이 책의 주요 목표는 확고한 판단에 이르는 것이 아니라, 개념을 소개하고 흥미를 유발하며 통찰을 얻게 하는 것이다. 그렇지만, 과거의 기독교 목회 출판물들에서 현재의 전문가들이 깊은 관심을 두고 있는 주제들과 수정내용들과 기회들을 명시하는 것이 적절할 것이다. 과거가 미래를 규정하는 교훈들을 가르쳐주든 그렇지 않든, 과거에 대한 폭넓은 관점으로부터 현재의 유익을 얻는 것은 명백하다.

목회 돌봄에 대한 역사적 관점은 목회의 현재 상황에 대한 몇 가지 주목할 만한 평가를 제공할 수 있다. 가장 분명하고 중요한 것은 기독교 목회의 경험을 현재에 이르기까지 통틀어서 볼 때 네 가지 목회 기능을 실행하는 데 의례가 근본적으로 중요한 역할을 해왔다는 것이다. 의례의 유산에 대한 현대의 무관심은 위대한 목회 전통과 분명하게 단절되었음을 시사한다. 이러한 단절이 현재의 목회자들을 자유롭게 하는지 아니면 고갈시키는지는 모든 독자가 스스로 해야 할 권리가 있는 가치 판단이다. 그러나 역사의 교훈들 가운데 하나는 목회 예전이 약화될 때 목회적 권위도 그것에 비례하여 약화되었다는 사실이다.

두 번째로, 두 가지 특이한 혼란이 현대 목회 사역에 스며들어 있다. 먼저 목회 사역 전반이 흐려지고 지나치게 일반화되고 있다는 것이다. 목회의 특수성이 상실될 때, 안수받은 목회자들은 제도적으로 관리하고, 공적으로 성직을 수행하고, 설교하고 교육하는 기능을 목회 돌봄으로 해석하는 경향이 있다. 다른 한편으로는 특수한 목회적 권위의 상실과 목회 사역의 일반화로 인해서 목회자들이 다양한 다른 전문 조력직의 형태와 과정과 기능을 뒷받침하는 것으로 치부되었다. 의사,

변호사, 정신건강의학과 의사, 심리학자, 상담가, 사회복지사를 흉내내는 이 시대의 목회자들은 다른 시대의 전문 조력자들을 흉내냈던 목회자들처럼 흔히 다른 전문영역에서 단지 역량이 부족한 아마추어나 비전문적인 실습생이 되곤 한다. 전문 조력직으로서의 목회 돌봄은 목회적 전문직의 제도와 예전, 설교와 교육의 기능과는 구별되는 자세를 당연한 것으로 여기며, 이러한 구별은 공적인 목회 사역을 하는 데서 목회자의 역할에 그 권위가 부여된다는 사실에 의하여 분명해진다. 목회자들은 회중들을 기도와 예배와 권면으로 인도할 때에 기독교 신앙의 지혜와 자원과 권위를 갖는 대표자로서 자신들의 능력을 새롭게 하고 상징화한다. 우리 사회의 어떤 전문 조력직도 도움을 제공하는 독특한 전통을 의례로 보여주지 못한다.

세 번째로, 목회 돌봄에 대한 우리의 역사적 연구는 유행하고 있는 대중적인 혹은 학문적인 심리학이 교회의 돌봄 사역의 영역에 유입되었다는 현대의 불안이 사실은 가상의 적과 싸우고 있는 것이라고 제안한다. 모든 시대에 목회는 발전하고 변화하면서 그 시대의 심리학이나 심리학적인 흐름을 활용해왔다. 현대 심리학을 목회 돌봄에서 활용하는 것을 반대하는 사람들은 기독교 전통 자체가 혁신적이었다는 사실을 부정하는 것이다. 역사상 어떤 시대에도 기독교는 이론적으로나 대중적으로 이해되는 뚜렷한 심리학을 자체적으로 제안한 적이 없다. 전통적인 목회의 진가를 안다는 것은 분명한 목회적 역할을 포기하지 않으면서도 오늘날의 심리학의 통찰들과 적용들을 받아들여서 기꺼이 활용하는 것이다.

마지막으로, 목회 돌봄에 대한 역사적 연구는 화해 기능이 현대의 모든 목회자의 직무 중에서 가장 실행 가능하고 언제든지 할 수 있는 것이라고 강력하게 제시하고 있다. 화해 사역이 우리의 전환기에 특수한 의미를 가진 기능으로 떠오르고 있다는 지적이 많다. 지탱은 전환기의 힘에 가장 덜 밀려난 기능이며 그것의 오래된 방식들과 수단들은 계속 권고되고 있다. 치유는 목회자가 아닌 치료전문가들이 목회적 치유 방법들을 포용하고 능가하게 되었기 때문에 큰 혼란을 겪고 있다. 아마도 현대 목회자들은 다른 세 가지 기능보다 지도의 기능에 더 분명하게 초점을 맞추겠지만, 그들은 전통적이고 시대에 뒤진 기독교적 도덕 가치들로부터 자유로운 상황에서 자신들의 직무를 수행하는 다른 심리치료 전문가들을 모방하는 비전문가로서 그렇게 하는 것이다. 한편, 미국인들의 정신건강 욕구들에 대한 최근의 연구들과 목회자가 아닌 다른 조력 전문직들의 한계에 대한 최근의 조사들은 화해 영역에서 목회 사역의 필요성이 강하게 생겨나고 있으며, 동시에 그와 같은 목회 사역을 효과적으로 대체할 수 있는 것이 다른 전문 조력직에는 존재하지 않는다고 주장한다. 화해의 목회 사역이 가진 풍성한 역사의 많은 부분이 다시 회복되어서 현대 상황에 적용될 수 있다. 따라서, 필자들이 보기에 오늘날 가장 시의적절한 기능은 화해의 사역이다.

요약하자면, 목회 돌봄의 역사에서 네 가지 교훈을 발견한다. 의례는 목회의 권위를 새롭게 해주는 필수불가결한 목회 행위이다. 목회 돌봄은 다른 목회 사역과 구별되며 다른 조력 전문직들과도 구별된다. 목회 돌봄은 언제나 당대의 심리학들을 활용해왔고 그것 자체의 독자적인 심리학을 만들어내지 않는다. 화해는 오늘날 가장 적절한 목회의 기능이다. 다른 연구자들이 다른 결론에 이를 수 있다는 사실을 수용하면서 필자들은 위에 언급한 네 가지 주제에 관하여 간략한 논의와 함께 결론을 맺고자 한다.

2. 목회 돌봄의 의례

역사의 흐름 가운데 영혼 돌봄의 네 가지 기능은 이미 확립되고 지속되고 있는 의례들에서 구현되었다. 이전 시대에는 의례로 표현되었던 삶의 측면들을 합리적으로 설명하려는 현대인들의 바람에도 불구하고, 목회의 모든 특성들을 의례로 만들었던 것은 이 사역에 관한 역사적 연구에서 배워야 할 가장 두드러진 교훈일 것이다. 5장에서 등장할 실제 사례들의 대부분은 목회적 의례가 표현하고 있는 방식들을 보여줄 것이다. 교회 초기부터 계속해왔던 기름 부음과 악령을 쫓아내는 의례들은 목회적인 치유사역을 의식으로 표현한 것이었다. 지탱의 의례는 중세 후기와 르네상스 시대에 꽃을 피웠던 "죽음의 기술(art of dying)"[1] 문헌에서 풍부하게 예시되고 있다[실제 사례 10을 보라]. 지도는 계획된 영성 피정에서 의례적으로 표현되었으며[실제 사례 14], 귀에 대고 고백하는 고해성사의 형식으로 잘 묘사되어 있다[실제 사례 19]. 화해는 고해성사와 참회의 의례에 잘 소개되었으며[실제 사례 2], 특히 후대에 완성도 높은 실례는 존 녹스(John Knox)가 개발한 공적 회개의 의례에서 발견할 수 있다[실제 사례 15].

목회 돌봄은 안수 의례로 확립된 목회의 권위가 있는 기독교 신앙의 대변자에 의하여 실행된다. 이 권위는 성만찬을 통하여 목사가 새로운 회중들과 목회 관계를 수립하게 될 때마다 새로워진다. 더구나 안수받은 목사가 자신을 의례적인 인물로서 공식화하는 수많은 의례 행위를 집례하면서 목회의 권위는 반복적으로 새로워지고 유지된다.

---

1. 역주－이 표현은 15세기 라틴어로 기록된 *Ars moriendi*에 대한 것을 지칭한다. 현대에는 호스피스 운동과 그 맥을 같이 하는 목회 지탱 사역을 위한 유익한 전거들이 되고 있다.

얼마 전까지도 의례 행위와 절차는 목회자들이 고통받는 사람들을 돌보았던 방법들에서 자발적으로 그리고 자연스럽게 표현되었다. 즉, 목회자의 공적 사역에 대한, 의례에서 확립된 권위는 위대한 전통을 통하여 사적인 사역에서도 수행되고 있다. 무엇보다도 기독교 신앙의 대변자로서 신앙의 자원과 지혜와 권위를 가진 목회자가 의례를 확립하고 갱신하고 실행하는 일은 목회 돌봄을 다른 조력 전문가들의 일과 차별화해주었다. 과거에도 그리고 현재에도 다른 조력 전문직들 가운데 그 어떤 것도 삶에 대한 전망을 공유하는 사람들의 공동체의 의례 행위에 이토록 확고하게 그리고 반복적으로 뿌리를 내리지 못했다. 목회자의 권위가 의례에서 세워지고 유지되는 것처럼 그의 온전한 돌봄의 능력도 의례를 통해서 사용되었고 그렇게 사용될 수 있다.

사실상, 세속적이건 종교적이건 어떠한 인간 집단도 의례 없이 기능하거나 지탱할 수 없다. 목회 돌봄의 의례적 특성은 인간의 삶에 원초적이며 깊이 스며들어 있는 것들을 어루만져주고 되살려낸다. 집단은 의례를 통해서 그들 자신을 그리고 그들이 무엇을 믿고 있는가를 의식하게 된다. 의례에서는 문장(emblem)과 상징을 통하여 집단이 전제하며 소중히 여기는 것, 기념하고 축하하는 것, 동경하는 것것이 극적으로 표현된다. 의례는 집단의 존재 이유를 직접 생생하게 제공한다. 예를 들어 기름 부음과 같은 치유의식들은 하나님만이 영혼과 육체의 건강을 창조하시며 주시는 분이라는 확신을 새롭게 하여 병든 기독교인에게 치유의 소망을 갖게 한다. 지탱 사역은 신실한 자들을 위해 예비된 천국에서의 사후생활과 보상들에 대한 극적인 믿음을 사용하여 고통 가운데 죽어가는 신자에게 도움을 제공한다. 죽음 후에 천국에서 신자가 얻게 될 보상에 대한 극화된 신앙의 도구를 사용하여 지탱하게 한다. 의례로서의 화해는 치리의 형태이든 용서의 형태이든 실제로 하나님 그리고 동료 신앙인들과의 소외되고 깨어진 관계를 다시 엮어주는 것을 정교하게 보여준다.

더 나아가 의례는 합의를 만들어내고 표현한다. 이러한 예는 마치 터틀리안이 공개 고백을 통하여 화해의 과정을 이루고자 서술하였던 공식적인 행위[실제 사례 2]보다 안다만 군도 주민(Andaman Islanders)[2]들의 평화를 위한 춤 의식에서 더 생생하게 볼 수 있다. 합의를 만들어내고 표현하는 의례의 힘을 보여주는 홍미로운 예는 공적인 회개에 대한 녹스의 명령[실제 사례 15]에서 발견된다. 여기에서 개인적인 반대는 가증스러운 것이 된다. 이 예전은 다음과 같이 회중들을 권면한다.

> 우리의 형제의 죄와 타락에 의해 지금까지 여러분이 알게 된 모든 잘못들을 용서하고 잊어버리고 이제는 평안히 쉬시기 바랍니다. 이 형제를 그리스도의 한 지체로서 받아들이고 품어주십시오. 이전에 저질렀던 잘못에 대하여 아무도 책망하거나 송사하지 않기를 바랍니다. 그럴 때 형제가 여러분들의 선한 뜻과 화해에 대해 확신하게 될 것입니다. 형제가 회심하고 참회할 수 있게 해주신 하나님께 엎드려 감사를 드리십시오.

무모한 지체들은 이러한 단호한 말과 정직한 행동 후에 회개한 자를 향해 여전히 원망의 감정을 가질지 몰라도, 이러한 예전을 통해서 화해를 이룬 회개한 자는 하나님과 사람들에 대하여 회복되었다고 느낄 뿐만 아니라 이 형제는 실제로 회복되었다.

---

2. A. R. Radcliffe-Brown, "The Nature and Functions of Ceremonials," in *Theories of Society,* ed. by T. Parsons *et al.* (2 vols., Glencoe, Ill.: The Free Press, 1961), II, 1193.

목회적 의례의 가치들 가운데 하나는 그것이 예상할 수 있는 행동의 틀을 설정함으로써 행위를 유도하는 힘을 가졌다는 점이다. 목회 돌봄이 요구되는 혼란스러운 상황에서 규정된 행동방식으로서, 의례는 적절한 행동방식을 찾아내는 것이 가장 어려운 바로 그 순간에 "적절하거나" 기대되는 그리고 신뢰할만한 행위를 명시해 주는 안내지도를 제공한다. 죽음이라는 전례없는 상황은 너무나도 고통스럽기 때문에 어떻게 행동해야 할지에 대한 어떤 안내지도가 없다면 사람들은 허둥대거나 고립 혹은 움직일 수 없는 상태에 빠질 수 있다. 과거에 죽음을 앞두고 있는 사람을 위한 기독교 예전들은 그가 죽었을 때에 이웃들과 가족들과 함께 익숙하게 참여할 수 있는 방법들을 제공했다. 잘 정립된 의례는 "바르게" 죽는 방식들, 슬퍼하는 사람들이 죽음을 앞둔 사람 앞에서 어떻게 행동하고 그와 상호작용해야 하는지에 대한 "올바른" 방식들을 제공하였다. 죽음을 앞둔 사람과 그의 친지들은 그가 자신의 마지막이자 가장 중요한 행위를 수용하고 실행하도록 함께 하는 암송 기도문을 통해서 적절하게 서로 소통하도록 도와준다. 이런 예전의 행위가 없다면, 죽음의 엄중한 상황은 죽음을 앞둔 사람 그리고 그를 지탱해주고 그들 자신이 어떻게 죽어야 하는지 배우기를 원하는 사람들 모두는 무력해지기 쉽다.

의례 혹은 긴급하고 예상하지 못한 상황에 대한 "적절한" 대처방법들은 위기 상황의 특성에 의해 요구된다. 위기는 이전에 배운 방식이 더는 효과적이지 않고 효력이 없는 특별한 상황이다. 우리는 단 한 번 죽는다. 중대 질환들은 우리의 인생에 몇 차례 있을 수 있다. 애도 전문가만이 훈련을 통해서 좋은 애도자가 되는 것을 배운다. 위기를 위한 예전들은 형식주의라는 비판에도 불구하고 훈련받지 못한 사람들이 참여하고 소통할 수 있는 방식들을 제공해 주고, 소통을 위한 개인적인 창의성이 고갈되고 소용이 없을 때 무력감과 죄책감을 개선해주는 경향이 있다.

목회 돌봄에서 의례를 높이 평가하는 것이 결코 의례의 실패 가능성을 간과하는 것은 아니다. 형식주의는 이전에 풍부한 의미를 지닌 의례를 단순히 틀에 박힌 일로 전락시킬 수 있다. 상징들은 한낱 껍데기로, 의례적인 행위들은 공허하고 무관한 형식으로 변질될 수 있다. 우리 시대에 귓속말로 하는 고백은 형식적이며 기계적인 것으로 수많은 사람에게 의미 없는 몸짓이 되어버렸다. 축사 사역과 같은 의례는 한때 중요한 의미가 있었으나 오늘날은 거의 실행되지 않고 있으며, 기름 부음 등과 같은 여러 사역은 본래의 목적과는 반대로 탈바꿈되어 사용되고 있다. 형식주의를 훨씬 넘어서면서도 그것보다 덜 분명한 것은 의례의 결핍이라는 보다 일반적인 실패이다. 오늘날의 목회 돌봄은 의례의 형식보다 의례의 결핍으로 인해 어려움을 겪고 있다. 우리가 거쳐가고있는 전환기 직전의 목회 돌봄의 시대를 특징짓는 개인주의와 영성의 내면화로 인해서 의례 행위에 대한 열정이 거의 식어버렸고, 의례를 통해서 생겨날 수 있는 집단의 유대감에 전반적인 회의가 있었다. 이러한 태도는 영혼 돌봄 사역의 중요한 영역에서 의례의 자원을 고갈시켰다. 사회에서는 결혼 관계의 파경에 이르러서 밟는 이혼 절차를 의례화했지만, 목회의 화해 사역에서는 파열을 겪고 있는 결혼 관계의 화해를 위한 의례가 난항을 겪고 있다. 아무리 소외가 일시적으로 보류되는 것이라고 할지라도, 보다 넓은 인간 소외의 영역에서는 적대감의 종식을 극화하기 위한 방법들이 요청되고 있다.

현대에 와서 고통을 겪고 있는 사람들을 돕기 위한 가장 효과적인 의례 행위들 가운데 하나가 익명의 알코올 중독자들(Alcoholics Anonymous) 모임이며, 의례화된 지탱과 화해의 방법들로 이뤄지고 정형화된 행동과 자유로운 표현을 훌륭하게 혼합한 것이란 사실을 부정할 사람은 거의 없다. 이런 관점에서 "A. A."는 치료적인 의례에 관한 소심하고 혼란스러운 교회의 태도를 예리하고 당황스럽게 비판하는 말로 상징되고 있다.

한 사람이 고난 겪을 때 의례 행위가 치료적이라는 점을 동의하는 곳에서조차 어떤 유형의 의례가 적절한가에 대한 논의는 계속되어야 할 것이다. 무엇을 해야만 하는가? 말 그대로, 갑작스러운 사별의 상황에서 **무엇을 해야만 하는가**? 의사가 지지하는 관점은 휴식과 안정이 필요하고 그것을 위해서 진정제를 사용하는 것이다. 반대로, 어떤 정신건강 전문가들은 사별한 사람에게 진정제를 투여하는 것은 정상적이고 필요한 애도 작업을 저해하거나 지연시킨다고 주장한다. 고통을 겪고 있는 내담자에게 관여하는 다양한 조력 전문가들—의사, 변호사, 상담가, 정신건강의학과 의사, 사회복지사와 목회자—에 의해 점진적인 합의가 이뤄질 때 의미 있는 목회적 의례가 발달하게 된다. 전문화, 다양한 전통, 혼란스러운 용어들이 뒤섞여있는 현대적인 상황에서, 그리고 정신건강 문제들에 대한 현재의 지식의 불확실한 상황에서 이와 같은 합의는 어떻게 그리고 어디에서 도출될 수 있을까? 어떤 시대에 교회의 이해, 통찰과 절차가 지배적이었을 때는 개인적인 문제들과 관련하여 무엇을 언제 해야 하는지 아는 것이 수월했다. 오늘날은 그렇지 않다. 연구의 빠른 속도, 정신건강 전문직의 급성장 그리고 현대의 철학적 혼돈 상태의 고착화로 인해서 어떤 증상들이 인간 성장에 긍정적인 가치를 가지고 어떤 것이 유해한가, 언제 그리고 어디에서 반항이 치료적이고, 언제 그리고 어디에서 해로운가, 어떤 불안과 두려움이 성숙과 관련되고, 퇴행과 관련되는가 등에 대한 어떤 합의도 어려워지고 있다. 현재 우리의 문화에서, 이와 같은 많은 관련 질문들이 합

영혼돌봄의 목회상담

156

의된 대답을 기다리고 있고, "적절한" 의례가 필요한 사별과 같은 상황에서조차도 무엇이 "바른" 의례이 바람직한 것인가 판단하는 것은 지극히 어려운 것이다.[3]

합의도출의 실패가 오늘날 목회 돌봄을 위하여 특히 의례와 관련하여 어떤 의미가 있는가? 이 시대는 전환기, 이해의 지평 통합을 위한 새로운 날의 전주곡, 아니면 새롭고 창의적인 목회 의례의 발견을 위한 서곡인가? 미래의 정신건강 의례을 위한 주도자는 누가 될 것인가? 의사, 결혼상담가, 사회복지사, 정신건강의학과 의사, 아니면 목회자인가? 목회자들이 기독교적 증언의 심오한 것들을 전달하는 동시에 치료 기술의 다른 전문가들의 이해를 공유할 수 있는 이 시대에 적합하고 실행 가능한 영혼 돌봄의 의례를 발견할 수 있을까? 이 질문들은 단순한 수사에 머물지 않는다. 이 질문들은 분명한 대답으로 이어지지는 않지만, 지속적인 논의와 탐구를 위한 기회를 제안하는 것을 이어진다. 의례 행위들은 고통을 겪고 있는 사람들을 목회적으로 치유하고, 지도하고, 지탱하고, 화해시키는 강력한 수단이라는 것은 의심의 여지가 없다. 목회 돌봄은 그것의 위대한 전통으로부터 그 사역에 대한 의례의 적절성을 재발견할 수 있거나, 아니면 다른 조력 전문직들에 의례를 몰수당할 수 있다.

3. 전환기의 목회 돌봄

우리 시대에 기독교 목회 돌봄의 어려움들, 방식들 그리고 실험들은

---

3. Orrin E. Klapp, *Ritual and Cult* ("Annals of American Sociology," Washington, D.C.: Public Affairs Press, 1956), esp. pp. 33-36; and Robert N. Wilson, "Disaster and Mental Health," in *Man and Society in Disaster,* ed. G. W. Baker and D. W. Chapman (New York: Basic Books, Inc., 1962)을 참고하라.

모두 이 시대가 전환기라는 점을 가리키고 있다. 이 시기는 목회 돌봄의 본질, 목적, 기능에 대한 혼돈과, 새로운 방법들, 양태들, 기법들을 기꺼이 시도하려는 분위기를 특징으로 한다.

현대의 목회 돌봄을 곤경에 처하게 하는 하나의 흐름은 우리 세대를 사로잡고 자극하는, 인간의 문제와 치유에 대해 진지하게 재고하는 것이다. 현대인은 자신의 실존에 대한 모호성을 민감하게 지각하며 이와 같은 모호함이 발생하게 되는 심연을 알아차렸다. 현대인들은 자신들을 포함한 인간의 문제들과 곤경에 스스로 처하게 하는 무한한 독창성과 천재성에 놀라고 있다. 결과적으로 우리는 위에서 언급한 수많은 아픔을 견디게 하거나 피하도록 하는 데 도움을 주는 것으로 여겨지는 조력 전문직들과 치료기법에 놀라고 있다. 삶 자체가 상처들로 이루어진 효소와 같아서 인간의 문제는 인간 실존의 심연으로부터 저항할 수 없이 들끓어 오르고 있다는 성찰을 제공해 주었던 19세기의 영향력 있는 사상가들, 키에르케고르, 니체, 프로이트, 도스토예프스키를 돌아보게 된다. 그러나 어제의 예언자들조차 우리의 오늘을 충분히 예견하지 못했다. 목회 돌봄은 그와 같은 전환기에 수반되는 혼란과 열망들을 성찰하게 될 것이다.

인간에 대한 인식과 동일시와 묘사들이 인간 개인의 고통에 더욱 예리하게 초점을 맞추어 접근하게 되면서, 조력 전문직에서는 그 작업의 구체성 때문에 더욱더 숙련된 조력자들에 대한 요구가 생겨났다. 정신건강의 일반 분야를 예로 들면, 상당히 최근의 그리고 가장 현재의 사고는 정신질환에 시달리는 사람들을 위한 진단과 처방을 찾고 있고, 전문 조력자들의 수효는 참담할 정도로 부족하다. 물론 인간의 창의적인 잠재성을 발휘하는 데 도움을 주기 위해서 고안된 정신건강 운동에 대한 보다 새로운 통찰들 때문에 고도로 훈련된 전문 인력을 많이 증대하는 것이 요구된다. 인력 부족은 실질적으로 모든 조력 전문직에서 문제가 되고 있고, 유사한 방향 조정 때문에 훈련된 인력에 대한 요구가 너욱 커지고 있다. 이와 같은 상황에서, 진문 조력직으로서 목회 돌봄은 그것이 제공해 줄 수 있는 중요한 도움을 주지 못하고 고상하고 건조하게 될 것이라는 점을 결코 두려워할 필요가 없다.

목회 돌봄의 앞에 놓여 있는 힘든 과제는 그것의 서비스가 필요하다는 것을 발견하는 것이라기보다는 그것 자체를 제공할 수 있는 매우 분명한 서비스가 있는 것으로 이해하는 것이다. 목회 돌봄은 그것을 교회의 전체적인 삶과 사역을 관류하는 깔때기(funnel)로 묘사하는 훨씬 최근의 문헌들 때문에 이 과제로부터 관심이 멀어졌다. 우리는 교회의 의례, 설교, 교육, 행정, 선교, 공동체의 책임으로부터 분명하게 구별하기 위해서 목회의 기능들을 정의하고 묘사하였다. 우리가 믿는 바로는 이러한 다른 노력들도 중요하지만 이것들은 사실 목회 돌봄의 사역과는 구별된다. 더구나, 우리는 전문 조력자로서 목회자와 의학, 법률, 정신건강의학, 사회적 재활, 상담 등과 같은 다른 조력 전문직에 있는 동료들을 분명히 구분하려고 노력해왔다. 목회자는 이러한 다른 전문가가 될 수 없으며, 그가 단순히 그들의 사역들을 모방하는 한, 목회자는 자신의 역할을 포기하는 것이다. 목회 돌봄의 과제는 그것 자체를 어떤 특정한 기능들을 활용하는 하나의 구체적인 태도로서 발견하고, 실제 삶의 상황 속에 있는 개별적인 인간 존재들에 대한 사역에서 그것의 자원들이 고통받는 사람들을 실제로 어떻게 도와줄 수 있는지를 발견하는 것이다.

목회 돌봄을 혼란으로 몰아가는 또 다른 힘은 우리 시대의 일반적인 종교적 불확실성이다. 기독교의 지혜, 자원들, 그리고 권위는 현대라는 바다에서 휩쓸리는 모래이다. 우리는 우리 선조들이 실천하고 이해하고 살아왔던 기독교의 신앙이 대부분 오늘날의 언어와 조화를 이루지 않는다는 점을 인정해야만 한다. 우리는 전승된 기독교 신앙이 고통받는 현대인들을 이해하고 돌보는 데 필요한 질문들과 대답들에 대해 아는 것이 거의 없다는 개연성을 기꺼이 받아들일 수 있어야 한다. 예를 들어, 기독교 신앙은 그것의 지혜, 자원들과 권위의 많은 부분을 삶과 죽음 사이의 뚜렷하고 자명한 선이 당연시될 수 있다는 생각 위에 세워왔다. 이제 의약과 의학의 임상 실제와 함께 발달한 과학은 생물학적 죽음과 임상적 죽음을 구별하고, 두 가지 모두를 고정된 실체가 아니라 상대적인 것으로 보게 되었다. 전통적인 기독교 신앙은 선과 악 사이에 예리한 선들을 뚜렷하게 그어왔는데, 도덕주의는 말할 것도 없이 빛바랜 도덕성을 조롱하는, 개인적인 선과 악의 변증법적 관계에 대한 도스토예프스키의 통찰을 진지하게 받아들인 사람들에게는 그 선들이 흐릿해졌다. 더군다나, 현대인들이 인류의 운명에 대한, 그리고 어쩌면 이 행성에서의 미래의 삶에 대한 책임들까지도 어엿이 받아들이게 되면서 존재와 행위의 일시적인 영역과 영원한 영역에 대한 전통적인 기독교의 구분은 별 쓸모가 없어질 수도 있다. 현대인들은 일대일로 화해를 하는 것에 대해 너무나도 어렵게 느끼기 때문에 인간과 하나님이라는 인격적인 존재의 화해에 대해 전통적인 기독교가 강조했던 것은 상대적으로 적절하지 못한 것이 되거나 인간의 관심을 끄는 의제로서는 뒤처지게 되었다. 이러한 변화의 대부분은 변증학과 교리학에서는 유감으로 생각될 수 있겠지만, 고통을 겪고 있는 사람들뿐만 아니라 그들을 돕는 목회자들을 포함하는 대부분의 현대인들의 실제 삶의 상황을 구성하고 있다.

그러므로 고통을 겪고 있는 사람들을 치유하고, 지도하고, 지탱하고, 화해하게 하는 것은 기독교인의 대변자들의 관심과 에너지를 요구하는 반면, 기독교 신앙의 지혜와 자원과 권위가 고통을 겪고 있는 사람들을 돕기 위한 적절한 자세를 결정할 수 있는가에 대한 심각한 회의가 일어나고 있다. 우리 세대는 이와 같은 진전과 불확실성에 대하여 겸허한 마음을 갖고 목회적인 자세에 대해 연구하는 경향이 있고, 목회자들은 혼란과 개방성 속에서 의학, 정신건강의학, 사회복지학, 교육학, 형벌학(penology), 상담학 등의 조력 기술의 숙련자가 되려고 하는 경향이 있다. 많은 측면에서 이것은 호기심을 자극하면서도 풍성한 열매를 맺게 하는 초조함이 되어왔다. 그러나, 우리 시대에 다른 조력 기술들이 그 나름의 전통에 대하여 재고하고 새롭게 방향을 설정해야만 하는 것처럼, 구별되는 조력 기술로서의 목회 돌봄도 그렇게 해야만 한다. 적어도, 기독교 목회의 거대한 전통을 재평가하고 재활용하는 것은 그 방향으로 첫발을 내딛는 것이다. 따라서, 우리는 이러한 발달들이 야기했던, 불연속성이 증대하고 있다는 느낌, 과거의 부적절함을 당연하게 생각하는 경향을 유감스럽게 생각한다. 우리는 목회 돌봄의 역사적 관점이 목회 돌봄과 다른 조력 전문직들과 기술들 사이의 대화를 풍성하게 하기를 간절히 바란다.

4. 목회 돌봄과 목회심리학

기독교 목회 돌봄의 역사를 통해서 목회 돌봄은 그것이 속한 사회들로부터 인간 영혼에 관한 다양한 이론들을 빌려 와서 목회에 적용해서 사용해왔다. 단지 한 시대에, 샤를마뉴 대제 때부터 르네상스의 도래기까지 서구에서는 교회가 목회의 실천을 형성하는 마음과 영혼에 대한 철학적인 이해를 제공하기에 충분할 정도로 지성과 학문적인 노력을 지배하였다. 목회 역사의 대부분의 시기에, 목회자들이 그들의 사역에 활용한 이론적인 심리학들을 고안해낸 것은 교회가 아닌 기관들이었다.

인간의 본질에 대한 학술적이거나 이론적인 사상은 목회심리학의 동등하게 중요한 자원이 되었던 두 가지 중의 하나였다. 목회자들이 구체적인 예측불허의 변화들을 만나게 되면서 목회심리학은 인간의 고통에 대한 대중적인 개념들을 채택할 수 있게 하였다. 인간의 고뇌의 기원, 역동, 치료에 대한 이러한 다듬어지지 않는 개념들은 유행하고 있는 학문적 심리학들과 언제나 나란히 가고, 때로는 그것들에 뒤처지고, 흔히 그것들과 모순되었다. 우리 시대를 예로 들면, 지그문트 프로이트에 의하여 발전된 심리학적인 이해는 학자들의 합의를 얻기에는 거리가 있음에도 불구하고 여전히 주목받고 있다. 목회기법의 전문가들은 프로이트 이론들의 용어로 표현된 인간의 문제들과 거의 마주치지 않는다. 오히려, 그들은 희미하고 다듬어지지 않은 프로이트 사상에 영향을 받은 대중적인 영혼 개념을 만나고 있다. 목회 돌봄과 관련되는 목회심리학의 역사에 대한 평판들은 지속적으로 대중적이며 학문적 심리학을 모두 그 자원으로 염두에 두어야만 한다. 연속적으로 지배적인 주요 심리학파에 의해 명확하게 기술된 마음과 영혼에 대한 이론들이 목회 실제에 영향을 미쳤던 것처럼 귀신들림, 이교적인 요술, 마녀사냥, 환상과 기적과 주술에 대한 대중적인 개념들이 때때로 목회 실제에 독특한 영향을 미쳤기 때문이다.

지나친 단순화의 위험에도 불구하고, 목회심리학을 명확하게 기술하기 위한 지적인 틀을 제공했던 주요 학문적 심리학들을 간략하게 요약할 수 있다. 기독교 초기에 목회는 인간의 영혼에 대해 처음에는 유대교적인 이해를, 그다음에는 영지주의적인 이해를 채택하여 역사적인 시간과 물질성에 속박을 받는 영혼이란 개념을 받아들였다. 그다음에는 이 세상을 다스리는 "통치자들과 권세들"에 대항하여 싸움으로

써만 영혼이 자유롭게 되어서 그 고통을 건설적으로 다룰 수 있다고 생각되었다. 기독교 운동이 헬레니즘 문화를 처음에는 다른 의견을 가진 소수로서 그리고 그다음에는 사회적 통일성을 위한 새로운 원리로서 받아들이게 되면서, 스토아학파의 학문적 심리학이 목회심리학을 위한 지적인 틀이 되었으며, 크리소스톰의 시대에 이르러서는 스토아 철학이 목회의 구체적인 형태를 제공하였다[실제 사례 5].

기독교화 시대 내내 서유럽을 지배하였던 이론적인 심리학의 고안자는 인간의 영혼을 신플라톤적 주의설(主意說, voluntarism)의 관점에서 이해하였던 히포의 어거스틴(354-430)이었다. 어거스틴의 이론은 12-3세기에 아리스토텔레스의 재발견으로 각성되었던 사상가들에 의하여 변환되었고, 한동안 어거스틴의 심리학과 토마스 아퀴나스의 심리학은 서로 학계에서의 패권을 위해서 경쟁하였다. 이 두 학파의 심리학 이론은 모두 인간 영혼의 본질적인 특성보다는 영혼의 작용과 현상을 알려고 했던 르네상스 사상에 의해서 도전을 받았고 결국 폐기되었다. 스페인의 인문주의자인 후안 루이스 비베스(Juan Luis Vives, 1492-1540)는 더욱 중요한 주제는 영혼의 역동적 기능과 특성이라고 주장하고 신학자들과 변증가들에게 영혼의 본질에 대한 질문을 던지면서 "최초의 정신건강의학적 혁명"이란 관점을 간결하게 표현했다.[4] 영혼의 기능들을 경험적 연구의 적절한 영역으로 생각하게 되면서 귀신론은 종말을 고하게 되었고, 감각, 상상력, 열정과 이성의 심리학적인 기능을 구별하고 설명하는 "기능심리학(faculty psychology)"이 태동하였다. 현대 심리학의 이론들은 다양하고 때로는 상반되는 학파들

---

4. Gregory Zilboorg and George W. Henry, *A History of Medical Psychology* (New York: W. W. Norton & Company, Inc., 1941), 112, 190-191쪽을 참조하라. 이 저자들은 Vives의 "The First Psychiatric Revolution"을 7장에서 추적하였다.

을 형성했지만, 모두 칸트, 헤겔, 포이에르바하, 니체와 같은 철학자들에 의하여 제기되었던 가설들을 공유했기 때문에 영혼 불멸의 개념은 그 자체가 형이상학적 진리로 받아들여질 수 없는 심리학적 현상이라는 결론에 이르게 되었다. 계몽주의 이후로 많은 기독교적 사유는 현대의 심리학적 사상에 강하게 저항하였다. 그 주된 이유는 그것이 기독교 목회 돌봄에 해를 끼쳐서가 아니라 기독교의 교리(특히 영혼 불멸을 건드리는)와 오래된 기능심리학파의 전통적 유대관계를 공격하기 때문이었다.

우리의 실제 사례들은 시대마다 기독교 목회자들이 지배적인 문화의 주요 학문적 심리학들로부터 이론적인 통찰들을 받아들이고 활용하였던 것들을 풍부하게 보여준다. 사례들은 대중적인 심리학적 개념들과 용어들이 인간의 고통들 그 자체를 드러내는 형태를 제공한다는 점을 명확하게 보여주고 있다. 이러한 일반적인 개념들은 목회자들에게 그리고 또한 목회 이론가들에게 영향을 끼쳐서 교회의 문을 두드리게 하는 고통들의 형태와 내용을 위하여 활용될 수 있는 치료체계의 윤곽을 그릴 수 있게 하였다. 교회는 스토아학파의 개념들과 함께 어거스틴의 신플라톤적 주의설에 입각한 심리학으로 대죄와 주요 덕목에 근거한 정교하고 포괄적인 목회 심리학을 만들어냈다. 이 체계는 인간 영혼의 싸움을 그 뿌리에 있어서 교만에 대한 유혹과 겸손을 이끌어내는 것 사이의 경합으로 보았고, 거의 천 년 동안 교회의 목회 돌봄의 지적인 개념화를 지배해 왔다[실제 사례 6과 8]. 처음 오백 년 동안 서유럽의 야만족들은 자신들의 고통의 문제를 귀신들림으로 해석했고, 교회는 치료적인 성례전을 통해서 고통을 덜어주는 방도를 찾았다. 특히 이 시대의 마지막 시기에 이르러 대중적 심리학은 귀신들림의 개념을 악마, 마녀, 악령과 천사의 보다 복잡한 체계로 설명함으로써 목회 이론과 실제를 구성하였다[실제 사례 11].

　계몽주의 이후로부터 목회(그리고 신학) 심리학은 그 자체가 명확하게 기독교적 이해와 연관된 것으로 보지 못하는 학문적 심리학들, 그리고 점차적으로는 대중적 심리학들에 직면하게 되었다는 것을 발견하였다. 어떤 형태의 심층심리학에는 이론적이고 상식적인 수준에서 불멸하는 영혼 그리고 그것과 하나님과 사람과의 관계는 종교가 가장 깊은 통찰을 가지며 종교가 궁극적인 통제를 하는 문제들이라고 하는 한때 널리 받아들여졌던 이론에 대한 논쟁적인 언급들이 포함되었다.[5]

　때때로 오래된 타협점들은 새로운 심리학 이론에 의하여 도전받아 왔으며, 교회는 오래된 전통들을 끈질기게 수호하였다. 가톨릭과 개신교 모두 현대 기독교 교리는 계몽주의 시대 초기에 그것이 기능심리학과 이루었던 동맹에 완고하게 집착했으며, 심지어 현대의 목회자들조차 이론적인 심리학들에 끌렸고, 목회자의 교리적인 확신에 잘못 조율된 심층심리학의 대중적인 개념들에 많이 직면하게 되었다.

　간혹 목회심리학자들은 목회적인 노력과 특정 심리학파 사이의 신선하지만 지나치게 단순한 입장을 대변하고 있다. 한 가지 고전적인 예를 들자면, 케네스 E. 커크(1886-1954)는 윌리엄 맥두걸(1871-1938)의 심리학 체계를 기반으로 자신의 목회 이론과 계획을 구축하였다. 그러나 커크는 애써 자신의 목회 이론을 출판하였으나, 이후에 대학의 심리학은 맥두걸의 체계를 거부하기 시작하였다.[6] 커크는 대

---

5. C. G. Jung의 *Modern Man in Search of a Soul*(New York: Harcourt, Brace and Company, 1933)을 참조하라. 특별히 Cary F. Baynes가 쓴 서문을 참조하라.
6. Kenneth E. Kirk, *Some Priniciples of Moral Theology and Their Application* (London: Longmans, Green and Co., 1920)의 다양한 부분들을 참조하라. 커크는 주로 McDougall의 *Social Psychology* (1908)를 주로 의존하였으며, 또한 그가 저술한 *Physiological Psychology* (1905) & *Psychology* (1912)을 인용하기도 하였다. 커크는 토마스 아퀴나스 신학의 양심에 대한 이론과 맥두걸의 양심에 관한 초기의 심리학 이론을 일치시키려는 데에 독창성이 있다.

제5장 _ 목회 현장과 이론들의 만남

165

죄와 주요 덕성의 개념 위에 구축된 도덕신학의 전통적인 기독교 어휘들이 현대의 상처들을 적절하게 설명할 수 있다고 가정함으로써 특정의 목회 문제들을 구성하는 대중적인 심리학들이 논쟁을 제기할만한 문제들을 회피하고 있다는 것은 주목할 만하다. 극단적일 수 있으나 유일하지 않은 이 사례는 특정 심리학 체계들을 성급하게 채택하였을 때 상당히 일시적으로만 유용한 목회심리학이 결과로 나타날 수 있는 사례로 제시되고 있다.

위에서 살펴본 바와 같이 우리들이 목회 돌봄에 있어서 전환기에 있다는 것을 나타내는 특징들 가운데 하나는 인간의 고통의 본질과 역동에 대한 새로운 탐구의 혼란 상태로부터 떠오르는 통찰들에 대해 목회신학자들과 목회심리학자들이 매우 개방적이라는 점이다. 이 개방성은 전통적인 기독교 교리가 목회 돌봄을 규정한다고 주장하는 이들의 비판을 피하지 않았다. 목회 돌봄의 역사로부터 이러한 연결에서 얻은 교훈은 새로운 심리학 이론들과 개념들에 대한 개방성이 목회 돌봄이 제공되었던 각각의 시대에서 발견되는 강력한 경향을 대변하고 계속 드러내고 있다는 점이다. 위대한 목회 돌봄 전통은 심리학적인 이론가들과 영혼에 관한 대중적인 언어로부터 돌봄을 묘사하기 위한 개념들과 어휘들을 계속해서 받아들일 준비가 되어 있다. 역사적 관점에서 볼 때 목회 돌봄의 규범적인 특징은 독특한 기독교 심리학도 아니며 인간의 고통을 묘사해야 하는 특정 언어가 아니라, 오직 목회적인 자세와 치유, 지탱, 인도, 화해의 네 가지 목회 기능을 유지하는 것이다.

위대한 목회 전통에서 목회 돌봄의 전환기를 위한 지혜를 배울 수 있다면, 다음의 몇 가지 좌우명으로 요약할 수 있다.

(1) 학문적인 심리학의 특정한 체계들과의 안일한 협력에 대해 주의하라. 그것들의 시대는 대개 짧기 때문이다.

(2) 다양하고 심지어 갈등을 일으키는 심리학 이론들의 통찰들에 대해 개방적인 입장을 가지라. 고통에 대한 인간의 능력은 복잡하고, 미묘하며, 발견적이기 때문이다.

(3) 인간의 고통들을 세속적이며 구체적인 방식으로 기술하고 있는 대중적인 용어들을 기꺼이 받아들이라. 목회란 고통당하는 사람들을 돕는 것이지 그들에게 고통에 대한 새로운 용어를 가르치는 것이 아니기 때문이다.

(4) 마지막으로, 전통적인 양식들과 수단들을 가진 목회 돌봄의 역사적인 기능들을 소중히 여기라. 이러한 기능들의 상대적인 중요성은 시간과 공간에 따라 변하겠지만, 네 가지 기능 모두 학문적이고 대중적인 심리학의 여러 변혁들을 견디며 살아남았기 때문이다.

5. 새로운 시대의 도래?

역사적 관점에서 바라본 목회 돌봄의 현주소에 관한 이 개요는 우리의 현재 전환기에 목회 활동의 새로운 시대가 도래하고 있다는 확실한 징후들을 주목하지 않고 마무리될 수 없다. 화해가 주도하는 새 시대가 다가오고 있다는 증거를 발견할 수 있지만, 이 증거가 확실하고 명확한 전조를 제공하는 것은 아니다. 희미한 윤곽들만 보여주는 그림처럼 나타나고 있다. 도움을 제공하는 전문영역에서 드러나는 변화들과 동작들을 스케치한 윤곽이다. 비록 희미하여 보잘것없는 것들이지만, 이와 같은 스케치 때문에 우리는 용기를 내서 기독교의 전제 아래서 임박한 미래 목회의 징후들로 보고 있는 것을 그릴 수 있다. 지탱 사역은 목회 기능 가운데 가장 널리 실행되었던 것 같다. 지도 사역은 현시점에서 미래에 대한 그것의 약속과 어울리지 않는 매력을 야기하는 것 같다. 화해 사역은 다른 기능들이 의미를 가지게 할 수 있는 탁월성을 지닌 것으로 생각된다. 치유 사역은 화해 사역의 후원 아래 가능할 수 있다. 이와 같은 예측들이 잠정적인 것은 그것들이 간결성과 균형을 이루고 있다.

영혼의 치유를 위한 우리 시대의 지탱 사역은 대단히 중요한 돌봄의 사역으로 계속되고 있으며, 도시 산업사회라는 삶의 환경에 충분히 다양하게 적용될 수 있다. 오늘날 어느 곳에서나 분주한 목사들은 직접적인 회복이 어려운 과다한 상처들로 고통받는 사람들을 지탱해달라고 요청받는다. 시간과 감정의 에너지라는 관점에서 모든 목회 기능 중에서 목사들에게 가장 많이 요구되는 사역이 지탱 사역이다. 이 기능이 계속 활용되는 이유에 대하여 몇 가지로 설명할 수 있다. 현대 사회를 살아가는 사람들의 유동성으로 인해서 최근까지 사람들이 삶의 혼란스러운 상황에서도 버티도록 도와주었던 이웃들 간에 존재하는 관계망이 허물어졌다. 의례에는 끈끈하게 결속된 공동체가 충격의 순간에 함께 지지해줄 수 있는 친구들과 이웃들을 제공해 주었지만, 차로 이동하는 사회에서 도시와 교외의 사람들을 지탱하도록 돕는 일은 상당 부분 목회자가 감당하게 되었다. 다른 조력 전문가들과는 달리 유능한 목회자는 그 가치와 헌신이 알려진 신뢰받는 전문가로서 교인들의 가정을 정기적으로 심방한다. 여러 차원에서 지역교회와 목사의 목회적 관심은 특히 목회자에 의해 수행되는 이웃 간의 지탱을 현대에 제도적으로 구체화한 것이 되었다.[7]

---

7. 전문적인 돌봄의 수행자로서 목사의 괄목할만한 점들을 보고하고 있는 놀라운 저서를 참고하라. Gerald Gurin, Joseph Veroff, & Shiela Feld, *American View Their Mental Health* ("Joint Commission on Mental Health Monograph Series," 4, New York: Basic Books, Inc., 1960), ch. X.

오늘날 지탱 사역이 실제적인 중요성을 지니고 있음에도 불구하고, 지도 사역이 이 시대의 가장 높은 관심을 받는 듯하다. 목회상담에 관한 풍부하고 다양한 문헌들이 목회자들에게 제공되어 목회 전문성과 실제에 도움을 주고 있다. 병원과 상담센터 등지에서의 임상 훈련 기회는 목회상담에 대한 비평적 성찰을 촉진하고, 그에 대한 수준 높은 감독(supervision)을 제공한다. 최근 상담은 목회신학과 목회심리학을 위한 주요 관심 영역이 되었다. 지탱 사역이 다른 기능들보다 목사의 시간과 에너지를 더 많이 요구할 수 있지만, 상담은 목회 사역에 대한 새로운 지적 개념화를 요구하는 등용문이 되어 주목을 받고 있다. 부분적으로 상담이 이렇게 강조되는 것은 정신건강의학과 심리학에서 생겨난 이론적인 개념들을 소화하고, 그 이론을 목회 돌봄에 활용하려는 종교의 두 가지 요구로부터 생겨났다. 넓은 의미에서 말하자면, 최근 돌봄 사역의 주요 형태는 개별적으로 추론하도록 하는 지도였고, 의심의 여지없이 조력 전문직들에 대한 가장 두드러진 연구와 저술은 상담에 초점을 두었다. 반면에 목회자들을 위한 대부분의 훈련 기회는 돌봄 기술의 주요 모델로서의 상담에 중심적인 관심이 있었던 기관들의 후원으로 이루어졌다.

목회의 지도 사역이 도움을 제공하는 다른 기법들의 보조 역할을 하게 되면서 매력적이게 되었다는 사실은 목회상담에 대한 최근의 관심이 다른 방식으로 아무리 가치가 있다 할지라도 목회 사역의 전체를 아우르는 중심축이 될 수는 없다는 점을 보여주는 것 같다. 다른 방향으로 가보면 화해 사역에서 보다 창의적인 기회들을 찾을 수 있다. 치유 사역과 밀접한 관계가 있지만 그것을 주도하는 이 사역은 이제 막 중요한 부흥의 조짐을 보여준다. 용서와 치리라는 두 가지 양태의 화해는 최근 무시를 당해왔음에도 불구하고 여전히 무겁게 요청되고 있다. 우리는 치유 기능과 통합된 화해 기능의 부활에서 목회 돌봄의 역사와 계속되고, 교회의 신학적 개념화와 통합되고, 새로운 심리학적 통찰들에 열려있고, 현대인들의 열망과 요구에 창의적으로 부응할 수 있는 변화된 목회 돌봄에 대한 가장 좋은 희망을 예견한다.

화해 기능은 특히 교회의 엄청나게 풍성한 유산을 향유하고 있고 목회 외에는 그 어떤 것도 대체할 수 없는 돌봄의 방식으로 남아있다. 현대인들이 겪고 있는 죄의식의 짐은 하나님으로부터의 소외로서 그 자체를 해석하는 동료인간들로부터의 소외에서 발생한 것으로, 다른 어떤 조력 전문직보다 목회 사역이 더 오랫동안 깊이 익숙하게 다뤄왔던 인간의 고통의 한 형태이다.[8] 부분적으로, 깨어진 인간관계에는 인간과 창조주의 궁극적인 관계의 단절이 포함된다고 주장한다는 이유로, 목회 돌봄은 화해에 대한 인간의 욕구를 다른 조력 분야에서 능가할 수 없을 만큼 진지하게 받아들였다. 도시의 유동성과 그로 인해 야기된 가족생활 패턴의 변화로 인해서 자녀들에 대한 부모의 죄책감을, 그리고 나중에는 연로한 부모에 대한 책임의 문제로 인한 자녀들의 죄책감이 가중되고 있다. 현대의 결혼생활은 적절하고 안정적인 기대들을 보호하지 못하고 있기 때문에 남편과 아내를 서로에 대한 책임에서 더 많은 질문과 부담과 부적절함이 생겨나는 상황으로 두 사람을 몰아넣고 있다.[9] 따라서, 화해 사역이 특별히 잘 해결할 수 있는 종류의 현대인의 고통은 죄책감, 책임감, 관계, 소외 그리고 화해라는 연관된 문제들로 구성된다.

---

8. David Belgum, *Guilt: Where Religion And Psychology Meet* (Englewood Cliffs, N.J.: Prentice-Hall, Inc., 1963)을 참고하라.
9. 결혼 문제에 대한 목회 사역의 기회를 다루고 있는 많은 서적 가운데 다음을 소개한다. J. Kenneth Morris, *Premarital Counseling* (Englewood Cliffs, N.J.: Prentice-Hall, Inc., 1960)과 Dean Johnson, *Marriage Counseling: Theory and Practice* (Englewood Cliffs, N.J.: Prentice-Hall, Inc., 1961).

깨어진 관계로 고통을 겪는 사람들을 화해시키는 것은 교회의 목회 돌봄뿐만 아니라 의례과 신학의 구성에 포함되어야 할 목적이다. 조력 전문가들 가운데서도 목회자는 자연스럽게 화평케 하고 화해하게 하는 사람으로 가장 기대되고 있다. 목회자가 결혼 문제로 어려움을 겪는 배우자들과 다른 관계 문제로 고통을 당하는 사람들을 찾아가는 것은 새삼스러운 일이 아니다.[10] 소외된 사람들은 목회자에게 자신들의 태도가 심판받고 용서받게 될 것을 확실히 알고 그들의 관계가 화해될 것을 소망하면서 그들의 갈망과 양가감정 그리고 심지어 미움의 감정들을 토로한다. 세례를 베풀고, 하나님의 사죄를 선언하고, 결혼예식을 거행함으로써, 목회자는 인간과 인간 사이의 그리고 인간과 하나님 사이의 관계에 대한 심오한 의미를 세워주고 회복시키기 위한 독특한 관심을 지닌 자로 자신의 권위를 선포하고 새롭게 한다.

목회적인 화해 사역은 오늘날 목회적인 치유 사역과 자연스럽게 연관이 된다. 기독교의 삶의 전망에서 회복된 관계는 단순히 이전의 상태를 회복할 뿐만 아니라 단절로 인한 고통을 받지 않는 관계를 넘어서는 영적 진보를 나타내기 때문이다. 기독교 목회의 화해 사역의 이러한 특성은 인격의 성장을 향한 현대인의 경향 그리고 타자와의 관계에서의 전반적인 삶이 자신의 창의적인 능력들을 신장시킬 수 있다는 현대인의 기대에 잘 부합한다.

그러므로 화해는 실험과 새로운 논의와 활발한 적용에 가장 개방적인 목회적인 기능인 것 같다. 기대되는 것처럼, 이 사역이 앞으로 오는 세대에 그 중요성이 증가하고, 그런 상황에는 목회의 화해 사역이 역사적으로 표현되었던 두 가지 방식인 교회의 치리와 용서에 대한 관심

---

10. Gurin, Veroff, and Feld, 위의 책, 325.

과 관련된 기본적인 질문들을 제기하는 것이 포함될 것이다. 화해 사역을 새롭게 강조하는 관점에서, 목회 사역자들은 경청자로서 뿐만 아니라 서구 사회의 모든 지역에서 수없이 많은 남성과 여성에게 화해를 가져오기 위해서 고백을 듣고, 용서를 선언하고, 치리를 수행해왔던 이 천년을 거치면서 얻게 된 축적된 지혜로 중요한 기여를 할 수 있는 전문가로서 다른 조력 전문가들과 더욱 충분히 소통할 수 있다. 이와 같은 화해 사역을 이처럼 강조함으로써 영혼 치유의 사역이 우리 시대에 치료적 힘을 새롭게 실현할 수 있도록 할 수 있다.

PART 5.

●

실제 사례들

PASTORAL CARE IN HISTORICAL
PERSPECTIVE

세상의 종말을 견뎌내기
클레멘트 후서

소개의 글

우리에게 보존되어 전해 내려오는 어떤 저술도 초기 기독교인들의 목회 돌봄에 대해 구체적이고 상세하게 다루고 있지 않다. 그럼에도 불구하고 성경의 정경 목록의 안팎에 있는 복음서들, 서신서들, "행적들," 설교들, 계시들 등과 같은 현존하는 다수의 문헌들이 초창기의 목회적 관심과 활동들에 대해 간접적인 관점을 제공한다. 이 문헌들 중 하나는 2세기의 고린도에서 작성된 것으로 추정되는, 전통적으로 "클레멘트 후서(Second Epistle of Clement)"로 알려진 매우 긴 설교이다. 이 설교에서 고난을 겪고 있는 사람들을 돕는 행위들은 모두 삶 속에서 온전한 성결을 촉구하는 환경인 임박한 종말의 관점에서 결정되어야 함을 상당히 직설적으로 주장한다.

전통적인 제목에도 불구하고, 클레멘트 후서는 편지가 아니며 1세기 후반에 로마 감독으로 봉직했던 클레멘트의 설교도 아니다. 실제로 이 설교의 출처에 대해서는 알려진 바가 거의 없다. 학자들은 로마, 고린도, 혹은 알렉산드리아를 출처로 주장하고, 집필 시기는 빠르게는 주후 96년과, 늦게는 주후 325년으로 추정하고 있다. 외부 증거 중 하나는 이 설교가 2세기의 마지막 3분의 1에 해당되는 기간 동안, 모든 사람들에게 유익한 도움을 주려는 목적으로, 여러 차례 고린도 회중들에게 읽혀졌음을 보여준다.

저자, 장소와 시기에 대한 질문과는 상관없이, 클렌멘트 후서는 초기 기독교인들의 종말에 대한 열망과 마지막 심판을 준비하는 차원에서 삶의 성결에 대한 강조를 상세하게 묘사하고 있다. 우리는 이 문서를 통해 심지어 기독교의 초창기에도, 목회 돌봄이 그 시대와 환경에 살았던 기독교인들의 세상을 바라보는 관점, 즉 세계관에 의해 형성되었음을 알 수 있다. 여기서 우리는 임박한 종말에 기초한 목회의 지탱 기능에 대한 분명한 강조를 볼 수 있다. 저자는 매우 빨리 종말의 시간이 다가오고 있기 때문에, 아직 시간이 있을 때 회개할 것을 촉구한다. 그리고 기독교인들이 서로의 삶을 서둘러 바로잡고자 한다면, 하나님의 권능 아래 이 세상을 재앙적인 종말로 신속히 끌고 가려는 유혹들과 악들로부터 모두를 안전하게 지키기 위해서는 서로를 권면하고 지지하는 일에 진지하게 동참해야 한다. 실제로 일상적인 삶의 과정들이 정지되었고 심판의 날을 대비하여 모든 자원들이 동원되었다. 인간 정의에 대한 문제들과 지루한 치유 과정에 대한 관심은 뒷전으로 밀려났고; "신자가 현재 고통을 겪는 일은 그리 중요하지 않았는데, 그 이유는 축복의 시간이 그를 기다리고 있고, 믿음의 선진들과 함께 다시 살게 될 것이며, 슬픔이 없는 곳에서 영원히 기쁨을 누릴 것이기" 때문이었다.

클레멘트 후서에서 발췌한 다음의 내용들은 신약성경과 초기 기독교의 다른 저술들을 특징짓는 임박한 종말의 관점에서 목회 돌봄을 요약하고 있다.

세상의 종말을 견뎌내기

출처: 클레멘트 후서(c. 150?), 저자 미상

IV

그러므로 예수님을 말로만 주님으로 부르지 맙시다. 그렇게 한다고 해서 우리가 구원을 받을 수 있는 것이 아니기 때문입니다. 주님께서 "나더러 주여, 주여, 하는 자마다 구원을 받을 것이 아니요, 의를 행하는 자가 구원을 받으리라"고 말씀하십니다. 그러므로 형제들이여, 서로 사랑하고 간음하지 말며 서로 비방하지 말고 시기하지 말고, 그렇지만 절제하고 자비로우며 착한 마음을 보임으로써, 우리의 행위로 예수님을 고백합시다. 그리고 우리는 서로를 불쌍히 여기고 돈을 사랑해서는 안 됩니다. 이런 행위들을 통해 주님을 고백하되, 그 반대의 행위로는 하면 안 됩니다. 우리는 하나님보다 사람을 두려워하지 말아야 합니다. 이런 이유에서 여러분이 이런 착한 일을 행한다면, 예수님께서 "너희를 내 품속에 나와 함께 있게 할 것이지만, 나의 계명을 지키지 않는다면 너희를 내치고 이 죄악을 행하는 자들아! 나를 떠나라, 나는 도무지 너희가 누구인지 모른다"라고 말씀하실 것입니다.

V

그러므로 형제들이여, 우리가 이 세상에 머무르는 일을 그만두고 우리를 부르신 그분의 뜻을 행하고 이 세상에서 떠나갈 것을 두려워하지 맙시다. 주님께서 "너희는 이리들 가운데 있는 양들과 같을 것이다"라고 말씀하셨고, 베드로가 "이리들이 양들을 물어뜯으면 어떻게 하나요?"라고 물었을 때, 주님께서는 "양들은 자신을 죽이려는 이리를 두려워하지 말고 너희를 죽일수 있지만 그 이상 어떤 것도 하지 못하는 자들을 두려워하지 말라. 그러나 너희들이 죽고 난 후 몸과 영혼에 대해 권세를 가지고 계시며, 지옥의 화염 속으로 던져버릴 수 있는 분을 두려워하라"고 응답하셨습니다. 형제들이여, 우리가 육체를 입고 이 세상에서 사는 것은 사소한 일이고 짧은 기간 동안 지속됩니다. 하지만 그리스도의 약속은 위대하고 경이로우며, 다가올 천국과 영원한 삶 속에서 우리에게 안식을 가져다줍니다. 그렇다면 이런 것들을 얻기 위해 우리가 거룩하고 의로운 삶을 사는 것과, 이 세상의 것들이 우리의 소유가 아니라고 생각하고 그것들을 탐하지 않는 것 외에 어떤 일을 할 수 있겠습니까? 세상의 것들을 얻고자 한다면, 우리는 의로운 길에서 벗어나게 됩니다.

VI

주님께서 "종이 두 주인을 섬길 수 없다"고 말씀하십니다. 우리가 하나님과 재물을 동시에 섬기고자 한다면, 그것은 우리에게 아무런 유익이 되지 못합니다. "사람이 만일 온 천하를 얻고도 제 목숨을 잃으면 무엇이 유익하겠습니까?" 이 세상과 다가올 세상은 서로 원수지간 입니다. 이 세상은 간음, 타락, 돈을 사랑하는 것, 속임수를 얘기하지만, 저 세상은 이런 것들에게 작별인사를 고합니다. 우리는 동시에 두 세상의 친구가 될 수 없습니다. 그래서 우리는 다가올 것들에 어울리기 위해서는 이 세상과 작별해야 합니다. 우리는 이 세상에 있는 것들은 보잘것없고 일시적이며 부패하기 쉽기 때문에 미워하고, 천국에 있는 부패하지 않는 좋은 것들을 사모하는 것이 더 좋다고 생각합니다. 만약 우리가 그리스도의 뜻을 행한다면 쉼을 얻겠지만, 주님의 명령을 무시한다면 어떤 것도 영원한 형벌에서 우리를 구해낼 수 없습니다.

또한 성경은 에스겔서를 통해 "노아, 다니엘, 욥이 일어날지라도 포로 생활을 하고 있는 그들의 자녀들을 구해내지 못할 것이다"라고 말씀합니다. 그런데 심지어 이들처럼 의로운 사람들도 자신들의 의로 자녀들을 구해낼 수 없다면, 우리가 세례를 순수하고 더럽혀지지 않은 상태로 유지하지 못한다면 어떤 확신을 가지고 하나님의 궁전에 들어갈 수 있겠습니까? 아니면 우리가 경건하고 의로운 일들을 하지 않는다면 누가 우리의 옹호자가 되어주겠습니까?

* * * * * *

VIII

그러므로 우리가 이 땅에 있는 동안 회개합시다. 왜냐하면 우리는 하나님의 손안에 있는 진흙이기 때문입니다. 마치 토기장이가 그릇을 빚고자 하면 손으로 진흙을 뭉개거나 부숴뜨려서 새롭게 작품을 만들어 내지만, 뜨거운 화로에 집어넣을 정도가 되면 더 이상 다듬는 일을 할 수 없기 때문입니다. 그러므로 이 세상에 있는 동안, 회개할 시간이 있을 때 우리도 육신을 입고 행했던 악한 행위들을 온 마음을 다해 회개하여 구원을 받도록 합시다. 왜냐하면 우리가 이 세상을 떠난 후에, 그곳에서는 더 이상 고백하거나 회개할 수 없기 때문입니다. 그러므로 형제들이여, 우리가 하나님의 뜻을 행하고 우리의 육체를 순결하게 보존하고 주님의 명령을 따른다면, 영원한 생명을 얻을 것입니다. 그 이유는 주님께서 "너희가 작은 것을 지키지 아니하면 누가 너희에게 큰 것을 주겠느냐? 내가 너희에게 말하노니 작은 일에 충성하는 자가 큰 일에도 충성되다"라고 말씀하시기 때문입니다. 주님께서 의도하신 것은 이것입니다: 육체의 순결을 지키고 세례의 인을 더럽히지 말라. 그러면 영생을 얻을 것이다.

* * * * * *

X

그러므로 형제들이여, 우리를 부르신 아버지의 뜻을 행합시다. 그러면 살 것입니다. 그리고 오히려 선행을 좇아 행하되 죄의 앞잡이인 악행을 버리고, 악이 우리를 낚아채지 못하도록 불경건을 멀리합시다. 왜냐하면 우리가 선을 행하는 데 열심을 낸다면, 화평이 우리 뒤에 따를 것이기 때문입니다. 이 때문에 사람들이 인간적인 두려움을 불러들이고 미래의 약속보다 현재의 쾌락을 더 좋아하게 될 때에는, 화평을 찾는 일이 불가능합니다. 이는 그들이 현재의 쾌락이 얼마나 큰 고통을 내포하고 있는지, 그리고 약속된 미래의 기쁨이 무엇인지 알지 못하기 때문입니다. 그리고 만약 사람들이 홀로 이런 일들을 한다면, 그건 감당할 수 있을 겁니다. 하지만 현 상황에서, 그들은 순진한 영혼들에게 계속해서 악을 가르치고 있으며 그들 자신과 듣고 있는 사람들 모두에게 심판을 자초하게 됨을 깨닫지 못하고 있습니다.

XII

그러므로 우리가 하나님이 나타나실 그 날을 알지 못하기 때문에, 매 순간 사랑과 의로운 행위를 하면서 하나님의 나라를 기다립시다. 왜냐하면 어떤 사람이 주님께 하나님의 나라가 언제 임할지에 대해 여쭤보자, 주님은 "둘이 하나가 되고, 안팎이 같아지고, 남성과 여성이 하나가 되어 남자가 남자가 아니고 여자가 여자가 아닐 때"라고 말씀하셨기 때문입니다. 이제 우리가 진리 안에서 서로에게 말할 때 "둘이 하나"이고, 두 개의 몸 안에 서로 다름이 없는 하나의 영혼만이 존재합니다. 그리고 "안팎이 같아진다"라는 표현을 통해, 주님께서 의도하신 바는 안은 영혼이고 밖은 몸이라는 점입니다. 그러므로 여러분의 몸이 눈에 보이듯이, 여러분의 영혼이 선한 일들에 명확하게 드러나게 하십시오. 그리고 "남자와 여자가 하나가 되어 남자가 남자가 아니고 여자가 여자가 아니다"라는 말씀을 통해, 주님은 형제가 자매를 볼 때 여자로 생각하지 말고, 자매도 형제를 남자로 생각해서는 안 된다는 뜻으로 말씀하신 겁니다. 여러분이 이렇게 행할 때 "내 아버지의 나라가 임할 것이다"라고 주님께서 말씀하십니다.

XVI

그러므로 형제들이여, 우리가 작지 않은 회개의 기회를 얻었음을 알고 있기에, 아직 우리를 기다리는 분이 계시는 동안, 하나님께 나아갑시다. 만약 우리가 이런 즐거움에 작별을 고하고 악한 정욕들을 포기함으로써 우리의 영혼을 다스린다면, 예수님의 자비에 참여하게 될 것입니다. 그러나 여러분은 심판의 "그날"이 이미 불타오르고 용광로처럼 "다가오고 있고," 온 지구가 불에 녹는 납처럼 될 것이며, 그런 다음에는 사람들의 숨겨둔 행동과 눈에 보이는 행동이 모두 드러나게 될 것임을 알고 있습니다. 그러므로 자선(慈善)은 죄를 참회하는 것만큼이나 선한 일이며, 금식은 기도보다 더 낫습니다. 하지만 자선을 베푸는 일은 금식과 기도보다 더 훌륭한 일입니다. 그리고 사랑은 "허다한 죄를 덮는" 반면에, 선한 양심에서 나온 기도는 죽음에서 살려냅니다. 이런 선행으로 가득 찬 모든 사람들은 복을 받습니다. 왜냐하면 자선이 죄를 가볍게 해 주기 때문입니다.

* * * * * *

그러니 어쨌든 우리 중 누구도 멸망하지 않도록 온 마음을 다해 회개합시다. 만약 우리가 이것과, 사람들을 우상들로부터 떼어놓고 그들을 훈계할 명령을 받았다면, 이미 하나님을 알고 있는 영혼을 멸망시키려는 것에서 구해내는 우리의 의무는 얼마나 더 크겠습니까? 그러므로 우리 모두가 구원받고 서로를 변화시키고 권면할수 있도록, 서로 도와주고 선한 일에 약한 자들을 일깨워줍시다. 그리고 우리가 장로들의 권면을 받고 있는 동안에, 지금 이곳에서 서로를 믿어주고 주의를 기울이고 있는 것처럼 보이게 할 뿐만 아니라, 집에 돌아가서도 주님의 명령을 기억하고 세상적인 욕심에 이끌리지 않도록 합시다. 하지만 우리가 "모두 같은 마음을 품고" 생명을 향해 나아가기 위해, 더 자주 여기에 모이도록 하고 주님의 명령들을 따르는 일에 진보를 이룹시다. 주님께서 "나는 모든 나라들, 부족들, 그리고 언어를 한 데 모으러 위해 왔노라"고 말씀하십니다. 이 말씀을 하신 의도는 주님께서 오셔서 그의 사역에 따라 우리 각 사람을 속죄하실 강림의 날을 가리키고자 함입니다. 그리고 불신자들은 "그의 영광"과 권능을 볼 것이며, 예수님께 부여된 세상을 다스리는 통치권을 보고 놀라 이렇게 말할 것입니다: 우리에게 화가 있도다. 장로들이 우리의 구원에 대해 말해 주었을 때, 그 구원이 당신이었는데, 우리는 그것을 알지 못했고 믿지도 않았으며, 그들에게 순종하지 않았습니다. "그리고 그들을 좀먹는 벌레들은 죽지도 않고 그들을 태우는 불은 꺼지지 않을 것이며, 그들은 모든 사람들의 구경거리가 될 것입니다." 주님은 우리 가운데 불경건하고 예수 그리스도의 명령들을 왜곡하여 악용한 자들이 맞게 될 심판의 날을 언급하고 계십니다. 하지만 착한 일을 행하고 고문을 견디며 영혼의 방종을 미워한 의인들은, 그들이 나쁜 짓을 일삼고 말이나 행동으로 예수를 부인한 자들이 어떻게 꺼지지 않는 불 속에서 끔찍한 고통의 벌을 받는지 보게 될 때, "온 마음을 다해 하나님을 섬기는 자에게는 소망이 있을 것이다"라는 말로 "하나님께 영광"을 돌리게 될 것입니다.

XVIII

그렇다면 우리도 하나님께 감사를 드리고 그분을 섬기는 사람들과 함께하고, 심판을 받은 불경건한 자들에게는 속하지 맙시다. 나 자신도 전적으로 죄인이고, 아직도 유혹에서 벗어나지 못해 여전히 마귀가 세워놓은 계략의 중심에 있습니다. 하지만 나는 다가올 심판을 두려워하여, 적어도 의로움에 가까이 다가갈 힘을 얻고자 그 의로움을 추구하고 있습니다.

XIX

그러므로 형제자매들이여, 진리의 하나님을 따라, 나는 여러분에게 기록된 것에 주의를 기울이라는 권면을 읽어주고 있습니다. 그 목적은 여러분이 스스로와 여러분에게 이 편지를 읽어주는 그 형제를 구원하고자 함입니다. 그래서 내가 여러분에게 보답으로 간청하는데, 온 마음을 다해 회개하여 구원과 생명을 얻으십시오. 왜냐하면 우리가 이 일을 한다면, 경건과 하나님의 선하심을 위해 일하기를 원하는 모든 젊은 사람들을 위한 이정표를 세울 수 있기 때문입니다. 그리고 어떤 사람이 우리를 훈계하여 불의를 벗어던져 버리고 의로 돌아오게 할 때, 우리의 어리석음에 대해 불쾌해하거나 괴로워하지 맙시다. 때로는 우리가 악을 행할 때 우리 가슴속에 있는 이중적인 마음과 불신 때문에 그 사실을 알지 못하고, 헛된 욕망들로 인해 "우리의 분별이 어두워지기" 때문입니다. 그러므로 마지막 때에 구원을 받을 수 있도록 의를 행합시다. 이 가르침에 순종하는 자들은 복을 받을 것입니다: 그들은 이 세상에서 잠시 고난을 받을지라도, 부활이라는 불멸의 열매를 거두게 될 것입니다. 그렇기 때문에 지금 이 순간에 경건한 사람이 슬픔을 견디고 있다면, 그가 애통해하지 않도록 합시다. 축복의 시간이 그를 기다리고 있고, 그는 천국에 있는 믿음의 선진들과 다시 살면서 슬픔이 없는 그 곳에서 영원히 기쁨을 누리게 될 것입니다.

XX

그러나 우리가 불의한 자들이 부를 누리고 하나님의 종들이 핍박받는 것을 보게 될 때, 우리 마음이 비통해지지 않도록 합시다. 그러므로 형제자매 여러분, 우리가 다가올 세상에서 면류관을 얻기 위해서, 하나님의 시합에서 경주하고 있으며, 지금 이 세상의 삶에 의해 훈련받고 있다는 믿음을 가집시다. 의인들 중 누구도 상(賞)을 받고자 서두르지 않고, 그것을 기다리고 있습니다. 왜냐하면 하나님께서 의인들에게 신속히 보상해 주신다면, 우리는 즉시 경건이 아니라 장사하는 일에서 훈련을 받아야 하는데, 그 이유는 우리가 경건이 아니라 이윤을 추구할 때 의롭게 보여야 하기 때문입니다. 이런 이유에서 하나님의 심판은 의롭지 않은 영혼을 처벌하여 쇠사슬로 묶어놓습니다.

우리에게 보내주신 구세주이자 불멸의 왕자이신 예수님을 통해, 진리와 천국의 삶을 드러내신 보이지 않는 유일하신 하나님께, 영원토록 영광을 돌릴지어다. 아멘.

고린도 교회 성도들에게 보내는 클레멘트의 두 번째 서신

The Loeb Classical Library 출판인의 허락을 받고 전재함, translated by Kirsopp Lake, APOSTOLIC FATHERS, I, Cambridge, Mass,: Harvard University Press, 1912; pp. 133-139, 141, 143-145, 147-149, 155-163 (절수는 생략됨).

외적 고백
카르타고의 터툴리안

소개의 글

터툴리안(Quintus Septimius Florens Tertullian, c.160-c.222)은 기독교에 대해 라틴어로 저술한 가장 초기의 인물로 우리에게 알려져 있으며, 신학자로서의 삶은 북아프리카에 위치한 고향인 카르타고에서 보냈다. 문장을 만드는 재능, 고도로 훈련된 법률적 사고, 그리고 기독교 전반에 대한 관심사 덕분에, 터툴리안은 서방 기독교의 주요 특징인 실천적, 윤리적, 교회적 측면을 강조하는 기초를 놓을 수 있었다. 또한 그는 당대의 기독교인들의 신앙행습을 아주 상세하게 기술하였다. 그는 주후 203년경에 『회개에 대하여(*On Repentance*)』라는 장편의 논문을 저술하였다. 대략 4년 후에 회개에 대한 엄정한 견해로 인해 성령강림주의(spiritualism)와 금욕주의(asceticism)를 강조했던 몬타누스파를 지지하게 되었다. 하지만 그의 교리적 저술들, 특히 기독론과 삼위일체에 관한 글들은 그를 라틴 교부 신학자들 중 어거스틴에 버금가는 위치에 올려놓았다.

참회와 참회를 위한 목회사역에 대한 터툴리안의 명쾌한 가르침들로 인해, 카르타고의 키프리안은 3세기 중반의 데시우스 황제의 박해기에 그를 참회에 대한 최고의 신학적 권위자로 간주하였다. 터툴리안을 통해서 우리는 죄의 공적인 고백과 전체 회중 앞에서 이루어진 참회 행위, 그리고 죄에 상응하는 참회가 있어야 한다는 명백한 가르침에 대한 전반적인 이해를 하게 되었다. 터툴리안의 기술(記述)과 가르침은 모두 그가 죽고 난 이후 수 세기 동안 양심의 가책으로 불안해하는 사람들을 위한 목회 돌봄에 영향을 미쳤다.

고린도전서 5장 9절 이하에서, 바울은 믿음 안에 있는 형제가 어떤 중대한 죄를 지은 것이 밝혀지면, 파문되어야 한다는 것을 간접적으로 내비쳤으며, 고린도후서 2장 5절 이하에서는 잘못을 한 형제는 위로해주고 용서해주어야 한다고 말했다. 여기서 짧게나마 초대교회의 행습을 보여주는 그림을 볼 수 있다. 죄를 지은 형제는 회중 내에서 공개적으로 견책을 받고 파문을 당했다—즉, 죄가 바로 잡혀질 때까지 그는 성만찬 참여가 거부되었고 다른 기독교인들에게 기피 인물이 되었다; 그렇지 않으면, 죄를 지은 형제는 견책을 받거나 모든 기독교인 형제들 앞에서 자신의 죄를 공개적으로 고백하라는 권고를 개인적으로 받았다. 이 절차가 터툴리안이 "외적 고백(exomologesis)"이라고 부른 것이다. 후자의 경우, 죄인은 성만찬 참여가 잠시 금지되었고, 얼마 지나지 않아서 감독의 축복을 받고 성만찬 참여가 완전히 허용되었다.

『회개에 대하여(On Repentance)』에서 인용한 다음의 글에서, 터툴리안은 외적 고백을 상세하게 기술하면서 그것에 대한 신학적이고 심리학적인 정당성을 제시하였다. 참회자는 외적 고백을 자신의 죄를 부분적으로 그리고 때로는 전적으로 탕감해주는 지불금, 즉 죽고 나서 받게 될 형벌을 완화하거나 줄여주는 일종의 변상금으로 간주하였다.

그래서 죄의 고백은 수치심을 치료하는 일종의 약이 되었고, 더 나은 사람과 더 훌륭한 기독교인들을 만들 수 있는 힘이 있다는 점에서 하나님의 자비를 보여주었다. 터툴리안은 일반 회중들에게는 자기가 옳다는 독선(獨善)에 대해, 그리고 참회자에게는 지나친 수치심에 대해 경고하였다. 왜냐하면 결국 기독교인들은 하나님의 은혜와 죄 안에서 서로에게 속해 있기 때문이었다. 마지막으로 터툴리안은 스스로를 죄인과 동일시하였다. 그는 "나는 악행의 모든 표식으로 낙인찍혔으며 오직 참회를 위해 태어난 죄인입니다."라고 선포하였다.

몬타누스파 시절 동안 저술한 『순결에 대하여(*On Purity*)』에서, 터툴리안은 후대의 교부들에 의해 격렬한 찬반양론이 벌어졌던 질문 하나를 제기하였다. 세례를 받은 이후에 지은 죄들에 대한 참회 제도를 인정하더라도, 교회와의 화해가 불가능하고 교회가 용서할 수 없는 죄들이 있는가? 알렉산드리아의 오리겐과 함께, 터툴리안은 우상숭배, 음란과 살인죄의 영역까지 화해와 용서를 적용하는 것을 거부하였다. 그가 이런 태도를 견지한 데는 두 가지 이유가 있었다. 첫째, 교회가 이러한 중대한 죄를 범한 사람들을 다시 받아들인다면, 어떻게 교회가 하나님의 거룩한 백성임을 주장할 수 있겠는가? 둘째, 이런 가장 심각한 죄들의 경우, 용서와 화해를 베풀 수 있는 권위는 오직 주님께만 속한 것이다. 터툴리안은 교회가 그러한 권위를 주장한다면, 교회가 참회의 열매, 즉 용서에 대한 권한을 불법적으로 행사하는 것이라고 가르쳤다. 우상숭배자, 간음한 자, 또는 살인자는 전적으로 하나님의 자비로운 은혜에 따라 죽을 때까지 오직 가혹한 수치심 속에서 살아갈 뿐이다.

터툴리안의 광범위한 저술들은 박해로 인한 문제들에 직면하여 목회 돌봄이 어떻게 화해의 기능으로 방향을 돌렸는지, 그리고 그 이전의 기독교인들이 여전히 세상의 임박한 종말을 예상하고 있을 때 우세

했던 지탱 기능에서 방향을 돌렸는지를 보여준다. 다음의 글들은 터툴리안의 저술들 중 아주 작은 견본에 불과하다.

외적 고백(EXOMOLOGESIS)

출처: 『회개에 대하여(c. 203)』, 저자: 터툴리안

지금 내가 주장하는 요점은 이것입니다. 하나님의 은혜로 우리에게 계시되었으며, 지금 우리에게 요구되고 우리를 하나님의 은총으로 돌아가게 하는 참회는, 일단 우리가 그것을 받아들이고 나면, 다시 죄로 돌아가게 됨으로써 결코 훼손되어서는 안 됩니다. 이런 경우에는, 무지했다는 어떤 주장도 변명거리가 되지 않습니다. 왜냐하면 여러분이 주님을 알고 있었고 그 분의 법을 받아들였으며, 죄에 대한 참회를 한 이후에, 스스로를 다시 죄에 넘겨주었기 때문입니다. **그러므로 여러분은 무지에서 멀어질수록 더욱 더 고의적인 불순종에 매달리게 됩니다.** 여러분이 주님을 두려워하기 시작했기 때문에, 여러분의 죄들에 대해 송구스러워한다면, 왜 두려움이 일깨워주었던 것을 없애버리기로 선택했습니까? 여러분이 하나님을 두려워하기를 멈춘 이유가 아니라면 말입니다. 진실로 하나님에 대한 두려움을 파괴하는 것은 오직 고의적인 불순종뿐입니다.

* * * * * *

그러나 우리의 고집스러운 원수 마귀는 결코 쉬지 않고 그의 사악함을 드러냅니다. 오히려 마귀는 사람이 완전히 자유로운 것을 볼 때, 가장 분노합니다; 그 다음으로 억제당할 때 마귀는 가장 흥분합니다. 마귀는 사람들이 죄사함을 받게 됨으로써 그들의 삶 속에서 너무나도 많은 죽음의 역사가 극복되고, 자신이 한때 다스렸던 통치영역을 보여주는 엄청나게 많은 표지들이 사라진 것에 대해 비통해하고 괴로워합니다. 마귀는 그리스도의 종인 죄인이 자신과 그를 따르는 불법의 천사들을 심판할 것에 대해 비통해합니다. 그래서 마귀는 온갖 수단을 동원해서 육체의 정욕으로 그리스도의 종의 눈을 어둡게 하거나, 세상적인 즐거움으로 그의 영혼을 얽어매거나, 세속 권세자들에 대한 두려움을 통해서 그의 신앙을 무너뜨리거나, 혹은 변질된 교리를 통해서 그를 바른 길에서 벗어나게 할 수 있기를 바라면서, 그리스도의 종을 지켜보고 공격하고 에워쌉니다. 하지만 그리스도의 종은 결코 걸림돌이나 유혹들로 인해서 당황해하지 않습니다.

*　*　*　*　*　*

어느 누구도 하나님만큼 헌신적이지 않습니다. 그래서 여러분이 하나님께서 주신 것을 탕진할지라도, 그분은 여러분을 그분의 자녀로 다시 받아주실 겁니다. 여러분이 모든 것을 잃어버린 상태로 돌아오더라도, 단지 돌아왔다는 이유만으로 하나님은 여러분을 받아주시고, 다른 사람의 절제보다 여러분의 귀환에 대해 더 행복해하실 겁니다. 하지만 여기에는 조건들이 있습니다: 여러분은 마음 깊은 곳에서 우러나오는 회개를 하고, 여러분의 배고픔을 아버지의 종들이 누리는 풍족함과 비교해 보고, 더러운 돼지 떼를 버리고, 여러분의 하나님 아버지를 찾아서, 그분의 마음이 상해 있더라도, *"아버지여 내가 죄를 지었사오니 이제 당신의 아들로 불릴 자격이 없나이다"* 라고 말해야 합니다. 숨기는 것이 죄를 악화시키는 만큼이나, 고백은 죄를 가볍게 해줍니다. 왜냐하면 고백에는 보속(補贖)[1]이 따라오지만, 숨기는 일에는 초조함이 따라오기 때문입니다.

이 두 번째이자 마지막 참회는 매우 심각한 문제이므로, 그에 견줄 만한 어려운 방법으로 검증되어야 합니다. 그러므로 그것은 양심 안에서만 이루어져서는 안 되고, 일부 외적 행위를 통해서 드러나야 합니다. 일반적으로 사용되는 헬라어 단어로 다소 의미 있게 불리는 이 외적 행위는 외적 고백(Exomologesis, ἐξομολόγησις)[2]이라고 합니다. 여기서 우리는 주님께서 모르지 않더라도 주님께 우리의 죄를 고백합니다. 왜냐하면 보속은 고백을 통해 적절하게 결정되고, 고백은 참회를 일으키고, 참회를 통하여 하나님의 진노가 가라앉기 때문입니다.

따라서 외적 고백은 참회자를 낮추고 겸손하게 만드는 훈련입니다. 그것은 심지어 음식과 옷차림의 문제에 있어서, 불쌍히 여김을 호소하는 생활방식을 지시합니다. 그리고 참회자에게 깊이 뉘우치고, 더러운 누더기로 몸을 가리고, 영혼을 슬픔 속으로 몰아넣고, 죄를 고통으로 바꾸라고 명령합니다. 더 나아가 외적 고백은 여러분이 소박한 음식과 음료만을 먹을 것을 요구합니다; 이것은 여러분의 배가 아니라 여러분의 영혼을 위해서 받아들였다는 것을 의미합니다. 외적 고백은 여러분이 금식함으로써 습관적으로 기도를 풍성하게 할 것과, 주야로 탄식하며 울고 신음하며 주 하나님께 간구할 것과, 사제들의 발아래 엎드리고 하나님의 사랑받은 자인 예수님 앞에 무릎을 꿇고, 모든 형제들에게 죄사함을 구하는 여러분의 기도의 위임받은 대사가 될 것을 요구합니다.

---

1. 역주: 영어 원문에는 satisfaction으로 되어 있는데, 이는 라틴어 Satisfactio에서 나온 말이다. 여기서 보속은 하나님과 인간에게 끼친 해에 대하여 배상하고 속죄하는 것을 의미한다.
2. 역주: 원문에는 헬라어가 없지만, 독자의 이해를 돕기 위해 여기에 첨가하였다.

이런 일들을 포함하고 있는 외적 고백의 목적은 참회를 받아들일 수 있는 것이 되게 하고, 형벌에 대한 두려움을 통해서 하나님을 경외하도록 하는 것입니다. 그래서 죄인에게 판결을 내릴 때, 외적 고백은 그 자체가 하나님의 진노를 대신할 수 있습니다. 그리고 일시적인 형벌은 영원한 고통들을 막아주는 것이 아니라 오히려 그것들을 취소시킬 것입니다. 그러므로 외적 고백은 사람을 낮추지만, 그를 높여줍니다. 외적 고백이 그의 명예를 더럽히겠지만, 그는 정결해집니다. 비난을 할 경우, 외적 고백은 너그러이 봐줍니다. 유죄를 선고하면, 외적 고백은 무죄를 선포합니다. 여러분이 스스로에게 자비를 보여주지 않는 것에 비례하여, 정확히 그 정도만큼 하나님은 여러분에게 자비를 베풀어 주십니다. 제가 하는 말씀을 믿으시기 바랍니다.

그렇지만 대부분의 사람들은 자신을 공개적으로 드러내는 이런 의무를 피하거나, 내가 보기에는 그들이 자신들의 구원보다는 수치를 더 많이 생각하기 때문에, 외적 고백을 차일피일 미루는 것 같습니다. 그들은 신체의 은밀한 부위에 질병이 걸렸음에도 불구하고, 이 사실을 의사들에게 숨겨 체면은 유지하지만 결국 목숨을 잃게 되는 사람들과 같습니다. 내가 생각하기에, 주님의 마음을 상하게 한 이후에 외적 고백을 통해서 주님께 보속을 드려야 한다는 것과, 놓쳐버린 구원을 얻고자 한 번 더 시도해야 하는 것은 견딜 수 없이 수치스러운 일입니다. 오! 여러분은 확실히 부끄러워하지만 용감한 사람입니다. 죄에 대해서는 담대한 태도를 취하고, 사죄에 대해서는 부끄러운 마음가짐을 갖고 있다는 말입니다. 나에 대해 말하자면, 내가 외적 고백의 대가로 유익을 얻을 때, 그리고 이를테면 수치 자체가 어떤 사람에게 권고하면서, "나한테 신경쓰지마! 그대를 위해 내가 없어지는 게 더 나아."라고 말할 때, 나한테는 수치를 느낄 여지가 없습니다. 만약 수치를 느끼게 될 위험이 심각하다면, 수치가 모욕과 조롱 앞에 서 있을 때, 한 사람이 다른 사람의 파멸로 인해 높임을 받을 때, 그리고 한 사람이 낮아진 다른 사람을 밟고 올라설 때, 이런 경우에는 확실히 그렇습니다. 그러나 주님과 하늘 아버지로부터 오신 한 분의 영이 계시기 때문에, 소망, 두려움, 기쁨, 슬픔과 고통이 어우러져서 하나가 된 곳에 있는 형제들과 동료 사역자들 가운데서, 왜 여러분은 이 사람들이 여러분과는 다른 부류라고 생각합니까? 왜 여러분은 비웃는 사람들로부터 도망치듯이, 여러분의 불행을 공유하는 사람들로부터 도망치려 합니까? 몸은 그 지체들 중 한 부분의 고통을 기뻐할 수 없습니다. 전체 몸은 그 지체와 함께 고통을 겪고 치료를 위해 도움을 주어야 합니다.

두 사람이 함께 하는 곳에 교회가 있고, 그 교회가 그리스도이십니다. 그러므로 여러분이 손을 내밀어 형제들의 무릎에 닿으면, 여러분은 그리스도와 접촉하는 것이고 여러분의 간구로 그리스도의 은총을 얻게 됩니다. 마찬가지로, 형제들이 여러분을 위해 눈물을 흘릴 때, 마음이 아파 하나님 아버지께 간구하는 분은 바로 그리스도이십니다. 그리고 성자 예수님이 요청하는 것은 언제나 쉽게 얻어집니다. 내가 확신하건대, 죄의 은닉이 품위(modesty)에게 약속하는 유익은 매혹적입니다. 왜냐하면 우리가 다른 사람들이 알지 못하게 하려고 무언가를 감춘다면, 그것을 하나님께 숨길 것이라는 것도 자명합니다. 그렇지 않습니까? 이런 것이 우리가 사람들의 존경과 하나님의 지식에 상대적으로 중요성을 부여하는 일입니까? 공적으로 죄를 용서받는 것보다 비밀리에 정죄받는 것이 더 좋습니까?

"아 하지만 이런 식으로 외적 고백을 하는 것은 고통스러운 일입니다!" 나는 차라리 사람들이 죄를 지었기 때문에 고통을 당하고 있다고 말하는 것을 선호합니다. 아니면 오히려 참회를 해야하는 경우, 고통이 구원의 수단이기 되기 때문에 더 이상 고통의 문제는 없습니다. 몸의 어딘가가 베이고 불로 지져지고 어떤 의료용 부식제로 고문을 당하는 일은 고통스럽습니다. 그럼에도 불구하고 불쾌감을 주는 치료제는 그 효과로 인해 치료과정에서 발생하는 고통을 정당화시켜주고, 나중에 얻게 될 유익 때문에 현재의 고통을 감내하게 해줍니다.

이제 사람들의 주된 관심사인 수치 외에, 그들이 씻지도 않은 불결한 상태에서 거친 천을 두르고 불쾌감을 주는 재를 깔고 앉아 즐거움도 없이 지내고, 얼굴은 금식으로 수척해지는 육체의 고행을 두려워한다고 가정해 봅시다. 우리가 주홍같이 붉은 죄를 용서해 달라고 간구하는 것이 적절합니까? 자 그렇다면, 머리카락을 정리할 머리핀과, 치아를 닦을 가루와, 손톱을 다듬을 수 있는 가위를 가져오십시오. 그리고 겉치레뿐인 아름다움과 인위적인 혈색을 원한다면, 서둘러 입술이나 뺨에 바르십시오! 네 그렇습니다. 유람지나 바닷가 외진 곳에 있는 더 호화스러운 목욕탕들을 찾아보십시오. 돈을 더 들여서, 살찐 가금류의 통통하고 풍성한 살코기를 구하고, 오래된 포도주를 정제하십시오. 만약 어떤 사람이 여러분에게 왜 진수성찬을 벌이는지 물어보면 이렇게 말하십시오: "나는 주님께 죄를 지었습니다. 나는 영원히 멸망할 위험에 처해 있습니다. 그래서 내 죄로 인해 내가 상처를 준 하나님의 용서를 혼자 힘으로 받으려고, 나는 지금 쇠약하고 초췌해진 상태이며 고통 중에 있습니다!"

공직을 추구하는 사람들은 원하는 것을 얻어내고자 할 때, 육체와 영혼의 불편함을 부끄러워하지 않거나 감수하기를 주저하지 않습니다. 그렇습니다. 불편함뿐만 아니라 심지어 온갖 종류의 굴욕적인 모욕도 말입니다. 그들은 어떤 하층민들에게라도 영향을 미치려고 하지 않겠습니까! 또한 늦은 밤과 이른 아침에도 방문하지 않은 집들이 있겠습니까! 그들은 중요 인물을 만날 때마다 자신을 낮춥니다. 흥청거리며 노는 연회에는 발을 들여놓지 않고, 어떤 술자리에도 가지 않습니다. 오히려 그들은 탐닉과 축제의 즐거움, 그리고 한 해의 순간적인 쾌락을 위한 모든 일에서 떠나온 망명자들입니다. 영원이 위태로운 상태에 있는데, 우리가 권력을 추구하는 자들이 감수하는 것들을 견디는 일에 주저하겠습니까? 우리가 주님의 마음을 상하게 할 때, 아무도 전혀 상처받지 않았을 때에도 이방인들이 자신들에게 제공하는 음식과 좋은 의복을 자제하는 모습을 주님께 보여드리지 않겠습니까? 이런 사람들에 대해서 성경은 다음과 같이 말씀합니다: "마치 긴 밧줄로 자신의 죄를 묶는 자들에게 화가 있을진저!"

만약 여러분이 외적 고백을 꺼린다면, 외적 고백이 여러분을 위해서 소멸시킬 지옥을 마음 속으로 묵상해보십시오. 무엇보다도 이 형벌이 얼마나 큰지를 마음속에 그려보십시오. 그러면 여러분은 그 형벌에서 벗어나게 해주는 수단을 사용하기를 주저하지 않을 것입니다. 영원히 불타는 불의 일부가 화염을 뿜어내어 인접한 도시들이 완전히 파괴되거나, 날마다 동일한 파멸을 예상하게 될 때, 우리는 그 영원한 불의 엄청난 저장고에 대해 무엇을 생각할 수 있겠습니까? 가장 장엄한 산들이 화염을 뿜어내면서 산산이 부서집니다. 비록 산들이 무너지고 불타고 있기는 하지만, 결코 사라지지 않습니다. 이 사실은 우리에게 영원한 천벌(天罰)을 증명해 줍니다. 그 반면, 어느 누가 이런 황폐한 산을 통해 우리가 위협받고 있는 천벌의 본보기를 보지 않을 수 있겠습니까? 누가 이와 같은 불꽃들이, 이를테면, 측정할 수 없는 엄청난 규모의 화염에서 뿜어져 나온 발사체와 교훈을 주는 무기라는 것에 동의하지 않겠습니까?

그러므로 여러분은 외적 고백에 지옥행을 막아주는 첫 번째 방어선인 주님의 세례를 지원해주는 두 번째 안전장치가 있다는 것을 알면서도, 여러분의 것인 구원의 수단을 포기합니까? 왜 여러분은 건강을 회복시켜 줄 것을 움켜잡는 데 주저합니까? 심지어 말을 못하고 이성이 없는 동물들도 때를 따라 하나님께서 공급하시는 치료약들을 알아봅니다. 수사슴은 화살에 맞아 옴짝달싹하지 못할 때, 박혀있는 화살촉과 가시를 빼내려고 꽃박하를 뜯어먹고 토합니다. 제비가 새끼의 눈을 멀게 한 경우, 그것들만의 특별한 식물인 애기똥풀을 먹여서 새끼의 시력을 회복시키는 법을 배웠습니다.

죄인이 자신의 회복을 위해서 하나님께서 마련하신 외적 고백을 알면서도 거부할 수 있겠습니까? 바벨론 왕은 외적 고백을 함으로써 왕좌에 복귀하였습니다. 그는 7년의 불결한 세월 동안 손톱은 독수리의 발톱처럼 제멋대로 자랐고, 머리카락은 사자의 덥수룩한 갈퀴처럼 정리되지 않은 상태로, 오랫동안 참회의 희생제물을 주님께 드렸습니다. 이런 가혹한 치료가 주는 축복이여! 사람들이 두려움에 떨며 피했던 자를 하나님께서 받아주셨습니다! 그와는 반대로, 오랜 세월 동안 핍박하고 오랫동안 주님을 섬기지 못하게 했으며, 지금은 하나님의 백성을 추격하고 있던 이집트의 통치자는 전투에서 그들을 공격했지만, 재앙에 대한 모든 경고가 있고난 다음 그는 오직 선택받은 백성만이 건널 수 있는 양쪽으로 갈라진 바다에서 파도에 휩쓸려 죽고 말았습니다. 그 이유는 참회와 참회의 도구인 외적 고백을 거부했기 때문입니다.

왜 내가, 이를테면, 사람들의 안전을 위한 이 두 가지 원칙에 대해 더 얘기해야 합니까? 왜 양심에 따른 의무보다 펜을 사용하는 것을 더 염려해야 합니까? 나는 오명(infamy)의 모든 표식으로 낙인찍혀 있고, 오직 참회만을 위해 태어난 죄인이기 때문에, 인류의 첫 조상이자 주님에 대한 죄의 시초자인 아담 자신이 일단 외적 고백을 통해서 자기 자신의 특별한 낙원으로 회복되고 나서 조용히 모르는 체하면서 넘어 가지 않았던 것들에 대해 쉽사리 침묵할 수 없습니다.

출처: 『순결에 대하여(c. 217-222)』, 저자: 터툴리안

우리는 참회가 요구되는 경우들이 죄(罪)라는 것에 동의합니다. 여기서 우리는 두 가지 사안에 따라서 이 죄들을 구분합니다: 어떤 죄는 용서받을 수 있지만, 다른 죄들은 용서받을 수 없습니다. 그래서 어떤 사람은 교정이 필요하고 다른 사람들은 유죄판결을 받아야 한다는 것은 누구도 의심하지 않습니다. 죄사함이나 처벌은 교정 후에 사해주고 정죄 후에 처벌하는 방식으로, 모든 죄가 기록된 장부의 균형을 맞추는 역할을 합니다. 이런 구분과 관련하여, 우리는 이미 어떤 사람의 죄는 그대로 유지되고, 다른 사람들의 죄는 용서받는다는 성경적 대조를 전제하고 있습니다. 그러나 사도 요한은 우리에게 다음과 같이 가르칩니다: "누구든지 형제가 사망에 이르지 아니하는 죄 범하는 것을 보거든 구하라 그리하면 사망에 이르지 아니하는 범죄자를 위하여 그에게 생명을 주시리라"(요일 5:16 전반부). 이 죄는 용서받을 수 있습니다. "사망에 이르는 죄가 있으니 이에 관하여 나는 구하라 하지 않노라"(요일 5:16 후반부). 이 죄는 용서받을 수 없습니다. 따라서 기도의 여지가 있는 곳에는 죄 사함의 기회가 있습니다. 마찬가지로 기도의 여지가 없는 곳이라면 죄 사함의 기회도 없습니다.

이러한 죄에 대한 구분에 따라 참회의 형식이 결정됩니다. 어떤 죄는 사함을 받을 수 있는데, 즉 용서받을 수 있는 죄의 경우가 그렇습니다. 다른 죄는 결코 사함을 받을 수 없는데, 즉 용서받을 수 없는 죄의 경우가 그렇습니다. 그리고 지금은 특히 간음과 음란의 위치를 고려하고 그것들을 어떠한 종류의 죄로 분류해 놓아야 할지 결정할 일이 남아 있습니다.

그러나 먼저 나는 우리가 단호하게 죄 사함이 없다고 주장하는 참회의 형태에 대해 반대 입장을 가진 사람들이 제기하는 이의를 다루고자 합니다. 그들은 다음과 같이 말합니다: "만약 죄 사함이 없는 참회가 있다면, 여러분은 결코 참회를 하지 말아야 합니다. 왜냐하면 아무런 열매가 없는 것이라면 그 어떤 것도 하면 안 되기 때문입니다. 그리고 참회에 죄 사함이 없다면, 그것은 아무런 열매도 없이 행하는 참회가 될 것입니다. 그러나 이제 모든 종류의 참회가 이루어져야만 합니다; 그래서 참회가 열매가 없으면 안 되기 때문에, 모든 종류의 참회는 죄 사함을 얻게 될 것입니다. 만약 아무런 열매도 없이 참회를 해야 한다면, 그런 참회는 하지 말아야 합니다. 하지만 참회에 죄 사함이 없다면 아무런 소득도 없이 참회를 하는 것입니다."

그들은 내가 의미하는 참회의 열매이기도 한 용서에 대해 불법적인 권한을 쥐고 있기 때문에, 상당히 일관되게 이런 반대 의견을 제기하고 있습니다. 사람들로부터 평안(peace)을 얻고 있는 사람에게 있어서 참회는 진정으로 아무런 열매가 없을 겁니다. 하지만, 오직 주님만이 죄들―물론 나는 중대한 죄를 의미합니다―을 용서하신다는 것을 마음에 새기고 있는 우리에게는, 참회는 열매가 없지 않을 것입니다. 참회가 주님의 관할 안에 놓여지고, 그 후에 주님 앞에 엎드릴 때에, 바로 이것 때문에 참회는 더 확실하게 용서를 얻어냅니다. 왜냐하면 참회는 오직 하나님께만 용서를 구하고 사람들이 부여한 평안이 죄에 대한 용서를 보장한다는 것을 가정하지 않으며, 차라리 평안과 친숙하게 지내는 것보다 교회 앞에서 수치심을 겪게 하기 때문입니다.

그래서 참회가 교회의 문 앞에 서서 가혹한 수치심을 앞세워 다른 이들에게 경고하고 있습니다. 참회는 형제들의 눈물에 호소하고, 그들과 함께 있기보다는 그들이 보여준 긍휼로 인해 더 풍성한 마음으로 집으로 돌아옵니다. 그리고 여기서 참회가 평화의 열매를 거두지 못한다면, 주님과 함께 화평의 씨를 뿌리는 것입니다. 참회는 그 열매를 잃어버리지 않고 오히려 그 열매를 얻고자 준비합니다. 참회가 해야 할 의무에서 실패하지 않는다면, 반드시 보상을 받게 됩니다. 그래서 이런 종류의 참회는 헛되이 행해지지 않으며, 이와 같은 징계는 혹독하지 않습니다. 두 가지 모두 하나님께 영광을 돌립니다. 전자는 그것이 구하는 것을 더 쉽게 얻을 수 있는데, 그 이유는 추측하지도 착각하지도 않기 때문입니다; 그리고 후자는 억측하지 않는다는 점에서 훨씬 더 유익할 것입니다.

Tertullian, *Treatises on Penance*, tr. and anno. William P. Le Saint, S.J., S.T.D (Westminster, MD: The Newman Press, 1959; London: Longmans, Green and Co., 1959), pp. 21-22, 28-29, 31-37, 59-61.

화해를 위한 지침들
사도계율

소개의 글

초기 3세기 동안 성도들의 내면의 삶에 대한 당시의 저술들이 우리에게 거의 보존되어 내려오지 않아서, 『사도계율』(使徒戒律, Didascalia Apostolorum)로 알려진 저술에 특별히 관심이 간다. 2세기와 3세기의 많은 기독교 서적들과 마찬가지로, 이 저술은 예수님의 최측근 추종자들의 교리를 대표하는 권위를 주장하였다. 3세기 전반에 시리아 북부 지역에 기원을 두고 있는 이 책의 시리아판 제목은 "열두 사도들과 우리 구원자의 거룩한 제자들의 보편적 가르침(The Catholic Teaching of the Twelve Apostles and holy Disciples of our Redeemer)"으로 번역된다. 이 책에는 시리아 교회의 신앙생활에 대한 다양한 정보가 많이 수록되어 있다. 의사로 추정되는 저자는 유대교의 의례법들을 준수하는 것이 적절하다고 생각하는 기독교인들을 비난하고, 다양한 예배 관습을 기술하고, 박해기 동안 기독교인들이 어떻게 처신해야 하는지에 대해 조언하고, 신자들이 바친 자선금의 공정한 분배를 다루고,

교회 행정의 많은 측면들을 언급한다.

『사도계율』의 주요 부분은 주교의 직책과 목회 기능에 대한 논문이다(흥미롭게도 주교의 직책은 사제보다는 부제의 직책과 구별된다).[3] 저자는 우상숭배, 간음 그리고 살인의 중대한 죄를 저지른 기독교인들에 대한 용서를 금하는 엄격한 교리에 대해 단호히 맞섰으며, 만일 하나님의 자비가 폭넓게 해석된다면 주교들은 이런 최악의 죄들에 대해 참회와 죄 사함을 집행해야 한다고 요구하였다. 관용은 구약성경의 다양한 구절들을 비유적으로 해석하는 수단을 통해 성경에 근거하여 요청되었다.

여기서 번역된 『사도계율』의 부분은 목회 돌봄을 수행하는 책임사역자의 성격과 의무를 이해하도록 네 개의 비유를 제시한다. 감독은 하나님이 재판관이듯이, *재판관*이어야 한다. 그리고 그는 닭들이나 새들이 각자의 알과 새끼들에게 부모 역할을 하듯이, *부모*가 되어야 한다. 그는 자신이 돌보는 양 떼들의 고통에 참여하는 *목자*가 되어야 한다. 그는 환자의 상처를 치료하여 아물게 하는 *의사*이어야 한다. 그래서 3세기 초반에도 목회 직무는 인도, 지탱, 화해, 그리고 치유라는 네 기능으로 구성된 것으로 알려졌다. 목회 돌봄에 대한 이런 초기의 분석이 끼친 광범위한 영향은 그 주제에 대한 현대의 저술을 참조하여 가늠해 볼 수 있다; 로마 가톨릭의 저명한 논문은 고해신부가 "죄인의 고백을 듣는 *재판관*"이어야 하고, "*목자*의 역할을 담당"해야 하고, "*의사이자 아버지*이어야 함"을 지적한다.[4]

---

3. 역주: 로마 가톨릭 교회에서는 주교(bishop), 사제(presbyter), 부제(deacon)의 순으로 직급이 정해져 있다.
4. Caspar E. Schieler, *Theory and Practice of the Confessional*, ed. H. J. Heuser, introduction by Most Rev. S. G. Messmer (second edn., New York: Benziger Brothers, 1905), pp. v-vi.

물론, 시리아 출신인 저자는 이 네 가지 기능에 따라 그의 자료를 체계화하지 않았다. 그럼에도 불구하고 그는 주교들에게 그들이 맡은 직무의 이러한 이상적 측면들을 이행할 것을 요구하였다. 또한 중대한 죄로 인해 유죄판결을 받은 사람들에 대한 용서의 집행을 명시적으로 다루면서, 그는 자신이 살았던 시기와 지역에서 목회 돌봄이 소외된 사람들을 교회, 하나님, 그리고 서로에게 화해시키는 기능―임박한 세상의 종말까지 고통 받고 있는 사람들을 지탱하려는 초대교회의 급선무와 명백한 대조를 보이는 강조―을 중심으로 양분되어있음을 지적하였다. 다음의 발췌문에서 성경, 특히 구약성경 구절의 긴 인용이 일부 빠져있지만, 그러한 인용들은 저자가 선호하는 비유적 해석을 보여줄 정도로 충분히 남아있다.

화해를 위한 지침들

출처: 『계율』(c. 225), 저자: 익명의 시리아인

그러므로 오 주교님이여, 전능하신 하나님처럼, 엄중하게 심판하십시오. 그리고 하나님처럼 긍휼함을 가지고 회개하는 자들을 받아주십시오. 그리고 선지자 에스겔이 "그런즉 인자야 너는 이스라엘 족속에게 이르기를 너희가 말하여 이르되 우리의 허물과 죄가 이미 우리에게 있어 우리로 그 가운데에서 쇠퇴하게 하니 어찌 능히 살리요 하거니와 너는 그들에게 말하라 주 여호와의 말씀이니라 나의 삶을 두고 맹세하노니 나는 악인이 죽는 것을 기뻐하지 아니하고 악인이 그의 길에서 돌이켜 떠나 사는 것을 기뻐하노라 이스라엘 족속아 돌이키고 돌이키라 너희 악한 길에서 떠나라 어찌 죽고자 하느냐"(겔 33:10-11)"라고 말했듯이, 심지어 주 하나님께서 죄지은 자들을 용서하시겠다고 맹세로 약속하였기에, 책망하고 간청하고 가르치십시오. 여기서 에스겔은 죄를 지은 자들이 회개할 때 그 회개로 인해 용서받을 수 있고, 그들의 희망이 끊어지지 않을 것이고, 죄 가운데 머무르지 않고, 이런 것에 아무 것도 보태지 말고, 그렇지만 자신들의 죄를 회개하고 눈물을 흘리고, 온 마음을 다해 죄의 길에서 돌이킬 수 있다는 희망; 그리고 죄를 짓지 않은 이들은 울음과 한숨 그리고 용서를 필요치 않도록 죄가 없는 상태로 살아갈 수 있다는 희망을 전합니다. '오 죄를 지은 사람아, 그대는 회개할 기회가 있는 이 세상에서 살아갈 날수가 얼마나 남아 있는지 알고 있는가? 그대가 이 세상에서 떠나가게 된다는 것을 알지 못하기 때문에 하는 말입니다. 다윗이 "스올에서 누가 당신께 고백하겠나이까?"라고 말했듯이, 그대는 죄 가운데 죽게 되어 더이상 회개할 기회를 놓치지 않도록 해야 합니다. 그러므로 자신을 불쌍히 여기고 죄 없이 지내는 모든 사람은 아무런 위험도 없이 지낼 수 있을 겁니다; 그리하여 의례에 그가 행한 의로움이 그를 위해 보존될 것입니다.

그러므로 오 주교님, 당신은 처음에는 지금 말한 것처럼 엄중하게 심판하시되, 이후에는 회개를 약속한 자를 자비와 온유로 받아주고, 그의 잘못을 책망하고, 죄송한 마음을 갖게 하고, 설득하십시오. 그 이유는 다윗을 통해 "하나님은 당신께 고백한 자의 영혼을 결코 포기하지 않으리라"고 하신 말씀 때문입니다. 예레미야서에서도 하나님은 죄를 지은 자들의 회개에 대해 말씀하십니다: "사람이 엎드러지면 어찌 일어나지 아니하겠으며 사람이 떠나갔으면 어찌 돌아오지 아니하겠느냐. 왜 내 백성은 항상 나를 떠나 물러감은 어찌함이냐 그들이 거짓을 고집하고 돌아오기를 원치 않는구나!"(렘 8:4). 그러니 이 말씀을 염두에 두고 회개하는 자를 조금도 의심하지 말고 받아주고, "우리는 그런 자들 때문에 더럽혀지면 안 된다"라고 말하는 자비가 없는 자들로 인해 방해를 받지 마십시오. 주 하나님께서, "자녀로 말미암아 아버지를 죽이지 말 것이요 아버지로 말미암아 자녀를 죽이지 말 것이라"(대하 25:4)고 말씀하셨습니다. 그리고 다시 에스겔이 말합니다: "주의 말씀이 나에게 이르러 말씀하기를, '인자야 가령 어떤 나라가 불법을 행하여 내게 범죄하므로 내가 손을 그 위에 펴서 그 의지하는 양식을 끊어 기근을 내려 사람과 짐승을 그 나라에서 끊는다 하자. 비록 노아, 다니엘, 욥, 이 세 사람이 거기에 있을지라도 그들은 자기의 공의로 자기의 생명만 건지리라,' 나 주 여호와의 말이니라"(겔 14:13~14). 따라서 성경은 만일 의인이 악인들과 함께 있는 것이 발견된다면 그들과 함께 멸망하지 않을 것이지만, 모든 사람은 자신의 의로 말미암아 살 것이며, 만일 그들이 방해를 받는다면 자신의 죄로 인해 방해를 받는다는 것을 명확히 보여줍니다. 지혜서에서 다시 하나님께서 "악인은 자기의 악에 걸리며 그 죄의 줄에 매이나니"(잠 5:22)라고 말씀하십니다. 그러므로 모든 평신도들은 자신의 죄에 대해 해명해야 하고 아무도 다른 사람들의 낯선 죄로 인해 상처를 받지 않을 것입니다. 유다조차도 우리와 함께 기도함으로써 우리에게 어떤 손상을 끼치지 않은 채, 혼자 멸망했습니다. 방주에 있었던 노아와 구원받은 두 아들은 축복을 받았지만, 다른 아들 함은 축복을 받지 못했습니다. 그러나 함의 자손은 짐승들에게 나아가는 저주를 받았는데, 그 이유는 함이 자신의 아버지 노아를 조롱했기 때문입니다. 그래서 우리가 당신에게 죽음을 기뻐하고 형제들을 미워하고 다툼을 좋아해서 살인할 준비가 되어 있는 자들에게 견진성사를 베풀라고 요구하는 것은 아닙니다. 그러나 몹시 병들어 있고 위험과 죄에 빠진 자들을 도와주시고, 그들의 강퍅한 마음과 말과 생각을 유념치 말고 그들을 죽음에서 건져주십시오. 오 주교님, 머리이신 당신이 꼬리, 즉 다른 사람의 파멸을 기뻐하는 다투기를 좋아하는 사람인 평신도의 말에 귀를 기울여야 한다는 말은 아닙니다. 하지만 당신은 오직 주 하나님의 계명을 바라보십시오. 그리고 이런 이유로 인해 그 사람들은 멸망할 것을 기대하지 않거나 다른 사람들의 죄로 더럽혀지지 않게 될 것입니다.

오 주교님, 성경에 따라 당신에게는 죄지은 자들을 연민과 자비로 심판할 것이 요구됩니다. 만일 당신이 강가를 걷다가 어떤 사람이 물에 빠진 것을 보고도, 그를 강물 속에 내버려둔다면, 당신은 그를 내리눌러 물속 깊이 빠져들게 하여 죽게 만드는 살인을 저지르는 것입니다. 그렇지 말고 누군가 강가의 변두리에 빠져 거의 죽게 되었을 때, 재빨리 당신의 손을 뻗어 그 사람을 끌어올려 죽지 않게 하십시오. 그러므로 당신이 보살피는 성도들이 배워서 지혜로운 사람이 되게 하고, 죄를 지은 자가 완전히 멸망하지 않게 하십시오. 그렇지만 죄를 지은 자를 살펴보고, 그에게 화를 내고, 성도들에게는 그를 내보내도록 명하십시오. 그리고 그 사람이 파문당한 경우에는, 그에게 화내지 말고 논쟁도 하지 말고, 성도들이 그를 교회 밖에 두도록 하고, 그런 다음 교회에 가서 그 사람을 위해 간구하게 하십시오. 왜냐하면 우리 주님께서, "나의 아버지여, 저들이 자기들이 무슨 일을 하는지 무슨 말을 하는지 알지 못하오니, 하실 수 있으면 저들을 용서하여 주옵소서"(눅 23:30)라고 하신 말씀이 복음서에 기록되어 있듯이, 죄를 지은 자들을 위해 하나님 아버지께 간구하셨기 때문입니다.

그러므로 오 주교님, 당신은 그에게 교회로 오도록 명하고 직접 회개할 마음이 있는지 물어보십시오. 만약 그 사람이 교회 안으로 받아들여질 만하거든 그의 죄에 따라 그에게 2주, 혹은 3주, 혹은 5주, 혹은

7주 등의 금식 기간을 지정해주고, 그런 다음 적합한 훈계와 교리를 일러주고 집으로 돌아가게 하십시오. 그 사람을 책망하시되, 겸손한 마음을 갖고 금식하는 동안 기도와 간구를 하도록 일러주십시오. 그러면 창세기에, "네가 죄를 범하였으니, 멈추어라. 회개가 너와 함께 있게 하라. 그러면 너는 그것에 대해 힘을 갖게 될 것이다"라고 기록되었듯이, 그는 죄의 용서를 받을만한 자격을 얻게 될 것입니다. 또한 모세를 비난했던 모세의 누나 미리암을 보십시오. 이후에 그녀는 회개하고 용서를 받을 만한 자격이 있다고 생각되었는데, 그것은 "아버지가 그녀의 얼굴에 침을 뱉었다면, 그녀가 부끄러워 진영 밖에서 7일 동안 격리되어야 하지 않겠는가, 그런 다음에야 진영 안으로 들어오게 할지니"(민 12:14-15)라고 하신 하나님의 말씀에 의해 확증되었습니다. 그래서 그것은 또한 자신들의 죄를 회개하겠다고 약속한 자들에 대해 당신이 행해야 할 일입니다. 지은 죄에 대한 적절한 처벌로 그들을 교회 밖으로 내보내고, 이후에 자비로운 아버지로서 그들을 받아주십시오. 만일 주교 자신이 문제를 일으킨다면, 어떻게 그가 일어나서 다른 사람의 죄를 찾아낼 수 있겠으며, 그 죄를 책망하고 그의 손으로 판결을 내릴 수 있겠습니까?

그러므로, 주교님이여! 가르치고 책망하고 용서로 자유롭게 해주시고, 당신의 지위가 전능하신 하나님의 지위라는 것을 명심하십시오. 그리고 주교들에게 "너희가 땅에서 매면 하늘에서도 매일 것이요 무엇이든지 땅에서 풀면 하늘에서도 풀리라(마 18:18-19)"는 말씀이 주어졌기에, 당신은 죄를 용서하는 권세를 부여받았습니다. 그러므로 당신은 풀어주는 권세를 가졌으니, 당신 자신과 당신의 행동과 당신의 직무들을 알고 있으십시오. 왜냐하면 이생에서 그것들이 당신의 지위에 합당한 것이 되어야 하기 때문입니다. 그러나 성경에 "사람이 이 땅에서 단 하루를 산다고 할지라도 죄의 부정함에 영향을 받지 않는 깨끗한 사람은 단 한 사람도 없도다"라고 기록되어있듯이, 사람의 아들들 가운데 죄가 없는 사람은 아무도 없습니다. 이런 이유에서 의인들과 초대 교부들의 행적에 대한 담화와 각색된 이야기가 기록되었는데, 그 목적은 이 사람들에게서 정말 작은 죄가 발견된다는 것과, 다윗이 "주께서 말씀하실 때에 의로우시다 하고 주께서 심판하실 때에 순전하시다"(시 51:4)라고 말했듯이, 주 하나님만이 죄가 없으신 분임을 알리는 것입니다. 우리에게는 의인들의 부정함은 우리가 죄를 조금 짓더라도 용서를 받을 수 있다는 기대를 갖게 하는 위로, 위안과 참 소망이 됩니다. 그러므로 죄가 없는 사람은 아무도 없습니다.

하지만 당신은 힘이 닿는 한 어떤 일에도 넘어지지 않도록 열심을 내시고, 어떤 사람도 당신 때문에 상처를 받아 넘어지지 않도록 모든 사람을 대하는 데 조심하십시오. 왜냐하면 평신도는 자신의 영혼만을 염려하지만, 당신은 모든 사람의 짐을 짊어지고 있기 때문입니다. 그리고 성경이 "무릇 많이 받은 자에게는 많이 요구할 것이요 많이 맡은 자에게는 많이 달라 할 것이니라"(눅 12:48)고 말씀하고 있듯이, 그것은 당신이 감당해야 할 크나큰 짐입니다. 그러니 당신이 모든 사람들의 짐을 짊어지고 있기에 스스로를 살피십시오. 왜냐하면 주님이 모세에게, "너와 아론은 제사장 직분의 죄를 담당할 것이니라"라고 하신 말씀이 기록되어 있기 때문입니다. 그러므로 당신은 많은 사람들에게 만족스러운 답을 주어야 하듯이 모든 사람들을 돌봐야 합니다. 당신은 온전한 신자들을 보존하고 죄를 지은 자들을 훈계하고 고쳐주고 책망하고 처벌하고 회개와 용서를 통해 그들의 짐을 덜어주십시오. 그리고 죄인이 울며 회개할 때 그를 받아주고, 성도들이 그 사람을 위해 기도할 때 그 사람 위에 손을 올려놓고 안수하고 그때부터 교회에 올 수 있게 하십시오. 잠자고 게으른 자들을 회복시켜 깨어나게 하여 견고하게 하며, 이들을 위해 기도하고 치료해 주십시오. 왜냐하면 당신이 이런 일을 하면 상급을 받고, 그것을 등한시하면 엄청난 위험이 당신에게 닥친다는 것을 알고 있기 때문입니다. 당신은 아흔 아홉 마리 양을 산에 두고 잃어버린 한 마리를 찾아 나서십시오. 그대가 찾았을 때, 잃어버린 자를 찾았으니 그 양을 어깨에 둘러메고 기뻐하십시오, 그리고 그 양을 데려와서 다른 양떼들과 어울리게 하십시오. 그러니 오 주교님, 당신도 순종하십시오. 길을 잃어버린 자를 심방하고, 방황하고 있는 자를 찾아 나서고, 멀리 떠나버린 자를 회복시키십시오. 왜냐하면 당신은 그리스도의 자리에 앉아있기에, 실족한 자의 죄를 용서할 수 있는 권한을 가지고 있기 때문입니다. 우리 구세주께서 죄를 지은 자에게, "네 죄가 용서받았으며 네 믿음이 너를 온전하게 했으니 평안히 가라"고 말씀하셨습니다.

그렇기 때문에 평화는 평온과 안식이 있는 교회입니다. 주님께서 죄의 속박에서 해방시킨 자들을 온전하고 흠이 없게 해주는 주님의 교회는 밝은 소망을 가지고 선한 일을 하며 고난을 이기는데 열심을 냅니다. 지혜와 긍휼이 가득한 의사로서 주님은 모든 사람을 고치시고, "건강한 사람에게는 의사가 필요하지 않으나, 병든 자에게는 필요하기 때문에"(마 9:12) 주로 죄 가운데 방황하는 자들을 고치십니다. 오 주교님, 당신도 주님의 교회의 치유자로 부름을 받았으니, 약을 아끼지 말고 죄로 병들어 있는 자들을 치료하되 모든 수단을 동원해서 그들을 고쳐주고, 영적으로 온전하게 하여 교회 안에서 안전하게 머물게 하십시오. 당신은 주님께서 "너희는 그들을 강압과 경솔함으로 다스렸도다"(겔 34:4)라고 하신 말씀을 듣지 않도록 유의하십시오. 그러므로 강압으로 이끌지 말고, 격한 행동을 하지 말며, 신랄하게 심판하지 말고,

무자비함이 없도록 하고, 당신의 보살핌 속에 있는 자들을 조롱하지 말고, 그들에게 회개의 말씀을 감추지 마십시오. 그렇지 않으면 강압과 경솔함으로 다스리게 될 것이기 때문입니다.

만약 당신이 성도들을 거칠게 다루고 폭력으로 처벌하고, 그들을 몰아서 교회 밖으로 내쫓고, 죄를 지은 자들을 받아들이지 않으면서도, 혹독하고 무자비하게 그들에게 회개의 기회를 주지 않는다면, 당신은 그들이 악으로 넘어가고 양떼들을 흩어놓아서 들짐승들의 먹이가 되게 하는데 일조하는 것입니다. 말하자면 그들을 진리의 사람들이 아니라 이 세상의 악한 자들, 진리 안에 있지 않은 자들, 짐승들, 이교도들, 이단자들에게 내보내는 것입니다. 그들은 악한 짐승들처럼 교회를 떠나는 자를 먹이로 삼키려고 즉시 따라갑니다. 당신의 가혹함 때문에 그로 인해 교회를 떠난 사람은 이교도들에게 가서 합류하거나, 이단에 빠지게 됩니다. 그 사람은 완전히 이방인이 되어 교회와 하나님의 소망에서 벗어나게 되고, 당신은 죄를 지은 자를 교회 밖으로 내보내어 버릴 작정이었고, 그가 회개하고 돌아왔을 때 받아주기를 원하지 않았기 때문에, 그 사람의 파멸에 대해 책임이 있습니다. 보십시오. 당신은 "그 발은 행악하기에 빠르고 무죄한 피를 흘리기에 신속하며 그 생각은 악한 생각이라 황폐와 파멸이 그 길에 있으며 그들은 평강의 길을 알지 못하며"(사 59:7-8)라는 말씀의 저주 아래 놓여 있습니다.

평화의 길은 우리 구세주이십니다. 주님께서 "죄를 지은 자들의 죄를 용서하라 그러면 너희 죄도 용서받을 것이다. 주어라 그러면 너희에게 주어질 것이다"라고 말씀하셨는데, 이것은 "죄를 사하라 그러면 너희도 사함을 받을 것이다"라는 뜻입니다. 주님은 또한 우리가 항상 끊임없이 기도할 것과 "우리에게 죄지은 자를 사하여 준 것 같이 우리 죄를 사하여 주옵시고"(마 6:12)라고 말해야 한다는 것을 가르치십니다. 만약 당신이 죄 지은 자들을 용서하지 않고 어찌 당신이 용서받을 수 있겠습니까? 보십시오. 당신이 용서하지 않고 참으로 살인을 저질 렀는데도 "내가 용서하노라" 말한 것에 대해, 당신의 입이 당신을 고 소하고 유죄판결을 내리지 않겠습니까? 자비 없이 누군가를 교회 밖 으로 쫓겨난 사람이라면, 그는 끔직하게 살인을 저지르고 동정심도 없 이 피를 흘리는 것 외에 달리 무엇을 하겠습니까? 만일 의인이 부당하 게 누군가에 의해 칼에 찔려 죽는다면, 그는 하나님의 품에서 안식을 누릴 것입니다. 하지만 누군가를 교회 밖으로 쫓아내고 다시 받아들이 지 않는 사람은 정말로 악하고 끔찍하게 영원히 죽이는 것입니다. 그 리고 하나님은 죄인들을 교회 밖으로 내보내고 하나님의 자비를 바라 보지 않고, 참회자에 대한 하나님의 선하심을 기억하지 않으며, 그리 스도와 같은 모습이 없고, 주님으로부터 죄 사함을 받고자 자신들의 수많은 실패를 회개하는 사람들에 관심을 보이지 않는 자를 영원토록 참혹한 불구덩이의 불쏘시개가 되게 하십니다.

* * * * * *

그러므로 그대 주교들과 그대 평신도들이여, 주님께서 "내가 숫양 과 숫양 사이, 그리고 양과 양 사이, 즉, 주교와 주교 사이, 그리고 평신 도와 평신도 사이를 심판할 것이다"라고 말씀하신 것에 귀를 기울이십 시오. 만약 한 평신도가 다른 평신도를 사랑한다면, 그로 하여금 또한 주교를 사랑하고 공경하며, 주교를 아버지와 주인과 전능하신 하나님 다음가는 인물로 존경하게 하십시오. 왜냐하면 사도들을 통해 "너희 말을 듣는 모든 이는 내 말을 듣고, 너희를 해치는 자는 나와 나를 보내 신 자를 해치는 것이다"라고 하시면서 주교가 어떤 존재인지에 대해 말씀하셨기 때문입니다. 다시 말씀드리지만, 주교는 평신도들을 어린

아이처럼 사랑하고 알에서 병아리가 나오도록 알을 품듯이 그들을 품고 하나님의 사랑의 열기로 뜨겁게 하십시오. 그리고 어미 닭처럼 그들을 부화시키고 날개 달린 새들이 새끼를 먹이듯이 그들을 양육하십시오. 오 주교님! 모든 이들을 가르치고 훈계하십시오. 책망을 받을 만한 자들을 책망하고, 파멸이 아니라 회심을 위해 그들이 후회하는 마음을 갖게 하십시오. 회개를 목적으로 그들을 훈계하고 잘못을 고쳐주십시오. 그러면 그들이 자신의 길을 곧게 하고 평탄하게 하여 안정된 생활양식을 갖게 될 것입니다. 건강한 자를 지키십시오: 즉, 견고한 믿음을 가진 자를 유의해서 지키되, 모든 이들을 평안히 먹이십시오. 약한 자를 강하게 하십시오: 즉, 교훈을 통해 유혹받는 자를 강하게 하십시오. 병든 자를 치유하십시오: 즉, 교리를 사용하여 믿음에 대한 의심으로 인해 병든 자를 치료하십시오. 부러진 자를 매어주십시오: 즉, 자신의 죄로 인해 주먹질을 당했거나 매질을 당하였거나 부러졌거나, 혹은 의의 길에서 머뭇거리는 자를 싸매어 주십시오, 다시 말해 중보기도와 훈계를 통해 그 사람을 치료해 주십시오. 넘어진 그를 일으켜 세워주고 격려하고 그에게 소망이 있음을 보여주십시오. 그를 싸매어주고 치료해 주십시오. 또한 교회안으로 그를 받아들이십시오.

방황하는 이를 설득하십시오. 즉, 죄로 인해 버림받고, 견책으로 파문당한 자를 교회 밖에 내버려 두지 마십시오. 그 사람을 가르치고 훈계하여 착한 마음을 갖게 하고, 당신의 양 무리에 받아주십시오: 즉, 자신의 수많은 넘어짐 때문에 소망이 끊기고 영혼이 지옥으로 떨어지게 된 자를 말하는 겁니다. 그 사람이 완전히 멸망하도록 내버려 두지 마십시오, 유혹이나 심한 게으름 때문에 그 사람이 잠들지 않도록, 그리고 눈꺼풀의 무거움 때문에 자신의 삶을 잊어버리지 않도록 해야 합니다. 양 무리, 즉 교회로부터 떨어지게 해보십시오, 그러면 그는 죽음을 마주하게 됩니다. 왜냐하면 울타리를 벗어나 양 무리로부터 떨어져 있어서, 그가 헤매고 있을 때 늑대가 그를 잡아먹어 완전히 죽게 될 것이기 때문입니다. 그러므로 진정 당신은 그를 찾아가서, 훈계하고 가르치고 착한 마음을 갖게 하고, 그를 권면하고 격려하여 잠에서 깨어나도록 하십시오. 그에게 소망이 있음을 말해주고 그의 마음에서 "우리의 죄악과 죄들이 우리 위에 있고 그로 말미암아 부패해졌으니 우리가 어찌 살 수 있겠는가?"라는 생각을 없애버리십시오, 그러면 이전에 있었던 일에 대해 말하거나 생각하지 않을 겁니다. 우리에게 이런 것들을 말하고 생각하고, 혹은 허다한 죄로 인해 그들의 소망이 끊어졌음을 가정해 보라고 요구하는 것은 아니라, 그들로 하여금 하나님의 자비가 넘쳐나고, 하나님께서 맹세와 선한 말씀으로 죄를 지은 자들에게 용서를 약속하셨음을 알게 하는 것이 우리에게 요구된 일입니다. 만약 어떤 사람이 죄를 지었지만, 성경을 알지 못하고, 하나님의 오래 참음과 긍휼에 설복당하지 않고, 용서와 회개의 경계를 알지 못한다면, 그는 자신의 무지함 때문에 죽게 됩니다. 그러므로 주교님! 목자로서, 고통에 참여한 자로서, 사랑과 온유함으로 가득한 당신은 양 무리를 찾아다니는데 열심을 내십시오. 양 무리의 수를 세어보십시오. 우리의 스승이자 선한 목자이신 주 하나님 예수 그리스도께서 말씀하셨듯이, 방황하는 자를 찾아 나서십시오.

* * * * * *

만약 원수들의 시기나 질투, 그리고 그것들을 이용하는 사탄의 계략에 의해 거짓 형제들이 그 형제들 중 한 명 또는 심지어 신실한 형제에게 거짓 고소를 한다면, 우리는 누군가를 고소하거나 매도하기 위해 이런 일을 꾸미는 자는 모두 분노의 자식이며, 분노가 있는 곳에 하나님이 계시지 않는다는 것을 알아야 합니다. 왜냐하면 분노는 이런 거짓 형제들을 동원하여 평화가 교회 안에 들어오지 못하게 하려는 사탄에게 속한 것이기 때문입니다. 그러므로 당신들이 분별력이 부족한 자들을 만나게 되면, 무엇보다도 그들을 믿지 마십시오. 그리고 두 번째로 주교들과 부제들이여, 당신들은 그들로부터 형제들 중 누군가에 대해 듣게 된 것들을 어떻게 말해야 할지 신중을 기하십시오. 그들이 고발한 형제를 배려하고 지혜롭게 조사하고 그의 행동을 두루 살피십시오. 그리고 만약 그 사람에게 책망할 것이 발견되면, 주님께서 복음서에서 말씀하신 교리에 따라 그를 대면하여 책망하십시오. 만약 그가 회개하고 마음을 바로 잡으면 그를 구해주십시오. 하지만 그 사람이 책망을 받아들이지 않는다면, 두세 사람 앞에서 책망하고 얘기된 내용을 확증하되, 두세 증인의 입을 통해 모든 말이 입증되게 하십시오. 왜냐하면 형제들이여! 성부, 성자, 성령께서 사람들의 행실에 대해 증언하시기 때문에, 모든 말이 두세 사람의 증언에 근거를 두는 것이 요구되고; 교리에 따른 훈계가 있는 곳에 죄를 짓고 방황하는 사람들을 위한 치료와 회개가 있기 때문입니다. 그렇기 때문에 둘 또는 세 명의 증언으로 모든 말이 확증되어야 합니다.

그리고 만일 그가 순종하지 않는다면 교회의 모든 회중 앞에서 책망하십시오. 심지어 교회의 책망도 받아들이지 받는다면, 당신은 그를 이교도와 세리로 간주하십시오. 오 주교들이여! 주님께서 당신에게 말씀하셨기 때문에, 이후로는 그를 기독교인으로 교회에 받아들이지 말고 어울리지도 마십시오. 왜냐하면 심지어 이교도나 악한 세리들도 하나님을 믿고 이후로는 결단코 악한 행위들을 다시 하지 않겠다는 약속과 함께 먼저 회개하지 않는다면, 당신은 그들을 교회 안으로 들어오지 못하게 하고 그들과 어울리지도 않기 때문입니다. 그리고 우리의 주님이신 구세주께서는 죄 지은 자들을 위해 회개의 여지를 두셨습니다. 이 『사도계율』을 통해 여러분에게 말하고 있는 열두 사도들 중 한 명인 나, 마태도 과거에는 세리였습니다. 하지만 내가 믿었기 때문에, 은혜가 내게 임했고 나는 이전 일들을 회개하고 사도와 하나님의 말씀의 설교자가 될 만한 자로 여겨졌습니다. 그리고 세례 요한도 복음서에서 세리들에게 설교하면서 그들의 소망을 잘라내지 않고자 했으며, 그들이 앞으로 어떻게 살아야 할지 가르쳐주었습니다. 세리들이 답변을 요청했을 때, 세례 요한은 "명령에 따라 그대들에게 배정된 것 이상을 징수하지 말라"고 말해주었습니다.

그리고 주님께서 요청했을 때, 삭개오도 회개하고 주님을 영접했습니다. 우리는 이교도들이 회개하고 잘못을 버리고 끊어버린다면, 심지어 그들에게도 구원을 거부하지 않습니다. 하지만 악한 행동과 거짓의 죄가 확증된 사람은 이교도와 세리로 간주하십시오. 그리고 이후에 그들이 회개를 약속한다면, 즉 그들이 자원하여 회개하기를 약속하고 "우리가 믿습니다"라고 말할 때, 우리는 그들을 회중 안으로 받아들여 하나님의 말씀을 들을 수 있도록 해야합니다. 그렇지만 우리는 그들이 믿음의 인침을 받아 확증되기 전까지 그들과 얘기하지 않습니다. 그런 이유로 우리는 또한 그들이 회개의 열매를 보일 때까지 그들과 대화하지 않습니다. 그들이 완전히 멸망하지 않으려고 하나님의 말씀을 듣고자 한다면, 확실히 교회 안으로 들어올 수 있습니다. 하지만 그들은 기도에 참여하지 않고 교회 밖에 나가 있습니다. 그렇게 하는 이유는 그들이 교회에 참여하지 못한다는 것을 알게 될 때, 자제하고 과거의 잘못된 행위들을 회개하고, 기도하면서 교회에 받아들여지기를 열망하게 되기 때문입니다. 이 사람들을 보고 그들이 세리들처럼 교회 밖으로 나갔다는 것을 듣게 사람들은, 그런 일이 자신들에게 일어나 교회를 떠나게 되고 죄와 거짓으로 책망을 받지 않으려면, 두려운 마음으로 죄를 짓지 않도록 조심해야 합니다. 그러므로 그들이 교회로 들어오는 길과 주교의 말씀을 들을 수 있는 길을 완전히 막지 마십시오. 왜냐하면 주님이신 우리 구세주께서도 세리들과 죄인들을 완전히 거부하고 내쫓지 않으시고, 그들과 함께 식사를 하셨기 때문입니다. 이런 일로 인해 바리새인들이 "그가 세리들과 죄인들과 먹고 마시는구나"라는 말로 주님에 대해 불평했습니다. 그래서 주님께서 그들의 생각과 불평에 대해, "건강한 자들은 의사를 필요로 하지 않고, 병든 자는 필요하다"라고 응답하셨습니다.

그러므로 죄 때문에 책망을 받고 현재 상태가 좋지 않은 사람들과 교제를 하고, 그들을 가까이 두고, 그들의 사정을 살피고, 그들과 대화하고, 그들을 위로하여 붙들어주고, 올바른 마음을 갖게 하십시오. 그리고 나중에 그들 모두가 회개하고 회개의 열매를 맺을 때, 그 이후에 이교도에게 하듯이 기도 가운데 그 사람을 받아주십시오. 그러므로 이교도에게 세례를 준 다음 그를 받아주듯이, 당신은 그에게 손을 얹고 모든 성도들은 그를 위해 기도합니다. 그런 다음 그를 교회로 데려오고 교회에 참여하게 하십시오. 세례 대신 그에게 손을 얹어 안수하십시오. 그 이유는 안수와 세례를 통해 그들이 성령의 교통하심을 받기 때문입니다. . . 고통을 함께 느끼는 공감하는 의사처럼, 죄지은 모든 사람들을 치료하고 모든 지혜를 나눠주고 그들의 삶에 도움이 되는 치유를 제공하고 교회의 구성원들을 내보내는 일은 자제하고, 치유의 말씀, 그리고 준비일[5]의 훈계와 간구라는 연고를 사용하십시오. 왜냐하면 만일 궤양이 깊어져 몸이 쇠약해지면 치료제를 사용해 몸에 영양을

---

5. 준비일(preparation)은 안식일 전날을 가리킨다. (요한복음 19:31 참조)

공급하고 궤양을 줄일 수 있기 때문입니다. 만약 몸 안에 불결한 것이 있다면, 독한 약, 즉 책망의 말로 몸을 정결하게 하고, 더 많은 정욕이 솟아오른다면, 거친 약, 즉 심판의 언어로 그것을 깎아내리고 줄이십시오. 만약 몸에 괴저가 있다면 소작기(燒灼機)로 지지십시오. 다시 말해 장기간의 금식이라는 절개 수술을 통해 궤양의 썩은 부위를 도려내십시오. 만일 궤양이 커져서 소작기가 쓸모없게 되면, 썩은 부분을 정하고 다른 의사들과 충분히 의논한 이후, 몸 전체를 망가뜨리지 않도록 썩은 부위를 잘라내십시오. 신속하게 절단할 준비를 하지 말고, 성급하게 톱니가 많은 톱을 가지러 달려가지 말고, 먼저 외과용 메스를 사용하여 궤양을 잘라내어 그 안에 숨어있는 병의 원인이 밖으로 들어나 알려지게 하여 몸 전체의 감염을 막을 수 있습니다.

그러나 당신이 회개를 원치 않아 스스로 희망을 완전히 끊어버린 사람을 보게 되면, 비통함과 슬픈 마음으로 그를 걸러내어 교회 밖으로 내보내십시오. 만일 당신이 비방하는 고소의 내용이 거짓임을 알고도, 사람들을 받아들인 것 때문에 혹은 당신이 받은 헌물 때문에, 목사인 당신이 부제들과 함께 그 거짓을 진실로 받아들였다면, 그리고 당신이 악한 사탄의 뜻을 이행하고 싶어서 판결을 바꾸어, 이 고소에 대해 아무런 죄가 없는 고발당한 사람을 교회 밖으로 내보냈다면, 당신은 주님의 날에 해명해야 할 것입니다. 왜냐하면 성경은 "너는 재판 할 때 사람을 외모로 보지 말 것"(신 16:19)과 "뇌물은 지혜로운 자의 눈을 어둡게 하고 의로운 자의 말을 굽게 하느니라"(출 23:8)고 기록하고 있기 때문입니다. 또한 성경은 "학대받는 자를 도와주며 고아를 위하여 신원하며 과부를 위하여 변호하라"(사 1:17)고 말씀하고 있으니 교회 내에서 공의로운 심판을 내리십시오. 그러니 당신은 차별하는 사람이 되지 않도록, 그리고 주님께서 "악을 선하다 하며 선을 악하다 하며 혹암으로 광명을 삼으며 광명으로 흑암을 삼으며 쓴 것을 단 것을 삼으로 단 것으로 쓴 것으로 삼고, 상을 주어 악한 자를 옹호하고 의인들의 의를 간과하는 자들은 화 있을진저"(사 5:20 참조)라고 하신 말씀에 의해 저주받지 않도록 조심하십시오. 그러나 당신은 누구라도 부당하게 책망하지 않도록, 그리고 악한 자들을 돕지 않도록 유의하십시오. 왜냐하면 주님께서 "너희가 비판하는 그 비판으로 너희가 비판을 받을 것이요, 그리고 너희가 정죄하지 말라 그리하면 너희가 정죄를 받으리라"(마 7:1-2)고 말씀하셨듯이, 당신이 다른 사람을 정죄하면 당신 자신을 정죄하는 일이 되기 때문입니다. 그러므로 "용서하라 그리하면 너희가 용서를 받을 것이요; 정죄하지 말라 그리하면 정죄 받지 않으리라"(눅 6:37 참조)는 주님의 말씀을 기억하고 당신 자신에게 적용하십시오.

오 주교들이여, 만일 당신의 판결에 차별을 없애고자 한다면, 형제를 고소한 사람을 살펴보십시오. 만약 그가 거짓 형제이거나, 시기나 질투 혹은 중상모략을 목적으로 하나님의 교회를 혼란에 빠트리고, 중상모략을 당한 형제를 교회 밖으로 내보내어 파멸의 불속으로 들어가게 하여 죽이려 했다면, 그런 경우 당신은 그가 다른 형제에게 자신의 상상에서 나온 악한 짓을 했기 때문에 엄중하게 심판해야 합니다. 만일 그가 고소사건이 교회의 심리를 거친다는 것을 알지 못했다면, 자신의 형제를 불구덩이 속에서 죽게 만들었을 것입니다. 성경은 "다른 사람의 피를 흘리면 그 사람의 피도 흘릴 것이니"(창 9:6)라고 기록하고 있습니다. 만약 그가 이런 일을 한 것으로 판명된다면, 살인자라는 엄중한 징계를 주어 교회 밖으로 내보내십시오. 그리고 시간이 지난 후, 만일 그가 회개를 약속하면, 훈계하고 엄한 징계를 내리시고, 그후에 안수하고 교회로 받아들이십시오. 그리고 이런 일이 다른 사람에게 다시 일어나지 않도록 그 사람을 주의하여 살펴보십시오. 만일 그 사람이 교회에 들어온 이후에 다시 다투고 다른 사람들을 비방하고, 수다를 떨고 말을 지어내고, 또한 많은 사람들에게 거짓된 비난을 일삼으면, 다시는 교회에 혼란과 어려움을 주지 않도록 교회 밖으로 내보내십시오. 왜냐하면 그런 사람은 설사 교회 안에 있다 하더라도 교회와는 어울리지 않아서 교회에 아무런 유익이 되지 않기 때문입니다.

The Didiascalia Apostolorum in English, tr. from the Syriac by Margaret Dunlop Gibson (Horae Semiticae No. II, London: Cambridge University Press, 1903), pp. 28-29, 32-33, 34-36, 41-42, 54-57.

순교에 직면하여
키프리안

소개의 글

수십 년 동안 기독교인들에 대한 침묵과 관용이 있고 난 다음, 서기 250년 데시우스 황제가 로마 제국 전역에 걸쳐 광범위한 박해를 명령하였다. 비록 다음 해에 황제의 죽음으로 인해 기간이 단축되었음에 불구하고, 이 박해는 처음으로 모든 기독교인들에게 제국 전역을 아우르는 유일한 강력한 위기를 안겨주었다. 수천 명의 신자들이 황제의 수호신에게 경의를 표하거나, 다른 사람에게 뇌물을 주어 자신에게 부과된 제물을 대신하여 제물을 바치게 하거나, 또는 국가종교에 대한 순응을 보여주는 위조 증명서를 매입함으로써 신앙의 타협을 범하였다. 박해기간 동안, 목사들은 믿음을 지켰던 신자들의 종교적 충성심을 굳건하게 하려고 애썼으며, 그 이후에는 여러 해 동안 교회에 다시 들어오려는 배교한 기독교인들을 치리하는 어려운 문제를 다루었다.

믿음의 희생을 거부한 일에 대한 처벌 규정의 수용을 가장 열렬히 옹호하고, 배교자들을 다루기 위한 통일된 방침의 필요성을 호소했던 교회 지도자는 주후 248년부터 십년 후 순교자로 죽기까지 카르타고의 주교로 봉직했던 키프리안이었다. 카르타고의 전임자였던 터툴리안으로부터 배운 엄정주의(rigorism)에 기반을 두고, 키프리안은 교회가 교리에서 하나이듯이, 치리에 있어서도 하나가 되어야 하고, 주교들은 단일 교리의 수호자로서 하나의 교리를 전달하는 전수자가 되어야 한다고 가르쳤다. 여러 편의 소논문들과 강경한 편지들을 통해, 키프리안은 교회의 일치, 주교들의 절대 권위, 그리고 박해를 맞이하여 믿음을 굳게 지킬 필요성에 대한 자신의 관점이 지닌 함축적 의미를 상세히 설명하였다. 그로 인해 키프리안은 교회의 일치와 주교의 절대적 권위에 대한 고대 가톨릭교의 강조를 출발시켰다. 넓게 말하자면, 박해를 직면하고 있는 기독교인들의 의무와 박해 이후 목사들의 의무에 대한 그의 견해는 4세기 초에 박해가 중단될 때까지 우세하였다. 그의 저술은 발전하고 있던 가톨릭의 교회론에 중요하긴 하였지만, 그의 소책자들과 서신들은 또한 깊은 목회적 관심과 교회의 권위 있는 지도자들에 의해 집행되는 교회 치리에 대한 엄격한 주장을 결합하였다.

배교자들의 문제를 다룬 여러 저술에서, 키프리안은 오직 주교들만이 흔들리는 믿음을 가진 기독교인들이 교회로 다시 들어올 수 있게 하는 조건을 제시할 수 있다고 가르쳤다. 그가 생각하는 재입교는 주교가 집례하는 성찬식에 다시 참여하는 것이었다. 키프리안의 목회 돌봄에 대한 공헌을 대표하는 또 다른 저술은 총독이 관할하는 아프리카에 위치한 이웃 도시인 티바리스에 있는 기독교인들에게 보낸 장문의 편지이다.

데시우스 황제에 의한 박해가 정점에 이르렀을 때 쓰인 그 편지는 기독교 신앙을 타협하기보다는 차라리 순교할 것을 권면함으로써 암울한 고난의 시간에 대해 사람들을 준비시키고자 하였다. 키프리안은 믿음 안에서 인내하며 굴하지 않았던 많은 신자들을 언급하면서 그들의 외로움을 달래준다. 그는 신자들의 임박한 운명을 복음을 증언하라는 주님의 소환으로 바꾼다. 그는 그들을 하나님을 위해 죽은 수많은 영웅들과 연결시킨다. 그는 그들이 걷고 있는 고통과 죽음의 길이 동료 신자들에 의해 잘 다져진 길임을 확인시켜준다. 그는 지지를 보여주는 관심과 모든 살아 있는, 그리고 죽은 기독교인들의 감싸는 기도로 그들을 둘러싼다. 그는 그들의 순교를 그리스도의 십자가에서의 죽으심에 비유하고, 순교를 신앙생활의 장엄한 대단원으로 삼는다. 그는 순교자들이 천국에서 아브라함, 이삭, 야곱, 열두 명의 족장들 그리고 선지자들과 사도들과 함께 기쁨을 누리게 되는 숭고한 상급을 받게되리라는 약속을 제시한다. 키프리안은 이 모든 내용을 강력한 권고의 형태로 전달하고 있다. 겉으로 희망이 없어 보이는 위기를 궁극적 의미와 관심의 맥락에 두기에 적합하도록 목회적 레퍼토리의 수사학적 언어를 사용하여, 심지어 낙관적인 자세를 가지고 위기를 견딜 수 있게 해준다.

키프리안의 편지 전체가 여기에 소개되는데, 방대한 성경 인용을 포함하고 있다.

순교에 직면하여

출처: 티바리스 성도들에게 보내는 편지(250년 경),
저자: 키프리안.

키프리안이 티바리스에 살고 있는 신자들에게 문안 인사를 합니다. 사랑하는 형제들이여, 나는 진정으로 여러분이 자주 원했던 것에 부응하고자 상황과 시기의 여건이 허락되면 직접 여러분에게 가는 것을 생각하고 기도하는 마음으로 간절히 바랐으며, 여러분과 함께 있으면서 내가 갖고 있는 그런 온건한 권면의 힘으로 형제애를 굳건하게 하기를 갈망했습니다. 그러나 내가 그런 시급한 일들에 매여 있는 탓에, 여기를 벗어나 멀리 여행하게 됨으로 인해 하나님의 자비로 내게 맡겨진 사람들을 오랫동안 떠날 수 있는 여력이 없습니다. 내가 직접가지 못해 그 동안 이 편지를 썼습니다. 나에게 가르침을 주시는 주님의 겸손이 매우 자주 나를 부추기고 경고하고 있기에, 내 스스로의 염려 또한 여러분의 양심에 전달해야겠습니다. 여러분은 고난의 날이 우리에게 닥치기 시작했고, 세상의 종말과 적그리스도의 시간이 가까이 왔음을 알고 믿으며, 확실히 마음에 새기고 있어야 합니다. 그래서 우리가 모두 전투에 대비하고 영원한 생명의 영광과 주님을 고백함으로써 받게 될 면류관 외에는 어떤 것도 생각하지 말고, 장차 다가올 것들을 지나가 버린 세상의 것들과 동일한 것으로 여기지 말아야 합니다. 지금 더 혹독하고 격렬한 싸움이 우리를 위협하고 있으니, 그리스도의 군사들은 그리스도를 위해 자신들의 피를 흘릴 수 있기 때문에, 날마다 그리스도의 보혈의 잔을 마신다고 생각하면서, 타락하지 않은 믿음과 굳건한 용기로 무장해야 합니다. 이것은 "그리스도 안에 산다고 하는 자는 그가 행하시는 대로 자기도 행할지니라"(요일 2:6)고 말한 사도 요한의 가르침에 따라, 그리스도와 함께 발견되고 그리스도께서 가르치고 행하신 것들을 닮으려고 소망하는 것입니다. 더 나아가 사도 바울은 "우리는 하나님의 자녀입니다. 자녀이면 또한 상속자 곧 하나님의 상속자요 그리스도와 함께 한 상속자니 우리가 그와 함께 영광을 받기 위하여 고난도 함께 받아야 할 것이니라"(롬 8:17)는 말씀을 통해 권면하고 가르칩니다.

우리가 지금 생각해야 할 것은 어느 누구도 현재 멸망해가고 있는 세상에 있는 어떤 것도 바라지 말고, 영원히 사시는 그리스도의 이름을 믿는 믿음 안에서 확증된 종들을 살리시는 그리스도를 따르는 일입니다. 사랑하는 형제들이여, 우리 주님께서 오래 전에 우리에게 "때가 왔도다. 무릇 너희를 죽이는 자가 생각하기를 이것이 하나님을 섬기는 일이라. 그들이 이런 일을 할 것은 아버지와 나를 알지 못함이라. 오직 너희에게 이 말을 한 것은 너희로 그때를 당하면 내가 너희에게 말한 이것을 기억나게 함이"(요 16:2-4)라고 미리 말씀으로 가르쳤던 그때가 왔습니다. 아무든지 우리가 지속적인 박해로 괴롭힘을 당하는 것과 계속되는 고난으로 시험을 당하는 것을 의아하게 여기지 마십시오. 주님께서 이전에 이런 일들이 마지막 때에 일어날 것이라고 예언하셨을 때, 가르침과 말씀의 권고로 영적 전쟁에 대비할 것을 알려주셨습니다. 주님의 사도 베드로도 우리의 믿음이 증명되기 위해서는 박해가 일어나고 우리보다 앞서간 의인들의 본을 받아, 우리도 죽음과 고난을 통해 하나님의 사랑에 참여해야 한다고 가르쳤습니다. 그는 서신을 써서, "사랑하는 자들아, 너희를 연단하려고 오는 불 시험을 이상한 일 당하는 것 같이 이상히 여기지 말고 오히려 너희가 그리스도의 고난에 참여하는 것으로 즐거워하라 이는 그의 영광을 나타내실 때에 너희로 즐거워하고 기뻐하게 하려 함이라. 너희가 그리스도의 이름으로 치욕을 당하면 복 있는 자로다 영광의 영 곧 하나님의 영이 너희 위에 계심이라"(벧전 4:12-14)고 말했습니다. 지금 사도들이 그들 스스로가 주님의 가르침과 천국의 명령들로부터 배운 것들을 우리에게 가르쳐주고 있습니다. 주님께서 우리를 강건하게 해주면서, "나와 복음을 위하여 집이나 형제나 자매나 어머니나 아버지나 자식이나 전토를 버린 자는 현세에 있어 집과 형제와 자매와 어머니와 자식과 전토를 백배나 받되 박해를 겸하여 받고 영생을 받지 못할 자가 없느니라"(막 10:29-30; 마 19:29; 눅 18:29)고 말씀하셨습니다. 또한 주님께서는, "인자로 말미암아 사람들이 너희를 미워하며 멀리하고 욕하고 너희 이름을 악하다 하여 버릴 때에는 너희에게 복이 있도다. 그 날에 기뻐하고 뛰놀라 하늘에서 너희 상이 큼이라"(눅 6:22-23)고 말씀하십니다.

주님께서는 우리가 핍박 중에 기뻐하고 즐거워 할 것을 바라십니다. 왜냐하면 핍박이 있을 때, 그제야 믿음의 면류관이 주어지고, 하나님의 군사임이 입증되고, 천국이 순교자들에게 열리기 때문입니다. 우리가 그런 식으로 우리 이름을 전쟁에 내걸지 않아서, 겸손과 인내와 고난의 스승이신 주님께서 먼저 이 전쟁에 참여하셔서 장래에 벌어질 일이라고 가르치신 것과 고난을 당하라고 권고하신 것을 가장 먼저 이행하셨으니, 우리는 평화에 대해서만 생각하고 전쟁에서 물러나 싸우기를 거부해야 합니다. 주님께서 먼저 우리를 위해 고난당하셨습니다. 사랑하는 형제들이여, 홀로 하나님 아버지로부터 모든 심판권을 받으시고 심판하러 오실 주님께서, "나를 시인하는 자들은 하나님 앞에서 시인하고 나를 부인하는 자들은 부인할" 것이라고 미리 말씀하고 증언하셨으니, 그분의 심판과 미래의 인정에 대한 판결을 이미 선포하셨음을 우리 눈앞에 두고 명심합시다. 만일 우리가 죽음에서 도망칠 수 있다면, 당연히 죽음을 두려워 할 수 있겠습니다. 그러나 다른 한편으로 유한한 인간의 죽음은 반드시 일어나는 일이기에, 우리는 하나님의 약속과 겸손한 자세로 다가오는 사건을 받아들이고, 죽음에 의해 맞게 되는 인생의 마지막을 불멸의 상급으로 완수해야 합니다. 우리가 언제 죽임을 당해 면류관을 받게 되는지 확신하고 있으므로, 죽임당함을 두려워하지 말아야 합니다.

사랑하는 형제들이여, 교인들이 끌려가고 박해에 대한 두려움으로 흩어지는 것을 보게 될 때, 형제들이 교회에 모이지 못하는 것을 보거나 주교들의 설교를 듣지 못한고 해서 아무도 염려하지 않게 하십시오. 박해하는 자들을 죽일 수는 없고 도리어 죽임을 당해야만 하는 모든 성도들은 함께 모일 수 없습니다. 그런 날이 오면 형제들 각자가 상황에 따른 필요에 의해 영이 아니라 몸으로 양 무리에서 얼마 동안 떨어져 지내게 되는 곳이 어디든지, 그로 하여금 도피에 대한 두려움으로 동요하지 않게 하십시오. 만약 그가 교회를 떠나 숨게 지내게 된다면, 사막의 외로움으로 인해 놀라지 않게 하십시오. 그가 도피 중에 그리스도께서 동반자로 함께 해주시기에 혼자가 아닙니다. 그가 어디에 있든지 하나님의 성전을 보존하고 있기 때문에, 하나님과 함께 있지 않다고 해서 그가 혼자인 것은 아닙니다. 그리고 광야나 산속에서 강도가 도망자로 지내는 여러분을 해치려고 할 때에도, 들짐승이 여러분을 공격하더라도, 배고픔, 목마름 혹은 추위가 여러분을 괴롭히거나, 거친 비바람과 폭풍우가 바다를 항해하고 있는 여러분을 세차게 덮치려고 할 때에도, 그리스도께서는 어디에서나 싸우고 있는 그의 군사를 지켜보고 계십니다. 그리고 주님께서 부활 시에 주시겠다고 약속하셨듯이, 박해 때문에 그리고 주님의 이름의 영광을 위해 죽음을 맞이한 그의 군사에게 상을 주십니다. 공개적으로 많은 사람들 앞에서 죽지 않았다고 해서 순교의 영광이 덜 빛나는 것은 아닙니다. 왜냐하면 죽음의 대의명분이 그리스도를 위한 죽음이기 때문입니다. 순교자들을 입증하시고 그들에게 면류관을 씌워주시는 예수님이 그 군사의 순교에 대한 증언으로 충분합니다.

사랑하는 형제들이여, 의를 위해 처음으로 죽임을 당하여, 순교의 역사를 시작한 의로운 아벨을 닮읍시다. 헌신의 믿음으로 하나님께 순종하여 자신의 손으로 아들을 희생제사로 드리기를 주저하지 않았던 하나님의 친구, 아브라함을 본받읍시다. 유다가 정복되고 예루살렘이 함락된 후, 어린 나이에도 불구하고 두려워하지 않고 포로 생활에도 굴복하지 않고 이방 왕국에서 믿음의 힘으로 왕에게 승리를 거둔 하나냐, 아사랴와 미사엘을 본받읍시다. 그들은 느부갓네살 왕이 만든 신상에 절하라는 명령을 받았을 때, "느부갓네살이여 우리가 이 일에 대하여 왕에게 대답할 필요가 없나이다. 왕이여 우리가 섬기는 하나님이 계시다면 우리를 맹렬히 타는 풀무불 가운데에서 능히 건져내시겠고 왕의 손에서도 건져내시리이다. 그렇게 하지 아니할지라도 왕이여 우리가 왕의 신들을 섬기지도 아니하고 왕의 세우신 금 신상에게 절하지도 아니할 줄을 아옵소서"(단3:16-18)라고 외치면서 그들의 믿음을 입증하고, 왕의 위협과 화염보다 더 견고하게 서 있었습니다. 그들은 자신의 신앙에 따라 도망갈 수 있다고 믿었습니다. 하지만 "그렇게 하지 아니할지라도"를 덧붙여서, 왕에게 그들이 하나님을 위해 기꺼이 죽을 수도 있음을 알게 해주었습니다. 이것이 용기와 믿음의 힘인데, 하나님께서 현세의 죽음에서 목숨을 구해 주실 수 있음을 믿고 알되, 죽음을 두려워하거나 굴복하지 않는 것이며, 이로 인해 믿음은 더 강력하게 입증될 수 있습니다. 성령님의 순전하고 정복되지 않은 강력한 힘은 그들의 입을 통해 터져 나와, 복음서에서 주님께서 "그들이 너희를 넘겨줄 때에 어떻게 또는 무엇을 말할까 염려하지 말라 그 때에 너희에게 할 말을 주시리니 말하는 이는 너희가 아니라 너희 속에서 말씀하시는 이 곧 너희 아버지의 성령이니라"(마 10:19)라고 하신 말씀이 진실인 걸로 보입니다. 주님은 그 시간에 우리가 말하고 대답할 수 있는 것이 하늘로부터 우리에게 주어지고 공급된다고 말씀하셨습니다. 그러므로 말하는 이는 우리가 아니며, 성령께서 예수님을 고백하는 자들에게서 떠나지도 분리되지도 않으시기 때문에, 우리 아버지 하나님의 영께서 직접 말씀하시고 우리 안에 왕으로 좌정해 계십니다. 그래서 다니엘도 느부갓네살 왕과 그의 백성들이 섬겼던 우상인 벨 신상에 절하라는 명령을 받았을 때, 그가 섬기는 하나님의 영광을 드러내는 일에 있어서 온전한 믿음과 자유를 가지고 "나는 천지를 지으신 주 나의 하나님 외에 어떤 것에게도 절하지 않습니다"라고 선포했던 것입니다.

우리가 마카비 혁명기 동안, 축복받은 순교자들의 참혹한 고문들, 일곱 형제들이 겪은 다양한 형태의 고난들, 고통 중에 있는 자녀들을 위로하는 어머니와, 이 어머니도 자녀들과 함께 죽어갔던 일에 대해 무슨 말을 하겠습니까? 그들은 위대한 용기와 믿음의 증거를 목격하고 순교의 승리로 이어졌던 고난을 통해 우리에게 권면하고 있지 않습니까? 성령께서 장차 일어날 일을 미리 알려주신 예언자들에게 무슨 일이 있었습니까? 주님께서 택하신 사도들에게는 어떤 일이 일어났습니까? 이 의인들이 의를 위해 죽임을 당했기 때문에, 그들이 우리도 죽어야 한다고 가르치는 것은 아닙니까? 그리스도의 탄생 이야기도 유아들의 순교를 보여주는데, 두 살 이하의 아이들이 주님의 이름을 위해 죽임을 당했습니다. 이런 싸움을 싸우기에 적합하지 않은 나이도 면류관에 적합해 보였습니다. 그리스도를 위해 죽임을 당한 사람들은 죄가 없으며, 순진한 아이들도 주님의 이름을 위해 죽었음을 명백히 알 수 있습니다. 심지어 이런 일들이 순교를 이루어내는 한, 어느 누구도 박해의 위험으로부터 자유롭지 못하다는 것을 알수 있습니다.

그러나 어떤 기독교인이 자신의 주인이 먼저 고난을 받았는데도, 종인 그가 고난 받기를 꺼린다면, 그런 경우는 얼마나 중대한 일이겠습니까? 그리고 죄가 전혀 없으신 그 분께서 우리를 위해 고난을 받으셨는데, 우리가 우리 자신들의 죄로 인해 고난을 받지 않으려 한다면, 얼마나 중대한 문제가 되겠습니까? 하나님의 아들 예수님이 우리를 하나님의 자녀로 삼기 위해 고난을 받으셨기에, 사람의 아들인 인간은 하나님의 자녀로 계속 남아 있기 위해 고난을 받지 않을 것입니다. 만일 우리가 세상의 미움으로 인해 고난을 받는다면, 그리스도께서 먼저 세상의 미움을 견뎌내셨습니다. 우리가 이 세상에서 비난, 유배, 혹은 고문을 당한다면, 이 세상을 지으신 주님께서 이것들보다 더 힘든 일들을 겪으셨으며, 또한 우리에게 "세상이 너희를 미워하면 너희보다 나를 미워한 줄을 알라. 너희가 세상에 속하였으면 세상이 자기의 것을 사랑할 것이나 너희는 세상에 속한 자가 아니요 도리어 내가 너희를 세상에서 택하였기 때문에 세상이 너희를 미워하느니라. 내가 너희에게 종이 주인보다 더 크지 못하다 한 말을 기억하라 사람들이 나를 박해하였은즉 너희도 박해할 것이라"(요 15:18-20)는 말씀으로 경고하십니다. 우리 주 하나님은 가르치신 것들을 몸소 행하셨는데, 그 목적은 제자들이 배우고도 행하지 않을 경우 변명하지 못하게 하고자 함입니다.

사랑하는 형제들이여! 여러분 중 누구도 다가올 박해에 대한 공포나, 위협적인 적그리스도의 등장으로 인해 두려워하지 않게 하십시오. 그런 일은 복음의 권면과 가르침, 그리고 하늘의 경고로 모든 일들에 대비한 사람에게는 찾아볼 수 없습니다. 적그리스도가 오고 있습니다만, 그 위에 그리스도께서도 오십니다. 이 원수가 돌아다니며 날뛰겠지만, 즉시 주님께서 우리의 고통과 상처에 대해 복수해 주려고 뒤따라오십니다. 이 대적은 격분하여 위협하겠지만, 그 손아귀에서 우리를 구원하실 분이 계십니다. 아무도 이 분의 진노에서 벗어날 수 없기에, 그를 두려워해야 합니다. 왜냐하면 그분께서 직접 경고하면서, "몸은 죽여도 영혼은 능히 죽이지 못하는 자들을 두려워하지 말고 오직 몸과 영혼을 능히 지옥에 멸하실 수 있는 이를 두려워하라"(마 10:29)고 말씀하셨기 때문입니다. 그리고 다시 "자기의 생명을 사랑하는 자는 잃어버릴 것이요 이 세상에서 자기의 생명을 미워하는 자는 영생하도록 보전하리라"(요 12:25)고 말씀하십니다. 계시록에서도 주님께서는, "만일 누구든지 짐승과 그이 우상에게 경배하고 이마에나 손에 표를 받으며 그도 하나님의 진노의 포도주를 마시리니 그 진노의 잔에 섞인 것이 없이 부은 포도주라 거룩한 천사들 앞과 어린 양 앞에서 불과 유황으로 받으리니 그 관의 연기가 세세토록 올라가리로다 짐승과 그의 우상에게 경배하고 그의 이름표를 받는 자는 누구든지 밤낮 쉼을 얻지 못하리라"(계 14:9-11)라는 말씀으로 경고하고 가르치십니다.

세속의 시합을 위해서 사람들이 훈련받고 준비하여, 사람들 앞에서 그리고 황제의 면전에서 승리의 면류관을 쓰게 된다면 자신들의 명예를 드높이는 대단한 영광으로 여깁니다. 하나님께서 우리가 힘겹게 싸우고 있을 때 우리를 지켜보고 보시고, 그의 자녀로 삼기 위해 낮추신 자들에 대한 관점을 넓히셔서 우리가 뛰고 있는 경기의 광경을 즐기시고 계시기 때문에, 천상의 면류관이라는 상으로 빛나는 고귀하고 위대한 경기를 보십시오. 하나님께서 우리가 전쟁 중에 있으며, 믿음의 시합에서 싸우고 있는 모습을 지켜보고 계십니다. 그의 천사들도 우리를 지켜보고 있고, 그리스도께서도 우리를 지켜보고 계십니다. 하나님의 존전에 들어가 그리스도와 함께 재판관으로서 면류관을 쓰게 된다면, 그 존귀함이 얼마나 크겠으며 영광의 행복이 얼마나 대단하겠습니까! 사랑하는 형제들이여, 온힘을 다해 무장하고, 불결하지 않은 정결한 마음, 온전한 믿음, 그리고 헌신된 용기를 가지고 싸움을 위해 준비합시다. 하나님의 진영이 우리에게 지정된 전쟁터로 나아가게 합니다. 견고한 믿음을 가진 이들이 최근에 박해를 견뎌낸 강점을 잃어버리지 않도록 그들을 무장시킵시다. 심지어 배교자들도 잃어버렸던 것을 되찾도록 그들을 무장시킵시다. 영예가 온전한 믿음을 가진 자들을 자극하고, 슬픔이 배교자들을 자극하여 전투에 참여하도록 합시다. 사도 바울은 "우리의 씨름은 혈과 육을 상대하는 것이 아니요 통치자들과 권세들과 이 어둠의 세상 주관자들과 하늘에 있는 악의 영들을 상대함이라. 그러므로 하나님의 전신갑주를 취하라. 이는 악한 날에 너희가 능히 대적하고 모든 일을 행한 후에 서기 위함이라. 그런즉 서서 진리로 너희 허리띠를 띠고 의의 호심경6)을 붙이고 평안의 복음이 준비한 것으로 신을 신고 모든 것 위에 믿음의 방패를 가지고 이로써 능히 악한 자의 모든 불화살을 소멸하고 구원의 투구와 성령의 검 곧 하나님의 말씀을 가지라"(엡 6:12-17)는 권면으로, 우리에게 무장하고 준비하라고 가르칩니다.

가장 악한 날에 우리가 견뎌내고, 마귀의 위협에 대항할 수 있도록, 이 영적 무기들을 듭시다, 이 영적인 천국의 안전장치로 우리를 굳건하게 합시다. 우리의 가슴을 굳건하게 하고 적의 화살을 막기 위해 의의 호심경을 붙입시다. 우리의 발은 복음의 가르침으로 신을 신고 무장합시다, 그러면 우리가 사탄을 상징하는 뱀을 짓밟고 뭉개버리기 시작할 때, 그 뱀은 우리를 물고 넘어뜨리지 못할 것입니다. 원수가 어떤 무기를 던지더라도 믿음의 방패의 보호로 말미암아 무용지물이 되도록, 그 방패를 듭시다. 우리 머리를 보호하기 위해 구원의 투구를 씁시다, 그러면 우리 귀가 사탄의 치명적인 명령으로부터 보호받을 수 있고, 우리의 눈은 건강해져 혐오스러운 형상을 보지 않게 되고, 우리의 이마도 튼튼해져 하나님의 표시를 안전하게 지킬 수 있으며, 우리의 입이 강해져 정복하는 혀로 그리스도를 주님으로 고백할 것입니다. 또

---

6. 역: 갑옷의 가슴 쪽에 호신용으로 붙이는 구리 조각.

한 오른 팔은 치명적인 제사들을 과감하게 거절하고, 성만찬을 생각하면서 주님의 몸을 받아든 손은 주님 그분을 안고 장차 주님으로부터 천국의 면류관을 상으로 받을 수 있도록, 성령의 검으로 무장합시다.

사랑하는 형제들이여, 주님께서 그의 백성들을 계수하고, 그의 전능한 지식을 통해 감찰하여 각 사람의 공과(功過)를 분별하고, 죄가 있는 사람들을 지옥으로 보내고, 우리를 박해하던 자들을 영원히 불타는 불에 던져버리는 형벌을 내리시되, 우리의 믿음과 헌신에 대해서는 상을 주기 시작하는 때가 오면, 그날은 얼마나 크고 위대한 순간이겠습니까! 하나님을 뵐 수 있게 되고, 아브라함, 이삭, 야곱, 모든 족장들, 예언자들, 사도들과 순교자들을 만나서 천국에서 우리가 누리게 될 불멸의 즐거움으로 의인들과 하나님의 친구들과 함께 기뻐하고, 그곳에서 눈으로는 보지 못했고, 귀로는 듣지 못했으며, 사람의 마음속에 들어오지 않았던 것을 받게 되는 영원한 구원의 기쁨과 밝은 빛을, 그대들의 주 하나님이신 그리스도와 함께 상급으로 받는 영예를 누리는 기쁨이 주는 영광이 어떤 것이겠으며 얼마나 크겠습니까! 사도 바울은, "현재의 고난은 장차 우리에게 나타날 영광과 비교할 수 없도다"(롬 8:18)라고 말하면서 우리가 이 세상에서 행하거나 고통 받는 어떤 것보다 더 큰 것을 받게 될 것이라고 선포합니다. 그 계시의 날이 올 때 그리고 하나님의 영광이 우리에게 비칠 때, 우리는 행복하고 즐거워하며 우리를 대하는 하나님의 정중함을 경험하는 영예를 누리게 될 것이지만, 하나님을 배신하고 반항하여 마귀의 뜻을 행했던 자들은 여전히 죄 가운데 있고 가증스러운 존재로 남아 있을 것입니다. 그래서 그런 자들은 꺼지지 않는 불속에서 마귀와 함께 괴로움을 당해야 합니다.

사랑하는 형제들이여, 이것들이 우리의 마음을 사로잡게 합시다. 이것으로 우리를 무장하고, 우리 눈앞에서 악한 자들에 대한 징벌과

의로운 자들을 위한 상급과 보상이 우리의 생각과 감정 안에서 움직이도록, 이것을 묵상합니다: 즉, 주님께서 주님을 부인하는 자들을 징벌로 위협하신 것과 다른 한편으로 시인하는 자들에게는 영광의 형태를 통해 약속하신 것을 묵상합시다. 만일 우리가 이것들을 생각하고 묵상하는 동안 박해의 날이 오게 된다면, 그리스도의 교훈과 경고로 가르침을 받은 주님의 군사는 싸움을 두려워하지 않고 면류관을 받을 준비가 되어 있습니다. 진실로 사랑하는 형제들이여, 내가 여러분에게 진심 어린 작별인사를 전합니다.

Cyprian, Epistle LV, To the People of Thibaris, Exhorting to Martyrdom, tr. by Ernest Wallis. *The Ante-Nicene Fathers,* ed. Alexander Roberts and James Donaldson (Buffalo: Christian Literature Company, 1886), vol. V, pp. 347-350.

애도의 형태
존 크리소스톰

소개의 글

"황금의 입"이라는 의미를 지닌 존 크리소스톰(John Chrysostom)의 별명은 설교가로서 그의 탁월한 능력에 대한 기억을 고스란히 담고 있다. 하지만 그는 성경주석가, 예배학자, 윤리학자 그리고 목사로서도 합당한 명성을 얻었다. 안디옥에서 수사학과 신학 분야에서 교육을 받았지만, 그가 선호했던 수도원의 삶은 안디옥과, 이후에 주교로서 격렬한 생애를 보냈던 콘스탄티노플에서 교회 내의 도덕적 개혁을 주도하는 부르심으로 인해 포기하였다. 비록 크리소스톰은 자신이 도덕성을 감찰했던 고위직에 있는 사람들에게 호되게 멸시를 당하긴 했지만, 개인의 거룩함에 대한 그의 우려를 공유했던 많은 독실한 기독교인들로부터 깊은 존경을 받았다.

특히 후자의 사람들 가운데, 크리소스톰은 고통 받고 있는 자들을 위한 돌봄이 자신의 엄격한 도덕성에 얽매이지 않는 방식으로 풍부한 목회적 재능을 능숙하게 발휘하였다. 비록 주로 웅변적인 설교와 사제직에 대한 권위 있는 논문을 저술한 인물로 기억되고 있지만, 삶의 일

상적인 문제들을 직면하고 있는 평범한 기독교인들과 나눈 크리소스
톰의 서신 교환 중 젊은 미망인에게 보낸 편지는 그의 목회적 재능을
보여주는 대표적인 작품이다. 이 편지는 아마도 크리소스톰이 부제
(deacon)로 안수받기도 전인 그의 인생의 초창기에 쓰인 것이긴 하지
만, 피할 수 없는 인간의 곤경으로 야기된 문제들에 대한 그의 민감성
을 보여주고 있다.

　기독교 신앙이 크리소스톰의 목회적 관심의 틀을 형성하고 있지만,
그 내용은 전적으로 스토아 철학에서 유래하였다. 이 편지에 등장하는
심리학적인 이해와 목회 기법에 대한 전반적인 내용들은 그 기원을 키
케로(106-43 BC)의 『투스쿨란의 대화(Tusculan Disputations)』에서
찾을 수 있다. 이 웅변가는 다음과 같이 기록하였다.

　　그러므로 이런 것들은 위로자의 의무이다: 문제의 뿌리와 가
　지를 제거하는 일, 또는 그것들을 누그러뜨리는 일, 또는 가능한
　한 줄이는 일, 또는 그것들의 성장을 멈추게 하고 더 넓게 퍼지
　게 않게 하는 일, 또는 다른 곳으로 방향을 돌리게 하는 일 . . . .
　　하지만 몸의 질병을 다루는 것과 마찬가지로, 영혼의 질병을
　다루는 데 있어서도 적당한 시기를 선택하는 것이 필요하다. . . .
　　따라서 위로를 함에 있어서 첫 번째 치료단계는 악이 전혀 없
　거나 아주 조금만 있음을 보여주는 일일 것이다; 두 번째는 일반
　적인 인생의 운명과 애통하는 사람의 운명에서 논의가 필요한
　특별한 문제를 논의하는 것이다; 셋째는 있을 법한 유익이 없음
　을 깨달았을 때, 쓸데없이 슬픔에 압도당하는 것은 완전히 어리
　석은 짓임을 보여주는 일일 것이다.[7]

---

7. Marcus Tullius Cecero, *Tusculan Disputations,* III.xxxi. 76; xxxli. 77, tr. J. E. King, The
　　Loeb Classical Library (Cambridge, Mass.: Harvard University Press, 1927), pp. 315, 317.

키케로가 작성한 위의 글이 쓰여지고 나서 400년 후에 크리소스톰은 사별의 첫 번째 아픔들이 지나간 뒤 이성과 절제에 호소하며 젊은 미망인을 위로하였다. 그는 겉으로는 악하게 보이는 상실이 실제로는 유익한 것임을 증명했으며 그 미망인이 남편의 죽음을 옆에서 지켜보았기 때문에, 남편들이 전쟁에서 죽임을 당한 여인들의 상황에 비해 그녀의 개인적인 이점을 볼 수 있게 도와주었다.

그래서 크리소스톰은, 모든 시대의 목사들처럼, 미묘한 목회 상황에서 어떻게 사역해야 할지에 대한 실제적인 지혜의 원천으로 당대의 심리학을 사용하였다. 그는 의심의 여지 없이 미망인 자신이 가진 이해력에 호소하였다. 그는 본질적으로 인간으로서 처해있는 그녀의 상황에 대해서 그녀에게 직면하였으며, 그녀가 알고 있는 옳고 선한 것으로 반응을 할 수 있도록 권면함으로써 그녀의 슬픔을 가라앉혔다. 따라서 이 편지의 독특한 기독교적인 특징은 그 접근법이나, 상담의 방법론이나, 사별의 개념과 애도의 치유에 있지 않고, 오히려 미망인에게 닥친 개인적인 사건들은 하나님의 자비를 전달하는 통로가 되고 하나님께서 미망인으로서의 정결하고 순종하는 삶을 통해 얻게 될 천국의 삶을 준비하고 계신다는 크리소스톰의 확신에 있다.

애도의 형태

출처: 젊은 미망인에게 보내는 편지(380년 경),
저자: 존 크리소스톰.

모든 사람들이 그대가 심한 충격을 받았다는 것과, 위에서 날라온 무기가 중요한 부위에 박혔음을 쉽게 인정할 것이고, 심지어 가장 엄격한 도덕주의자들 중 누구도 그것을 부인하지 못할 것입니다. 그러나 슬픔에 잠긴 이들은 애도와 눈물로 모든 시간을 허비하지 말고, 상처의 치유를 위해서 만반의 준비를 해야 합니다. 그렇지 않고 그것들을 등한시한다면, 눈물이 그들의 상처를 악화시키고 슬픔의 화염이 불타오르게 됩니다. 잠시라도 어떻게든 눈물의 샘을 억제하고 그대를 위로하려는 사람들에게 그대 자신을 맡기는 것이 좋습니다. 이런 이유로 그대의 슬픔이 최고조에 달하고 벼락이 그대에게 내리칠 때, 나는 그대를 성가시게 하는 것을 자제했습니다. 그렇지만 어느 정도 기다리면서 그대가 충분히 애도할 수 있도록 해준 결과, 이제 그대는 흐릿하게나마 조금씩 밖을 내다볼 수 있고, 그대를 위로하려고 애쓰는 이들에게 귀를 열 수 있게 되었습니다. 그래서 나도 수녀님들이 건넨 위로의 말에 몇 마디 덧붙이고자 합니다. 거센 폭풍이 여전히 심하고 슬픔의 강풍이 불고 있는 동안, 다른 사람에게 슬퍼하지 말라고 독려하는 사람은 단지 비탄만 가중시키고, 그런 말로 자신을 불친절하고 어리석은 사람으로 여기게 하는 것 외에도 애도 중인 사람의 미움을 유발하여 불에 기름을 붓는 격이 됩니다. 그러나 격랑이 진정되고 하나님께서 무섭게 일렁이는 파도를 잔잔하게 하신 이후에야, 우리는 자유롭게 대화의 돛을 펼칠 수 있습니다. 보통 정도의 폭풍에서는 어쩌면 항해술이 그 역할을 하겠지만, 바람의 공격이 저항할 수 없을 정도로 거세다면 경험은 무용지물입니다.

이런 이유에서 나는 지금까지 평정심을 유지해 왔고, 지금에서야 조심스레 침묵을 깨고 있습니다. 왜냐하면 지금 그대의 집안에서 더 존경받는 여종들 중 일부, 그대의 집안에 속하지 않은 여인들, 그대의 친척 여인들, 혹은 다르게 이 직무를 감당할 자격이 있는 사람들도 드디어 이 문제에 대해 조심스레 얘기하려는 마음을 갖고 있기에, 누군가 용기를 내기 시작해도 되겠다는 소식을 그대의 삼촌으로부터 들었기 때문입니다. 이제 그대가 그들에게 얘기할 기회를 준다면, 나는 그대가 나의 말을 무시하지 않고 최선을 다해서 그들의 말을 차분하고 조용하게 들을 것이라는 크나큰 희망과 확신을 갖고 있습니다. 어떤 환경에서든지 정말 여성들은 고통에 더 민감하게 반응하는 경향이 있습니다. 그러나 추가적으로, 이전에는 전반적인 생활이 사치와 즐거움 그리고 부유함 가운데 충족되고 있는 와중에, 젊은 나이에 때 이른 과부가 되고 세상의 일을 해본 경험이 없는 경우라면, 악한 일들이 몇 배로 증가합니다. 그리고 만약 악에 굴복한 여인이 위로부터 오는 도움을 받지 못한다면, 심지어 스쳐 지나가는 생각 하나가 그대를 미쳐버리게 할 수 있습니다. 지금 나는 이것이 그대에 대한 하나님의 돌보심을 보여주는 가장 중요하고 제일 큰 증거라고 생각합니다. 그토록 크고 힘든 일들이 갑작스럽게 겹쳐서 그대를 괴롭힐 때, 그대가 비탄에 압도되지 않거나, 마음의 자연스러운 상태에 따라 행동하지 않은 것은 어떤 인간적인 도움 때문이 아니라 이해하려고 해도 방법이 없는 전능한 손길, 찾을 수 있는 수준을 넘어선 지혜, "자비의 아버지이며 모든 위로의 하나님" 때문입니다. 성경은, "여호와께서 우리를 찢으셨으나 도로 낫게 하실 것이요 우리를 치셨으나 싸매어 주실 것임이라"(호 6:1)고 말씀하고 있습니다.

그대의 복 있는 남편이 그대와 함께 있을 때, 그대는 영예, 돌봄 그리고 뜨거운 관심을 누렸습니다. 사실 그대는 남편으로부터 받을 거라고 예상했던 그런 것들을 누렸습니다. 그러나 하나님께서는 남편을 데려가시고 그대에게 남편의 자리를 주셨습니다. 이것은 내 말이 아니라 축복받은 예언자 다윗의 말입니다. 왜냐하면 다윗이 "하나님이 고아와 과부를 붙드신다"(시 146:9)고 말하고, 다른 곳에서는 하나님을 "고아의 아버지시며 과부의 재판장"(시 68:5)이라고 말하고 있기 때문입니다. 그래서 많은 성경 구절을 통해서 그대는 진실로 하나님께서 이런 부류의 사람들의 형편을 살피고 계심을 알게 될 것입니다.

그러나 너무나도 꽃다운 나이에 그대를 괴롭히고 있는 과부라는 말을 계속해서 반복적으로 듣게 됨으로써 그대의 영혼이 어지럽혀지고 이성이 혼란에 빠지지 않도록, 나는 무엇보다도 이것에 대해 언급하고 과부라는 이름이 재앙의 호칭이 아니라 영예, 진정 최고 영예의 호칭임을 입증하고 싶습니다. 세상의 그릇된 의견을 증거로 삼지 말고, 축복받은 사도 바울의 권고나, 차라리 그리스도의 권고를 증거로 인용하십시오. 바울이 "너희가 내 안에서 말씀하시는 그리스도의 증거를 구한다면"(고후 13:3 참조)이라고 얘기할 때, 그리스도께서 바울을 통해 말씀하고 있습니다. 그런 다음 바울이 무슨 말을 합니까? "과부로 명부에 올릴 자는 육십이 덜 되지 아니하고"(딤전 5:10)와 "젊은 과부는 올리지 말지니"(딤전 5:11)라는 두 성경 구절을 통해서 이 문제의 중요성을 우리에게 전해주고자 합니다. 그리고 그가 주교에 대한 규정을 만들 때, 어느 곳에서도 나이를 기준으로 정하지 않았습니다. 하지만 과부의 나이와 관련해서 바울은 매우 특별하고 기도를 합니다. 왜 그렇게 했을까요? 그 이유는 과부 신세가 성직보다 더 위대하기 때문이 아니라, 과부들이 사제들보다 여러 면에서 공적인 그리고 사적인 일에 둘러싸여 헤쳐 나가야 할 더 큰 일들이 있기 때문입니다. 요새화되지 않은 도시가 약탈하려는 자들에게 노출되어 있듯이, 과부의 삶을 사는 젊은 여자는 사방에서 돈을 뜯어내려는 자들뿐만 아니라, 정숙함을 더럽히려고 계략을 꾸미는 자들이 있게 마련입니다.

그리고 우리는 이런 것들 외에도 젊은 과부에게 그녀를 넘어지게 할 수 있는 다른 상황들이 있음을 알게 될 것입니다. 하인들의 경멸과 나태함, 이전에 누렸던 존경의 상실, 풍족한 삶을 사는 주변 인물들 그리고 종종 사치에 대한 열망 때문에 여인들은 재혼을 하게 됩니다. 결혼의 법에 따라서 남자와 결합하지 않고 비밀스럽고 은밀하게 그렇게 하는 과부들도 있습니다. 그들은 과부의 명예를 누리고자 그렇게 행동합니다. 그래서 과부의 처지는 믿는 우리뿐만 아니라 심지어 불신자들 사이에서도, 책망받을 일이 아니라 남자들 사이에서 찬사와 칭송을 받을 만한 상태입니다. 한때 내가 아직 청년이었을 때, 나를 가르쳤던 수사학 교사(그리고 이 분은 신들에 대한 경외심에 있어서 누구보다도 뛰어났습니다)께서 많은 사람들 앞에서 저의 어머니를 칭송한 적이 있었습니다. 선생님은 습관처럼 주변에 앉아있는 사람들에게 내가 누구인지 물어보고, 누군가가 과부인 여인의 아들이라고 말해주었더니, 나에게 어머니의 나이와 과부가 된 지 얼마나 되었는지 물어보았습니다. 내가 어머니는 마흔 살이고 아버지가 돌아가신 지 이십 년이 지났다고 말씀드렸더니, 선생님은 깜짝 놀라면서 크게 감탄하여 주변 사람들을 둘러보면서, "맙소사, 기독교인 중에도 이런 여인들이 있다니!"라고 외쳤습니다. 믿는 우리뿐만 아니라 교회 밖에 있는 사람들 사이에서도 신실한 과부에 대한 존경과 칭송은 그토록 대단합니다. 그리고 이 모든 것을 알고 축복받은 바울은 "과부로 명부에 올릴 자는 나이가 육십이 덜 되지 아니해야 한다"(딤전 5:9)고 권면했습니다. 그리고 심지어 나이에 대해 이렇게 높은 요건을 세우고 난 다음, 바울은 이 거룩한 모임인 교회에서 과부에게 서열을 매기는 것을 허용하지 않은 채, 과부가 "자녀를 양육하며 혹은 나그네를 대접하며 혹은 성도들의 발을 씻으며 혹은 환난 당한 자들을 구제한다면 혹은 모든 선한 일을 성실하게 행한 자라면 선한 행실의 증거가 있어야 한다"(딤전 5:10 참조)는 몇 가지 필수 조건을 추가적으로 언급합니다. 맙소사! 얼마나 어려운 시험이고 철저한 검증입니까! 바울이 얼마나 많은 미덕을 과부에게 요구하고, 얼마나 정확하게 그것을 정의하고 있는지요! 그가 과부에게 영예와 존귀의 위치를 부여하려고 하지 않았다면, 그런 요구를 하지 않았을 것입니다. 그리고 바울은 "젊은 과부는 거절하라"고 말한 다음, 그 이유가 "그들이 정욕으로 그리스도를 배반할 때에 시집을 가고자 함"(딤전 5:11)이기 때문이라고 덧붙입니다. 이 표현을 통해서 바울은 우리가 남편을 여읜 여인들이 대신 그리스도와 결혼한다는 것을 이해하게 해줍니다. 바울이 [과부와 그리스도가 이루는] 연합의 온화하고 편안한 특성을 보여주면서, 이것을 어떻게 주장하는지 살펴보십시오. 나는 마치 그리스도께서 과부들에게 아무런 권위를 행사하지 않고 그들이 자유롭게 살도록 내버려두는 고통을 겪는 어떤 점잖은 남편처럼, "그들이 정욕으로 그리스도를 배반할 때에 시집을 가고자 할 때"라는 구절을 언급하고 있습니다.

바울은 이 주제에 대한 이야기를 이 말씀들에만 국한시키지 않고, 다시 다른 곳에서, "참 과부로서 외로운 자는 하나님께 참 소망을 두어 주야로 항상 간구와 기도를 하거니와 향락을 좋아하는 자는 살았으나 죽었느니라"(딤전 5:5-6)고 말하면서 그 주제에 대해 큰 걱정을 드러내 보입니다. 그리고 고린도 교인들에게 보낸 편지에서 그는 "그러나 결혼하지 않고 그냥 지내는 것이 더욱 복이 있다"(고전 7:40)고 말합니다. 그대는 과부에게 어떤 큰 찬사가 내려지는지 보고, 결혼하지 않은 처녀성의 아름다움도 분명하게 드러났던 신약성경에서 이것을 보게 됩니다. 그럼에도 불구하고 이런 미혼 상태의 광채조차도 고유의 가치를 지니면서 언제나 밝게 빛나는 과부 됨의 영광을 흐리게 할 수 없었습니다. 그러므로 우리가 가끔 과부 신세에 대해 얘기할 때 낙담하지 말고 그것을 치욕 거리로 여기지 말아야 합니다. 이것이 치욕거리라면, 처녀의 처지는 훨씬 더 그렇습니다. 하지만 과부 됨은 그렇지 않습니다. 아닙니다! 하나님께서 금하셨습니다. 우리 모두가 남편이 아직 살아있는 동안 금욕적인 삶을 살아가는 여인들을 칭송하고 환영한다는 점을 고려해 본다면, 남편들이 이 세상을 떠났음에도 그들에 대해 동일한 좋은 감정을 보이는 여인들을 보면서 기뻐하고 그에 따라 칭송해야 되지 않겠습니까? 그래서 내가 전에 말했듯이, 축복받은 데라시우스와 함께 사는 동안 그대는 아내가 남편으로부터 당연히 받아야 할 존경과 배려를 누렸습니다. 그러나 지금 그대는 오래전부터 남편의 자리에 그대의 보호자이고, 지금은 더 많이 그리고 더 큰 열정을 가지고 그렇게 하실 만유의 주님을 모시고 있습니다. 그리고 내가 이미 말했듯이, 하나님께서 그런 불안과 슬픔의 불가마 속에서 그대를 온전하게 그리고 해를 입지 않게 지켜주셨으며, 그대가 좋지 않은 어떤 일도 겪지 않게 하심으로써 하찮거나 보잘것없는 섭리적 돌봄을 보여주신 게 아니었습니다. 만약 하나님께서 그토록 많은 거친 격랑 가운데서 어떤 배도 파선되지 않게 하셨다면, 잔잔한 날씨에서는 더더욱 그대의 영혼을 보존하실 것이며 과부 됨의 무게와, 정말 끔찍해 보이는 과부 됨의 결과를 가볍게 해 주실 것입니다.

지금 그대를 힘들게 하는 것이 과부라는 호칭이 아니라 남편을 여읜 것이라면, 나는 세상 일에 종사하는 남자들 중에 그대의 남편같이 그토록 사랑이 많고, 온유하고, 겸손하고, 신실하며, 이해심이 있고, 경건한 사람들이 별로 없다는 것을 그대에게 인정합니다. 확실히 그가 정말 죽어서 완전히 존재하지 않는다면, 힘들어하고 슬퍼하는 것은 당연한 일입니다. 그러나 그가 단지 평온한 안식처로 가는 항해를 떠났으며, 진정 그의 왕이신 하나님을 만날 수 있는 여행을 떠났다면, 슬퍼하지 말고 오히려 기뻐해야 합니다. 왜냐하면 그런 죽음은 죽음이 아니라 단지 나쁜 곳에서 더 좋은 곳으로, 이 세상에서 천국으로, 사람들에게서 천사들, 천사장들 그리고 천사들과 천사장들의 주님과 하나님께로 가는 일종의 이주이자 이동이기 때문입니다. 여기 이 땅에서 그가 황제를 섬기는 동안, 예상되는 위험들과 악한 마음을 품고 있는 자들이 벌인 많은 계략들이 있었고, 그의 명성이 높아짐에 따라 적들의 모략도 많아졌습니다. 하지만 그가 저 세상으로 떠났기 때문에 이것들 중 어떤 일도 일어나리라고 의심하지 못할 것입니다. 그렇기 때문에 그대는 하나님께서 그토록 착하고 훌륭한 남편을 데려가신 것에 대해 슬퍼하는 만큼, 그가 대단히 평안하고 명예롭게 이 세상을 떠났으며, 위험한 현 시국을 에워싸고 있는 문제에서 벗어나 큰 평안과 고요 가운데 있음을 기뻐해야 합니다. 천국이 이 땅보다 훨씬 더 좋은 곳임을 인정하면서도 이 세상에서 저 세상으로 옮겨진 자들을 생각하며 슬퍼한다는 것은 부적절한 반응이 아닐까요? 만약 그대의 축복받은 남편이 하나님께서 인정하신 것과는 다르게 부끄러운 삶을 살았던 사람이었다면, 그가 저 세상으로 떠났을 때뿐만 아니라 아직 살아 있었을 동안에도, 그에 대해 슬퍼하고 애통해하는 것은 당연한 반응일 수 있습니다. 그러나 그가 하나님의 친구들이었던 사람들 중 한 명이었음을 생각해 보면, 그가 살아 있었을 때뿐만 아니라 죽어서 안식하고 있는 때에도 우리는 그를 즐거워해야 합니다. 그리고 우리가 그렇게 행동해야 한다는 것을 그대가 축복받은 바울이 "세상을 떠나서 그리스도와 함께 있는 것이 훨씬 더 좋은 일이라"(빌 1:23)고 했던 말씀을 통해 확실히 들었습니다. 그러나 아마도 그대는 남편의 말을 듣고 싶어 하고, 그대가 남편에게 베풀었던 애정을 누리기를, 그와 함께 하는 것과, 그로 인해 누렸던 영광, 화려함, 명성 그리고 안전을 갈망하고 있지만, 사라져

버린 이 모든 것들이 그대의 삶에 고통을 주고 어둡게 합니다. 그럼에도 불구하고 그대는 전에 그랬던 것처럼, 지금도 남편에게 주었던 애정을 간직할 수 있습니다.

그런 것이 사랑의 힘이기 때문에, 즉 사랑은 가까이 살고 있어서 눈에 보이는 사람뿐만 아니라 멀리 떨어져 있는 이들을 마음에 품고 굳게 결속시켜주기 때문에, 시간의 길이, 공간적 이별, 혹은 그런 종류의 어떤 것도 영혼의 애정을 깨뜨리거나 조각낼 수 없습니다. 그러나 만일 그대가 그의 얼굴을 보기를 원한다면(나는 그대가 특별히 이것을 갈망하고 있음을 알고 있습니다), 그의 명예를 기억하면서 그대의 침대를 다른 남자의 손길로부터 정결하게 하고, 그가 보여주었던 영예로운 삶을 보여주기 위해 최선을 다하십시오. 그러면 틀림없이 그대는 언젠가 이 세상을 떠나 남편과 해후하여 이 땅에서처럼 5년, 20년, 100년도 아니고 천년 또는 그 두 배의 세월도 아닌, 무한하고 끝이 없는 세월을 그와 함께 살게 될 것입니다. 왜냐하면 그런 안식의 장소들을 유업으로 받을 자격은 어떠한 육신의 관계가 아니라 신자에게 요구되는 생활방식에 부합한 삶이기 때문입니다. 비록 아브라함에게는 낯선 사람이었지만, 나사로를 아브라함이 있는 동일한 천상의 품으로 이끌어주었고 동서의 수많은 사람들을 그와 함께 앉게 해 줄 자격은 도덕적인 성격의 동질성이었기 때문에, 그대가 테라시우스와 같은 삶의 방식을 보여준다면, 안식의 장소는 그와 함께 있을 수 있도록 그대를 받아줄 것이고, 그대는 그가 세상을 떠날 때 간직했던 육체의 아름다움이 아니라 태양보다 밝게 빛나는 다른 종류의 광채와 영광 속에서 그를 다시 맞이하게 될 것입니다. 왜냐하면 이 육신은 매우 높은 수준의 미적 기준에 다다른다 해도 불가불 쇠퇴하게 될 것이지만, 하나님께 큰 기쁨이 되었던 사람들의 몸은 우리의 육안으로는 도저히 바라볼 수 없는 그런 영광을 입게 될 것이기 때문입니다. 그리고 하나님은 구약과 신약 시대에 걸쳐 이런 것들에 대한 확실한 증거와 눈에 띄지 않는 표시를 우리에게 제공해주셨습니다. 구약시대에서 모세의 얼굴은 이스라엘 백성들이 눈으로 보지 못할 영광으로 빛났고, 신약에서는 예수님의 얼굴이 모세의 얼굴보다 훨씬 더 밝게 빛났습니다.

만일 어떤 사람이 그대의 남편을 온 세상의 왕으로 세워주겠다고 약속하고 나서, 그를 위해 그대는 20년 동안 뒤로 물러나 있으라고 명령을 내리고, 그 후에 그를 그대에게 다시 보내줄 것을 약속하고 그에게 왕관과 왕위를 부여하여 돌려보낸 다음, 그대로 하여금 그와 동일한 지위를 누리게 한다면 어떨지 나한테 말해보십시오. 그대는 그에 상응하는 자기절제로 이별을 온순하게 견뎌내지 않겠습니까? 그대는 그 선물을 참으로 기뻐하고 기도할 만한 가치가 있는 것으로 여기지 않겠습니까? 그러니 이 땅에 있는 왕국이 아니라 하늘에 있는 왕국을 위해서, 금으로 수놓은 옷이 아니라 천국에 거주하는 사람들에게 적합한 불멸과 영광의 옷을 입은 그대의 남편을 다시 맞이하기 위해서 지금 인내의 시간에 헌신하십시오. 그리고 만일 그대가 오랜 기다림의 기간 때문에 그 시련을 너무도 견딜 수 없다고 생각하면, 아마도 그가 꿈속에서 환상을 통해 찾아와 의례처럼 그대와 얘기할 것이고, 그대가 갈망하는 얼굴을 보여줄 것입니다. 진정 이것이 여러 편지들보다 더 확실하긴 하지만, 편지를 대신하여 그대에게 위로가 되게 하십시오. 왜냐하면 편지에는 펜으로 적어 눈으로 볼 수 있는 문장들만 있지만, 환상에서는 그의 얼굴의 형태와 온유한 미소 그리고 그의 모습과 움직임을 보고, 그의 말을 듣고 그대가 그토록 사랑했던 음성을 알아들을 수 있기 때문입니다.

그러나 그대가 남편 덕분에 이전에 누렸던 안전을 잃어버린 것에 대해, 그리고 아마도 점점 분명해지고 있었던 영예에 대한 큰 희망 때문에 (그가 빨리 장관이라는 고위직에 오를 것이라는 얘기를 들었는데, 나는 이런 것이 더 특별히 그대의 영혼에 혼란과 고통을 주고 있다고 생각합니다) 슬퍼하고 있기에, 내가 그대의 남편보다 더 높은 위치에 있었지만 매우 비참한 인생의 말로를 맞이한 사람들을 위해 기도하고 있음을 생각해 보십시오. 그대가 기억할 수 있도록 그 사람들을 떠올려보겠습니다: 그대는 아마도 시실리의 데어도어(Theodore, d. 371)의 명성을 듣고 알고 있을 것입니다. 왜냐하면 그는 아주 탁월한 인물들 중 한 사람이었기 때문입니다. 그는 황제와 함께 누렸던 자신감뿐만 아니라 신장과 신체적인 준수함에 있어서도 모든 사람을 능가했으며, 황실의 가족 구성원들 중 어떤 사람보다 더 큰 권력을 가지고 있었습니다. 하지만 그는 이 출세를 순전하게 지켜내지 못하고, 황제에 대항하는 음모에 가담한 결과 죄수로 잡혀 비참하게 참수형을 당했습니다. 그리고 교육과 출생 그리고 다른 모든 면에서 그대의 고결한 신분보다 결코 뒤지지 않았던 그의 아내는 한순간에 모든 소유를 몰수당하고, 심지어 자유조차 박탈당한 뒤, 가정 노예로 등록되어 어떤 여자 노예보다 더 비천한 삶을 살아야 했습니다. 그녀는 다른 노예들에 비해 자신에게 닥친 가혹한 불행 때문에 그녀를 지켜보는 사람들을 눈물 흘리게 했습니다. 그리고 왕권을 전복시키려 했던 높은 명성을 지닌 한 남자의 아내였던 아르테미시아(Artemisia)가 이와 동일한 수준의 가난뿐만 아니라 시력상실의 상태로 전락했다는 얘기도 들었을 겁니다. 그녀의 깊은 낙망과 너무 많은 눈물이 그녀의 시력을 빼앗아 가버려서, 지금은 생존에 필요한 음식을 얻기 위해 그녀의 손을 잡고 다른 사람들의 문 앞으로 안내해 줄 사람들이 필요한 상태입니다. 그리고 내가 이렇게 몰락해버린 다른 많은 집안들에 대해 말할 수 있지만,

그대가 다른 사람들의 불행을 통해 그대 자신의 불행에 대해 위로를 얻고자 하는 마음가짐에 있어서 얼마나 경건하고 현명한지 나는 알지 못합니다. 그리고 내가 금방 소개했던 실례들을 언급한 유일한 이유는 그대가 인간의 일은 허무한 것이며 진실로 선지자가 말한 것처럼 "인간의 모든 영광은 풀의 꽃과 같다"(사 40:6)는 것을 배우게 하고자 함이었습니다. 통치를 받는 자들뿐만 아니라 통치자들의 경우에도 그들에게 닥친 파멸은 사람들의 기품과 영광에 비례합니다. 황제 일가에 닥쳤던 불운과 같은 그런 엄청난 재앙에 빠져버린 어떠한 개인 가정을 찾는 일은 불가능할 수 있습니다. 비극적인 사건에서 일어나는 일보다 더 끔찍하고 고통스러운 부모와 남편의 때아닌 사망, 잔혹한 형태의 죽음은 특히 이런 종류의 통치체제를 에워싸고 있습니다.

현시점에서 고대를 지나, 우리 세대에 군림했던 아홉 명의 통치자 중 단지 두 명만이 자연사로 생을 마감했습니다. 그리고 그들 중 한 명은 모반자에 의해 살해되었고, 한 명은 전쟁터에서, 한 명은 가족들을 지키는 호위 무사들의 모략에 의해, 한 명은 그를 왕으로 선출하여 왕권을 쥐어줬던 자에 의해 죽임을 당했습니다. 그리고 들려온 얘기에 따르면 그들의 아내들 중 어떤 이들은 독살당하고, 다른 이들은 단지 비탄에 빠져 죽었습니다. 그 반면에 아직 생존하고 있는 여인들 중 고아 아들을 둔 미망인은 권력을 잡은 자들 중 누군가에 의해 미래에 무슨 일이 벌어질 수 있다는 두려움 때문에, 그 아들을 죽이지 않을까 하는 경계심으로 떨고 있으며, 또 다른 여인은 핵심 권력을 쥐고 있던 자에 의해 내몰렸던 유배지에서 돌아와 달라는 많은 간청에 마지못해 굴복했습니다. 그리고 현 통치자들의 아내들 중 과거의 불행에서 조금 회복한 어떤 여인은, 권력을 쥐고 있는 왕이 아직 젊고 경험이 없으며 주변에 계략을 꾸미는 자들이 많기 때문에, 기쁨과 뒤엉킨 많은 슬픔을 안고 살아가고 있습니다. 또한 다른 여인은, 그의 남편이 왕위에 오른 이래 지금까지 줄곧 전쟁과 전투를 하고 있으며, 실제 큰 불행들보다 사방에서 그를 공격하는 치욕과 비판으로 더 많이 지쳐있는 까닭에, 두려움으로 죽기 일보직전이고 사형을 선고받은 범죄자들보다 더 비참하게 시간을 보내고 있습니다. 이제껏 결코 일어나지 않았던 일들이 지금 일어나고 있는데, 자기네 땅을 떠난 야만인들이 우리 영토의 엄청 큰 지역에 침략하여 여러 차례 반복해서 우리 영토에 불을 지르고 도시들을 점령했으며, 지금은 고향으로 돌아갈 마음이 없어 보입니다. 그 대신 전쟁을 치르기보다 절기를 지키는 사람들의 태도에 따라, 그들이 우리 모두를 비웃고 있습니다. 그리고 그 왕들 중 한 명은 양보다 더 쉽게 도살될 수 있음에도 불구하고 여전히 정복을 기대하면서, 나라를 포기하지 않는 우리 군사들의 무모함에 놀랐다는 이야기가 들려왔습니다. 그 왕은 우리 군사들의 사지를 잘라내는 일에 신물이 난다고 말했습니다. 이런 말을 들었을 때 황제와 황후의 기분이 어떠했을지 상상해 보십시오.

그리고 내가 이 전쟁에 대해 언급하고 난 다음, 이전에 남편들이 누렸던 명예덕분에 매우 큰 영광을 얻었지만, 지금은 모두 어두운 색의 상복을 입고 한탄하면서 세월을 보내고 있는 수많은 미망인들이 떠올랐습니다. 왜냐하면 그들은 그대가 소중하게 누렸던 이점을 갖고 있지 않았기 때문입니다. 나의 훌륭한 친구인 그대는 병상에 누워 있는 착한 남편을 보면서 그의 마지막 말을 직접 들었고 집안일을 처리하기 위한 지침을 받았으며, 그가 남긴 유서의 조항들을 통해 탐욕스럽고 계략을 꾸미는 사내들이 세우는 모든 종류의 계략에 대해 집안일들을 어떻게 지킬지도 배웠습니다. 그리고 이런 것들 뿐만 아니라, 그가 죽어서 누워 있을 때 그대는 이따금씩 죽은 남편에게 몸을 던져 그의 눈에

입맞춤하고 안아주었으며 그를 보고 통곡했습니다. 그리고 그가 대단
히 명예롭게 묻히는 것을 지켜보았고 장례식에 필요한 모든 것을 했었
는데, 그것은 적합한 일이었고, 종종 남편의 무덤을 방문함으로써 그
대의 슬픔에 적지 않은 위안을 얻었습니다. 하지만 이 여인들은 그대
가 누린 모든 것을 빼앗겼는데, 그 이유는 다시 볼 수 있다는 희망으로
남편들을 전쟁터로 보냈지만, 그 대신 죽음을 알리는 비통한 소식을
받게 되는 것이 그들의 운명이었기 때문입니다. 누구도 죽은 남편의
시신을 가지고 고향으로 돌아오지 못했거나, 아니면 남편이 어떤 죽음
을 맞이했는지에 대한 소식 외에는 아무것도 가져오지 못했습니다. 그
리고 심지어 이런 기록을 전달받지 못했거나, 남편들이 전투의 수렁에
서 전사한 시체 더미 밑에 깔려있어서 그들이 어떻게 죽었는지조차 알
수 없는 여인들도 있습니다.

그리고 심지어 황제 자신도 소수의 병사들과 함께 어떤 마을에 포위
되어 감히 밖으로 나가 공격하는 자들을 막아내지 못한 채, 안에 머물
러 있을 때, 그리고 적이 건물에 불을 질러 그 안에 있던 모든 것들, 즉
사람들뿐만 아니라 말들이 기둥들과 벽들과 함께 불에 타 죽게 되어,
모든 것이 한 줌의 잿더미로 바뀌었을 때, 대부분의 장군들이 죽게 된
다면 얼마나 놀라운 일이겠습니까? 이것은 황제와 함께 전쟁터로 떠
났던 사람들이 황제를 대신하여 황후에게 들려 준 이야기였습니다. 세
상의 영광은 무대 위에서 일어나는 일들, 그리고 봄꽃의 아름다움과
결코 다르지 않습니다. 그것들은 밖으로 드러내기도 전에 먼저 사라지
고, 비록 잠시 동안 버틸 힘이 있더라도 빨리 썩기 시작합니다. 군중들
이 보여주는 명예와 영광보다 더 무가치한 것이 무엇이겠습니까? 그
것이 무슨 열매를 맺겠습니까? 어떤 종류의 유익을 가져다줍니까? 어
떤 유용한 목표를 달성하겠습니까? 이것은 그저 악일뿐입니다! 그러

나 사실 재산에서 좋은 것을 얻지 못하는 것 외에도, 이런 가장 잔혹한 정부(情婦)[8]를 두고 있는 남자는 계속해서 고통스럽고 해로운 많은 일들을 견뎌내야 합니다. 그녀는 자신을 소유한 사람들의 정부이고, 그녀의 종들이 아첨을 하는 만큼 그들에 대해 상대적으로 스스로를 높이고 더욱 더 가혹한 명령으로 그들을 결박합니다. 하지만 그녀는 자신을 경멸하고 무시하는 사람들에게는 결코 복수를 할 능력이 없습니다. 그녀는 어떤 폭군이나 맹수보다 훨씬 더 맹렬합니다. 폭군과 맹수들은 간혹 비위를 맞춰주면 진정시킬 수 있지만, 그녀의 격노는 우리가 그녀에게 가장 고분고분할 때, 가장 큽니다. 그리고 만일 그녀가 자신의 말을 들어주고 모든 일에 있어서 그녀에게 굴복하는 누군가를 찾게 되면, 미래에 자제해 달라고 그녀를 설득할 수 있는 어떠한 방안도 없습니다. 게다가 그녀는 자신을 딸이라고 부르는 데 실수를 하지 않을 또 다른 동맹을 갖고 있습니다. 그녀 스스로가 성숙해지고 우리 가운데서 상당히 뿌리를 내린 다음 그녀는 오만이라는 자식을 낳는데, 오만은 그녀 못지않게 그것을 소유한 사람들의 영혼을 곤두박질치는 파멸로 몰아갑니다.

그러니 하나님께서 그런 잔혹한 속박으로부터 그대를 보전하셨고 이 해악한 질병들에 걸리지 않도록 모든 통로를 차단하셨다는 이유로, 그대가 이것에 대해 한탄하고 있다고 나한테 말해보십시오. 그대의 남편이 살아있는 동안, 그 질병들이 그대의 마음속에 있는 생각들을 계속해서 괴롭히는 일을 멈추지 않았습니다. 그러나 그가 죽고 난 다음부터는, 그대가 이해할 수 있을 만한 어떠한 구실도 가지고 있지 않습니다. 그래서 이것은 미래에 연습해야 할 ─이런 악들을 물러나게 한

---

8. 역주─여기서 정부(mistress)는 의인법적 표현으로써, 명예와 영광을 가리킨다.

것에 대해 한탄하는 일과, 그것들이 휘두르는 지독한 폭정을 갈망하는 일을 삼가는─ 훈련입니다. 그것들은 묵직한 한 방을 날리는 곳에서, 바닥부터 모든 것을 뒤흔들어 산산조각을 내버립니다. 그리고 비록 천성이 좋지 않고 추함에도 불구하고, 많은 창녀들이 유약과 안료를 이용하여 젊은 청년들의 감정이 아직 부드러울 동안 그 감정을 흥분시키고, 그들을 마음대로 통제할 수 있게 되면 어떤 노예보다 더 못되게 그들을 대하듯이, 허영과 오만과 같은 정욕(passions)은 다른 종류의 어떤 오염물질보다 사람들의 영혼을 더럽힙니다.

이런 이유로 부(富) 또한 대다수의 사람들에게 좋은 것으로 여겨졌습니다. 적어도 부로부터 허영심이라는 욕망을 없애버리면 그 부는 더 이상 가치있는 것으로는 보이지 않을 것입니다. 어쨌든 가난 속에서 통속적인 영광(popular glory)을 얻는 것이 허락된 사람들은 더 이상 부를 선호하지 않고, 오히려 그들에게 대단한 황금이 주어졌을 때 그것을 경멸했습니다. 그리고 그대가 나보다 그 사람들에 대해 더 잘 알고 있기 때문에, 그들이 누구인지 나한테 물어볼 필요는 없습니다. 그들은 에파미논다스(Epaminondas), 소크라테스(Socrates), 아리스테이데스(Aristeides), 디오게네스(Diogenes) 그리고 자기의 영지를 양치는 곳으로 바꾼 크라테스(Krates)입니다. 다른 사람들은 진정으로, 부자가 되는 것이 가능하지 않았기 때문에, 가난 가운데서 그들에게 가져온 영광을 보자마자 바로 거기에 전념했습니다. 하지만 이 사람은 심지어 자신이 소유한 모든 것을 내버렸지만, 그들은 이 잔인한 괴물인 영광을 추구하는 일에 도취해 있었습니다. 그러므로 하나님께서 이 수치스러운 조소와 책망의 속박에서 우리를 구해주셨다고 해서 슬퍼하지 맙시다. 영광에는 그것이 지닌 이름 이외에 그 이상의 찬란한 것은 하나도 없으며, 실제로 영광은 그것을 소유한 사람들을 그 호칭을 경시하는 자리에 두며, 영광을 위해 무슨 일이든지 하는 사람을 경멸하기 위해 비웃지 않을 사람은 한 명도 없습니다. 존경과 영광을 얻을 수 있는 사람은 오직 통속적인 영광에 눈길을 주지 않는 사람뿐입니다. 하지만 통속적인 영광에 대단한 가치를 두고, 그것을 얻기 위해 모든 일을 하면서 견디는 사람은 그것을 얻는 데 실패하고, 영광의 정반대에 해당하는 비웃음과 고소, 조롱, 증오와 혐오를 받게 될 바로 그런 사람입니다. 그리고 이런 일은 남자들 뿐만 아니라 그대 여자들 사이에서도 일어나는데, 진정으로 그대의 경우에는 특히 더 그렇습니다. 몸가짐, 걸음걸이 그리고 옷차림에 영향을 받지 않고 누군가로부터 명예를 구하지 않는 여인은 모든 여성들로부터 칭송을 받고, 그들은 칭송하는 일에 열심을 내며 그녀를 축복받은 자로 불러주고, 그녀를 위해 온갖 좋은 것들을 기원해 줍니다. 하지만 그들은 허영이 강한 여자를 반감과 혐오를 가지고 쳐다보고, 무슨 들짐승을 만난 것처럼 그녀를 피하고 엄청난 저주와 욕설을 퍼부을 것입니다. 그리고 우리는 통속적인 영광을 받아들이지 않음으로써 이런 악에서 벗어날 수 있을 뿐만 아니라, 점점 이 땅에 대한 우리의 집착을 내려놓고 천국을 향해 나아가고, 모든 세속적인 것들을 경멸하도록 훈련을 받게 되면서, 이미 언급했던 것들과 더불어 최고의 유익을 얻게 될 것입니다.

　사람들로부터 나오는 명예가 필요 없다고 느끼는 사람은 무슨 좋은 일을 하든지 안전하게 수행할 것이며, 곤경에 처하거나 이생의 성공에 의해서도 매우 심각하게 영향을 받지 않을 것입니다. 왜냐하면 그런 사람은 곤경에 빠지더라도 우울해서 낙담하지 않을 것이고 성공을 하더라도 우쭐거리고 거만하지 않을 것이기 때문입니다. 그러나 위험하고 괴로운 상황에 처해있더라도 그는 어떤 종류의 변화로부터 벗어나 있습니다. 나는 이런 일이 그대의 영혼 안에 조속히 일어나기를, 그리고 세상적인 모든 관심사들로부터 그대를 단호히 단절시켜서 우리 가운데 천국의 생활방식을 보여주기를, 그리고 조만간 그대가 지금은 애통해하는 영광에 멸시하는 웃음을 보내기를, 그리고 영광의 공허하고 헛된 가면을 경멸하기를 기대합니다. 그러나 그대는 이전에 남편 덕분에 누렸던 안전, 재산이 주는 보호 그리고 다른 사람들의 불행을 짓밟는 어떤 사람들의 계략들로부터 벗어날 수 있게 해주기를 갈망한다면, "그대의 근심을 주님께 맡기십시오. 그러면 주님께서 그대를 붙들어주실 겁니다."[9] "이전 세대를 보라. 주님께 소망을 두었던 자가 수치를 당했는지 아니면 주님의 이름을 부르던 자가 무시당했는지, 아니면 주님의 계명에 충실했던 자가 버림을 받았는지 보라!"고 했습니다. 주님은 이 견딜 수 없는 재앙을 경감시켜주셨고, 심지어 지금도 그대를 평온의 상태에 두신 그분께서 곧 닥칠 고난들도 막아주실 것입니다. 그로 인해 그대는 이것보다 더 심한 타격을 받지 않을 것인데, 그대 자신도 인정하는 바일 겁니다. 그대가 경험이 별로 없을 때 그 당시 현재의 다른 문제들과 이 문제를 그토록 용감하게 견뎌냈기 때문에, 우리의 소망과는 달리 하나님께서 금하신 일들 중 어떤 것이라도 일어난다면 더 쉽게 견뎌낼 것입니다. 그러므로 천국과 천국에서의 삶에 도움이 되는 모든 것을 구하십시오. 그러면 우리가 스스로에게 상처를 입히지 않는 한, 이 세상에 있는 것들 중 어떤 것도, 심지어 어둠의 세상 주관자조차도 그대를 해치지 못할 것입니다. 만일 누군가가 우리의 본질을 빼앗거나 우리 몸을 조각낸다 할지라도, 우리의 영혼이 온전함에 거한다면, 이것들 중 어떤 것도 우리의 걱정거리가 되지 않습니다.

그대가 재산을 안전하게 지키고 더 늘리기를 원한다면, 지금 이번에

---

9. 역자 주: 시편 55:22 참조.

만 내가 그 방법과, 재산을 노리는 자들 중 어느 누구도 출입이 허용되지 않는 장소를 알려주겠습니다. 도대체 그런 장소가 어디일까요? 그곳은 천국입니다. 그대의 소유를 착한 남편에게 보내십시오. 그러면 도둑도, 사기꾼도, 혹은 파괴를 일삼는 것들도 그것을 탈취하려고 달려들지 못할 것입니다. 만일 그대가 이 재산들을 천국에 저축해 놓는다면, 거기에서 나오는 많은 이자를 얻게 될 것입니다. 왜냐하면 우리가 천국에 심는 모든 것들은 크고 풍성한 수확을 거두며, 이것은 천국에 뿌리를 두고 있는 것들에게 당연히 예상되는 일이기 때문입니다. 그리고 그대가 이 일을 한다면, 어떤 축복을 누리게 될지 보십시오: 첫 번째 축복은 영원한 생명과 하나님을 사랑하는 자들에게 약속하신, "눈으로 보지 못하고 귀로 듣지 못하고 사람의 마음으로 생각하지 못하는"[10] 것들이며, 두 번째 축복은 그대의 착한 남편과의 영원한 사귐입니다; 그리고 그대는 이 땅에서 그대를 괴롭히는 염려와 두려움, 위험과 음모, 악의와 증오로부터 벗어나게 될 것입니다. 그대가 이 재물에 둘러싸여 있는 한, 아마도 그것을 강탈하려는 자들이 도사리고 있을 것입니다. 하지만 그것을 천국으로 옮겨놓는다면, 그대는 경건이 있는 독립을 즐기면서 보장과 안전 그리고 많은 평온의 삶을 살게 될 것입니다. 만일 어떤 사람이 이 세상 대신 천국을 소개받고 거기서 재산을 획득할 가능성이 제시되었는데도, 여전히 이 세상에 거주하며 세상과 연관된 고생들을 참아가면서, 토지구매를 원하고 좋은 수확을 내는 땅을 찾는 것은 매우 이성적이지 않은 행동입니다. 왜냐하면 그런 행위가 종종 우리의 희망을 좌절시키기 때문입니다.

그러나 그대의 남편이 행정장관 지위에 오르게 되리라는 종종 즐거

---

10. 역주: 고전 2:9(KLB).

움을 주었던 기대감과, 그가 때아니게 고위직에서 내려오게 되었다는 생각 때문에 그대의 영혼이 비통할 정도로 마음이 상해있고 괴로워하고 있으니, 무엇보다도 이 사실을 생각해 보십시오: 비록 이 소망이 매우 충분한 근거를 두고 있는 것이지만, 그럼에도 불구하고 그것은 단지 땅에 떨어지는 인간적인 소망일 뿐이었습니다. 그리고 우리는 이런 종류의 일들이 많이 일어나는 것을 봅니다: 확신을 가지고 기대했던 일들이 이루어지지 않은 채 남아있는 반면, 전혀 마음에도 없었던 일들이 자주 일어나는데, 우리는 지속적으로 이런 일들이 정부와 왕국, 그리고 상속과 결혼의 경우에 도처에서 벌어지고 있음을 목격합니다. 그러므로 비록 그런 기회가 매우 가까이 있다하더라도, 속담에 이르기를 "잔과 입술 사이에는 많은 실수가 있다"고 했고 성경에 이르기를 "아침부터 저녁까지 시간은 변한다"라고 했습니다.

오늘 이곳에 살아 있는 왕은 내일이면 죽은 사람이 됩니다. 그리고 다시 사람들의 소망의 역전을 설명하는 이 동일한 지혜자는 "많은 폭군들이 땅에 주저앉았고, 전혀 생각지도 않았던 사람이 왕위에 올랐다"라고 말합니다. 설사 그가 살아 있더라도 이 높은 직위에 오르게 되리라는 것은 절대적으로 확신할 수 없습니다. 왜냐하면 미래에 속한 일은 불확실하고 우리로 하여금 다양한 의혹을 갖게 하기 때문입니다. 무슨 근거로 그가 살아서 고위직에 오르거나 아니면 정반대의 일이 일어나지 않을 것이라고 확증할 수 있겠습니까? 그가 질병으로 희생되거나 권력을 누리고 있는 그를 축출하려는 사람들의 시기와 악의로 그동안 지켜왔던 직위를 잃어버릴 수도 있습니다. 하지만 그대만 괜찮다면 어쨌든 그가 살아서 그 고위직을 얻게 되리라는 것이 전적으로 명백하다고 가정해 봅시다. 그러면 직위의 막중함에 비례하여 그가 직면할 수밖에 없는 위험, 걱정, 그리고 음모도 늘어날 것입니다. 아니면 이런 것들은 한쪽으로 제쳐두고 그가 난관의 바다를 안전하고 대단히 평안하게 항해하고 있다고 가정해 봅시다. 그렇다면 항해의 목표가 무언인지 나한테 말해보십시오. 그가 지금 도달한 곳은 아닙니다; 아니지요. 그건 아닙니다. 다른 어떤 곳, 아마도 불쾌하고 바람직하지 않은 곳일 수 있습니다. 첫 번째, 천국을 향한 그의 시선과 천국의 것들이 지연될 텐데, 그것은 다가올 일들에 대해 믿음을 두고 있는 사람들에게는 결코 작은 손실이 아닙니다. 두 번째, 심지어 그가 매우 정결한 삶을 살았다하더라도, 그의 수명과 직위가 주는 긴급함은 지금과 같은 그런 정결한 조건으로 이 세상을 떠나는 것을 막았을 겁니다.

사실 그가 마지막 숨을 내쉬기 전에 많은 변화를 겪게 되어서 게으름에 빠지지 않았는지는 확실하지 않습니다. 지금 우리는 그가 하나님의 은혜로 안식처에 이르렀을 것이라고 확신합니다. 왜냐하면 그가 하나님의 나라에서 배제될 만한 어떤 나쁜 행위도 저지르지 않았기 때문입니다. 그러나 설사 그 경우라 할지라도 오랫동안 공직 업무에 관여한 탓에, 그는 아마도 크게 더럽혀졌을 수도 있을 겁니다. 왜냐하면 그런 더럽혀지는 일은 올곧은 길을 부여잡고 그토록 거대한 악들을 헤쳐나가는 사람에게는 극도로 드문 일이지만, 고의로 그리고 본의 아니게 곁길로 가는 것은 자연스런 일이며 끊임없이 일어나기 때문입니다. 그러나 현재 우리는 이런 걱정에서 벗어나 있으며, 우리는 그 위대한 날에 그가 많은 광채를 띠고 나타나서, 왕이신 하나님 가까이서 빛을 발하고, 천사들과 함께 말로 형용할 수 없는 영광의 옷을 입고 그리스도 앞에 서게 될것이고, 왕이신 하나님께서 심판하실 때 그분 곁에 서서, 수석 장관들 중 한 사람으로 활동하게 될 것임을 굳게 확신합니다. 그러므로 슬픔과 비탄을 멈추고, 그대는 그와 동일한 삶의 방식을 유지하십시오. 좀 더 정확하게 말하면, 그대가 빨리 그와 같은 수준의 믿음의 덕을 쌓게 되면 그가 거주하고 있는 동일한 장소에 살게 되고, 결혼을 통한 연합이 아니라 훨씬 더 좋은 형태로 영원토록 그대의 남편과 연합하게 될 것입니다. 왜냐하면 이 땅에서의 결혼은 단지 육체적인 결합이지만, 그곳에서는 영혼과 영혼의 더 완벽한 연합, 훨씬 더 즐겁고 훨씬 더 고결한 연합이 있을 것이기 때문입니다.

John Chrysostom, "Letter to a Young Widow," tr. W. R. Stephens, *Nicene and Post-Nicene Fathers*, ed. Philip Schaff (New York: Christian Literature Company, 1889), First Series, vol. IX, pp. 121–128.

죄의 역동성
존 카시안

소개의 글

5세기 초반 게르만족들이 로마 제국의 서쪽 지방을 침략하기 시작하면서, 일부 교회 지도자들이 전통적인 동방 교회의 생활에 대한 방대한 양의 정보를 한데 모아 서방교회나 라틴어를 사용하는 교회에서 활용될 수 있도록 이 전통들을 문서화하는 책임을 맡았다. 이들 중 가장 유명한 인물들이 제롬(c. 342-420)과 어거스틴(354-430)이라면, 그들보다 덜 알려진 동시대의 존 카시안(c. 360-435)은 결코 영향력이 가장 적은 인물이 아니었다. 카시안은 수도원 제도를 라틴 교회에 도입하려는 중요한 과업을 준비하는 차원에서 팔레스타인, 소아시아, 그리고 이집트 지역에 있는 기독교 수도사들의 삶과 행습을 연구하면서, 젊은 시절을 여행하는 데 보냈다. 대략 415년경에 그는 마르세이유 근교에 두 개의 수도원 공동체를 설립하여 그곳에 살면서 동방 수도사들의 삶과 사상을 상세하게 기록하였다. 그는 『담화(Conferences)』로 불리는 책에 동방 수도원들의 위대한 지도자들과 나눈 면담을 수록하였고,

『수도원 제도(*Institutes*)』에는 수도원 생활을 위한 명시적인 규율들을 제시해 놓았다. 이 규율들은 100년 후 누르시아의 베네딕트 (Benedict of Nursia, 480-550)에 의해 라틴 수도원의 주요 강령으로 수정되었다. 인생의 말년에 이르러, 카시안은 에베소 공의회(431년)에서 제기된 기독론 문제에 관심을 갖게 되면서 『주님의 성육신에 관하여(*On the Incarnation of the Lord*)』라는 논문을 집필하였다.

카시안의 『담화』와 『수도원 제도』는 현대까지도 지속되고 있는 가톨릭의 도덕 신학의 전체적인 체계의 기초를 다지는 방식으로 죄에 대한 상세한 심리학과 증상을 제시하였다. 카시안은 여덟 개의 "주요 죄악"[11]을 인간 영혼의 근본적인 질병 분류학으로 이해하였다: 탐식(gluttony), 음란(fornication), 탐욕(avarice), 분노(anger), 낙담(dejection), 나태(accidie, 게으름[sloth], 무감각[topor]), 허영(vainglory), 교만(pride). 그가 분류한 영적 질병 목록의 기원은 분명하지 않다; 아마도 이교도의 배경을 가지고 있거나 영적 질병에 대한 이교도의 이해를 부분적으로 기독교화한 영지주의의 다른 형태였을 것이다.[12] 그렇다면, 이런 죄악들이 카시안이 찾아갔던 이집트 사막에 은거하고 있던 기독교 수도사들의 정신(ethos)의 일부가 되면서 그 목록에 내포된 비기독교적인 의미들은 잊혀지거나 억눌러져 찾아볼 수 없게 되었다. 어쨌든 카시안은 서방에서 죄악의 분류와 그 저변에 흐르는 심리학을 대중화시켰으며, 그의 수도원 규율들이 특별히 이러한 매우 영적인 질병들을 치유할 목적으로 제정되었다. 그것은 켈틱 교회

---

11. 역주: 원문에서는 "Principal Faults"로 표기되었는데, 여기서는 Fault를 전체 문맥에 맞게 '죄악'으로 번역하였다. 그 목적은 일반적으로 '죄'로 번역되는 sin과 구별하고자 함이다.

12. 참고: Morton W. Bloomfield, *The Seven Deadly Sins* (East Lansing: Michigan State College Press, 1952), esp. p. 66.

에서 죄와 목회 돌봄에 대한 이해의 기초가 되었고, 그 뒤에 동일한 분류가 베네딕트 수도원들로부터 두드러진 주목을 받게 되면서 고해 세칙서를 통해 서유럽의 평신도들 가운데서 인기를 얻었다. 카시안의 결함들을 채택하여 그레고리 교황(c. 540-604)은 전통적인 일곱 개의 대죄를 명시하였다: 교만, 탐욕, 정욕, 시기, 탐식, 분노, 그리고 나태함(게으름[accidie]에 대해 그레고리는 슬픔, 우울의 의미를 지닌 *tristitia*라는 이름을 붙였다).

이미 카시안의 "수도원장 세라피온의 담화"에서, 이 주요 죄악들은 충분히 명확하게 표명된 심리학으로 발달할 것이 예상되는 정교한 질병 분류학으로 발달하였다. 그레고리는 교만과 허영을 하나로 합쳐 가장 큰 죄로 분류하여, 죄 목록의 제일 앞에 두었다; 교만은 모든 죄의 뿌리가 되었고 이 뿌리를 통해 다른 모든 죄들이 하나님에 대한 영혼의 반항과 직접 관련이 있었다.

카시안은 질병 분류의 발전을 충분히 정교한 수준까지 이루어내지 못했지만, 혼자 힘으로 뛰어난 통찰을 얻었다. 예를 들어, 그는 각 개인이 자신만의 특별한 고질적인 죄를 가지고 있음을 감지하였고, 악한 영들이 모든 사람을 정확히 동일한 수법으로 공격하지 않는다는 것을 알고 있었다. 그는 치유가 고질적인 죄의 정체를 밝히는 것이어야 하고, 그 죄가 치유되고 나서 특정 질병에서 발전하는 다른 죄들을 피할 수 있게 된다고 주장하였다. 악들 간에 존재하는 이러한 관계는 카시안의 다른 심오한 통찰인데, 그 이유는 적어도 여섯 개의 죄가 하나의 죄에 굴복하게 되면 다른 죄로 이어지는 틈을 만들어주는 식으로 쇠사슬로 서로 연결되어 있다는 것을 우리에게 알려주기 때문이다. 그렇게 보면, 탐식은 분명히 간음으로 이어지고, 간음은 탐욕으로, 그리고 계속해서 그런 일들이 연쇄적으로 일어날 것이다.

여덟 개의 주요 죄악에 대한 카시안의 이해를 보여주는 다음의 글들은 이집트에서 활동했던 일단의 수도사들의 지도자였던 세라피온 수도원장(Abbot Serapion)과 진행한 대담에 대한 그의 보고서에 나온 것이다; 세라피온이 누구인지 정확히 알 수 없다.

죄의 역동성

출처: 『담화(*Conferences*)』, 저자: 존 카시안.
여덟 가지 죄악에 대한 세라피온 수도원장과의 담화

1장

원로들과 장로들의 모임에서 특별히 분별의 은사를 지닌 세라피온이라는 분이 계셨는데, 나는 그와의 담화를 기록해 놓을 만한 가치가 있다고 생각한다. 우리에게 있는 죄악들의 기원과 이유를 보다 명백하게 밝히고, 그것들을 극복하는 방법에 대해 말해달라고 간청했을 때, 그는 다음과 같이 대답해주었다.

2장

사람들을 공격하는 여덟 개의 주요 죄악들(faults)이 있습니다. 첫째는 *gastrimargtia*인데, 이 단어는 탐식을 의미하고, 둘째는 음란, 셋째는 탐욕이나 돈을 사랑하는 것과 같은 *philargyria*이고, 넷째는 화내는 것, 다섯째는 낙담, 여섯째는 무기력이나 처진 기분과 같은 나태, 일곱째는 자랑하는 것이나 허영과 같은 *cenodoxia*이고, 여덟째는 교만입니다.

3장

이러한 죄악들은 두 부류로 나누어집니다. 왜냐하면 그것들은 탐식처럼 우리에게 자연스럽거나, 탐욕처럼 본성 밖에서 일어나기 때문입니다. 그러나 그것들이 우리에게 작용하는 방식은 네 가지로 나타납니다. 어떤 것은 탐식과 간음처럼 신체기관에 영향을 미치지 않고서는 소진되지 않는 반면, 어떤 것들은 교만과 허영처럼 신체 활동이 없이도 완성될 수 있습니다. 어떤 것들은 탐욕과 분노처럼 우리의 외부에서 흥분할 구실을 찾고; 다른 것들은 나태함과 낙담처럼 내면의 감정들에 의해 유발됩니다.

7장

그리고 내 능력을 최대한 발휘해서 간략한 논의뿐만 아니라 성경적 증거를 통해 이것을 더 명확하게 하자면, 비록 탐식과 음란이 우리 안에 본성적으로 존재한다 할지라도(때로는 그것들은 마음에서 비롯된 어떤 자극이 없이도, 그리고 단순히 몸의 움직임과 유혹에 의해 솟아오릅니다), 그것들이 충족되려면 반드시 외부에 있는 대상을 찾은 다음, 오로지 신체적 행위를 통해서 효과를 봐야합니다. 왜냐하면 "각 사람이 시험을 받는 것은 자기 욕심에 끌려 미혹됨이니 욕심이 잉태한 즉 죄를 낳고 죄가 장성한즉 사람을 낳기" 때문입니다(약 1:14-15 참조). 만약 첫째 아담이 손에 음식을 쥐고 있긴 하지만, 그것을 잘못 사용하지 않았더라면, 탐식의 피해자로 전락하지 않았을 것이며, 두 번째 아담인 예수님도 "네가 만일 하나님의 아들이어든 명하여 이 돌들로 떡덩이가 되게 하라"(마 4:3)는 말을 들었을 때, 어떤 물질의 미끼가 없이 유혹을 받지 않았을 겁니다. 그리고 음란도 육체적인 행위에 의해서만 완성된다는 것이 하나님께서 "그의 힘은 허리에 있고 그의 뚝심은 배의 힘줄에 있다"(욥 40:16)고 축복받은 욥에게 그 이치를 말씀하셨을 때, 모든 사람에게 분명해졌습니다. 그래서 특히 육체의 도움으로 효과를 보게 되는 이 두 개의 죄악들은 특별히 영혼에 대한 영적인 돌봄뿐만 아니라 신체적인 금욕을 요구합니다. 그 이유는 마음의 다짐 자체만으로는 그것들의 공격에 대항할 만큼 충분하지 않기 때문입니다(때로는 분노, 우울 혹은 다른 감정들의 경우에는, 육체의 고행 없이도 마음의 노력만으로 극복할 수 있습니다). 하지만 이 죄들은 마음과 몸의 허물에서 비롯된 결과이기 때문에, 신체적 처벌도 사용해야 하고 금식과 철야기도라는 방법과 참회의 행위를 통해 수행되어야 합니다. 그리고 이런 것들에 장소의 변화가 추가되어야 하는데, 그럴 때에야 그죄들이 오직 마음과 몸의 연합작전을 통해서 극복될 수 있습니다. 비록 축복받은 사도 바울이 일반적으로 모든 죄악이 육욕적(carnal)이라고 말하고 있긴 하지만, 육체의 다른 일들 가운데 적대와 분노 그리고 이단을 열거하고 있기 때문에, 그것들을 치유하고 그 특성을 보다 정확하게 알아내기 위하여 우리는 그것들을 두 부분으로 나눕니다: 그것들 중 어떤 것들은 육욕적이라고 하며, 다른 것들은 영적이라고 합니다.

특히 육체의 욕망을 만족시키는 것과 관련이 있는 우리가 육욕적이라고 부르는 것들은 육체가 너무 좋아하고 만족해하기 때문에, 때로는 그 육체는 잠잠한 마음을 흥분시키고 심지어 그 의지에 반하여 그것의 욕망에 동조하게 만듭니다. 그것에 대해 축복받은 사도가 "전에는 우리도 다 그 가운데서 우리의 욕심을 따라 지내며 육체와 마음의 원하는 것을 하여 다른 이들과 같이 본질상 진노의 자녀였다"(엡 2:3)라고 말합니다. 그러나 우리는 오직 마음의 충동에서 솟구쳐 올라와서 육체에는 아무런 즐거움을 주지 못할 뿐만 아니라, 실제로 육체를 해치는 약점을 가져오며, 단지 병든 마음에 가장 비참한 쾌락의 음식을 먹이는 것들을 영적이라고 부릅니다. 그래서 이것들은 마음을 위한 하나의 치료약이 필요하지만, 우리가 말했듯이 육욕적인 것들은 이중적인 치료법으로만 치유될 수 있습니다. 육체적인 정욕을 부추기는 물질로부터 거리두기를 시작하는 것이 순결을 갈망하는 사람들에게 대단히 유용한 곳에서는, 그 물질을 통해 여전히 악의 영향을 받는 영혼 안에 이러한 동일한 욕망들을 위한 기회나 그것들에 대한 회상이 일어날 수 있습니다. 복합적인 질병에는 다양한 처방이 필요합니다. 음욕(lust)이 행동으로 튀어나오려고 꿈틀대지 않을까 하는 두려움을 갖고, 육체를 유혹하는 대상과 물질로부터 떨어트려 놓아야 합니다. 그리고 마음이 심지어 생각 속에 욕망을 잉태하지 않게 하려면, 우리는 역시나 성경을 성실하게 묵상하는 것과, 주의 깊은 불안 그리고 고독으로의 물러남을 마음 앞에 조심스럽게 두어야 합니다. 그러나 우리 동료들과의 교제는 다른 죄악들과 관련하여 아무런 장애가 되지 않거나, 오히려 진정으로 그것들을 없애기를 갈망하는 사람들이 가장 잘 활용할 수 있습니다. 왜냐하면 다른 사람들과 어울리면서 그들은 더 자주 책망을 마주하게 되고, 더 자주 자극을 받겠지만, 죄악들의 존재가 명백해져서 더 빠르게 치유될 수도 있습니다.

* * * * * *

2장

그리고 우리가 제안한 순서대로 다른 정욕들(passions)이 작용하는 방식에 대한 설명(탐식과 주님의 시험에 대한 이번 설명으로 인해 중단되었어야 했던 우리의 분석)을 계속한다면, 허영과 교만은 육체로부터 심지어 한 치의 도움이 없이도 충족될 수 있습니다. 어떤 방식으로

이 정욕들이 어떤 육체의 행동을 필요로 하고, 그것을 통해 사람들로 부터 칭송과 영광을 얻으려는 것에 동조하고 갈망하게 함으로써 포로 로 삼은 그 영혼에게 막대한 피해를 입히겠습니까? 혹은 위에서 언급 한 루시퍼의 경우, 오래전의 그 교만에는 육체와 관련해서 어떤 행동 이 있었겠습니까? 선지자 이사야가, "네가 네 마음에 이르기를 내가 하늘에 올라 하나님의 뭇 별 위에 내 자리를 높이리라 가장 높은 구름 에 올라가 지극히 높은 이와 같아지리라"(사 14:13-14)고 말해주듯이, 루시퍼는 교만을 마음과 생각 속에만 품고 있었습니다. 그리고 루시퍼 가 이 교만에 이르게하도록 자극한 사람이 아무도 없었던 것처럼, 오 로지 그의 생각이 완전히 준비되었을 때, 죄를 일으킨 원천이 되었고; 특히 그가 목표로 했던 통치권의 행사가 뒤따라오지 않았기 때문에 그 의 생각은 영원한 추락의 근원이 되었습니다.

8장

탐욕과 분노는 비록 같은 특성을 갖고 있지는 않지만(전자는 우리의 본성 밖에 있는 것인 반면, 후자는 우리 안에 그 모판이 있는 것같다), 대부분의 경우 자극의 원인을 우리 밖에 존재하는 것에서 찾는다는 점 에서는 동일한 방식으로 솟구쳐오릅니다. 왜냐하면 종종 오히려 약한 사람들이 여전히 다른 사람들의 선동과 부추김으로 이러한 죄악에 빠 지게 되고, 다른 사람들의 도발로 인해 분노와 탐욕의 감정으로 곤두 박질치게 된다고 불평하기 때문입니다. 그러나 탐욕은 우리의 본성 밖 에 있는 어떤 것이라는 점, 바로 이것 때문에 우리 안에 탐욕의 첫 출발 점이 있지 않다는 것이 증명되었고, 탐욕은 몸과 영혼을 아우르는 것 과 생명의 존재에 기여하는 것에서는 발생하지 않는다는 것을 분명하 게 알 수 있습니다. 매일 먹는 고기와 음료 이외에 어떤 것도 우리의 일상적인 삶에 실질적으로 필요한 필수품에 속하지 않는다는 것은 분명합니다. 그러나 다른 모든 것들은, 우리가 어떤 열성과 관심을 가지고 보존하든 삶 자체의 필요에 의해 사람들이 원하는 것들과는 구별되어 보입니다. 그래서 우리의 본성 밖에 있는 이 유혹은 오직 미온적이고 조악한 기초위에 세워진 수도사들을 공격하지만, 우리에게 자연스러운 것들은 심지어 고독 가운데 거하는 최고의 수도사들과 사람들을 계속해서 괴롭힙니다.

우리가 탐욕이라는 이 욕망에서 완전히 자유로운 일부 공동체가 있음을 알고 있기에, 지금까지 이것은 사실인 것으로 보입니다. 왜냐하면 그들은 어떤 용도와 관습으로도 이 결점과 죄악을 받아들이지 않았기 때문입니다. 우리는 홍수 이전에 있었던 옛 세상이 오랫동안 이 욕망의 광기에 대해 무지했었다고 믿고 있습니다. 그리고 세상에 대해 철저하게 체념을 한 우리의 경우에는, 각자가 자신의 모든 재산을 포기하고 자신에게 동전 한 닢도 허용하지 않는 그런 방식으로 수도원의 수련을 추구한다면 탐욕이 별다른 어려움 없이 근절된다는 것을 알고 있습니다. 그리고 우리는 이것에 대해 증언해 줄 수 있는, 한순간에 모든 재산을 포기하고 이 욕망을 철저하게 없애버리고도 재물로 인해 조금도 힘들어하지 않는, 수천 명의 사람들을 찾아볼 수 있습니다. 비록 그들이 평생 탐식에 맞서 싸워야 하고 극도로 마음을 살피고 육체의 절제를 추구하지 않는다면, 그로부터 안전할 수 없음에도 불구하고 말입니다.

9장

낙담과 나태는 일반적으로 우리가 얘기하고 있는 다른 것들과 마찬가지로, 외부의 자극이 없어도 발생합니다. 우리는 그것들이 종종 은

자(隱者)들, 다른 사람들과 어떠한 교제도 없이 사막에 정착한 사람들과 저를 가장 고통스럽게 괴롭힌다는 사실을 잘 알고 있습니다. 그리고 사막에 살면서 내면의 갈등을 겪어본 사람이라면 누구든지 경험을 통해 이것의 사실 여부를 증명할 수 있습니다.

10장

이 여덟 개의 죄악 중에서, 비록 기원과 우리에게 영향을 미치는 방식이 다르지만, 탐식, 음행, 탐욕, 분노, 낙심, 나태는 서로 일종의 연결고리를 갖고 있는데, 이를테면 사슬로 함께 엮어있어서, 하나가 지나치게 작동하면 다음의 것을 촉발하게 됩니다. 확실히 과도한 탐식에서 음란이 불거져 나오고, 음란에서 탐욕이, 탐욕에서 분노가, 분노에서 낙담이, 낙담에서 나태가 나옵니다. 그래서 우리는 동일한 방법과 방식을 동원하여 그것들과 맞서 싸워야 합니다: 하나를 싸워 이기면, 우리는 항상 다음의 것에 맞서기 위해 죄의 목록들을 살펴봐야 합니다. 키가 크고 넓게 퍼진 해로운 종류의 나무는 의지하고 있는 뿌리들이 처음에 드러나거나 잘려나가면 더 쉽게 시들고, 위험한 물을 담고 있는 연못은 그것을 만드는 샘과 수로를 신경 써서 완전히 차단하면, 금방 말라버릴 겁니다. 그러므로 나태를 극복하려면 먼저 낙담을 이겨야 합니다; 낙담을 제거하려면 분노를 우선 내쫓아야 합니다; 분노를 억누르려면 탐욕을 발로 밟아야 합니다; 탐욕을 뽑아내려면 음란을 억눌러야 합니다; 그리고 음란을 무너뜨리려면 탐식의 죄를 억제해야 합니다.

그러나 나머지 두 개의 죄악, 즉 허영과 교만은 우리가 얘기했던 다른 것들과 다소 비슷한 방식으로 함께 연결되어 있어서, 하나가 자라나면 다른 것의 시작점을 자극합니다(왜냐하면 과도한 허영은 교만을 일으키는 자극을 만들기 때문입니다). 하지만 허영과 교만은 앞에서 언급한 다른 여섯 가지 죄들과는 완전히 다르고, 그것들로부터 허영과 교만이 생겨날 수 있는 기회가 없을 뿐만 아니라 이 둘은 실제로 전적으로 다른 방법과 방식으로 유발되기 때문에, 그것들과는 동일하게 분류되지 않습니다. 왜냐하면 다른 죄들이 없어지더라도 허영과 교만은 더 왕성하게 번성하고, 다른 죄들이 사라진 곳에 후자의 두 죄악이 솟아 올라와서 더 강하게 자라나기에, 우리가 상당히 다른 방식으로 이 두 개의 죄악으로부터 공격을 받기 때문입니다. 그리고 우리가 여섯 개의 죄악들보다 앞에 있었던 죄들에 굴복하는 순간, 그 죄악들 각각에 빠지게 되지만, 우리가 승리했다는 것이 증명되었을 때, 그리고 무엇보다도 어떤 화려한 승리를 거둔 후에, 허영과 교만이라는 허물로 떨어질 위험에 처하게 되기 때문입니다. 그러므로 모든 죄악의 경우에, 그것들이 그 앞에 진행되고 있는 죄악들이 자라날 때 생겨나듯이, 그것들은 앞의 것들을 제거함으로써 없앨 수 있습니다. 그리고 이런 식으로 교만을 몰아내기 위해서는 허영을 억눌러야 하고, 만약 우리가 항상 앞의 것들을 이긴다면, 뒤에 오는 것들은 억제될 것입니다; 그리고 다음 죄의 길로 이어지게 하는 것들을 제거함으로써 우리의 나머지 정욕들은 어려움 없이 사라지게 될 것입니다. 비록 우리가 말한 여덟 가지 죄악들이 우리가 보여준 방식으로 서로 연결되어 결합되어 있지만, 그것들은 더 정확하게는 네 개의 그룹과 하위분류로 나눌 수 있습니다. 왜냐하면 음란은 특별한 고리로 탐식과 연결되어 있고, 분노는 탐욕과, 나태함은 낙심과, 그리고 교만은 허영과 밀접하게 결합되어 있기 때문입니다.

11장

그리고 이제 각각의 죄에 대해 개별적으로 얘기하자면, 탐식과 관련해서는 세 가지 종류가 있습니다: (1) 시간 전에 수도사로 하여금 음식을 먹도록 충동질하는 것; (2) 배를 채우는 데 신경을 써서 온갖 종류의 음식을 게걸스럽게 먹는 것; (3) 진미와 별미가 나는 음식들을 찾아다니는 것. 그리고 이 세 종류의 탐식은 수도사가 관심과 세심함으로 그것들로부터 벗어나기 위해 노력하지 않는다면, 그에게 적지 않은 문제를 안겨줍니다. 마치 적당한 때가 되기 전에 금식을 중단하려고 해서는 안 되듯이, 우리는 전적으로 먹는 것, 그리고 음식의 선택과 음식을 맛나게 준비하는 것에 있어서 모든 욕심을 피해야 합니다. 왜냐하면 이 세 개의 원인으로부터 다르지만 극도로 위험한 영혼의 상황들이 발생하기 때문입니다. 첫 번째 종류의 탐식에서는 수도원을 싫어하는 마음이 솟구치고, 그 마음에서 수도원을 싫어하고 견디지 못하게 하는 마음이 자라나고, 이런 일 뒤에는 확실히 수도사가 곧 수도원을 벗어나 신속히 떠나는 일이 이어질 것입니다. 두 번째 탐식은 사치와 음란의 불같은 감정들에 불을 지핍니다. 세 번째 탐식도 탐욕의 죄수들을 잡기 위해 옭아매는 탐욕의 그물들을 짜고 있으며, 심지어 수도사들이 그리스도의 완벽한 자기 포기의 삶을 따르지 못하게 방해합니다.

그리고 우리 안에 이런 정욕의 흔적들이 있을 때, 다음의 반응을 확인함으로써 그것들의 존재를 알아차릴 수 있습니다: 만약 우리가 형제들 중 한 사람의 권유로 식사를 하게 된 경우, 그 형제가 준비해서 내놓은 음식을 맛있게 먹는 것에 만족하지 못하고, 그 위에 다른 것을 부어 달라거나 추가해줄 것을 요청하는 용서할 수 없는 무례한 행동을 할 때입니다. 그런 행동은 다음의 세 가지 이유 때문에 절대 하지 말아야 합니다: (1) 수도사의 마음은 항상 인내와 금욕을 실천하는 데 익숙해 있어야 하고, 사도 바울처럼 어떤 환경에 처하든지 만족하는 법을 배워야 합니다. 왜냐하면 비록 한 번이라도 작은 양의 맛없는 음식을 먹고 나서 기분이 상하는 바람에, 잠시의 식욕으로 인해 음식의 진미가 주는 유혹을 이기지 못하는 사람은 육체의 은밀하고 더 중요한 욕구들을 제어하는 데 결코 성공하지 못할 것이기 때문입니다; (2) 그런 일이 가끔 대접하는 주인이 우리가 요청하는 특별한 음식을 준비하지 못할 때 일어나고, 그로 인해 우리가 차라리 하나님에게만 알려졌으면 하는 가난을 드러냄으로써 그가 마련한 식탁의 부족함과 변변치 못함을 부끄러워하도록 만들기 때문입니다. (3) 종종 다른 사람들이 우리가 요구하는 맛에 대해 신경 쓰지 않는데 우리 자신의 미각의 욕구를 충족시키는 데 몰두하는 동안, 그들 대부분을 귀찮게 하는 것으로 밝혀졌기 때문입니다. 그래서 이런 이유 때문에 우리는 무슨 수를 써서라도 그런 무례한 행동을 하지 않도록해야 합니다.

음란에는 세 종류가 있습니다: (1) 성관계에 의해 이루어지는 것; (2) 여자를 만지지 않고도 일어나는 것. 이것과 관련해서 우리는 하나님께서 유다의 아들인 오난을 벌하셨던 사건을 봅니다(창 38:4-10을 참조하십시오); 그리고 성경에서 부정한 것이라고 불리는 것이 있는데, 이에 대해서 사도 바울은 "내가 혼인하지 아니한 자들과 및 과부들에게 이르노니 나와 같이 그냥 지내는 것이 좋으니라. 만일 절제할 수 없거든 혼인하라 정욕이 불같이 타는 것보다 혼인하는 것이 나으니라"(고전 7:8)고 말합니다; (3) 마음과 생각 속에 품게 된 것이 있는데, 이에 대해 복음서에서 주님은 "여자를 보고 음욕을 품는 자마다 마음에 이미 간음하였느니라"(마 5:28)고 말씀하십니다. 그리고 축복받은 사도 바울은 우리에게 이 세 종류의 음행은 하나의 동일한 방법으로 없애 버려야 한다고 권면합니다. 그는 "땅에 있는 지체를 죽이라 곧 음란과 부정과 사욕과 악한 정욕과 탐심이니 탐심은 우상 숭배니라"(골 3:5)

고 말합니다. 그리고 다시 이것들 중 두 음행에 대해 에베소 교인들에게 "음행과 온갖 더러운 것과 탐욕은 너희 중에서 그 이름이라도 부르지 말라 이는 성도의 마땅한 바니라"(엡 5:3)는 교훈을 주고, 한 번 더 "그러나 간음하는 자 혹은 부정한 자, 혹은 우상 숭배자인 탐욕스러운 자는 그리스도와 하나님의 나라를 유업으로 받지 못할 줄을 알지 못하느냐"(고전 6:10)라고 경고하고 있습니다. 그렇기 때문에 우리는 이 세 종류의 음행에 대해 동등한 수준의 관심을 갖고 피하도록 애써야 합니다. 그렇지 않으면 그것들이 하나씩 그리고 모두 함께 그리스도의 왕국에 들어가지 못하도록 우리를 똑같이 차단하고 몰아낼 것입니다.

탐욕에는 세 가지 종류가 있습니다: (1) 세속적인 삶을 포기한 사람들이 재산과 재물을 버리지 못하게 방해하는 것; (2) 우리가 가난한 사람들에게 나누어주고 배분한 것들을 지나친 열성으로 다시금 소유하도록 유혹하는 것; (3) 사람들이 이전에 결코 가져보지 못한 것을 탐내고 갖고 싶은 마음을 일으키는 것. 화(anger)에도 세 가지 종류가 있습니다: 하나는 그리스어로 *thumos*(투모스)로 불리는, 내면에서 격렬히 화를 내는 것; 둘째는 말과 행동 그리고 행위로 터져 나오는 *orgê* (오르게)라고 불리는 것인데, 이것에 대해 사도 바울은 "너희가 분함과 노여움을 버리라"(골 3:8)는 권면을 통해 언급합니다; 세 번째는 한 시간 안에 끓어올랐다가 사그라지는 것이 아니라, 며칠간 혹은 오랜 기간 동안 지속되는 *mênis*(메니스)로 불리는 것이 있습니다. 우리는 동일한 두려움을 가지고 이 세 종류의 화를 내버려야 합니다.

낙담에는 두 종류가 있습니다: 하나는 분노가 누그러졌을 때 올라오는 것, 또는 우리가 입은 손실이나 방해받거나 좌절된 어떤 목적의 결과로 경험하는 것; 다른 하나는 이해할 수 없는 마음의 불안이나 절망에서 생겨나는 것. 나태에도 두 가지 종류가 있습니다: 하나는 그것에 의해 영향을 받은 사람들을 잠들게 하는 것이고, 게으름으로 인해 잠에 빠지게 하는 것이 있고, 다른 하나는 그들이 자신들의 골방을 버리고 도망가게 만드는 것입니다. 허영은 여러 가지의 형태와 모양을 띠고, 다른 부류들로 나눠지지만, 두 개의 주된 허영이 있습니다: (1) 우리가 육적인 것들과 눈에 보이는 것들을 자랑할 때, 그리고 (2) 우리가 영적이고 눈에 보이지 않는 것들에 대해 헛된 칭송을 받으려는 욕구로 불타오를 때입니다.

12장

그러나 한 측면에서 허영은 초심자들에게 유익한 것으로 밝혀졌습니다. 내 말은 아직도 육욕의 죄들로 인해 괴로워하는 자들은, 예를 들어 그들이 음란의 영에 의해 괴롭힘을 당할 때, 사제직의 고귀함이나, 모든 사람들 사이에서의 평판에 대한 생각을 하게 되면, 그것으로 인해 성인(聖人)으로 여겨지고 흠잡을 데가 없는 것으로 생각될 수 있음을 의미합니다. 그리고 이런 생각을 가지고, 그들은 정욕의 부정한 제안들을 불순하고, 적어도 그들의 지위와 명성에 걸맞지 않은 것으로 생각하여 그것들을 내쫓아버립니다; 그렇게 그들은 더 작은 악을 이용하여 더 큰 악을 이깁니다. 사람이 음란의 욕망에 빠지는 것보다 허영의 죄로 인해 괴로워하는 것이 더 낫습니다. 그 이유는 그 사람이 음란에 빠진 이후에 결코 회복할 수 없거나 엄청난 어려움을 겪고나서야 회복될 수 있기 때문입니다. 이런 생각은 하나님을 대변하는 예언자들 중 한 사람에 의해 훌륭하게 표현되었는데, 이르기를 "내 이름을 위하여 내가 노하기를 더디 할 것이며 내 영광을 위하여 내가 참고 너를 멸절하지 아니하리라."(사 48:9) 즉, 그대가 허영에 담겨있는 칭송에 매여 있는 동안, 지옥의 심연 속으로 돌진하거나 치명적인 죄들을 범하는 일에 돌이킬 수 없을 만큼 뛰어들 수 없습니다. 우리는 허영의 정욕이 어떤 사람이 음란의 죄에 뛰어드는 것을 막을수 있는 힘을 갖고 있는지 궁금해 할 필요가 없습니다. 왜냐하면 일단 그 사람이 허영의 독과 역병에 의해 영향을 받게 되면, 그를 완전히 지치지 않게 하고, 그 결과 이틀 혹은 사흘 동안의 금식조차도 거의 느끼지 못한다는 것이 많은 사례에 의해 계속해서 입증되었기 때문입니다.

그리고 우리는 이 사막에 살고 있는 몇 사람을 알고 있는데, 그들이 시리아의 수도원에서 생활하고 있었을 때는 음식을 먹지 않고 5일 동안 어려움 없이 지낼 수 있었지만, 지금은 삼시(三時)가 되어도 배고픔에 압도되어 매일 구시(九時)까지 하는 금식을 유지할 수 없다고 고백합니다. 이 주제에 대해서, 수도원에 있을 때는 배고픔을 느끼지 않고서도 일주일 내내 음식을 종종 하찮게 생각했었는데, 사막에서는 삼시와 같은 이른 시간에 배고픔으로 힘들어하는 이유에 대해 물어보는 사람에게 수도원장 마카리우스(Macarius, c. 300-c. 390)가 아주 명쾌한 답변을 주고 있습니다. 그가 말하기를, "여기서는 그대의 금식을 지켜보고, 칭송의 말로 그대를 만족시키고 지지해주는 사람이 하나도 없지만, 그곳에서는 다른 사람들의 주목과 허영의 음식을 먹고 살이 쪘기 때문입니다." 그리고 우리가 말했듯이, 음란의 죄가 허영의 공격을 받아 생기지 않는 방식에 대해서는, 이스라엘의 자녀들이 이집트왕 니코에 의해 포로로 잡혀갔을 때, 바벨론의 느부갓네살 왕이 올라와 그들을 이집트 국경에서 그들의 고국으로 데려갔는데, 이것은 진정 그들이 누렸던 이전의 자유를 회복시키고 조국으로 돌아가게 하려는 의도가 아니라, 이스라엘 백성들은 자신이 통치하는 나라로 끌고가서 그들이 포로로 잡혀있던 이집트 땅보다 훨씬 더 먼 나라로 보내려 했던 사건이 기록되어 있는 열왕기서에 등장하는 출중하고도 중요한 한 인물이 있습니다. 그리고 이 사건은 우리 앞에 놓여있는 사례에 정확하게 적용됩니다. 왜냐하면 비록 음란보다 허영의 죄에 굴복하는 것이 덜 해가 되긴 하지만, 허영의 지배에서 벗어나기은 더 어렵기 때문입니다. 어쨌든 더 먼 곳으로 끌려간 포로는 자신의 고국과 조상들이 누렸던 자유로 되돌아가는 일에 있어서 더 많은 어려움을 겪게 되고, 선지자의 책망이 당연히 그에게 향하게 될 것입니다: 한 사람이 자신의 죄악의 땅을 일구지 않았다면, 사람들이 그가 낯선 이방나라에서 나이가 들어갔다고 올바르게 말하기 때문에, 선지자도 "무슨 이유로 그대는 낯선 나라에서 늙어가고 있는가?"라고 책망합니다. 교만에는 두 종류가 있습니다: (1) 육욕적인 것, 그리고 (2) 더 나쁜 영적인 것. 교만은 특별히 어떤 선한 자질에서 발전을 이룬 것으로 보이는 사람들을 공격합니다.

13장

비록 이 여덟 가지 죄악들이 온갖 종류의 사람들을 괴롭히긴 하지만, 동일한 방법으로 공격하지는 않습니다. 왜냐하면 어떤 사람에게는 음란의 영이 주요 자리를 차지하고; 분노는 다른 사람을 거칠게 짓누르고; 다른 사람에게는 허영이 지배권을 주장하고; 다른 사람 안에는 교만이 자리를 차지하고 있기 때문입니다. 비록 우리 모두가 이 모든 것들로부터 공격을 받는 것은 명백하지만, 어려움은 우리 각자에게 매우 다른 방식으로 닥쳐옵니다.

14장

그러므로 우리는 모든 사람이 자신들을 사로잡아 괴롭히는 죄를 찾아내어 그것에 대해 주요 공격을 집중해야 하되, 그것의 공격에 대비하기 위해 모든 관심과 경계심을 동원하고, 그에 대항하기 위해 매일 금식의 무기를 사용하고, 그리고 언제나 그것을 향해 마음속에서 나오는 끊임없는 한숨과 신음의 화살을 쏘며, 그에 맞서 철야 기도의 수고와 마음의 묵상을 사용하고, 더 나아가 하나님께 쉬지않고 눈물과 기도를 쏟아내고, 그것의 공격으로부터 구출되기를 지속적이고 분명하게 기도하는 방식으로 이 죄악들에 도전해야 합니다. 왜냐하면 어떤 사람이 비록 순결해지려는 목적으로 밤낮으로 최대한의 주의와 경계심을 갖고 애쓴다 할지라도, 자신의 힘과 노력으로 정욕에 대한 싸움에서 이길 수 없다는 것을 먼저 명확하게 이해하지 않는다면, 어떤 종류의 정욕에 대해서도 승리를 거두는 것은 불가능하기 때문입니다. 그리고 심지어 그가 이 죄악을 제거했다고 느낄 때에도, 그는 여전히 같은 목적을 가지고 마음의 가장 깊은 곳을 살펴보고, 아직도 그곳에 있는 죄악들 가운데 그가 볼 수 있는 최악의 죄악을 가려내어, 특별히 성령의 모든 능력으로 그에 맞서 싸워야 합니다. 그래서 항상 강한 정욕들을 이겨냄으로써, 나머지 것들에 대해 빠르고 쉬운 승리를 거두게 될 것입니다. 승리의 과정을 통해 영혼이 더욱 활기를 띠게 되고, 다음에는 더 약한 정욕과 싸움을 치른다는 사실은 한 욕정과 치른다는 사실은 그에게 이 전투에서 더 쉬운 승리를 보장해줍니다: 이것은 일반적으로 상급을 바라보면서 이 세상의 왕들 앞에서 온갖 종류의 맹수들과 맞서는 일이 예사인 사람들의 경우입니다. 맞서 싸우는 사람들의 경우에 해당됩니다.... 나는 그런 사람들은, 자신들이 보기에 가장 강하고 사나운 짐승에 대해 첫 공격을 감행한다고 말하는 바입니다. 그들이 그 짐승을 신속하게 죽이고 나서야, 그다지 맹렬하거나 힘이 세지 않은 나머지 짐승들을 더 쉽게 제압할 수 있습니다.

그래서 역시 언제나 더 강한 정욕들을 이겨낸 결과, 더 약한 정욕들이 자리를 잡게 되면서, 어떠한 위험한 일도 없이 완벽한 승리가 우리에게 보장될 것입니다. 우리는 만일 누군가가 특히 하나의 죄악과 싸우면서, 다른 것들의 공격에 대비하는 데 너무 부주의한다면, 갑작스러운 공격에 의해 쉽게 상처를 입게 될 것이라고 상상할 필요가 없습니다. 왜냐하면 그런 일은 아마도 일어날 수 없기 때문입니다. 어떤 사람이 자신의 마음을 정결히 하고자 애를 쓰고, 한 죄악의 공격에 맞서 마음의 목적을 굳게 다진 곳에서는, 다른 모든 죄악에 대해서 일반적인 두려움을 가지지 않은 채 그것들을 비슷하게 다루는 것은 불가능합니다. 만약 어떤 사람이 다른 죄들로 자신을 더럽혀서 순결의 상을 받을 자격이 없게 되었다면, 어떻게 간절히 벗어나기를 바라던 정욕에 대해 승리를 거두는 데 성공할 수 있겠습니까? 그러나 우리 마음의 주된 목적이 하나의 욕망을 특별한 공격대상으로 삼았다면, 우리는 더욱 간절히 그것에 대해 기도하고 특별한 열망과 열정을 갖고 특별히 그것에 대해 더욱 경계심을 갖고 신속한 승리를 거두는 데 성공할 수 있도록 간구해야 합니다. 왜냐하면 율법을 주신 하나님이 우리에게 죄와의 싸움에서 이 계획을 따르고 우리 자신의 힘을 믿지 말 것을 가르치고 있기 때문입니다; 하나님께서 말씀하시기를, "너는 그들을 두려워하지 말라 너희의 하나님 여호와 곧 크고 두려운 하나님이 너희 중에 계심이니라. 네 하나님 여호와께서 이 민족들을 네 앞에서 조금씩 쫓아내시리니 너는 그들을 급히 멸하지 말라. 들짐승이 번성하여 너를 해할까 하노라. 네 하나님 여호와께서 그들을 네게 넘기시고 그들을 크게 혼란하게 하여 마침내 진멸하시리라."(신 7:21-23)고 하셨습니다.

"The Works of John Cassian," tr. by Edgar C. S. Gibson, *Nicene and Post-Nicene Fathers*, ed. Philip Schaff (Buffalo: Christian Literature Company, 1889), Second Series, vol. XI, pp. 339-340, 342-346.

죄에 대한 처방
할리트가

소개의 글

9세기 초 프랑스에서는, 각 지역마다 죄를 지은 기독교인들이 교회에서 영적으로 건강한 상태로 회복되는 조건으로 자신들의 죄를 바로 잡는 데 사용한 고해(penance)의 집행에 대한 선호하는 지침서가 있었던 것으로 보인다. (종종 공개적인 고백을 요구하는) 이러한 다양한 고해 행위는 샤를마뉴 황제의 아들 중 한 명인 경건왕 루이(Louis the Pious)의 통치시기에 랭스(Reims)의 대주교인 엡보(Ebbo)를 혼란스럽게 했다. 그는 교구의 부주교들(suffragan) 중 한 명인, 817년부터 831년까지 북프랑스의 깜프라이(Cambrai)의 주교로 봉직했던 할리트가(Halitgar)에게 교부들의 저술들과 교회의 공식 법규집(Canons)들을 참조하여 표준 고해 규정서를 편찬하도록 위임하였다. 이 새로운 지침서는 엡보 대주교의 관할 하에 있는 모든 사제들이 사용하게 되었으며 고해 행습을 통일시키는 역할을 하였다.

할리트가의 작업은 어려운 일이었다. 그 이유는 대중적인 켈트 고해 규정서에 규정되어 있는 교회 치리의 유형이 교부들과 교회 법규집에는 알려져있지 않았기 때문이다. 할리트가는 그레고리 교황, 아퀴타니아의 프로스페르, 그리고 다른 전통적인 저술들로부터 다섯 권으로 된 지침서를 편찬하였고, 다른 고해 규정서들로부터 『로마 고해 규정서(*Poenitentiale Romanum*)』로 불리는 여섯 번째 책을 엮어내었다. 비록 중요한 내용에 대해 로마 교회의 권위에 호소하는 당시의 필체 덕분에 할리트가는 허위의 혐의를 벗긴 했지만, 이 여섯 번째 책은 당시의 켈트 고해 규정서들과 매우 유사하며 결코 로마에 기원을 두고 있다고는 말할 수 없다. 그러나 분명히 그의 작업은 바라던 고해 행위의 표준화를 이루었고 로마 교회의 권위를 지닌 것으로 널리 받아들여졌다. 이 지침서는 주후 830년경에 완성되었다.

할리트가의 고해 규정서는 고백, 고해, 그리고 화해는 공개적으로 하기보다는 개인적으로 행해져야 한다고 명시하였고, 고해를 집전하는 주 담당자는 주교보다는 사제를 지정하였다. 금식은 이전의 고해 규정서에서 명시된 바와 같이 고기, 버터, 포도주 또는 맥주와 같은 특정 음식들을 금지하는 처방보다는, 음식의 양을 줄이거나 일시적으로 음식을 먹지 않은 것이 되었다. 그러나 고해를 돈으로 대체하는 일반적인 관행은 허용되었으며, 금액은 고해자의 재산에 비례하여 책정되었다. 시편과 기도문의 암송 그리고 특정 자세와 몸짓을 취하는 것은 특별히 치유적인 것으로 간주되었다. 고해자는 두 손을 위로 들거나 몸을 구부리고 두 팔을 양옆으로 벌린 상태에서 주기도문을 읊조리게 하였는데, 이런 것들은 무릎 꿇기와 고개 숙이기를 찬송가 영창과 기도와 많이 조합하여 사용한 이전의 고해 규정서들에서 수록된 이미 알려져 있던 고해의 형식들이다.

할리트가가 제시한 더 심한 고해 방식 중 하나는 채찍질인데, 이것은 탐식과 정욕과 같은 육체의 죄를 짓는 경향이 있는 사람들에게 적합한 것으로 생각되었다. 하지만 할리트가는 미사 때 성배를 올린 후 기도문을 읊조리는 동안 말을 더듬는 사제에게 채찍질을 부과하였다. 이 고해 규정서에 수록된 사죄 선언은, 그 규정서의 기초가 되었던 것들과 마찬가지로, 하나님의 용서하시는 자비에 호소하는 간단한 화해의 기도였다. 12세기에 이르러서야 고해의 성례적 성격이 죄를 사한다는 선포의 형식을 필요로 할 정도로 발전하였다.

할리트가의 고해 규정서는 당연히 고해의 발전에서 중요한 위치를 차지한다. 또한 죄로 간주되는 행위들의 종류를 명시한 것도 대단히 흥미롭다. 예를 들어 67번째 처방에서와 같이, 단순한 입맞춤, 선정적인 입맞춤과 "음흉한 의도가 있거나 성교를 하면서(with **pollution** or embrace)" 하는 입맞춤을 분명하게 구분하였으며, 마지막은 첫 번째보다 두 배나 무거운 고해를 하도록 규정하였다. 전체적으로 이 저술은 유럽의 "암흑기"에 살았던 정열적인 사람들의 행위를 규제하려는 기독교 목회자들의 세심한 관심을 생생하게 보여주고 있다.

죄에 대한 처방들

출처: 『로마의 고해 규정서』(c. 830), 저자: 할리트가

[할리트가의 서문]

여기서부터 여섯 번째 책이 시작된다. 우리는 또한 비록 누가 저술했는지 알 수 없지만, 로마 교회의 책 보관소에서 가져온 로마의 고해 규정

서 한 권을 우리가 선정한 이 작품에 추가하였다. 우리는 이 책이 앞서 언급한 규범들(canons)에 대한 판결에 포함되어야 한다는 결정을 내렸다. 그 이유는 다음과 같다: 만약 제시된 판결들이 어떤 사람에게는 불필요해 보이거나, 혹은 그가 거기서 사람들의 범죄와 관련하여 자신이 필요로 하는 것을 전혀 찾을 수 없다면, 아마도 이 최종 요약본에서 적어도 모두가 저지르는 잘못된 행동에 대한 설명을 찾을 수 있을 것이다.

머리말

주교들이나 사제들이 고해자를 다루는 방법

기독교 신자들이 고해를 하러 올 때마다, 우리는 금식을 하게 합니다. 그리고 우리도 그들과 함께 1주 또는 2주 정도, 아니면 할 수 있는 기간 동안 금식을 해야 합니다. 우리 주님이신 구주께서 유대인들의 제사장들에게, "화 있을진저 너희 서기관들이여 지기 어려운 짐을 사람에게 지우고 너희는 한 손가락도 이 짐에 대지 않는도다"(눅 11:46)라고 하신 말씀을 듣지 않도록 해야 합니다. 어떤 사람도 자신의 몸을 굽혀 손을 내밀지 않는다면 짐을 지고 가다가 넘어진 사람을 일으켜 세울 수 없고; 어떤 의사도 환자의 환부를 만지지 않고 상처를 치료할 수 없습니다. 마찬가지로 어떤 사제나 교황도 간절한 탄원과 눈물의 기도를 하지 않고서는 죄인들의 상처를 치료하거나 그들의 영혼에서 죄를 벗겨낼 수 없습니다. 그러므로 사랑하는 형제들이여, 우리는 "서로 연결되어 있는 지체들"이고, "만일 한 지체가 어떤 일로 고통을 겪으면, 모든 지체가 그 일로 인해 함께 고통을 받기 때문에"(고전 12:46 참조), 우리가 죄인들을 위해서 간청하는 일이 필요합니다. 따라서 우리가 죄에 빠진 누군가를 보게 되면, 서둘러 우리의 가르침을 통해 그로

하여금 고해하게 합시다. 그리고 그대가 죄인에게 조언을 할 경우에는, 그에게도 똑같이 즉각 고해할 기회를 주고 금식을 함으로써 죄를 어느 정도까지 속량 받을 수 있는지 말해주십시오; 혹시라도 그가 자신의 죄 때문에 금식하는 것이 얼마나 필요한지를 잊어버리지 않도록, 그의 죄에 대해 다시 한번 물어볼 필요가 있습니다. 그러나 그 사람은 아마도 두 번째 자신의 죄를 고백하는 것을 주저할 것이며, 그로 인해 더 가혹한 심판을 받게 될 것입니다. 이 문서를 예상치 않게 접한 모든 성직자들이 그것을 자신에게 적용하거나 읽어줘야하는 것은 아닙니다; 오직 필요한 사람들, 즉 교구 사제들이 그렇게 해야 합니다. 주교와 사제(천국의 열쇠를 부여받은 사람)가 아닌 사람들은 고해를 위한 기도를 하지 말아야 하듯이, 다른 사람들도 이러한 판결을 자기자신의 것으로 만들지 말아야 합니다. 그러나 만약 필요가 생기고 가까이 사제가 없다면, 부제가 고해자에게 성만찬에 참여하는 것을 허락할 수 있습니다. 그러므로 우리가 위에서 얘기했듯이, 주교들이나 사제들은 자기를 낮추고, 자신들의 죄뿐만 아니라 모든 그리스도인들의 죄를 위해 신음과 슬픔의 눈물을 흘리며 기도해야 합니다. 그러면 그들은 축복받은 바울과 함께, "누가 약하면 내가 약하지 아니하며 누가 실족하게 되면 내가 애타지 않더냐"(고후 11:29)라고 말하게 될 것입니다. 그러므로 누구든지 자신의 죄를 고백하기 위해 사제에게 올 경우, 사제는 기도하러 방에 들어가 있는 동안 그 사람에게 조금 기다려달라고 조언해야 합니다. 그러나 기도할 방이 없더라도 그 사제는 여전히 마음속으로 이런 기도를 해야 합니다.

함께 기도합시다

전능하신 주 하나님. 죄인인 저에게 자비를 베푸셔서 하나님께 감사를 드릴 수 있는 합당한 자가 되게 하옵소서. 하나님의 자비로 말미암아 자격 없는 제가 사제의 직분을 가진 사역자가 되었습니다. 그리고 하찮고 비천한 저를 죄인들과 고해하러 오는 자들을 위해 주 예수 그리스도 앞에서 기도와 중보의 중재자로 삼아주셨습니다. 그러하오니 모든 사람이 구원받게 하시고 진리를 아는 지식에 이르게 하시며, 죄인의 죽음을 바라지 않으시고 회개하여 살 수 있기를 원하시는 우리의 통치자이자 주님이시여, 고해하러 나아온 당신의 종들을 위해 당신의 인자하심 앞에 간절히 드리는 저의 기도를 받아주소서. 우리 주 예수 그리스도의 이름으로 간구합니다.

더욱이 고해하러 온 자리에서 사제가 자신의 악한 행동에 대해 슬퍼하며 우는 것을 보고 나서 그 자신이 하나님에 대한 두려움으로 더욱 마음의 움직임이 있었던 사람은 자신의 죄에 애통해하고 미워하게 될 것입니다. 그리고 만일 그대가 고해하러 온 사람이면 누구든지 간절하고 지속적인 고해의 상태에 있음을 보게 되거든, 그 사람을 즉각 받아주십시오. 부과된 금식을 이행할 수 있는 사람을 막지 말고 금식하게 하십시오. 왜냐하면 금식이 의무사항이기 때문에 그 의무를 서둘러 이행하는 사람들은 오히려 칭송을 받을 것이기 때문입니다. 그리고 만약 어떤 사람이 금식하고 사제가 명령한 것을 완수한다면, 자신의 죄로부터 정결하게 될 것이므로, 고해하는 사람들에게 명령을 내리십시오. 그러나 만일 그 사람이 다시 이전의 습관이나 죄로 돌아간다면, 그는 마치 자신이 토한 것을 먹는 개와 같습니다. 그러므로 모든 고해자는 사제가 명한 금식의 의무를 이행해야 할 뿐만 아니라, 명령을 받았다면 수요일이나 금요일에 금식을 해야만 합니다. 만약 그가 사제가 명한 일들을 완수한다면, 그의 죄는 용서받을 것입니다; 하지만 만약 이

후에 그가 자신의 의지로 금식을 한다면, 자비와 하나님의 나라를 얻게 될 것입니다. 그러므로 자신의 죄를 위해 일주일 내내 금식한 사람은 토요일과 주일에는 마음에 드는 것은 무엇이든 마실 수 있습니다. 그럼에도 불구하고 사치는 술 취함에서 나오기 때문에, 그 사람으로 하여금 과음이나 술 취함에 빠지지 않게 하십시오. 그래서 축복받은 바울이, "술 취하지 말라 이는 방탕한 것이니"(엡 5:18)라고 말하면서 술 취함을 금한 것입니다; 사치는 포도주가 아니라 술 취함에 있습니다.

여기서 소개의 글이 마무리된다.

[고해자들을 위한 지침]

만약 누구든지 금식을 할 수 없는 형편이지만 속전(贖錢)을 주고 벌충할 수 있는 재력을 갖고 있다면, 그 사람이 부자인 경우, 7주간의 고해를 대신하여 20솔리두스[13]를 내야 합니다. 하지만 그가 충분한 재력을 갖고 있지 않다면, 10솔리두스를 내야 합니다. 만약 그가 정말 가난하다면, 3 솔리두스를 내면 됩니다. 이제 우리는 20솔리두스나 더 적은 금액을 내라고 명을 내린 것으로 인해 어떤 사람도 놀라지 않게 해야 합니다; 왜냐하면 그가 부자라면, 가난한 사람이 3솔리두스를 내는 것보다 그가 20솔리두스를 내는 것이 더 쉽기 때문입니다. 그러나 모든 사람들로 하여금 돈이 포로 석방을 위해서, 혹은 거룩한 제단에 드리기 위해서, 혹은 가난한 기독교 신자를 위해서 쓰이든 간에, 각자가 돈을 내야 할 목적에 주의를 기울이게 하십시오. 그리고 나의 형제들이여, 이것을 알고 계십시오: 남자 노예나 여자 노예가 고해를 할 목적

---

13. 역자 주: solidus, 로마 제국에서 통용되었던 금화의 단위.

으로 그대를 찾아오거든, 그들을 냉혹하게 대하거나, 부자들에게 요구하는 정도로 금식하도록 강요해서는 안 됩니다. 왜냐하면 노예들은 그럴만한 힘이 없기 때문입니다; 그러므로 그들에게 적당한 고해성사를 베풀어 주십시오.

여기서 고해 집례를 위한 형식을 말하고자 합니다.

먼저 사제는 시편 37편에 있는 "오 주님 분노하시어 나를 책망하지 마옵소서"라고 말합니다. 그런 다음 "기도 합시다"와 시편 102편의 구절인 "내 영혼아 주님을 송축하라. 그리하여 영혼이 새롭게 될지어다"라고 말합니다. 그리고 다시 "기도 합시다"와 시편 50편의 말씀인 "자비를 베푸소서 그리하여 내 죄를 지워 주소서"라고 말합니다. 다음 순서로 시편 68편, "오 하나님, 당신의 이름으로"라고 말한 다음 "기도합시다"라고 말합니다. 그리고 시편 51편 "정의로운 자들이 보고 두려워하는데, 당신은 어찌하여 영광을 받으시는지요"라고 말한 뒤, "기도합시다"라고 말합니다.

오 하나님이여, 당신의 은총이 필요하지 않은 사람은 아무도 없나이다. 오 주님, 일시적이고 세속적인 육신의 연약함 속에 놓여 있는 당신의 이 종을 기억하소서. 우리는 당신께서 고백하는 자를 용서해주시고 간구하는 자를 살려주시고 건져주시기를, 그리고 우리의 공덕에 따라 저주받아야 할 우리가 우리 주 예수 그리스도를 통해 당신의 긍휼로 말미암아 구원받기를 원하나이다.

다른 기도

오 하나님이여. 당신의 눈길 아래 모든 영혼이 전율하고 모든 양심이 두려워하나이다. 불평하는 모든 자들에게 은혜를 베풀어 주시고 모든 이들의 상처를 치유해 주소서. 그리하여 우리 중 누구도 죄로부터 자유로운 자가 없는 것처럼, 어떤 사람도 우리 주 예수 그리스도를 통한 당신의 용서에 이방인이 되지 않게 하소서.

기도

오 한없는 자비와 측량할 수 없는 진리의 하나님이시여, 우리의 허물을 은혜로 다루어 주시고 우리 영혼의 모든 게으름을 치유해 주소서. 그리하여 당신의 긍휼로 주어진 죄의 사함을 부여잡고 우리가 당신의 축복 안에서 영원한 즐거움을 누리게 하소서. 우리의 주 예수 그리스도를 통하여.

기도

오 주님, 제가 당신의 친절과 자비의 위엄에 호소하여 간청하오니 이 종이 자신의 죄와 악한 행실을 고백할 때 그에게 용서의 자비를 베풀어주시고 지난날 저지른 과오를 사해주시기를 간구하나이다. 당신은 길 잃은 양을 어깨에 짊어지시고 세리가 죄를 자백할 때 그 기도를 인정하시고 귀 기울여 들으시는 분이십니다. 오 주님, 당신의 이 종을 은혜로 대해주시고 그의 기도에 은총을 내려주셔서 고백의 은혜에 머무르게 하시고, 그의 눈물과 간구가 속히 영원한 당신의 자비를 얻게 하옵소서. 또한 거룩한 제사와 성례에 참여하게 하사 다시 영생과 천국의 영광의 소망에 참여할 수 있게 하옵소서. 우리 주님 예수 그리스도를 통하여.

안수 기도

거룩하신 주님, 전능하신 아버지. 당신의 아들 우리 주되신 예수 그리스도를 통해 우리의 상처를 치유하신 영존하시는 하나님이시여, 당신의 보잘것없는 종인 우리가 중보자로서 당신에게 감히 간구하고 간청하오니 자비의 귀를 기울여 주셔서 모든 과오를 사해주시고 당신의 이 종이 저지른 모든 죄를 용서해 주시고 아픔의 자리에 용서를, 슬픔의 자리에 기쁨을, 사망의 자리에 생명을 주옵소서. 그가 하늘의 높은 곳에서 떨어졌지만, 당신의 자비를 믿사오니 그가 진정한 평안과 영생이 있는 천국의 처소를 선물로 주실 상급을 바라보며 인내하며 살아가는 자가 되게 하소서. 우리 주님이신 예수 그리스도를 통하여.

여기서 성 목요일에 고해자의 화해가 시작된다. 먼저 응답 송가 "깨끗한 마음(Cor mundum)"과 함께 시편 50편을 읽는다.

기도

인간을 지으신 이시요 가장 자비로우신 교정자이신, 가장 은혜로운 하나님이시여, 당신은 타락한 인간을 화해시키는 일에, 누구보다도 당신의 자비가 필요한 제가 사제의 사역을 통해서 당신의 은혜의 역사에 섬기게 하셔서, 간구하는 자의 공덕이 사라지면서 구원자의 자비가 더욱 경이롭게 되기를 바라나이다. 우리 주님 예수 그리스도를 통하여.

다른 기도

전능하시고 영존하시는 하나님이시여, 당신의 긍휼로 자신의 죄를 고백하는 이 종이 죄에서 벗어나게 하소서. 양심의 가책으로 징벌을 받는 고통이 사랑의 은혜로 그에게 용서를 베푸는 것보다 크지 않도록 죄 사함을 주옵소서. 우리 주님 예수 그리스도를 통하여.

다른 기도

전능하시고 자비하신 하나님이시여, 당신은 즉각적 고백에 죄를 용서하시고 타락한 자들을 구해주시는 분이십니다. 저주받아 사슬에 매인, 죄를 고백하는 자들에게 자비를 베풀어 주셔서 당신의 크신 사랑으로 풀어주옵소서.

병자들을 위한 기도

오 하나님이시여, 당신의 종인 히스기야 왕에게 15년을 더 살수 있는 은혜를 베풀어 주셨나이다. 당신의 위대함으로 병상에 있는 당신의 종을 일으켜 건강하게 세워주옵소서. 우리 주님 예수 그리스도를 통하여.

[고해에 대한 처방들]

살인에 대하여

1. 만약 주교나 다른 안수받은 사람이 살인을 저지른 경우, 혹은 어떤 성직자가 살인을 저질렀다면, 그 사람은 10년 동안 고해를 해야 하는데, 이 중 3년은 빵과 물로 지내야 한다.

2. 만약 범죄자가 평신도라면, 그는 3년 동안 고해를 하되, 이 중 1년은 빵과 물을 먹으면서 지내야 한다. 부부제(subdeacon)는 6년을, 부제(deacon)는 7년을, 사제(presbyter)는 10년을, 주교(bishop)는 12년 동안 고해를 이행해야 한다.

3. 만약 누구든지 살인 행위에 동의한 경우, 그 사람은 7년 동안 고해를 이행해야 하며 이 중 3년은 빵과 물로 지내야 한다.

4. 만일 평신도가 고의로 살인을 저질렀다면, 그 사람은 7년 동안 고해를 이행해야 하며 이 중 3년은 빵과 물로 지내야 한다.

5. 만약 어떤 사람이 유아를 압사시켰다면, 그 사람은 3년 동안 고해를 이행해야 하고 이 중 1년은 빵과 물로 지내야 한다. 성직자도 동일한 규칙을 준수해야 한다.

음행에 대하여

6. 만약 누구든지 소돔 사람들처럼 음행을 저질렀다면, 그 사람은 10년 동안 고해를 이행해야 하며 이 중 3년은 빵과 물에 의지하여 지내야 한다.

7. 만일 성직자가 간음을 범했다면 즉, 다른 사람의 아내 혹은 약혼녀와 동침하여 아이를 낳았다면, 그 사람은 7년 동안 고해를 이행해야 한다. 그러나 그 관계에서 아이를 낳지 않고 간통 행위가 사람들에게 발각되지 않은 경우에는, 성직자의 경우 3년 동안 고해를 이행해야 하고 이 중 1년은 빵과 물로 생활해야 한다. 당사자가 부제나 수도자라면 7년의 고해 기간을 보내고 그 기간 중 3년은 빵과 물로 생활하고, 주교의 경우에는 12년의 고해 기간을 가져야 하고 이 중 5년은 빵과 물에 의지하여 지내야 한다.

8. 만약 회심이나 승급 이후에 아내를 둔 고위 성직사가 그녀와 다시 성관계를 한 경우, 그에게 간음죄를 범했음을 알려주어 위에서 언급한 바와 같이 고해를 이행해야 한다.

9. 만일 누구든지 수녀나 하나님께 서약한 자와 간음한 죄를 저질렀다면, 그에게 간음을 범한 사실을 알려 주어야 한다. 그 사람은 앞서 말한 결정에 따라 각각 받은 명령대로 고해를 이행해야 한다.

10. 만약 어떤 사람이 자위행위를 했거나 짐을 나르는 짐승 혹은 네발 달린 짐승과 음행하는 죄를 지었다면, 그는 3년 동안 고해를 이행해야 한다. 만일 그 사람이 성직자이거나 수도 서약을 한 경우에는, 7년 동안 고해 기간을 가져야 한다.

11. 만일 어떤 성직자가 여성에게 음욕을 품었지만 그녀가 동의하지 않아 성관계를 가지지 못한 경우, 그는 반년 동안 빵과 물에 의존하며 생활하고 1년 동안 포도주와 고기를 금하는 고해를 이행해야 한다.

12. 만약 어떤 사람이 하나님께 서약한 뒤, 개가 스스로 토한 것을 먹듯이, 이전의 세속 습관으로 돌아가거나 아내를 취한 경우, 그는 6년 동안 고해를 이행해야 하며 이 중 3년은 빵과 물에 의존하여 생활하되, 그 이후에 결혼하지 말아야 한다. 만일 그 사람이 거부한다면, 주교 회의나 교황청은 그들이 가톨릭교회의 성만찬에 참여하지 못하게 해야 한다. 마찬가지로 만일 어떤 여성이 하나님께 서약한 뒤, 동일한 죄를 범했다면, 동일한 벌을 받게 해야 한다.

13. 만일 평신도가 소돔 사람들처럼 음행을 저질렀다면, 그는 7년 동안 고해를 이행해야 한다.

14. 만약 어떤 사람이 다른 남자의 아내와 동침하여 아이를 낳게 했다면, 즉 간통을 하여 이웃의 침소를 침범한 경우, 그는 3년의 고해기간 동안 맛난 음식과 자기 아내를 가까이하지 말아야 한다. 이와 더불어 그 여인의 남편에게는 아내의 더럽혀진 명예에 대해 댓가를 지불해야 한다.

15. 만일 어떤 사람이 간통을 원했지만 실행으로 옮기지 않았다면, 즉 받아들여지지 않은 경우, 그 사람은 40일간 고해를 이행해야 한다.

16. 만약 어떤 사람이 여인들, 즉 과부들과 소녀들과 간음을 행했다면, 그 사람은 과부와 간음을 한 경우에는 1년 동안; 소녀와 간음을 한 경우에는 2년 동안 고해를 이행해야 한다.

17. 만일 순결한 청년이 성경험이 없는 처녀와 동침했다면, 부모가 동의할 경우, 그녀는 그의 아내가 될 수 있다. 하지만 그들은 1년 동안 고해를 이행한 뒤에야 남편과 아내가 될 수 있다.

18. 만약 누구든지 동물과 성관계를 가졌다면, 그 사람은 1년 동안 고해를 이행해야 한다. 만일 그에게 아내가 없다면 반년 동안 고해를 이행해야 한다.

19. 만일 누구든지 처녀나 과부를 범했다면, 그는 3년 동안 고해를 이행해야 한다.

20. 만약 약혼한 남자가 약혼한 여성의 자매를 더럽히고 그녀가 마치 자신의 아내인 것처럼 친밀한 관계를 유지하면서 약혼녀와 결혼한 상태에서, 성적 더럽힘을 당한 여인이 자살했다면, 그 행위에 동의했던 모든 사람은 규정 조항에 의거하여 10년 동안 빵과 물에 의지하여 살아가야 하는 처벌을 받을 것이다.

21. 만일 간음을 저지른 여인들 중 누구든지 태어난 아이들을 죽이거나 낙태를 시도한다면, 원래 규정은 죽을 때까지 성찬식에 참여하는 것을 금지하는 것이다. 실제로 정해진 것은 실행할 때 어느 정도 경감될 수 있다. 우리는 규정에 명시된 대로, 당사자들은 지위에 따라 10년 동안 고해할 것을 결정한다.

위증에 대하여

22. 만약 성직자가 위증을 했다면, 그 사람은 7년 동안 고해를 이행해야 하되 그 기간 중 3년은 빵과 물에 의지하며 지내야 한다.

23. 평신도는 3년 동안, 부부제는 6년 동안, 부제는 7년 동안, 사제는 10년 동안, 그리고 주교는 12년 동안 고해를 이행해야 한다.

24. 만일 누구든지 어쩔 수 없이 부지불식간에 위증을 했다면, 그 사람은 3년 동안 고해를 이행하되 이 중 1년은 빵과 물로 생활해야 하며 자신을 위해 한 생명을 풀어주어야 한다. 즉, 남자 노예 혹은 여자 노예 한 명을 노예 신분에서 해방시키고 후한 자선금(alms)을 지급해야 한다.

25. 만약 누구든지 탐욕에 눈이 멀어서 위증을 했다면, 그 사람은 자신의 모든 재산을 팔아 가난한 사람들에게 나눠주고 머리를 밀고 수도원에 들어가 죽을 때까지 충실하게 섬겨야 한다.

절도죄에 대하여

26. 만약 성직자가 중대한 절도죄로 유죄판결을 받는다면, 즉 동물을 훔치거나 남의 집에 침입하거나, 혹은 잘 보호된 장소를 강탈했다면, 그는 7년 동안 고해를 이행해야 한다.

27. 평신도의 경우에는 5년, 부부제는 6년, 부제는 7년, 사제는 10년, 그리고 주교는 12년 동안의 고해 기간을 가져야 한다.

28. 만약 하급 성직[14]에 속한 자가 한두 차례 도둑질을 한 경우에는, 그 사람은 피해 이웃에게 보상을 하고 빵과 물에 의지하여 생활하면서 1년 동안 고해를 이행해야 한다. 하지만 보상을 할 수 없는 경우에는 3년 동안 고해를 이행해야 한다.

29. 만일 누구든지 무덤을 훼손했다면, 그 사람은 7년 동안 고해를 이행하되 그 중 3년은 빵과 물에 의지하면서 지내야 한다.

30. 만약 평신도가 도둑질을 했다면, 그 사람은 훔친 것을 피해자에게 돌려주고 세 번에 걸쳐 40일 동안 빵과 물을 먹으면서 고해를 이행해야 한다. 만일 보상을 할 수 없는 경우에는 1년 동안 고해를 이행하되, 세 번에 걸쳐 40일 동안 빵과 물에 의지하여 생활해야 한다. 그리고 그는 자신의 노력으로 얻은 것을 가난한 자들에게 나눠주는 자선을 베풀고 사제의 결정에 따라 제단에 참여할 수 있다.

주술(magic)에 대하여

31. 만약 어떤 사람이 주술을 이용해 누군가를 죽게 했다면, 그 사람은 7년 동안 고해를 이행하되 그 기간 중 3년은 빵과 물을 먹고 살아야 한다.

---

14. 역주: 하급 성직(minor orders)은 위로부터 시제(侍祭), 구마품(驅魔品), 독사(讀師), 수문(守門)의 직계(職階)가 있다.

32. 만일 누구든지 사랑을 위해 주술가로 활동했지만 다른 사람을 죽게 하지 않았다면, 그 사람이 평신도라면 반년 동안 고해를 이행해야 한다;. 성직자의 경우, 1년 동안 빵과 물에 의지하여 생활하면서 고해를 이행해야 한다; 부제의 경우, 3년 동안의 고해와 1년 동안의 빵과 물에 의지하는 생활을; 사제의 경우에는, 5년의 고해 기간을 갖되 2년 동안 빵과 물에 의지하며 지내는 생활을 해야 한다. 그러나 만약 누구든지 이런 주술을 통해 아이의 출생에 관련하여 임산부를 속인 경우 살인 혐의로 고발되지 않으려면, 각 사람은 위의 여섯 40일 기간을 추가해야 한다.

33. 만약 어떤 사람이 폭풍우를 불러일으키는 주술사라면, 그 사람은 7년 동안 고해를 이행하되 그 기간 중 3년은 빵과 물을 먹고 생활해야 한다.

신성모독에 대하여

34. 만일 누구든지―즉, 앞으로 일어날 일들을 예측하는 복점관(augurs)[15]으로 불리는 자들― 신성모독을 범한다면, 그가 복점을 쳤거나 어떤 악한 수단으로 점을 친 경우, 그 사람은 3년 동안 빵과 물을 마시면서 고해를 이행해야 한다.

35. 만약 어떤 사람이 [사람들이 예언자(diviners)라고 부르는] 점쟁이(soothsayer)로서 일종의 복점을 쳤다면, 그런 행위는 귀신들린 짓이므로 그 사람은 5년 동안 고해를 이행하되 그중 3년을 빵과 물을 마시며 생활해야 한다.

36. 만일 어떤 사람이 (고대 로마 달력으로) 정월 초하루에 많은 사

---

15. 역주: 고대 로마에서 새의 움직임 등으로 공사(公事)의 길흉을 점치던 신관(神官)을 가리킨다.

람들이 하는 것처럼, 수사슴이나 송아지 모습으로 가장하고 돌아다닌 다면, 그 사람은 3년 동안 고해를 이행해야 한다.

37. 만약 어떤 사람이 합리적인 이성에 반하여 "성자들의 운수 (Sortes Sanctorum)"나 "운수점(sortes)"[16]을 치거나 악한 도구를 사용 하여 복점을 친다면, 그 사람은 3년 동안 고해를 이행하고 그중 1년은 빵과 물을 먹으며 지내야 한다.

38. 만일 어떤 사람이 나무나 샘물이나 격자창(lattice) 옆, 또는 교 회가 아닌 다른 장소에서 서약을 하거나 서약에 어긋나는 행위를 하였 다면, 그런 행위는 신성모독이나 악마에 속한 것이므로 그 사람은 3년 동안 빵과 물에 의지하며 고해를 이행해야 한다. 그런 장소에서 먹거 나 마시는 자는 누구든지 1년 동안 빵과 물로 생활하면서 고해를 이행 해야 한다.

39. 만약 어떤 사람이 마법사 즉, 악령을 불러내는 주문으로 사람의 마음을 사로잡는 일을 한다면, 그 사람은 5년 동안 고해를 이행하고 이 중 1년은 빵과 물을 먹고 마시며 생활해야 한다.

40. 만일 어떤 사람이 가증스러운 물건인 부적을 만든다면, 그 사람 은 3년 동안 고해를 이행하되 이중 1년은 빵과 물을 의지하며 살아야 한다.

41. 만약 이교도들의 가증한 곳에서 벌어진 축제에서 차려놓은 음 식을 먹고 집으로 음식을 가져와 먹는 사람들은 2년 동안의 고해에 해 당하는 죄를 범하는 것이며, 그것 때문에 그들이 수행해야 할 일을 하 도록 명령을 받게 된다; 그리고 각자 성찬 봉헌(oblation)을 한 다음 자

---

16. 역주: 성경이나 책 등을 임의로 펴서 나온 페이지의 한 구절로 치는 점을 말한다. sortes 라고 불리는 신탁을 받거나 악한 도구(evil device)를 사용하거나 다른 것에서 제비를 뽑 거나 점을 치는 행위.

신의 영을 시험하고 모든 사람의 삶을 점검하라는 명을 받는다.

42. 만일 어떤 사람이 이교도들의 성소 옆에서 먹거나 마셨는데, 그 것이 모르고 한 일이라면, 그 사람은 그런 일을 반복하지 않겠다는 약 속과 함께 40일 동안 빵과 물에 의지하여 생활하면서 고해를 이행해야 한다. 그러나 만약 그가 경멸의 의도를 가지고, 즉 사제가 그런 행위는 신성모독에 해당한다고 경고한 이후에도 그런 행위를 자행했다면, 그 는 악령의 식탁에 참여한 것이다; 단지 탐식의 악으로 인해 그런 행동 을 했다면, 그 사람은 세 번의 40일 기간 동안 빵과 물에 의지하여 고 해를 이행해야 한다. 만약 그 사람이 실제로 악령숭배와 우상에게 경 의를 표현했다면, 그 사람은 3년 동안 고해를 이행해야 한다.

43. 만약 어떤 사람이 악령 숭배를 하는 차원에서 어쩔 수 없이 두세 번 제물을 바친 경우, 그 사람은 3년 동안 복종해야 하고, 2년 동안은 성찬 봉헌이 없는 성찬식에 참여해야 하며; 3년째가 되어서야 온전한 성찬식에 참여할 수 있다.

44. 만일 어떤 사람이 그렇게 할 필요가 없었음에도 불구하고 피, 시 체, 또는 우상에게 바친 것을 먹는다면, 그 사람은 12주 동안 금식을 해야 한다.

다양한 주제에 대하여

45. 만약 어떤 사람이 자신의 신체 일부를 고의로 잘라냈다면, 그 사 람은 3년 동안 고해를 이행하되 그중 1년은 빵과 물에 의지하여 생활 해야 한다.

46. 만일 어떤 사람이 의도적인 유산을 했다면, 그 사람은 3년 동안 고해를 이행하되 그중 1년은 빵과 물에 의지하여 생활해야 한다.

47. 만약 어떤 사람이 다른 사람에게 높은 이자를 강요했다면, 그 사

람은 3년 동안 고해를 이행하되 그중 1년은 빵과 물에 의지하여 생활해야 한다.

48. 만일 어떤 사람이 완력이나 악한 수단을 동원하여 다른 사람의 집에 침입하거나 그 사람의 물건을 가져간 경우에는, 그 사람은 위의 조항[17]과 같이 고해를 이행하고 많은 자선기금을 내야 한다.

49. 만약 누군가 어떤 수단을 사용하든지 노예나 사람을 인질로 잡아가거나 멀리 데려갔다면, 그 사람은 위에 명시된 대로 고해를 이행해야 한다.

50. 만일 어떤 사람이 고의로 다른 사람의 마당이나 집을 불태웠다면, 그 사람은 위에 명시된 대로 고해를 이행해야 한다.

51. 만약 어떤 사람이 화를 참지 못해 다른 사람을 쳐서 피를 흘리게 하거나 움직이지 못하게 하였다면, 그 사람은 먼저 보상금을 지불하고 의사를 구해줘야 한다. 만일 가해자가 평신도라면 40일 동안; 성직자는 두 차례의 40일 기간 동안; 부제는 6개월 동안; 사제는 1년 동안 고해를 이행해야 한다.

52. 만일 어떤 사람이 사냥을 했다면, 성직자는 1년 동안; 부제는 2년 동안; 사제는 3년 동안 고해를 이행해야 한다.

53. 만약 거룩한 교회의 사역을 하는 자가 어떤 직무와 관련하여 부정직하거나 그 직무를 소홀히 한 경우, 그 사람은 7년 동안 고해를 이행하되 그 중 3년은 빵과 물에 의지하여 살아야 한다.

54. 만일 어떤 사람이 30세 이후에 동물과 교접하는 죄를 범한 경우, 그 사람은 15년 동안 고해를 이행하고 그런 후에 성만찬에 참여할 수 있다. 그러나 좀 더 관대한 조치를 받을 자격이 있는지 살펴보고자한

---

17. 역주─절도죄에 대한 30항 참고할 것.

다면 그의 생활의 실상을 조사해 보아야 한다. 만약 그가 계속해서 죄를 짓고 있다면, 더 긴 고해의 기간을 보내야 한다. 하지만 위에 언급한 연령으로 아내가 있는 자들이 이 범죄를 저지른 경우에는, 그들은 5년 후에 빵과 포도주가 있는 성찬식에 참여할 수 있는 자격을 얻게 되는 방식으로 25년 동안 고해를 이행해야 한다. 하지만 아내가 있고 나이가 50세가 넘은 사람들이 이런 죄를 범한 경우에는, 그들은 오직 임종시에 노자 성체(viaticum)[18]를 받을 수 있다.

술취함(drunkenness)에 대하여

55. 포도주나 맥주로 취한 사람이 있다면 그는 구세주와 사도들이 가르친 명령을 위반한 것이다; 그러나 만약 그 사람이 거룩함의 서원을 한 경우에는, 40일 동안 빵과 물을 먹으면서 자신의 잘못을 고해하고; 평신도는, 진정으로, 7일 동안 고해를 해야 한다.

56. 간음을 범한 주교는 강등되고 16년 동안 고해를 해야 한다.

57. 평상적인 간음을 행한 사제나 부제가, 수도원 서원을 하기 전에 승격되었다면, 3년 동안 고해를 이행하고, 매 시간마다 용서를 구하고, 부활절과 오순절 사이의 기간을 제외하고 매주 특별 금식을 해야 한다.

사소한 일들에 대하여

58. 만약 우연히 어떤 사람이 부주의하여 성찬에 쓰이는 빵을 떨어 뜨려 야생 동물들이 먹도록 방치한 탓에 어떤 동물이 먹게 된다면, 그 사람은 40일 동안 고해해야 한다. 그러나 실수가 아닌 경우, 그 사람은 1년 동안 고해를 이행해야 한다.

---

18. 역주—임종시에 받게 되는 성찬(성체).

59. 만약 어떤 사람이 알지 못한 상태에서 출교당한 사람들과 교제의 시간을 가졌다면, 그 사람은 40일 동안 고해를 이행해야 한다.

60. 만약 실수로 인해 성찬 빵을 바닥에 떨어뜨리면, 특별 금식을 해야 한다.

61. 우리는 훌륭한 통치자들을 위해 성례(sacrament)를 베풀어야 한다; 악한 통치자들을 위해서는 그렇게 할 책임이 없다.

62. 사실 사제들이 그들의 주교들을 위해 헌금하는 일은 금지되지 않는다.

63. 이방인들에게 안내를 해준 사람은 3년 동안 고해를 해야 한다.

64. 자신들이 포로들을 구해내고 있다고 거짓말을 함으로써 수도원들을 강탈한 사람들은 3년 동안 고해하고 빼앗은 모든 것을 가난한 사람들에게 나눠야 한다.

65. 어떻게 죽었는지 모르는 동물의 고기를 먹은 사람은 1년의 1/3 동안 고해해야 한다.

66. 우리는 우리들의 아버지의 모범을 앞에 두어야 한다. 소년들이 어른들의 규칙들을 제 마음대로 뒤집거나 위반하는 경우, 세 번의 특별 금식으로 바로잡아야 한다.

67. 가벼운 입맞춤을 한 사람은 일곱 번의 특별 금식, 음흉한 의도가 없는 선정적인 입맞춤은 여덟 번의 특별 금식, 정신적인 타락과 성행위가 동반된 입맞춤은 열다섯 번의 특별 금식을 통해 바로잡아야 한다.

성찬과 관련된 잘못에 대하여

68. 만약 어떤 사람이 성찬 빵을 잘못 보관하여 쥐가 갉아먹었다면, 그 사람은 40일 동안 고해를 이행해야 한다. 하지만 그가 성유(聖油)나 성찬 빵을 두고 찾을 수 없는 경우에는, 120일 혹은 1년 동안 고해를

이행해야 한다.

69. 성찬보(linen)를 걷어 내다가 성찬대에 성배를 엎지른 사람은 7일 동안 고해를 이행해야 한다.

70. 만약 성찬 빵이 빨대에 들어갔다면, 책임자는 7일 동안 고해를 해야 한다.

71. 성찬 빵을 지나치게 많이 먹은 후 토한 사람은 40일 동안 고해를 해야 한다; 그 사람이 빵을 불 속에 던져 버린 경우에는, 12일 동안 고해를 이행해야 한다.

72. 부제가 성찬 봉헌을 잊어버리고, 성찬 봉헌 때까지 성찬을 제단보로 덮어놓지 않은 경우, 동일한 방식으로 고해를 이행해야 한다.

73. 만일 작은 동물들을 밀가루나 마른 음식 혹은 꿀이나 우유 속에서 발견하게 되면, 그 일부분으로 생각되는 것들은 내버려야 한다.

74. 성찬 빵을 부주의하게 다루어 벌레가 다 먹어버려서 아무것도 남지 않게 한 사람은 세 번에 걸쳐 40일 기간의 고해를 해야 한다. 만일 빵 속에서 벌레가 발견되는 경우에는, 빵은 불에 태운 다음 재는 성찬대 밑에 두어야 하고, 직무에 태만했던 자는 40일 동안 고해해야 한다.

75. 만약 성찬 빵이 집례자의 손으로부터 바닥에 떨어져 부스러기밖에 찾을 수 없다면 모두 주워서 떨어진 곳에서 불태워야 한다. 재는 성찬대 밑에 숨겨 두고, 담당 사제는 반년 동안 고해를 해야 한다. 만약 빵 전부를 찾게 되면, 위와 같이 정결하게 할 것이고 사제는 40일 동안 고해를 이행해야 한다. 만일 빵이 성찬대 위에 떨어졌다면, 특별 금식을 해야 한다.

76. 만일 부주의로 성배에 담겨있던 것이 바닥에 흘렀다면, 혀로 핥아내고 바닥은 깨끗하게 문질러서 훔쳐낸 것은 불로 태워야 한다. 그리고 책임자는 40일 동안 고해를 이행해야 한다. 만약 성배에 있던 것

이 성찬대에 흘렸다면, 사제는 그것을 빨아 먹고 흘린 것이 묻은 성찬보는 [세?] 차례에 걸쳐 세척해야 하며, 그 책임자는 3일 동안 고해를 이행해야 한다.

77. 만약 사제가 "위험한 것(the perilous)"으로 불리는 주일 기도를 하다가 말을 더듬었다면, 처음에는 40편의 시편을; 두 번째는 백 편을 읽어야 한다.

78. 만약 어떤 사람이 자신의 아버지나 형제의 미망인을 취한 경우 사전에 그들을 서로 격리시켜놓지 않은 상태에서는 재판을 받을 수 없다.

살인에 대하여

79. 만약 누구든지 공무(public expedition) 중에 정당한 사유없이 사람을 죽였다면, 그 사람은 21주 동안 고해를 해야 한다. 하지만 자신이나 부모 혹은 가족을 지키려다가 우발적으로 누군가를 죽였다면, 그 사람은 살인 혐의를 받지 않을 것이다. 만일 그가 금식을 원한다면 피치 못할 상황에서 행한 일이므로 스스로 결정하면 된다.

80. 만일 어떤 사람이 소요 상황이 아닌 평화로운 때에 완력을 사용하거나 피해자의 재산을 탈취하려는 악의에서 살인을 저질렀다면, 그 사람은 28주 동안 고해를 이행하고 피살자의 재산을 그의 배우자나 자녀들에게 돌려주어야 한다.

병든 고해자들에 대하여

81. 그러나 만일 누구든지 고해하러 왔지만 병들어서 사제가 명한 것을 이행할 수 없는 경우에는, 그런 사람은 성찬식에 참여할 수 있도록 해야 한다. 만약 하나님의 뜻 가운데 그가 건강을 회복하면, 그 후에 금식을 해야 한다.

82. 만일 아무든지 고해를 하지 않고 어쩌다 병에 걸린 상태로 성찬을 받기를 원하면, 참여를 금지하지 말아야한다. 하지만 그에게 거룩한 성찬을 베풀고 성찬에 참여하는 것이 자비를 베푸시는 하나님을 기쁘시게 하고 그로 인해 병에서 회복된다면, 이후에 그는 모든 것을 고백한 다음 고해를 이행하도록 명해야 한다.

파문당한 채 죽은 사람들에 대하여

83. 그러나 이미 죄를 고백한 사람이 파문당한 채 죽었는데, 길 위에서 혹은 집에서 아무런 예고도 없이 갑자기 죽었다면, 그리고 그에게 친척이 있다면 그 친척으로 하여금 죽은 자를 대신하여 죄수들의 석방을 위해서나 죽은 사람의 영혼을 추념하기 위해서 거룩한 제단에 무엇가를 봉헌하도록 해야 한다.

근친상간을 범한 사람들에 대하여

84. 만일 어떤 사람이 자기 아내의 딸과 혼인을 한 경우에는, 먼저 그들을 서로 떨어뜨려 놓지 않은 상태에서는 그 사람이 재판을 받지 않도록 해야한다. 그들을 떼어놓은 다음 그대는 개별 당사자들에게 14주의 고해를 선고하고 다시는 함께 하지 못하도록 해야 한다. 그러나 만일 남자나 여자가 결혼하기를 원한다면, 그렇게 해도 되지만 남자는 자신이 내쳐버린 여자와는 결혼하지 말아야 한다.

85. 가까운 친척이나 자신의 계모 혹은 삼촌의 미망인과 결혼한 사람의 경우, 그리고 아버지의 아내(어머니) 혹은 아내의 여동생을 취하는 사람의 경우에는, 판결은 엄중하다: [이런 일을 범한 자에게는] 교회법에 의거하여 유죄를 선고해야 한다.

우상에게 바쳤던 것들에 대하여

86. 만일 어떤 사람이 어린 아이였을 때 무지로 인해 우상에게 바쳐졌던 음식이나 사체나 혐오스러운 것을 맛보았다면, 그로 하여금 3주 동안 금식을 하게 한다.

87. 게다가 우상 숭배로 인해 많은 남성들이 몇 명의 여성들과 간음을 저질렀는지 알지 못한다: 이런 경우 50주 동안 금식을 해야 한다.

88. 그러나 그 사람이 우상에 바쳐졌던 것인지 혹은 죽은 것인지 알지 못한 채 먹었다면, 모르고 한 일이기 때문에 그 사람은 용서를 받을 것이다; 그럼에도 불구하고 그는 3주 동안 금식을 해야 한다.

필요에 의해 저지른 도둑질에 대하여

89. 만약 어떤 사람이 배고픔이나 헐벗음으로 인해 음식이나 옷이나 짐승을 훔쳤다면, 그는 용서받을 것이다. 그 사람은 4주 동안 금식을 해야 한다. 만일 그가 배상을 할 경우에는, 그에게 금식을 강제하지 말아야 한다.

90. 만일 어떤 사람이 자기 식구들을 먹이려고 말, 황소, 당나귀, 암소, 음식물, 혹은 양을 훔쳤다면, 그 사람은 위에 명시된 대로 금식을 해야 한다.

간음에 대하여

91. 만약 어떤 여자가 자신의 어머니의 남편을 간음하는 나쁜 일에 끌어들였다면, 그녀가 그 남자를 포기하기 전에는 재판을 받을 수 없다. 그들이 서로 헤어진 다음 그녀는 14주 동안 금식을 해야 한다.

92. 만일 법적인 아내가 있는 사람이 그녀를 버리고 다른 여자와 결혼했다면, 새로 결혼한 여자는 그의 아내가 아니다. 이 남자는 먹거나

마시지도 말아야 하고, 그릇된 방식으로 취한 여성이나 그녀의 부모와는 어떤 대화도 하지 말아야 한다. 더 나아가 만일 부모가 동의한다면, 그들을 파문시켜야 한다.

만약 어떤 여인이 다른 여자의 남편을 유혹했다면, 그녀가 다른 기독교인들과 교제를 하지 못하도록 파문시켜야 한다.

93. 만약 어떤 기독교인이든지 다른 기독교인이나 자신의 친척 중 한 명이 방황하는 것을 보고 팔아넘겼다면, 그 사람은 팔아버린 사람을 다시 회복시키기까지는 기독교인들 가운데서 안식처를 얻을 자격이 없다. 그러나 만일 팔린 사람이 어디 있는지 알 수 없다면, 그 사람은 관련된 인신매매를 통해 번 돈을 지불하여 노예로 있는 다른 사람을 해방시켜주고 28주 동안 금식을 해야 한다.

세 번 결혼한 사람의 고해에 대하여

94. 만약 어떤 남자의 아내가 죽었다면, 그 남자는 다른 여자를 취할 권리가 있다; 마찬가지로 여자의 경우도 그렇다. 만일 남자가 세 번째 아내를 취한다면, 그는 3주 동안 금식을 해야 하고; 네 번째 혹은 다섯 번째 아내를 취한 경우라면, 21주 동안 금식해야 한다.

스스로를 괴롭히는 자들에 대하여

95. 만일 어떤 사람이 부모님 중 한 분이 돌아가신 후에 머리카락을 자르거나 칼이나 손톱으로 자신의 얼굴에 상처를 입혔다면, 그 사람은 4주 동안 금식을 해야 한다. 금식을 마친 다음 성찬을 받을 수 있다.

96. 만약 임신한 여성이 금식을 원한다면, 그녀는 그렇게 할 권리가 있다.

97. 남녀를 막론하고 사기꾼과 아동 살해자들이 인생의 말년에 이

르러, 애통함과 눈물을 흘리면서 고해를 원하는 경우, 그 사람이 나쁜 행위들을 멈춘다면, 그를 받아주어야 한다: 그 사람은 30주 동안 금식을 해야 한다.

교살당한 것들에 대하여

98. 만일 곤봉이나 돌 혹은 촉이 없는 화살에 맞아 죽었든지 어떤 이유에서든지 개나 여우나 매가 죽었다면, 이런 것들은 모두 "교살당한 것들"이다. 이렇게 죽은 동물들은 먹어서는 안 되며, 그런 것들을 먹은 사람은 6주 동안 금식해야 한다.

99. 만약 어떤 사람이 화살을 쏘아 수사슴이나 다른 동물을 맞추고 난 다음 3일 후에 발견했는데, 늑대, 곰, 개, 혹은 여우가 죽은 동물의 일부를 먹었다면, 누구도 그것을 먹어서는 안 된다. 그런 것을 먹은 사람은 4주 동안 금식해야 한다.

100. 만일 암탉이 우물에 빠져 죽었다면, 그 우물은 다 비워야한다. 만일 어떤 사람이 그것을 알고도 우물물을 마셨다면, 그 사람은 일주일 동안 금식해야 한다.

101. 만약 쥐나 암탉 혹은 어떤 동물이 포도주나 물에 빠졌다면, 아무도 그것을 마시지 말아야 한다. 만약 그것들이 기름이나 꿀에 빠졌다면, 기름은 등불을 밝히는 데 사용하고, 꿀은 약이나 다른 용도로 사용해야 한다.

102. 만일 물고기가 연못에서 죽었다면, 그것을 먹어서는 안 된다. 그것을 먹은 사람은 4일 동안 금식해야 한다.

103. 만약 돼지나 암탉이 사람 몸의 일부를 먹었다면, 그 돼지나 암탉을 먹어서는 안 되며 사료로도 사용하지 말고 죽여서 개에서 던져주어야 한다. 만일 늑대가 어떤 동물을 물어뜯어 죽였다면, 그 동물은 먹

어서는 안 된다. 하지만 그 동물이 살아난 뒤 사람이 사냥하여 죽인 후에는 그 고기를 먹을 수 있다.

더럽혀진 동물에 대하여

104. 만일 어떤 사람이 염소나 양 혹은 다른 동물과 죄를 범했다면, 어느 누구도 그 짐승의 고기를 먹거나 우유를 마시지 말아야 하며, 그 짐승은 죽여 개들한테 던져주어야 한다.

105. 만약 누군가 전리품으로 생긴 재산을 자신의 영혼을 위해 자선금으로 기부하기를 원한다면, 이미 고해를 한 경우, 그 사람은 기부할 권리가 있다. 여기서 끝을 맺는다.

"The So-Called Roman Penitential of Halitgar," *Medieval Hand-Books of Penance*, tr. by John T. McNeill and Helena M. Gamer (New York: Columbia University Press, 1938), pp. 297-314.

열정적 공감
클레르보의 베르나르

소개의 글

주후 1113년에, 30명의 부르군디 귀족들이 프랑스의 시토(Citeaux)라는 도시에 발걸음을 들여놓았는데, 그 목적은 당시 지배적인 베네딕트 계열의 클루니 수도사들의 부유함과 온건함에 저항하는 차원에서 엄격한 규율에 근거해 세워진 수도원에 들어가고자 함이었다. 이들을 모으고 이끈 지도자는 프랑스의 퐁텐 레 디종(Fontaines-les-Dijon)의 유력가정의 아들인 22세의 베르나르(Bernard)라는 인물이었다. 3년 뒤 베르나르는 "빛의 계곡"이란 뜻을 지닌 클레어보(Clairvaux)로 알려진, 어둡고 불쾌한 기분이 감도는 부르군디 계곡에 시토 수도회의 두 번째 수도원을 세웠다. 이때부터 1153년 사망할 때까지 베르나르는 서방 기독교에서 사람들의 관심을 가장 많이 받았던 아마도 가장 영향력 있는 인물이 되었다. 그는 시토 수도회의 괄목할 만한 성장과 교황직의 분열을 치유하는 데 기여하였고, 제자였던 교황 유게니우스 3세의 생활과 직무를 지도하였다. 또한 교리적 논쟁들을 확정지었고, 당시 파리에서 활동하고 있던 유능한 알레라르(Alelard)의 지성적인 영향력을 무너뜨리고, 신비적 경건(mystical piety)의 수행법을 받아들여 가르쳤다. 이뿐만 아니라 제2차 십자가 전쟁의 필요성에 대해 설파하고 유력한 왕자들과 교황들의 참전을 독려하였으며 성전 기사단(Knights Templar)이라는 군대를 창설하였다. 베르나르가 이런 일들을 한 것은 권력에 대한 개인적인 욕망 때문이 아니라 교회가 순결하고 강해야 한다는 열망에서 비롯되었다.

베르나르의 다양하고 활력 있는 활동 가운데 가장 극적인 기록물은 수많은 주제들에 관하여 다수의 사람들에게 보낸 서신들이다. 이 서신들 중 가장 잘 알려진 것들 중 하나는 전통적으로 그의 조카로 알려졌지만 실제로는 훨씬 더 어린 첫째 사촌 동생인 샤틸론(Chatillon)의 로베르(Robert)에게 보낸 편지이다. 로베르의 부모는 그를 유명하고 부유한 클루니 수도원에 입회시키려는 서약을 했지만, 그는 스스로 시토 수도회에 들어가 상당히 젊은 나이에 클레어보의 수도원장인 베르나르의 지도를 받게 되었다. 시토 수도회의 엄격한 규율과 부모의 서약을 어긴 것에 괴로워하던 로베르는 클루니로 도피하여 그곳에서 수도사로 받아들여졌다. 매우 독특한 방식으로, 베르나르는 로베르가 클레르보로 돌아오도록 설득하기 위해 모든 힘을 동원하였다. 부드러우면서도 단호한 이 편지는 분별(consciences)의 지도자로서 베르나르의 재능을 보여주는데, 이 재능은 그가 귀족들과 평민들, 그리고 교황들과 초신자들에게 열심히 사용했던 것이다. 심지어 클루니와 시토 수도사들 사이의 경쟁과 논쟁에 관한 긴 부분을 삭제하더라도, 이 편지는 로베르의 입장을 충분히 고려하면서도 이적 과정에서 베르나르가 남긴 모든 것이 로베르의 것보다 더 훌륭한 분별을 보여준 그런 개입을 이루어낸 베르나르의 능력을 보여준다. 그러나 동시에 나이 많은 사촌 형[베르나르]은 자신의 감정을 드러내지 않고 로베르를 원하는 방향으로 미묘하게 이끌었다는 엄청난 비난을 자신에게 돌릴 수 있었다. 이 모든 것 가운데 베르나르는 그 사건과 관련된 세부 사항들을 자세하게 논하였는데, 그 이유는 삭제된 단락들이 자녀들의 수도원 입회에 대해 부모들이 할 수 있는 약속과 구별되었기 때문이었다. 그리고 그는 로베르의 부모가 취한 행동이 그를 묶어두지 못했음을 주장하였다.

이 편지는 베르나르의 초기 작품임에도 불구하고, 영적 지도자로서 베르나르의 오랜 경력의 특징을 보여주는 '철저한 개입을 통한 지도(the guidance-by-utter involvement)'의 본보기가 되었다. 베르나르는 오직 세상에서 벗어나고자 애썼지만 크고 작은 세상사에 이끌려 들어갔다. 비록 세상의 일들과는 거리를 두고 있었지만, 베르나르는 편지의 수신자들의 상황을 충분히 공감하고 그런 상황에 대해 확신에 찬 도덕적 권위를 발휘하였다.

거룩한 사람 베르나르가 집 밖에서 로베르에게 이 편지를 쓰고 있었을 때, 비가 내렸다고 전해진다. 하지만 베르나르는 하나님께서 맡기신 과업을 이행하는 데 방해를 받지 않았으며 편지 주위에 있던 것들은 젖었지만 그 편지만은 기적적으로 말라 있었다.

베르나르는 1153년에 사망하였으며 1174년에 성자의 반열에 올랐다.

열정적 공감

출처: 조카 로베르에게(1119년 경), 저자: 베르나르.

사랑하는 로베르에게.

무척 오랫동안 어쩌면 너무 오랜 기간, 송구스럽게도 나는 주님께서 네 영혼을 통하여 너의 영혼과 나의 영혼을 만져주서서, 너는 네 잘못을 진정으로 뉘우치고 나는 너의 구원으로 인해 기쁨을 누릴 수 있기를 기다려왔단다. 그런 소망에 대해 실망하는 나를 보면서 이제 더 이상 슬픔을 숨기거나, 불안을 억제하거나, 슬픔을 감출 수가 없구나. 그래서 모든 정의의 법을 위반하면서, 상처를 입은 나는 내게 상처를 준 자, 쫓겨난 자, 나를 거부한 자, 매를 맞은 자, 타격을 가한 자를 소환할 수밖에 없구나. 요컨대 나는 내게 무릎을 꿇어야 하는 자의 발밑에 나 자신을 내던져야 한다. 슬픔은 비용을 계산하는 데 '주의를 기울이지' 않는다: 부끄러워하지 않고; 찬성과 반대를 훌륭하게 평가하지 않고; 슬픔에 내포된 엄숙함을 두려워하지 않고; 어떤 규칙들도 존중하지 않는다; 슬픔은 다만 없어도 될 것을 가지고 있는 것에, 혹은 있어야 할 것이 부족한 것에만 관심을 둔다. 그러나 너는 "저는 누구한테 상처를 주지도, 누구를 거거부한 적도 없습니다. 오히려 저를 무시하고 반복해서 상처를 주고 압제하는 사람에게서 피신했습니다. 제가 만일 상처 받기 싫어서 피했다면 누구에게 상처를 주었겠습니까? 저를 핍박하는 사람에게 저항하기보다 굴복하는 것, 그리고 되받아치기보다 저를 때리는 사람을 피하는 것이 더 지혜로운 선택이 아닌가요?"라고 말할 수 있겠지. 그럴 수 있다고 나도 동의한다.

나는 논쟁을 하자고 네게 편지를 쓰는 것이 아니다. 다만 나는 논쟁의 이유를 없애려고 쓰고 있다. 나는 잘못이 핍박을 피하는 사람에게 있는 것이 아니라 핍박하는 사람에게 있다는 것도 부인하지 않는다. 나는 지난 과거는 넘어가고 현재의 상황이 왜 그리고 어떻게 일어났는지에 대해서도 물어보지 않을 것이다. 그리고 오래된 상처들은 잊어버릴 것이다. 그렇게 하는 것이 들춰내어 계산하는 것보다 상처를 치유하는 데 더 좋을 것이라고 생각한다. 나는 마음 가까이 있는 것들에 관심을 두고 있다. 너를 내 곁에 두지 못해서 볼 수 없으니, 너를 위해 죽는 것이 사는 길인데 너 없이 살아야 하니, 사는 것이 죽는 것보다 더 낫지 않은 나는 얼마나 불행한 사람이겠니! 그래서 네가 왜 나를 두고 떠났는지 묻지 않으련다. 다만 네가 돌아오지 않는 것이 슬플 따름이다. 네가 떠난 것을 나무랄 생각은 없다. 다만 네가 돌아오지 않는 것을 탓할 뿐이다. 그냥 돌아오너라, 그러면 평안이 있을 것이다. 돌아오너라, 그러면 만족이 있을 것이다. 돌아오너라, 내가 다시 말하는데, 돌아오너라. 그러면 내가 마음을 다해 이렇게 노래할 것이다: "죽었던 내 동생이 살아서 돌아왔도다. 잃어버렸으나 다시 찾았도다."

아마도 네가 떠난 것에는 내 잘못도 있었을 것이다. 내가 민감한 청년에게 너무 엄격하였고, 여린 젊은이를 너무 힘들게 했었구나. 이런 까닭에 (내가 기억해보니) 네가 여기 있을 때 나에 대해 불평을 했었고, 심지어 내가 없을 때에도 나에 대한 불평이 끊이지 않았었구나. 이 모든 잘못을 네 탓으로 돌리지 않으련다. 아마도 내가 오직 이런 방식으로 젊음의 열정을 꺾을 수 있으리라, 그리고 처음에는 엄격한 생활 방식이 세상 경험이 없는 청년에게 받아들이기 힘든 것이었으리라는 말로 변명을 해 본다. 내 입장을 뒷받침하는 성경 구절을 인용한다면, "아이를 훈계하지 아니하려고 하지 말라 채찍으로 그를 때릴지라도 그가 죽지 아니하리라 네가 그를 채찍으로 때리면 그의 영혼을 스올에서 구원하리라"(잠 23:13-14). 또한 "대저 여호와께서 그 사랑하시는 자를 징계하시기를 마치 아비가 그 기뻐하는 아들을 징계함 같이 하시느니라"(잠 3:12). "친구의 아픈 책망은 충직으로 말미암는 것이나 원수의 잦은 입맞춤은 거짓에서 난 것이니라"(잠 27:6). 내가 말했듯이, 네가 떠난 것이 나의 잘못일 수 있다. 누가 비난을 받아야 할지에 대한 논쟁보다 더 중요한 것은 벌어진 일을 바로잡는 것이다.

하지만 만약 내가 미안해하고 있는데도 네가 나를 너그럽게 봐주지 않거나, 내가 너에게 지혜롭게 대하지 못했지만 악의로 한 것이 아니었던 것이 분명하기 때문에 내가 잘못을 인정한다고 해서 네가 나를 용서하지 않는다면, 그것은 확실히 네 잘못이 될 것이다. 그리고 네가 이후에도 내 지혜를 불신한다면, 내가 지금의 너는 의례의 너라고 생각하고 있지 않기 때문에 너도 내가 이전의 내가 아님을 마땅히 알아야 한다. 네가 변했다면 나도 변했다는 것을 네가 보게 될 것이고, 네가 한때 스승으로 두려워했던 나를 친구로 서슴지 않고 받아줄 수 있을 것이다. 그리고 만일 네가 믿고 있는 것처럼 나의 잘못으로 네가 떠났다면 나는 부인하지 않으며, 나는 많은 사람들이 믿는 것처럼 너의 잘못으로 네가 떠났다는 것에 대해 수긍하지도 않는다. 내 생각에는 네가 떠난 것은 우리 두 사람 모두에게 잘못이 있다고 보는 것이 더 타당하다고 본다. 만일 네가 돌아오지 않는다면, 지금부터는 너 혼자 비난을 받게 될 것이다. 만일 네가 이 모든 비난으로부터 자유로워지기를 원한다면 반드시 돌아와야 한다. 네가 받아야 할 비난의 몫에 대한 책임을 인정한다면 나는 너를 용서해 줄 것이다. 너도 내가 내 책임으로 인정한 것을 용서해 줄어야 한다. 만일 네가 책임을 인정하면서 동시에 숨긴다면 네 자신에게 너무 관대한 처신이 될 것이고, 내가 용서할 준비가 되었다고 밝혔음에도 나를 용서하는 것조차 거부한다면 너는 내게 너무 가혹한 일을 저지르는 것이다.

만일 네가 여전히 돌아오기를 거절한다면, 더 이상 나를 두려워할 이유가 없기 때문에 너는 네 양심을 진정시킬 다른 명분을 찾아야 할 것이다. 앞으로 나를 두려워해야 할 이유가 생긴다 할지라도, 나와 함께 있지 않을 때에도 나는 온 몸과 마음을 다하여 마음에서 우러나오는 사랑을 네 발 앞에 다 쏟아부었으니 두려워하지 말거라. 네 앞에서 나를 낮추어 너를 향한 나의 사랑을 확인시키려는데, 아직도 나를 무서워하느냐? 담대한 마음으로 겸손이 너를 부르고 사랑이 이끄는 곳으로 오너라. 나의 이 확신으로 무장하고 두려워하지 말고 돌아오너라. 내가 사납게 굴 때 나로부터 도망쳤지만 이제 내가 온유한 사람이 되었으니 이제 돌아오너라. 네가 나의 엄격함을 무서워하여 떠나갔지만 나의 자상함으로 너를 이끌고 싶구나. 아들아! 두려움이 더 이상 너를 종의 영으로 사로잡아두지 않게 하고, 우리가 "아바 아버지"라고 부를 수 있는 양자의 영으로 너를 인도하고자 얼마나 간절히 원하는지 알면 얼마나 좋을까! 내게 큰 슬픔이 되었던 너를 더 이상 위협이 아니라 격려로, 협박이 아니라 간청으로 지도할 것이다. 다른 사람은 아마 다른 방법을 사용하겠지만. 그 사람은 정말 너의 죄책감을 파헤치고 두려움을 불어넣지 않을까 싶다. 네 서약을 들먹이며 처벌을 받아야 한다고 말할 것이다. 어느 누가 너의 불순종을 책망하지 않겠으며 네가 포기한 것에 대해 화를 내지 않겠느냐? 네가 힘들고 거친 생활보다 부드러운 옷을 원하고, 보잘것없는 음식 대신 맛난 진미를 맛보고 싶어 하고, 지독히 가난한 삶 대신에 풍족한 삶을 원해서 도망갔을 것이다.

하지만 나는 너의 마음을 알고 있다. 나는 네가 두려움으로 몰아세우는 것보다 사랑으로 더 쉽게 지도받을 수 있음을 알고 있다. 그리고 몰아세우는 것에 저항하지 못했던 너를 다시 몰아세우는 것이 무슨 소용이 있겠으며, 이미 충분히 겁을 먹고 있는 너를 두려워하게 만들고, 천성적으로 부끄러움이 많고 자신만의 논리로 훈련되어 있고 양심이 회초리 역할을 하며 타고난 수줍음이 징벌인 너를 낮출 이유가 있겠느냐! 그리고 수줍고 겁이 많은 소년이 감히 형제들의 뜻과 상급자의 권위 그리고 규율의 금기 사항들을 어기면서 헌신서약과 수도원을 저버린 일이 누구에게나 대단해 보인다면, 그로 하여금 다윗의 존엄이 탈취당하고 솔로몬의 지혜가 기만당하고 삼손의 힘이 무너진 것을 경이롭게 여기게 해야 한다. 에덴동산에 있을 때 첫 아담을 속였던 악한 자가 공포와 거대한 광야 가운데 있는 한 젊은이를 기만했다는 것이 그리 놀랄만한 일이겠는가! 그리고 이 젊은이는 바벨론의 노인들처럼 육체적 아름다움이나, 게하시[19]처럼 돈이나, "배교자 율리아누스"(로마 황제, 361-363)처럼 야망에 속은 것이 아니라, 신성함에 속았고 종교에 의해 오도되었으며 나이의 권위에 의해 끌려간 것이다. 너는 어떻게 그렇게 되었는지 묻고 있느냐?

먼저 소수도원장들이 보낸 대표 수도원장 한 명이 그곳에 왔었다. 겉보기에 그는 양의 옷을 입고 있었지만, 속은 노략질하는 늑대였다. 안타깝게도 목자들이 양의 탈을 쓴 그의 속임수에 넘어가 그 늑대를 우리 안으로 들어오게 하였다. 우리 안에 있던 가장 어린 양도 이 늑대를 피하지 못하고 속아서 그를 양으로 생각하였다. 무슨 일이 일어났겠느냐? 양의 가죽을 쓴 늑대는 현혹하고 미혹하며 듣기 좋은 말을 하면서 돌아다녔다. 그는 새로운 복음을 설파하였다. 그는 고기(feasting)[20]를 권했지만 금식은 저주하였다. 또한 자발적인 가난을 비천하다고 하였

---

19. 역자 주－엘리야의 제자.
20. 역자 주－feasting, 감사제나 화목제를 드린 후 제물을 드린 자에게 돌려진 고기(잠 17:1)를 의미한다.

으며 금식과 철야기도와 묵언수행, 그리고 노동에 대해 조소가 섞인 말들을 쏟아 내었다. 다른 한편으로 그는 나태한 묵상, 탐식, 수다 그리고 그가 권장하는 모든 음주를 선택의 자유라고 떠들어댔다. 그는, "언제 하나님께서 우리의 고통을 즐거워하셨는가? 성경 어디에서 우리가 스스로를 죽여야 한다고 말하고 있는가? 그리고 어떤 종교가 [사람들로 하여금] 땅을 일구고 삼림을 개간하고 흙을 나르게 하는가?"라는 물음을 던졌다. 진리이신 주님께서 직접, "나의 은총을 받게 하는 것은 제사가 아니라 자비이니라"; "나는 죄인의 죽음을 바라지 않으며, 오히려 그의 길에서 돌이켜 살기를 바라노라"; 그리고 "긍휼히 여기는 자는 복이 있나니 그들이 긍휼히 여김을 받을 것이다"라고 말씀하고 있지 않는가 우리가 먹지 않을 거라면 왜 하나님께서 음식을 만들어 주셨겠는가? 그리고 우리가 몸을 돌보지 않을 거라면 왜 하나님께서 몸을 주셨는가? 사실 "본인이 자신의 원수이고 자기의 음식을 맛보지 않고 내버려 두는 사람은 누구의 친구인가?" 그리고 "어떤 건강하고 정신이 올바른 사람이 자신의 몸을 미워하겠는가?"

너무나도 쉽게 남의 말을 잘 믿는 청년이 그런 궤변에 길을 잃고 그 사기꾼에 의해 끌려갔다. 그는 클루니로 끌려가서 그곳에서 이발과 면도, 그리고 목욕을 하였다. 이제 변변찮고 낡고 때가 묻은 옷을 벗어 던지고 말끔한 새 옷을 입게 되었다. 그가 어떤 영예와 승리와 존경을 받으며 그 공동체에 받아들여졌겠는가! 그는 동년배들보다 더 많은 환대를 받았고, 마음의 욕망에 이끌린 죄인은 마치 전쟁에서 승리하고 돌아오는 영웅처럼 칭송을 받았다. 그는 단지 청년임에도 불구하고 많은 선임자들보다 더 높은 위치에 올랐다. 수도회의 형제들 모두가 이 청년의 친구가 되어 치켜세우고 축하해 주었다. 수도회의 모든 사람들이 함께 전리품을 나누는 승자처럼 그를 바라보며 즐거워하였다. 오 선하신 예수님, 이 불쌍하고 초라한 영혼의 파멸을 위해 얼마나 많은 수고가 있었는가! 누가 이런 것을 보고도 마음을 부드럽게 하지 않을 정도로 무정한 마음을 가지고 있겠는가! 어느 영혼이 그렇게 갈라지지 않더라도 그 일로 인해 괴로워하지 않을 수 있겠는가! 그리고 이 모든 일 가운데 누가 자신의 양심에 귀를 기울이겠는가? 그리고 그런 허영 속에 빠져있는 사람이 어떻게 참된 진리를 깨닫고 겸손을 이루어낼 수 있겠는가?

*   *   *   *   *   *

어리석은 친구야! 누가 너의 입술을 장식했던 서약을 어기도록 너를 유혹하더냐? 너는 네 입으로 정당성을 증명해야 하든지 아니면 정죄받지 않겠느냐? 그런데 왜 네 자신의 서약을 생각하지 않은 채, 네 부모가 한 서약에 대해 그렇게 염려하느냐? 네 부모의 입이 아니라 네 입에서 나온 것으로 너는 판단을 받게 될 것이다. 너는 그들의 서약이 아니라 네 자신의 서약에 대해 해명하도록 소환될 것이다. 무슨 목적으로 누군가 교황의 사면(Apostolic absolution)으로, 양심이 "손으로 쟁기를 잡고 있으면서 뒤를 돌아보는 자는 하나님의 나라에 합당하지 않다"라는 하나님의 말씀에 묶여있는 너를 속이려고 하느냐? 너에게 "잘했다"라고 말하는 그들이 네가 뒤돌아보지 않았다고 설득하겠느냐? 아들아, 죄인들이 너를 유혹하더라도 그들에게 동의하지 말아라. 모든 영을 믿으면 안된다. 많은 사람들과 화평을 유지하되, 천 명 중 한 사람을 너의 상담자로 삼거라. 정신을 바짝 차리고 유혹하는 자들을 멀리하고, 아첨꾼들에게는 귀를 닫고, 네가 스스로를 가장 잘 알기 때문에 자신의 마음을 살펴라. 너의 양심에 귀기울이고, 너의 의도들을 점검하고, 사실들을 깊이 생각해 보거라. 왜 네가 수도원, 형제들, 네 자신의 처소, 그리고 피를 나눈 친척이지만 영적으로는 훨씬 더 가까운 사이인 나를 떠났는지 너의 양심이 네게 말하게 하거라. 만일 네가 더 힘들고 더 고상하고 더 완벽한 삶을 위해 떠난 다음, 두려워하지 않고 뒤돌아보지 않는다면, 오히려 너는 "뒤에 있는 것은 잊어버리고 앞에 있는 것을 잡으려고 푯대를 향하여 그리스도 예수 안에서 하나님이 위에서 부르신 부름의 상을 위하여 쫓아가노라"(빌 3:13-14)고 말한 사도 바울과 함께 자랑스러워해도 된다. 하지만 그런 것이 아니라면, 고상한 척하지 말고 두려운 마음을 가져야 한다. 왜냐하면 우리와 함께 있을 때 네가 약속했던 것 이상으로, 음식과 불필요한 옷들, 쓸데없는 말들, 허영과 호기심을 만족시키려는 여행에서 무엇을 했든지 간에, 그런 것들은 의심의 여지없이 뒤돌아보고, 속이고, 신앙을 버리는 행위이기 때문이다(너는 이런 말을 하는 나를 용서해야 한다).

그렇지만 아들아, 내가 너를 부끄럽게 하려는 것이 아니라, 사랑하는 아버지로서 너를 도우려는 마음에서 이런 말을 하는 것이다. 왜냐하면 네가 그리스도 안에서 많은 스승들이 있지만, 아버지들은 거의 없기 때문이다. 만일 내가 이런 말을 하도록 허락한다면, 나는 말씀과 [믿음의] 본을 통해 너를 낳았다. 네가 아직 어릴 적에 젖을 먹여 키운 것은 네가 먹을 수 있는 것이 그뿐이었기 때문이었다. 그리고 만약 네가 성장할 때까지 기다렸다면, 내가 너에게 빵을 줄 수 있었을 것이다. 그러나 안타깝게도 네가 얼마나 빨리 그리고 이른 시기에 젖을 떼었는지! 나는 지금 내가 친절로 소중히 간직하고, 격려로 든든하게 하고, 기도로 확증했던 모든 것이 지금 이순간에도 사라지고 소멸되고 있음이 두렵구나. 슬프게도 나는 나의 헛된 수고 때문이 아니라, 잃어버린 내 아들의 불행한 상태 때문에 울고 있다. 너는 너를 위해 수고하지 않았던 다른 사람이 너로 인해 즐거워하는 것을 더 좋아하느냐? 내 처지가 자신의 아이를 짓눌러 죽게 한 여인에 의해 몰래 아이를 빼앗겼던 솔로몬이 심판했던 창녀의 입장과 똑같구나. 너도 내 곁에 있었는데, 내게서 떨어져 나갔구나. 내 마음이 너를 잊을 수 없는데, 마음의 절반은 너와 함께 가버렸고, 남아있는 마음은 고통을 겪을 수밖에 없구나.

하지만 이 일을 시도한 우리 친구들은 칼로 내 옆구리를 찔렀으며, 이빨이 창과 화살이고 혀가 날카로운 칼인 그들은 네게 무슨 유익과 쓸모가 있어서 그런 일을 했을까? 만일 내가 어떤 식으로든 그들의 마음을 상하게 했다면(나는 그렇게 했다고 생각하지 않지만), 그들은 확실히 나에게 완전하게 되돌려 준 셈이다. 나는 내가 받아야 할 보복의 대가보다 더 많이 받았는지, 정말이지 나는 그들이 자신들로 인해 내가 느낀 동일한 고통을 겪었는지에 대해서는 궁금해하지 않는다. 그들이 빼앗아 간 것은 내 뼈 중의 뼈, 내 살 중의 살이 아니라, 나의 마음에서 우러나는 기쁨과 내 영혼의 열매, 내 소망의 변류관 그리고 (나에게 그렇게 보이는) 내 영혼의 반쪽이란다. 그들이 왜 이런 짓을 했을까? 아마 그들이 너를 불쌍하게 여겨서일까? 아마도 그들은 내가 소경을 인도하는 소경처럼 보였기 때문에, 우리 둘 다 도랑에 빠질 것을 두려워했을 것이다. 그래서 그들이 너를 자신들의 지도 아래 두고자 데려가 버렸다. 굳이 그럴 필요가 없었는데! 슬픈 자비로다! 너의 유익에 너무나 신경 쓰다 보니 내 건강의 영향을 받고 있구나. 나를 희생시키지 않고서는 네가 구원받은 것이 가능하지 않은 걸까?

아! 이 사람들이 내가 없어도 너를 구원해 줄 수 있을까. 만약 내가 죽는다면, 적어도 너는 살 수 있으리라! 하지만 어떻게 그런 일이 가능할까? 구원은 소박한 식사와 값싼 옷을 입는 데 있지 않고, 오히려 부드러운 옷과 높은 수준의 삶에 있는 것일까? 만일 따스함과 편안함을 주는 부드러운 털옷, 멋지고 값비싼 옷, 긴 소매와 넓은 두건, 우아한 침대보와 부드러운 양모 셔츠가 너를 성자를 만든다면, 내가 왜 지체하고 곧장 너를 따라가지 않았겠느냐? 그러나 이런 것들은 약한 자들에게 편안함을 주겠지만, 싸움을 하는 사람들의 팔에는 어울리지 않는 것들이다. 부드럽고 우아한 옷을 입는 사람들은 왕궁에 살고 있다. 포도주와 흰 빵 그리고 꿀 포도주와 약간의 수입은 영혼이 아니라 육체를 이롭게 한다. 영혼은 프라이팬에서 살찌지 않는다. 이집트의 많은 수도사들이 오랜 기간 물고기를 먹지 않고 하나님을 섬겼다. 후추, 생강, 쿠민(cummin)[21] 양념과 샐비어(sage), 그리고 수천 가지의 다른 향신료들은 미각을 돋우지만 욕망에 불을 지핀다. 그런데 너는 나의 안전을 그런 것들에 의존하게 만들고 싶으냐? 너는 너의 젊음을 그런 것들을 즐기면서 안전하게 보내려고 하느냐? 배고픔이 담긴 소금은 맑은 정신으로 지혜롭게 살아가는 사람에게 충분한 양념이다. 만일 배가 고프기 전에 음식을 먹는다면, 우리는 어떤 부자연스러운 맛이 우리의 탐욕을 불러일으키고 우리의 둔감한 식욕을 자극하는지 알지 못한 상태에서, 점점 더 많은 혼합물을 섞어야만 한다.

그런데 너는 다른 방식으로 살 수 없다면, 무엇을 해야 하지? 라고 묻고 있구나. 좋다. 나는 네가 강하지 않다는 것을 알고 있다, 너는 지금 더 힘겨운 생활방식을 지원하는 것이 어렵다는 것을 알게 될 것이다. 그러나 만일 네가 그렇게 할 수 있도록 행동을 취할 수 있다면 어떻게 하겠느냐? 내가 어떻게 할 수 있는지 너한테 말해주겠다. 정신을 바짝 차리고 단단히 준비하되, 게으름은 옆으로 제쳐놓고, 문제를 직면하고, 힘든 일을 찾아서 해보거라. 그렇게 하면 입에 군침이 돌게 하는 것이 아니라 단지 허기를 채워줄 음식을 먹어야 할 필요가 있음을 알게

---

21. 역주: 미나리과 식물로 씨앗이 양념으로 사용된다.

될 것이다. 고단한 일은 게으름이 앗아간 음식에 대한 미각을 회복시켜 줄 것이다. 네가 할 일이 없어 빈둥거릴 때 먹기를 거부했던 만큼이나, 너는 열심히 일한 후에 먹게 되는 음식을 즐기게 될 것이다. 게으름은 사람들로 하여금 음식을 가리게 하지만, 노동을 하면 배가 고파진다. 어떻게 노동이 게으를 때 맛이 없던 음식을 달콤하게 만들 수 있는지 놀랍기만 하다. 채소, 콩, 식물의 뿌리 그리고 빵과 물은 안락하게 사는 사람에게는 변변찮은 음식이겠지만, 힘든 노동을 하고 나면 맛있는 것이 된다. 너는 우리가 입는 옷들이 익숙하지 않아서, 지금 겨울에는 너무 춥고 여름에는 너무 덥지 않을까 염려하고 있구나. 너는 "서리를 무서워하는 사람들한테는 눈이 내릴 것이다"라는 경구를 읽어보지 못했느냐? 너는 철야기도와 금식 그리고 노동을 두려워하고 있지만, 그런 것들은 지옥의 불을 생각하는 사람들에게는 아무것도 아닌 것처럼 보인다. 외부의 어둠에 대한 생각은 어떤 사람이라도 금방 광야의 고독과 화해시킬 것이다. 우리가 어떻게 모든 헛된 말에 대해 해명해야 할지에 대해 생각할 때, 침묵은 불쾌해하지 않는다. 슬피 울며 이를 갈고 있는 장면을 보면 거친 돗자리와 푹신한 침대는 별 차이가 없어 보일 것이다. 만일 우리가 시편에 기록된 규칙에 따라 온 밤을 잘 보냈는데 혹시나 잠을 제대로 이루지 못했다면 그것은 침대의 딱딱함 때문일 것이다 . 그리고 우리가 공언한대로, 낮 동안 그 만큼 손을 움직여 열심히 일했다면 우리가 먹지 못할 것은 정말이지 제대로 요리되지 않은 음식일 것이다.

그리스도의 군사여 일어나라. 내가 말하노니 일어나라! 먼지를 털고 전쟁터로 돌아 오너라. 도망친 후에 다시 돌아온 너는 더욱 용맹스럽게 싸우고 더 영광스러운 승리를 거둘 것이다. 용맹스럽게 시작하여 한 걸음도 뒤로 물러서지 않고 승리로 마무리한 많은 그리스도의 군사들이 있지만, 도망갔다 전장으로 돌아와 피해 도망갔던 위험이 가득한 전쟁터에 다시 뛰어들어, 한때 도망쳤던 적을 도망가게 하는 군사들은 드물다. 소수의 무리에 속한 것이 더 소중하다. 그러므로 네가 소수가 되어 더욱 영광스럽게 여겨지는 사람들 중에 속한다면 나는 기뻐할 것이다. 하지만 네가 여전히 무서워한다면, 나는 네가 두려움에 떨어야 할 충분한 이유가 있는 장소가 아니라, 두려워할 이유가 없는 곳에서 왜 무서워하는지 물어보고자 한다. 너는 네가 싸워야 할 전선을 버렸기 때문에 적들도 너를 버렸다고 생각하느냐? 오히려 그 반대이다. 너의 대적은 네가 반격할 때보다 도망가는 너를 더 악착같이 추격할 것이다. 그리고 대적은 너와 얼굴을 마주하고 싸울 때보다 더 야비하게 뒤에서 너를 공격할 것이다. 그리스도께서 죽음에서 부활하신 바로 그 아침 시간에 너는 별다른 걱정도 하지 않으면서 무장도 하지 않은 채 잠을 잘 수 있겠느냐? 무장하지 않은 상태에서 너는 더 두려워하기도 덜 두려워한다는 것을 알지 못하느냐? 무장한 사람들이 헤아릴수 없을 정도로 많이 집을 포위하고 있는데, 너는 여전히 잠을 잘 수 있겠느냐? 그들은 성벽을 기어오르고, 장벽을 넘고, 뒤쪽에서 몰려오고 있다. 너는 혼자 있을 때, 아니면 다른 사람들과 함께 있을 때 더 안전함을 느끼느냐? 알몸으로 침대에 누워있을 때, 아니면 진지에서 무장하고 있을 때 어느 때가 더 안전하다고 생각하느냐? 일어나서 무장을 하여라. 그리고 네가 도망칠 때 버리고 갔던 동료 군사들에게 달려가거라. 너를 도망치게 한 두려움이 또한 너를 돌아오게 만들어라.

약한 군사여, 네가 피했던 것이 무기의 무게와 불편함이었느냐? 적이 가까워서 화살이 날아오기 시작하면, 방패는 결코 무겁지 않을 것이며 투구와 갑옷도 느껴지지 않을 것이라고 말하는 나를 믿어 보거라. 갑자기 어둠에서 빛으로 나아오고, 한가하게 지내다가 일을 하려는 사람에게 처음에는 모든 것이 힘들게 보일 것이다. 그러나 네가 이전 습관에서 벗어나면 곧 노동에 익숙해질 것이다. 연습이 곧 완벽을 만들어낸다. 처음에는 어렵게 보이던 것이 지금은 꽤나 쉬워진다. 가장 용맹스러운 군인들조차도 전쟁터로 나가라는 나팔 신호를 처음 듣게 되면 떨기 마련이지만, 적을 가까이서 마주한 다음에는 승리의 희망과 패배에 대한 공포가 용기를 불러일으킨다. 한마음으로 뭉친 형제들로 둘러싸였는데 네가 무엇을 두려워하겠느냐? 천사들이 네 편에 서있고 그리스도께서 "두려워 말라 내가 세상을 이기었노라"는 말씀으로 주님의 친구들을 격려하시면서 전장으로 인도하는데, 네가 두려워해야 할 것이 무엇이냐? 그리스도께서 우리와 함께 하신다면 누가 우리를 대적하겠느냐? 너는 승리를 확신하는 곳에서 자신감을 가지고 싸울 수 있다. 그리스도와 함께 그리고 그리스도를 위해 승리는 확실하다. 오직 우리가 싸움을 포기하지 않는다면, 어떤 상처도 어떤 낙상도 어떤 타박상도 (실제로 일어날 수 있는) 수천의 죽음도 우리에게서 승리를 빼앗아 갈 수 없다. 오직 도망을 가는 경우에만 우리는 패배할 것이다. 우리는 죽음 때문이 아니라 도망치기 때문에 승리를 잃을 수 있다. 네가 전장에서 싸우다가 죽고 난 후 면류관을 쓰게 된다면 너는 복 있는 자이다! 하지만 만일 네가 싸움을 포기함으로써 승리와 면류관을 동시에 박탈당한다면 네게 화가 있을 것이다! 사랑하는 아들아, 네가 이 편지를 읽고 여기에 담긴 교훈을 마음에 새기지 않으면, 마지막 심판 때에 네가 이 편지로 인해 더 큰 벌을 자초할 수 있기에 그리스도께서 이런 재앙에서 너를 건져주시기를 기도하노라.

Bernard of Clairvaux, *St. Bernard of Clairvaux Seen through his Selected Letters,* tr. Bruno Scott James (Chicago: Henry Regnery Company, 1953), pp. 8-12, 15-19.

치유의 기적
아시시의 프란시스

소개의 글

중세 성기(中世 盛期)[22] 유럽의 기독교 문화가 번성하면서, 사람들은 일반적으로 모든 영적 실체가 물리적 형태를 취하고 모든 물리적 실체가 영적 힘의 결과라고 여기게 되었다. 지상과 천상의 영역이 서로 너무나도 깊게 결부되어 있어서, 우리가 생각하는 "영적 치유"에 대한 현대적인 개념은 생각할 수 없어 보였다. 자연의 모든 회복은 초자연적인 힘에 의해 일어났으며, 모든 진정한 영성은 자연의 무질서를 치유하는 결과와 연결되었다. 모든 성물(聖物)은 특별한 치료를 일으켰으며, 널리 성자(聖者)들은 많은 질병을 치료할 수 있었다.

이 시기에 이탈리아 아시시출신의 직물상인 피에트로 베르나도네(Pietro Bernadone)의 신앙심이 깊은 아들만큼 영성가와 치유자로 널리 알려진 사람은 없었다. 그 아들은 1181년 2월에 태어났으며 프란시

22. 역주: 중세 성기(The High Middle Ages)는 유럽의 역사에서 번성하였던 11-13세기를 일컫는 용어이다.

스라고 이름 지어졌다. 청년 프란시스는 예수님의 제자인 사도들의 삶을 모방하여 자신이 꿈꾸던 삶—가난하고 거룩한 사람들과 함께 하는 비천한 가난의 삶—을 실현하고자 하나님, 사람 그리고 자연을 섬기기 위해서 세속적인 관심과 유산을 포기하였다. 자신들을 "아시시의 가난한 사람들"로 불렸던 이 금욕적인 동료들은 후기 중세 유럽의 모든 도시와 이미 알려진 세계에 걸쳐 선교사, 사회사업가, 병원 의료인, 교사, 설교자들의 강력한 프란시스 수도회(작은 형제회)의 기초를 놓았다.

심지어 죽기도 전에 프란시스는 성자 언행록의 대상이 되었는데, 그 이유는 그의 추종자들이 그를 유례가 없는 성자로 보았기 때문이었으며, 실제 그가 죽은 후 2년도 지나지 않아 1226년에 교회의 공식 성자로 공포되었다. 수도회의 회원들은 그가 행한 기적(thaumaturgy)에 대한 이야기들을 소중히 간직하고 전파하였다. 형제단의 제자였던 프라이아 우글리노(Friar Uglino di Monti Santa Maria)는 성자의 행적과 관련된 75개의 이야기 시리즈를 기록하였다. 이후에 다른 이야기들이 추가되었고 이야기들을 구성하는 일부인 개론은 "성 프란시스의 작은 꽃들"(c. 1322)이 되었다. 프란시스와 그의 기적들은 목회 돌봄과 치유 사역의 모범이 되었다.

프란시스의 치유 능력은 나병 환자를 치료하는 이야기에서 훌륭하게 드러난다. 절대 순종과 믿음으로 이 성자는 환자의 적대감을 극복하고, 스스로를 감염에 면역이 되게 하였으며, 나병 환자의 더러운 몸뿐만 아니라 불멸하는 자신의 영혼을 정화하였다. 이러한 경이로움을 일으킨 힘은 정확하게 다른 사람의 고통을 덜어주기 위해 한치도 주저하지 않고 자신을 버릴 수 있는 프란시스의 능력에 있었으며, 이 거룩함은 프란시스가 상상했던 것 이상으로 건강에 좋은 효과가 있었다.

13세기까지 기독교의 치유 사역은 두 영역에 초점이 맞춰져 있었다. 거룩한 연고를 바르는 오랜 전통은 전문화가 잘 지켜졌으며, 축복받은 기름(unction)을 바르는 것은 임종을 맞는 사람들에게 한정되어 있었다. 부분적으로 이 공식적인 성례주의(sacramentalism)에 반발하여 구별된 특정 인물들, 특히 수도사들에게 집중되어 치유의 권능이 나타났다; 그래서 수도사들을 위한 의무실과 이후에 대중을 위한 병원들이 수도원 근처에 세워졌다. 물론 종국적으로 성약(聖藥)이 "자연적인" 치료의 힘을 가지고 있는 것으로 밝혀졌고, 치유의 권능을 지닌 사람들에 의해 처방되었다. 그리고 현대 의학의 오랜 전통이 탄생하였다. 그러나 그러한 발달 이전에 훌륭한 치유자들이 등장했는데, 그 중 프란시스는 가장 위대한 인물들 중 한 사람이었다. 그의 놀라운 능력들은 "작은 꽃들"에서 발췌한 다음의 문서에서 볼 수 있다.

치유의 기적

출처: 아시시의 성 프란시스의 작은 꽃들(c. 1322), 저자: 익명

성 프란시스가 나병 환자의 몸과 영혼을 어떻게 기적적으로 치료하였는가, 그리고 어떤 영혼이 천국에 들어가는가에 대해 말한 것

이 비참한 생을 사는 동안, 그리스도의 참된 제자인 성 프란시스는 완전하신 주님이신 그리스도의 본을 따르기 위하여 온 힘을 다해 노력하였다. 우리가 예수 그리스도께서 행하신 일들을 읽은 바대로, 그가 은혜의 역사를 통해 육체와 동시에 영혼을 치유하는 일이 종종 일어났다. 그리고 그는 기꺼이 나병 환자들을 섬겼을 뿐만 아니라, 수도회의 모든 형제들이 세상을 돌아다니며 여행할 때와 갈 길을 멈추고 이동하지 않을 때, 우리를 위하여 기꺼이 나병 환자 취급을 받으셨던 그리스도의 사랑을 위해 나병 환자들을 섬기기를 원했었다. 한번은 성 프란시스가 당시 살던 집 근처 수녀원 내에 설치된 나병과 다른 질환들을 위한 병원에서 형제들이 봉사한 적이 있었다. 환자들 중 한 명이 극도로 참을성이 없고, 감당하기 힘들고, 오만한 나병 환자여서 많은 사람들이 그가 귀신 들렸다고 확신하고 있었다(그리고 실제로 그랬었다). 그 나병환자는 자신을 돌보는 사람들에게 폭행과 폭언을 일삼았다. 더 나쁜 것이 그가 우리의 복된 주님과 가장 거룩한 성모이신 축복받은 처녀 마리아를 너무 심하게 모독한 탓에 그를 돌볼 수 있거나 돌보려는 사람을 전혀 구할 수가 없었다. 형제들은, 공덕을 쌓기 위해, 자신들에게 자행되는 온갖 상처와 폭력을 인내심을 갖고 받아주려고 무던히도 애를 썼지만, 그들의 양심은 그리스도와 성모를 향해 쏟아내는 신성모독적인 언사들을 받아줄 여력이 없었다. 그래서 그들은 이 나병 환자를 포기하려고 마음먹었다. 하지만 규정에 따라 성 프란시스에게 그들의 의도를 전달하기 전까지는 그렇게 하지 않았다. 형제들의 의도를 전달받고 나서, 성 프란시스는 직접 심술쟁이 나병 환자를 찾아가서, "나의 사랑하는 형제여, 하나님께서 그대에게 평안을 주시기를 기원합니다!"라고 인사를 하자, 그 나병 환자는 "내게서 평안과 다른 모든 축복을 빼앗아가고 나를 악취나는 역겨운 물건으로 만들어버린 하나님한테서 무슨 평안을 구할 수 있겠소?"라고 답하였다. 성 프란시스가, "내 아들이여, 인내하시게; 하나님께서 다음 세상에서의 영혼 구원을 위해 이 땅에서 육체의 질병들을 주셨다네; 그것들을 인내하면서 견뎌낸다면 거기에는 엄청난 상급이 있다네"라고 답해주었다. 그 병자는

"어떻게 밤낮으로 나를 괴롭히는 고통을 인내로 감내할 수 있단 말이요? 그리고 나는 이 나병 때문에 엄청나게 어려움을 겪고 있을 뿐만 아니라 당신이 나를 돌보라고 당신이 수도사들은 해야 할 일을 제대로 하지 않아 내 병이 악화되었단 말이오"라고 말하였다.

그런 다음, 성 프란시스는 하나님의 계시를 통해 환자가 악한 영에게 사로잡혀 있음을 알고 기도를 시작했는데 전심을 다해 기도하였다. 기도를 마친 후, 그가 환자를 보고 돌아서서 말하기를, "내 아들이여, 그대가 다른 사람들의 돌봄에 만족하지 못하니 내가 직접 그대를 섬기겠네." 이에 대해 나병 환자는 "기꺼이 그렇게 하십시오!"라고 대답한 다음; "그렇지만 당신은 다른 사람들이 했던 것보다 무엇을 더 해줄 수 있겠소?"라고 물었다. 성 프란시스는 "당신이 원하는 것이라면 무엇이든지 내가 다 해 주겠네"라고 대답했다. "나는 당신이 내 온 몸을 깨끗이 씻어주면 좋겠소. 왜냐하면 나도 내가 너무 역겨워 견딜 수 없소이다." 그 후에 성 프란시스는 물을 끓이고 훌륭한 향기를 풍기는 많은 양의 약용식물들을 데운 물에 집어넣었다. 병자의 옷을 벗기고 다른 형제가 몸에 물을 붓고 있는 동안 손수 몸을 씻어주었다. 하나님의 기적으로 성 프란시스가 자신의 거룩한 손으로 병자의 몸에 대는 환부마다 병증이 사라지면서 완전히 치유되었다. 몸이 치유되면서 동시에 영혼도 치유되었다. 자신의 나병이 사라지는 것을 본 환자는 자기 죄에 대하여 큰 슬픔과 참회의 마음을 느끼면서 비통하게 울기 시작하였다. 외적으로 정결케 하는 물로 몸이 나병에서 벗어나 깨끗하게 되면서, 내적으로는 그의 영혼도 눈물과 회개의 씻김으로 죄로부터 정함을 얻게 되었다. 이제 자신의 몸과 영혼이 온전히 치유되었음을 느끼면서, 큰 소리로 울면서 많은 눈물로 자기의 죄를 겸손하게 고백하였다. "불행한 나로다! 내가 형제들에게 저지른 행동은 사악하기 그지없고 주님을 향해 쏟아낸 원망과 모독의 언사로 지옥에 가야 마땅한 사람입니다." 십오일 동안 자신의 죄로 살을 에이는 듯한 오열을 멈추지 않고 주님께 자비를 베풀어 달라고 간구하며 사제에게 총고해(general confession)를 하였다.

성 프란시스는 자신을 통하여 주님께서 행하신 명백한 기적을 깨닫고 하나님께 감사를 드리고 난 후, 겸손한 마음으로 자신이 행한 일들 가운데 자기가 아니라 오직 하나님의 영광을 구했기 때문에 어떠한 영광도 받지 않으려고 먼 나라로 떠났다. 몸과 영혼의 치유를 받은 나병 환자는 15일 동안의 참회를 하고 난 다음, 다른 질병에 걸리게 되어 교회의 성찬을 받았으며 가장 거룩하게 죽음을 맞이함으로써 하나님께 영광을 돌렸다. 그의 영혼이 천국으로 가는 도중에 숲속에서 기도하고 있는 성 프란시스에게 나타나, "당신은 저를 아십니까?"라는 물음에, 성자가 "그대는 누구신지?"라고 되물었다. "저는 당신이 베푼 은혜의 사역으로 복되신 우리 주님께서 고쳐주신 나병 환자입니다. 오늘 저는 영생이 있는 곳으로 가는 중입니다. 이것에 대해 하나님과 당신께 감사드립니다. 당신의 영혼과 몸에 복이 임하고, 당신의 거룩한 말씀과 사역에 복이 있기를 기원하며, 당신을 통해 이 세상에 있는 많은 영혼들이 구원받기를 바랍니다. 모든 천사들과 성도들이 당신이 전하는 설교의 거룩한 열매와 당신이 이 세상 곳곳에 세우신 수도회로 인하여 하나님께 감사를 드리지 않는 날이 단 하루도 없다는 것을 아시기 바랍니다. 하나님의 위로가 임하기를 바랍니다. 하나님께 감사를 드리십시오. 당신께 하나님의 축복이 임하기를 기원합니다." 이 말들을 하고 난 다음, 그는 천국으로 올라갔으며, 성 프란시스는 큰 위로를 받았다.

The Little Flowers of St. Frances of Assiss, tr. Henry Edward Manning (second edn., London: Burns & Oastes Ltd., 1887), pp. 61-64.

어떻게 죽을 것인가
죽음의 기술

소개의 글

유럽의 중세 시대가 14세기와 15세기에 막을 내리면서, 특이하게도 죽음에 대한 생각이 모든 계층의 남녀의 마음을 사로잡았다. 문학, 회화, 조각, 음악 그리고 연극에서 죽음—처음에는 죽은 사람들로, 그 다음에는 의인화된 실체로 표현되었던—이 모든 생명체를 하나씩 희생물로 삼으면서 이 땅을 활보하게 되자, 끔찍한 측면이 생겨났다.[23] 각 사람의 종교적 의무는 자신이 곧 죽을 것이라는 것, 죽은 몸의 운명은 비참한 부패라는 것, 그리고 죽음의 순간에 더없는 기쁨이나 고통 속에서 영혼의 영원한 경로가 정해진다는 것을 기억하게 하는 것이었다.

물론 모든 시대에 걸쳐 기독교의 목회 돌봄은 죽음을 개인적의 중대한 위기로 간주해왔다. 중세 후반에 일어난 죽음에 대한 집착은 귀족

---

23. 참고: J. Huizinga, *The Warning of the Middle Ages* (London: Edward Arnold & Co., and New York: St. Martin's Press, 1924), ch. XI.

들뿐만 아니라 평민들에게도 좋은 죽음의 기술을 추천하는 방대한 문헌에서 이 돌봄사역의 독특한 형태들을 만들어냈다. 이 문헌은 특성상 뚜렷히 사제들을 위한 것이 아니라, 친구들과 지인들에게 죽어가는 사람을 돕는 방법을 안내해 주고, 죽음을 앞둔 사람에게 위기를 다루는 정확한 처방을 내려주었다. 죽음(dying)은 사탄이 기독교인의 영혼을 공격하고 유혹할 기회를 포착하기 위해 경계를 늦추지 않는 힘들고 위험한 과정으로 이해되었다. 이 문헌의 일부는 윤곽이 목판으로 된 미완성 책자의 모양을 갖추었고 그 목판에는 죽음의 계략과 사탄의 간계들이 그려져 있으며, 일종의 "만화책"과 "칠하기 그림책"의 조합으로 색칠할 수 있는 공간을 제공하여 독자들이 이 주제에 관심을 갖게 하였다. 어떤 그림들은 영혼을 위해 기도해주는 친구들과 친척들에게 둘러싸여 침상에서 죽어가는 남성을 보여줌과 동시에, 침대 밑에는 뿔과 발톱을 가진 마귀들이 그의 믿음과 덕성에서 낚아채이 그를 지옥으로 데려갈 기회를 엿보는 장면이 있다. 죽어가는 사람이 믿음의 약속들 위에 굳게 서 있는 것이 매우 중요한 것으로 여겨졌다. 기꺼이 그리고 기쁘게 죽을 수 있는 능력은 즉시 하나님의 상을 받게 되는 것으로 간주되었고 절망은 어떤 값을 치르더라도 피해야만 했다. 은밀하거나 오랫동안 망각했던 죄들을 위한 11시 회개는 특히 치료적이었다. 모든 것이 마무리되면, 파괴적인 죽음은 확실히 육체를 취하고 영혼은 천국을 향한 출구를 찾게 된다.

죽음의 기술(*Ars moriendi*)[24]과 관련된 문헌 가운데 특별나게 훌륭한 예는 여기에서 발췌된 논문인 『죽음의 기술(*The Craft of Dying*)』로 불리는 저술이다. 이 저술의 문학적 기원에 대해서는 정확하게 특

---

24. 역주: 선종(善終)에 대한 사목 지침서.

정할 수 없으나 콘스탄스 공의회(1414-1418) 개최에 즈음하여 콘스탄스 인근에서 활동했던 도미니크회 수사들의 저작이며 프랑스 신학자인 존 라 샤를이에 드 게르송(Jean la Charlier de Gerson, 1363-1429)이 저술한 *De arte moriendi*가 주요 출처였다는 추정을 지지하는 많은 증거들이 있다.[25] 1500년 이전에 이 저술은 영어로 번역되었고, 1490년과 1510년 사이에는 이 책자의 여러 번역본이 윌리암 캐스턴(William Caxton), 윈킨 드 워드(Wynkyn de Worde), 리차드 핀슨(Richard Pynson)과 같은 유명 출판사에 의해 출간되었다.

여기에 가장 정교하고 널리 사용되었던 죽음에 대한 여행 안내서들 중 하나를 소개해 놓았다. 이 안내서의 탁월한 실용성은 죽어가고 있는 사람과 그의 친지들을 위한 "직접 해보기(do-it-yourself)" 성격의 목회 돌봄을 위한 책이라는 점에 있다. 종교적 주제들, 행위들, 몸 동작들, 물건들 그리고 언어들은 죽음을 직면하고 있는 동안 사탄을 물리치는 데 없어서는 안 될 역할을 하였다. 그러나 공식적으로 임명된 목사의 돌봄을 받을 수 없다면, 죽음의 위험한 골짜기를 지나가는 영혼을 인도하는 목회 사역은 독실한 신앙을 가진 동료들의 지원을 받는 독실한 믿음을 가진 사람에 의해 수행되기도 하였다. 여기에 소개된 발췌 내용들은 죽어가는 사람들을 공격하는 특별한 유혹들을 분석하고, 자신의 양심을 점검하는 방법을 처방하고, 이 끔찍한 위기에서 도움이 될 만한 헌신과 기도의 행위들을 추천하고 있다.

---

25. 저자에 대한 연구는 메리 캐더린 오코너(Mary Catherine O' Connor)수녀가 쓴 *The Art of Dying Well: The Development of the Ars Moriendi* (New York: Columbia University, 1942), pp. 11-60을 보라.

어떻게 죽을 것인가?

출처: 죽음의 기술(*Ars moriendi*)(c. 1450?), 작자: 미상.

여기 죽음의 기술이란 책이 시작되고 있다

죽음을 다룰 능력이 부족하여[예를 들어, 무지함] 죽음과 이 세상에서 보낸 유랑생활의 비참함을 통과하는 것이 —비천한 사람들[예를 들어, 평신도들]뿐만 아니라 종교적이고 독실한 사람들에게도— 놀랄 정도로 힘들고 위험하고, 또한 무척이나 두렵고 끔찍해 보이기 때문에, 그런 이유에서 현재의 내용과 논문, 즉 "죽음의 기술(the Craft of Dying)"은 죽음의 문턱에 있는 사람들을 가르치고 격려하기 위해 간략한 권면 방식을 담고 있다. 이 권면 방식은 인간의 영혼의 관점에서 치밀하게 고려되고, 주목되고, 이해되어야 한다. 왜냐하면 의심의 여지없이 잘 죽는 기술과 지식을 배우고 익히는 것은 모든 진실한 그리스도인들에게 유익하고 그럴 수 있기 때문이다.

* * * * * *

1장
첫 번째 장은 죽음에 대한 찬양과 잘 죽는 방법과 지혜에 대한 것이다.

* * * * * *

2장
두 번째 장은 죽음을 앞둔 사람들의 유혹들에 대한 것이다.

의심의 여지없이 죽음을 앞둔 사람들은 마지막 병치레와 인생의 종말에 이르러, 가장 크고 가장 심한 유혹을 받는다는 사실을 알고 있어야한다; 그런 유혹은 그들의 삶 속에서 이전에는 전혀 경험해 보지 못한 것들이다. 그리고 이 유혹들 중 다섯 가지가 가장 중요하다.

I. 첫 번째 유혹은 믿음과 관련된 것인데, 그 이유는 믿음이 모든 사람들의 영혼의 치유를 위한 기초이기 때문이다.... 그리고 믿음 안에 그토록 위대한 힘이 있어서 믿음이 없이는 구원받을 수 있는 사람은 아무도 없을 것이다.

그래서 마귀는 온갖 힘을 써가며 신자로 하여금 마지막 순간에 믿음에서 완전히 돌아서게 하려고 분주히 움직인다. 만약 신자가 믿음에서 떠나지 않으면, 마귀는 그 마음에 의심을 불어넣거나, 어떻게든 믿음의 길에서 벗어나게 하거나, 미신적이고 거짓된 오류들 혹은 이단들을 통해 그를 속이기 위하여 바쁘게 움직인다. 그러나 모든 훌륭한 기독교인들은, 그런 것들을 실제로 그리고 지적으로 이해하지 못하더라도, 말하자면 [즉 특히] 습관적으로 믿고 있으며, 믿음의 주요 조항들뿐만 아니라 모든 방법을 동원하여 거룩한 문서(Holy Writ)에 온전한 믿음과 신뢰를 주고, 로마 교회의 법령들에 온전히 순종하며, 그 안에 견고하게 거하다가 죽음을 맞이한다. 하지만 신자가 이런 것들 중 하나에서 죄를 범하거나 의심하게 되면 곧바로 생명의 길과 자신의 영혼을 치유하는 길에서 벗어나게 된다. 그러나 그대는 의심할 여지없이 누구든지 자신의 자유의지와 이성을 잘 사용하는 한, 그리고 마귀의 유혹에 자발적으로 동의하지 않는다면, 이 유혹과 이후에 따라오는 다른 유혹에서 마귀는 결코 그대를 해치거나 어떤 사람도 이길 수 없다는 것을 잘 알고 있다.

그러므로 진정한 기독교인이라면 누구든지 마귀가 보여주는 어떤 환상이나 거짓 위협들[또는 설득], 혹은 꾸며낸 두려움들을 무서워하지 말아야 한다.... 그러나 굳세고 견고하게 그리고 한결같은 마음으로 믿음 안에 거하면서 인내해야 하고, 참된 믿음과 거룩한 교회의 연합과 순종 안에서 죽음을 맞이해야 한다.

그리고 일부 종교 단체, 예를 들어 수도회에서 사용되고 있는 것처럼 죽음의 고통을 겪는 사람에게 목소리를 높여 사도신경을 자주 수차례 읽어주는 것은 참으로 유익하고 좋은 일이다. 그로 인해 병상에 누워있는 사람은 믿음의 견고함으로 두려움을 억제할 수 있으며, 그것을 듣지 않으려는 악귀들은 그에게서 떠나가게 된다. 바로 이 믿음의 견고함이 거룩한 믿음의 조상 아브라함, 이삭 그리고 야곱의 든든한 믿음을 갖고 병자를 강하게 만든다. 욥과 기생 라합, 아골과 다른 이들의 변하지 않는 믿음, 이와 더불어 사도들과 다른 순교자들, 믿음의 증인들과 수없이 많은 성처녀(virgins)들의 믿음을 지녀야 한다. 옛적에 우리보다 앞서 믿음으로 살았던 사람들은 지금도 그리고 앞으로도 있을 것이다. 믿음으로 이 모든 사람들은 하나님을 기쁘시게 하고 과거뿐만 아니라 미래에도 하나님을 기쁘시게 할 것이다. 기록되었듯이, "믿음이 없이는 하나님을 기쁘시게 하지 못한다."(히 11:4)

또한 이중의 이익은 정말 아픈 사람이 믿음 안에서 굳게 설 수 있게 해준다. 하나는 믿음이 모든 것을 할 수 있기 때문이고, 다른 하나는 믿음이 사람에게 모든 것을 가져다주기 때문이다....

II. 두 번째 유혹은 절망이다. 절망은 사람들이 하나님을 향해 가져야 할 소망과 확신을 거스르는 것이다. 병든 사람이 슬픔과 신체의 질병으로 인해 심한 고통을 당하고 시달릴 때, 마귀는 할 수 있는 모든 방법을 동원하여 병자를 절망 속에 빠뜨리고자 그의 죄들에 이의를 제기하며 슬픔 위에 슬픔을 더하기 위하여 가장 분주히 움직인다.

* * * * * *

또한 마귀는 죽음의 문턱에 있는 사람의 마음속에 특히 이전에 저질렀지만 고해성사를 통해 용서받지 못한 죄를 생각나게 하여 절망에 이르게한다. 그러나 누구라도 어리석게 결코 절망해서는 안된다. 남자이든 여자이든 누구라도 많은 도둑질이나 살인, 바닷물만큼이나 물가의 조약돌처럼 많은 죄를 지었다 할지라도, 그리고 죄에 대해 이전에 참회하지 않고, 병 때문에 혹은 말할 기회가 없어서 아니면 시간이 부족하여 고해성사를 통해 죄를 용서받지 못했다 할지라도 결단코 절망하지 말아야 한다. 왜냐하면 그런 경우 마음으로 죄를 뉘우치고 참회할 기회가 있으면 족하고, 그 사람을 영원히 구원하기 위하여 하나님께서 받아주시기 때문이다....

.... 그러므로 어떤 사람도 혼자서 이 세상에서 저지를 수 있는 모든 죄를 범하는 것이 가능하다 할지라도 절망하지 말아야 한다. 왜냐하면 사람은 절망으로 아무것도 얻지 못하고 그로 인해 하나님의 마음은 훨씬 더 상하게 되고, 하나님 보시기에 그 사람의 다른 죄들이 더욱 극악무도한 것이 되고, 그 때문에 절망하는 자에게 영원한 고통이 무한히 가중되기 때문이다.

그러므로 절망에 맞서, 병이 들어 죽어가면서 힘들어하는 사람이 그 시간에 하나님을 향해 마땅히 가져야 할 참된 신뢰와 확신을 갖도록 인도하기 위해서는, 십자가에 못 박힌 그리스도의 마음이 그를 강력하게 끌어당겨야 한다. 이와 관련하여 성 베르나르가 말한 것 중에 다음과 같은 내용이 있다: "희망에 마음이 빼앗겨 끌리지도 않고, 하나님을 온전히 신뢰하지 않아도 되는 그는 어떤 사람인가? 그는 십자가에 못 박히신 그리스도의 몸의 성향을 열심히 살펴야 한다. 주목하여 보라: 그분의 머리는 그대의 괴로움을 달래고, 그분의 입은 그대에게 입 맞추고, 그분의 양팔은 펼쳐 그대를 안아주고자 하고, 그분의 두 손은 기쁨으로 그대에게 준비되어 있고, 그분의 옆구리는 그대를 사랑하기 위해 열려 있고; 그분의 몸은 좁은 통로를 따라서 자신의 모든 것을 그대에게 주고자 한다.

그러므로 어느 누구도 용서에 대해 절망하지 말고, 전적으로 하나님 안에서 소망과 확신을 가져야 한다. 왜냐하면 소망의 미덕은 크게 칭찬받을 만하며, 하나님 앞에서 대단한 상급이 있기 때문이다....

더 나아가 어떤 죄인이라도 어리석게 절망해서는 안 된다. 그 사람은 결코 그렇게 크게, 그렇게 뼈아프게, 그렇게 자주 죄를 짓지 않았고, 그리고 그렇게 오랫동안 죄를 지은 것은 아니다. 우리는 그리스도를 부인했던 베드로에게서, 거룩한 교회를 핍박했던 바울에게서, 세리였던 마태와 삭개오에게서, 간음 중에 잡혀온 죄를 지은 여인인 막달라 마리아에게서, 그리스도 옆 십자가에 달린 도둑에게서, 애굽 출신의 마리아에게서, 그리고 헤아릴 수 없는 중대한 엄청난 죄인들에게서 공개적인 본보기를 본다.

III. 세 번째 유혹은 조급함이다; 이것은 우리가 모든 것들보다 하나님을 사랑하도록 묶어주는 자비(charity)에 반하는 마음상태이다. 병에 걸린 사람들은 죽음의 침상에서 극도로 큰 고통과 슬픔 그리고 비애를 겪는다. 말하자면 나이가 듦으로 인해 자연스런 죽음을 맞지 못하는 사람은 —일반적인 경험이 사람들에게 가르쳐주듯이 자연사는 정말 거의 일어나지 않는다— 종종 열병, 종양 그리고 다른 종류의 심각하고 고통스럽고 오래 지속되는 질병으로 인해 죽는다. 죽음을 준비하지 못한 채 자신들의 의지와는 다르게 죽음을 마주하게 되는 많은 사람들은 너그러운 마음이 부족하여 조급해지고 불평을 일삼게 된다. 그들은 많은 사람들에게서 볼 수 있는 것처럼 때로는 슬픔과 조급함 때문에 화를 내고 어리석게 행동한다. 이런 방식으로 죽음을 맞이하는 사람들에게 현명함과 관대함이 부족하다는 것은 분명하고 확실하다. 그러므로 좋은 죽음을 맞이하고 싶은 사람이라면 어떤 질병으로 고통을 받게되든지 간에 죽음 앞에서 죽어가는 순간에 불평하지 말아야 한다. 임종의 시간이 오래거나 짧을 수도 있기 때문에 너무 고통스럽고 비통한 것이 되지 않도록 해야 한다.... 그러므로 모든 사람은 인내해야 한다.... 인내를 통하여 그들은 자신의 영혼을 지키게 되지만, 조급해하고 불평하면 영혼을 잃어버리고 저주를 받게 된다....

조급해하고 불평하는 사람은 누구든지 천국을 소유하지 못하고, 천국을 소유한 사람은 누구라도 불평하지 않는다. 그러나 위대한 학자 알버트(the great Clerk Albert)가 진심어린 회개에 대해 얘기했듯이, 만약 진심으로 회개한 사람이 온갖 종류의 질병의 고통과 죄에 대한 징벌에 기꺼이 자신을 맡긴다면, 그것 때문에 그는 자신의 죄에 걸맞게 하나님을 만족시킬 수 있다. 그러므로 더욱더 모든 병자들은 인내심을 갖고 기꺼이 자신의 질병을 견뎌내야 한다. 그 병은 다른 사람들이 겪고 있는 질병보다 비교할 수 없을 정도로 더 가벼운데, 즉 죽음을 앞두고 겪는 병은 마땅히 겪어야 하는 시기에는 그의 [죄를 정화하는] 연옥과 같은 것이다. 그러므로 그 병을 인내심을 갖고 기쁜 마음으로, 그리고 자유롭고 선한 마음의 의지를 갖고 견뎌내야 하는 것으로 생각해야 한다....

조급함의 유혹은 자비에 대항하여 싸우게 되는데, 자비가 없다면 누구도 구원을 받지 못한다.... 그러므로 신체의 모든 질병은 불평과 불만 없이 이성적으로 인내하면서 견뎌야 한다.

IV. 네 번째 유혹은 자만, 또는 사람이 스스로에 대해 가지는 즐거움이다; 그것은 마귀가 가장 신앙심이 깊고 독실하며 온전한 사람들을 유혹하고 기만하는 데 사용하는 영적 교만이다. 마귀가 신자를 믿음에서 끌어내릴 수 없거나, 절망이나 조급함으로 끌어들일 수 없다는 것을 알게 되면, 신자의 마음속에 자만을 불어넣는 유혹을 통하여 그를 공격한다. 오 그대는 믿음 안에서 얼마나 견고한가! 소망 안에서 얼마나 든든한가! 인내 안에서 얼마나 통탄해 하는가! 오 그대는 얼마나 많은 선행을 행하였는가! 그리고 그와 같은 생각들.... 사람은 그런 방식으로 스스로에 대해 만족해하는 대단한 환희에 젖어 있어서, 그것 때문에 [문자 그대로] 영원히 저주를 받게 될 것이다.

.... 그러므로 죽게 될 사람은 교만으로 유혹을 받고 있다고 느낄 때 조심해야 한다. 그리고나서 그는 자신의 죄를 생각해 보면서 스스로를 낮추고 온유해야 한다: 그 이유는 그가 영원한 사랑이나 미움, 즉 구원이나 저주를 받을지 모르기 때문이다. 그럼에도 불구하고, 절망하지 않도록, 그는 하나님의 자비가 모든 사역 위에 임하며 하나님은 모든 말씀에 참되고 하나님은 속이거나 속임을 당하지 않으시는 의와 진리가 되심을 차분하게 생각하고 기억하면서 소망을 갖고 하나님께 자신의 마음을 드려야 한다. . . . 모든 사람은 마귀가 말을 걸었던 성 안토니(Saint Antony)의 본을 따라야 한다: "안토니, 그대는 나를 이겼도다. 내가 교만으로 그대를 치켜세웠을 때 그대는 겸손으로 자기를 낮추었으며, 내가 절망으로 그대를 끌어 내렸을 때에는 소망으로 자신을 지켰도다." 그렇기 때문에 모든 사람이 병에 걸린다 하더라도 온전하게 행한다면 마귀를 이길수 있다.

V. 다섯 번째 유혹은 현세적인 일들과 관련하여 지나친 업무와 물질

적인 사업에 종사하는, 대부분의 육신적인 사람들과 세속적인 사람들을 유혹하여 상처를 주는 것이다; 여기서 현세적인 일들은 배우자와 자녀들, 세상 친구들과 세속의 부 그리고 이전에 지나치게 사랑했던 것들을 말한다. 잘 그리고 편안하게 죽고자하는 사람은 마음에서 모든 현세적이고 물질적인 것들을 철저하게 내버리고, 하나님께 자신의 모든 것을 온전히 맡겨야 한다.... 그러므로 병이 들었든지 그리고 건강하든지 모든 사람이 마땅히 해야 하듯이, 신자는 그럴 필요가 있는 시점이 되면 모든 일에서 자신의 뜻을 하나님의 뜻에 복종시키는 것이 정말 유익하고 전적으로 필요한 일이다. 그러나 어떠한 세속적이거나 육신적인 사람, 혹은 신앙심이 깊은 사람이 죽음에 자신을 맡기려는 모습은 거의 보이지 않는다. 게다가 더 나쁜 것은 그들이 죽음의 문제에 대한 어떤 것도 듣지 못한다는 것이다: [그들이 정말 죽음을 피할 수 있기를 바라면서, 인생의 끝을 향해 급하게 달려가고 있음에도 말이다]. 이것은 존경받는 성직자인 칸토 파리엔시스([Peter] Cantor Pariensis, 1197년 사망)가 말한 바대로, 기독교인에게 일어날 수 있는 가장 위험한 일이며, 가장 문제가 되는 일이다.

하지만 위에서 언급한 모든 유혹에서 마귀는 ─사람이 마귀와의 싸움에 있어서 이성을 사용하는 한─ 어떤 사람에게도 자신의 계책에 동조하도록 강요하거나, 어떤 방식으로도 그 사람을 압도하지 못했다는 점을 주목해야 한다. 하지만 만약 사람이 자발적으로 마귀에게 동의한다면, 모든 착한 기독교인들과, 비록 엄청난 죄인은 아니더라도 모든 죄인들은 위에서 언급한 모든 것들을 조심해야 한다. 사도 바울이 유혹에 대해 다음과 같이 언급하였다: "하나님은 미쁘사 너희가 감당치 못할 시험 당함을 허락지 아니하시고 시험당할 즈음에 또한 피할 길을 내사 너희로 능히 감당하게 하시느니라" (고전 10:13).

3장
세 번째 장은 병상에 있는 사람들이
말하고 이해할 수 있을 때,
물어보아야 할 질문들을 담고 있다.

이제 죽음의 문턱에 가까이 온 사람들이 정신이 또렷하고 질문을 이해할 수 있는 이성이 있을 때, 질문을 해야 한다. 이러한 이유로, 어떤 사람이 죽을 준비가 온전히 되어있지 않다면, 더 많이 알고 위로를 받게 될것이다....

첫 번째 질문은:
형제여, 그대는 그리스도를 믿는 믿음 안에서 죽음을 맞게 된 것을 기쁘게 생각합니까?
　　병자가 대답한다: 예.
그대는 마땅히 해야 할 것들을 하지 않았다는 것을 잘 알고 있습니까?
　　병자가 대답한다: 예.
그것에 대해 회개를 하시겠습니까?
　　병자가 대답한다: 예.
그대는 만일 생명의 기회가 온전히 주어진다면 자신을 온전히 바꾸려는 의지가 있습니까?
　　병자가 대답한다: 예.
그대는 하나님의 아들이신 우리 주 예수 그리스도께서 그대의 죄를 위해 죽으셨음을 전적 으로 믿습니까?
　　병자가 말한다: 예.
그로 인해 그대는 온 마음을 다해 주님께 감사하십니까?
　　병자가 대답한다: 예.

그대는 진정으로 그리스도의 죽음과 고난 이외에 다른 어떤 것
으로도 구원받지 못함을 믿습니까?

병자가 대답한다: 예.

그러므로 그대의 영혼이 육체에 있을 동안에, 주님께 감사하십시오.
다른 어떤 것도 신뢰하지 말고, 오직 그리스도의 고난과 죽음만을 신
뢰하십시오. 그리스도의 죽음에 그대의 모든 것을 걸고 헌신한다면,
그리스도의 죽음이 그대를 온전하게 덮을 것입니다. 주님의 죽음으로
그대 전부를 감싸 두르십시오. 만일 그대의 마음이, 혹은 그대의 원수
들이 하나님이 그대를 저주하겠다고 말한다면, 이렇게 말하십시오.

주님, 제가 저와 제가 저지른 악한 행위들 사이에 그리고 저와 심판
사이에 우리 주 예수 그리스도의 죽으심을 두겠습니다. 그렇게 하지
않으면 저는 하나님과 함께 믿음의 경주를 할 수 없습니다.

만약 주님께서, "너는 저주를 받아 마땅하다"라고 말씀하신다면, 다
시 이렇게 말하십시오: "제가 저와 저의 악한 행위로 인해 받게 될 형
벌 사이에 예수 그리스도의 죽음을 둡니다. 그리고 제가 받을 상급을
그리스도의 찬양받으실 고난의 상으로 대신하고자 합니다. 하지만 제
가 받을 상은 없습니다." 또한 다음과 같이 말하십시오. "주여, 나의 주
예수 그리스도의 죽음을 저와 하나님 사이에 두소서."

그런 다음, 그가 이 말을 세 번 말하게 한다: "주님, 주의 손에 저의
영혼을 맡깁니다." 그리고 수도사들로 하여금 같은 말을 하게 한다. 만
약 그 사람이 말을 할 수 없다면, 그와 함께 하는 수도사들이 다음과 말
을 할 수 있다: "주님, 저희들이 이 사람의 영혼을 당신의 손에 맡깁니
다. 이 사람은 확실히 죽을 것이지만, 영원히 죽지는 않을 것입니다."

그러나 위에서 언급한 질문들이 신앙이 있고 경건한 자들에게는 능

히 대답할 수 있는 것들이라 하더라도, 세속적이든지 신앙이 있든지 간에 모든 기독교인이 인생의 마지막 순간에 영혼의 상태와 건강을 점검하고 탐색하여 이 질문들에 대해 확실하게 분명히 알 수 있도록 가르쳐야 한다.

I. 첫 번째 질문: 그대는 거룩한 교회에 속한 거룩하고 진실한 학식 있는 자들의 설명을 듣고 난 이후에 어떤 경우에도 믿음의 모든 주요 조항들과 모든 성경을 전적으로 믿으며, 교회가 정죄한 모든 이단들과 오류들을 버렸으며, 그리스도의 믿음 안에서 그리고 거룩한 교회의 연합과 순종 가운데 죽게 됨을 기뻐하십니까?

병자가 답한다: 예.

II. 두 번째 질문은 다음과 같다: 그대는 종종 여러 방식으로 주 하나님의 마음을 아프게 해드려 자신을 아무런 쓸모가 없는 사로 만들었다는 것을 알고 있습니까?

병자가 답한다: 예.

III. 세 번째 질문은 다음과 같다: 그대는 왕이신 하나님 그리고 그분의 사랑과 선하심을 거스르며 저질렀던 온갖 종류의 죄와, 그대가 하지 못했지만 할 수 있었던 모든 선행과, 죽음의 두려움이나 다른 고통뿐만 아니라, 오히려 하나님의 사랑과 그의 의로우심으로 인해서 그대가 등한시한 모든 은혜들에 반하여, 하나님의 크나큰 선하심과 친절하심을 거슬렀기 때문에, 그리고 우리가 모든 것들보다 하나님을 사랑할 수밖에 없는 자비의 정당한 명령에 따라, 그리고 이 모든 것들 중에 그대가 하나님의 용서를 구하고 있으니, 후회하고 있습니까? 그대는 또한 마음속에 그대의 모든 죄를 알기 원하고 하나님을 거슬러 저질렀던 일들을 잊어버리고, 그 모든 것에 대해 특별한 회개를 원하십니까?

병자가 답한다: 예.

IV. 네 번째 질문은 다음과 같다: 만일 그대가 더 오래 살 수 있다면, 진정으로 자신을 개선하려는 결단과 확고한 의지가 있습니까? 그리고 앞으로 더 이상 죄를 짓지 않으려는 철저하고 분명한 의지를 갖고 있습니까? 또한 더 이상 하나님의 마음을 아프게 하기보다는 그대의 영혼과 육신의 생명을 위해 그토록 소중하게 여기던 것들을 더 이상 사랑하지 않고 세상에 속한 모든 것들을 떠날 보낼 확고한 의지가 있습니까? 그리고 무엇보다도 그대는 이런 목적으로 계속 살 수 있는 은혜를 달라고 하나님께 기도하겠습니까?

병자가 답한다: 예.

V. 다섯 번째 질문은 다음과 같다: 그대는 마음을 다하여 이제까지 말이나 행동으로 그대에게 해를 끼치거나 슬픔을 안긴 모든 사람들을, 그대를 용서해 주시려는 소망을 갖고 계신 우리 주 예수 그리스도에 대한 사랑과 예배를 위해 온전히 용서할 마음이 있습니까? 그리고 그대가 어떤 식으로든 상처를 준 사람들에게 용서를 구하겠습니까?

병자가 답한다: 예.

VI. 여섯 번째 질문은 다음과 같다: 그대는 어떤 방식으로든 부당하게 취득한 모든 물건을, 그대가 할 수 있는 만큼 그대의 재산의 가치에 따라 완전히 되돌려 주겠습니까? 그리고 다른 어떤 방법으로도 그것들을 되돌려 줄 수 없다면, 그대는 차라리 이 세상에 있는 모든 재산을 포기하겠습니까?

병자가 답한다: 예.

VII. 일곱 번째 질문은 다음과 같다: 그대는 그리스도께서 당신을 위해 죽으심과 그리스도의 고난의 자비 외에는 결코 구원받을 수 없음을 전적으로 믿습니까? 그리고 그것에 대해 할 수 있는 만큼 온 마음을 다해 하나님께 감사하겠습니까?

병자가 답한다: 예.

진정으로 선한 양심과 진리에 따라 위에 언급된 일곱 개의 질문에 어떠한 거짓도 없이 '예'라고 답한 사람은 누구든지 영혼이 건강하다는 명백한 증거를 갖고 있으며, 그가 죽으면 구원받은 자들의 반열에 들어갈 것이다.

죽음의 위태로운 순간에 처할 때 죽음의 기술에 대한 지식을 가진 사람이 별로 없기 때문에, 위에서 언급한 일곱 개의 질문 가운데 하나라도 대답할 기회가 없었던 사람은 자신의 영혼과 관련해서 스스로를 점검하고 질문하여 대답이 '예' 혹은 '아니오' 중 어느 쪽으로 기울어지는지 세미하게 느끼고 숙고해야 한다. 만약 사람들이 이런 점검의 시간을 갖지 않는다면, 그들은 의심의 여지없이 영원히 구원받지 못할 수도 있다.

그리고 위의 질문에 '예'라고 대답할 마음이 있는 사람은 두려운 마음으로 그리스도의 고난에 스스로를 권하여 전적으로 헌신해야 한다. 만약 계속 병에 시달림을 받는다면 그리스도의 고난을 묵상해야 한다. 왜냐하면 이를 통해서만 마귀의 모든 유혹과 간교한 속임수에 대해 승리할 수 있고 무력화할 수 있기 때문이다.

4장
네 번째 장은 죽음을 앞둔 사람들을 위한 지침을 탄원 기도와 함께 담고 있다.

* * * * * *

5장
다섯 번째 장에는 죽음을 앞둔 사람들을 향한 지침이 실려 있다.

    마땅히 해야 함에도 불구하고, 일반 사람들뿐만 아니라 심지어 신앙이 있고 독실한 신자들조차 죽음에 대해 마음의 준비를 거의 하지 않고 있음을 주목하고 주의해야 할 것이다. 사람들은 모두 오래 살 것이라고 생각하고 있으며, 조만간 죽게 된다는 것과 마귀의 교묘한 유혹이 틀림없이 찾아온다는 사실을 받아들이지 않는다. 그리고 종종 많은 사람들이 그러한 나태한 희망과 신념을 갖고 있어서 게으름을 피워 길을 잃어버리고, 조언도 받지 못하고 준비도 못한 채 중간에 갑자기 죽는 광경을 공개적으로 보게 된다. 그러므로 하나님에 대한 사랑과 경외감, 그리고 인간의 영혼에 대해 열정을 가진 모든 사람, 이들로 하여금 아프거나 몸과 영혼이 위험에 처해 있는 온전한 믿음을 가진 모든 기독교인에게 다른 어떤 것들보다 우선적으로 그리고 먼저 [죽음에 대해] 권유하고 경고를 하게 한다. 그리고 오랫동안 억눌러 놓지 않고 그는 병자의 영혼을 고치는 치유책과 특효약을 지체하지 않고 부지런히 준비하고 공급한다.

* * * * * *

    만일 병자가 말할 능력을 잃어버렸지만, 자신에게 하는 질문이나 자신 앞에서 읊조리는 기도에 대해 온전한 지식을 갖고 있다면, 그 사람이 단지 어떤 외적인 신호나, 마음의 동의를 얻어 질문에 대답하게 한다. 그럼에도 불구하고 그가 말할 능력을 잃어버리기 전에, 질문하는 일은 매우 권유되고 서둘러야 한다. 왜냐하면 그의 대답이 모든 면에서 자신의 영혼을 온전하고 영구적으로 치료하기에 충분하지 않을 것 같다면, 그가 할 수 있는 최선의 방법으로 치료와 조언을 받을 수 있도록 해야 하기 때문이다.

그런 다음 그가 그것에 대해 몹시 두려워해야 하고 두려운 마음을 갖더라도, 그가 빠지게 될 위험을 분명하게 말해주어야 한다. 그가 비위를 맞추고 잘못된 은폐로 저주를 받기보다는 합당한 공포와 두려움으로 뉘우치고 회개함으로써 구원을 받는 것이 더 낫고 올바른 일이다. 왜냐하면 사람에 대한 헛된 두려움 때문에 그 사람의 마음을 괴롭히지 않으려는 목적으로, 눈앞에 죽음을 마주하고 있는 기독교 신자에게 죽음과 영혼의 위험을 숨기는 것은 너무나도 기독교 신앙에 어울리지않고 상반되는, 매우 악마적인 행위이기 때문이다.

그리고 병자들에게 항상 있어야 할 십자가상이나 성모상, 또는 병자가 자신의 병 치료를 위해 사랑하고 공경했던 다른 성자의 상을 그 사람에게 제시한다. 또한 병자 옆에 성수를 두고 악령이 그에게서 떠나가도록 시시때때로 환자와 그 곁에 있는 사람들에게 뿌려준다.

만약 급박하고 시간이 촉박하여 위에서 언급한 모든 일을 하지 못할 경우, 기도를 드리되 특히 우리의 구세주 우리 주 예수 그리스도께로 향하는 그런 기도를 해야 한다. 사람이 임종의 순간이 되어 마지막 순간을 향해 급하게 달려갈 때, 어떤 세상 친구들, 아내, 자녀들, 재산, 현세의 소유물들이 그의 마음에 들어오지 않게 하고, 병자의 영적 건강과 유익이 요구하고 필요로 하는 만큼 그의 면전에서는 얘기하지 않도록 한다.

6장
여섯 번째 장은 죽음을 앞둔 사람들 주위에
모인 지인들을 위한 기도를 담고 있다.

　마지막으로, 인생의 마지막까지 고군분투하는 병자에게 다음의 기도를 적절하게 해야 함을 알고 있어야 한다. 만약 그가 수도회에 속한 사람이라면, 늘 하던 대로 식탁을 쳐서 수도사들이 함께 모였을 때 먼저 시편 그리고 그 시편과 함께 사용되는 기도로 호칭 기도(litany)를 드려야 한다. 그 후에 병자가 아직 살아있고 여건이 허락한다면, 병자 가까이 있는 사람이 뒤에 이어지는 기도를 하게 한다. 그리고 그 병자가 이성과 인지능력이 있다면, 그것들을 종종 그의 헌신을 일깨우기 위해 다시 낭송하기도 한다.

　그러나 이런 기도는 마치 병자가 구원을 받지 못한 것처럼 억지로 드려져서는 안 된다. 이 기도는 인생의 마지막을 향해 힘겹게 나아가는 병자의 영적 유익과 헌신을 위해 잘 드려져야 한다. 그러나 세속적인 사람들을 위해서도 헌신과 삶을 정리하는 차원에서 이런 기도를 드리고, 시간이 허락된다면 병자의 지인들의 영적 유익을 위해서도 하나님께 간구하고 요청할 수 있다.

　그러나 안타깝게도 세속적인 사람들뿐만 아니라 종교적인 사람들 중에서도 죽음의 기술과 관련된 능력을 가지고 죽음의 지점에 이르러 이 세상을 떠날 사람들을, 가까이서 도와줄 수 있는 사람은 정말 극소수에 불과하다. 즉 죽어가는 사람들이 죽지 않거나 아직 죽지 않기를 소원하여, 병자들의 영혼이 엄청난 위험에 처하게 될 때, 그들에게 묻고, 훈계하고, [필요한 정보를] 알려주고, 그들을 위해 기도해 주는 사람들이 거의 없다는 말이다.

* * * * * *

선포기도(ORATIO)

신자의 영혼이여, 무(無)에서 그대를 만드신 전능하신 성부의 이름으로, 그대를 위해 고난을 당하신 하나님의 아들이신 예수 그리스도의 이름으로, 그대 안에 내주하시는 성령의 이름으로 이 세상을 떠나가시오. 거룩한 천사들(Holy angels), 좌품천사들(Thrones)과 주품천사들(Dominations), 권품천사들(Princehoods), 능품천사들(Protestates), 역품천사들(Virtues), 지품천사(Cherubim)와 치품천사(Seraphim)[26]가 그대를 맞아줄 것입니다. 족장들과 선지자들, 사도들과 전도자들, 순교자들과 박해를 견뎌낸 복음 증언자들, 수도사들과 은둔자들, 믿음의 여인들과 과부들, 어린이들과 순결한 이들이 그대를 도와줄 것입니다. 모든 사제들과 부제들이 드리는 기도, 거룩한 교회의 모든 직책을 맡은 이들이 그대를 도와주실 겁니다. 이제는 하나님과 사람들의 중보자이신 우리 주 예수 그리스도의 중재로 말미암아, 하늘의 예루살렘에 있는 그대의 처소에서 영원한 평안을 누리소서. 아멘.

The Book of the Craft of Dying and other Early English Tracts Concerning Death. . . ed. by Frances M. M. Comper (London: Longmans, Green and Co., 1917), pp3, 5, 9-12, 13-16, 17-21, 22-27, 32, 35-37, 39-40, 47.

---

26. 역주: 가톨릭에서는 천사의 계급을 9등급으로 나눈다: 천사(제9계급), 대천사(제8계급), 권품천사(제7계급), 능품천사(제6계급), 역품천사(제5계급), 주품천사(제4계급), 좌품천사(제3계급), 지품천사(제2계급), 치품천사(제1계급). 하지만 9품 천사론은 교회의 공식 교리로 인정된 것은 아니다.

성례전적인 의학
크래머와 스프렝거

소개의 글

한 유명한 중세 학자가 "시들어가던 중세의 정신에 의해 만들어진 가장 어두운 공포"는 "마법의 미혹(the delusion of the witchcraft)"이라고 기술하였다. 이미 15세기 말에 이것은 "참담하게도 신학적 열정과 사법적 엄격함의 일관된 체계로 완전히" 발전하였다.[27] 18세기가 되어서야 유럽 문명은 주술의 미혹을 몰아냈다. 대략 6세기 동안 기독교 목회는 마녀들을 찾아내고 피해자들을 정결하게 하는 데 엄청난 노력을 집중하였다.

초인적인 힘들의 역사인 주술은 구약과 신약에 언급되어 있고 많은 교부들이 믿었기 때문에 기독교와 오랜 연결고리를 가지고 있었다. 주술은 중세 초기의 유럽에서 인기를 누렸던 미신의 한 유형으로서 십자군 전쟁 동안 서방 기독교가 동양과 접촉한 이후 12세기에 새롭게 강

---

27. J. Huizinga, *The Waning of the Middle Ages* (London: Edward Arnold & Co., and New York: St. Martin's Press, 1924), p. 181.

조 되었다. 이 기간에 마법은 주로 [악령의 힘을 빌려 행하는] 주술(sorcery)로 여겨졌다. 마녀의 힘을 빌려 행해지는 점술과 치료는 강단과 고해실에서 불법행위라고 비난을 받았지만, 단지 심각하고 구체적인 상해를 입힌 경우에만, 사형을 포함한 보다 엄중한 처벌들이 가해졌다. 그러나 13세기 후반에 교회법이 마술에는 이단의 형태로 신앙을 위협하는 요소가 있다고 보기 시작하였다. 마침내 1258년에 교황 알렉산더 4세는 신앙 조항들에 반하는 행위를 하는 마술사들에 대한 종교재판을 승인하였다. 조금씩 종교재판은 마술을 관할 하에 포함시키고 모든 범죄들 중 가장 끔찍한 것—사탄과 계약을 맺음으로써 하나님의 권능에 대해 이단적으로 부인하는 행위—으로 묘사하는 데 성공하였다.

13세기 후반부터 15세기까지 교황들은 마법을 다루기 위해 재판관들을 임명하였고, 종교개혁 이전 수십 년 동안 마녀들에 대한 대규모 박해가 일어났다. 1484년에 교황 이노센트 8세가 마녀 척결을 목표로 한 교서를 내렸고, 독일 북부 전역에 걸쳐 마녀들을 조사하고 기소하도록, 도미니칸 수도회 소속의 교수들인 알사스 출신의 하인리히 크래머(Heinrich Kramer)와 쾰른에 위치한 신학부의 학장인 야메스 스프렝거(James Sprenger)를 임명하였다. 두 사람은 모두 마녀 사냥을 위해 유럽을 두루 여행하면서, 종교재판관으로서 사전 경험이 있었으며, 크래머는 이미 마법에 대한 논문을 편찬하였다. 그들은 이 주제에 대한 고전적인 문서인 "마녀들의 망치(The Hammer of Witches)"로 번역된 *Malleus Maleficarum*을 공동집필하여 1486년 혹은 1487년에 출간하였다. 이 저술은 금방 마녀를 인식하고 처벌하는 방법과 마법에 사로잡힌 사람들을 붙들고 있는 악마를 쫓아내는 방법에 대한 진단, 사법 처리와 목회를 위한 표준 지침서가 되었다. 그들은 이 지침서에 마녀들과 악마들에 대한 방대한 범위의 역사적 자료들을 포함시켰으며 이 정보들을 자신들의 폭넓은 경험에서 얻은 것들과 결합하였다.

마녀들은 악령들을 부리는 힘을 포함하여, 특정한 힘들을 부여받은 대가로 악마와 계약을 맺은 사람들로 여겨졌으며, 사탄을 숭배하고 몸과 영혼을 사탄에게 내어주겠다는 서약을 한 것으로 믿어졌다. 만약 어떤 마녀가 고문이나 위협을 받아서 자백을 하게 되면, 그 마녀는 대개 가장 가혹한 형벌들, 주로 화형에 처하도록 행정당국에 인계되었다. 그러나 악한 영들의 공격으로 위험에 처한 독실한 신자들을 도우려 목적으로, 『마녀잡는 망치(*Malleus Maleficarum*)』는 다른 목표들 중에서 악령을 물리치는 방법을 가르치는 데 사용되었다.

이 책은 남자 악령인 인큐버스(incubus)와 여자 악령인 서큐버스(succubus)[28]의 교묘한 술책에 대해 비교적 상세하게 논의하고 있다. 남자 악령은 여자들을 향한 욕망 때문에 은혜에서 추락한 것으로 여겨졌고, 그에 상응하는 여자 악령은 여자의 모습으로 나타나 남자들을 유혹하는 데 특화된 존재이다. 여자 악령들은 자신들이 성적 오르가즘을 유발한 남성들로부터 정액을 채집해서 신중하게 우수한 정액을 선별하였다. 그런 다음 교묘하게 남자 악령으로 탈바꿈하여, 그들이 성교하기로 선택한 여성들을 임신시키기 위해서 그 정액을 사용하였다. 이런 과정을 통해 출생한 자식은 적절한 때가 되면 거의 확실히 가장 사악한 마녀가 될 사람이었다. 이런 믿음에 근거하여, 남자 악령들과 여자 악령들에 대한 예방책들은 이러한 사악한 성행위로 인하여 신자들이 오염될 위험뿐만 아니라, 마녀들의 숫자를 최소한으로 줄일 수 있는 방법으로 중요했다.

15세기에서 17세기까지 유럽 전역이 동시다발적으로 마법과 귀신들

---

28. 역주: Incubus는 잠자는 여자를 덮친다고 여겨지는 남자 악령을, succubus는 잠자는 남자와 정을 통한다고 여겨지는 여자 악령을 가리킨다.

림에 매료되고 겁에 질려 있는 동안, 이 주제를 다룬 많은 작품들이 출판되고 있었다. 범위와 세부 내용에 있어서 영혼치유 분야에서 쏟아져나온 작품들은 중세 초기에 출간된 수많은 고해 지침서들에 필적하는 수준이었다. 한 권위자는 1475년에 집필한 요하네스 니더(Johannes Nider)의 『개미둑(*Formicarius*)』에서부터 1539년에 페드로 씨루엘로(Pedro Ciruelo)가 스페인어로 저술한 『마법적 미신에 대한 저작(*Opus de Magica Superstitione*)』에 이르기까지 그 시대에 저술되고 출판된 마법에 대한 35개 이상의 주요 논문들의 목록을 작성하였다. 이런 책들 가운데 상당수는 수없이 많은 인쇄를 거듭하였다. 예를 들어, 『마녀 잡는 망치』는 1520년까지 13쇄를, 17세기 말까지 16쇄를 더 출판하였다.[29]

그러나 이 모든 책에 언급된 마녀들과 귀신들림을 식별하는 문제는 핵심적으로 중요하면서도 매우 다루기 힘든 일이었다. 마녀들을 찾아내는 일은 적어도 고문을 사용하여 잠시 해결된 것처럼 보였다. *Malleus* 3부에서는 피고인으로부터 유죄 인정과 공범자들의 이름을 받아내기 위해 공포와 권면과 고통을 사용하는 복잡한 절차에 대해 논의하였다. 하지만 다른 한편으로, 귀신들림의 진단에 관해서는 만족스러운 해결책이 나오지 않았다.

17세기 초반에 프란체스코-마리아 구아쪼(Francesco-Maria Guazzo)라는 이탈리아 수도사가 저술한 설명서인 『마녀전서(*Compendium Maleficarum*)』는 증상의 진단을 설정하기 위해 이전에 악마론을 다루었던 322명의 권위자를 인용하였다: 예를 들어 그 증상들에는 몸 비틀기, 옷 찢기, 몸 베기, 목소리 변화, 늘어나거나 부어오른 혀, 숨을 헐

---

29. H. C. Lea, *Materials Toward A History of Witchcraft,* ed. A. C. Howland and G. L. Burr (3 vols., New York: Thomas Yoseloff, 1957), I, 260-416.

30. 영대(領帶)는 stole를 번역한 것으로 성직자가 목에 걸쳐서 무릎까지 늘어뜨리는 좁고 긴 띠 모양의 천을 가리킨다.

떡임, 가슴 두근거림, 구토, 딸꾹질, 내장의 커짐, 헛배 부름, 국소 통증, 기타 등등이 있다. 더 나아가 그는 어려운 사례를 접하는 경우, 사제가 손과 영대(領帶)[30]를 귀신 들린 자의 머리 위에 올려놓고 특정 처방문을 낭송함으로써, 괴로워하는 사람 안에 있는 악령들이 그 병자를 떨게 하고 흔들어서 악령들이 머물러 있던 부위마다 심한 통증을 일으킨다면, 정확한 진단을 내릴 수 있다는 것을 권고하였다.[31] 1648년에 안트베르프(Antwerp)에서 출간된 다른 논문에서는 악마들이 때로는 생쥐나 다른 작은 동물 모양을 하고 귀신들린 사람 속에 들어가서, 피부색이 노랗거나 잿빛으로 변함, 눈 주위의 초췌함, 비정상적인 쇠약, 신체의 수축, 항문의 혹, 심장 주위에 느껴지는 바늘이 찌르는 통증, 경련성 발작 등을 포함한 다양한 증상을 일으킨다고 주장하였다.[32] 1644년에 로우엔(Rouen)에서 출판된 또 다른 책은 스스로 귀신들렸다고 생각하는 것, 사회규범에 어긋한 생활, 지속적인 병치레, 깊은 잠에 빠지는 것, 동물 같은 소리를 내는 것, 삶에 대한 염증 등을 포함한 11개의 징후로 귀신 들림 증상들을 분류하였다.[33]

여기에 소개한 내용은 그 자체가 지나칠 정도로 엄청나게 길고 상세한 작품인 『마녀 잡는 망치』에서 발췌한 것으로, 2부의 두 번째 의제의 3장으로만 구성되어 있다. 첫 번째 장은 남자 악령과 여자 악령에 대한 처방책들을 기술하였고, 두 번째 장은 생식능력의 한계로 인해 미혹된 사람들을 위한 치료책을 제시해 놓았으며, 여섯 번째 장은 목회 차원의 퇴마 절차를 상세하게 소개하고 있다. 이러한 물 뿌림, 기도, 연도(連禱)[34],

---

31. R. H. Robbins, *The Encyclopedia of Witchcraft and Demonology* (New York: Crown Publishers, Inc., 1959), p. 396을 바꾸어 적어놓음.

32. Lea, *op. cit.*, III, 1064.

33. Robbins, *op. cit.*, p. 395를 수정하였음.

34. 역자 주: 영어로는 litany로서 '호칭 기도'로도 번역되는데, 예배에서 사제가 읊은 기도문을 따라 회중이 제창하는 기도 형식을 말한다.

다른 의례 행위들이 악한 세력들을 쫓아내는 퇴마 으식이 심지어 마녀에 대한 믿음이 사라진 곳에서 치유를 위한 목회적 수단으로 계속되던 때인, 우리 시대의 『로마 예식서(*Rituale Romanum*)』에서 발견된 퇴마 의식과 유사하다는 점에 주목해야 한다.

성례전적인 의학

출처: 『마녀잡는 망치(*Malleus Maleficarum*)』(1486)
저자: 하인리히 크래머와 야머스 스프렝거

1장
남자 악령과 여자 악령에 대해 거룩한 교회가 처방한 치료책들

첫 번째 의제를 논하는 앞의 장들에서, 우리는 사람과 동물, 그리고 땅의 수확물을 미혹하는 방법들과, 특히 마녀들의 개별적인 행동들; 마녀들이 그 숫자를 늘리기 위해 여자 아이들을 성적으로 유혹하는 방법; 그들만의 신앙고백과 충성맹세를 하는 방법, 자기 자신의 자녀들과 다른 사람들의 자녀들을 악마에게 바치는 방법; 그리고 마녀들이 한 곳에서 다른 곳으로 이동하는 방법 등을 다루었다. 지금 나는 재판관들이 마녀들을 완전히 발본색원하지 않거나, 적어도 마녀를 모방하려는 모든 사람에게 본보기로 그들을 처벌하지 않는다면, 그런 악행들을 해결할 방도가 없다고 말하는 것이다. 그러나 이런 것들은 당장 다루지 않겠지만, 이후에 마녀들을 상대로 소송하고 재판하는 20가지 방법을 제시한 이 책의 마지막 부분에서 다루게 될 것이다.

지금 우리는 마녀들이 끼친 해악에 대한 치료책에만 관심을 가지려고 한다. 그런 다음 첫째, 마법에 걸린 사람들을 치료하는 방법; 둘째, 짐승들을 치료하는 방법; 그리고 셋째, 땅의 수확물들을 병충해[마름병]나 포도나무 뿌리 진디(phylloxera)로부터 보호하는 방법에 대해 논의하고자 한다.

남자 악령과 여자 악령에 의해 사람들이 미혹되는 것과 관련하여, 이것이 세 가지 방식으로 일어날 수 있음을 주목해야 한다. 첫 번째, 마녀들의 경우처럼 여자들이 자발적으로 남자 악령들에게 몸을 팔았을 때. 두 번째, 남자들이 여자 악령들과 성관계를 가질 때. 하지만 남자들은 동일한 정도의 완전한 죄질(culpability)로 음행하는 것처럼 보이지 않는다; 본질적으로 여자들보다 지적으로 강한 남자들은 그런 행습들을 혐오하는 경향이 있다. 세 번째, 남자 또는 여자가 자신의 의지에 반하여 마법에 걸려서 남자 악령이나 여자 악령과 얽히는 일이 일어날 수 있다. 이런 일은 전적으로 자신의 의지에 반하여 남자 악령들한테 성희롱을 당한 특정 처녀들에게 주로 일어난다. 이런 일들은 마녀들이 종종 다른 질병들을 일으키듯이, 처녀들을 유혹하여 그들의 사악한 집단에 끌어들이려는 목적으로 악마들이 남자 악령의 모습을 하고 그런 처녀들을 성적으로 괴롭힐 때 일어나는 것 같다. 이런 일의 예를 들어 보도록 하자.

코블렌즈(Coblenz)라는 도시에 이런 식으로 마법에 걸린 불쌍한 남자가 있었다. 그는 자기 아내 앞에서 남자와 여자가 함께 하는 방식, 말하자면 성행위를 하는 습관을 가지고 있었다. 그는 이 행위를 계속 반복하는데, 아내의 울부짖음과 간절한 호소도 그를 멈추게 하는 데 아무런 소용이 없었다. 그리고 두세 차례 성관계를 한 다음에, 옆에 누워 있는 사람의 눈에는 아무도 보이지 않는데도 불구하고, 그는 "우리는 다시 시작할 거야"라고 큰소리로 외친다. 그런 난리를 수없이 치고 난 다음, 그 불쌍한 남자는 마침내 완전히 녹초가 되어 바닥에 주저앉았다. 그리고 그가 힘을 조금 회복한 후 어떻게 이런 일이 일어났는지, 그리고 어떤 여자와 함께 있었는지 물어보면, 그는 아무것도 보지 못했지만, 자신의 마음이 어떤 식으로든 무언가에 사로잡혀 결코 그런 호색행위를 자제할 수 없다고 대답한다. 실제로 그는 어떤 여자가 이런 방식으로 자기에게 마법을 걸었다는 커다란 의심을 품고 있었는데, 그 이유는 그가 그녀에게 죄를 범한 탓에 그녀가 위협적인 말로 그에게 일어나길 바라는 것을 말하면서 저주를 했기 때문이다.

하지만 막연한 고소나 중대한 의혹 이외에 다른 정당한 증거도 없으면서 그런 크나큰 범죄에 상응하는 처벌을 내리는 절차를 밟을 수 있는 법이나 사법 집행관이 없다. 어떤 사람도 자백이나, 세 명의 신뢰할 만한 증인들의 증언으로 유죄 확증을 받지 않는 한, 처벌을 받아서는 안 된다. 왜냐하면 심지어 어떤 사람에 대한 가장 중대한 의혹과 연결된 단순한 범죄 사실은 그 사람에 대한 처벌을 보증하기에는 충분하지 않기 때문이다. 그러나 이 문제는 나중에 다룰 것이다.

젊은 처녀들이 이런 식으로 남자 악령에 의해 성추행을 당한 경우, 그러한 마법에 대한 잘 입증된 이야기가 많이 있기때문에 우리 시대에 일어난 것으로 알려진 사건을 언급하는 데도 너무 오랜 시간이 걸릴 것이다. 하지만 그런 고통들에 대한 치료책을 찾는 데 겪게 될 큰 어려움은 브라반(Brabant, 즉 Cantimprê)의 토마스(1201-1272)가 저술한 『벌들에 관하여(Book on Bees)』에 나오는 이야기에서 그 예를 찾아볼 수 있다.

토마스는 다음과 같이 기록하고 있다: 나는 처음에는 결코 음행을 하지 않았다고 말했지만, 동시에 그녀가 이렇게 소문나 있음을 이해한다고 나에게 말한 수도복을 입은 처녀의 고백을 들었다. 나는 이것을 믿을 수 없었지만, 그녀의 영혼을 걸고 가장 엄숙한 맹세에 의거하여 진실을 말하도록 간신히 훈계하고 권면하였다. 마침내 그녀는 비통하게 울면서 자신이 몸보다 마음이 타락했음을 인정하였다. 그녀가 그 후에 거의 죽을 정도로 슬퍼하고 매일 눈물로 고백했음에도 불구하고, 어떤 방책이나 연구나 기술로도 그녀를 남자 악령으로부터 구해내지 못했다; 십자가의 표식이나, 악마 퇴치를 위해 특별히 지정된 성수(聖水), 천사들조차 두려워하는 주님의 성체도 그녀를 구해내는 데 소용이 없었다. 그러나 마침내 여러 해에 걸친 기도와 금식 끝에 그녀는 해방되었다.

그녀가 회개하고 자신의 죄를 고백한 후에, 남자 악령을 죄 자체보다는 오히려 죄에 대한 형벌의 관점으로 보아야 한다는 것은 (더 좋은 판단은 아껴두고) 신뢰해도 될 듯하다.

브라반(Branbant) 공국에 속한 두치(Duchy)의 저지대에 사는 크리스티나라는 경건한 수녀가 이 동일한 여인에 대해 다음과 같은 이야기를 나에게 들려주었다. 성령 강림절 철야기도 시간에 그녀는 악마의 끈질긴 성적 괴롭힘 때문에 성찬을 받을 수 없다고 수녀에게 하소연을 했다. 그녀를 불쌍히 여긴 크리스티나는 이렇게 말해주었다: "돌아가십시오. 그리고 내가 당신의 벌을 대신 받을 것이기 때문에 내일 주님의 성체를 받게 될 것임을 확신해도 좋습니다." 그래서 그녀는 기쁜 마음을 안고 돌아갔으며, 그날 밤 기도를 한 후 평화롭게 잠을 잤으며 다음 날 아침에 일어나 영혼의 고요함 속에서 대화를 나누었다. 하지만 자기가 대신 받겠다고 말한 벌을 생각하지도 않은 채, 크리스티나는 저녁에 잠자리에 들었다. 그녀가 침대에 누워있을 때, 자신에게 과격한 공격이 가해지는 소리를 들었고, 목구멍에서 무엇이든지 잡아내어 토해내려고 했다. 그녀는 다시 침대에 누웠지만 성적 괴롭힘을 다시 받게 되어, 공포에 질려 잠자리에서 일어났다. 그리고 이런 일이 여러 차례 발생하여 침대의 지푸라기들이 뒤집혀 여기저기 널브러졌다. 그러고 나서 드디어 그녀는 악마의 간악에 의해 괴롭힘을 당했다는 사실을 깨닫게 되었다. 그 후 그녀는 침상을 박차고 나와 잠을 이루지 못한 채 밤을 지새웠다. 그녀가 기도하고 싶은 마음이 들 때 악마에게 너무 고통을 받은 적이 있지만 전에는 그렇게 많이 괴롭힘을 당한 적이 없다고 말했다. 그래서 다음 날 아침 젊은 처녀에게 "나는 그대의 형벌을 포기하렵니다. 그리고 그것을 포기할 정도로 목숨을 부지하고 있습니다."라고 말한 다음에야, 수녀는 사악한 유혹자의 횡포에서 벗어나게 되었다. 이를 통해 마법 때문인지 아니든지 간에, 이런 종류의 악을 치료하는 일이 얼마나 어려운지 알 수 있다.

그러나 이런 악마들을 몰아내는 몇 가지 방법들이 여전히 존재하고 있는데, 그것들에 대해 니더(Nider, 1380-1438)가 그의 『개미둑(*Formicarius*)』[35]에서 기술하고 있다. 그는 소녀들이나 남자들이 마법에서 벗어날 수 있는 다섯 가지 방법들이 있다고 말한다: 첫 번째, 고해성사를 통해서; 두 번째, 십자가의 성호를 통해서, 혹은 성모찬송 기도(Angelic Salutation)을 낭송함으로써; 세 번째, 축사(逐邪)를 사용해서; 네 번째, 다른 장소로 옮겨감으로써; 그리고 다섯 번째, 성자들이 신중하게 사용했던 파문(excommunication)을 통해서. 처음 두 가지 방법은 이제까지 얘기해 온 것들을 고려해 볼 때 수녀에게는 도움이 되지 않은 것이 명백하지만, 그 때문에 무시되어서는 안 된다. 왜냐하면 한 사람을 치유한 방법이 반드시 다른 사람을 치유하는 데 유효한 것은 아니며, 그 반대도 마찬가지이기 때문이다. 그리고 남자 악령들이 종종 주기도문이나 성수를 뿌림으로써, 그리고 특히 성모찬송 기도에 의

---

35. 역주: Johannes Nider가 바젤 공의회 기간(1436-1438)에 저술한 마법퇴치에 대한 역사상 두 번째 저술이다. 특히 5부에 기록된 마법퇴치에 대한 글이 유명하다.

해 쫓겨났다는 것은 기록으로 남아있는 사실이다.

카이사리우스(S. Caesarius, c. 1180-1240)는 그의 책 『대화(*Dialogue*)』에서 한 사제가 목을 매어 죽고 난 다음, 그의 내연녀가 수도원에 들어가게 되었는데, 그곳에서 남자 악령의 육체적인 유혹을 받게 되었다고 말한다. 그녀는 십자가 성호와 성수를 사용하여 악령을 몰아냈지만, 그 악령은 금방 되돌아왔다. 하지만 그녀가 성모찬송 기도를 읊조렸을 때, 악령은 활에서 화살이 떠나가듯이 사려져 버렸다. 그 악령은 "아베 마리아" 때문에 감히 그녀에게 다가오지 못함에도 불구하고, 여전히 돌아왔다.

카이사리우스는 또한 고해성사를 통한 치료를 언급하고 있다. 그는 앞에서 말한 내연녀가 철저하게 고백을 한 후에 그녀를 괴롭히던 남자 악령에게서 완전히 놓임을 받았다고 말한다. 그리고 그는 여자 악령에 의해 괴롭힘을 당했지만, 고해성사 이후 그 악령으로부터 완전히 벗어난 라이든(Leyden)에 살고 있는 한 남자에 대한 이야기도 전해준다.

그는 바깥세상과는 접촉하지 않은 채 묵상을 하던 한 수녀의 예를 추가했는데, 그녀의 경우에는 기도와 고백과 다른 종교 행습에도 불구하고 남자 악령이 떠나지 않았다. 이 악령은 집요하게 이 수녀의 침대 속으로 들어가고자 하였다. 하지만 어떤 독실한 사람의 충고에 따라, 그녀가 만물의 송가(the Benedicite)[36]를 불렀을 때 악령이 즉각 떠나갔다.

네 번째 방법, 즉 다른 장소로 옮겨가는 것과 관련해서 그는 어떤 사제의 딸이 남자 악령에 의해 더럽혀져 비통함으로 미친 상태가 되었다는 얘기를 하였다. 하지만 그녀가 라인강을 건너 먼 곳으로 간 후에는 그 남자 악령에서 벗어나 평화롭게 지내게 되었다. 그러나 그녀의 아

---

36. 역주: O all ye works of the Lord, bless ye the Lord…로 시작되는 찬송가로서 '만물의 찬송'이라고도 하며, 구약성경의 라틴어 번역본인 Vulgate의 다니엘서 3장 56절 Benedicite omnia opera의 맨 처음 단어인 Benedicte에서 유래한 것이다.

버지는 딸을 멀리 떠나보낸 탓에, 악마에게 너무 괴롭힘을 당해 3일 만에 죽음을 맞이했다.

그는 또한 자신의 침대에서 남자 악령에 의해 종종 성적 괴롭힘을 당해, 그녀의 친구들 가운데 신앙심이 돈독한 친구에게 자기 집에 와서 함께 잠을 자달라고 부탁한 여성을 언급한다. 그녀는 그렇게 했음에도, 밤새 극도의 불안과 근심으로 시달렸고 그런 다음에야 첫 번째 여성이 평안해졌다. 파리의 대주교였던 윌리암(c. 1180-1249)도 남자 악령들이 주로 아름다운 머리카락을 지닌 여자들과 소녀들을 성적으로 괴롭힌다는 점에 주목한다. 그 이유는 그들이 머리카락을 돌보고 치장하는 데 지나치게 몰두하거나, 예사롭게 머리카락을 이용하여 남자들을 자극하거나, 머리카락에 대해 자만심을 가지거나, 혹은 선하신 하나님께서 이런 것을 허용하셔서, 악령들이 남자들을 유혹하기를 바라는 바로 그 방법으로, 여자들이 남자들을 유혹하는 일을 두려워하기 때문일 수도 있다.

다섯 번째 방법인 파문은 어쩌면 축사(逐邪)와 동일한 것일 수도 있는데, 성 베르나르(1090-1153)의 역사에 예시되어있다. 아퀴타인(Aquitaine)에서 한 여인이 6년 동안 남자 악령에 의해 엄청난 육체적 학대와 호색행위로 인해 괴롭힘을 당했다. 그리고 그녀는 남자 악령이 "그렇게 해도 너한테는 아무 소용이 없을 거야. 왜냐하면 그가 떠났을 때, 지금까지 너의 연인이었던 내가 네게 가장 포악한 폭군이 될 테니까"라고 말하면서, 그녀에게 다가오는 성재[베르나르] 근처에는 가까이 가지 말라는 위협하는 소리를 들었다. 그럼에도 불구하고 그녀는 성 베르나르를 찾아갔을 때, 그는 "내 지팡이를 가져다가 그대의 침대에 놓아두고, 악령이 할 수 있는 일을 하게 하세요"라고 그녀에게 말해주었다. 그녀가 그렇게 했을 때, 악마는 감히 그 여인의 방에 들어가지도 못한 채, 성 베르나르가 가고 나면 너를 괴롭힐 거라고 무섭게 위협하였다. 성 베르나르가 그녀로부터 이 이야기를 들었을 때, 사람들에게 불붙인 초를 손에 들고 모여 달라고 부탁하였다. 모인 사람들과 함께 악령을 쫓아내었으며 다시는 이 여인이나 다른 여자들에게 접근하지 못하게 하였다. 그리하여 그녀는 마침내 고통스런 형벌에서 벗어나게 되었다.

여기서 성 베드로와 그의 계승자들에게 부여된, 지상에서 울려 퍼지는 교황권의 힘은 실제로 교황이 통치하는 관할 구역에 속한 여행자들을 돕기 위하여 교회에 부여된 치유의 힘이라는 점을 주목해야 한다. 그래서 공중의 권세를 잡은 자들도 이 힘(virtue)으로 물리칠 수 있다는 것은 놀라운 일이다. 그러나 악령에 의해 괴롭힘을 당한 사람들은 교황과 교황권의 관할 아래 있음을 기억해야 한다. 그러므로 그런 [악한] 세력들이 교황권의 힘으로 간접적으로 저지할 수 있다고 해서 놀랄 일은 아니다. 마치 동일한 힘으로 연옥에 있는 영혼들이 간접적으로 화염의 고통에서 벗어날 수 있듯이, 이 권능은 땅 위에서 힘을 발휘할 뿐만 아니라 땅 아래에 있는 영혼들을 해방시키는 능력을 갖고 있다.

하지만 그것은 표면적으로 그리스도의 대리자로서 교회의 수장에게 부여된 교황권의 힘을 논의하는 것은 아니다. 왜냐하면 교회의 유익을 위해서 그리스도께서 하나님이 한낱 인간에게 부여할 수 있는 만한 많은 능력을 교회와 그의 대리자에게 주셨다는 것은 알려져 있기 때문이다.

그리고 악마들의 힘을 빌어 마녀들이 일으킨 질병들이 마녀들과 악령들과 함께 쫓겨날 때, 병마와 악마들의 간계로 고초를 겪는 사람들은 더이상 괴롭힘을 당하지 않을 것이고, 추가적으로 다른 합법적인 축사(逐邪)를 사용하여 더 빨리 해방될 수 있음을 경건한 마음으로 믿어야 한다.

최근 다른 지역과 마찬가지로 에취(Etsch)강 유역에, 하나님의 허락하심이 있어서 메뚜기 떼가 몰려와 포도나무, 푸른 잎사귀들과 곡식들을 모두 먹어치웠다는 것과, 이런 종류의 파문과 저주를 통해 메뚜기들이 갑자기 날아가 사방으로 흩어졌다는 명확하지 않은 소문이 있다. 지금 누군가가 이런 일이 일어난 것을 교황권의 힘이 아니라, 어떤 거룩한 사람의 능력으로 돌리기를 원한다면, 주님의 이름으로 그렇게 해도 된다. 하지만 우리가 확신할 수 있는 한 가지는 기적을 행할 수 있는 능력과 교황권의 힘이 그런 은혜의 행위를 실행하는 사람 안에 은혜의 조건이 된다는 사실을 전제한다는 것이다. 왜냐하면 이런 능력들은 은혜의 울타리 안에 있는 사람들에게 부여된 은혜에서 나오기 때문이다.

다시금, 위에서 언급한 치료책들 가운데 어느 것도 도움이 되지 않는다면, 일반적인 축사방법을 사용해야 한다는 점을 주목해야 한다. 이 축사법들에 대해서는 후에 다룰 것이다. 그리고 만약 이런 방법들이 악령의 죄악을 몰아내기에 충분하지 않다면, 그 고통은 참회의 형벌로 여겨 겸손하게 참고 견뎌야 한다. 이런 질병의 고통이 우리를 짓누르지만 우리로 하여금 하나님을 찾게 만든다.

그러나 때때로 사람들은 실제로는 그렇지 않을 때에도, 자신들이 단지 남자 악령에게 성적 괴롭힘을 당하고 있다고 생각하고 있음을 명심해야 한다. 그리고 이런 일은 남자들보다 여자들에게서 더 많이 나타나는 경향이 있는데, 그 이유는 여자들이 겁이 더 많고 특이한 것을 상상하기 쉽기 때문이다.

이와 관련하여 파리의 윌리엄이 종종 인용되곤 한다. 그가 말하기를, "많은 환상적 환영들은 그들의 꿈과 환영에서 볼수 있듯이, 우울증의 질병을 앓고 있는 사람들, 특히 여자들에게 발생한다. 의사들이 아는 바와 같이, 그 이유는 여자들의 영혼이 본성적으로 남자들의 영혼

보다 훨씬 더 쉽고 가볍게 외부의 영향을 받기 때문이다." 그리고 그는 다음의 말을 덧붙였다. "나는 악령이 내부에서 자신과 성교를 했다고 생각하고, 그런 믿기 어려운 일들을 신체적으로 의식한다고 말한 여자를 내가 본 적이 있다."

때로는 여자들은 남자 악령에 의해 임신이 되었다고 생각하는데, 그들의 배가 엄청난 크기로 불러온다. 하지만 출산의 시간이 오면, 그렇게 부어오른 배는 엄청난 양의 바람이 빠져나가면서 줄어든다. 개미알을 물에 타서 먹거나 등대풀이나 검은 소나무의 씨를 먹어도 엄청난 양의 바람과 부글거림이 뱃속에서 발생한다. 그리고 악령이 뱃속에서 이런 것들과 훨씬 더 심한 장애를 일으키는 일은 매우 쉽다. 이것은 여자들에게 너무 쉽게 믿음을 주지 말고, 오직 경험을 통해 신뢰를 보여준 여성들과, 침대에서 자거나 그들과 가까이 자면서 우리가 얘기했던 그런 것들이 진실임을 사실로 알고 있는 사람들에게 믿음을 보여 주어야 함을 알리고자 기록해 놓았다.

2장
생산능력의 한계로 인해
미혹된 사람들을 위한 치료책들

이 글의 첫 부분에서 본 바와 같이 남자들보다 훨씬 더 많은 여자들이 마녀임에도 불구하고, 여자들보다 남자들이 더 자주 마법에 걸린다. 그 이유는 하나님께서 악마에게 사람들의 다른 행위들보다 원죄가 전해지는 성교행위에 대해 더 많은 힘을 허락하셨기 때문이다. 마찬가지로 하나님은 다른 동물들보다 주문에 쉽게 걸리는 뱀을 통해 더 많은 마법이 이뤄지도록 허용하셨는데, 뱀은 악마가 사용한 최초의 도구였기 때문이다. 그리고 이제껏 분명히 보았듯이, 여자보다 남자가 더 쉽고 수월하게 성행위에 미혹될 수 있다. 그 이유는 악마에게 생식행위를 방해하는 다섯 가지 방법이 있는데, 그것들이 남자들에게 더 수월하게 실행되기 때문이다.

가능한 한 우리는 각각의 개별적인 방해 행위에 적용될 수 있는 치료책들을 제시하고자 한다. 그리고 생식기능에 마법이 걸린 자로 하여금 어떤 방해 공작에 걸렸는지 알게 해야 한다. 피터 아 팔루데(Peter a Palude, d. 1342)의 네 번째 책 34부에 의하면, 이런 종류의 마법을 구분하는 방법에는 다섯 가지가 있다.

영적 존재인 악마는 하나님의 허락을 받아 본성상 육체를 가진 피조물에 대해, 특히 지엽적 움직임(local motion)을 활성화하거나 저해할 수 있는 힘을 가지고 있다. 그래서 이 힘을 사용하여 악마들은 남자와 여자의 몸이 서로 접근하지 못하게 할 수 있는데, 이것은 직접적으로 혹은 간접적으로 행해진다. 직접적으로는 그들이 한 사람을 다른 사람으로부터 멀리 떼어 놓아서 상대방에게 접근하지 못하도록 할 때이고, 간접적으로는 어떤 장애를 일으키거나 그들이 사로잡은 몸에 직접 들어가 방해할 때이다. 그래서 그런 일이 우상과 결혼을 했음에도 불구하고 한 처녀와 결혼을 서약한 젊은 이교도에게 일어났다. 하지만 앞에서 얘기했듯이, 악마의 방해로 인해 그는 자신이 결혼한 여자와 성관계를 할 수 없었다.

두 번째로, 악마가 남자로 하여금 한 여성을 향해서는 정욕의 불이 타오르게 하고 다른 여성을 향해서는 성적으로 무능하게 만들수 있다. 그리고 악마는 특정 약초나 이 목적에 효능이 있는 자신이 잘 알고 있는 다른 물질들을 사용하여 이런 일을 일으킬 수 있다.

세 번째로, 악마는 남자나 여자의 지각을 방해하여 한 사람을 다른 사람에게 끔찍하게 보이게 할 수 있다. 왜냐하면 이제까지 보았듯이 악마는 사람들의 상상력에 영향을 미칠 수 있기 때문이다.

네 번째로, 악마는 신체기관의 운동능력을 빼앗아 생식에 필요한 신체 부위의 힘을 억제할 수 있다.

다섯 번째로, 악마는 원동력이 있는 신체 부위로 향하는 정액의 흐름을 막을 수 있다. 말하자면, 정관을 막아버림으로써 정액이 생식기로 내려가거나 올라가지 못하게 하거나, 아니면 사출되지 못하게 하여 헛되이 소진되게 만든다.

그렇지만 만일 남자가 "나는 이 방법들 중에 어느 것으로 마법에 걸렸는지 모릅니다. 내가 알고 있는 것은 아내와 아무것도 할 수 없다는 게 전부입니다"라고 말한다면, 그에게 이렇게 대답해 주면 된다. 만약 그 사람이 자기 아내와는 달리, 다른 여자들에 대해서는 활동적이고 성적인 능력을 보인다면, 악령의 두 번째 계책에 의해 마법에 걸린 것이다. 왜냐하면 그 남자가 남자 악령이나 여자 악령에 의해 미혹되었다면, 첫 번째 계책에 의해 마법에 걸렸다고 확증할 수 있기 때문이다. 더군다나, 만일 그가 아내를 싫어하진 않지만 성관계를 하지 않은 상태에서, 다른 여자들과는 가능하다면, 그것은 두 번째 계책이다. 하지만 그가 아내를 싫어해서 성관계를 할 수 없다면, 그것은 두 번째와 세 번째 계책에 해당된다. 만일 그가 아내를 싫어하지 않고 그녀와 성관계를 하고 싶지만 몸[성기]에 힘이 없다면, 그것은 네 번째 계책이다. 그러나 만약 성기에 힘이 있음에도 정액을 사정할 수 없다면, 그것은 다섯 번째 계책이다. 이런 것들을 치료하는 방법은 우리가 은혜 안에 사는 이들과 그렇지 않은 이들이 동일하게 이런 방식으로 미혹될 수 있음을 생각해보는 곳에서 찾을 수 있다. 그리고 우리는 그런 일은 네 번째 방식을 제외하고는 일어나지 않으며, 심지어 그렇다 하더라도 거의 드물다고 대답해준다. 왜냐하면 그런 고통은 은혜와 의로운 삶을 사는 사람에게도 일어날 수 있기 때문이다. 하지만 독자들은 이런 경우 우리가 결혼한 사람들 사이의 성행위에 대해 말하고 있음을 이해해야 한다. 다른 경우에는 그들은 모두 마법에 걸리기 쉬운데, 그 이유는 혼외관계에서의 모든 성행위는 치명적인 죄이며 오직 은혜의 상태에 있지 않은 사람들이 그런 죄를 저지르기 때문이다.

우리는 참으로 하나님께서 악마에게 의인들보다 죄인들을 괴롭히도록 허락하신 성경의 전체적인 가르침의 권위를 가지고 있다. 가장 의로운 사람인 욥이 고난을 당했지만, 생식기능과 관련하여 특별하게 혹은 직접적으로 고난을 당한 것은 아니었다. 그리고 결혼한 부부가 이렇게 어려움을 겪게 될 때, 두 사람 모두 혹은 둘 중 하나는 은혜의 울타리 안에 살고 있지 않다고 말할 수 있다. 그리고 이 견해는 권위와 이성에 의해 성경에 입증되어있나. 천사가 토비아스(Tobias)에게 나음과 같이 말했다: "악마는 정욕에 넘겨진 사람들을 해칠 수 있는 힘을 부여받았고, 그것을 처녀 사라의 일곱 남편을 죽임으로써 증명하였다."

카시안(Cassian, c. 360-435)은 그의 책 『교부들의 성직임명 (*Collation of the Fathers*)』에서 "악마는 먼저 마음속에 있는 모든 거룩한 생각들을 빼앗고 마음에서 영적 묵상을 지워버리지 않는 한, 우리의 마음이나 몸에 들어올 수 없다"고 말한 성 안토니(S. Antony, 251?-356)를 인용한다. 이 지혜의 말이 몸 전체에 가해진 악한 고난에 적용되지 않도록 해야 하는데, 그 이유는 욥이 그토록 고난을 겪을 때에도, 하나님의 은혜를 박탈당한 것은 아니였으며, [안토니의] 말은 어떤 죄로 인해 몸에 가해진 특정 질병에 대해 특별히 언급하고 있기 때문이다. 그리고 우리가 고려하고 있는 질병은 오로지 음행죄로 인해 발생할 수 있다. 우리가 말했듯이, 하나님께서 악마로 하여금 인간의 다른 행위들보다 성행위에 대해 많은 힘을 허용하셨는데, 그 이유는 성행위에는 추잡함이 있고 그로 인해 최초의 죄가 후손들에게 전달되기 때문이다. 그래서 부부의 연을 맺은 사람들이 어떤 죄로 인해 하나님의 도움을 받지 못할 경우, 하나님은 주로 그들의 생식기능에 마법이 걸리게끔 허용하신다.

그러나 그 죄들이 어떤 종류인지 물어보는 경우, 성 제롬(S. Jerome, c. 342~420)에 의하면, 심지어 결혼한 상태에서도 다양한 방식으로 음행죄를 범할 수 있다고 대답해 줄 수 있다. 그의 글에는 다음과 같은 내용이 있다: 자신의 아내를 지나치게 사랑하는 사람은 간음한 자이다. 그리고 우리가 위에서 언급한 방식에 따라 이런 식으로 사랑하는 사람들은 마법에 더 쉽게 걸린다.

그러므로 교회의 치료책은 두 가지로 나누어진다: 하나는 일반 법정에서 적용되는 것이고, 다른 하나는 고해실의 사제석에서 적용되는 것이다. 첫 번째와 관련해서, 성교 불능이 마법에 의한 것으로 공개적으로 밝혀진 경우에는, 그것이 일시적인지 아니면 영구적인지 구분해야한다. 만약 성교불능이 단지 일시적이라면, 그런 이유로 인해 결혼을 무효화할 수 없다. 그리고 3년 이내에 교회의 모든 성례를 통한 가능한 모든 방법과 다른 치료책들을 사용하여 치유방안을 찾아낼 수 있다면, 성교 불능은 일시적인 것으로 간주된다. 하지만 그 기간이 지난 후에도 어떠한 치료책으로도 고칠 수 없다면, 그것은 영구적인 것으로 간주된다.

이제 성교불능 장애는 결혼의 서약과 결혼의 완성인 첫날 밤 치르기에 앞서 발생할 수 있는데, 이런 경우 그 장애가 결혼 서약을 방해하거나, 서약 후에 발생하여 첫날 밤을 보내기 전에 일어난다면, 이 경우에는 결혼 서약을 취소한다. 남자들은 매우 자주 이런 식으로 마법에 걸리는데, 왜냐하면 그들이 이전의 연인들을 버림으로 인해, 여자들이 결혼하기를 소망했지만 실망한 나머지 남자들이 다른 여자와 성관계를 가질 수 없도록 마법을 걸었기 때문이다. 그런 경우에는, 많은 사람들의 의견에 따르면, 우리의 축복받은 여인 마리아와 성 요셉처럼, 그들이 거룩한 금욕(holy continence)을 지키며 기꺼이 함께 살려는 의지가 없다면, 이미 서약이 성사된 결혼이더라도 무효화된다. 이 견해는 결혼이 육체적인 행위에 의해 확증된다고 규정한 교회법(the Canon, 23, q. 1)에 의해 지지를 받고 있다. 그리고 교회법을 좀 더 읽어나가면 그런 확증 이전의 성적 무능은 결혼의 매듭을 끊게한다고 규정하고 있음을 확인할 수 있다.

그리고 성교불능 장애는 결혼 초야 이후에도 발생하는데, 이런 경우에는 결혼의 연합을 끝내지 못한다. 이로 인한 영향에 대해서는 학자들이 마법에 의해 성행위가 방해받는 내용을 다루는 다양한 글에서 너많이 언급하고 있다. 하지만 그것은 현재의 문제와 정확히 관련이 없기 때문에 여기서는 생략한다.

그러나 어떤 사람들은 어떻게 성기능이 어떤 여자에게는 방해가 되고 다른 여자에게는 그렇지 않은지 이해하는 데 어려움이 있을 수 있다. 성 보나벤투라(S. Bonaventura, 1221-1274)는 그것은 어떤 마녀가 한 여인에게만 이런 일을 하도록 악마를 설득했기 때문이거나, 아니면 하나님께서 특정 여인을 제외하고는 방해 행위가 적용되는 것을 허락하지 않기 때문이라고 대답한다. 이 문제에 있어서 하나님의 판단은 토비아스의 아내의 경우처럼 신비이다. 그러나 악마가 이런 장애를 일으키는 방법은 이미 언급된 내용에 분명하게 나타나 있다. 그리고 성 보나벤투라는 악마가 내적으로 생식기관을 손상시키지 않고서도, 외적으로 그것을 사용하는 것을 방해함으로써 생식기능을 가로막는다고 말한다; 그런 경우 그것은 자연적인 장애가 아니라 인위적인 것이다. 따라서 악마는 다른 여인에게는 아니고 특정 여인에게만 일어나게 할 수 있다. 그렇지 않으면 악마는 한 여자 또는 다른 여자에 대한 모든 욕망을 없애버리는 데 자기의 힘을 사용하거나 특정 약초나 돌덩어리 혹은 마술 능력이 있는 특정 피조물을 이용하여 그런 일을 한다. 그리고 이 점에 있어서 보나벤투라는 피터 아 팔루데(Peter a Palude)[37]와 전적으로 의견을 같이 한다.

하나님의 법정에서 제시하는 교회의 치료법은 교회규정에 다음과 같이 명시되어 있다: 만약 하나님의 정의롭고 은밀한 심판의 허락을 받아, 여자 마술사들과 마녀들의 술책 그리고 악마의 처방을 통해 남자들의 생식기능이 마법에 걸린다면, 그들은 통회하는 심정과 겸손한 마음으로 하나님과 그의 제사장인 예수 그리스도께 순전한 고백을 하고 많은 눈물과 큰 봉헌 그리고 기도와 금식으로 하나님께 참회의 고해를 해야 한다.

이런 내용들을 보면 그런 고난은 오직 죄로 인해 그리고 은혜의 울타리 안에 살지 않는 사람들에게만 일어나는 것이 분명하다. 그것은 어떻게 교회 사역자들이 귀신을 쫓아내는 축사와 교회가 제공하는 보호와 치유의 수단으로 치유의 효과를 이루어 낼 수 있을지 알려준다. 이런 방식으로 하나님의 도움을 받아 아브라함은 기도를 통해 아비멜렉과 그의 가정을 치유하였다.

결론적으로 우리는 이런 식으로 마법에 걸린 사람들에게 합법적으로 적용할 수 있는 다섯 가지의 치료책이 있다고 말할 수 있다: 거룩하고 유서 깊은 성지로의 순례, 참회가 동반된 진심어린 죄 고백, 성호를 많

---

37. 역주: Peter a Palude(1275-1342)는 도미니칸 수도회에 소속되어 활동했던 프랑스 출신의 신학자이자 추기경이다.

이 그리기와 경건한 기도, 엄숙한 말을 사용하는 합법적인 축사(逐邪)인데, 이것의 성격에 대해서는 이후에 설명할 것이다; 그리고 마지막으로 3년 동안 결혼한 처녀와 육체적으로 동거할 수 없었던 백작의 경우에서 보았듯이, 마녀에게 신중하게 접근함으로써 치유를 할 수 있다.

* * * * * *

4장
처방된 치료책:
마법으로 걸린 온갖 질환과 질병을
치료하기 위한 교회의 적법한 축사와
마법에 걸린 사람들을 위한 축사 방법

마녀들이 온갖 신체적 질병을 가지고 사람들을 괴롭힐 수 있다는 것은 이미 언급하였다. 그러므로 우리가 방금 논의한 질병들의 경우에 적용될 수 있는 다양한 언어적 또는 실제적 치료법들을 예를 들어, 간질이나 나병과 같은 다른 질환에도 동일하게 적용할 수 있음을 일반적인 규칙으로 받아들일 수 있다. 그리고 우리가 합법적인 축사들을 언어적 치료법 중 하나로 그리고 가장 자주 고려하는 치료책으로 간주하게 되면서, 축사를 그런 치료책들의 일반적인 유형으로 받아들일 수 있다. 그리고 그것들과 관련하여 고려해야 할 세 가지 사항이 있다.

첫째, 우리는 평신도나 일반 관료처럼 퇴마사(exorcist)로 임명받지 않은 사람이 합법적으로 악마들과 그들의 역사를 쫓아낼 수 있는지 판단해야 한다. 이 질문에는 다른 세 가지가 얽혀있다: (1) 축사의 합법성을 구성하는 것은 무엇인가? (2) [마귀를 쫓아내는] 주문(charms)과 축복기도(benedictions)를 개인적으로 사용하고자 할 때 준수해야 할 일곱 가지 조건은 무엇인가? (3) 어떤 방식으로 질병을 몰아내고 악마를 불러내는가?

둘째, 우리는 축사의 결과로 치유의 은혜가 없을 때 무엇을 해야 할지 숙고해야 한다.

셋째, 우리는 언어적 치료책이 아니라, 확실한 논증을 통한 해결방법과 함께 실제적인 치료법을 고려해야 한다.

첫 번째 사항에 관하여, 우리는 성 토마스(S. Thomas, c. 1225-1274)가 기록한 저술의 제4권, dist. 23에서 그의 견해를 찾아볼 수 있다. 그는, "어떤 사람이 퇴마사로 임명되거나 다른 하급 성품[38] 중 하나에 임명되게 되면, 임명된 자의 공식적인 역할에 축사의 능력을 부여받았다. 그리고 이 능력은 어떤 수도회에도 소속되지 않은 사람들에 의해서도 적법하게 사용될 수 있지만, 그런 사람들은 공식적인 역할에서는 그 능력을 행사하지 않는다. 유사하게 교회를 봉헌하는 목적이 그곳에서 미사를 드릴 수 있도록 하는 것임에도 불구하고, 미사는 봉헌하지 않는 집에서도 드려질 수 있다. 그러나 그렇게 할 수 있는 이유는 성례의 은혜보다는 의인들에게 임한 은혜 때문이다.

이런 내용들로부터 우리는 비록 마법에 걸린 사람을 해방시킴에 있어서 그런 마술을 몰아낼 수 있는 권한을 가진 퇴마사에게 의지하는 것이 바람직하겠지만, 때로는 다른 경건한 사람들이, 축사로 하든지 축사 없이 하든지, 이런 종류의 질병을 몰아낼 수 있다는 결론을 내릴 수 있다.

우리는 가난하지만 아주 경건한 어떤 처녀에 대한 이야기를 들었는

---

38. 역주: 가톨릭 교회의 하급 성품(下級聖品, minor orders)에는 위로부터 시제(acloyte), 구마품(exorcist), 독송사(lector), 수문(ostiary)이 있으며; 상급 성품(上級聖品)에는 위로부터 주교(bishop), 사제(priest), 부제(deacon) 등이 있다.

데, 그녀의 친구 중 한 명이 발에 심한 마법이 걸려서, 의사들이 보기에도 어떤 치료법으로도 고칠 수 없음이 분명해 보였다. 그 경건한 처녀가 병든 친구를 찾아가자, 그 친구는 즉시 자기 발에 축복기도를 해달라고 그녀에게 간청하였다. 그녀는 동의하고 단지 주기도문과 사도신경을 조용히 읊으면서, 동시에 생명을 선사하는 십자가 성호를 그렸다. 그러자 그 환자는 자신이 즉시 치료되었음을 느꼈으며, 미래를 위해 치료법으로 활용하고자 어떤 주문(charms)을 사용했는지 물어보았다. 그러나 그녀는 다음과 같이 대답해 주었다: "자매님은 믿음이 작아서 교회의 거룩하고 합법적인 관례들을 고수하지 않고, 자신의 병들을 고치기 위해서 금지된 주문과 치료책들을 자주 사용하는군요. 그러니 자매님의 영혼이 항상 병들어 있기 때문에, 몸이 거의 건강하지 않은 거지요. 하지만 자매님이 기도와 합법적인 교회의 상징들이 지닌 효능을 믿는다면, 자매님은 자주 아주 쉽게 치료될 것입니다. 저는 다만 주기도문과 사도신경을 반복했을 뿐인데, 지금 자매님이 나은 것입니다."

이 예는 다른 축복기도와 주문, 그리고 심지어 축사를 통해서 악마를 불러내는 행위에는 아무런 효험이 없는지에 대해 의문을 제기한다. 왜냐하면 그런 것들이 경건한 처녀의 이야기에서는 비난을 받고 있는 것처럼 보이기 때문이다. 우리는 그 처녀가 불법적인 주문과 불법적인 탄원 그리고 축사만을 비난했다고 대답할 것이다.

이 마지막 내용을 이해하기 위해서는 그것들이 어떻게 시작되었는지 그리고 어떻게 남용하게 되었는지를 고려해야 한다. 왜냐하면 그것들은 기원에 있어서 완전히 신성한 것들이었기 때문이다. 마치 악마들과 사악한 사람들에 의해 모든 것이 더럽혀졌듯이, 이 신성한 것들도 그렇게 되었다. 사도들과 거룩한 사람들 중 한 명이었던 성 마가가 기록한 복음서의 마지막 장에 다음과 같은 내용이 있다: "그들이 내 이름으로 귀신을 쫓아내며"(막 16:17); 그리고 그들은 병자들을 찾아가서 거룩한 언어로 그들을 위해 기도하였다. 시간이 흘러 사제들이 비슷한 의례들을 경건하게 사용하였다. 그래서 오늘날 사람들이 사용하거나 받을 수 있는 경건한 기도들과 거룩한 축사들을 고대 교회들에서 찾아볼 수 있는 것이다. 이전처럼 거룩한 언어로 기도함으로 귀신이 쫓겨나가는 역사는 경건한 사람들이 거룩한 언어에 어떤 미신적 의미를 부여하지 않고 사용될 때 일어난다. 그리고 심지어 지금도 병자들을 방문하여 귀신들린 사람들뿐만 아니라 다른 질병들을 치료할 목적으로 그런 말들을 사용하는 학식 있는 사람들과 거룩한 신학에 정통한 박사들이 있다.

그러나 안타깝게도 미신적인 사람들은, 이것들의 형식을 따라서, 그들이 병자들과 동물들을 위해 사용하는 헛되고 불법적인 많은 치료책들을 스스로 찾아냈다. 그리고 성직자들은 환자들을 심방하는 경우 너무 게을러서 적법한 말씀들을 더 이상 사용하지 않는다. 이에 대해 페나포트의 성 레이몬드(S. Raymond of Penafort, c. 1175-1296)의 주석가인 굴리엘무스 두란두스(Gulielmus Durandus, 1230-1296)는 "그런 적법한 축사는 독실한 신앙과 분별력이 있는 사제, 평신도, 혹은 심지어 훌륭한 삶과 입증된 분별력을 가진 여성에 의해서, 과일이나 동물을 위해서가 아니라 병자를 위해 적절한 기도를 드림으로써 행해질 수 있다"고 말한다. 그 이유는 복음서에서 "그들이 병든 사람에게 손을 얹은즉 나으리라"(막 16:18)고 말씀하고 있기 때문이다. 따라서 다른 분별력이 없고 미신적인 사람들이 그런 경건한 사람들을 모방하여 주문(incantations)을 부적절하게 사용하는 것을 두려워하지 않는 한, 독실한 믿음의 사람들이 그런 식으로 행하는 것을 막아서는 안 된다. 우리가 언급한 처녀가 그런 미신적인 사람들과 상의한 사람들은 약한, 즉 나쁜 믿음을 가지고 있다고 말했을 때, 그녀가 정죄한 사람들은 바로 이 미신적인 점쟁이들이다.

이제 이 문제를 설명하기 위해서, 그런 주문과 축복기도의 언어들이 합법적인지 아니면 미신적인지 알아내는 일이 어떻게 가능한지, 그것들을 어떻게 사용해야 하는지, 그리고 악마를 불러내고 질병을 몰아낼 수 있는지 물어보아야 한다.

우선 그런 일은 미신적이지 않은 기독교에서는 합법적인 것으로 알려져 있고, 규정된 형태의 종교의 테두리를 벗어난 것은 미신적이라고 말한다. 골로새서 2장을 보자: 어떤 것들이 미신 안에 있는 지혜를 과시하는가? 이에 대한 해석은 다음과 같다: 미신은 미숙한 종교, 즉 악한 환경에서 거짓된 방법들로 유지되는 종교이다.

또한 더 높은 권위가 없는 인간의 전통이 종교의 이름을 탈취하기 위해 만들어온 것이라면 어떤 것이든 미신이다: 예를 들어 거룩한 미사에서 찬송가의 내용을 일부러 바꾸는 것, 추도 미사를 위한 (하나님과 회중 앞에서 말하는) 서문경을 변경하는 것, 미사에서 노래하게 될 사도신경을 축소하는 것, 예배음악을 위해 성가대보다 오르간에 의존하는 것, 미사 제단에 사제를 돕는 복사(Server)를 두지 않는 것, 그리고 이와 유사한 행습들이다. 다시 우리의 논점을 돌아가자면, 어떤 사람이 기도와 축복기도 그리고 거룩한 단어들을 사용하여 병자들을 치유하고 싶을 때처럼 (이것은 우리가 고려하고 있는 주제들이다), 어떤 일이 기독교의 힘으로 이루어질 때, 그 사람은 그런 축복기도가 적법한 것이 되게 하는 일곱 가지 조건을 준수해야 한다. 그리고 그가 하나님의 이름, 그리고 사탄이 정복되고 쫓겨나게 만든 그리스도의 사역, 탄생, 고난, 죽음을 힘입어 마귀를 쫓아내는 기도(adjuration)를 사용하더라도, 그런 축복기도와 주문 그리고 축사는 적법한 것으로 불릴 것이고, 그런 일을 하는 사람들은 퇴마사나 적법한 마법사들(enchanters)이다. 성 이시도르(S. Isidore, c. 560-636)의 『어원연구(*Etym*)』 제8권을 보면, 마법사들은 언어를 사용하는 데 능수능란한 사람들이다.

* * * * * *

그러면 본론으로 돌아가 보자. 병을 몰아낼지, 악마를 불러낼지, 그리고 이 중 어느 것을 먼저 해야 하는지에 대해 물어보면, 질병이 아니라 병들고 마법에 걸린 사람을 정결하게 해야 한다는 대답을 듣게 된다. 어린 아이의 경우처럼, 악마로부터 깨끗하게 해야 할 것은 전염 매개물(*fomes*)의 감염이 아니라 아이 자체이다. 또한 먼저 아이를 깨끗하게 한 다음, 악마가 떠나가도록 불러내야 하듯이, 마법에 걸린 사람을 먼저 정결하게 한 다음 악마와 그가 하는 악한 일이 떠나갈 것을 명령한다. 다시 말하지만, 소금과 물을 깨끗하게 하듯이, 병자가 사용할 수 있는 모든 물건들도 정결하게 만들어야 하는데, 주로 그의 음식과 음료를 정결하게 하고 축복하는 것이 적절하다. 세례의 경우, 다음의 퇴마 의식을 준수한다: 첫째, 서쪽을 향해 의도적으로 숨을 내쉬고 악마를 부인한다; 둘째, 두 손을 들고 기독교 신앙을 엄숙하게 고백한다; 셋째, 기도, 축복기도, 그리고 안수를 한다; 넷째, 옷을 벗기고 성유를 바른다; 그리고 세례 후에는 성찬식과 세례용 흰옷을 입는다. 그러나 이 모든 것이 마법에 걸린 사람에게서 악마를 쫓아내는 데 필요한 것은 아니다. 하지만 그는 먼저 진실한 고백을 해야 하고, 가능하다면 불을 붙인 양초를 들고 성찬을 받아야 한다. 그리고 세례용 흰옷을 입는 대신, 그는 그리스도의 몸이나 십자가 길이의 거룩한 양초에 알몸으로

묶여 있어야 한다. 그런 다음 아래의 내용을 선포한다:

내가 살아계신 하나님, 진실하신 하나님, 그리스도의 소중한 피로 그대를 구원하신 하나님의 능력을 힘입어, 약하지만 거룩한 세례로 거듭난 그대 베드로, 혹은 그대 바바라를 정결하게 하노니, 그대는 깨끗함을 받고 악마의 기만에 의한 모든 허상과 사악함이 살아있는 자와 죽은 자를 모두 심판하시고 불로 이 땅을 없애실 분[그리스도]께서 불러낸 모든 더러운 영과 함께 그대에게서 떠나갈지어다. 아멘

기도합시다.

오! 자비와 긍휼의 하나님, 당신은 인자하심에 따라 당신이 소중히 여기시는 자들로 하여금 잘못을 깨닫게 하시고, 온화하게 당신이 받아들인 자들의 마음을 돌이키게 하시는 분이시니, 오 주님 우리가 당신에게 간구하오니 팔다리의 연약함으로 고통받는 당신의 종에게 은혜를 내려주옵소서. 이 세상의 연약함으로 부패한 것이 무엇이든, 악마의 속임수로 인해 범한 것이 무엇이든지 몸을 이룬 교회의 연합 안에서 구원을 얻게 하소서. 오 주님, 그의 신음과 그의 눈물에 자비를 베푸소서. 그리고 그가 오직 당신의 자비만을 믿사오니 우리 주 예수 그리스도를 통해 당신의 화해의 성례로 그를 받아주소서. 아멘.

그러므로 저주받은 악마야, 너의 운명을 듣고 진실하시고 살아계신 하나님께 영광을 돌리고, 또한 주 예수 그리스도께 영광을 돌릴지어다. 그리고 너는 우리 주 예수 그리스도께서 그 분의 소중한 보혈로 구속하신 이 종에게서 너의 거짓말과 함께 떠날지어다.

그런 다음 두 번째로 병자에게서 악마를 쫓아내고 세 번째도 위의

기도를 한다. 세 번째는 위에 있는 기도로 악마를 쫓아낸다.

기도합시다.

하나님, 당신께서는 지으신 모든 만물을 자비하심으로 다스리시는 분이시니, 우리의 기도에 귀를 기울여주시고, 육체의 질병으로 고통을 당하고 있는 당신의 종을 자비로 바라보시고, 그를 찾아가 주옵소서. 그래서 그리스도 우리 주님을 통해 그에게 당신의 구원과 당신의 하늘에 속한 은혜의 치료 능력을 베풀어 주옵소서. 아멘

그러므로, 저주받은 악마는 너의 갈 길로 갈지어다.

세 번째 축사를 위한 기도

오 하나님, 당신은 인간의 연약함의 유일한 보호자이시니, 병에 걸린 우리의 형제(또는 자매)에게 당신의 강하고 위대한 도움의 능력을 보여주셔서, 당신의 자비로 그(그녀)가 그리스도 우리 주님으로 말미암아 당신의 거룩한 교회에 들어갈 자격을 얻게 하소서. 아멘.

그리고 퇴마사는 계속해서 그에게 성수(聖水)를 뿌린다. 그리고 이런 방법은 엄격하게 지켜져야 하거나, 다른 축사법들이 더 큰 효능을 가지고 있지 않아서가 아니라, 축사와 악마를 쫓아내기 위한 일정한 체계가 있어야 하기 때문임을 주목하라. 그 이유는 교회의 오랜 역사와 책들에서, 때때로 더 믿음이 깊고 헌신적이며 강력한 축사들이 발견되기 때문이다. 하지만 모든 것에 앞서 하나님을 경외하는 것이 필요하므로, 각자가 가장 잘 알고 있는 대로 이 일을 진행한다.

결론적으로, 그리고 명확하게 하려는 목적으로, 우리는 마법에 걸린 사람을 위한 다음과 같은 축사법을 권장한다. 먼저 (자주 인용되는

교회법에 따라, 가령 제비로 점치는 마법에 대한) 그 사람으로 하여금 진실한 고백을 하게 한다. 그런 다음 혹시 마술의 도구를 발견할 수 있기 때문에 모든 구석과 침대와 매트리스, 그리고 문지방 밑을 샅샅이 살펴본다. 마법에 걸려 죽은 동물들의 시체는 즉각 태워버려야 한다. 그리고 모든 침대보와 옷가지들은 새것으로 교체하고 심지어 집과 주거지를 바꾸는 것이 적절하다. 하지만 아무것도 발견되지 않은 경우에는, 축사를 받을 사람은 가능하면 아침에, 특히 성모축일과 같은 더 거룩한 날이나 철야기도가 있을 때 교회에 가야 한다; 그리고 만일 사제도 고백하고 은혜의 상태에 있다면 더 좋은데, 그 이유는 그런 상태에서 축사를 하게 되면 더 강해지기 때문이다. 축사를 받을 사람은 앉거나 무릎을 꿇든지, 할 수 있는 한 거룩한 촛불을 손에 잘 잡고 있도록 한다. 참석한 사람들은 그의 구원을 위해 경건한 기도를 드린다. 그리고 그는 "우리의 도움은 주님의 이름에 있나이다" 에서 연도(連禱, 혹은 호칭기도)를 시작하고, 다음의 반응을 하도록 사제 한 명을 지명한다: 사제는 그에게 성수를 뿌리고 자신의 목에 영대(領帶)[39]를 두르고, "오 하나님 속히 나를 구원하옵소서" 라는 시편을 읊는다; 그리고 성도들의 탄원 기도에서, "그를 위해 기도하고 호의를 베풀라; 오 주님! 그를 구해주소서" 라고 말하면서, 병자들을 위한 연도를 끝까지 계속한다. 그러나 기도를 해야 할 곳에서는, 기도를 하는 대신에 축사를 시작하고, 우리가 분명하게 표명한 방식이나, 그에게 적합해 보이는 다른 방식으로 계속한다. 그리고 이런 종류의 축사는 적어도 일주일에 세 번 정도 계속될 수 있어서 많은 중보 기도를 통해 건강의 은총을 받을 수 있다.

---

39. 역주: 영대(stole)는 성직자가 예전을 위해 목에 걸쳐서 무릎까지 늘어뜨리는 좁고 긴 띠 모양의 천를 가리킨다.

끝으로, 일부 사람들은 축사 전에 해야 한다고 생각하지만, 그 사람은 성체 성사를 받아야 한다. 그리고 고해성사를 할 경우, 사제는 그가 파문을 받을 만한 죄가 있는지 물어보아야 하고, 만약 그렇다면 자신의 재량권을 사용하여 그의 죄를 사해 줄 수 있음에도 불구하고 그의 재판관으로부터 죄사함을 경솔하게도 받지 못했는지 물어보아야 한다. 하지만 그가 건강을 되찾게 되면, 자신을 파문했던 재판관에게 죄사함을 받도록 해야 한다.

또한 퇴마사가 퇴마사의 직위에 임명받지 못한 경우에는, 기도로 수행할 수 있다는 것에 주목해야 한다. 그리고 그가 성경을 읽을 수 있다면 전도자들의 사복음서의 시작 부분, "보냄을 받은 천사가 있도다"로 시작하는 복음서, 그리고 우리 주님의 고난을 알 수 있는 곳, 거기에는 악마의 역사를 몰아낼 수 있는 큰 힘이 있다. 그리고 요한복음에 기록된 말씀인 "태초에 말씀이 계시니라"를 써서 환자의 목에 걸어주고, 하나님으로부터 치유의 은혜가 있기를 기대한다.

그러나 만약 누군가가 성수 뿌리기와 축사가 모두 악마의 역병들을 치료할 목적으로 제정되었기 때문에, 그 차이가 무엇인지 묻는다면, 그에 대한 대답은 성 토마스가 제공해 주고 있다: "악마는 우리를 안팎으로 공격한다." 그래서 성수는 외부에서 오는 공격에 맞서; 축사는 내부로부터의 공격에 맞서고자 제정되었다. 이런 이유에서 축사가 필요한 사람들은 안에서부터 고통을 받고 있기 때문에, 안(in)을 뜻하는 *En*과 일(work)을 의미하는 *ergon*을 조합하여 *Energourmenoi*로 불린다. 그러나 마법에 걸린 사람에게서 악마를 쫓아낼 때에는 그 사람이 안팎에서 고통을 받고 있기 때문에 두 방법을 모두 사용해야 한다.

Malleus Maleficarum, tr. and with an Introduction, Bibliography and Notes by the Rev. Montague Summers (London: The Pushkin Press, 1948), pp. 164–173, 179–180, 183–184.

실제 사례 12

불안한 자를 위한 위로
마틴 루터

소개의 글

종교개혁이 독일에서 시작되었을 때, 경건한 대중들은 영적인 고난이 닥치면 전설에 의하여 아기 예수가 환상을 통해서 목자에게 나타났다는 열네 명의 성인들에게 위로를 구했다. 이 성인들에게 드리는 기도는 엄청난 고난을 견디는 데 특별히 효과적이었다. 1519년 여름, 작센주(州)의 프레드릭 선제후(1462-1525)가 중한 병에 걸리자 그의 비서인 게오르그 스팔라틴(Georg Spalatin, 1484-1545)은 루터(1483-1546)에게 병든 선제후를 위한 영적인 위로의 글을 부탁했다. 95개 조의 반박문으로 기독교계의 기반을 흔든 청년 루터 자신도 극도로 힘든 시기였다. 이 부탁을 수락한 루터는 열네 성자들을 향한 전통적인 청원을 성경에 기반을 둔 열네 가지 주제를 가진 영적 치료를 위한 명상으로 바꾸었다. 여기에서 그는 일곱 개의 악의 측면과 거기에 대비되는 자비하신 하나님의 일곱 개의 축복을 말했다.

비록 루터는 자신의 위기와 프레드릭의 고통을 위해서 시작한 작업에 그리 큰 무게를 두지 않았다. 그러나 "수고하고 무거운 짐 진 자들을 위한 열네 가지 위로"는 1520년 라틴어와 독일어판으로 출간되었으며 수 세기에 걸쳐 사랑받는 루터의 저작으로 남아 있다. 명상을 위한 주제는 아주 단순하다. 일곱 개의 악과 일곱 개의 선이 대비되고 있다. 내면, 미래, 과거, 지옥, 사악, 길조, 천상. 그러면서 불안한 마음으로 하나님께 소원해진 영혼들이 은혜의 하나님과 연합할 수 있도록 고안된 영적 훈련의 공식을 제공한다. 겉으로는 악이 사람을 압도하는 것 같이 보이나, 선과 맞서면 조악하기만 하다. 그러므로 모든 악을 정복하고 거룩하신 자비를 나누어 주시는 그리스도의 고난과 죽음과 부활에서 가장 숭고한 위로를 얻게 된다. 인간 영혼을 향한 사탄의 끔찍해 보이는 공격은 그리스도의 중보를 통한 선하신 하나님과 인간의 화해를 이길 수 없다.

루터는 하나님의 진노는 전염병, 역병, 칼, 기근 그리고 질병을 통해 나타난다고 믿었지만, 동시에 그것들은 죄인을 사랑으로 용서하시는 그리스도의 품으로 향하게 하는 하나님의 진노이므로 하나님의 사랑이었다. 그러므로 질병은 고통받는 자 앞에 두 가지 길을 놓는다. 한편은 질병이 신자가 끝나기만을 바라는 고통스럽고 심신을 약하게 만드는 것이고, 다른 한편은 질병을 통해 신앙을 위한 의미, 내면의 의미를 찾게 되므로 신자는 목소리를 높여 감사를 올리게 된다. 신자는 질병으로 인해 세상에서 경험하는 그리스도의 수난에 참여하고 하나님의 은혜의 인도함을 받게 된다.

그리스도인은 자신의 불행을 하나님의 은혜에 참여하는 기회로 삼아야 하듯이, 고통받는 사람들의 필요에 따라 다른 사람들의 불행을 인간의 모습으로 오신 그리스도를 섬길 기회로 삼아야 한다. 루터는 이렇게 쓰고 있다. "나는 주님의 살과 피로 '보라, 여기 병든 내가 있다' 고 나에게 울부짖는 그리스도의 음성을 못 들은 척할 수 없다. 질병의 고통과 그 외의 모든 아픔은 우리 신자들이 아니라 우리를 살리신 주, 구세주이신 그리스도 그분이 견디시는 것이다." 현대인들에게 관심의 대상이 될지 모르겠지만, 이 개념이 프레드릭을 위한 루터의 목회 돌봄의 핵심이라 하겠다.

루터의 책에서 서문과 함께 첫 두 개의 악과 두 개의 선에 대한 묵상을 발췌하여 내놓았다.

불안한 자를 위한 위로

출처 : 『열 네 가지의 위로(1520)』 저자: 마틴 루터

헌정의 편지

작센의 공작, 신성로마제국의 대원수며 선제후,
튀링겐의 영주, 마이센의 후작이신 프레드릭 공에게
주님의 은혜가 함께 하시길.

우리 주, 구세주이신 예수님은 모든 그리스도인에게 중요한 계명을 우리에게 남겨 주셨습니다. 우리는 재앙으로 괴로움을 겪고 있는 이들에게 사람의 의무를 다해야 하거나, (성경이 요청하는 것처럼) 긍휼의 사역을 해야 합니다. 환자들을 심방하고, 죄수들을 자유롭게 하기 위하여 힘쓰며, 이웃들에게 친절한 사역을 실천해야 합니다. 그렇게 할 때에 이 시대의 악들이 다소 가벼워질 것입니다. 우리 주 예수 그리스도께서 우리에게 주신 계명 중 가장 선명한 것은 인류를 향하신 무한하

신 사랑에서 나온 것입니다. 하나님 아버지의 품에서 내려와 고통과 감옥, 우리들의 육체와 병으로 가득 찬 삶을 입으시고, 우리를 구원하시려고 죄의 형벌을 그의 몸에 담당하셨습니다. 이사야 43장에 "너희 죄로 나에게 짐을 지우며 너희 죄악으로 나를 괴롭게 하였다."라고 말씀하셨습니다.

그러한 자비의 사역을 선명하게 예시하여 주신 사례에 감동받지 않으며, 하나님의 계명의 권위에 움직이지 않는 사람은 누구든지 마지막 심판에서 분노한 재판관의 음성 "저주받은 자여, 나를 떠나 영원한 불에 들어가라! 내가 병들었을 때, 너는 나를 돌아보지 않았지만, 내가 너에게 그리고 온 세상에 베푼 많은 축복에 대해 감사하지 않았구나. 네 형제들, 심지어 너희 형제들 속에 있는 나, 그리스도, 너의 하나님과 구세주를 돕기 위하여 손가락 하나도 움직이지 않을 것이다."

존귀하신 공께서 위험한 병에 걸렸다는 것을 알게 되었고 그리스도께서 당신 안에서 아픔을 나누고 계신다는 것을 알게 된 후로 나는 위로의 글로써 당신을 심방하는 것이 나의 마땅한 의무라고 생각해왔습니다. 이는 당신의 육체와 피에서 "보라, 내가 병들었노라."고 외치시는 그리스도의 음성을 못들은 척 할 수 없기 때문입니다. 그와 같은 질병으로 인한 고통은 신자된 우리들이 아니라, 우리 안에 살아계시는 우리의 주이시며 구세주이신 그리스도께서 감당하시기 때문입니다. 주님은 복음서에서 증언하십니다. "너희가 이 형제 중 가장 적은 형제 중 한 사람에게 행한 것이 곧 나에게 한 것이다." 그리고 질병에 시달리는 이들을 찾아보고 위로하여야 하는 것은 믿음의 가정에 속한 사람들에게 특별히 이와 같은 의무를 지고 있기 때문입니다. 또한 바울은 이방인들과 믿음의 가정의 사람들 특히 우리와 친밀한 관계를 맺고 있는 사람들을 갈라디아서 6장에서 분명하게 구별하고 있습니다.

그러나 이 책임을 수행할 다른 이유가 있습니다. 각하의 신하들 가운데 한 사람으로 나 자신을 생각하므로 마땅히 각하의 질병을 나누어야 할 필요가 있습니다. 각하의 다른 신하들과 함께 우리의 행운과 안전과 행복이 달려있는 머리 되신 당신의 지체들이기 때문입니다. 우리는 당신을 통하여 그 옛날 시리아에 구원을 베푸셨던 하나님께서 이제는 독일에 구원을 주시는 다른 나아만 장군을 보게 됩니다. 로마 제국 전체가 각하를 바라보며 조국의 아버지요, 제국 전체의 빛나는 수호자이며 특별히 국가 독일의 영도자로 각하를 존경합니다.

우리가 할 수 있는 것 이상으로 각하의 슬픔을 우리의 것처럼 생각하며 위로하고자 합니다만, 각하의 건강과 안전을 위하여 더욱더 하나님께 기도드립니다. 각하의 신하들 역시 성실하게 최선을 다할 것을 믿습니다. 다른 모든 사람보다 더 제가 각하에게서 받은 수많은 후원은 저로 하여금 특별한 사역으로 각하를 향한 깊은 감사를 표하지 않을 수 없습니다. 그러나 저의 마음과 물질 모두 가난하여 가치 있는 것을 제공할 수가 없습니다. 그러므로 각하의 법정 사제 중 한 분인 게오르그 스팔라틴 박사의 제안을 기쁘게 받아들여, 각하께 영적인 위로의 글을 준비하여 각하에게 드리고자 합니다. 그는 각하께서 기꺼이 받아줄 것이라고 말했습니다. 박사의 우정어린 권고를 거부할 수 없어서, 성찬대의 열네 개의 판을 따라 열네 장을 모아 그것을 "열넷"이라고 이름을 붙였습니다. 여기에 우리들의 속설이 고안해내고 불렀던 "모든 악의 수호자"인 열네 분의 성인들을 배치하였습니다. 그러나 이것은 은으로 만든 판이 아니라 영적인 판이며, 교회의 벽을 장식하는 것이 아니라 경건한 마음을 고양시키고 강화시키는 것입니다. 나는 이를 통하여 각하의 현 상태를 호전시켜서 건강하게 될 것을 믿습니다. 두 부분으로 나누어져 있습니다. 전반부는 일곱 악의 이미지를 담고 있습니

다. 이것을 응시함으로 각하의 현재의 고통이 가벼워질 것입니다. 후
반부도 같은 목적을 이루기 위한 일곱 개의 축복의 이미지를 제시하였
습니다.

각하께서 저의 소품을 기쁘게 받으셔서 제시된 "이미지들"을 부지
런히 읽고 묵상하여 위로를 얻게 되기를 바랍니다. 각하의 겸손한 종,
마르틴 루터 박사.

서문

로마서 15장에서 사도 바울은 그리스도인들의 위로에 관하여 "전에
기록된 모든 것은 우리가 인내와 성경의 위로로 희망을 갖도록 교훈하
기 위하여 기록되었습니다."(롬 15:4)라고 쓰고 있습니다. 이 말씀을
통하여 바울은 우리의 위로는 성경에서 가져와야 한다고 분명히 가르
칩니다. 성경은 위로를 두 가지 방식으로 우리에게 복과 악을 보는 관
점을 제시합니다. 지혜로운 설교자가 "악의 때에 선을 생각하고, 선의
때에는 악을 생각하라"고 한 것과 같이 두 가지가 완전히 뒤섞여 있습
니다. 성령께서 어떤 사물이 사람의 생각 속에 미치는 의미와 가치를
지니고 있다는 것을 아시므로 그가 소유하였으나 아무 가치가 없으므
로 그것을 얻었을 때는 즐거워하거나, 그것을 잃을 때 슬픔에 이르게
됩니다. 성령께서는 힘을 다하여 사물에 대해 생각하고 움직이는 것에
서 멀어지도록 이끄십니다. 그가 이것을 이루셨을 때 만물이 어느 것
이든지 우리에게 동일한 것이 됩니다. 이제 멀리하는 것이 말씀을 통
하여 가장 잘 이뤄집니다. 위의 생각이 현재 우리를 움직이게 하는 것
에서 돌아서고 그것이 우리 앞에 부재하거나 있더라도 우리를 감동하
게 하지 않는 것이 되는 것입니다. 그러므로 이러한 마음의 상태는 오

직 성경의 위로를 통하여 얻게 됩니다. 악의 날에는 선한 것에 집중하고 현재나 미래에 선의 날에는 악한 것에 집중하는 것입니다.

이 두 가지 그림 또는 이미지를 더 잘 이해하기 위하여 두 부분을 일곱 개씩으로 나눌 것입니다. 첫 부분은 악을 (1) 우리 안의 악, (2) 우리 앞에 놓인 악, (3) 우리 뒤에 있는 악, (4) 우리 왼편에 있는 악, (5) 우리 오른편에 있는 악, (6) 우리 밑에 있는 악, (7) 우리 위에 있는 악으로 나누어 살펴보겠습니다.

1장
첫 번째 이미지
우리 안의 악

우리가 믿을 수 없는 사실은 인간의 경험에서 아무리 심각하지 않은 고통이라 하더라도, 인간 안에 있는 악의 가장 큰 것이 될 수 있다는 것입니다. 인간 자신이 느끼는 것보다 더욱 크고 대단한 악이 내면에 있습니다. 그런 악을 느낄 수 있다면 그는 자신의 내면에 지옥이 있는 것이므로 지옥의 고통을 느끼게 될 것입니다. 어떻게 그럴 수 있는지 물어보실 것입니까? 선지자는 "모든 사람은 거짓말쟁이다."라고 하였고, "가장 최선의 상태에 있는 사람은 모두 헛되다."고 전하였습니다. 그러나 거짓말쟁이와 헛된 존재가 되는 것은 진실과 현실 없이 가능하며 진실과 현실이 없는 것은 하나님이 없는 상태이며 아무 것도 아닌 것이며, 이것이야말로 지옥에 떨어져 저주받은 것입니다. 그러므로 하나님께서 그의 긍휼하심으로 우리를 징계하실 때 자신을 우리에게 드러내시고 더 가벼운 악을 우리에게 두십니다. 만일에 우리의 악행을 온전하게 알게 하시고자 한다면 우리는 즉시 멸하게 될 것입니다. 이것마저도 우리에게 어떤 이들에게 맛보게 하여, 기록된 것과 같이, "지옥으로 데려가셨다가 올리신다"고 합니다. 우리의 육체의 고통은 우리 안에 있는 악의 감시자라고 합니다. 히브리서 12장에서 사도는 하나님의 아버지로서 징계라고 일컬으며, "그가 받은 자녀들을 징계하신다"고 기록되었습니다. 이러한 징계를 통하여 우리가 더 큰 악의 길로 접어들지 않도록 하시는 것이며, 그것을 징계로 느낄 필요가 없습니다. "어리석음은 어린아이의 마음에 매여 있으나, 징계의 회초리는 그것에서 멀어지게 한다"고 기록되었습니다. 사랑하는 부모는 자식이 상처를 입었을 때보다 악행자로 나타날 때 더욱 슬퍼하지 않습니까? 악행자가 되지 않도록 피가 날 때까지 자식을 때리는 것입니다.

우리의 진짜 악을 느끼지 않도록 막는 것이 무엇입니까? 제가 앞에 이야기한 것처럼, 우리 영혼 깊은 곳에 숨어 있는 악을 보고 멸망하지 않도록 하나님께서 명하신 것입니다. 이는 하나님께서 그것들을 숨겨 두고 하나님께서 우리가 느끼는 악을 가리키실 때 우리가 믿음으로 분별할 수 있게 하기 위함입니다. 그러므로, "악의 날에 선을 생각하라"고 하십니다. 우리 악의 전모를 알지 않는 것이 얼마나 아름다운 것인가를 생각하십시오! 선함을 마음에 품고 악을 느끼므로 우리들이 덜 잔인해지도록 하십시오. 다시 말합니다. "선한 날에 악을 생각하십시오!" 당신의 진짜 악을 느끼지 않는 유보의 기간을 감사하십시오. 그러하면 당신이 느끼는 악이 가볍게 당신에게 자리 잡을 것입니다. 이 세상을 사는 동안 사람이 지닌 고통으로부터의 자유는 언제나 고통보다 큰 것이 분명합니다. 사람의 악의 전모가 그에게 항상 함께하지 않지만, 악을 숨기시는 하나님의 선하심을 통하여 사람은 악을 생각하지 않고 악에 움직이지 않게 될 것입니다.

자기들의 진짜 악이 드러나게 될 때 사람들은 얼마나 자기 자신들에 대하여 격렬하게 분노하는지요! 자신 안에 있는 지옥을 느끼지 못할 때, 삶이 가져오는 어떠한 고난이든지 아무것도 아닌 것으로 여깁니다. 다만 자신의 내면에 있는 악을 느끼거나 있다고 믿는 자들만이 그렇게 할 것입니다. 머리 위에 있는 외적인 모든 악을 불러내어 어린아이들의 놀이로 간주합니다. 시편 6편에 다윗과 같이 성인들이 행한 자세를 따라 자신에게는 악이 없다고 하는 것보다 더욱 슬플 때는 없을 것입니다.

사람이 자신에게 "사람아, 너의 악을 아직 느끼지 못하니 기뻐하고, 악을 느끼지 않아도 되는 것에 감사하라!"고 외쳐야 한다는 것이 첫 번째 위로의 이미지입니다. 그러면 더 큰 악과 비교하여 작은 악이 가벼워질 것입니다. 사람들이 "나는 훨씬 더 나쁜 것 지옥에 떨어져야 할 사람입니다."하고 쉽게 이야기하는 것은 생각하기에 끔찍한 것입니다.

그리고 이 악은 깊숙이 숨겨지지 않는 것이어서 깨닫기 쉽게 되는 열매를 맺습니다. 믿음이 몰아닥칠 때 사람의 내면에 은혜의 하나님이 계신지 확신하지 못하거나 의심하는 양심이 두려움과 불확실성으로 나타납니다. 그리고 이 결과는 자기의 신앙의 약함에 비례하여 신랄합니다. 이 약함 하나만을 영적으로 올바르게 고려할 때는 육체의 약함보다 훨씬 더 무거워서 육체의 약함 정도는 마치 깃털처럼 가볍게 여겨질 것입니다.

더구나 설교자가 "영적인 허망함과 영혼의 혼란"에 대하여 반복해서 이야기할 때 묘사한 것과 같이, 우리 안의 악을 향한 모든 비극적인 경험은 우리의 악에 포함됩니다. 얼마나 많은 우리의 계획이 물거품이 되었습니까! 얼마나 자주 우리의 희망이 기만당합니까! 우리의 원하는 것 바로 그것들이 우리의 소원과는 반대로 일어나지 않습니까! 어떤 것도 완벽하고 온전한 것은 없습니다. 마지막으로, 이 모든 것들은 사람이 그 지위와 위치에 서 있는 것보다 더 많이 더 높이 올라갔으므로 비슷한 상황에 있는 다른 사람들보다 더 큰 물결과 홍수와 폭풍우를 겪을 필요가 있습니다. 시편 103편에서 "이 세상의 바다에는 무수히 많은 기어 다니는 작고 큰 짐승들이 있습니다"라고 것처럼, 무한한 시험이 놓여있습니다. 그리고 욥은 이런 이유로 인간의 삶을 "시련"이라고 하였습니다.

이 악은 우리가 덜 예민하게 느끼기 때문에 악이 되는 것을 멈추지 않습니다. 우리는 우리 안에 끊임없이 소유하고 있는 것에 익숙해져서 하나님의 선하심을 통하여 악에 대한 우리의 생각과 감정이 둔감하게 되었습니다. 그러나 가끔 우리가 그 악을 느끼게 될 때 우리는 심하게 요동하게 됩니다. 이는 우리가 그것들에 익숙함을 통하여 경멸하지 않기를 배웠기 때문입니다. 우리 안에 있는 악의 천 분의 일 정도도 느끼지 못하거나, 악이 그 자체에 있는 것이 아니라 우리 생각과 감정 가운데 실재할 때만 그것을 평가하고 느끼거나 느끼지 않거나 하는 것이 사실입니다.

2장
두 번째 이미지
미래의 악 또는 우리 앞에 있는 악

사람의 마음이 미래에 다가오는 악을 향해 있으면 현재의 악을 대체로 가볍게 여기는 경향이 있습니다. 이것들은 너무 많고 다양하며 커서 영혼의 가장 강한 감정 중 하나인 두려움을 불러일으킵니다. 두려움은 다가오는 악이 일으키는 감정이라 정의할 수 있습니다. 심지어 로마서 11장에서 사도는 "높은 마음을 품지 말고 다만 두려워하라"고 말씀합니다. 이 악은 어떤 모양과 힘으로 다가올지 모르는 불확실성 때문에 더욱 큰 것으로 여겨집니다. 그것이 설사 어린아이가 앓는 질병이라고 하더라도 흔히 하는 말로, "가려움증은 나이와 상관없다"라는 말이 있는 것과 같습니다. 그러므로 다른 사람에게 일어난 악에서 안전한 사람은 없습니다. 한 사람이 고통을 당하게 되면 다른 사람도 고통을 받게 됩니다. 모든 시대에 일어났던 비극적 역사와 세상의 모든 슬픔이 여기에 포함됩니다. 어떤 이의 관찰에 의하면 삼백 가지가 넘는 질병이 있다고 합니다. 이 질병들은 인간을 몹시 괴롭히는 것입니다. 이렇게 수많은 질병이 있다면 우리가 가진 것과 친구들과 모두의 마음에 일어나는 불행의 숫자는 얼마나 많을까요! 이 모든 것들이 악의 과녁이 되며 슬픔과 모든 질병의 집결지가 될 것입니다.

사람의 지위와 권위가 높이 올라갈수록 악의 힘과 강도도 증가해 그에게 다가와 신속하게 압도할 가난과 멸시와 모욕에 대하여 더욱 두려워하게 될 것입니다. 이는 폭군 디오니시우스(Dionysius)가 자기의 왕좌에 앉은 신하의 머리 위에 매단 칼처럼 이 모든 것들이 가는 줄에 매달려 있기 때문입니다.

어떠한 악한 일이 우리에게 일어나지 않는다면, 우리의 유익으로 간주해야 합니다. 악한 일 안에서는 어떤 작은 위로도 우리에게 주어지지 않을 것이기 때문에 예레미아 선지자의 말처럼 "우리가 멸하지 않는 것은 주의 자비로 인함이라."라고 말하게 될 수밖에 없습니다. 악에 속한 일이 우리에게 일어나지 않고, 욥기에서 말한 것처럼 사탄과 악마들이 어찌할 수 없는 분노로 헛되게 이를 갈게 되는 것은 가장 높으신 분이 위대한 권능의 오른팔로 우리를 보호해 주셨기 때문입니다. 어떠한 악한 일이 닥치더라도 이 사실을 알고 있는 우리는 주님을 사랑하지 않을 수 없습니다. 우리를 사랑하시는 성부 하나님께서 하나의 악이 우리를 사로잡고 얼마나 많은 악으로 우리를 위협하고 우리에게 일어나는가 바라보시므로 만약 하나님께서 그 자리에서 계시지 않는다면 어떻게 될는지. 그러나 욥기 38장에 기록된 것과 같이 "밀을 까부는 것처럼 사탄과 악의 사자들이 너를 소유하려 하였지만, 그때 구름으로 바다를 덮고 흑암으로 그것을 감싸며 해안으로 그 한계를 정하여 '네가 여기까지만 오고 그 이상은 넘어가지 못한다. 너 교만한 물결은 여기서 멈춰라' 하고 선포한 이가 나였다"라고 말씀하십니다.

우연이라 해도 하나님께서 기뻐하신다면 이 모든 것들이 우리에게 임하지 않을 것입니다. 그럼에도 불구하고 극심한 위험과 죽음이 확실히 다가오지만, 어느 것도 오는 때를 정확하게 확신할 수 없습니다. 진실로 하나의 악이라도 그것이 너무 강력하여 한 번 죽어서 모든 것이 끝나는 것보다는 위에서 언급한 수많은 악 가운데 살고자 하는 사람들이 많습니다. 단 한 번인 죽음과 관련한 두려움을 비웃는 사람들을 향하여 성경은 "너의 종말을 기억하라 그러면 잘못된 일을 행하지 않을 것이다"고 말씀합니다. 보십시오, 얼마나 많은 명상의 기도와 많은 책, 얼마나 많은 규칙과 구제책이 사람들의 이 한 가지 악, 크고 끔찍하고 피할 수 없는 죽음의 악과 비교하면서 사람들이 죄를 짓지 않게 하고 세상을 경멸하며 고난을 가볍게 하고 병든 자들을 위로하기 위하여 한데 모았는지를 생각해 보십시오! 이 악에 대하여 성인들조차 두려워했고 심지어 그리스도께서도 떨리시고 피와 땀을 흘리시면서 드려졌습니다. 그러므로 하나님의 자비는 우리가 다음에 살펴볼 것과 같이 악의 문제 자체보다 우리들의 약한 믿음을 위로하는 것에 관심을 두십니다.

구원의 축복 또한 모든 사람이 공유하는 것과 마찬가지로, 악의 지배하에 일어날 모든 것은 모든 사람에게 흔하게 일어납니다. 하지만, 지금까지 언급한 모든 악을 능가하는 다가올 미래의 악을 그리스도인들이 두려워하는 데는 다른 특별한 이유가 있습니다. 사도가 고린도전서 10장에서 묘사한 것과 같이, "서 있는 자는 넘어질까 조심하라"고 하신 말씀에서 볼 수 있습니다. 우리가 선 곳은 안정되지 못하고 우리의 대적 원수는 우리가 가진 힘 즉, 우리의 육체를 무기 삼고 우리의 악한 정욕으로 무장한 수많은 세상의 군대들을 동원하여 오른손에는 쾌락과 즐거움, 왼손에는 사악한 무리의 학대와 음모를 쥐고 다가옵니다. 원수는 여기에 덧붙여 우리를 해롭게 하고, 유혹하여 우리를 파멸로 이끄는 수천 가지 기술을 가진 선수입니다. 우리가 좋은 의도를 지니고도 한순간도 안전할 수 없는 것이 우리의 삶입니다. 키프리안은 그의 책 『죽음을 피할 수 없는 운명에 관하여(*De Mortalitate*)』에서 위의 주제에 대하여 다루면서 죽음이 온갖 악으로부터 도피하는 가장 신속한 도구로서 바람직하다고 가르칩니다. 진실로 지옥의 끝없이 이어지는 위험을 견디기 위하여 자신의 마음을 굳건히 하는 고상한 영혼의 사람들이 있는 곳에서는 어디서든지 삶과 죽음을 경멸하면서(앞서 말한 모든 악으로 인하여), 죽기를 원하며 현재 자신들이 있는 곳에서 범한 죄의 악으로부터(이전 장에서 우리가 언급한 바와 같이), 그리고 앞으로 범하게 될 죄에서(지금 단원에서 다루고 있는) 단번에 구원받게 된 것을 바라는 사람들을 발견하게 됩니다. 그러므로 어느 것이든 하나의 악도 가벼이 여겨서는 안 된다고 주장하면서도, 죽기를 바랄 뿐만 아니라 모든 악도 경멸해서는 안 된다고 말하는 가장 엄중한 이유입니다. 그러나 만일 우리가 감동을 받게 된다면 주께서 인정하실 것입니다. 만일 우리가 그렇게 감동을 받는다면 그것은 주님의 선물입니다. 참된 그리스도인은 결코 죽기를 원하지 않습니다. 그것보다는 질병을 견디며 살아있는 동안 건강하기를 바라고, 죄를 짓는 경우에조차 매일 매일 넘어지게 되고 더욱 죄를 범하게 된다고 하여도 그를 가장 사랑하시는 성부의 사랑의 뜻에 거스르면서도 살아가야 합니다. 사도 바울은 이러한 사람의 행태에 대하여 극렬한 분노의 감동으로 로마서 7장에서 자신이 하고자 하는 선은 행하지 않고 원하지 않는 악을 행한다고 부르짖고 있습니다. 그러면서 "오호라, 나는 곤고한 자로다! 누가 나를 이 사망의 몸에서 건져내랴? 예수 그리스도를 통한 하나님의 은혜로다"고 답합니다.

하나님 아버지를 사랑하는 사람은 죄악으로 죽게 되는 것을 바라지 않을 뿐, 하나님께서 죽음을 정하셨으므로 죽음의 악은 종말을 고하게 되고, 도리어 죽음은 삶과 의를 이끌어주는 인도자가 될 것입니다.

*　*　*　*　*　*

2부

2부는 첫 번째 악의 이미지에 응답하는 일곱 개의 축복 이미지로 구성됩니다. 첫 번째는 내면의 축복, 두 번째 축복은 미래의 축복, 세 번째는 과거의 축복, 네 번째는 지옥의 축복, 다섯 번째 축복은 왼편의 복, 여섯 번째 축복은 오른편의 축복, 그리고 일곱 번째는 숭고한 축복입니다.

1장
첫 번째 이미지
내면의 축복

어느 사람이 내면의 인격 안에 소유한 축복들만 이야기할 수 있겠습니까? 무엇보다 육체에 주신 은사와 천부적 자질, 즉 아름다움, 힘, 건강과 활기찬 감각적 놀이와 같은 것들은 얼마나 멋집니까! 이것들에 더해서 남성의 경우 더욱 큰 운동성이 추가되는데, 이것은 공적이며 사적인 삶 모두에서 많은 일을 수행하고 여성들은 잘 모르는 수많은 업적을 이루어내기에 적합합니다. 그리고 만약 귀하께서 하나님의 은혜로 앞으로 10년, 20년, 30년 동안 탁월한 은사들을 누릴 수 있다면, 지금 며칠 동안의 고통을 견디는 것이 그리 큰 문제가 되겠습니까? 악한 사람들 사이에서 속담이 있습니다. 다룰 문제는 악한 시간에 관한 문제이고(*Es ist umb ein bose stund zuthun*), 선한 시간은 멈추어 버렸습니다(*Ein gutt stund ist eyner posen werdt*). 우리는 그렇게 많은 좋은 시간을 보았지만 단 한 시간 동안 악을 견디지 않으려는 우리 자신에 대해 뭐라고 해야겠습니까? 그러므로 하나님께서 우리에게 얼마나 많은 축복을 부어주셨는지, 어떤 악이라도 우리를 건드리지 못하는지를 우리는 알고 있습니다. 적어도 우리 대부분에게 이것은 진실입니다.

그러나 이 축복들로 만족하지 않으시고, 우리의 은혜로운 하나님께서는 그 위에 부와 풍요를 더하십니다. 모든 이에게는 아니라고 한다면, 많은 이들 특히 악을 견디기에 너무 약한 사람들에게 복을 더해주십니다. 전에 언급했듯이, 그분이 육신의 은사와 소유물을 덜 주셨을 때는 정신적인 은사를 많이 주십니다. 그리하여 그분은 모든 것이 공평하도록 하시는 의로운 재판장이십니다. 즐거운 마음이 많은 재물보다 큰 위로가 됩니다. 거기에 더해서 그분은 어떤 이들에게는 자손을 허락하시고, 사람들이 말하는 것처럼, 최상의 즐거움과 영향력, 지위, 영예와 명성, 영광과 호의 등을 베풀어 주십니다. 그리고 만일 이런 복을 길게 혹은 짧은 기간 누린다면, 그들은 사람들에게 사소한 악의 영향이 있을 때 어떻게 행동해야만 하는지 가르쳐 줄 것입니다.

그러나 이 모든 것들보다 뛰어난 것은 마음의 축복, 이를테면 이성, 지식, 판단, 능변, 분별력 등입니다. 그러므로 한번 더 하나님께서는 분배의 정의를 합당하게 하시기 때문에, 어떤 이들에게 더 많은 은사를 주셨다고 해서 그들을 다른 사람들보다 편애하는 것이 아닙니다. 하나님께서는 그들에게는 다시 마음의 평안과 즐거움을 주시기 때문입니다. 이 모든 축복에 대하여 우리는 하나님의 풍성하신 손길에 감사해야 하며 우리의 연약함에서도 위안을 찾아야 합니다. 수없이 많은 축복 가운데 고통이 섞여 있다고 놀라지 않아야 합니다. 미식가들에게는 그 어떤 고기도 소금이 없다면 맛이 나지 않고, 날 것이든 양념을 한 것이든 어떤 요리도 쓴맛이 들어가지 않으면 맛있기가 어렵습니다. 그러므로 견딜 수 없는 맛은 계속되는 단조로운 단맛입니다. 그러기에 사람들은 "너무 오래가는 쾌락은 역겨워진다"라고 하고, "즐거움 그 자체가 길어지면 싫증으로 바뀐다"라고 말합니다. 다시 말하면 우리의 삶에 좋은 것들이 너무 많아서 악이 적절히 섞이지 않으면 좋은 것들을 제대로 즐길 수 없습니다. 그래서인지 "좋은 날을 견딜 튼튼한 뼈가 필요하다"라는 속담이 생겼습니다. 그 속담은 사람들의 소원이 서로 일치하지 않으며 좋은 날만을 추구하지만, 막상 좋은 날이 되면 도리어 나쁜 날들 보다 견디지 못한다는 탁월한 의미 때문에 제가 자주 생각하고 좋아했습니다.

그러므로 십자가의 원수들조차 십자가를 영광스럽게 만드는 이것을 하나님께서 우리 마음에 두신 것입니다. 고기에 벌레가 생기지 않도록 소금을 치는 것처럼, 십자가의 말씀으로 모든 것이 연단되고 거룩해져야 합니다. 그러므로 하나님께서 주신 연단을 우리가 기쁘게 받아들여야 하지 않을까요? 만약에 하나님께서 보내신 것이 아니라면 쾌락과 축복들로 약해진 우리 삶에 이것이 필요한 것이 아닌가요? 지혜서에서 하나님에 대하여 기록한 "그는 이 끝에서 저 끝까지 미치시며, 만물에게 명하신다."라는 말씀에서 무엇이 진리인지 알 수 있습니다. 그리고 만약 우리가 이 축복들을 살핀다면, 모세가 신명기 32장에서 "그들을 자기의 눈동자처럼 감싸주시고 인도하셨다"라고 기록한 내용을 이해할 수 있습니다. 이 말씀으로 우리는 이 삶에서 좋은 것보다 악한 것들을 붙잡고 사느라 감사하지 못해 떠드는 입을 닫게 될 것입니다. 좋은 일이 부족하지 않으며 은혜의 축복이 그치지 않지만, "이 땅은 여호와의 긍휼로 가득합니다"라고 말하는 사람과 같은 마음을 가진 사람들이 적습니다. "땅에는 주의 찬송으로 충만합니다." 시편 103편의 노래처럼 "이 땅에 주님의 부요함이 가득합니다." "주여, 주께서 행하신 일로 저에게 기쁨을 주셨습니다." 그러기에 우리는 매일 예배를 드리며 노래합니다. "하늘과 땅은 당신의 영광으로 충만합니다." 우리가 왜 노래를 부릅니까? 수많은 축복을 주심으로 하나님께서는 찬송 받기에 합당하십니다. 그러나 축복이 가득한 것을 볼 수 있는 사람들만이 노래할 수 있습니다. 우리가 첫 번째 이미지의 악에 관해 말했던 것처럼, 사람의 악이 자신의 생각으로 그것을 인정할 때 크게 되는 것과 같이 축복도 마찬가지입니다. 그것들이 사방팔방에서 우리에게 몰려든다고 하더라도, 오직 우리가 인정할 때만 크게 보이는 것입니다. 하나님이 만드신 모든 것이 아주 선한 것이지만, 모든 사람이 그것을 인정하는 것은 아닙니다. 시편 77편에서 "그들은 즐거운 땅을 멸시하였다"라고 말한 것은 바로 그런 사람을 말하는 것입니다.

욥은 이 이미지의 가장 아름답고 교훈적인 예입니다. 욥은 모든 것을 잃었을 때, "우리가 하나님께 좋은 것을 받았으면 나쁜 것도 받지 않겠는가?"라고 말합니다. 진실로 이것은 금언이며, 시험 중에 얻는 강력한 위로의 말씀입니다. 욥은 고난만이 아니라 "당신이 이래도 진실을 지키고 살 작정이요? 하나님을 저주하고 죽으시오!'라고 던진 그의 아내의 성급한 말에도 연단을 받았습니다. 어떤 이가 말할 것입니다. "너를 버리신 분은 하나님이 분명하지 않은가. 그런데 왜 너는 그분을 포기하고 저주하기보다 신뢰하고자 하는가? 너 자신이 이 생애에 어떤 것도 남기지 않는 파멸의 죽음을 피할 수 없는 존재임을 인정하는 것이 어떤가?" 우리가 시련의 때에 느끼는 이와 같은 마음은 육신에 속한 것이지 하나님께 속한 것이 아니기에 욥의 아내가(그의 육신적인 마음) 했던 말들이 우리의 마음에 있는 것입니다.

하지만 욥이 잃었던 것들은 모두 신체적인 축복이며 모든 사람에게 있는 것입니다. 그리스도인은 이보다 훨씬 더 나은 축복을 가지고 있는데 그것은 그리스도를 믿는 믿음입니다. 시편 는 44편에서 "공주가 왕궁에서 모든 영화를 누리니 그 옷은 금으로 수놓았구나"라고 하였습니다. 우리가 악의 첫 번째 이미지에 관하여 이야기한 것과 같이, 사람의 어떤 악도 그 사람이 생각하는 가장 큰 악만큼의 크기만 볼 수 있듯이, 그리스도인 안에 있는 축복이 너무도 커서 그는 볼 수 없는 것입니다. 그가 그것을 깨달을 수만 있으면 그는 천국을 소유한 것입니다. 그리스도께서 말씀하신 것처럼 천국은 우리 안에 있습니다. 신앙을 가진 것은 하나님의 말씀과 진리를 가진 것이므로, 하나님의 말씀을 소유한 것은 만물을 지으신 하나님을 소유한 것입니다. 만일 이 모든 축복이 영혼 안에 충만히 있다는 것을 알게 된다면 모든 것을 넘어서는 궁극적인 기쁨으로 인하여 즉시 몸의 굴레에서 해방될 것입니다. 위에서 이야기한 다른 축복들은 단지 하나님께서 우리에게 주신 모든 축복의 가늠자가 되는 것입니다. 우리의 삶에서 드러나는 것을 견디지 못하므로 그 온전함에 이를 때까지 하나님께서 그의 자비로 숨겨두셨습니다. 사랑하는 부모가 좋은 것들을 찾을 수 있도록 인도하기 위하여 자녀들에게 하찮은 작은 장난감을 주는 것과 같습니다.

그럼에도 불구하고 행복한 양심이 하나님을 향한 믿음으로 기뻐할 때 축복들이 문을 열고 나타나 자신의 모습을 드러내면, 하나님에 관하여 기꺼이 말하며 기쁨으로 그의 말씀을 듣고 그분을 민첩하게 섬기며 선을 행하여 고난을 견뎌냅니다. 이것들이 숨겨진 무한하고 어떤 것과 비길 수 없는 아주 작은 물방울과 시냇물처럼 보내오는 축복의 증거입니다. 이것은 여전히, 때때로 성 아우구스티누스와 그의 어머니, 그리고 다른 많은 경건한 사람이 고백한 것처럼 묵상하는 영혼들이 신비한 체험을 하였을 때 더 잘 나타나기도 합니다.

2장
두 번째 이미지
미래의 축복 또는 우리 앞에 있는 축복

그리스도인이 아닌 사람들은 미래의 축복을 상상하면서 악한 일을 겪는 가운데 작은 위로를 발견할 것입니다. 그들에게는 이 모든 것이 불확실하기 때문입니다. 희망이라고 불리는 감정으로, 혹은 인간의 위로의 말을 붙잡고 더 좋은 시대를 바라보면서 불확실한 미래를 위한 위대한 계획을 계속하여 만들어보는 소동을 벌여보지만, 언제나 기만당합니다. 누가복음 12장에서 그리스도께서는 한 사람에게 "나는 내 헛간을 허물고 더 크게 짓자. 내 영혼아, 여러 해 쓸 좋은 것들을 많이 쌓아두었으니 이제 편히 쉬면서 먹고 마시고 즐거워하자고 말하는 자에게 하나님이 이르시되 어리석은 자여, 너의 영혼을 오늘 밤에 도로 찾아가면 네가 지금까지 쌓아 둔 것이 누구의 것이 되겠느냐? 자기를 위하여 보물을 쌓아두었지만, 하나님께 대하여 부요하지 못한 사람은 이와 같다"고 가르치십니다.

그렇지만, 하나님께서는 악이 지나가고 선한 것들이 다가온다는 희망으로 살아가는 사람들에게 다소간의 위로를 주시지 않지만, 그들을 완전히 버리시지는 않았습니다. 비록 저들이 미래에 대한 확신이 없지만, 여전히 희망을 품고 있으며 더 심각한 절망에 빠지지 않기 위하여 잠깐 지탱하고 있다 해도, 저들은 현재의 악 때문에 반드시 쓰러지며 더 악한 일을 행합니다. 그런 까닭에 하나님께서 저들이 그런 희망에 기대지 않도록 하시지만 이런 부류의 희망마저도 하나님의 선물입니다. 그러므로 오직 하나님 안에 있는 견고한 희망에 그들의 주의를 돌려야 합니다. 하나님은 그들이 회개에 이르기까지 오래 참으시는 분이므로 로마서 2장에서 말씀한 것처럼 어느 사람도 거짓된 소망으로 고통당하지 않도록 "마음을 돌이켜서" 참된 소망에 다가오기를 바라십니다.

그리스도인들에게 이중의 축복 외에도 커다란 미래의 축복이 그들을 기다리고 있습니다. 이것은 오직 죽음의 고난을 통한 것입니다. 현재의 악이 끝날 것이며 그와는 반대로 축복이 늘어날 것이라는 불확실한 희망 안에서 그들이 기뻐한다 해도, 여전히 그것은 그들에게 중요한 관심사가 아닙니다. 다만 자신들에게 특별한 축복이 늘어나서 매일매일 그리스도 안의 진리로 자라가며 그 희망 가운데 살게 된다는 것입니다. 이것 외에도 이야기했듯이, 그리스도인들은 죽음 안에 두 개의 위대한 미래의 축복을 지니고 있습니다. 첫째는 죽음을 통하여 이 세상의 질병이 가져오는 모든 비극의 종식을 고한다는 것이며, 이것은 기록된 바와 같이 "주님의 성도들의 죽음이 주님의 눈앞에 얼마나 소중한가!" 그리고, "내가 평안 가운데 누워 잠을 잘 것이다." "의로운 자는 죽음을 당하는 것이 아니라 안식을 취하는 것"입니다. 그러나 경건하지 않은 죽음은 악의 시작입니다. 기록되었듯이, "사악한 자의 죽음은 악 그 자체이다." "악은 불의한 자를 사로잡아 멸할 것이다." 살아가는 동안 고통을 경험했던 거지 나사로는 위로를 얻었지만, 탐욕스러운 부자는 이 세상에서 열락을 누렸으므로 고통을 겪고 있습니다. 그리스도인들에게 이것은 죽든지 살든지 언제나 주님을 믿는 것이 축복인 것을 말합니다. 바울 사도는 로마서 14장에서 "내 안에 사는 것이 그리스도이니 죽는 것도 유익이다"라고 말씀하십니다. 계속해서 "우리가 살아도 주를 위하여 살고, 죽어도 주를 위하여 죽으니 우리가 살든지 죽든지 우리가 다 주의 것이로다."라고 고백합니다. 주님의 죽음과 부활로 인하여 우리가 얻게 된 구원은 산 자와 죽은 자의 주께서 삶과 죽음 안에서 우리를 안전하게 지켜줍니다. "내가 죽음의 어두운 골짜기를 지난다고 하여도 해를 두려워하지 않음은 주께서 나와 함께 하심이라."(시편 23편) 죽음의 유익이 우리에게 감동을 주지 못한다면, 그리스도 안에 있는 우리의 믿음이 연약하다는 것을 입증하는 것이며, 복된 죽음에서 상급과 유익을 충분히 얻지 못하며, 아니면 죽음이 축복이라는 것을 여전히 믿지 못하는 것입니다. 이는 옛사람이 우리 안에 아직도 살아있어서 육체의 지혜가 강하기 때문입니다. 그러므로 죽음의 축복에 대한 지식과 사랑을 얻기 위하여 힘써야 합니다. 다른 사람들에게 악 가운데서도 가장 큰 죽음이 우리에게는 가장 큰 유익이 된다는 것은 위대한 것입니다. 만약 그리스도께서 이와 같은 일을 우리를 위하여 행하시지 않았다면, 자기 자신을 내어주시면서 엄청난 값을 치르신 것은 무엇이란 말입니까? 그가 이루신 일 누구도 놀라지 않을 수 없는 것, 죽음의 악을 선한 것으로 만들어 주신 사역이야말로 진실로 하나님의 역사입니다.

따라서 죽음은 신자들에게 이미 죽은 것이며, 그 사악한 얼굴 뒤에 끔찍한 어떤 것도 없습니다. 죽임당한 뱀과 같이 과거의 무시무시한 형체를 갖고 있지만, 그것은 단지 모양일 뿐 사실은 죽은 악이며 더는 해롭지 않습니다. 그렇습니다. 하나님께서 모세에게 놋뱀을 들어 올려라 명령하신 때에 살아있는 뱀들이 죽어가는 것을 보았던 것과 같이, 그리스도의 죽으심을 믿음으로 묵상할 때에 우리의 죽음도 죽기 때문에 지금은 죽음의 겉모양만 지니고 있습니다. 죽음이 사라지지 않았을지라도 우리의 연약함 가운데 그와 같은 훌륭한 비유로 우리를 향한 하나님의 자비를 예시해 주셨습니다. 죽음의 권세를 한낱 그림자로 약화시켰습니다. 그런 연유에 성경은 죽음을 "잔다"라고 표현합니다.

죽음의 다른 축복은 생의 고통과 악을 결론 맺을 뿐만 아니라, 더 나아가 죄와 악행을 마치게 하는 것입니다. 내가 위에서 말한 것처럼, 이것이 죽음을 다른 과거의 축복보다 신자들에게 훨씬 더 바람직한 것으로 만들어 줍니다. 이는 영혼의 악 즉 영혼의 죄는 몸이 범한 죄악보다 비교할 수 없이 더 나쁜 것이기 때문입니다. 우리가 알았다고 한다면, 이것만이 죽음을 가장 바람직한 것으로 만들 수 있습니다. 그러나 만약 그렇지 않다면, 우리가 죄를 느끼지 못하거나 혐오하지 않는다는 징표가 됩니다. 우리의 삶은 사방에서 우리를 조여 오는 뱀과 같은 죄의 위험으로 가득하여 죄를 범하지 않고 살아가는 것은 불가능합니다. 그러나 가장 아름다운 죽음이 우리를 이와 같은 위험들에서 건져내어 죄를 잘라내어 깨끗하게 해주는 것입니다. 그러므로 의로운 사람의 찬양, 지혜서 4장에 등장하는 것처럼 "지혜로운 자는 하나님을 기뻐하며 구원을 얻으며 주께 사랑받는 자로다. 죄인들 가운데 살아있는 자로 옮겨졌도다. 진실로 신속히 옮겨졌도다. 그렇지 않았더라면, 그의 지혜를 사악으로 바꾸었을 것이며, 거짓이 그의 영혼을 기만하였으리라. 악한 유혹이 정직한 사물을 희미하게 하고, 욕정으로 방황하는 것이 순수한 영혼을 해치리라(이런 일이 계속되는 것이 진실이 아닌가요!). 주는 그를 순간 온전하게 하시고 영원토록 성취하시니 그의 영혼이 주를 찬양하도다. 주께서 사악한 자들의 무리에서 그를 구하셨도다!"

그러므로 하나님의 자비는 죽음을 인간의 죄에 대한 심판으로 그리스도인들에게 죄의 마지막이며 생명과 의의 시작으로 만드셨습니다. 생명과 의를 사랑한다고 하면서 죄를 미워하지 않고 도리어 죄악의 하수인과 그의 일터를 사랑하는 자는 결코 생명이나 의를 얻을 수 없습니다. 그러나 이것을 할 수 없는 사람은 하나님께서 하시도록 기도하십시오. 왜냐하면 이 목적을 이루기 위하여 우리 자신이 스스로 이 일을 할 수 없기에 "하나님의 뜻이 이루어지이다"라고 기도할 것을 배웠습니다. 죽음의 두려움 때문에 생명과 의보다 죽음과 죄를 사랑하기 때문입니다. 하나님께서 죽음을 죄의 죽음으로 지정하신 것은 아담이 죄를 범한 직후 낙원에서 쫓아내시기 전에 아담에게 죽음을 부과한 사실을 통해 죽음은 우리에게 악을 가져다주는 것이 아니라 축복으로써 죽음이 낙원에서 부과된 이래로 참회와 해벌로 나타난다는 것으로 알 수 있습니다. 악마의 시기로 인하여 죽음이 세상에 들어온 것은 맞습니다. 그러나 죽음이 세상에 들어온 후로 우리를 심하게 해치는 것은 허용되지 않았으며, 시작부터 죄의 징벌과 죽음으로 사로잡혀 있는 것은 오직 주님의 높으신 선하심 때문입니다.

하나님께서 의도하신 이것은 아담의 죽음을 명령하신 후에 하나님의 평화를 제공하지 않으시고 죽음을 새롭게 규정하시므로 그의 명령의 엄중성을 완화하셨습니다. 죽음이란 단어는 한 번도 언급하지 않고 마치 하나님께서 죽음이란 이름을 불러 높이려는 것을 몹시 혐오하신 것처럼 "너는 흙이므로 흙으로 돌아갈 것이다." 그리고 "네가 땅에서 만들어졌으므로 땅으로 돌아갈 것이다."라고 했습니다. 말씀에 의하면, "진노는 하나님의 분노에 속하였고, 선한 의지는 생명에 있다."고 하십니다. 그러므로 죄를 멸하기 위하여 죽음이 요구되지 않는 한 그것을 알려고 하지도 명명하고자 하지도 않으셨으며, 축소하려는 것처럼 보입니다. 죽음을 만들어 낸 죄에 대하여 하나님의 열정은 다름 아닌 바로 죽음을 향하여 무장하신 것입니다. 그리하여 당신은 시인의 한 구절의 시구가 예시하는 바를 이해하실 것입니다.

자기의 작품으로 예술가는 망한다.

죄는 그 열매로 인하여 멸망할 것이며 죄가 가져온 죽음으로 죽임을 당할 것이므로 이는 마치 살모사가 자기 새끼에게 죽임을 당하는 것과 같습니다. 죽음은 다른 어떤 것이 아니라 자신으로 인하여 어떻게 멸하는지 보게 되는 것, 예를 들어 골리앗이 자기의 칼로 목이 베이는 장면을 보게 되는 것은 대단한 광경입니다. 골리앗은 모든 사람보다 큰 엄청난 거인이었으나 소년 다윗은 맨손이었으며 그리스도처럼 낮은 곳에 자리를 잡았습니다. 그러나 다윗이 골리앗의 칼로 그의 목을 벤 후에 골리앗의 칼보다 더 좋은 칼이 없다는 말이 유행하였습니다(사무엘상 11장).

우리가 그리스도의 권능이 가져오는 이러한 기쁨과 그 은혜의 선물을 깊이 묵상한다면, 어떤 작은 악도 우리를 괴롭히지 못하며, 거대한 악 가운데 있는 놀라운 축복이 우리에게 다가오고 있음을 알 수 있을 것입니다!

"The Fourteen of Consolation(1520)," tr. A. T. W. Steinhaeuser, *Works of Martin Luther With Introductions and Notes* (The Philadelphia Edition: 6 vols., Philadelphia: Muhlenberg Press, 1943), vol. I, pp. 110-133, 141-151. By permission.

죽음: 진실의 순간
존 캘빈

소개의 글

존 캘빈(1509-1564)은 제네바의 종교개혁을 통하여 하나님의 계시하신 법의 섭리가 인간의 일상사의 모든 국면과 조화를 이루기 위한 목적으로 매일 매일의 삶에 대한 목회 감독의 체계를 고안하고 확립한 것으로 유명하다. 스트라스부르에 잠시 머무는 동안(1538-1541) 만난 마틴 부처의 교회론의 개념을 빌려온 캘빈은 제네바 종교개혁의 주 지도자가 되었을 때, 개인적인 그리고 공적인 도덕성을 모두 지명된 평신도 지도자들과 제네바 시 목사들의 모임인 "교회 회의(consistory)"의 감독 아래에 두었다. 일상적인 삶에 교회가 감독하는 체계를 둔 엄격한 제도는 16세기 동안 스위스 전역과 대부분의 독일, 저지대 국가들과 스코틀랜드와 영국으로 퍼져 나갔다.

하지만, 수많은 서간문을 보면 캘빈의 목사로서의 부드러운 면모가 잘 드러나고 있다. 도덕성의 엄격한 법관이 아니라 지혜롭고 온유하며 능숙하고 설득력이 있는 목사로서 교우들이 개인적인 삶에서 인류를 위하여 예수 그리스도께서 이루신 사역에 대한 확신으로 하나님과 이웃들과 화목하며 살아갈 수 있도록 돕기 위하여 애를 썼다. 이 서간문들은 질병과 종교적인 탄압, 버림받은 하인들, 가족 간의 불화, 가난, 부와 상상할 수 있는 모든 어려움으로 고통을 겪고 있는 사람들을 우호적으로 대하고 있다.

캘빈의 편지 가운데 인간의 곤경인 죽음을 주제로 다루고 있는 세 통의 서한을 선택했다. 모든 중세의 기독교 저자들과 마찬가지로, 캘빈은 하나님의 나라로부터 소외된 사람들이 그의 저주를 느낄 수 있도록 죽음을 사람들에게 정하신 것으로 보았다. 그와 동시에 그는 죽음을 "그리스도 안에서" 죽은 신자에게 고난으로 보았으며, 그 신자에게 파멸은 고통일 뿐만 아니라 가장 심오한 축복으로도 보고 있다. 신앙을 통해서 신자는 죽음에서 곧 하나님의 진노의 징표이자 동시에 그리스도와의 연합의 은사를 발견했기 때문이다. 세 통의 편지는 캘빈이 영혼 돌봄에 대한 고대의 전통에 기대었던 것과 그 자신의 독특한 통찰과 기여를 보여준다.

이 편지들은 죽어가는 사람들, 즉 사랑하는 친구와 제네바의 지도자, 그리고 그의 아내를 위한 캘빈의 목회 사역의 내용을 구체적으로 보여주고 있다. 특히 마지막 편지는 목회자 자신의 가족을 위한 목회 돌봄을 실천하는 것이 얼마나 어려운가를 보여주고 있다. 이 편지들은 스토아적인 전통 기독교 주제가 잘 드러나면서 동시에 그의 영혼 돌봄이 얼마나 탁월하고 창의적인가를 보여준다. 기독교 신자가 죽음과 만나게 되는 것은 일면 가혹하지만, 감명을 주는 한 편의 설교가 된다. 죽어가는 사람의 친구들은 교훈과 기도로 지지하고 격려할 뿐만 아니라 자신의 마지막이 가까워지는 신자가 인간과 하나님을 화목하게 하는 은혜에 대한 감동적인 증인이 되게 한다. 캘빈은 마지막이 가까워질수록 죽어가는 친구들에게서 영적인 힘이 강해지는 것을 보았다. 에이미 포랄(Amy Porral)의 영혼은 "활기차고 생기 있게" 되었고 그의 말은 "빛을 발했다." 캘빈의 아내는 성숙한 "넓은 아량"을 보여주었으며, 드 노르망디 부인이 죽음의 순간에 보여주었던 하나님의 말씀에 대한 심오한 순종은 깊은 감명을 주었다. 그러므로 캘빈은 죽어가는 행위를 통하여 그리스도인의 생의 과정에서 겪게 되는 위기를 보았다. 그것은 가장 충분히 그가 되도록 부르심을 받은 존재, 즉 하나님을 영화롭게 하고 즐거워하였던 순종의 종이 될 수 있는 순간이다. 그리하여 "진실의 순간"에 신자는 동료들에게 가장 참된 증언을 했다. 죽음은 지지나 인도를 필요로 하는 기회이기도 하지만, 두 가지 화해를 위한 기회이기도 하다. 이것은 신앙 안에서 친구들이 증거하고 교훈하는 하나님과 신실한 사람과의 화해와 더 나아가 죽어가는 자의 마지막 유산으로 증거가 되고 교훈이 되는 인류의 화해인 것이다.

죽음: 진실의 순간

출처: 『편지(1541-1549)』, 저자: 존 캘빈.

윌리암 파렐(William Farel)에게
1542년 6월 16일 제네바.

현재의 삶을 경멸하며, 과거의 경험에서 얻은 수많은 경건한 사람들의 거룩한 죽음을 묵상하던 중에 나도 그런 경험을 할 수 있도록 훈련이 되는 일이 벌어졌습니다. 이 도시의 행정장관인 포랄(Porral)이 주님께로 떠나갔습니다. 우리에게 그 어떤 슬픈 일과 비교할 수 없는 그의 죽음은 우리를 깊은 비탄에 빠뜨렸습니다. 그의 마지막 모습이 한편은 내게 위로가 되었지만, 다른 한편으로는 그분을 떠나보내는 우리의 상실이 얼마나 컸던지 슬픔이 깊어만 갑니다. 그의 병세가 악화된 다음 날 비레(Viret)와 나는 그를 방문해 달라는 전갈을 받았습니다. 포랄은 자신의 병은 가족력이 있는 치명적인 질환이라 매우 위험한 상태라고 우리에게 이야기하더군요. 그때 우리는 여러 가지 주제로 오랜 시간 대화를 나누었습니다. 그는 그 긴 시간을 마치 아무렇지도 않은 완전히 건강한 사람인 양 이야기했습니다. 다음 이틀 동안은 고통이 심해졌지만, 그런데도 그의 지적 상태는 또렷했고 지금껏 살면서 보여 준 어떤 때보다 더욱 유창하게 이야기했습니다. 그를 병문안하는 사람들 거의 모두는 허세나 수다가 아닌 적합한 권고로 들었을 것입니다. 파렐은 자신이 처한 상황이 찾아온 모든 사람 각자의 상황에 맞추어 될 수 있는 한 유익하게 하려는 듯 이야기를 했습니다. 그런 후 상태가 조금 호전되어 가는 기분을 느끼더니 조만간에 건강을 회복할 거라는 희망에 찼습니다. 그런 상태를 사흘 동안 유지했으나, 결국 병세가 더 악화되어 매우 위험한 지경에 이른 것이 뚜렷하게 나타났습니다. 그런데 몸이 고통을 받으면 받을수록 그의 정신은 더 멀쩡해지고 활기찼습니다. 중간 과정은 이야기하지 않겠습니다. 그가 죽던 날 아침 아홉 시에 비레와 함께 그를 방문했습니다. 그 앞에 십자가를 두고 지루한 설교로 환자를 힘들게 하고 싶지 않아 그리스도의 은혜와 영생의 소망에 대하여 짧은 말씀을 전했을 때, 그는 하나님의 메시지를 자신의 것으로 받았으며 참된 신자의 양심을 확증하기 위한 그리스도의 능력이 효능이 있다는 것을 안다고 말했습니다. 그리고 나서 목회 사역에 관하여 은혜의 통로로서 따르게 되거나 흘러나오는 모든 선한 열매에 관하여 이야기하던 그의 명석함은 우리 두 사람을 아연실색하게 만들었지요. 지금도 그 일을 생각할 때마다 여전히 저는 어리둥절하곤 합니다. 그가 말한 내용은 우리 가운데 누구라도 긴 시간을 신중하게 명상을 한후 비로소 할 수 있는 강연처럼 보였기 때문입니다. 그리스도의 권위에 의지하여 우리가 약속했던 죄 사함을 마치 한 천사가 하늘로부터 나타나서 전해 준 것과 같이 받았다고 선언하면서 자신의 이야기를 마무리하더군요. 다음에는 교회 연합에 관하여 놀라운 찬양과 함께 이야기하고, 자기의 경험으로 이러한 연합에 확신을 확증할 수 있는 것으로 죽음과 씨름하는 것보다 더 낫고 이렇게 확실한 위로의 자원은 겪어본적이 없다는 간증을 했습니다. 그는 동역자 두 사람을 불러서 과거의 논쟁을 지속한다면 다른 사람들이 그 자신의 선례를 따라 악용할 수 있다며 화해를 청했습니다. 더 나아가 우리에게 교회의 공적인 선포는 우리가 서로 형제로 살아가는 것을 견지하라고 강권하기 때문에 내가 어찌 두 사람을 목사로 인정하지 않을 수 있겠느냐는 말도 했습니다. 이전에 포랄은 두 사람을 심각하게 꾸짖고 그들의 죄를 상기시켰던 적이 있었습니다. 이제 그의 마지막 연설로 다시 가렵니다. 그는 주위에 서 있는 사람들에게 눈을 돌려, 교회의 성례전을 높이 평가하는 교훈을 모든 이들에게 권했습니다. 어떤 이들은 절기와 의례을 미신적으로 준수하겠지만, 포랄은 그들의 왜곡된 반대견해를 내려놓고 우리가 더 잘 이해하고 그들이 준수했던 것보다 더욱 분별이 있는 과정이었다는 것을 분명히 알았기 때문에 우리에게 동의하라고 권고하였습니다. 또한 이런 사안들에 관한 주장이 다소 강렬했었으나 마침내 자신의 주장으로 인한 논쟁이 어떤 해로운 결과를 가져올 수 있는지 깨닫는 눈이 열렸습니다. 그는 잠시 후 짧고 진지하면서도 진실하고 명쾌한 고백을 했습니다. 우리 두 사람에게 목회자로서 책임을 맡은 다른 분야들에 관한 배려와 함께 지속적으로 견고하게 정진해줄 것을 부탁하였습니다. 복음의 사역자들이 앞으로 경험하게 될 어려운 점들에 관하여 퍽 길게 말할 때는 마치 선지자의 예언처럼 영감을 받은 강론이었습니다. 공공복지의 목적에 관한 이야기를 할 때 그의 지혜는 참 멋졌습니다. 매우 중요한 단계로서, 우리와 동맹 관계에 있는 도시들과의 화해에 최대한 관심을 두고 이를 위해 시간을 들여야 한다고 추천했습니다. "하지만 시끄러운 사람들은 떠들썩하게 소리칠 수 있습니다." 그러나 "염려하지 말고 낙심도 하지 마십시오!"라고 말했습니다. 나와 관련된 것을 모두 이야기하기에는 시간이 모자랍니다. 우리가 몇 가지 준수해야 할 것들을 포함한 기도를 한 후에 우리는 자리에서 일어났습니다.

두 번째 날 오후에 나의 아내가 도착하자 그는 무슨 일이 일어나더라도 용기를 갖고, 여기에 오게 된 것은 갑작스러운 일이 아니라 복음으로 섬기기 위한 하나님의 놀라운 인도에 의한 것으로 생각해야 한다고 말해 주었습니다. 조금 후에 그는 음성을 잃었다고 신호를 주면서, 음성을 완전히 잃어버리게 되었을 때마저 고백했던 의식을 완전히 유지하길 원했고, 죽음의 순간에도 똑같이 유지하지 못할까 두려워했습니다. 그러면서 시므온의 찬양을 자기에게 적용해 "구원하시는 자비하신 구세주를 보았고 내 손으로 만져보았어요."라며 반복해서 말했습니다. 그런 후 그는 마음을 가라앉히고 안식을 취했습니다. 그때부터 말이 없어지고 가끔 고개를 끄덕이면서 아직 의식을 잃지 않았다는 것을 보여주었습니다. 4시경에 평의원들과 함께 갔습니다. 그가 말을 하려고 할 때마다 목에 막힌 것이 있는 듯해서 이미 고백이 충분하고도 남으니 너무 애쓰지 말라고 요청했습니다. 내가 할 수 있는 대로 말을 하기 시작하니 그는 편안하고 쉬는 자세로 경청하였습니다. 그리고 우리가 자리를 뜬 지 얼마 지나지 않아 그리스도께 자신의 영혼을 맡겼습니다. 당신이 그분의 성격을 알기 때문에 이 편지의 내용을 믿지 않을 수도 있지만, 그의 영혼이 완전히 새롭게 되었다는 사실을 이해하기를 바랍니다.

현재 우리는 새로운 동료들을 선택하는 데 몰입하고 있으며, 아주 적합한 사람을 얻었다고 생각했지만 그가 우리의 기대에 부응하지 못한 것을 발견하였습니다. 우리가 결정한 것이 있으면 분명히 당신께 알려 드리겠습니다. 비록 당신이 우리와 함께 하지 못할지라도 조언을 통하여 우리를 돕지 못할 이유가 없습니다. 아듀(Adieu).

파렐에게(To Farel)[40]
제네바, 1549년 4월 11일

아마 지금쯤 나의 아내의 부고가 당신에게 전해졌을 겁니다. 슬픔으로 경황이 없지만 나는 내가 할 일을 하고 있습니다. 나의 친구들이 나의 정신적인 고통을 덜어주기 위해 할 수 있는 모든 것을 다해주고 떠났습니다. 당신의 형제들이 떠났을 때 그녀의 삶은 절망 상태였습니다. 형제들이 화요일에 모여서 가장 최선은 기도로 함께 하는 것이라고 여기며 행했습니다. 아벨이 다른 사람들을 대변하여 아내에게 믿음과 인내를 권고하였을 때 아내는 짧게 (그녀가 당시에 몹시 지쳐있었으므로) 마음 상태를 말해 주었습니다. 그러자 나는 상황에 적절해 보이는 말씀을 더 해주었습니다. 그리고 그녀가 자신의 자녀들에 대해 어떤 언급도 하지 않았지만, 질병이 주는 고통보다 자녀들에 대한 염려가 더 큰 고통일 것을 느낀 나머지 조심스럽게 형제들 앞에서 그들을

---

40. 캘빈의 아내 이델레트 드 부르(Idelette de Bure)가 1549년 세상을 떠난 지 얼마 안 되어 캘빈은 파렐에게 그녀의 마지막 순간을 편지로 써서 보냈다.

내 자녀들처럼 돌보겠다고 약속했습니다. 그러자 그녀는 "저는 이미 그 아이들을 주님께 맡겼습니다."라고 대답했습니다. 내가 그렇다고 해서 나의 의무를 하지 않는 것은 아니라고 했을 때, 그녀는 즉시 "주님 께서 그들을 돌보아주신다면 그들이 당신에게 맡겨질 것을 알고 있습 니다."라고 말했습니다. 그녀의 아량이 너무 대단하여 이미 세상을 떠 난 것처럼 보였습니다. 여섯 시간 후에 그녀의 영혼이 주님께 맡겨질 때 부르고인(Bourgouin) 형제가 경건한 말씀을 전했습니다. 그가 말씀 을 전하는 동안 그녀의 영혼은 마치 세상의 높은 곳으로 고양된 것같이 보였습니다. 그녀는 목소리를 높여 말했습니다. "영광의 부활이여! 아 브라함의 하나님 그리고 우리 조상들의 아버지! 하나님 안에 모든 과거 의 세대의 믿음의 사람들이 믿었으며, 어느 사람도 헛되이 믿지 않았습 니다. 저 또한 소망을 갖습니다." 이 짧은 문장들은 분명하게 진술했다 기보다는 외쳤다는 것이 맞습니다. 이는 다른 사람들의 제안에서 나온 것이 아니라 우리들이 기억해 낸 것이었습니다. 그녀가 자신이 묵상한 내용을 몇 마디로 뚜렷하게 말한 것입니다. 나는 여섯 시에 나가야만 했습니다. 일곱 시가 지나 다른 아파트로 옮기자마자 그녀는 급격히 악 화되었습니다. 갑자기 음성을 잃어간다는 것을 느낀 그녀는 "기도합시 다. 기도합시다. 모두 나를 위해 기도해 주십시오."하고 말했습니다. 그때 나는 돌아왔습니다. 그녀가 말을 할 수 없어 마음의 고통을 겪고 있는 것으로 보였습니다. 나는 그리스도의 사랑과 영생의 소망, 우리 두 사람의 결혼 생활과 그녀의 떠남을 위하여 기도하며 짧은 말씀을 전 했습니다. 그녀는 마음을 다하여 기도를 경청하며 동참했습니다. 여덟 시가 되기 전에 함께 했던 사람들이 그녀의 삶과 죽음의 경계를 거의 구별할 수 없을 정도로 아주 편안하게 숨을 거두었습니다. 지금 저는 슬픔을 잘 조절했기 때문에 내가 해야 할 책무에 방해를 받지 않습니

다

다. 그러나 주님께서 저에게 다른 시련을 주셨습니다. 나의 훌륭한 친구이자 형제여 안녕히 계십시오. 주님의 성령께서 당신을 강건케 하시기를 바랍니다. 그리고 저는 자는 자를 일으키시고, 약한 자를 강하게 하시며, 지친 자를 새롭게 하시는 주님께서 하늘로부터 손을 펼치사 저의 무거운 고통을 지탱해 주시고 이 어려움을 극복하게 해 주시기를 원합니다. 모든 형제와 당신의 가족들에게 안부를 전해주십시오.

존 캘빈

캐니 부인에게(To Madame de Cany)[41]
1549년 4월 29일

존경하는 부인께,

제가 당신에게 슬픈 소식을 전하며 또한 전해달라고 부탁을 해야 하는 사람 역시 슬프게 하는 일이지만, 저의 편지가 반갑지 않은 것이 아니기를 바랍니다. 저의 좋은 친구 M. 드 노르망디의 아내를 나의 하나님께서 이 세상에서 기쁨으로 데려가셨습니다. 하나님께서 그녀의 손을 붙들고 계신 것 같이 그녀를 품으시고 그녀의 마지막 숨까지 인도하신 것을 우리가 마치 눈으로 보는 것 같아 큰 위로를 받았습니다. 부인의 부친께서 아셔야 하기에, 그의 부친께 당신을 방문하도록 요청하셔서 그토록 힘든 사실을 전하고 마음을 누그러뜨리게 하는 수고를 기꺼

---

41. 페론 드 피셀루(Peronne de Pisseleu)는 캐니의 영주 미셸 드 바봉송(Michel de Barbançon)의 아내이며 피카르디(Picardy)의 주요 인사였다. 그녀는 종교개혁 신앙을 로렝 드 노르망디(Laurent de Normandie)에게 전수받았다. 로렝의 아내는 이들이 피카르디에서 제네바로 이주한 지 2년 후에 사망하였다. 캘빈이 쓴 노르망디 부인의 죽음을 추모하는 편지는 "샤를즈 데스페비유(Charles d'Espeville)"라는 가명을 사용하였다 .

이 하기에는 당신만큼 좋은 분이 없다고 우리의 생각을 모았습니다. 최근 우리 편지를 당신에게 전해주었던 한 신사가 우리에게 편지를 보내와 이 단계를 밟도록 우리를 격려했습니다. 다시 말하자면 그분에게 어떻게 구원을 얻는 바른길을 구하는지, 우리가 응당 가르쳤어야 하는 순전하고 바른 교리를 깨닫게 해 주어야 했습니다. 따라서 당신이 선한 사역을 기꺼이 할 것이며 당장 필요한 일까지 잘해 주실 것을 믿어 의심하지 않습니다. 부인이 이 소식을 하나님의 이름으로 전하고 지금까지 해오던 것처럼 위로하는 일과 그분의 우울한 상태가 정도 이상으로 내려가지 않도록 누구보다 잘 해 주시리라 믿습니다. 그러므로 부인, 그분을 만나기 전에 슬픈 상황에 순응하실 수 있도록 권면하기에 적합한 논점과 이유를 정리해 놓았습니다. 그분이 감사하실 수 있도록 제시할 만한 충분한 주제들로 당신과 관련된 사역을 통해 간략하게 전해 드릴 수 있을 것입니다. 이것은 하나님께서 부인에게 주신 은혜와 지혜를 따라 기회가 닿는 대로 그분을 위로하는 일을 더 잘 이끄실 수 있도록 할 것입니다.

선한 여인의 질병에 대한 소식을 들었을 때 우리는 그녀가 여행의 피로를 얼마나 잘 이겨내는지 보았기 때문에 무척 놀랐습니다. 그녀는 경쾌하게 도착하였고 어떠한 지친 기색도 보이지 않았습니다. 실제로 여행 중에 하나님께서 전적으로 자신을 지탱하도록 도우셨다고 말했습니다. 그녀는 평소에는 다소 약했으나 크리스마스 얼마 전까지 비교적 괜찮았습니다. 하나님의 말씀을 들어야 한다는 열정적인 소원이 1월 한 달을 지탱해 주었습니다. 그리고 자리에 누웠는데 죽게 될 병이 들었다는 낙담에서가 아니라 혹시 발생할지 모르는 위험을 예방하기 위해서였습니다. 그녀는 아름다운 마지막을 기대하기도 하고 다른 한편 건강이 회복되기를 희망하기도 하면서 죽음을 준비했습니다. 그러면서도 이것이 마지막 타격이 아니기를 바라며 너무 길어지지 않았으면 한다는 이야기를 간혹 했습니다. 특효 처방이라면 무엇이든 시도했습니다. 그녀의 신체적인 편안함이 제공된다면 최상의 상급을 얻은 것이므로 더는 핍절해지지 않고 하나님을 경외하며 예수 그리스도를 믿음으로 인내와 구원의 희망 가운데 있어 더이상 지혜와 경건한 가르침이 요구되지 않을 것입니다. 그녀의 수고가 전혀 헛되지 않은 것이 자명한 것은, 그녀의 마음에 깊이 각인된 것을 볼 수 있었기 때문입니다. 질환이 계속되면서도 위대한 목자의 잔잔하신 인도하심에 자신을 맡기는 모습으로 우리 주 예수님의 참된 양이 되었다는 것을 입증했습니다. 죽기 이삼일 전에 그녀의 영혼은 하나님께 고양된 것처럼 그 어느 때보다 간절한 사랑을 이야기했습니다. 바로 전날에도 사람들에게 권면을 하는 동안 자기를 시중드는 이에게 우상을 섬기는 일로 자신을 더럽히는 일에 되돌아가지 않도록 주의할 것을 당부하였으며, 하나님께서 지금까지 교회로 인도하였으니 그 안에서 거룩한 사람으로 살아가야 한다고 이야기했습니다. 그날 밤에 심하게 계속되는 통증으로 압박을 겪었습니다. 하나님께 긍휼을 베풀어 이 세상에서 구원해주시며 주님께서 주신 믿음 안에서 언제나 고난을 이겨낼 힘을 허락하시는 은혜를 위한 기도의 음성 외에는 다른 어떤 신음도 들을 수 없었습니다. 아침 다섯 시에 그녀에게 갔습니다. 부름을 받기 위한 말씀을 전하자 매우 인내하면서 경청한 후에 내게 말하기를 "때가 가까이 왔습니다. 이 세상을 떠나야 할 것입니다. 이 육신은 썩어질 곳으로 갈 것이며, 내 영혼은 나의 하나님께서 데려가실 것을 확신합니다. 저는 얼마나 가엾은 죄인인지 잘 알지만, 주님의 선하심으로 그의 아들의 죽음과 고난으로 말미암아 살았습니다. 그러므로 저의 구원을 의심하지 않는 것은 주님께서 제게 그런 확신을 주셨기 때문입니다. 나의 아버지께 갑니다." 그녀가 말을 하고 있을 때 적지 않은 사람들이 들었습니다. 나는 때때로 적절해 보이는 말씀을 주었으며 그녀에게 꼭 필요한 것을 하나님께서 주시기를 기도했습니다. 한 번 더 그녀는 자신의 죄의 기억들을 고하며 하나님의 용서하심을 구했습니다. 예수님 안에 온전히 자신을 맡기며 어떤 누구도 대신할 수 없는 구원의 확신이 있다고 말하고는 '자비를 구하는 찬양(Miserere)'을 교회에서처럼 크고도 강한 음성으로 어려움이 없이 부르기 시작했습니다. 그녀는 계속할 수 있도록 우리가 허락하기를 간청했습니다. 제가 시편의 모든 내용을 짤막하게 요약을 해 주자 기뻐하며 그것을 받았습니다. 그 후에 나의 손을 잡고, "제가 얼마나 행복한 줄 아세요? 하나님께 붙잡힌 바 되어 여기에서 떠나게 되었으니 말이지요. 비참한 감옥에 갇혀있었다면 나의 신앙을 입을 열어 고백할 수도 없었을 거예요. 여기 하나님께 영광을 돌릴 수 있는 자유만이 아니라 저의 구원의 확신을 위한 수많은 이야기를 갖게 되었으니 말이지요."하고 말했습니다. 한번은 "저는 더 이상 할 수 없어요." 하고 말했을 때, 내가 "하나님께서 부인을 도우시고 계세요. 참으로 부인을 도와주시려고 이곳에 함께 하신다는 것을 보여주셨지요."라고 말하자 바로, "제가 믿습니다. 하나님께서 지금 돕고 계심을 느끼고 있어요."라고 대답했습니다. 우리는 그녀의 곁에 있는 부군이 슬퍼하고 있는 것을 느끼면서, 그의 꿋꿋함에 모두 놀라워했습니다. 내가 알고 경험한 바와 같은 그런 깊고도 무거운 극도의 슬픔을 겪으면서도 자신을 극복하고 자기의 더 좋은 부분을 격려하면서 마치 부부가 즐거운 여행을 함께 떠나는 것처럼 보였습니다. 우리의 대화는 환자가 심한 복통을 견뎌내는 큰 어려움 가운데 이루어졌습니다. 아홉 시나 열 시 경이 되었을 때 대화는 멈추었고, 그녀는 휴식에 들어가면서도 하나님께 영광을 돌리며 자신의 구원과 그리스도 예수 안에 있는 모든 행복을 겸손하게 간구했습니다. 말을 할 수 없게 되자, 그녀는 표정으로 모든 드려지는 기도와 권면의 말씀에 얼마나 골몰하는지를 보여주었습니다. 그렇지 않을 때는 미동도 없어서 자세히 보아야만 생존해 있음을 알 수 있었습니다. 마지막을 향하여 떠나는 것을 염두에 두고 내가 "이제 하나님께 우리에게도 그녀의 뒤를 따라가는 은혜를 주시도록 기도합시다."라고 했습니다. 내가 일어섰을 때, 마치 우리의 기도와 위로가 견딜 수 있도록 힘을 불어넣었다는 듯이 그녀는 우리를 바라보았으며, 그 후에 움직임이 없는 것을 발견하고 나서야 잠을 자는 것 같이 편안하게 숨을 거둔 것을 알았습니다.

부인, 제가 너무 지루하게 적지 않았는지 양해를 구합니다. 그녀의 부친께서 이 모든 과정을 전해 들으실 때 그 자리에 함께했던 것처럼 기뻐하실 것으로 기대합니다. 부인께서 이 선한 일을 하실 때 어떤 어려움도 없기를 바랍니다. 자비를 행하는 일에 대하여 사도 바울께서 우는 자들과 함께 울어야 한다고 권유하신 말씀은 우리가 그리스도인이라면 응당 우리의 이웃을 위한 공감과 슬픔을 갖고 그들의 눈물을 닦아주고 위로하는 일을 감당해야 한다는 것임을 잊지 마십시오. 그렇지 않으면 선한 사람도 그 슬픔에 얽매이게 될 것입니다. 그렇지만, 따님의 병이 점점 악화되어 회복은 절망적이라는 것을 염두에 두고 있었기 때문에 이미 오랫동안 그 소식을 접할 것을 준비하고 있었을 것입니다. 그러나 그녀가 우리 모두에게 보여준 하나님의 뜻에 순종하였던 모습이 부친에게 큰 위로가 될 것입니다. 평안 가운데 죽음을 맞이한 것을 본 우리도 하나님의 인도하심에 기꺼이 순종하면서 그녀의 뒤를 따라갑시다. 그리고 만일 그녀의 부친이 그녀를 사랑하셨다면 그녀가 하나님께 자신을 드리신 소원을 그분도 따름으로 그 사랑을 보여주실 것입니다. 행복하게 삶을 마무리한 것을 보고 이 세상에서 우리가 누릴 수 있는 모든 위로를 뛰어넘는 그녀에게 베풀어주신 하나님의 은혜를 그 분도 기뻐하실 것입니다.

마지막으로 부인, 우리의 선하신 주님께서 언제나 부인의 보호자가 되시며 모든 영적인 복을 더하셔서, 그리하여 부인께서 마지막까지 주님의 이름을 영화롭게 하시기를 기도합니다.

당신의 겸손한 종이며 형제인, 샤를즈 데스페비유

John Calvin, *Letters of John Calvin Compiled from the Original Manuscripts and Edited with Historical Notes by Jules Bonnet*, tr. David Constable et al. (3 vols., Philadelphia: Presbyterian Board of Publication, 1858); letters numbered LXXXVI, CCXXXIX, CCXL; I, 331–335; II, 217–223.

영혼의 체조
로욜라의 성 이냐시오

소개의 글

기독교 전통에서 지금껏 고안된 영적 변화를 위한 방안 중, 심리학적으로 가장 통찰력이 있고 목회 차원에서 가장 효과적인 것은 이냐시오 로욜라(Ignatius Loyola)가 저술한 『영성수련(*The Spiritual Exercises*)』이라는 제목의 간략하고 직접적인 책이다. 이 수련은 영적 지도자(spiritual master)의 지도에 따라 4주 동안의 힘겨운 노력을 기울이도록 고안되었지만, 대가에 의해서는 10일의 기간 동안 마칠 수도 있다. 네 가지 움직임이 수련자 혹은 "수도자(retreatant)"[42]를 하나님으로부터 극도로 소외된 상태에서, 물론 결코 영구적이진 않지만 완전한 화해의 단계로 갈 수 있도록 돕는다. 첫째, 죄로 인해 일그러진(deformed) 영혼은 죄의 끔찍한 결과에 대한 묵상을 통해 **새롭게 된다**(reformed). 둘째, 변화된 영혼은 그리스도의 왕국에 대한 모든 열망

---

42. 역자 주: retreatant는 일시적으로 수도원 등에 들어가 훈련받는 묵상자, 피정하는 수사, 혹은 수도자를 가리킨다.

에서 마음의 **일치를 보인다**(conformed). 셋째, 그리스도의 고난을 묵상하면서, 수도자는 영적 나라에 마음의 일치를 보인 것으로 **확증을 받는다**(confirmed). 마지막으로, 확증을 받은 영혼은, 부활하시고 높임을 받고 계신 그리스도의 영광을 묵상함으로써, 하나님과 연합을 통해 **변화된다**(transformed).

이 과정의 각 단계마다, 로욜라의 규율에 따라 훈련받는 수도자는 지도자에게 평가를 받는다. 수도자의 전 존재—신체 감각, 마음, 그리고 의지—는 그가 다음 단계로 옮겨가기 전에 각각의 묵상 대상에 따라 동시에 파악이 되어야만 한다.

영성 수련에서 발췌한 다음의 내용은 단지 첫 주 동안의 영적 변화를 위한 처방을 제공하지만, 로욜라의 책 마지막 부분에 있는 "교회와 함께 생각하기의 규칙들(Rules for Thinking with the Church)"에서, 사람들은 전체 계획의 완성을 볼 수 있다.

1491년 또는 1495년에 스페인의 로욜라에서 라칼데 이냐시오(Ignacio de Recalde of Loyola)로 태어난 이그나티우스 로욜라(Ignatitus Loyola)[43]는 교황 중심의 가톨릭교회와 개신교의 종교개혁 사이에 있었던 혼란을 거치면서 활동하다가 1556년에 사망하였고; 1662년에 성자로 서품되었다. 그의 초기 군 경력은 1591년에 오른쪽 다리의 심한 부상으로 짧게 끝이 났다. 이냐시오는 회복을 위한 긴 요양 기간을 교회의 군사로서의 경력을 위한 영적 준비의 시간으로 삼았다. 이 준비과정에서, 그는 처음으로 1523년에 『영성수련』의 초안을 작성하였고, 자신이 설립자이자 초대 수장으로 섬기게 된 예수회의 회원이 되려는 사람

---

43. 역주: Ignatius Loyola는 이나시오 또는 이냐시오로 부르지만, 가톨릭계 영성수련장에서는 로욜라의 성 이냐시오로 부르고 있다. 그런 이유에서 이 번역에서도 독자들의 혼동을 피하기 위해 이냐시오로 적는다.

들의 준비 과정을 지도하면서, 평생에 걸쳐 그 책을 다듬고 수정하였다. 그가 1534년에 조직한 이 놀랄만한 집단은 개신교의 종교개혁에 의해 계속되는 침해에 맞서 교황의 교회[가톨릭 교회]를 보호하고, 종교개혁에 대항하여 반격을 가하는 데 전적으로 헌신하였다. 예수회는 1540년에 교회 바오르 3세에 의해 '싸우는 교회의 통치(Regimini militantis Ecclesiae)'라는 교서에서 공인받게 되었다. 이 수도회는 급속하게 성장하여 이냐시오가 사망할 때까지 로마 가톨릭 교회에서 가장 강력한 조직이 되었다. 이냐시오가 현대 로마 가톨릭 교회에 미친 헤아릴 수 없는 영향을 보여주는 상징 중 하나는 그의 『영성수련』이 가톨릭 교회에서 서품을 받게 될 모든 후보자들이 수행해야 하는 과정이라는 사실이다.

중세와 르네상스기에 영적 변화와 화해를 위한 많은 방안들이 개발되었다. 대체적으로 말하면, 클레르보의 베르나르(Bernard of Clairvaux)의 저술을 기반으로 한 것들은 신비 현상에 대한 시각적 또는 감각적 인식을; 성 빅토르의 위고(Hugo of St. Victor, 1096경-1141)의 신비주의에 바탕을 둔 것들은 지적 인식을 강조하였다. 이냐시오가 개발한 영성수련의 진수는 수련이 감각, 정신, 자발성을 포함하는 인간 경험의 전체에 초점을 맞추고 있다는 사실에 있다. 몸, 마음, 그리고 의지는 한꺼번에 묵상의 대상들을 향해 초점을 맞춰야 한다. 이냐시오는 종교개혁이 그리스도의 지상 대리자인 교황이 통치하는 교회를 더 이상 깎아내리지 못하도록, 절대적이고 주저함이 없는 순종의 사람들을 필요로 하는 시대적 요구를 절실하게 느꼈다. 이냐시오는 그리스도인의 의무는 군인들에게 요구되는 그런 종류의 복종, 즉 개인적인 망설임이나 의심이 용납되지 않는 것으로 해석하였다. 예수회의 영향이 갑작스럽고 엄청나게 커지면서, 로마 가톨릭 교회는 하나님을 본받는 자에게 그런 복종을 요구하고 받아들이는 영적 군대로 탈바꿈하였다.

주로 예수회에 입회하려는 지원자들을 위해 만들어진 이냐시오의 영성수련은 수도사들과 사제들뿐만 아니라 평신도들에게도 적용할 수 있음이 입증되었다. 철저함에서 뛰어난 영성수련은 그것이 로마 가톨릭 교회의 경건훈련에서 누리는 다른 모든 영성개발의 체계들보다 우월한 가치를 인정받을 만하다.

영혼의 체조

출처: 『영성수련(Spiritual Exercises, 1523-1556)』,
저자: 이냐시오 로욜라

I H S[44]

ANNOTATIONS

영성수련에 대한 이해를 돕고
영성수련 수련자와 수련생들이
스스로 할 수 있도록 돕는 주해서

첫 번째 주해. 첫 번째 주해는 영성수련이란 명칭이 자신의 양심을 점검하고, 명상하고, 묵상하고, 목소리를 내거나 마음속으로 기도하고, 다른 영적 행동들을 수행하는 모든 방법을 의미한다는 것이다. 이 것들에 대해서는 이후에 언급할 것이다. 산책, 걷기와 달리기가 신체 운동이듯이, 영혼을 준비시켜 모든 무질서한 성향들을 없애는 것도 훈

---

44. 역주: 예수(Jesus)를 그리스어로 표기한 IHΣΟΥΣ의 첫 세글자이다.

련이다. 그리고 그것들이 제거된 후에, 자신의 영혼 구원을 위해 자신의 삶을 관리하는 것에 대해 하나님의 뜻을 구하고 찾는 것을 영성수련이라고 부른다.

두 번째 주해. 두 번째는 다른 사람에게 명상이나 묵상을 하는 방법과 순서를 알려주는 사람은 짧거나 간략한 전개만으로 요점을 검토하여 그런 묵상이나 명상의 결과들을 충실하게 연관시켜야 한다는 것이다. 왜냐하면 묵상을 하는 사람이 이야기의 진정한 토대를 잡고, 자신을 위해 토론하고 숙고하면서 그 결과들을 보다 명확하게 하거나 그것들을 좀 더 자각할 수 있게 하는 무언가를 찾게 된다면 —이렇게 된 것이 자신의 추론에 의해서든지, 아니면 그의 지성이 하나님의 능력에 힘입어 깨닫게 되어서 그렇게 되었든지— 영성수련을 지도하는 사람이 그 결과의 의미를 많이 설명하고 부연할 때보다 더 많은 영적 풍미와 결실을 얻게 될 것이기 때문이다. 그 이유는 영혼을 만족시키고 충족시켜주는 것이 많이 안다고 되는 것이 아니라 내면에서 일어나는 일들을 깨닫고 맛보는 것이기 때문이다.

세 번째 주해. 세 번째: 다음의 영성수련에서와 같이, 우리는 추론(reasoning)을 할 경우 지성의 행위들을 사용하고, 감정의 움직임에 있어서는 의지의 행위들을 사용한다: 의지의 행위에서 우리가 우리 주 하나님이나 성도들과 목소리로 혹은 생각으로 말을 하게 되면, 우리가 이해를 하는 일에 있어서 지성을 사용할 때보다 우리 편에서 더 큰 존경심이 요구된다는 사실을 주목하자.

네 번째 주해. 네 번째: 다음의 수련은 네 부분으로 나누어진다.

첫째, 죄에 대한 숙고와 묵상

둘째, 종려주일까지 포함하여 우리 주 그리스도의 생애

셋째, 우리 주 그리스도의 고난

넷째, 부활과 승천, 그리고 세 가지 방법의 기도.

이런 구분에 맞추기 위해 수련에 4주가 소요되지만, 매주가 당연히 7일 혹은 8일로 되어있다고 생각하면 안 된다. 왜냐하면 첫 번째 주에 어떤 사람들은 그들이 추구하는 것 즉, 죄에 대한 참회, 슬픔과 눈물을 더 늦게 찾게 되고, 같은 방식으로 어떤 사람들은 다른 사람들보다 더 부지런하고 다른 영들에 의해 더 많이 영향과 시험을 받기 때문에, 어떤 경우에는 주간을 단축하거나 다른 때에는 주간을 연장할 필요가 있기 때문이다. 이어지는 다른 주간에서도 똑같은 원리가 적용되는데, 주제에 따라 주간을 조절하여 원하는 것들을 찾아내게 한다. 훈련을 추구해야 한다. 그렇지만 수련은 30일을 전후하여 끝나게 될 것이다.

다섯 번째 주해. 다섯 번째: 수련을 받는 사람이 창조주이신 주님을 향해 큰 용기와 드넓은 마음을 가지고, 왕이신 하나님께서 가장 거룩한 뜻에 따라 자신의 성품과 모든 소유물을 사용하시도록 그분께 자신의 모든 의지와 자유를 맡기고, 수련에 들어가는 것은 매우 유익하다.

여섯 번째 주해. 여섯 번째: 수련을 지도하는 사람이 수련하고 있는 사람에게 위안이나 낙담 과 같은 어떤 영적 움직임도 일어나지 않고 있거나, 그가 다른 영들에 의해서도 움직이지 않는다는 것을 보게 되면, 수련자에게 정해진 시간에 수련을 하고 있는지, 그리고 어떻게 하고 있는지 조심스럽게 물어보아야 한다. 그리고 추가된 수련들에 대해서도 그것들을 부지런히 수행하고 있는지 물어보아야 한다. 수련 지도자는 그에게 이런 것들에 대해 개별적으로 상세히 물어보도록 한다.

일곱 번째 주해. 일곱 번째: 만일 수련을 지도하는 사람이 수련을 받고 있는 사람이 낙담에 빠져서 유혹을 받고 있는 것을 보게 되면, 수련생을 엄하게 대하거나 불만을 표현하지 말고 온화하고 너그럽게 대하되, 그에게 미래를 위한 용기와 힘을 실어주고 인간 본성의 원수가 꾸미는 계략을 적나라하게 드러내면서, 다가오는 위로를 준비하게 한다.

여덟 번째 주해. 여덟 번째: 만일 수련을 제공하는 사람이 수련자가 낙담과 원수들의 계책에 대한 지침과 함께 위로에 대한 지침이 필요하다는 것을 알게 되면, 지도자는, 지침들을 필요로 하는 범위 내에서, 다른 영들을 알아차릴 수 있도록 첫째 주와 둘째 주의 규칙을 설명해 줄 수 있다.

＊ ＊ ＊ ＊ ＊ ＊

열한 번째 주해. 열한 번째: 첫째 주에 수련을 받는 사람이 둘째 주에 무엇을 해야 하는지 아무것도 알지 못한다고 생각하여, 마치 둘째 주에는 어떤 유익한 것도 찾기를 바라지 않는다는 마음가짐으로 첫 주에 자신이 추구하는 대상을 얻기 위해 노력하는 것은 유익하다.

열두 번째 주해. 열두 번째: 수련을 받고 있는 사람은 다섯 가지 수련 중 각각에 혹은 매일 하는 묵상에 한 시간을 배정해야 하기 때문에, 수련을 지도하는 사람은 수련생에게 그의 영혼이 수련에 보내는 한 시간 혹은 그보다 더 적게 의식 속에서 만족한 상태로 머물러 있는지 항상 확하도록 조심스럽게 경고해야 한다. 왜냐하면 그런 묵상, 명상 혹은 기도의 시간을 줄이려고 하거나 수련자로 하여금 그 시간을 줄이게 하는 데 원수가 적잖이 동원되기 때문이다.

＊ ＊ ＊ ＊ ＊ ＊

열네 번째 주해. 열네 번째: 만약 수련 제공자가 수련을 받고 있는 사람이 위안을 받으면서 대단한 열정을 갖고 수련에 임하고 있음을 보게 된다면, 그가 경솔하고 성급한 약속이나 서약을 하지 않도록 주의

의를 주어야 한다. 그리고 그가 수련생의 성격이 경박스럽다는 것을 알면 알수록, 더욱더 경고와 훈계를 아끼지 말아야 한다. 그 이유는, 비록 한 사람이 다른 사람에게 복종, 가난과 금욕을 서약하는 것으로 이해되는 종교적인 삶을 받아들이는 데 정당하게 영향을 미칠 수 있음에도 불구하고, 그리고 서약 아래 행한 선행이 서약 없이 행한 것보다 더 칭찬할만한 일임에도 불구하고, 그 사람의 상황과 개인적인 특성들 그리고 그가 약속하고 싶은 일을 성취하는 데 얼마나 많은 도움이나 방해를 만나게 될지 신중하게 고려해야 하기 때문이다.

열다섯 번째 주해. 열다섯 번째: 수련 제공자는 수련을 받는 사람에게 그 반대보다 감당할 수 있는 그 이상으로 빈곤이나 서약에 더 영향을 미치지 않도록 해야 하고, 다른 것보다 하나의 상태나 생활방식에 더 많은 영향을 주지 않도록 해야 한다. 그 이유는, 비록 영성수련 밖에서 우리가 아마도 금욕, 순결, 종교적인 삶 그리고 모든 종류의 복음적 완전성을 선택하기에 적합한 모든 사람에게 정당하게 그리고 공덕의 힘을 통해 영향을 미칠 수 있음에도 불구하고, 영성수련 안에서 하나님의 뜻을 구할 때는 창조주이신 주님께서 직접 경건한 영혼과 대화하시면서, 그분의 사랑과 칭송으로 그 영혼에 불을 지피고 장래에 주님을 더 잘 섬길 수 있도록 준비시키는 것이 더 적합하고 더 낫기 때문이다. 그래서 수련을 제공하는 사람은 한쪽이나 다른 쪽으로 돌아서거나 기울지 말아야 하며, 저울처럼 중심에 서서 창조주께서 피조물과, 그리고 피조물은 창조주이신 주님과 함께 행동하도록 놔두어야 한다.

* * * * * *

열여덟 번째 주해. 열여덟 번째: 영성수련은 교육을 받지 못했거나 지적 수준이 낮은 사람들에게는 쉽게 감당할 수 없고 유익이 되지 않은 것들을 제공하지 않도록, 수련을 원하는 사람의 특성, 즉 나이, 교육 또는 능력에 맞게 조정되어야 한다.

　다시 말하지만, 자신을 준비시키려는 소원에 따라 스스로를 더 잘 돕고 유익을 얻을 수 있는 영성수련은 수련생의 특성에 맞게 개별적으로 주어져야 한다.

＊　＊　＊　＊　＊　＊

　열아홉 번째 주해. 열아홉 번째: 공적 업무나 적합한 사업에 종사하는 교육받았거나 능력이 있는 사람은 매일 한 시간 반 수련을 할 수 있다.

＊　＊　＊　＊　＊　＊

　스무 번째 주해. 스무 번째: 보다 한가한 사람과 할 수 있는 한 모든 유익을 얻고자 하는 사람에게, 영성수련의 순서에 따라 모든 수련을 제공하도록 한다.

　여기서 주목할 것은 수련에 참여할 사람이 일반적으로 친구들과 지인들 그리고 세상의 염려에서 벗어날수록 더 많은 유익을 얻을 수 있다는 점이다. 예를 들어, 현재 살고 있는 집에서 벗어나 가능한 범위내에서 많은 사생활이 보장되는 다른 집이나 방에 거주하게 됨으로써, 지인들이 방해하리라는 염려를 하지 않고, 매일 미사와 만도(晚禱, Verspers)[45]에 참여하는 것은 그의 의지에 달려 있다.

　이러한 분리된 삶에는 다른 많은 것들 중에, 다음과 같은 세 가지 주요 유익이 뒤따른다.

　첫째, 우리 주 하나님을 섬기고 찬양하기 위해, 많은 친구들과 지인

---

45. 역주: 성무(聖務) 일과의 여섯 번째로 해질 무렵에 드리는 기도.

들과 떨어지고, 마찬가지로 많은 정돈되지 않은 일들에서 벗어남으로 써, 수련생은 왕이신 하나님이 보시기에 적지 않은 상급을 받게 된다.

둘째, 그렇게 일상에서 벗어나 많은 일로 인해 마음이 나눠지지 않고, 관심을 오직 한 가지 일, 즉 창조주 하나님을 섬기고 자신의 영혼에 유익이 되는 일에 집중하게 되면서, 수련생은 그토록 간절히 원하는 것을 성실하게 구하는 일에 더 큰 자유를 누리면서 자신의 타고난 힘을 사용하게 된다.

셋째, 우리의 영혼이 더 많이 홀로 일상에서 벗어난 상태에 머물러 있으면 있을수록, 더 많이 창조주이신 주님께 다가가 만날 수 있고, 우리의 영혼이 더 많이 주님께 다가갈수록, 그분의 신성하고 주권적인 선하심으로부터 더 많은 은혜와 선물을 받게 된다.

영성 수련
무질서한 습관에서 자기 결정을 하지 않고
스스로를 극복하며 자신의 삶 관리하기

전제

영성수련을 지도하는 사람과 그것을 받는 사람 모두가 더 많은 도움과 유익을 얻을 수 있도록, 모든 선한 그리스도인은 이웃의 제안을 비난하기 보다는 그것을 기꺼이 받아들여야 함을 전제로 삼아야 한다. 만약 그 이웃이 자신의 제안을 받아들일 수 없다면, 어떻게 그것을 마음에 품게 되었는지 물어보고; 만약 나쁜 의도로 그것을 마음에 품고 있다면, 그를 너그럽게 교정해 주어야 한다. 만약 그것이 충분하지 못하다면, 그가 그것을 선한 의도로 마음에 품을 수 있도록 모든 적절한 방법을 모색하여 스스로를 구할 수 있게 한다.

첫째 주
원리와 기초

사람은 우리 주 하나님을 찬양하고 경외하며 섬기도록 창조되었고, 이를 통해 자신의 영혼을 구원한다.

땅 위에 있는 다른 모든 것들은 사람을 위해 창조되었으며 사람들로 하여금 창조된 목적을 수행할 수 있도록 돕는다.

이로부터 사람은 다른 피조물들이 그의 목적을 성취하는 데 도움이 된다면, 그것들을 사용해야 하고, 그 목적을 성취하는 데 방해가 된다면, 그것들을 없애야 한다는 점이 뒤따른다.

이를 위해서는 우리의 자유 의지로 선택할 수 있고 금지되지 않은 모든 것 중에서, 창조된 모든 것에 대해 무관심할 필요가 있다. 그래서 우리는 질병보다는 건강, 가난보다는 부, 불명예보다는 명예, 짧은 삶보다는 장수를 원하지 않으며, 다른 모든 것에서는 오직 우리가 창조된 목적에 도움이 되는 것들만을 갈망하고 선택한다.

개별적이고 일상적인 성찰

이 점검에는 세 번의 시간과 두 번의 자기 성찰이 포함된다.

첫 번째 시간은 아침에 일어난 직후로서, 수련생은 자신이 시정하고 수정하기를 원하는 바꾸고 고치고 싶은 죄나 허물로부터 부지런히 스스로를 지키기 위해 계획을 세운다.

두 번째 시간은 점심 식사 후인데, 이때 수련생은 자신이 원하는 것, 즉 몇 번이나 특정한 죄나 허물에 빠졌었는지 기억할 수 있는 은혜와, 장래에 스스로를 바로잡을 수 있는 은혜를 내려줄 것을 우리 주 하나님께 간구한다. 그런 다음 그가 시정하고 수정하고 싶은, 제안된 특정 사항에 대해 영혼의 상태를 평가하는 첫 번째 성찰을 하게 한다. 잠자리에서 일어난 시간부터 시작하여 현재의 성찰 시간과 순간까지 계속해서 매시간 또는 매기간마다 살피게 하고, 기록지의 첫 줄 빈칸에 자신이 범한 특정한 죄나 허물의 수만큼 점을 찍어 표시하게 한다. 그런 다음 두 번째 성찰의 시간까지 자신을 바로 잡을 수 있도록 새로운 결심을 하게 한다.

세 번째 시간은 저녁 식사 후로서, 첫 번째 성찰에서 시작하여 현시점까지 계속해서 동일한 방식으로 매시간마다 두 번째 성찰을 하고, 기록지의 두 번째 빈칸에 자신이 범한 특정한 죄나 허물의 수만큼 점을 찍어 표시하게 한다.

네 가지 추가 점검 사항
조속히 특정한 죄와 허물에서 벗어나기 위해서 해야할 것들

첫 번째 추가. 첫 번째 추가목록은 수련생이 특정한 죄 또는 허물을 범할 때마다, 넘어진 것에 대해 슬퍼하면서 가슴에 손을 얹게 하는 것이다. 이것은 심지어 다른 사람들이 그가 무슨 일을 하고 있는지 모르게 하면서 그들 앞에서 할 수 있다.

두 번째 추가. 두 번째: 기록지의 첫 번째 줄이 첫 번째 성찰을; 두 번째 줄이 두 번째 성찰을 의미하므로, 수련생이 첫 번째 줄부터 두 번째 줄까지, 즉 첫 번째 성찰에서 두 번째 성찰까지 수정사항이 있는지 밤에 살피도록 한다.

세 번째 추가. 세 번째: 첫째 날과 둘째 날, 즉 현재의 두 개의 성찰과 전날의 다른 두 개의 성찰을 비교하여 수련생이 어제부터 오늘까지 자신을 바로잡았는지 점검하도록 한다.

네 번째 추가. 네 번째: 한 주와 다음 주를 비교하여, 지난주에 비해 이번 주에는 자신을 바로잡았는지 점검하도록 한다.

특기 사항. 첫 줄의 빈칸 ＿＿＿ 은 주일에 기록하는 것이며, 그다음부터 두 번째 빈칸은 월요일에, 세 번째 빈칸은 화요일 등, 이런 방식으로 기록한다.

주일 ＿＿＿＿＿＿＿＿＿＿＿＿＿＿＿＿＿＿＿＿＿＿＿＿＿＿＿

월 ＿＿＿＿＿＿＿＿＿＿＿＿＿＿＿＿＿＿＿＿＿＿＿＿＿＿＿

화 ＿＿＿＿＿＿＿＿＿＿＿＿＿＿＿＿＿＿＿＿＿＿＿＿＿＿＿

수 ＿＿＿＿＿＿＿＿＿＿＿＿＿＿＿＿＿＿＿＿＿＿＿＿＿＿＿

목 ＿＿＿＿＿＿＿＿＿＿＿＿＿＿＿＿＿＿＿＿＿＿＿＿＿＿＿

금 ＿＿＿＿＿＿＿＿＿＿＿＿＿＿＿＿＿＿＿＿＿＿＿＿＿＿＿

토 ＿＿＿＿＿＿＿＿＿＿＿＿＿＿＿＿＿＿＿＿＿＿＿＿＿＿＿

* * * * * *

첫 번째 수련
첫째, 둘째, 셋째 죄에 대한 세 가지 힘을 묵상하기

여기에는 한 번의 회복기도와 두 번의 준비 사항, 그리고 세 개의 주제와 한 번의 대화가 포함되어 있다.

기도. 준비기도는 나의 모든 의도, 행동과 활동들이 순전히 왕이신 하나님을 섬기고 찬양하는 쪽으로 방향이 정해지도록 우리 주 하나님께 은혜를 구하는 것이다.

첫 번째 준비 사항. 첫 번째 준비는 장소를 고려하는 구성(composition)이다.

여기서 주목할 점은 시각적인 묵상이나 명상에서 —예를 들어 수련생이 눈에 보이는 우리 주 그리스도를 묵상할 때와 같이— 구성은 내가 묵상하고 싶은 대상이 발견되는 형체가 있는 장소를 상상력의 눈으로 바라보는 것이다. 형체가 있는 장소는 내가 묵상하고 싶은 대상에 따라, 예수 그리스도 혹은 성모 마리아를 만나게 되는 성전이나 산과 같은 장소를 말한다. 비시각적 묵상이나 명상에서 —여기서는 죄에 대해— 구성은 사나운 짐승들 가운데 유배당한 것처럼, 내 영혼은 썩어질 몸에 그리고 몸과 영혼을 포함한 모든 복합체(compound)는 이 골짜기에 갇혀 있음을 상상의 눈으로 보고 생각하는 것이다: 나는 영혼과 몸의 모든 복합체를 가리킨다.

두 번째 준비 사항. 두 번째는 내가 원하고 갈망하는 것을 우리 주 하나님께 구하는 것이다.

기도(petition)는 주제에 따라 해야 한다; 즉 묵상이 부활에 대한 것이라면, 수련생은 기뻐하시는 그리스도께 기쁨을; 묵상이 그리스도의 고난에 대한 것이라면, 고뇌 중에 계신 그리스도께 고통과 눈물과 고뇌를 구해야 한다.

이 기도는 단지 한 가지 심각한 죄 때문에, 얼마나 많은 사람들이 정죄를 받고, 내가 지은 수많은 죄로 인해 얼마나 많이 영원히 정죄를 받을만한 했는지를 살피면서, 나 자신에 대해 부끄러움과 당혹감을 느끼는 일이다.

특기 사항. 모든 묵상이나 명상 전에, 변함없이 준비 기도를 항상 드려야 하고, 이미 언급한 두 가지 준비내용이 있어야 하는데, 이것은 주제에 따라 가끔 바뀌기도 한다.

첫 번째 주제. 첫 번째 주제는 타락한 천사들이 범한 최초의 죄를 기억하고, 그런 다음 그것에 대해 지성을 사용해 논의하는 것이다; 그 후 나를 더욱 부끄럽게 하고 더 많은 창피를 주기 위해 이 모든 것을 되새기고, 이해하기를 원하는 의지를 동원하여 내가 저지른 수많은 죄를 천사들의 한 가지 죄와 비교한다. 그리고 그 천사들이 한 가지 죄 때문에 지옥에 던져졌지만, 그렇게 많은 죄로 내가 얼마나 자주 그런 형벌을 받아야 마땅한지를 성찰한다.

여기서 나는 천사들의 죄, 즉 은혜 가운데 창조된 그들이, 창조주와 주님을 경외하고 순종할 수 있는 특권을 자유롭게 사용하기를 원치 않은 채, 그 마음이 교만해져서, 아름다운 피조물(grace)에서 악한 피조물(malice)로 전락하고 천국에서 지옥으로 던져졌음을 기억하는 것을 말한다. 그래서 이것에 대해 지성을 통해 자세히 논의하고, 그런 다음 감정들이 의지와 함께 더 많이 움직이게 한다.

두 번째 주제. 두 번째는 같은 일을 하는 것이다. 즉, 아담과 이브의 죄에 대한 세 가지 힘을 가져오는 것이다: 어떻게 그들이 그 죄 때문에 그토록 오랫동안 참회를 했는지, 그리고 얼마나 많은 부패가 인류에게 닥쳐서, 많은 사람들이 지옥에 가게 되었는지를 기억하는 것이다.

여기서 나는 두 번째 죄, 즉 우리의 최초의 부모가 지은 죄를 기억하는 것을 말한다: 어떻게 아담이 다마스커스의 들판에서 지음을 받고, 이후 지상의 낙원에 놓이게 되었는지, 그리고 이브가 그의 갈비뼈에서 만들어졌고, [선악을 알게 하는] 지식의 나무의 열매를 먹는 것이 금지되었음에도 불구하고 그들이 먹고 죄를 짓게 되었고, 그 후에 가죽옷을 입고 낙원에서 쫓겨난 바람에 자신들이 잃어버린 최초의 재판관이 없는 상태에서 많은 노동과 참회 가운데 삶을 살았는지에 대한 것이다. 그런 다음 분별력을 가지고 더 자세히 논의하되, 언급해온 의지를 사용하는 것이다.

세 번째 주제. 세 번째는 중대한 죄를 지어 지옥으로 가게 된 사람의 세 번째 특정한 죄에 대해서도 동일한 과제를 하는 것이다. 그리고 내가 지은 더 적은 죄들에 견주어 헤아릴 수 없는 다른 많은 죄에 대해서도 마찬가지이다.

나는 창조주이신 주님에 대해 저지른 죄의 중대함과 악함을 기억하면서, 세 번째 특정한 죄에 대해 동일한 작업을 수행하는 것을 말한다. 그가 어떻게 무한한 선(善)이신 하나님에 대해 죄를 짓고 반역함에 있어서, 정당하게 영원토록 저주를 받게 되었는지 분별력을 가지고 논의하고 언급해온 의지를 사용하여 마무리를 짓는 것이다.

대화. 십자가에 달리신 우리 주 그리스도를 상상하면서, 나는 어떻게 창조주이신 분이 스스로 사람이 되셨는지, 그리고 영원한 생명이신 분이 일시적인 죽음을 만나, 나의 죄를 위해 죽으셨는지에 대해 얘기하고자 한다.

마찬가지로, 나 자신을 바라보면서 내가 그리스도를 위해 무엇을 해왔으며, 내가 지금 그리스도를 위해 무엇을 하고 있는지, 그리고 내가 그리스도를 위해 무엇을 해야 할지에 대해 얘기하고자 한다.

그런 다음 십자가에 못 박히신 주님을 바라보면서 자연스럽게 떠오르는 생각을 살펴본다.

대화는, 정확하게 말하면, 한 친구가 다른 친구에게 말하거나 하인이 주인에게 말할 때, 이루어지는 것이다. [하나님과의 대화에서는] 지금 약간의 은총을 구하고, 어떤 잘못에 대해 자신을 책망하고, 자신의 문제를 전달하여, 그것들에 대한 조언을 구한다.

그리고 나는 '우리 아버지'라고 말한다.

두 번째 수련

준비기도 후와 두 번의 준비 사항과 다섯 가지의 주제와
한 번의 대화 후에 죄와 그에 담겨있는 것들을 묵상하는 것이다.

기도. 준비 기도는 동일한 것으로 한다.

첫 번째 준비 사항. 첫 번째 준비 사항은 동일한 구성이 될 것이다.

두 번째 준비 사항. 두 번째는 내가 원하는 바를 구하는 것이다. 여기서는 내 죄에 대해 크고 깊은 슬픔과 눈물을 간절히 요청하는 것이다.

첫 번째 주제. 첫 번째 주제는 죄에 대한 진술이다. 즉, 해마다 혹은 시기별로 살피면서 삶속에서 지은 모든 죄를 기억하는 것이다. 이를 위해서는 다음의 세 가지가 도움이 된다: 첫째, 내가 살고 있는 거주지와 집을; 둘째, 다른 사람들과 맺은 관계들을; 셋째, 내가 살면서 종사했던 직업을 살펴본다.

두 번째 주제. 두 번째는 어떤 죄를 지었든지 간에, 심지어 그 죄가 금지된 것이 아니라고 생각하기 때문에, 그 안에 있는 더러움과 악한 의도를 살피면서 죄들을 저울질하는 것이다.

세 번째 주제. 직접 본보기를 보여 스스로를 작게 만들어 내가 누구인지 살피는 것이다.

첫째, 모든 사람들과 비교할 때 나는 얼마나 가치 있는 존재인가?

둘째, 모든 천사들과 낙원에 있는 성도들과 비교할 때 인간은 어떤 존재인가?

셋째, 하나님과 비교한다면 모든 피조물은 어떤 존재인가?: (나 혼자라면, 나는 어떤 존재가 될 수 있을까?)

넷째, 나의 모든 육체적 부패함과 부정함을 살핀다.

다섯째, 나 자신을 많은 죄와 많은 허물과 지독한 독을 만들어내는 숙폐(宿弊)와 악폐(惡弊)의 근원으로 본다.

네 번째 주제. 네 번째는 내가 하나님에 대해 죄를 지었다면 하나님의 속성에 따라 그분이 어떤 분이신지 생각해 보는 것이다. 이를 위해 하나님의 속성들과 내 안에 있는 그것들과 반대되는 것들을 비교해 본다: 하나님의 지혜와 나의 무지; 하나님의 전능하심과 나의 연약함; 하나님의 정의와 나의 허물; 하나님의 선하심과 나의 악함.

다섯 번째 주제. 다섯 번째는 깊은 감정이 동반된 경이로움에 대한 외침이다. 모든 피조물을 살펴보자면, 그들은 어떻게 나를 삶 속에 있게 하고 그 속에서 나를 보존하고 있는지; 천사들은 하나님의 정의를 수행하는 검(劍)임에도 불구하고, 어떻게 나를 참아주고 나를 보호하고 나를 위해 기도하고 있는지; 성인들(saints)은 어떻게 나를 위해 간구와 기도를 해 왔는지; 그리고 하늘, 해, 달, 별들, 그리고 땅의 요소들, 과실, 새들, 물고기들과 동물들―그리고 지구, 이 지구라는 땅은 새로운 지옥을 만들어 나로 하여금 그곳에서 영원히 고통을 받게 할 수 있음에도 불구하고, 어떻게하여 나를 삼키기 위해 입을 벌리지 않는지, 이런 것들이 경이롭기만 하다.

대화. 지금까지 나에게 생명을 주셔서 살게 하신 우리 주 하나님을 생각하며 감사드리고, 그의 은혜로 미래를 위해 잘못을 바로 잡을 것을 다짐하면서, 자비의 대화로 마치고자 한다.

우리의 아버지께.

* * * * * *
다섯 번째 수련
지옥에 관한 묵상

이것에는 준비 기도와 두 개의 준비 사항 후에, 다섯 개의 주제와 한 개의 대화가 포함되어 있다.

기도. 준비 기도는 일상적으로 하던 것으로 한다.

첫 번째 준비 사항. 첫 번째 준비 사항은 구성인데, 여기서는 상상의 눈으로 지옥의 길이, 넓이와 깊이를 바라보는 것이다.

두 번째 준비사항. 두 번째는 내가 원하는 바를 구하는 것이다: 그것은 내 잘못으로 인해, 내가 영원하신 주님의 사랑을 잊어버렸다면, 고통에 대한 두려움이 내가 죄에 빠지지 않게 하는 데 도움이 될 수 있도록 저주받은 자들이 겪고 있는 고통에 대한 내적 감각을 간구하는 것이다.

첫 번째 주제. 첫 번째 주제는 상상의 눈을 동원하여 엄청난 불과 불덩어리 안에 있는 것처럼 보이는 영혼을 보는 것이다.

두 번째 주제. 두 번째는 두 귀로 우리 주 그리스도와 모든 성도들을 향한 울음소리, 울부짖음, 모독을 듣는 것이다.

세 번째 주제. 세 번째는 후각으로 연기, 유황과 부패한 것들의 냄새를 맡는 것이다.

네 번째 주제. 네 번째는 미각으로 눈물, 슬픔과 양심의 벌레와 같은 쓴 맛이 나는 것들을 맛보는 것이다.

다섯 번째 주제. 다섯 번째는 촉각으로, 즉 어떻게 불이 영혼을 만지고 태우는지 느껴보는 것이다.

대화. 우리 주 그리스도께 말씀을 드리면서, 나는 지옥에 있는 영혼들을 기억할 것이다; 어떤 영혼들은 주님의 오심을 믿지 않았기 때문

432

에, 다른 사람들은 주님의 계명에 따라 행하지 않았기 때문에, 지옥에 있다; 이 내용은 세 부분으로 나누어진다.

첫째, 둘째, 그리고 셋째 부분. 첫째 부분은 주님이 오시기 전; 둘째 부분은 주님이 지상에 계시는 동안; 셋째 부분은 이 세상을 떠나신 이후; 그리고 이와 관련하여 내 인생을 마치게 될 때, 주님께서 내가 세 부분 중 어떤 것에도 빠지지 않게 하심에 대해 감사를 드릴 것이다.

마찬가지로, 나는 지금까지 주님께서 항상 나를 향해 그토록 엄청난 긍휼과 자비를 베푸셨음을 마음 깊이 생각할 것이다.

나는 우리 아버지라는 말로 마친다.

특기 사항. 첫 번째 수련은 한밤중에; 두 번째는 아침에 일어나자마자 즉시; 세 번째는 미사 전이나 미사 후에, 어쨌든 저녁식사 전에; 네 번째는 만도 시간에; 다섯 번째는 저녁 식사 전에 이루어질 것이다.

이러한 시간 배정을 통해 내가 항상 의도하는 바는 정도의 차이는 있겠지만 4주 동안 수련하는 사람이 나이, 성향과 신체 조건에 따라 5개 혹은 그 이하의 수련을 스스로 할 수 있도록 돕고자 함이다.

추가사항

수련을 더 개선하고 수련생이 바라는 것을 더 잘 알아내기 위해

첫째 추가사항. 첫째 추가사항은 잠자리에 들어 내가 잠을 자고 싶은 바로 그 시점에, 성모송(Hail Mary)의 시간을 위해, 내가 일어나야 할 시간과 무슨 목적을 위해 내가 해야 할 수련의 개요를 작성하는지에 대해 생각해 보는 것이다.

둘째 추가사항. 둘째: 아침에 일어났을 때, 다른 생각은 하지 말고,

즉시 나의 주의를 첫 번째 수련에서 묵상할 것으로 돌리는 것이다. 그 이유는 예를 들어, 한 기사가 처음에는 왕으로부터 많은 선물과 많은 은전을 받았지만, 지금은 그의 심기를 크게 건드린 것에 대해 왕과 모든 신하들 앞에서 부끄러워하고 당혹스러워하는 모습을 보이듯이, 나도 밤중에 내가 지은 많은 죄에 대해 당혹감을 경험하기 때문이다. 동일한 방식으로 두 번째 수련에서는 나 자신을 큰 죄인으로 만들고 쇠사슬로 묶는다. 이것은 쇠사슬에 묶인 듯이 영원하신 대재판관 앞에 가는 것이다. 예를 들면, 이미 사형선고를 받아야 마땅하지만 쇠사슬에 묶인 죄수들이 세속의 판사 앞에 모습을 드러내는 것이다. 그리고 나는 주제에 따라 이런 생각이나 다른 생각들로 준비할 것이다.

셋째 추가사항. 셋째: 내가 묵상이나 명상을 해야 할 장소와 한두 걸음 떨어진 거리에서, 내 지력(知力)을 높이 올려놓고 우리 주 하나님께서 나를 어떻게 바라보고 계시는지 그리고 다른 것들을 생각하면서, 주기도문(OUR FATHER)의 시간을 위해 서 있을 것이며, 존경이나 겸손을 보이는 동작을 취할 것이다.

넷째 추가사항. 넷째: [순서에 따라] 이제 무릎을 꿇고, 땅에 엎드리고, 얼굴을 위로 들고, 이제는 앉았다가 일어서서 항상 내가 원하는 바를 찾는 일에 열중하면서, 묵상에 들어가는 것이다.

우리는 두 가지 일에 주의를 기울일 것이다. 첫째는 내가 무릎을 꿇고 원하는 바를 찾고자 한다면 다음 단계로 넘어가지 않을 것이다; 땅에 엎드렸을 때와 다른 때에도, 마찬가지이다. 둘째는 내가 원하는 바를 찾은 지점에서는, 다음 단계로 옮겨가는 것에 대해 염려하지 않고, 만족할 때까지 거기서 마음 편히 있는 것이다.

다섯째 추가사항. 다섯째: 수련을 마친 후, 나는 15분 동안 앉아서 혹은 편하게 걸으면서, 묵상이나 명상을 하면서 수련이 어떠했었는지 돌아볼 것이다. 만일 좋지 않았다면, 나는 수련이 잘못된 방향으로 흐르게 한 원인을 찾아보고, 그것을 확인한 다음으로 나 자신을 바로잡으려는 마음을 갖고 애석해할 것이다. 만약 잘 진행되었다면, 나는 우리 주 하나님께 감사드리고 다음에도 동일한 방식으로 수련을 할 것이다.

여섯째 추가사항. 여섯째: 천상의 영광, 부활과 같은 즐거움이나 기쁨을 주는 것들에 대해 생각하기를 원한다. 왜냐하면 기쁨과 즐거움에 대한 생각이 어떠한 생각도 우리가 죄에 대해 고통과 슬픔을 느끼고 눈물을 흘리는 일을 방해하기 때문이다. 차라리 죽음과 심판을 기억하면서 내가 슬퍼하고 고통을 느끼고 싶은 것을 내 앞에 두고자 한다.

일곱째 추가사항. 일곱째: 동일한 목적을 위해, 내가 방에 있는 동안 그 목적이 기도문을 낭송하거나 독서와 식사를 위한 것이 아니라면, 블라인드와 문을 닫아 모든 빛을 차단한다.

여덟째 추가사항. 여덟째: 웃거나 웃음을 자아내는 말을 하지 않는다.

아홉째 추가사항. 아홉째: 나와 함께 얘기를 나눈 사람을 맞이하거나 배웅하는 일을 제외하고는 내 시야를 제한한다.

열 번째 추가사항. 열 번째: 참회이다.

이것은 내면과 외면으로 나누어진다. 내면은 다시는 동일한 죄나 어떠한 다른 죄들을 저지르지 않겠다는 확고한 목적을 가지고, 자신의 죄에 대해 애통해하는 것이다. 내면의 열매가 드러나는 외면은 저지른 죄들에 대한 징벌로서, 주로 세 가지 방식을 취한다.

첫째 방식. 첫째는 식사에 관한 것이다. 즉 우리가 더 이상 불필요한 음식을 먹지 않을 경우, 그것은 참회가 아니라 절제이다. 우리가 적당한 양의 식사를 중단한다면, 그것은 참회이고; 수련생이 자신에게 해가 되지 않게 하고 눈에 띄는 질병이 뒤따르지 않는다면 많이 하면 할수록 더 좋다.

둘째 방식. 두 번째는 수면 방식에 관한 것이다. 여기서도 부드럽고 푹신한 것과 같은 불필요한 물건들을 없애는 것은 참회가 아니지만, 수련생이 수면의 일상적인 방식에서 벗어난다면 그것은 참회이다. 그가 자신에게 해를 끼치지 않고 눈에 띄는 질병이 나타나지 않는다면, 많이 하면 할수록 더 좋다. 이와 더불어 너무 많은 잠을 자는 나쁜 습관이 있는 수련생이 평균의 수면을 취하게 하는 경우가 아니라면, 적당한 수면을 멈추지 않게 한다.

셋째 방식. 세 번째는 신체를 벌하는 것이다. 즉, 신체에 느낄 수 있는 고통을 주는 것인데, 마모직(馬毛織)[46]이나 밧줄 또는 쇠사슬을 살에 맞대어 착용하거나, 혹은 자신에게 채찍질을 하거나 상처를 입히고, 다른 종류의 엄격한 방법들을 사용한다.

특기 사항. 참회와 관련하여 가장 적합하고 안전해 보이는 것은 고통이 신체에서 느껴지도록 해야 하겠지만, 고통은 주되 질병을 일으키지 않게 하면서도 그 고통이 뼈 안으로 들어가지 않도록 하는 것이다. 이를 위해서는 신체 내부에 질병을 일으킬 수 있는 다른 방식보다는, 외적으로 고통을 주는 가는 밧줄을 이용하여 자신을 채찍질하는 것이 더 적합해 보인다.

첫 번째 특기 사항. 첫 번째 특기 사항은 외적인 참회가 주로 세 가지 목적을 위해 이루어진다는 점이다.

첫째, 저지른 죄들에 대한 속죄로서.

둘째, 자신을 굴복시키기 위해서. 즉 육체의 욕심이 이성에 복종하고 모든 열등한 부분들이 우세한 부분들을 더 많이 따르도록 하기 위하여.

---

46. 역주: 마모직(haircloth)은 말이나 낙타의 털로 짠 모포나 천을 가리킨다.

셋째, 수련생이 원하고 소망하는 은혜나 은사를 구하고 찾으려는 목적으로: 예를 들어, 그가 자신의 죄들에 대해 내면의 회개를 원하거나, 그 죄들과 그리스도께서 고난을 당하시면서 겪는 아픔과 고통에 대해 많은 눈물을 흘리거나 그 사람이 갖게 된 어떤 의심을 스스로 해결하기 위하여.

두 번째 특기사항. 둘째: 첫 번째와 두 번째 추가사항은 자정과 새벽의 수련 시에 이행되어야 하고, 다른 시간에 진행되는 수련을 위한 것은 아니며; 네 번째 추가사항은 다른 사람들이 지켜볼 수 있는 교회에서는 결코 이행해서는 안 되고, 집에서와 같이 사적인 공간에서 실시되어야 함을 유념해야 한다.

세 번째 특기사항. 셋째: 혼자 수련을 하고 있는 사람이 자신이 원하는 것―가령 눈물, 위로, 혹은 다른 것들―을 아직 찾지 못하고 있을 경우에는, 음식, 수면 그리고 참회를 하는 다른 방식에서 변화를 주는 것이 종종 도움이 된다; 그래서 2-3일 동안 참회를 하고, 다른 2-3일 동안에는 참회를 하지 않으면서 자신을 변화시킨다. 왜냐하면 어떤 사람에게는 더 많이 참회를 하는 것이 적합한 반면, 다른 사람에게는 더 적게 하는 것이 적합하며, 우리가 때로는 관능적인 사랑과 인간의 신체 시스템에 두드러진 질병이 없는데도 [참회를] 견뎌낼 수 없을 것이라는 잘못된 판단으로 인해 참회를 하는 일을 빠뜨리고; 때로는 반대로 몸이 견딜 수 있다고 생각하여, 지나치게 많이 하고; 우리 주 하나님께서 우리의 특성을 무한히 더 잘 알고 계시기에, 종종 그런 변화 속에서 각 사람에게 적합한 것을 알게 하시기 때문이다.

네 번째 특기사항. 네 번째: 수련과 추가사항에 대한 잘못과 부주의를 없애기 위해 특별한 성찰을 하게 한다.

그리고 두 번째와 세 번째와 네 번째 주에도 이와 같이 실시한다.

***** * * * * *

영혼 속에서 일어나는 다른 움직임을 지각하고 알기 위한 규칙들
좋은 것은 받아들이고 나쁜 것은 거부하기 위한 것으로 첫 주에 적합하다.

첫 번째 규칙. 첫 번째 규칙: 하나의 중대한 죄에서 다른 중대한 죄로 옮겨가는 사람들 안에 일반적으로 그들에게 명백한 쾌락을 제안하는 일에 원수인 마귀가 동원되어, 그들을 더 붙들어 놓고 악과 죄에서 자라게 할 목적으로 선정적인 즐거움과 쾌락을 상상하게 만든다. 이 사람들 속에 있는 선한 영은 이성적인 과정을 통해 그들을 괴롭히고 그들의 양심을 물어뜯는 정반대의 방법을 사용한다.

두 번째 규칙. 두 번째: 자신들의 죄를 열심히 씻어내고, 우리 주 하나님을 섬기는 일을 더 잘하고자 지속적으로 노력하고 있는 사람들에게는, 두 번째에서는 첫 번째 규칙과는 대조되는 방법을 사용한다. 왜냐하면 수련생이 수행을 못하게 하려고, 거짓된 생각으로 마음을 불안하게 만들어 물어뜯고 슬픔에 빠뜨리며 장애물을 두는 것이 악한 영의 방법이고; 선한 영에게는 수련생이 계속해서 수행을 잘 할 수 있도록, 고통을 덜어주고 모든 장애물을 치워주면서 용기와 힘, 위로, 눈물, 영감과 마음의 평안을 주는 것이 바람직한 일이기 때문이다.

세 번째 규칙. 세 번째: 영적 위로에 대해. 영혼 속에서 어떤 내적 움직임이 일어나서, 영혼이 창조주와 주님의 사랑으로 불타오를 때; 그리고 그로 인해 영혼이 지상에 있는 어떤 피조물을 그 자체로 사랑하지 않고, 모든 것을 지으신 창조주 안에서 사랑할 수 있을 때, 나는 이것을 위로(consolation)라고 부른다.

마찬가지로 그 영혼이 자신의 죄나 그리스도의 고난에 대한 슬픔 때문이든, 혹은 주님을 섬기고 찬양하는 일과 직접으로 관련된 다른 것들 때문이든, 주님의 사랑에 감동을 받아 눈물을 흘릴 때에도, 이것은 영적 위로이다.

끝으로, 나는 영혼을 고요하게 하고 창조주와 주님 안에서 평안을 주는, 소망과 믿음과 자비, 그리고 천상의 것들과 영혼의 구원을 부르고 끌어당기는 모든 내면의 기쁨을 위로라고 부른다.

네 번째 규칙. 네 번째: 영적 낙담에 대하여. 나는 영혼의 어두움, 영혼 안에 있는 혼란, 저열하고 세속적인 것들로 옮겨가는 것, 다른 선동과 유혹으로 인한 마음의 동요, 자신감이 없어지는 것, 소망이 없는 것, 사랑이 없는 것, 자신이 아주 게으르고 열의가 없고 슬픔에 빠져 있음을 알게 될 때, 그리고 마치 창조주와 주님으로부터 분리된 것과 같은 느낌을 느낄 때와 같이 세 번째 규칙과 반대되는 모든 경험을 낙담(desolation)이라고 부른다. 왜냐하면 위로가 낙담과 상반되듯이, 같은 방식으로 위로에서 나오는 생각들이 낙담에서 비롯된 생각들과 상반되기 때문이다.

다섯 번째 규칙. 다섯 번째: 낙담의 시기에는 결코 변화를 시도하지 않는다; 그러나 수련생이 그런 낙담을 겪기 전에 품고 있던 결심과 결단에 있어서, 혹은 그가 이전의 위로를 경험했을 때의 결단에서 확고하고 변함없는 태도를 보이는 것이다. 왜냐하면 위로에서 우리를 인도하고 조언을 해주는 실체는 선한 영이듯이, 낙담에서는 우리가 올바르게 결정을 내리는 과정을 거치지 못하게 조언하는 것은 악한 영이기 때문이다.

여섯 번째 규칙. 여섯 번째: 비록 낙담 중에는 우리의 첫 번째 결심을 바꾸지 말아야겠지만, 기도와 묵상과 많은 점검을 집중적으로 더 많이 강조함으로써, 그리고 참회를 행하는 어떤 적절한 방법에 있어서 우리 자신에게 더 많은 여지를 줌으로써, 동일한 낙담에 맞서 열정적으로 우리 자신을 변화시키는 것은 매우 유익하다.

일곱 번째 규칙. 일곱 번째: 낙담 중에 있는 사람이 어떻게 주님께서 그를 원수의 다양한 선동과 유혹에 저항할 수 있게 하셨는지, 그의 타고난 능력 안에서 시험을 겪도록 내버려 두셨는지 생각해 보게 한다. 본인 스스로는 명확하게 인식하지 못하더라도, 언제나 그에게 남아있는 하나님의 도움으로 할 수 있다. 왜냐하면 주님께서 낙담 중에 있는 사람으로부터 그의 대단한 열정과 크나큰 사랑과 강렬한 은혜를 거두어가셨지만, 영원한 구원을 위한 충분한 은혜를 그에게 남겨주셨기 때문이다.

여덟 번째 규칙. 여덟 번째: 낙담 중에 있는 사람이 자신에게 찾아오는 애태움(vexation)과는 반대되는 인내를 가지고 노력하게 하고; 여섯 번째 규칙에서 말한 것처럼, 낙담에 맞서는 대책을 사용하면 곧 위로를 받게 됨을 생각하게 한다.

아홉 번째 규칙. 아홉 번째: 우리가 낙담을 겪게 되는 세 가지 주된 이유가 있다.

첫째는, 우리가 영적 수련을 하는 데 미온적이거나 게으르거나, 아니면 태만하기 때문이고; 그래서 우리의 잘못으로 인해, 영적 위로가 우리에게서 떠나간다.

두 번째는, 우리가 그런 큰 위로의 보상과 크나큰 은혜 없이도 하나님을 섬기고 찬양하는 일에 얼마나 대단한 존재인지 그리고 얼마나 많이 우리 자신을 드러내는지 우리를 시험해 보기 때문이다.

세 번째는, 우리가 큰 헌신, 강렬한 사랑, 눈물이나 어떤 다른 영적인 위로를 얻고 유지하는 일은 우리의 것이 아니라, 모든 것이 우리 주 하나님의 선물이자 은혜임을 내적으로 느끼게 하고, 우리의 것이 아닌 것에 둥지를 틀지 않도록 믿을만한 지식과 학식을 우리에게 제공하여, [교묘하게] 우리의 지성을 교만이나 허영으로 끌어올리고, 헌신이나 영적 위로의 다른 것들을 우리가 하는 노력의 결과로 돌리기 때문이다.

열 번째 규칙. 열 번째: 위로 중에 있는 사람에게 이후에 낙담이 찾아올 경우 자신에게 새로운 힘을 주면서, 낙담 속에서 어떻게 살아갈지 생각하게 한다.

열한 번째 규칙. 열한 번째: 위로를 받은 사람이 그런 은혜나 위로가 없다면 낙담을 하고 있는 동안 자신이 할 수 있는 일이 별로 없음을 생각하면서, 스스로를 낮추고 겸손하게 해야 할 일을 준비하게 한다.

반대로, 낙담 중에 있는 사람은 창조주와 주님 안에서 힘을 얻어, 자신의 모든 적들과 싸울 수 있는 넉넉한 은혜로 많은 일을 할 수 있음을 생각하게 한다.

열두 번째 규칙. 열두 번째: 원수는 의지의 활기와 강함에 눌려 약해졌을 때는 여자처럼 행동한다. 왜냐하면 여자가 낙담한 남자와 싸우고 있을 때, 그 남자가 대단한 용기를 보일 때 도망가는 것은 여자가 하는 방식이고; 반대로 그 남자가 자신감을 잃어버리고 달아나기 시작하면, 여자의 분노와 복수심과 사나움은 아주 대단하고 끝이 보이지 않는다. 마찬가지로 영적으로 자신을 수련하고 있는 사람이 원수의 유혹에 맞서 담대한 전선을 구축하고 정반대로 행동할 때에는, 원수는 약해지고 낙담하게 되어 자신의 유혹을 철수시킨다; 그리고 반대로 영적 수련을 하는 사람이 유혹에 시달려 두려움을 느끼고 낙담하기 시작하면, 그런 엄청난 악으로 가증스런 계획을 끝까지 실행함에 있어서 지구상에 인간 본성의 원수만큼 그토록 난폭한 짐승도 없을 것이기 때문이다.

열세 번째 규칙. 열세 번째: 마찬가지로, 원수는 은밀하고 드러나지 않기를 원한다는 점에서 음흉한 애인처럼 행동한다. 왜냐하면 음흉한 목적을 위해 간교한 말로 착한 아버지의 딸이나 착한 남편의 아내를 꾀어내는 음행한 남자는 자신의 말과 설득이 비밀스럽기를 원하지만, 그 딸이 아버지에게 혹은 그 아내가 남편에게 그 남자의 음흉한 말과 악한 의도를 밝히게 되면, 그는 자신이 시작한 작업을 잘 진척시키지 못하게 되리라는 것을 알게 되어 몹시 불쾌해하듯이, 마찬가지로, 인간 본성의 원수는 간계와 설득으로 의로운 영혼에게 접근할 때, 그것들이 받아들여지고 비밀로 유지되기를 원하는 반면, 수련생이 원수의 속임수와 악한 목적을 알고 있는 선한 상담자이신 성령님이나 다른 영적인 사람에게 그것들을 밝히게 되면, 원수는 자신의 명백한 속임수가 백일하에 드러나게 되어 시작한 악한 계획에서 성공할 수 없음을 알게 되는 것은 원수에게 매우 애통한 일이기 때문이다.

열네 번째 규칙. 열네 번째: 마찬가지로, 원수는 자신이 원하는 것을 정복하고 강탈하려고 작정한 사령관처럼 행동한다. 왜냐하면 군대의 대장이자 사령관이 진영을 치고, 요새의 군사력이나 방어력을 파악하고 나서 가장 약한 곳을 공격하듯이, 동일한 방식으로 인간 본성의 원수는 돌아다니면서 신학, 기본 신앙과 도덕의 영역에서 우리의 모든 능력을 살펴보고; 구원의 측면에서 우리가 가장 약하고 가장 결핍된 부분을 찾아내어 그곳에서 우리를 공격하여 낚아채려는 목표를 가지고 있기 때문이다.

＊　＊　＊　＊　＊　＊

[교회와 함께 생각해야 할 규칙들]

다음 규칙들을 준수해야 한다.

첫 번째 규칙. 모든 판단은 제쳐두고, 우리는 마음을 준비하여 모든 면에서, 우리 주 그리스도의 진정한 신부, 즉 거룩한 어머니인 교회의 위계에 즉시 순종해야 한다.

두 번째 규칙. 1년에 한 번 사제에게 고해하는 일과, 제단의 가장 거룩한 성체(聖體)[47]를 받는 일을 권장하는데, 매달 더 많이, 그리고 필요한 상황과 예정된 계획에 따라 매주 하는 것이 훨씬 더 좋다.

세 번째 규칙. 자주 미사에 참석하는 것과, 또한 교회 안팎에서 찬송가, 시편과 긴 기도에 참여할 것을 권장한다; 이에 더하여 시과(時課)는 각 성무일과(聖務日果)와 모든 기도와 모든 정시과(定時課)를 위해 정해진 시간에 진행할 것을 권장한다.[48]

네 번째 규칙. 수도회와 독신 그리고 금욕을 많이 권장하지만, 결혼은 다른 어떤 것보다 권장하지 않는다.

다섯 번째 규칙. 다섯 번째: 수도 생활, 복종, 청빈, 순결과 다른 공덕(功德)[49]의 완성을 위한 수도 서원(修道誓願)[50]을 권장한다. 그리고 이 서원은 복음의 완성에 이르게 하는 것들과 관련된 것이므로, 상인이 되거나 결혼하는 것과 같이 서원을 철회할 수 있는 영역에서는 서원을 하면 안 된다는 점을 유의해야 한다.

여섯 번째 규칙. 성자들의 유물을 권장하는데, 그것들에 경의를 표하고 성자들에게 기도한다; 그리고 십자가의 길, 순례, 면죄, 교황의 사면, 특전, 그리고 교회를 밝히는 촛불을 권장한다.[51]

---

47. 역주: 성체(Sacrament)는 성찬식에 사용되는 빵과 포도주를 말한다.
48. 역주: 시과(Hours)는 하루에 몇 차례 정해진 시각에 하는 기도를; 성무일과(Divine Office)는 상급 성직자가 외우는 낭송 및 기도를; 정시과Canonical Hours)는 하루 일곱 번의 기도 시간을 가리킨다.
49. 역주: 공덕(supererogation)은 하나님이 명한 이상의 일을 하는 것을 말한다.
50. 역주: 수도서원(Vows of Religion)은 수도회에 들어가서 수도자로서 예수 그리스도의 가르침을 따르며 청빈, 정결, 순명의 복음적 권고를 지킬 것을 하나님께 다짐하는 일.
51. 역주: 십자가의 길(Stations of the Cross)은 그리스도께서 십자가를 지고 골고다로 향하는 모습을 그린 14개의 상(像)으로써, 신자들이 그 상 앞을 차례로 지나가면서 기도하고 묵상한다; 특전(Cruzadas)은 교황이 특정인에게 법률상의 의무를 면제해주는 행위로서, 은전(indult)과 특면(exemption)을 말한다.

일곱 번째 규칙. 사순절, 사계 재일(四季 再日)[52], 축제일 전야의 철야기도, 성(聖) 금요일과 성 토요일 등과 같은 날에 행하는 금식과 금욕에 대한 규정을 권장하고; 마찬가지로 내적인 참회뿐만 아니라 외적인 참회도 권장한다.

여덟 번째 규칙. 교회들의 장식품과 건물, 또한 성상(images)들을 권장하며, 그들이 상징하는 것에 따라 그것들에게 경의를 표한다.

아홉 번째 규칙. 마지막으로 교회의 모든 가르침을 소중히 여기며, 마음이 그것들을 변호하는 이유를 신속히 찾고 어떤 식으로든 그것들에 어긋나지 않도록 해야 한다.

열 번째 규칙. 우리는 상급자들(Superiors)의 방법인 헌장들과 권면들만큼이나 장점과 칭찬의 말을 좀 더 신속하게 찾아야 한다. 왜냐하면 일부는 그렇지 않거나 설사 그렇지 않았더라도, 공적으로 설교를 하든지 일반 사람들 앞에서 강연을 하든지, 그들에 대해 부정적인 말을 하는 것은 유익보다는 흠잡기와 물의를 일으키고; 그로 인해 사람들이 세속적이든 영적이든 자신들의 상급자들에 대해 분개하기 때문이다. 그래서 상급자들이 없는 자리에서 그들에 대해 나쁜 말을 하는 것이 일반 사람들에게 해를 입히듯이, 스스로를 바로잡을 수 있는 사람들에게 그 악한 행실에 대해 말해주는 것은 유익이 될 수 있다.

열한 번째 규칙. 실증적이고 학문적인 배움을 권장한다. 왜냐하면 성 제롬(St. Jerome), 성 어거스틴(St. Augustine), 성 그레고리(St. Gregory)등과 같은 실증적인 학자들에게는 모든 일을 함에 있어서 우리 주 하나님을 사랑하고 섬기기 위해 마음을 움직이는 것이 더 적절하

---

52. 역주: 사계 재일(Ember Days)은 성직 안수절로서 사계의 기도와 금식을 하는 3일간을 말한다. 춘계(春季)는 사순절 제1주일 후, 하계(夏季)는 성령강림 후, 추계(秋季)는 9월 제3주일 후, 동계(冬季)는 대림절 제3주일 후의 수, 금, 토요일이 사계 재일이다.

듯이, 우리 시대를 위하여 영원한 구원에 필요한 것들을 정의하거나 설명하고; 모든 잘못과 모든 오류들과 맞서 싸우고 그것들을 더 잘 설명하는 일은 성 토마스(St. Thomas), 성 보나벤쳐(St. Bonaventure), '신학의 대가(the Master of Sentences)' [53] 등과 같은 스콜라 학자들에게 더 적합하기 때문이다. 스콜라 학자들에게 있어서는, 그들의 사고방식이 보다 새롭기 때문에, 성경과 실증적이고 거룩한 학자들에 대한 진정한 이해에 도움이 될 뿐만 아니라, 하나님의 능력을 힘입어 깨우치고 분명하게 이해하게 됨으로써 종교회의(Councils), 교회법(Canons)과 우리의 거룩한 어머니인 교회의 헌장(Constitutions)을 통해 배움의 기회를 가진다.

열두 번째 규칙. 우리는 살아있는 사람들과 돌아가신 축복받은 사람들을 비교할 때 경계해야 한다. 왜냐하면 여기서, 즉 이 사람이 성 어거스틴보다 더 많이 알고 있다든지; 제2의 성 프란시스이거나, 그보다 더 위대하다든지; 선함과 거룩함에 있어서 제2의 사도 바울이라고 말하는 것에서 적지 않은 잘못이 발생하기 때문이다.

열세 번째 규칙. 범사에 올바르기 위해, 우리는 신랑이신 그리스도 우리 주님과 그의 신부인 교회 사이에 우리의 영혼 구원을 위해서 우리를 다스리고 인도하시는 동일한 영이 계심을 믿으면서, 위계질서가 있는 교회가 내가 보고 있는 흰색을 검정색이라고 결정한다면, 항상 그것을 수용해야만 한다. 왜냐하면 십계명을 주신 동일한 영과 우리 주님에 의해 우리의 거룩한 어머니인 교회가 지도와 통치를 받고 있기 때문이다.

열네 번째 규칙. 어느 누구도 예정되어 있지 않고 믿음과 은혜가 없

---

53. 역주: 피터 롬바르드(Peter Lombard)를 지칭함.

이는 스스로를 구원할 수 없다는 주장에 많은 진리가 내포되어있음에도 불구하고, 우리는 이 모든 것들에 대해 다른 사람들과 이야기하고 소통하는 방식에 있어서는 매우 신중을 기해야 한다.

열다섯 번째 규칙. 우리는 습관적으로 예정에 대해 많은 말을 하면 안 된다; 그러나 어떤 식으로든 어떤 시기에 누군가가 얘기하게 된다면, 그로 하여금 일반 사람들이 어떤 오류에도 빠지지 않도록 조심스럽게 말하게 한다. 왜냐하면 때때로 "내가 구원을 받을지 아니면 저주를 받을지가 이미 정해져 있고, 현재 다른 어떤 것도 나의 선행이나 악행을 통해 바꿀 수 없다"고 말해 주게되면, 이로 인해 그들이 점점 게을러져 자신들의 영혼의 구원과 영적인 유익으로 이어지는 일들에 태만하게 된다.

열여섯 번째 규칙. 마찬가지로, 우리는 아무런 분별과 설명도 없이 믿음에 대해 많은 말과 많은 주장을 함으로 인해, 믿음이 사랑 안에서 형성되기 전이든지 아니면 그 이후이든지, 사람들에게 행함에 있어서 게으르고 나태할 수 있다는 여지를 주지 않도록 경계해야 한다.

열일곱 번째 규칙. 마찬가지로, 우리는 자유를 버리는 해악이 생길 정도로 은혜를 고집하며 말을 많이 해서는 안 된다. 그래서 믿음과 은혜에 대해 왕이신 하나님께 더 큰 찬양을 올리려는 목적으로 하나님의 도움을 받아 가능한 한 많이 얘기할 수 있지만, 특히 우리가 살고 있는 매우 위험한 시대에는 그런 방식이나 그런 태도로 하지 말아야 하는데, 그렇지 않으면 우리의 선행과 자유의지가 어떤 해를 입거나, 헛된 것이 될 수 있다.

열여덟 번째 규칙. 비록 순전한 사랑으로 주 하나님을 섬기는 일을 무엇보다도 소중히 여겨야 하겠지만, 우리는 왕이신 하나님에 대한 두려움을 권장해야 한다. 왜냐하면 부모에 대한 두려움(filial fear)이 경건하고 가장 거룩한 것이겠지만, 노예가 갖고 있는 주인에 대한 두려움도 ―사람이 더 좋거나 더 유익한 어떤 것에도 도달하지 못할 때― 중대한 죄에서 벗어나는 데 많은 도움이 되기 때문이다. 그리하여 그 사람이 죄에서 벗어나게 되면, 하나님의 사랑과 하나가 된 존재로서 우리 주 하나님께 수용받게 되고 감사하는 자녀의 두려움에 쉽게 이르게 된다.

The Spiritual Exercises of St. Ignatius of Loyola, tr. Father Elder Mullan, S.J. (New York: P. J. Kenedy & Sons, 1914), pp. 3-11, 13-23, 35-42, 44-52, 169-175, 189-194. 참고: 로욜라의 성 이냐시오, 『영신수련』, 정제천 요한 역(서울: 도서출판 이냐시오 영성 연구소, 2010).

실제 사례 15

화해의 예전
존 녹스

소개의 글

엄격한 공적 및 개인적 도덕성과 교회의 결속력을 유지하기 위해 목회직을 사용하는 캘빈주의 교회체제는 강력한 지도자이자 종교개혁의 기록자인 존 녹스(John Knox, c. 1505-1572)에 의해 스코틀랜드에 전래되었다. 녹스는 1540년대 중반 스코틀랜드의 가장 초창기 종교개혁 지도자인 패트릭 해밀튼(Patrick Hamilton)과 조지 위샤트(George Wishart)가 전하는 루터교의 가르침을 받아들이게 되면서 개신교 신자로서 두각을 나타냈다. 1551년에 그는 영국의 젊은 국왕인 에드워드 6세의 왕궁목사가 되었고, 영국 교회의 1552년도 공동기도서(Book of Common Prayer)의 초안을 작성하는 데 중요한 역할을 하였다. 메리 튜더의 지배 하에서 가톨릭의 박해가 진행되는 동안, 녹스는 제네바로, 그 후 프랑크푸르트로 피신하였고, 1555년에 잠시 스코틀랜드로 돌아왔다가 1559년에 영구히 귀국하였다. 완전히 귀국한 후에 그는 캘빈이 제네바에서 펼친 경로를 따라 스코틀랜드의 기독교를 이끌었으

448

며, 그의 사후에 이 개혁은 그의 고국에서 완전한 승리를 거두었다.

녹스는 제네바에 망명 중인 영국인들을 위해 후에 스코틀랜드 교회의 공동예식서(Book of Common Order)의 기초가 된 예전(liturgy)을 창안하였으며, 1564년에 채택되어 1645년에 웨스트민스터 예배 규칙서(Westminster Directory)로 대체될 때까지 사용되었다. 녹스의 전례가 확실히 목회적 치리의 실행을 지향하고 있다는 것은 여기에 발췌해 놓은 부분인 '공적 회개 모범(the Form of Public Repentance)'에서 명확하게 보인다. 이 예배서에는 "믿음의 고백", 목회자들의 사역 및 선출에 관한 규칙, 공적인 회중 예배, 주의 만찬과 세례, "일반 금식의 순서(The Ordoure of The Generall Fast)", 개인 가정에서 사용하기 위한 기도, 그리고 파문, 공적 회개, 파문자들의 복위와 병자 심방을 담당하는 목회직이 포함되어 있다. 영어로 된 어떤 예전도 목회를 위한 풍부함과 규율의 정확성에 있어서 녹스의 작품을 능가하지 못하고 있다.

공적 회개 모범은 회중들에게 깊은 상처를 안겨준 심각한 죄를 지은 사람들을 하나님과 회중들과 화해시킬 목적으로 만들어졌지만, 녹스는 가벼운 죄를 지은 사람들에 대한 치리, 용서, 화해와 관련된 상세한 절차들도 제공하였다. 후자의 경우에는 회중의 구성원들이 담임 목회자에게 의뢰하지 않고서도 목회 치리의 기능을 수행할 수 있다. 하지만 죄를 범한 사람이 자신의 죄를 인정하거나 위법 행위를 제거하는 데 있어서 완강한 자세를 보인다면, 이것은 그의 잘못을 목사의 공식적인 개입이 요청되는 중대한 문제로 바뀌게 된다. 그러나 더 심각한 범죄들을 다룰 때에도, 회중들은 잘못을 한 형제와 그 잘못 자체에 대해 하나님의 용서를 공포하는 일과, 그 죄인을 교회의 교제 속으로 다시 받아들이는 일에 깊숙이 관여하였다.

녹스의 다채롭고 기발한 표현들 가운데 일부는 세월이 흐르면서 그 의미들이 너무 급격하게 변하여, 여기에 소개한 부분에서는 현대의 용법에 적합하게 바꾸었다. 이런 변화들을 거치면서 명확성은 얻게 되었지만, 불행하게도 신랄함은 사라졌다.

화해의 의례

출처: 공동예식서(The Book of Common Order, 1564)에서,
저자: 존 녹스

공적 회개가 필요한 죄와 회개의 진행 순서

공권력으로 다룰 정도는 아니지만, 교회에서는 중상하고 모욕을 주는 그런 범죄들은 공적 회개의 대상에 해당된다. 그리고 이런 것들 가운데 일부는 다른 것들보다 더 가증스러운 것들이 있다. 간음, [습관적인] 술 취함…, 욕설, 저주하는 말, 비난하는 것, 싸움, 언쟁,… 교회 질서에 대한 공공연한 경멸, 안식일 위반 등과 같은 행위가 누구에게도 고통을 주지 않도록 해야 한다. 그러나 중상모략이 알려지게 되고, 당사자가 목사들로 구성된 위원회 앞에 소환되어 그 죄에 대한 심리를 거쳐 유죄판결을 받게 되면, 공개적으로 교회의 요구를 충족시키라는 명령을 받는다. 만약 가해자가 거부한다면, 위원회는 추후에 선고되는 파문을 진행할 수 있다. 만일 가해자가 출석하지 않으면, 소환장을 세 차례 보내고, 그럼에도 출석하지 않을 경우, 교회는 선고할 형벌을 결정할 수 있다.

다른 죄들은 덜 가증하지만 훈계가 필요한 것들이 있는데, 근거가 없는 헛된 말, 부적절한 몸짓, 설교 듣기를 등한시하거나 공개적으로 집례가 이루어지는 성찬식에 참여하지 않는 행위, 탐욕이나 교만의 기미, [얼굴 표정]이나 의복에 나타난 과도하고 방탕한 모습 등이 해당된다. 이런 것들과 세상에서도 그다지 평가받지 못하는 그와 비슷한 다른 것들은 그리스도의 몸인 교회의 지체들 사이에서 훈계를 받을 만하다: 첫째, 문제가 되는 행위를 처음으로 목격한 사람들 가운데 한두 사람에 의해 비밀리에 진행하는데, 만약 혐의를 받는 사람이 듣고 시정하겠다고 선언한하면, 더 이상의 절차는 필요하지 않다.

그러나 그가 훈계를 경멸하고 무시할 경우, 이전에 훈계에 참여했던 사람들은 두세 명의 신실하고 정직한 증인들을 불러와서, 그들이 있는 자리에서 혐의를 받는 가해자를 훈계하고 자신들이 품고 있는 불신의 원인을 말해야 한다. 만약 당사자가 회개의 의사를 밝히고 잘못을 시정하겠다고 약속한다면, 추가적인 고소는 모두 철회할 수 있다. 하지만 그 사람이 자신에게 내려진 훈계들을 완고하게 무시한다면, 첫 번째와 두 번째 형제는 이 사안을 목사들과 장로들로 구성된 당회(Session)로 이관해야 한다. 당회는 가해자를 소환하여 고소인들 앞에서 훈계를 경멸한 범죄에 대해 그를 책망해야 한다. 만약 그가 자신의 잘못을 인정하고, 이전에 상처를 준 형제와 참석한 당회원들을 기꺼이 만족시킨다면, 그 잘못과 관련하여 더 이상의 공표는 필요하지 않다.

하지만 당사자가 당회의 결정에 불복하겠다고 선언한다면, 지체없이 다음 주일에 범죄사실과 전에 통과된 훈계의 순서를 교회에 공개적으로 선포해야 하며, 그 사람이 (그의 이름은 명시하지 않고) 은밀하게 진행하기로 했던 것을 거부했기 때문에 이제는 공개적으로 이행하도록 훈계해야 한다. 그리고 처음으로 가해자가 다음 주일 이전에 교회의 요청에 순종한다면, 목사들은 분별력을 발휘하여 훈계의 순서에 따라, 전에는 고집스럽고 완고해 보였던 형제의 회개와 순종을 공표함으로써 처음에 마음에 상처를 받았던 사람들도 만족시킬 수 있다.

그러나 만약 가해 당사자가 자신의 이름이 알려지고 범죄 행위와 완고함이 공표될 때 두 번째 공적인 훈계를 준수한다면, 공적인 자리 이외에서는 명예훼손에 대해 어떠한 사면도 받을 수 없을 것이다: 그렇다. 그가 소집된 총회에서 목사들과 교회의 당회의 사면을 겸손하게 요청하기 전에는 사면을 받지 못할 것이다.

만약 그가 계속 고집을 부린다면, 세 번째 주일에 파문의 고통 속에서 자신의 잘못과 훈계를 무시한 것에 대해 공개적으로 교회의 요구조건을 충족하도록 의무를 부과해야 하며, 이후에 [여기에서] 그에 대한 명령이 선고될 것이다. 그리고 경미한 범죄나 중상모략은 가해자의 훈계에 대한 무시와 불순종으로 인해 파문을 당할 수 있다. 만약 가해자가 첫 번째 훈계와 둘째 훈계 사이에 참회하고 있음을 보여주고, 교회의 목사들과 그 전에 총회에서 마음이 상한 형제들을 만족시킨다면, 담임목사는 당회의 명령에 따라 다음 주일에 (당사자의 출석이나 소명이 없이) 그의 회개와 순종을 아래와 같이 혹은 다른 말로 선포하는 것으로 충분하다:

사랑하는 여러분, 한 형제(또는 형제들)가 어떤 죄로 주목을 받았거나 적어도 혐의가 있어서 그것에 대해 한두 사람에게 훈계를 받았음에도 불구하고 동일한 행위를 가볍게 생각하고 있는 것처럼 보인다는 점을 여러분에게 공지했었습니다. 그래서 그 사람과 그의 잘못이 총회에서 목사들에게 통보되었고, 그들은 자신들의 의무와 책임에 따라 동일한 행위에 대해 그를 문책했습니다. 하지만 그들은 그리스도인의 신앙

고백이 요구하는 그런 순종을 그에게서 찾지 못하였고, 그러한 범죄와 완고함이 경멸을 만들어내고 다른 사람들을 전염시킬 것을 두려워하여, 가해자가 계속 완고한 태도로 나올 경우에 대비하여 최대한의 구제책을 찾는 것을 염두에 두면서, 그 범죄 사실과 당회의 진행 과정을 여러분에게 공지해 드렸습니다. 그러나 우리가 이름을 명시할 필요가 없는 형제의 마음을 달래는 것이 하나님을 기쁘시게 해드렸고, 그래서 그가 자신의 잘못을 인정했을 뿐만 아니라 처음에 상처를 준 형제들과 우리 목사들을 만족시켰으며, 혐의가 있어 훈계를 받게 된 그런 악행의 모습을 중단하겠다고 약속했기 때문에, 우리는 더 이상의 극단적 조치를 취할 만한 이유가 없고 오히려 우리 형제의 순종에 대해 하나님께 영광을 돌리고, 우리와 우리 모두가 같은 경우에 처하게 될 때 동일한 순종을 할 수 있도록 하나님께 진심으로 기도해야 합니다.

공적 회개 모범

일차적으로 담임 목사와 장로들로 구성된 당회와 위원회에 상정되는 경우를 제외하고는, 아무에게도 공적 회개가 허용되지 않다는 것이 먼저 지켜져야 한다. 당회와 위원회에서 그들은 하나님의 심판에 대해 어떤 두려움과 공포를 갖고 있는지, 죄에 대해 어떤 미움과 죄에 대해 어떤 비탄을 느끼는지, 그리고 하나님의 자비에 대해 어떤 감각과 감정을 갖고 있는지 등에 대해 철저하게 조사를 받아야 한다. 만약 이런 것들에 대해 그들이 무지하다면, 부지런히 가르침을 받아야 한다. 왜냐하면 죄가 무엇인지, 회개가 무엇인지, 은혜가 무엇인지, 그리고 누구라도 하나님의 은혜와 자비를 받을 수 있는지를 이해하지 못한 채 그런 것들을 공적 회개의 주제로 삼는 것은 조롱에 불과하기 때문이다...

. 가해자가 위원회에서 하나님의 심판과, 주로 그리스도 안에 있는 하나님의 자비를 어느 정도 경험할 수 있도록 교육을 받은 후에, 주일에 설교 후와 기도와 시편 낭송 전에 교회 회중 앞에 소개할 수 있다. 그런 다음 담임목사는 다음과 같이 말할 것이다:

사랑하는 형제들이여, 우리는 우리의 책임과 목회직무로 인해 여러분 앞에 이 형제를 세우게 되었습니다. 이 형제는 육체의 연약함과 사탄의 계략으로 (죄명을 밝히면서) __ 죄를 저질러 하나님께 순종하는 일에서 엄청나게 멀어졌습니다. 이로 인해 그는 하나님의 통치권에 반항했을 뿐만 아니라, 그분의 거룩한 회중에게 명예훼손과 상처를 입혔습니다. 하지만 그는 당혹스럽긴 하지만 (하나님의 영광과 우리의 큰 위로를 위해) 거짓 없는 회개로, 예수 그리스도를 통해 하나님과 자신이 상처를 준 형제들인 여러분과 화해해야 한다는 갈망과 책임을 입증하고 공표하기 위해 이렇게 여러분 앞에 섰습니다. 그러므로 여러분과 그는 우리가 그에게 공개적인 사죄를 요구하기 위해 어떤 확신을 갖고 있는지, 같은 일에서 우리가 어떤 유익을 얻어야 하는지, 그리고 그의 수치로부터 어떤 유익과 유용성이 우리 서로에게 도움이 되는지 이해하는 것이 필요합니다.

공적 회개가 사람들의 작품이 아니라 하나님의 제도라는 것은 "만일 누가 형제에게 해를 입혔거든 그것이 무엇이든지 그 형제를 찾아가 화해를 해야 한다"라고 명하신 우리 주님의 말씀에서 분명하게 추측해 볼 수 있습니다. 한 형제에게 저지른 범죄가 화해를 필요로 한다면, 많은 형제들에게 저지른 범죄도 동일한 것을 요구합니다. 그리고 만약 어떤 사람이 자기가 상처를 준 사람을 찾아가라는 예수 그리스도의 명령을 받고, 거기서 자신의 죄를 고백하여 화해를 구한다면, 더욱더 자신이 상처를 준 모든 사람들을 반드시 찾아가서, 그들 앞에서 진정으로 겸손한 자세로 화해를 구해야 합니다. 왜냐하면 우리 주 그리스도 예수께서 교회 내에서 가장 작은 자에게 상처를 준 모든 사람에 대해 선언하신 그 화(禍)가 그 사람이 스스로 동일한 죄를 없애겠다고 선언하는 그 시간까지 모든 공적 가해자에게 남아 있기 때문입니다. 그가 자신의 죄를 없애는 것은 자신으로 인해 상처를 입은 사람들이 그의 거짓 없는 회개를 이해하기 전까지는 결코 할 수 없는 일입니다.

그러나 올바른 판단력을 갖고 있는 사람들은 모두 공적 범죄가 공적 회개를 요구한다는 데에 동의하기 때문에, 우리는 두 번째 단계, 즉 이 형제의 넘어짐과 죄에서 우리가 살펴보아야 할 것이 무엇인가로 넘어갑니다. 만일 우리가 우리 자신과 우리 자신의 부패함을 고려하지 않은 채, 그 형제 안에서만 그의 넘어짐과 죄를 생각한다면, 우리 모두가 우리의 형제를 무시하고 우리 스스로에 대해서는 자만하게 될 것이기 때문에, 어떤 유익도 얻을 수 없습니다. 그러나 만약 우리가 어떤 본성을 지니고 있는지, 어떤 부패함이 그 안에 숨어 있는지, 그리고 우리 모두가 그토록 더 큰 경건하지 못한 행위를 얼마나 저지르기 쉽고 그럴 준비가 되어있는지를 진지하게 살펴본다면, 우리는 이 형제의 죄에서 우리 자신의 죄를 비난하고 저주하고, 그의 넘어짐에서 우리의 죄의 본성을 생각하고 애통해 해야 합니다. 또한 하나님의 심판이 자비없이 진행된다면 어떤 육체도 하나님의 존전에서 의롭게 될 수 없다는 것을 알고, 우리는 그와 함께 회개와 눈물과 기도에 동참해야 합니다. 이 형제와 우리가 그의 수치로 인해 얻게 된 유익은 우리 하나님께서 우리가 갈망하는 것 이상으로 독생자 예수 그리스도를 통해서 우리를 자비 안으로 더 기꺼이 받아주신다는 사실을 확신하게 된 것입니다. 우리가 하나님의 자비를 구한다면, 그분의 은총을 받지 못하도록 우리를 방해하는 것은 죄가 아니기에, 그것이 결코 슬퍼할 일이 되지 않게 하십시오. 왜냐하면 모든 사람이 죄를 범하였고 스스로 하나님의 은혜가 결여되어 있듯이, 하나님은 자비를 진심으로 구하는 자들에게 기꺼이 자비를 베푸시기 때문입니다. 그렇습니다. 하나님께서는 당신에게 오는 자들을 받아주실 뿐만 아니라, 그의 사랑하는 아들이신 예수님의 입을 통해 죄의 무거운 짐을 지고 있는 자들을 부르시고 그들을 새롭게 하겠다고 엄숙하게 약속하십니다.

우리에게 또 다른 유용한 것이 있습니다. 말하자면, 우리가 (우리 자신의 힘이 아니라 오직 은혜로만 서 있기 때문에), 이 형제가 범한 죄와 같거나 더 큰 죄에 빠진 후에 이 자리에 있게 된다면, 이와 동일한 방식으로 우리 스스로를 낮추고 죄를 고백하는 것에 대해 부끄러워하지 않을 것입니다. 그러므로 형제여, 지금 우리가 그대의 부끄러움 속에서 하나님을 찬양하고 그것이 가식이 없도록 하나님께 간구하듯이, 여기 이 총회 앞에 어떤 생각과 마음을 갖고 자신을 보여주려고 하는지를 진지하게 생각해야 할 사람은 형제 본인입니다. 만약 그대가 동일한 죄를 회개한다면, 그대를 하나님으로부터 멀어지게 하거나 예수 그리스도 안에 있는 하나님의 자비로부터 떼어놓는 것은 그대의 죄가 아닙니다. 하나님께서 그대와 우리에게서 없애버린 위선과 회개하지 않는 심령은 그분의 임재 앞에서 결코 용납될 수 없습니다.

죄를 범한 자는 자신의 죄를 뉘우치고 하나님께서 그에게 자비를 베풀어주시기를 진심으로 바란다는 것과 하나님의 사랑하시는 아들 우리 주 예수 그리스도께 순종하기 위해 그렇게 하겠다는 것을 하나님 앞에서 약속해야 한다.

목사

우리는 단지 밖으로 드러난 것만을 볼 수 있어서, 그대의 고백에 따라 우리는 판단하고 마음의 비밀은 오직 마음을 감찰할 수 있는 하나님께 맡깁니다. 하지만 죄에 대한 진심 어린 회개와 순전한 고백은 하나님의 순수한 선물이기 때문에, 회개와 죄 고백이 그대와 우리에게 부어되도록 그대의 기도에 우리도 함께 동참할 것입니다.

기도

영원하시고 영존하시는 하나님, 우리 주 예수 그리스도의 아버지이시여. 당신은 거룩한 선지자들과 사도들의 입을 통해 죄인의 죽음이 아니라, 그가 회개하여 살기를 원한다고 분명하게 말씀하셨습니다. 또한 의인들을 위해서가 아니라 죄의 짐으로 억눌린 자들을 위해 당신의 독생자를 보내시어 십자가의 잔혹한 죽음을 겪게 하셨습니다. 그래서 그들은 당신 앞에서 은총과 자비를 얻을 수 있다는 확신을 가지고, 예수님과 예수님의 변호를 힘입어 당신의 은혜의 보좌로 나아갈 수 있습니다. 오 주님, 우리가 당신의 사랑하는 아들 우리 주 그리스도 예수님의 이름으로 당신 앞에서 우리의 죄를 고백하고, 위엄하신 당신의 발 앞에서 그 죄에 대해 자비를 간청하고자 당신 앞에 모였습니다. 우리가 가장 겸손히 자비의 아버지이신 당신께 간구하오니, 먼저 성령의 능력으로 우리의 마음을 만지시고 감동케 하셔서 우리의 죄를 올바르게 깨닫게 해주소서. 그러나 오 주님, 그는 자신의 심각하고 공적인 죄로 왕이신 당신과 수많은 거룩한 회중들에게 상처를 입혔던 것처럼, 당신의 이름의 영광을 가린 것에 대해 그의 수치가 현재 보여 있듯이 공개적으로 자신의 죄를 인정하고 고백하기를 거부하지 않습니다. 그렇기에 이 형제의 마음을 감동케 하신 것은 당신에게 기쁨이 될 것입니다. 하지만 오 주님, 심령의 애통함이 없는 외적인 고백은 당신 앞에서 아무런 소용이 없기 때문에, 가장 겸손히 당신께 간구하오니, 이 형제의 마음과 우리의 심령을 온전히 감동시키셔서 우리 모두가 가식 없이 주의 율법이 불의하다고 선포한 것을 정죄하고, 당신께서 우리 주 예수 그리스도 안에서 인류에게 풍성하게 보여주신 당신의 자비에 대해 마땅한 느낌과 감정을 갖게 해주옵소서.

오 주님, 우리의 이 형제에게 회개의 심령과 진실한 고백의 입술을 허락하셔서 주의 이름을 찬송하게 하시고 교회를 위로하고 사탄을 혼란스럽게 하는 일을 하게 하옵소서. 그리고 오 주님, 비록 우리가 죄에 의해 더럽혀지지 않고 완전하게 살 수는 없을지라도, 주님의 이름을 모욕하고 우리 형제들을 비방하고 우리가 고백하는 당신의 거룩한 복음을 더럽히는 흉악한 죄에 빠지지 않게 하옵소서. 오 주님, 주님의 거룩한 능력으로 우리의 약한 것을 강하게 하셔서 사탄의 계략과 포악한 죄악이 주께 순종하는 일을 막지 못하게 하소서. 오 주님 당신의 신성한 능력으로 우리의 약함을 강하게 하셔서 사탄의 간계나 죄의 폭정이 우리가 당신에게 순종하는 일에서 완전히 끌어내지 못하게 하소서. 오 주님, 우리에게 은혜를 내려주셔서 삶의 거룩함과 순전함으로 우리가 이 악한 세대에게 빛의 자녀들과 어둠의 자식들 사이에 어떤 차이가 있는지 선포하게 하시고, 사람들이 우리의 선행을 보고 당신과 당신의 아들 예수 그리스도, 우리의 유일한 구원자이며 구세주께 영광을 돌리게 하옵소서. 지금부터 영원토록 그리스도께 당신과 성령과 함께 모든 존귀와 찬송과 영광을 올려드립니다. 아멘

기도를 마친 후 목사는 참회하는 형제와 모든 회중을 향해 돌아서서 다음과 같이 말한다.

형제여, 그대가 상처를 준 교회를 향한 그대의 의무가 무엇인지 들었습니다. 다시 말해, 당신이 범한 죄를 기꺼이 고백하고, 그 죄에 대해 하나님께 자비를 구하고 그대가 상처를 준 교회와 화해를 하는 것입니다. 또한 그대의 심각한 넘어짐에도 불구하고 통회하는 형제인 그대를 향한 교회의 사랑과 관심을 들었습니다. 즉 여기에 모인 우리 모두가 그대의 죄에 우리의 죄를 합치고, 우리 모두는 그대의 넘어짐이 우리의 것임을 밝히고 그렇게 여기면서, 우리가 그대를 책망하는 것에 못지않게 우리 자신을 책망합니다. 이제 마지막으로 우리는 주 예수 그리스도를 통해 그대와 우리가 자비를 얻을 수 있도록 그대의 기도에 동참합니다. 그러므로 형제여, 그대가 공개적이고 단순하게 그대의 죄를 고백하고 우리에게 그대의 진심어린 회개의 확증을 보여줌으로써, 우리가 그대의 위로를 받도록 합시다.

그런 다음 참회하는 자는 범죄가 무엇이든지 공개적으로 고백하고 하나님의 자비를 간절히 구하고, 교회가 하나님께 그에게 자비를 베풀어주시기를 간청하도록 기도하고, 다시 공동체에 들어갈 수 있게 해달라는 진심어린 갈망을 보여주어야 한다.

만약 참회하는 자가 수치심으로 혼란스러워하거나, 교회의 위로와 지시에 대해 분명하게 말할 수 없는 그런 사람이라면, 목사는 모든 항목이 그 자체로 이해되었는지 반복해야 하고, 그 후 참회자에게 그것이 자신의 고백이고, 그렇게 믿는지 물어보아야 한다. 그의 긍정적인 답변을 듣고 난 다음, 목사는 회중에게 이 형제의 용서와 화해를 위해 더 요구되는 것들이 있는지 판단해 줄 것을 요청한다. 이의가 없을 경우, 목사는 참회자에게 다음과 같이 말한다.

사랑하는 형제여, 우리가 그대의 고백을 듣고, 그에 대해 마음에서 우러나는 찬양을 하나님께 드립니다. 왜냐하면 그 고백을 통해 예수 그리스도의 영이 마귀를 무찌르시고 그의 머리와 능력을 깨뜨리셨고, 그대는 하나님의 영광을 위해 공개적으로 자신과 그대의 경건치 못한 행동을 정죄하고, 하나님의 아들 예수 그리스도를 위해 은혜와 자비를 간청했기 때문입니다. 이런 힘과 순종과 복종은 육체와 피로부터는 나올 수 없고 오직 성령이 주시는 선물입니다. 그러므로 그것들을 우리 주 예수 그리스도께서 그대에게 주셨음을 인정하고, 이제부터 언제든지 그대는 사탄이 의심할 여지없이 시기하고 모든 방법을 동원해서 그대로 하여금 남용하게 할 이 큰 특권이 잊기 쉬운 것임을 유의하십시오. 사탄은 형제가 그런 죄 혹은 더 끔찍한 죄에 빠지도록 유혹하는 일을 멈추지 않을 것입니다; 그러니 마귀를 대적하십시오; 그러면 마귀가 그대에게서 도망칠 것입니다. 절제하는 삶을 살고, 기도에 힘쓰고, 있는 그대로 자신을 하나님께 맡기십시오. 하나님은 신실하셔서서 우리의 대장되시며 최고의 승리자이신 예수 그리스도를 통해 우리에게 죄, 사망과 사탄에 대한 승리를 주실 것입니다. 예수 그리스도께 모든 찬송과 영광과 존귀를 지금부터 영원토록 올려드립니다. 아멘

교회를 위한 권면

형제들이여, 이 회개하는 형제를 본보기로 삼는 것이 우리가 해야 할 일입니다: 첫째, 여러분은 마음속에서 여러분의 죄를 진심으로 미워해야 합니다; 둘째, 우리의 이 형제와 함께 여러분은 하나님 앞에 그 죄들을 드러내어, 지은 죄들에 대해 은혜와 자비를 구해야 합니다; 그리고 마지막으로, 만약 이번 일이 있고 나서 여러분 중 누구라도 공개

적으로 죄를 짓는다면, 동일한 존경심으로 여러분에 의해 상처를 입은 하나님의 교회를 만족시키는 일을 거절하지 마십시오. 이제 편한 마음을 갖고 우리의 이 형제의 죄와 넘어짐 때문에 지금까지 품고 있던 상처를 용서하고 잊어버리십시오; 이 형제를 그리스도의 몸의 지체로 받아주고 품어주십시오; 어느 누구도 이전에 그가 저지른 어떤 죄에 대하여 그를 책망하거나 비난해서는 안 됩니다. 그리고 그가 여러분의 선의와 화해에 대해 더 나은 확신을 가질 수 있도록, 하나님 앞에 엎드려 이 형제의 회심과 회개에 대해 하나님께 감사를 올려드리십시오.

감사기도

모든 자비와 위로의 근원이 되시는 하늘에 계신 아버지, 당신께서 우리 본성의 부패함을 생각하신다면, 우리가 당신의 자녀로 여겨질 만한 자격이 없음을 고백합니다. 그러나 우리는 당신의 사랑하는 아들 우리 주 예수 그리스도 안에서, 우리를 구속하는 그의 죽음과 우리를 부르는 그의 복음 그리고 우리에게 깨달음을 주는 그의 성령으로 (복음과 성령은 모두 당신에게 속한 것입니다) 우리를 아낌없이 선택하신 것과 더불어, 참회하는 자들이 그들의 죄사함을 잠시 동안 확신할 수 있게 할 뿐만 아니라 사람들이 애통해하는 마음에서 당신의 은혜와 자비를 간구할 수 있도록 당신의 말씀과 거룩한 복음이 전파되게 한 것은 선한 아버지이신 당신에게 기쁨이었음을 압니다. 우리에게 보여주신 아버지의 마음이 담긴 당신의 자녀 삼음과 형언할 수 없는 인자하심을 생각하면, 우리는 아버지의 마음이 아로새겨진 당신의 자비에 찬양과 찬미를 드릴 수밖에 없습니다. 하나님의 자비는 우리가 우리 자신 안에서 느낄 뿐만 아니라 잠시 동안 사탄에게 잡혀 있었지만, 지금은 우리 주 예수 그리스도의 권능으로 자유롭게 되어 주님의 몸인 교회로 돌아온 우리의 이 형제의 회심에서 분명히 똑같은 것을 보게 되는 증거입니다. 하늘에 계신 아버지, 이 형제와 우리가 더욱더 우리의 죄를 미워하게 하시고, 유일한 구세주 예수 그리스도에 의해 당신의 거룩한 이름을 찬양하고 당신의 교회를 세우는 모든 종류의 선한 사역을 계속할 수 있도록 해주소서. 그렇게 될 것이라 믿습니다.

감사기도를 한 후 담당 목사는 참회하는 형제에게 이후에 죄를 범할 경우 교회의 치리를 따를 것인지 물어본다. 그가 그렇게 하겠다고 답을 하면, 목사는 죄의 사면을 다음과 같이 선포한다.

만약 그대가 이전에 지은 죄를 진심으로 회개하고 예수 그리스도를 믿는다면, 이제 내가 예수 그리스도의 이름으로, 그리스도의 말씀을 선포하는 일에 동반되는 약속과 교회의 사역에 부여된 권한에 따라, 그대의 죄가 이 땅 위에서와 천국에서도 용서받았음을 선포하고 확증하노라.

그런 다음 장로들과 집사들은, (가능하다면) 목사들과 함께, 전 교회의 이름으로 그 형제의 손을 잡고 완전한 화해의 표시로 그를 안아준다.
그런 다음, 교회는 적당하다고 생각하는 만큼 시편 103편을 부르고; 그런 다음 축도로 총회를 종료한다.

John Knox, *The Liturgy of John Knox Received by the Church of Scotland in 1564* (Glasgow: Printed at the University Press, 1886), pp. 46-60 (단어의 철자와 부호는 현대화하였음).

질병을 최선으로 만들기
제레미 테일러(Jeremy Taylor)

소개의 글

영국의 기독교 경건 문학은 영국의 종교적인 분쟁이 가장 치열했던 17세기 중엽에 꽃을 피웠다. 존 번연(John Bunyan, 1628-1688))과 존 밀턴(John Milton, 1608-1674)의 문학을 탄생시켰던 시기는 제레미 테일러(1613-1667)를 일깨워 삶과 병듦과 죽음의 변화에 관한 거룩한 자세로의 영적 성장에 대한 목회적 논문들을 탄생시켰다.

영국교회의 목회자, 교사, 설교자인 테일러는 윌리엄 로드(William Laud, 1573-1645)에 의하여 옥스퍼드 교구에 감독으로 임명되었고 이내 찰스 1세 왕의 군목이 되었다. 시민전쟁 동안 짧은 왕정 군목으로 복무한 후에 왕이 시해되었다. 테일러는 영국 왕의 폐위 기간 올리버 크롬웰 치하의 웨일즈 지방에서 칩거한다. 이 칩거 동안 테일러는 1650년에 『거룩한 생활의 규칙과 수련(*The Rule and Exercise of Holy Living*)』을 저술하고 그 이듬해에 동반작품인 『거룩한 죽음의 규칙과 수련(*The Rule and Exercise of Holy Dying*)』을 저술했다.

이 책들은 테일러를 알린 작품이라기보다 학술적인 문제작으로 인간 실존의 자연적인 위기 가운데 기독교인의 행동지침을 제공한다. 이 지침의 근거와 권위는 전통교회에서 찾았으며, 목회 연륜에서 쌓은 목회와 도덕적 지혜의 보고가 된 경험에서 나온 것이다. 과거의 그리스도인들이 거룩하게 살다 죽었던 방식들을 편찬하여 삶과 죽음의 유혹들에서 영적인 성장의 기회를 붙잡을 수 있도록 하는 처방을 고난의 시대에 전하고자 힘썼다.

『거룩한 죽음의 규칙과 수련』은 정치 공백기 목회자의 돌봄이 없었던 시기에 영국교회의 교우들을 위한 사역을 위하여 저술했지만, 이 저작은 위기가 덜한 시기에도 신속하게 고전이 되었다. 중세 후기의 **죽음의 기술**에 관련된 문헌들과 다르게 이 책은 건강할 때 질병과 죽음의 불가피성에 대해 준비할 수 있도록 저술했다. 테일러는 질병에 대한 일반적인 원리를 소개하면서, 질환의 독특한 국면에 처한 사람을 위로하기 위한 상당히 구체적인 조언을 제시하고 있다.

테일러는 질병이 하나님께서 고통받는 이의 품성의 개발과 성장을 위하여 주신 것임을 확신한다. 어떠한 것도 헛되이 하지 않으시는 하나님은 질병 또한 인간의 신앙과 덕성을 위한 배움의 장이 되는 것을 의도하셨다. 질환의 특정한 짐과 고통은 특별한 교훈을 제공한다. 병든 자의 무기력감은 겸손한 마음을 갖게 하며, 질병이 진행됨에 따라 환자는 자신을 돌보는 사람을 기다리며 자신의 회복을 위해 스스로 할 수 있는 것이 아무것도 없다는 것을 깨닫고 인내를 배우게 된다. 무엇보다 중요한 것은 질병이 삶의 불안정성을 드러내서 신앙을 가르치며, 인생에 마지막이 있다는 위협은 생명이 하나님 은혜의 선물임을 상기시켜 준다는 점이다. 그러므로 그리스도인은 질병 중에 선생님 앞에서 성실한 학생처럼 자신과 인간의 고난에 대하여 많이 배울 수 있다.

테일러의 방대한 분량의 작품에서 발췌한 부분은 고난받는 자가 어떻게 그것을 영적인 기회로 활용할 수 있는지 도와주고 있다. 또한, 질병 상태에서 어떻게 내면으로 잠잠히 들어가 영적인 경청을 준비할 것인지 알려준다. 자신의 질병이 보내는 메시지를 듣기 전에 어떠한 중요한 결정을 해서는 안 된다. 더 나아가 자신을 돌보는 사람을 어떻게 배려하며, 죽음이 다가온다면 인내하면서 어떻게 죽음을 기다릴 것인가를 조언한다. 테일러의 저작은 영어로 저술된 문서 가운데 가장 구체적으로 질환에 대처하는 기독교 철학이 담겨 있는 것이라고 하겠다.

질병을 최선으로 만들기

출처: 『거룩한 죽음의 규칙과 수련』(1651), 저자: 제레미 테일러

환자 스스로 할 수 있는, 병든 상태를 위한 적절한 은혜의 연습에 대하여

인내의 연습에 관하여

이제 우리는 그 사람이 슬픔과 수동적인 은혜에 들어간다고 가정해 보자. 이는 과거에 결혼을 위하여 즐겁고 활기차게 걸어갔던 사람일 수 있다. 그러나 자신이 반드시 본향으로 돌아가도록 죽음을 선고받았다고 느낀다. (사람들은 흔히 덫을 노래하면서 자신들이 그러한 운명에 빠지게 될지 모른 채 들어간다). 두려워하지 않다가 천사가 땅에 그가 엎드러지도록 칠 때 그의 머리는 하나님께서 죽음의 천사의 손에 들려주신 막대기의 무게를 느끼며 떨게 될 것이다. 시작은 어떠한 것이었든지 자신의 혈액이 뜨거워지거나, 뼈가 상하거나, 육체가 질병으로 인하여 흩어지고 혼란스러운 상태이거나, 두통과 더불어 정신이 불안정하게 되면 인내와 체념에 관하여 자신이 들었던 모든 지식과 논리들을 생각하게 된다. 그리스도의 고난에 참여하는 십자가의 암울한 훈화들이 자신의 인내를 향하여 좁혀져 오면, 그러한 훈련들에 대한 집중력이 별 효력이 없다는 과정을 거치게 되고 자신들이 진정한 십자가의 제자인가 의심하게 되거나, 신앙의 교리들이 우리가 편안할 때 우리의 귀를 통해 마음으로 전혀 통과하지 않았을 뿐만 아니라 영혼에 정착하지 못했다는 것을 느끼게 될 것이다. 그러나 모든 사람은 하나님은 결코 헛된 일을 하지 않으시는 분임을 기억해야 한다. 그는 목적 없이 행하지 않으신다. 설교자를 보내시고 규범을 주시고, 우리를 교훈으로 훈련하시고, 책을 읽게 하시고, 많은 설교를 듣게 하셔서 모범이 되게 하시고, 성령을 약속하시며 거룩한 고난의 축복을 깨우쳐주시고, 일상의 경종으로 우리가 준비하게 하시며, 만약에 하나님이 우리가 겪게 될 일을 지시하지 않으셨다 하더라도, 우리가 모든 것을 필요로 할 때 모든 것을 사용하게 하실 것이다. 인내의 은혜와 같은 것은 없다. 만약에 우리가 병들었다고 느끼게 되거나, 고난 상태로 들어간다면, 우리는 다음과 같은 것들을 연습해야만 한다.

규칙에 따른 인내행동의 훈련

병이 처음 찾아와 머물 때, 잠잠히 멈춰서 자신의 영혼을 붙잡고 놀라거나 공포에 사로잡히지 말고, 이것은 자신이 바라보고 있었던 것임을 생각하고 언제나 일어날 수 있었던 것임을 기억하라. 그리고 새로운 신앙 활동과 생소한 건강상태가 가져오는 고뇌에 진입하게 되었다는 것을 생각하라. 그러나 자신의 영혼이 공포 또는 광포한 생각으로 분산되지 않도록 단지 현재와 미래에 일어날 일에 대하여 진지한 숙고를 통한 해이감과 분산감에 머물러야 한다. 리비아의 사자가 하는 것처럼 하라. 그 사자는 무시무시한 사냥꾼을 염탐하면서, 먼저 자신의 꼬리로 자신을 강하게 때리고, 기를 한데 모으고 평정을 유지하면서 모리타니아(Mauritanian)[54] 사냥꾼의 창에 찔릴 때까지 자신을 방어하기 위한 고귀한 투쟁을 위해 달려간다. 그리고 자신만의 은밀한 장소로 몸을 숨기거나 숲의 가장 용맹한 존재처럼 죽거나 할 것이다. 하나님의 전통에서 날아온 화살을 맞은 모든 사람은 모든 이성적 보조수단들을 끌어모아 그때가 자신의 힘을 시험하는 때임을 알고 신앙의 말들을 행동으로 환원시키게 된다. 그러나 그 사람은 자신이 약하고 겁이 많은 사람처럼 행동할지라도 결국 질병으로 고통받게 될 것을 생각한다. 만약 건강한 상태로 돌아간다면 비겁하고 바보 같았던 흔적을 마음에 지니고 살아갈 것이며, 만약에 무덤으로 내려간다면 신앙 없는 불신자의 상태로 죽음에 이르게 될 것이다. 그러므로 "나는 이 질병을 피할 수 없기에 견뎌야만 한다. 그러나 하나님의 은혜로 고귀한 마음으로 할 것이다."라고 결연히 마음을 다짐하도록 권고해야만 한다.

병든 상태에도 여러분이 가장 건강했던 최고의 날들에 지녔던 영적인 것에 관한 지혜로운 생각들과 인격, 즉 삶과 죽음, 영혼과 신앙을 염두에 두고 했던 사고, 성향, 이야기 능력을 견지하라. 왜냐하면, 자신의 건강에 대한 스스로 생각이 앞으로의 자신의 변화와 좋지 않은 날이 일어날 것(만약 이런 일이 아직 자신에게 일어나지 않았다면, 이 권유가 자신을 향하고 있는 것임을 상기하라)을 가정할 수 있기 때문이다.

---

54. 역주) 서북 아프리카 모리타니 공화국 출신을 말한다.

여러분은 병들어 죽게 되어 돌보는 이를 필요로 할 것이며, 이것이 현실이라면 여러분은 본인의 삶의 닻줄을 신앙의 반석과 초석에 닿을 때까지 늘어뜨려야 하는 상태에 이르게 될 것이다. 여러분을 혼란스럽게 하는 환각들이 어떤 것이건, 어떤 종류의 질병이 침범했건 간에, 여러분의 삶에 일어났던 사고들을 판단하고 다스릴 수 있었던 때를 기억하여 하나님을 신뢰하고, 인내의 마음을 가져야 한다고 결론을 내렸던 것을 생각하라. 여러분이 고통을 겪고 있는 다른 사람의 곁에 서 있을 때 생각했던 것과 같이 여러분의 곁에 서 있는 사람들이 생각하는 것들에 대해 생각하라. 인내는 복된 일이며, 영혼의 침잠(沈潛)에는 확실한 상급이 있으며, 복음의 약속 안에는 무한한 진리와 현실이 있으며, 지금도 여전히 여러분은 하나님의 자녀로 힘껏 자신의 구원을 이루기 위하여 두려움과 떨림으로 애쓰며, 비록 지금 태양이 구름에 가려 있으나 여전히 힘을 보내어 주고 있듯이 하나님의 돌보심을 받고 있다는 점을 생각하라. 이를 위하여 어떠한 새로운 원리를 만들기 위하여 노심초사하거나 너무 당황하여 분주하지 말고 오래 내려오는 원리들을 붙잡고 자신의 참된 목표를 향해 자신을 강화하고 연습하라.

여러분의 질병을 어린아이처럼 받아들이라. 즉, 악이나 고통, 슬픔이나 위험들을 염두에 두지 말고 전진하라. 헛된 생각을 하지 말고 다만 그 질병을 어떻게 믿음의 도구로 사용할 것인지만 생각하라. 사람은 높은 절벽 꼭대기에서 밑을 내려다보며 떨어질 곳까지 거리를 재고 자신이 추락하게 될 것을 생각하면 길바닥 위에 떨어져 느끼게 될 마지막 충격보다 더한 공포를 느끼게 된다. 그것은 고통스러운 신음과 한숨을 내뱉게 하고, 장부가 조이거나 불안정한 맥박이 요동치는 등 실제보다 더 심한 병을 만들어 낼 것이다. 여러분이 어린아이가 자신보다 더 악을 견뎌낼 수 있다는 사실을 부끄러워한다면, 질병을 도구 삼아 자신의 영혼을 부여잡고 여러분의 악을 마음에 두지 말고, 자신이 마땅히 해야 할 것을 힘써 행하며 다른 일에 몰두한다면 무관심이 여러분의 고통을 덜어 줄 것이다.

만약 여러분이 자신의 결핍을 두려워한다면, 그 결핍들이 자신의 영혼을 길들이기 위한 것이라는 사실에 순응하고 집중하여 인내하면서 자신의 환상들을 진정시켜라. 소크라테스는 "이는 중대한 위험이다. 그러므로 이성의 가르침과 논리로 안정을 취하고 휴식으로 이것들을 다스리라"고 조언한다. 명예로운 인사가 뜻하지 않게 죽게 되었을 때 여러분은 매우 당황하게 될 것이다. 또는 죽음의 침상에서 신앙을 부여잡고 자신의 결핍에 필요한 상태를 준비하고 자신이 가장 머물고 싶은 곳에 자리를 잡을 것이다. 혹은 자기의 마음을 사로잡는 설교의 인용문이나 책의 구절들을 마음에 붙잡고 영혼의 안식처로 삼을 것이다. 그러면서 명상 가운데 자기 죽음을 온갖 환상으로 바라보게 될 것이다. 그것이 무엇이든지 어떤 때든지 여러분을 가장 기쁘게 했던 열정적이고 환상적인 부분을 그냥 지나치지 말고, 그 순간을 자신의 마음의 안식처로 갖고 오라. 왜냐하면, 약함에 처해 있을 때는 그와 같은 작은 것들이 어떤 진지한 강연이나 최선의 이성적 논리보다 자신을 감동하게 만들기 때문이다. 병든 사람은 엄중한 상태라서 치료에 대한 논쟁은 이미 지나간 이야기이다. 어려운 것은 치료의 도움이 우연히 얻어지거나 행운의 말로 얻어진다는 것이다. 루드비코 코르비넬리는 헨리 2세의 죽음에 감동하였다. 그는 기독교 세계의 불행한 왕들의 가장 슬픈 엘레지를 읽거나 성경의 슬픈 이야기나 장례 집례자의 만가(dirges)를 들었을 때보다 더 큰 감동을 얻었다. 이런 과정이 병든 사람에게 가장 적합하다는 것이 아니라, 약한 상태라는 점에서는 나는 부인하지 않는다. 우리가 처방과 교훈을 준비한 것이 건강한 사람에게는 필요하지 않겠지만, 병들어 모든 감각이 약해졌을 때는 특효 처방을 거부하는 일은 좋지 않다. 만약 우리가 약한 사람들의 목록에 환상에 지배를 받는 사람들을 모두 포함시킨다면, 건강한 사람들도 많은 경우 그들이 병들면 환상의 지배를 받게 되고, 그럴 때 자신들의 두려움에 맞는 작은 방법들에 도움을 받기 쉽다는 것을 우리는 알게 될 것이다. 어떤 사람도 우연의 기회가 아니고서는 다른 축적된 더미에서 자신에게 필요한 것을 얻지 못할 것이다. 그러므로 모든 사람은 자신의 고통스러운 날에 영혼을 위하여 언제든지 마음이 간다면 어떤 도구든지 시도해야 한다는 것을 기억해야만 한다.

자신의 질병의 종류나 죽음의 방식을 선택할 수 있다고 생각하지 말라. 하나님이 기뻐하시는 것만을 취하라. 자신의 영혼이나 인내를 넘어서는 것이 되지 않도록 하라. 이는 하나님의 약속을 의지하며 기도와 성실함으로 자신을 보존할 수 있기 때문이다. 다른 모든 것들에서 하나님께서 여러분의 길을 선택하시게 하라. 자신의 일과를 일상적으로 준행하고 자신의 임무를 살피라. 여러분의 질병이 독하거나 해롭지 않도록, 전염성이 있거나 특이하지 않도록 하나님께 기도하는 일은 정당하다. 이 모든 것은 유혹당하기 쉬운 도구가 되는 악한 상황이기 때문이다. 기도는 작은 유혹들에 빠지곤 했던 당신 자신을 두려워서 신중하게 하고, 극렬한 유혹들로부터 당신을 지켜주며, 이러한 상황 속에서도 냉정한 상태를 유지하게 한다. 만일 하나님께서 여러분을 편하게 하시지 않거나 여러분의 시련을 바꾸어주시지 않는다면, 여러분의 영혼이 안전하고 하나님께서 하나님 보시기에 선한 것을 행하시도록 간구하라. 질병의 정도에 따라 하나님께 순종하여(동일한 정도로 간주하면서), 폐병이나 천식이나, 수종이나 마비, 또는 신체에 열이 있거나 영혼의 열병을 앓든지 간에, 견딜 수 없는 것이라고 모든 일들이 판단되었으므로 감히 우리의 성급함으로 행한 일이 많지 않다고 생각한 때라고 한다면, 하나님께 비밀스럽게 속삭임으로 용서를 구하라. 나는 폐병으로 죽게 되어 격렬하게 소원을 빌었던 사람들을 알고 있다. 이들 가운데 몇 사람은 부주의한 삶을 살고 난 후에 생명 보존의 수단을 희망하며 질병이 늦춰지는 것이 자신의 회개를 지연시킬 수 있다고 여기면서 가장 자신들이 안전하게 될 것으로 생각했다. 또 다른 이들은 편안한 죽음을 꿈꾸면서 지친 영혼과 몸으로 인해 저들의 인내심은 바닥을 드러내고, 건강하고 활기찬 이웃들과 간혹 대화를 나누기도 하지만 육체의 불편함과 뼈마디의 고통으로 영혼의 요구와 죽어가는 삶에 대하여 자신들 스스로 기만하는 것을 보았다. 결론적으로 투정이 가득하고 짜증스러운 질병으로 인하여 타락한 저들에게 가장 필요한 것은 하나님의 지혜와 선함이다. 이는 두 가지는 영원하기 때문이다.

신앙의 소원 안에서 인내하라. 외면의 상태로 전가하여 여러분의 영혼이 분산되지 않도록 주의하라. 자신이 무능하여 하나님을 덜 섬기게 되는 것을 염려하는 동안 하나님의 용서와 은혜에서 퇴보하기 때문이다. 이전에 기도에 드렸던 시간이 지금은 구토하고 주의하며 치료받는 데 사용되는 것에 만족하라. 하나님께서는 그렇게 된 것을 기뻐하시며 우리가 그것에 대하여 지나치게 염려하는 것을 원하시지 않기 때문이다. 위대한 기도와 엄중한 공간에서만 하나님을 발견한다고 생각하지 말라. 주님은 한숨과 신음, 사랑의 행동에 감동하신다. 그러므로 자신의 고통이 극심할 때에 힘을 다하여 견디라. 어느 정도 악을 견딜만하게 되면 여러분은 짧을지라도 경건한 묵상을 생각하라. 몹시 바쁘고 온전한 집중을 요구하지 않도록 하라. 왜냐하면, 그것은 인내에 새로운 유혹이 될 것이며 여러분의 신앙이 지루하고 혐오스러운 것이 되게 할 것이기 때문이다. 자신의 욕구를 기록하고 적당한 운동보다는 자신이 이전에 활기찰 때 일상적인 기억들과 같은 은혜의 확증에 의한 의지와 이해의 행동으로 하나님 앞에 자신을 드려라. 만일 그보다 더할 수 있다면 행하라. 그러나 할 수 없다면 그것으로 인해 자책하지 말라. 우리는 사람이 건강한 모습으로만 살 수 있다고 생각하지 않으며, 혹은 일상생활에서나 기도의 시간에 실신하거나 쓰러질 수도 있다고 본다. 그때는 우리가 노동할 수 없지만 우리는 여전히 사랑할 수 있다. 우리의 무자비함만이 우리를 가로막을 뿐이다.

자신의 의사가 자신을 돌보기에 적합한 사람이라면 그가 관심을 가진 모든 것을 따르라. 하나님만이 도움이 필요 없으시나 여러분을 위하여 의사들을 창조하셨다. 그러므로 난폭한 확신이나 예의에 어긋나는 의심을 하지 말고 의사를 온건하게 그리고 상냥하게 대하라. 공포에 대한 무력함으로 발생하는 문제에 대한 의사의 치료책을 거부하지 말라. 팔이나 다리를 절단하는 것을 거부하거나, 마리우스 절개(Marious's incision)[55]에 의한 고통을 거부하거나, 죽는 것이 차라리 낫다고 믿는다면, 그 환자는 자신의 인내를 위험에 처하게 하고, 자신을 진정시키는 방법을 찾을 수 있다고 생각해 더 큰 악을 받아들이게 된다. 그러나 이 논고에서 책망하고 피하고자 하는 것은 죽음의 공포로 죽기를 선택하고 의사를 보내버리거나 자신들이 선택한 일들을 실행하고자 조언을 구하지만, 그 어떤 것도 준행해서는 안되는 것이다. 의사를 거부할 만한 이유가 죄를 지은 결과임을 설명할 수 없거나 그리고 다른 원인을 찾을 수 없는 경우에 분명한 성급함이 있다.

사실 초점을 좁혀서 살펴보면 우리가 의사를 불신하는 것은 불완전한 수로가 말라버린 것 같이 회복에 대한 희망이 고갈되거나, 하나님

---

55. 역주) 로마의 집정관인 Gauis Marius(157-86 BC)가 받았던 수술을 일컬음.

의 샘이 말라버리도록 내버려 둔 탓에 우리의 저수지가 바닥을 드러냈기 때문이다. 의사들은 회복 또는 죽음에 대한 건강과 안녕에 관하여 하나님의 자비와 섭리를 준행하는 자들이다. 하나님께서 그들을 도와 정확하게 하시고, 그들의 조언과 약품이 효과가 있게 하셔서 여러분이 유익을 얻게 하실 것이다. 그러므로 여러분은 하나님께 감사드리고 의사들에게는 복된 도구라는 명예를 돌려야 한다. 그러나 이런 일이 항상 이루어질 수는 없다. 파비우스 집정관 시절에 포르투갈 보좌관 루시우스 코넬리우스는 마지막 질환 때까지 건강하고 활기찬 삶을 살 것이라는 문구를 자신의 기념비에 새겨 넣었다. 그러나 그는 자신의 주치의에게 버림받았다고 원망하며, 애스쿨라피우스[56]에게 욕설을 퍼붓고 오래도록 삶을 살겠다고 다짐을 했던 열정적인 소원과 맹세를 잃어버린 채, 참지 못하는 성격과 우매함으로 아무런 의미도 신앙도 갖지 못한 채 죽어버렸다고 후대에 기록되었다. 그러나 프랑스 전체를 위한 은택이 의사와 이발사에게 속해 있던 사건, 즉 왕(루이 11세)이 그들에게 의탁하고 자신의 생명이 그들에게 달려 있다고 생각함으로 자신의 환부를 부드럽게 치료하는 친절한 돌봄으로 인해 모든 위안을 얻었다. 왜냐하면, 왕은 자신이 죽게 된다면 자신이 약탈당하여 파멸하는 것으로 생각했기 때문이었다. 그에게 배분된 몫이 공평하였으며 이에 더 큰 희망에 대한 관심을 위하여 자신의 소유물과 교환하는 것을 그는 혐오했었다.

여러분의 간호사들과 간병인들에게 자신이 마치 그들의 도움이 없으면 안 되는, 그들을 절실하게 필요로 하는 가난한 사람이 된 듯이 상냥하게 대하라. 그들에게 여러분은 아주 골치 아픈 존재임을 기억하

---

56. 역주) Aesculapius는 의료의 신.

라. 만약 여러분이 그들의 돌봄을 좋아한다면, 그들은 여러분을 기꺼이 돌봐 줄 것이며, 여러분의 평온과 유익을 위하여 최선을 다하면서 여러분이 바라는 바를 위해서 안타까움으로 간절히 기도할 것이기 때문이다. 자신의 질병, 머리나 옆구리의 고통이나, 여러분의 불안이나 불평 등 그 어떤 것도 모두 불편한 것들이다. 여러분이 과도하게 자신의 상태에 몰입되어 있으면, 이러한 모습은 성가시고 보기에 좋지 않게 된다. 자신의 슬픔을 부분적으로나마 그들이 느끼게 하고 홀로 감당하지 않도록 하라. 여러분이 지나치게 간섭하고 성급해서 다투고, 불평하는 마음으로 대함으로 그들의 돌봄을 원수로 갚아서는 안 된다. 찜질을 위해 습포(濕布)를 살짝 얹어주는 것에도 비명을 지르는 약한 모습은 악하고 부자연스러운 것이다. 하나님의 막대기인 돌보는 사람의 친절을 견뎌내지 못해서 여러분의 증상을 편안하게 해 주려는 것조차 짜증을 낸다면 몹시 화가 나서(혹 도전적이라면) 하나님의 더 큰 징벌을 초래할 수도 있다.

질병의 고통이 커서 여러분이 죽고 싶어 하지 않도록 하라. 삶에 대한 만족이 없다면 인내하기 어렵다. 하나님께서는 우리가 죽음과 더욱 잘 화해할 수 있도록 지혜롭게 명하셨다. 왜냐하면, 이것도 수많은 고난의 시기들 가운데 하나이기 때문이다. 여러분에게 다른 어떤 고난이 임하더라도 자신의 본분이 흔들리지 않게 하라. 자신이 부름을 받기 전까지 죽음이 여러분의 유익이 될 수 있도록 계획하신 분께서 여러분을 찾아가기 전까지 삶에 거하라. 하나님께서는 고난을 여러분의 사역이 되게 하셨다. 밤이 되면 일에 피곤하여 하나님의 상급을 얻게 되지 않도록, 저녁이 되기를 성급하게 갈망하지 말라. 이는 하나님의 때가 되기 전에 약해져 버린 종은 무익하여 게으르거나 병에 걸려 있을 때이기 때문이다.

그러므로 하나님의 은혜를 연습하며 지내라. 병든 자는 기도와 탄식으로 인내의 사역을 계속해야 한다. 다음의 기도를 통하여 자신을 보전하라.

* * * * * *

질병 초기에 하는 기도

자비하시고 은혜로우신 전능의 하나님,

주님의 공의 안에서 세상에 슬픔과 눈물, 질병과 죽음을 허락하시는 주님,

때로는 인간의 죄에 대한 징벌로 죄 가운데 사는 우리에게 슬픈 고난의 언약을 주시는 것을 믿습니다. 이는 우리를 멸하시기 위함이 아니라, 모든 사람에게 하나님의 긍휼을 베푸시며, 주님의 공의를 자비로 행하시고 영원한 영광과는 비교할 수 없는 짧은 기간의 고난을 허락하는 것인 줄 압니다. 주님은 우리의 죄악을 질병으로 변화시키시고, 우리의 질병이 거룩한 믿음, 자비와 용서, 믿음과 소망, 은혜와 영광의 유익이 되게 하셨습니다.

이제 주님께서는 저를 고난의 사귐으로 부르십니다. 주님, 저의 이상태가 신앙의 도구가 되어 거룩하게 하시고, 저의 고통이 주님의 고난과 연합하게 하옵소서. 하나님께서 저에게 긍휼을 베푸사 도와주시고 저의 슬픔을 덜어주시고, 저의 영혼을 지탱하여 주소서. 저의 생각을 다스려주시고, 질병에서 비롯한 모든 잘못을 거룩하게 해 주옵소서. 저의 죄로 인한 징벌이 제게 교훈이 되게 하시며, 그리하여 이제 저에게 찾아오신 주님께서 저를 거룩한 도구로 만들어주소서. 그래서 훈련받는 자녀와 같이, 겸손하고 순종하며 공평하고 참회하는 심령으로

주님께 더욱 가까이 갈 수 있는 도구가 되게 하여 주옵소서.

바라옵건대, 이 질병을 이겨내어 생명과 건강의 문을 통과하여 영혼의 강건함으로 이 세상으로 돌아가게 하셔서 성결하고 진정한 신앙의 경주를 새롭게 하게 하옵소서. 그러나 만약에 이것이 죽음의 통로를 지나게 되는 것이라면, 주님의 품에 안기게 되어 주님의 성도들이 영원한 생명을 누리게 되는 즐거움과 확실한 소망으로 인한 기쁨을 누릴 수 있게 하옵소서. 우리의 사랑의 주시요 구원자 되시는 예수 그리스도의 이름으로 기도드립니다. 아멘.

* * * * * *

병든 자가 약을 먹을 때 드리는 기도

우리 영혼의 진정한 의사이시며 복 주시는 영원하신 주 예수님,

주님의 날개 아래 의로운 태양이 치료의 광선을 비추어 주십니다. 하늘의 아버지께서는 주님께 이 세상을 다스리시도록 모든 권세를 주셨습니다. 주님은 하나님의 영광을 위하여 주님을 사랑하며 섬기는 자들을 위한 크고 작은 모든 사건을 주관하시고 선한 위로를 주십니다. 주님께서는 병든 저에게 주님의 종들을 통하여 평안과 건강을 베풀어 주시기를 기뻐하십니다. 치료의 종의 판단을 지시하시고, 약품을 활용하셔서 저의 질환이 낫도록 기회를 제공해 주십니다. 저의 고통이 사라지고 건강이 회복되는 주님의 자비와 축복을 허락해 주옵소서. 제가 회복되어 삶의 현장과 주님의 거룩한 공동체, 은밀한 가운데 성도들과 주님의 구원받은 자들에게 나아가서 주님의 선함과 영광을 찬양하게 하옵소서. 지금 이 자리 주님의 성전의 바깥뜰에서 나중에는 영원한 성소로 나아가게 하옵소서. 아멘.

* * * * * *

질병의 유익

그러나 만약 질병 자체에 관하여 듣게 되는 온갖 비방들이 맞다면, 질병이란 앞에 놓인 가장 경미한 죄와 가장 세속적인 사업과 세상의 염려 가운데 좋은 것을 선택하는 것과는 거리가 멀다. 어떤 사람들은 십자가에서 어떤 이들은 푸근한 침상에서 깨어나는 것처럼, 때로는 질병이 가져오는 슬픔과 고단함의 무게가 잠자는 자의 휴식 이미지와 다르게 영혼을 짓누르게 된다. 무절제한 호색한이 고통의 가시밭 위에 누워있다면 잠은 달아날 것이다. 분명 어떤 질병은 축복이다. 그러나 시각을 잃어본 적이 없는 사람이 불덩어리 화로나 고문으로 시각을 잃게 된다면 진실로 저주받은 일일 것이다. 만약에 질병이 항상 하나님이 진노하신 증거이며, 사람의 전반적인 상태에 가한 폭력이라면 이는 대단한 불행이 될 것이다. 그러나 하나님께서 그들의 순수함을 보존하기 위하여, 유혹을 이기도록 하기 위하여, 또는 그들의 덕성을 담금질하기 위하여, 하나님의 종들과 자녀들, 유아들, 그리고 사도들과 성도들에게 상급을 내려주시기 위한 자비로운 계획으로 보내신 것이라면, 질병은 분명 악한 것이 아니며 단지 우리 자신의 허물 때문인 것이다. 우리가 자신의 의무를 다한다면, 질병이 축복으로 바뀔 것을 확신하게 될 것이다. 만약 질병이 심하다면 그것은 죽음으로 끝날 수도 있다. 증세가 심하면 심할수록 곧 죽음을 맞이할 것이다. 그러나 가벼운 것이라면 긴 휴지기를 갖게 할 수 있다. 그 중간이라고 한다면, 우리는 하나님의 섭리의 목적을 따라서 섬김을 다하는 주인이 되어서 인간 본성의 온전한 목표를 위하여 섬기다가 영원한 자비 가운데 들어갈 것이다.

요약하면, 고통을 두려워하는 자는 자신의 본성을 두려워하는 것이며, 공포가 심하다면 인내가 전혀 없음을 의미한다. 인내하지 못하는 자는 천국을 예비하지 못한 자이다. 고난과 겸손과 인내의 사람들만이 천국으로 들어간다. 하나님께서 신앙의 실질적인 덕성을 훈련하도록 우리에게 주신 삶의 모든 단계에는 고난도 필요한 것이다. 어떤 시기와 단계에서는 수동적인 은혜를 필요로 한다. 인내는 그리스도인의 불굴의 정신이며, 하나님의 뜻을 이루기 위한 순종 또는 수용이다. 그러나 극심한 두려움은 우리를 인내하지 못하게 하여 위로와 신앙을 지니지 못한 채 죽게 할 수도 있다. 하나님의 자비를 받기를 갈망하는 우리는 인생의 무대 위에서 고통으로 아름답지 못한 퇴장을 원하지 않기 때문에 하나님께서 우리에게 부여하실 때, 주님의 방식이 아닌 자비와 은혜를 베푸시도록 성가시게 할 수 없으며, 극심한 열병의 순간에 우리들의 덕을 훈련하고 개선하기 위해 결핵을 늦춰 달라고 요청할 수도 없다. "인내를 잃어버린 자에게 화가 있을 것은 주님께서 그를 찾아오실 때, 그는 어떻게 할 것인가?"

Jeremy Taylor, *The Rule and Exercise of Holy Dying,* from *The Whole Works of the Right Rev. Jeremy Taylor, D.D. . . . ,* ed. Reginald Heber(Third Edition of the Collected Works, 15 vols., London: printed for Longman, Orme, Brown, Green, and Longmans, etc., 1839), IV, 445-452 456-457, 422-423.

말씀의 방패:
존 번연

소개의 글

오늘날 프로테스탄트 교회 역사에서 개인의 경건에 대하여 가장 많은 영향을 끼쳤던 책의 저자는 신학자도 일반 학자도 아닌 킹 제임스 성경을 읽고 자신의 신앙 체험으로 스스로 깨우쳤던 존 번연이다. 영국 베드포드 근교에서 1628년에 대장장이의 아들로 태어난 번연은 자신이 흥미와 경각심을 갖고 읽었던 신앙 서적의 저자였던 경건한 신앙을 가진 여성과 만나 결혼하고 자신의 전문성을 키우기 전까지 끊임없이 논쟁했던 난폭하고 방탕한 젊은 청년이었다. 영국 시민전쟁 때 의회를 위하여 싸웠던 번연은 1648년에 결혼하게 되면서 급격한 회심을 통해 외견상 바른 믿음의 사람으로 거듭났다.

이 극적 회심이 내면에 뿌리를 깊이 내리지 않은 채 자신에게 여명처럼 다가온 이후 번연은 평생 악마와 영혼을 흔드는 영적 전투를 계속 벌이게 된다. 이 전투의 최선의 무기는 언제나 성경이었다. 번연은 자신의 투쟁에 관하여 『죄인의 괴수에게 넘치는 은혜(*Grace Abounding to the Chief of Sinners)*』(1666)에서 생생하게 이야기하고 있다. 모든 "그리스도인"이 겪는 일반적인 영적 전쟁에 대한 저작은 100개 이상의 언어로 번역되었으며, 영어본으로는 셀 수 없이 출판된 고전 작품 『천로역정(*The Pilgrim's Progress)*』(1678)이다.

번연 자신의 여정은 공적 지위가 없는 기간 동안 내적 평안으로 이어졌지만, 찰스 2세의 복귀와 함께 외부의 적들이 다시 등장하면서 번연은 자격 없는 비국교도 사역자로서 불법 활동을 했다는 혐의로 체포되어 12년간 베드포드에 있는 주 교도소에 구금되었다. 교도소에서 번연은 밖에서는 불법이었던, 동료 죄수들을 위한 사역의 기회를 발견하게 된다. 감옥에서 성경과 영국의 복음의 순교자인 존 폭스(John Fox)의 이야기를 연구하여 그의 59개의 문학 작품 가운데 여럿을 저술한다.

1672년에 설교자의 자격을 얻고 사면된 번연은 제도화된 교회에 속하기를 거부했다. 번연이 사역자로서 용맹스럽게 버텼던 신앙의 자유를 보장해 주었던 명예혁명 직전인 1688년 죽기 전까지 그의 오랜 감옥 생활은 번연의 설교에 영향을 주어 깊이를 더하게 했다.

수많은 박해로 얼룩진 생애는 번연에게 영적 고난 특히 악마에 사로잡혀 일어나는 질환에 대한 심오한 통찰을 제공했다. "사로잡힘(obsession)"이란 단어가 오랫동안 현대 심리학 용어로 그 의미를 축적하기 전까지 기독교 돌봄의 전통에서는 "귀신들림(possession)" 즉, 마귀가 사람에게 들어와 사로잡은 상태로 구별해 왔다. 사로잡힘(obsession)[57]은 마귀가 병든 사람의 밖에서 그의 영혼을 장악해서 나타난 것으로 보았다. 번연은 강박적인 마귀를 대적하는 힘과 비방에

---

57. 라틴어로 ob-sedere, 영어로 to sit outside.

관심을 가지고 신약성경에 등장하는 광야에서의 예수의 시험 이야기 (막 1:12-13, 마 4:1-11, 눅 4:1-13)를 목회 돌봄의 고전적 현장으로 새롭게 해석했다. 이것은 초대교회 이집트 광야의 은둔자 성 안토니 (251?-356)의 시험 이야기에서도 등장했다.

다음에 인용되는『죄인의 괴수에게 넘치는 은혜』에서 발췌한 자료는 번연이 사탄에게 사로잡혔던 위험한 경험을 이야기하고 있다. 이어 이 불후의 명저는 사탄이 외부에서 어떻게 모든 그리스도인을 공격하는지를 보여준다. 악마는 번연에게 구원받지 못한 자라는 생각을 심어주면서 공격했다. 사탄의 가장 악랄한 공격은 성경의 진정성에 대한 의심을 마음에 심어주는 것이다. 이러한 공격들은 강력한 오름을 보이기 전에 짧은 기간의 비교적 차분한 시기들로 끊어지는 명확한 파고를 타고 찾아왔다. 번연은 악마의 맹공격을 방어하는 데 실패했던 자신의 경험을 묘사한다. 그러나 이따금 눈동자처럼 바라보시는 하나님께서 구조자로 전투에 개입하신다. 사탄의 공세들을 방어하기 위한 가장 효과적인 방패는 하나님의 도움으로 마음에 떠오르는 성경 구절들이었다.

번연이 강박 공세에 대항하는 효과적인 방패로서 성경을 묘사한 것은 프로테스탄트 신앙을 강화하고 성경의 지식이 모든 신앙인에게 필수라는 것을 의미하기도 했지만, 무엇보다 이 책은 목회자들이 영적 전투를 위한 무기를 주조할 수 있는 고갈되지 않는 광산이 되었다.

성경의 방패

『죄인의 괴수에게 넘치는 은혜』(1666), 저자: 존 번연

어떤 이유에서 인지, 내가 이 문제에 관하여 생각하는 동안 (말하자면 아직은 이 문제에 관하여 내 마음을 아무에게도 발설하지 않고 숙고하고 있는 상태인데), 시험하는 자가 자신의 유혹을 강조하기 위해 성경에서 그리하였다고 책동하면서 "내가 신앙이 있다는 것을 알 방법이 없지만, 기적을 일으키면 될 것이다"라는 망상을 던지며 다가왔다. 어느 날 내가 엘스토와 베드포드 사이에 있을 때 유혹이 강렬하게 일어났다. 내가 만약 나의 신앙을 시험하려면 기적을 행해야 하고, 그 기적은 내 말 안장에 붙은 진흙 덩이가 마르라고 말하는 것이며, 다시 마른 것이 진흙이 되라고 말하는 것이었다. 한 번은 그렇게 말하려고 하는 순간, "하지만 먼저 저쪽 울타리 밑에 가서 기도부터 해라. 그러면 하나님께서 네가 할 수 있게 하시리라."는 생각이 들었다. 내가 기도하기로 마음먹자 갑자기 이런 생각이 강하게 밀려왔다. 만약에 기도하고 와서 행하려 할 때 아무 일도 일어나지 않는다면, 나는 신앙이 없는 것이 분명해져서 버려지고 잃어버린 자가 될 것이다. 만일 그렇다면 나는 실행하지 않고 기다릴 것이다.

나는 큰 상실감에 처해 있었다. 나는 만약 그들에게 신앙이 있다면 놀라운 일을 할 수 있었을 텐데, 지금 나에게는 그런 신앙이 없고 미래에도 없을 것같다는 생각을 하였으므로, 현재 내가 하지 못하고 미래에도 역시 할 수 없지만 언젠가는 할 수 있다고 결론을 내렸다. 그러므로 나는 악마와 나의 무지 사이에 이것도 저것도 아닌 상태에 던져진 상태로 당황했고 특히 때때로 내가 무엇을 할 수 있는지 말할 수

없었다.

이런 때에 베드포드의 가난한 사람들의 상태와 행복이 내게 환상처럼 다가왔다. 그들은 높은 산 양지바른 곳에 서 있어서 기분 좋은 햇살로 새로워져 있었으나, 나는 서리와 눈과 검은 구름에 뒤덮여 추위에 떨고 있는 것처럼 생각되었다. 이 산을 둘러친 벽을 보았고 내 영혼이 이 벽을 통과하여 지나가기를 갈망했다. 내가 할 수만 있다면 그들 사이에 들어가서 그들에게 비치는 태양의 열로 나 자신도 위로받고 싶었다.

내가 기도하면 할수록 이 벽을 통과할 수 있는 길이나 통로를 찾아 건너갈 수 있는 것으로 여겨졌다. 드디어 누구도 찾을 수 없을 것 같았던 벽에서 좁은 틈을 발견했다. 이 틈은 벽의 작은 문과 같아서 내가 통과하려고 시도하면 될 것 같았다. 그러나 그 통로는 곧바르고 좁아 지나가려고 애를 써봤지만 모두 헛수고가 되고 거의 녹초가 되었다. 마침내 안간힘을 쓰자 내 머리가 들어간 듯하더니 옆으로 내 어깨와 온몸을 밀어 넣게 되었다. 그러자 말할 수 없는 기쁨이 찾아왔고 그들 사이에 들어가 앉자 태양의 빛과 열로 위로를 얻게 되었다.

이 산과 벽이 나를 조성하였는데, 이 산은 살아계신 하나님의 교회를 의미하며, 해는 사람들에게 비치는 하나님의 자비하신 얼굴에서 발하는 위로의 빛이며, 벽은 그리스도인과 세상 사이를 구분하는 이 세상이라고 생각했다. 벽에 난 틈은 예수 그리스도이며 하나님 아버지께 이르는 길이다(요 14:6, 마 7:14). 그러나 그 통로는 놀라우리만큼 좁고 협소하여 그곳을 통과하기에 엄청나게 어렵다는 것은 사람들이 진정으로 낮은 곳에 처하여 악한 세상을 떠나지 않고는 아무도 들어갈 수 없다는 것을 말해준다. 그러므로 이곳은 몸과 영혼을 위한 곳이지 죄가 함께할 수는 없는 곳이다.

이 비슷한 환상이 며칠 동안 내 영혼에 머물러 있었다. 환상을 통하여 버림받아 슬픈 상태에 처한 나를 보게 되었다. 그러면서 햇빛에 앉아있는 사람들 가운데 하나가 되고픈 격렬한 바람과 욕망이 나를 자극하였다. 지금 나는 내가 어디에 있는지, 나라 안이나 외지에나, 집에서나 들에서나 시편 51편에, "오 하나님, 나를 긍휼히 여겨주옵소서!"라며 내 영혼은 노래하였는데, 이는 내가 어디에 있는지 여전히 몰랐기 때문이었다.

내가 믿음으로 그리스도 안에 있다는 위로의 확신을 얻지 못하고 있었으나, 나의 미래의 행복에 대한 예리한 의심, 특히, "제가 선택되었는지, 은혜의 날이 지나가 버린 것은 아닌가?"라는 생각으로 내 영혼이 고뇌에 빠져 있다는 생각을 하는 것으로 만족했다.

이 두 가지의 유혹이 번갈아 가며 나를 몹시 괴롭히며 불안하게 했다. 먼저 나의 선택에 대한 의심에 관하여 이야기하자면, 그 당시에 하늘의 영을 향한 길을 찾았다는 열정을 갖고 있으며 어떠한 것도 이곳에서 나를 쳐낼 수 없다는 것을 발견했음에도 불구하고, 그 와중에도 힘과 권세에 의하여 내 몸의 힘을 빼앗긴 것처럼 의심이 나를 공격하고 좌절시켰다. 이 말씀이 또한 나의 모든 욕망을 짓밟아버리는 듯하였다. "이는 의지로도, 행함으로도 아니고, 다만 자비를 보여주시는 하나님으로 말미암느니라."

이 말씀으로 나는 무엇을 해야 할지 말할 수 없었다. 아무리 내 심장이 멈출 때까지 원하고 갈망하고 노력한다고 하여도 크신 하나님께서 그의 무한하신 은혜와 능력으로 내가 자비의 사람이 되도록 선택하셔야 한다는 것이 분명하기에 나의 노력은 아무런 유익이 없다는 것을 알았기 때문이다. 그리하여, "자신이 선택받았다는 것을 어떻게 말할 수 있나? 선택받지 못하였다면 어찌할 것인가?"라는 생각에 사로잡혔다.

오, 주여, 내가 만일 선택받지 못했다면 어떻게 하나요? 유혹하는 자가 너는 선택받지 못하였다 하고, 나는 생각하기를 선택받았다고 할 때, 사탄은 왜 선한 일을 그만두고 더는 추구하지 않는 것이냐, 그것은 네가 하나님의 선택을 받지 못했기 때문이라며 너는 구원받은 존재라는 희망이 없다고 말하였다. "이는 의지로도, 행함으로도 아니고, 다만 자비를 보여주시는 하나님으로 말미암느니라."

* * * * * *

한 달가량 지난 후에 지금껏 경험했던 것보다 내가 감당하기에 스무 배는 더 힘든 엄청난 폭풍이 나에게 휘몰아쳤다. 그것은 내게 있는 것들을 하나둘씩 앗아갔다. 먼저는 나의 위안을 앗아갔고 그런 후 어둠이 나를 사로잡았다. 하나님과 그리스도와 성경에 대적하는 신성모독의 홍수가 내 영혼에 몰아닥쳤고, 나는 혼란과 경악에 휩싸였다. 이러한 불경스러운 생각들은 하나님 존재 자체와 그의 사랑하시는 독생자에 대하여 하나님과 그리스도 안에 무슨 진리가 있는가, 또한 성경은 하나님의 거룩하고 참된 말씀이라기보다는 교묘하게 꾸며낸 우화나 이야기에 불과한 것이 아니냐 하는 의심을 하게 만드는 것들이었다.

시험하는 자는 "우리가 믿는 예수를 입증하는 것보다 투르크족들이 믿는 마호메드를 구주라고 증거하는 경전이 더 옳은지 아닌지에 대하여 어떻게 말할 것이냐? 그리고 내게 드는 생각은 수많은 나라와 왕국에 살았던 수만의 사람들이 천국에 이르는 옳은 길에 대한 지식을 갖지 못하고 있는데(만일 천국이 존재한다면), 지구 위 한쪽 모퉁이에 사는 우리만이 축복을 받을 수 있는가? 각 사람이 유대교와 이슬람교와 이방인들 모두 자신의 종교가 옳다고 생각하고 있는 마당에, 우리의 그리스도와 성경에 대한 신앙도 그와 같은 생각에 지나지 않는 것은 아닌가?"라는 생각으로 공격해 왔다.

나는 가끔은 이러저러한 생각들에 대항하여 사도 바울의 말씀들을 갖고 논쟁을 벌여보기도 하였으나 그럴 때마다 바로 생각들이 내게 다시 돌아왔다. "사도 바울의 논점과 말들을 우리가 인용하더라도, 그가 교묘하고 간사한 사람으로 강렬한 망상에 사로잡혀 그의 사람들을 파괴하기 위한 고통과 여행을 다녔던 것이 아니라고 어떻게 이야기할 수 있나?"

그 당시에 들었던 말로나 글로 감히 표현할 수 없었던 수많은 생각이 내 영혼을 사로잡았으며 지속해서 불타는 듯한 힘으로 내 마음을 짓눌렀다. 마치 아침부터 밤까지 내 안에 다른 것들은 전혀 없는 것같이 느껴졌다. 참으로 다른 생각이 자리 잡을 공간이 없는 것과 같았다. 마침내 하나님께서 내 영혼을 향한 진노로 인하여 나를 포기하고 강한 폭풍 가운데 그들과 함께 버리실 것이라고 결론을 내렸다.

그 생각들이 내 영혼에 던진 혐오감으로 인하여 나를 감싸주기를 거부하는 무엇인가가 있다는 느낌을 받았다. 그러나 하나님께서 내가 침을 삼킬 만한 여유를 주셨을 때 이러한 생각을 가질 수 있었다. 그렇지 않으면, 이러한 유혹들의 시끄러운 잡음과 저항과 폭력에 다른 생각들에 함몰되어 버리거나 다른 기억들로 덮어버릴 듯했다. 내가 이 유혹에 처해 있을 때 내 마음이 갑자기 그것을 저주하고 서원을 하고, 또는 하나님과 그 아들 그리스도와 성경에 대항하여 비통한 것들을 말하고 있는 것을 발견하였다.

이제 분명히 나는 마귀에 사로잡혀 있다고 생각했다. 다른 날에는 끔찍한 신성모독의 생각이나 하나님과 관계를 끊어버릴 작정으로 주 하나님과 그리스도를 찬양하고 영광을 돌리는 대신에 내 정신을 잃어버렸다고 여겼다. 그리고 하나님이 존재하시지 않든지 아니면 그런 존재나, 사랑, 평화나 은혜의 품성이 내 안에 존재하지 않는다고 생각했다.

하나님을 사랑하는 사람들이라면 이런 유혹들이 나타날 수 없다는 결론은 나를 깊은 절망에 빠뜨렸다. 내게 이러한 시험이 엄습할 때에 어떤 집시 여인이 완력으로 낚아채서 친구와 마을에서 멀리 데려가 버린 어린아이의 상황과 나 자신이 비교되었다. 때로는 발로 차고 비명을 지르고 울어보지만, 여전히 유혹의 날개 아래 붙잡혀 있고 바람은 나를 이리저리 보낸다. 악령에 사로잡혔던 사울을 생각하자 내 상태가 그와 같은 운명에 처할까 봐 몹시 두려웠다.

내가 성령에 대한 죄에 대하여 어떤 이들의 말을 들었던 때에, 유혹하는 자가 내가 그 죄를 범하기 전까지 도무지 잠잠할 수도 없고 잠잠해서도 안 되니 반드시 그 죄를 범해야 한다는 욕망을 불러일으켰다. 이것은 입으로 말을 해서 짓게 되는 범죄라 내가 하고 싶은지 아니면 하기 싫은지 알 수는 없었지만, 이 유혹이 너무도 강하게 다가와 내 턱을 양손으로 두드리고, 입을 열지 못하게 붙잡고, 머리를 퇴비 통에라도 처박고 싶어 할 정도로 어떤 말도 하지 못하게 했다.

지금 나는 개와 두꺼비의 상태를 다시금 바라보고 하나님께서 만드신 모든 것들을 헤아려 보면서 나의 끔찍한 상태보다 나을 것이라 여겼고, 나의 친구들도 마찬가지로 여겨졌다. 그렇다, 차라리 내가 개나 말처럼 되었으면 했다. 그것들은 자기 마음이 하고자 하는 대로 하지만 영원한 지옥과 죄의 짐 아래 파멸될 영혼이 없다고 생각되었기 때문이었다. 하지만, 이런 것을 보고 느끼고 산산조각이 날 것 같이 나의 슬픔이 더욱 가중되는 것은 나의 영혼이 원하는 구원 얻는 법을 찾을 수 없었기 때문이었다. 이와 같은 혼란의 와중에 성경은 내 영혼을 갈가리 찢어놓았다. "악한 자들은 흉용하는 바다와 같아서 쉴 곳을 찾지 못하며 물이 저들을 더러운 수렁에 던질 것이다. 악한 자에게 평안이 없도다. 하나님의 말씀이니라."

내 마음은 강퍅하여 천 파운드의 눈물을 머금고 있지만 한 방울도 흘릴 수 없었다. 아니 언제고 한 방울의 눈물을 흘리리라는 기대가 전혀 없었다. 내 기는 꺾여있었고 그것이 나의 운명이라 생각했다. 어떤 사람은 자신의 죄를 안타까워하며 애통해하며, 어떤 이는 그리스도의 하나님을 기뻐하고 찬양한다. 또 어떤 이들은 하나님의 말씀을 기억해 낼 수 있는 기쁨을 조용히 이야기하기도 하지만, 나는 폭풍 속에 던져져 있을 뿐이다. 나는 낙담하였다. 나 혼자만이 유혹받는 상태에서 벗어나기 위해 안간힘을 써서 몰아내야 한다고 작정해 보지만 도저히 해낼 수 없었다.

유혹이 일 년가량 계속되는 동안, 나는 하나님을 예배하는 어떤 곳도 가지 않았고 단지 고통과 크나큰 아픔만 갖고 있었다. 신성모독적인 말, 하나님을 거스르는 더러운 절망의 말들이 나를 인질로 잡고 있었다. 내가 책을 읽고 있을 때는 때때로 읽은 것으로부터 갑작스러운 질문이 생겨나고 때로는 이상하게 마음이 끌려가서 알지 못했고 생각해 본 적도 없으며 기억해 낼 수도 없었던 문장을 들었다.

요즘은 기도하면서 심한 고통을 겪고 있다. 마귀가 때로는 내 뒤에서 내 옷을 끌어당기고 있다고 생각하였다. 기도하는 동안 끊임없이 너는 충분히 기도했으니 그만하라고 종용하며 나의 마음을 성급하게 만들고 중단시키면서 방해 공작을 해댄다. 어떤 때는 자기에게 기도하라 자기를 위하여 기도하라는 등의 사악한 생각을 불어넣기도 한다. "쓰러져라. 아니면 무릎을 꿇고 나를 경배하라"라는 생각이 들기도 했다.

내가 직무를 수행하는 순간에 방황하는 생각들이 떠오를 때면 내 마음을 모아 하나님께 초점을 맞추려고 했다. 그러면 유혹하는 자가 굉장한 힘으로 마음의 영상 가운데 숲이나 황소, 빗자루 이런 것들을 보여주면서 이것들에 기도해야 할 것 같은 마음을 갖게 하여 혼란스럽고 난처하게 만들어 내 마음을 흩어놓았다. 이런 것들에 내 마음이 사로잡혀서 그 외에 다른 생각을 할 수조차 없게 하고 오직 이런 형상들에만 기도하게 했다.

여하튼 그때 나는 하나님과 그의 진리의 복음의 현실을 향한 마음을 뒤흔드는 강한 두려움을 가져야만 했다. 아, 하지만, 나는 기껏 말로 다 표현할 수 없는 신음만 내뱉다니. 나의 온 영혼은 하나님을 갈망하는 고통으로 내게 긍휼을 베풀어 달라고 외쳤어야 했다. 거짓 형상들의 기발한 착상에 다시금 현혹된 나는 나의 기도가 하나님을 속이고 있다는 생각으로 거룩한 천사들과 함께 "이 불쌍하고 어리석은 자여 마치 내 자비로 아무것도 할 수 없다고 생각하고 거짓 환상들에 너의 마음을 빼앗기다니! 불쌍한 자여, 어떻게 속을 수 있단 말인가! 그런 것들은 네 영혼처럼 가장 높은 자의 은총을 받을 수 없는 것들이 아닌가!"라는 음성을 들었어야 했다.

그러자 유혹하는 자가 나에게 다가와서 내 기를 죽이는 말을 하였다. "너는 자비를 받은 후에 너무 뜨거워졌어. 그러니 내가 시원하게 해 줄 것이다. 이런 뜨거움은 언제나 오래가지 않아. 많은 사람이 너처럼 뜨거웠었지. 하지만, 내가 그들의 열정을 식혀줬어." (이렇게 말하고 내 눈앞에서 이런저런 사람들이 무너졌었다고 말했다) 그러자 나도 그렇게 될까 봐 두려워졌다. 그러나 이런 생각이 내 마음에 떠오르게 된 것이 기뻤다. 좋아 내가 무엇을 스스로 할 수 있을지 지켜보자. "네가 그렇게 한다 해도, (사탄이 말하기를) 너에게 나는 너무 강해. 점점 아주 조금 조금씩, 네가 식어버리도록 할 거야. 상관없어, 내가 지난 7년 동안 네 마음을 차디차게 만들었는데 그 이상도 못 할 것 같아? (그가 말했다) 우는 아이를 재우기 위하여 계속 흔들어주는 것처럼 부지런하게 움직여 결국은 내 목적을 달성할 거야. 지금 네가 뜨겁게 타고 있지만 너를 그 불에서 끌어내서 머지않아 너를 차디차게 만들고 말겠어."

이런 생각들은 나를 비참하게 했다. 지금 현재 나는 임박한 죽음을 맞이하기에 적합하지 않다고 생각하여 오래 살기 위하여 나를 더 모자란 존재가 되게 하는 것이 좋다고 생각할 지경이었다. 시간이 흐르면 모든 것을 잊고 죄악의 기억들이 닳아 없어지고, 천국의 가치와 내가 이런 마음과 생각에서 빠져나오도록 그리스도의 보혈로 씻김을 받아야 한다는 것조차 다 잊어버리기를 바랐다. 그러나 그리스도 예수께 감사한 것은 이 모든 유혹이 나의 외치는 소리를 느슨하게 하지 않고 도리어 더욱 외치게 하였다(신명기 22:26에서 성폭행하려는 자를 만난 여인이 소리를 지르게 되는 것과 같이). 유혹과 시험으로 고생한 후에 나에게 찾아온 선한 말씀은, "높음이나 죽음이나 생명이나 그 어떤 것도 그리스도 예수 안에 있는 하나님의 사랑에서 나를 떼어놓을 수 없느니라."였다. 나는 이제 어떤 장수도 나를 파괴하지 못하며, 하나님 나라를 놓치지 않게 하실 것을 소망하게 되었다.

이 유혹의 몇 가지 원인을 알고 있지만, 여전히 시험 중에 나는 의문을 제기하였다. 예레미야 3장에 대한 첫째 의문이 있다. 5절에 대한 것을 생각하게 되면서였다. 우리가 행할 수 있는 모든 악할 일들은 다 저지르고 나서 하나님 앞에 돌아가서는 "나의 아버지여 아버지는 내가 어렸을 때부터 나를 사랑하셨습니다"라는 말씀이었다.

"죄를 알지 못하시는 분께서 우리를 위하여 죄인과 같이 되어 우리가 주 안에서 하나님의 의롭다 하심을 얻게 되었다"는 말씀으로 순간적인 기쁨을 맛보았다. 내가 어느 날 이웃집에 앉아 내가 했던 많은 신성모독적인 생각으로 깊은 슬픔에 잠겨있었다. 혼자 말로 이야기했던 것이 기억났다. 나같이 악하고 역겨운 사람이 어떻게 영원한 생명을 얻을 수 있다는 생각을 할 수 있을까? 그때 순간 떠오른 말씀은 "이에 대하여 우리가 무슨 말을 할 수 있을까요? 하나님께서 우리를 위하시면, 누가 우리를 대적하겠습니까?" 이 말씀이 위로되었지만, 잠깐 떠올라 내 마음을 만져주어 무척 기뻤으나 그리 오래 머물지 않았다. 하지만 베드로의 편지와 같이 나를 다시금 천국으로 인도할 것이다.

그런 후 주께서 내 안에서 온전한 은혜 가운데 발견되고, 나의 양심 가운데 머물러 있는 죄의식에서 구원했을 뿐 아니라 그 더러움에서 건져내 주셔서 유혹은 제거되었고 다른 그리스도인들과 같이 바른 마음을 가지게 되었다.

내가 여행 중에 내 마음에 일어나는 악하고 신성모독적인 생각, 내 안에 있는 하나님을 향한 적대감이 일어날 때 성경 말씀이 떠올랐다. "십자가의 피로 화평을 이루셨다." 하나님과 나의 영혼이 주의 피로 친구가 되었다는 말씀을 보았다. 그의 피로 인하여 하나님의 공의와 죄 많은 나의 영혼이 포용하고 입을 맞추는 것을 보았다. 그날은 참 좋은 날이어서 절대 잊지 않기를 소원하였다.

다른 때, 내 집 난롯가에 앉아있으면서 나의 비참한 모습에 관한 생각에 잠기게 되자 주께서 나에게 귀한 말씀을 주셨다. "살과 피에 참여한 자녀들은 주님과 함께 되었으므로, 주께서 죽음의 권세를 가진 자 곧 악마를 멸하시고 죽음의 멍에에 매인 자들을 죽음의 두려움에서 건져내셨다." 이 말씀의 영광이 크게 다가와서 두 차례나 정신을 잃었다가 깨기를 반복하였던 일은 슬픔과 고통으로 인한 것이 아니라 큰 기쁨과 평안을 얻었기 때문이었다.

그즈음에 나는 기포드목사의 돌봄을 받으면서 하나님의 은혜로 안정을 찾게 되었다. 그는 우리의 성향 탓에 힘들고 옳지 못한 시험으로부터 하나님의 백성들을 구원해내는 사역을 하고 있었다. 그는 진리를 의심하지 않도록 우리에게 특별한 주의를 환기하였다. 그는 누구든지 거룩한 말씀 안에 그의 성령이 우리에게 찾아오셔서 믿음의 확신을 가질 수 있도록 하나님께 부르짖으라고 부탁했다. 그러지 않으면, 유혹이 우리에게 강력하게 찾아올 때 하늘로부터의 증거를 받지 못하고 전에 갖고 있다고 생각했던 힘과 도움을 얻지 못한 채 저항하게 될 것이라고 말했다.

이 말씀이 나의 영혼에 이른 비와 늦은 비와 같이 적절하게 다가왔다. 슬픈 경험을 통하여 하나님의 말씀의 진리를 발견했기 때문이었다. 특히 악마에게 유혹을 당할 때 어느 사람도 "성령으로 말미암지 않고는 예수 그리스도를 주라고 할 사람이 없다"는 것을 느꼈기 때문이었다. 은혜를 통하여 그 어떤 것에서도 발견할 수 없었던 하나님의 영광과 나의 영원한 행복을 이 교리에서 발견하게 되고 하나님께 기도할 수 있었다. 하늘로부터 온 확신이 없었다면 나는 고난에 처할 수밖에 없었다. 이제 나는 살과 피의 개념과 천국의 하나님의 계시 사이의 엄청난 차이를 분명하게 알게 되었다. 더불어 인간의 지혜를 따르는 거짓된 신앙과 하나님으로부터 태어난 사람의 존재에게서 오는 신앙의 커다란 차이도 알게 되었다.

오, 놀랍도다! 이제 나의 영혼이 하나님의 진리, 하나님의 아들의 탄생과 요람에서부터 승천과 이 세상을 심판하기 위하여 다시 오실 그분의 진리로 인도함을 받다니!

크신 하나님께서 참으로 선하신 분이라는 것을 새삼 깨닫게 되었다. 이 진리, 주 예수의 복음의 한 부분이라도 알게 하며 보여주시라고 부르짖은 적도 없었지만, 나에게 기쁨으로 보여주셨으며 그 가운데 순조롭게 인도함을 받았다. 네 개의 복음서에 쓰인 예수 그리스도의 수태와 탄생, 심판을 위한 재림을 통해 우리를 구원하시기 위하여 주신 하나님의 놀라운 말씀에서 위대한 증거를 보았다. 마치 내가 그의 탄생과 그의 성장과 이 세상에서 요람부터 십자가까지 행하신 것을 지켜본 것처럼 여겨졌다. 그가 나에게 찾아왔을 때 자신을 십자가에 온유하게 내어주시고 나의 죄와 악한 행실을 위하여 못 박힌 것을 본 것이었다. 이러한 과정을 명상할 때에 "그는 도살자에게 내어준 바 되었다"는 말씀이 내 마음에 꽂혔다.

그의 부활의 진리를 생각할 때에 "마리아야, 내 몸에 손대지 말라" 하신 것이 기억났다. 마치 무덤 문을 박차고 우리의 무서운 원수를 물리치고 기쁨으로 부활하신 것을 본 것과 같았다(요한 20:17). 나를 위하여 하나님 아버지 우편에 계신 분, 영광중에 세상을 심판하시기 위하여 다시 오실 그분, 성경에 기록된 이 모든 것들을 확증하시기 위하여 오실 그분을 보게 되었다. (행 1:9-10, 7:56, 10:42, 히 7:24, 8:3,8, 계 1:18, 살전 4:17-18)

John Bunyan, *Grace Abounding to the Chief of Sinners,* 51-60, 96-120, from *The Complete Works of John Bunyan,* with an introduction by John P. Gulliver (Illustrated Edition, Philadelphia: Bradley, Garretson & Co., etc, 1872), pp. 35-36, 40-44.

부흥 신앙의 치유학
존 월쉬

소개의 글

　18세기 목회 문헌은 유럽 대륙의 경건주의자들과 영국의 복음주의자들, 그리고 미국 식민지 시대의 "위대한 각성 운동의 선구자들"의 열정적인 설교를 듣고 특별히 감동을 한 사람들의 회심 체험에 관한 이야기들로 가득하다. 영적 지도자의 이력을 기록하고 있는 존 웨슬리의 『일기(*Journal*)』(1703-1791)에는 초기 감리교인들이 설교를 듣고 회심한 이후 이상한 행동을 했던 경험에 대한 이야기들로 채워져 있다. 1759년 그의 일기에서 웨슬리는 베드포드셔(Bedfordshire)에 자리 잡은 마을, 소위 "에버튼(Everton) 주변에서 일어난 하나님의 역사"에 대한 여러 이야기를 적고 있다. 1758년 12월 18일 웨슬리가 에버튼에서 영향력 있는 설교와, 이듬해에는 존 버리지(John Berridge, 1716-1793) 목사의 설교로 에버튼과 이웃 마을에서 여러 차례 각성이 일어났다.

　에버튼 부흥에 관한 가장 매력적인 이야기들은, 비록 웨슬리에 의해 익명으로 소개되었지만, 이신론자(deist)였다가 회심한 후 웨슬리와 빈번하게 서신 왕래를 했던 존 월쉬(John Walsh)의 펜 끝에서 비롯되었음이 분명하다. 월쉬의 이야기는 회심의 종교 경험에 수반되는 다양한 행동 현상에 세심한 주의를 기울이고 있다. 이러한 현상의 관찰자로서 월쉬는 위대한 미국의 설교자요 철학자이며 종교심리학자였던 조나단 에드워즈(Jonathan Edwards, 1703-1758)의 일부 저작물과 쌍벽을 이룬다.

모든 시대에 걸쳐서 기독교인의 종교 체험, 특히 회심에는 여러 종류의 신체 증상이 뒤따라왔다. 사도 바울은 앞을 보지 못하였으며, 마틴 루터는 마비로 쓰러졌었다. 회심 경험에 대한 18세기 저작들은 이와 같은 경험이 영혼 돌봄을 위한 중요한 기회로 여겨졌다는 사실에 특별히 주목하고 있다. 신체 증상은 영혼의 다양한 상태를 나타내는 것으로 분석되었으며, 권면과 기도, 특히 찬양과 같은 특별한 종교적 훈련이 무서운 신체의 징후를 소중한 영적 증례로 변화시키는 데 도움이 된다고 생각했다.

존 월쉬가 에버튼 부흥에 대해 기록하면서 외견상으로 나타난 경건에 대한 특이한 묘사들은 개신교 복음주의 신앙 현상에만 국한된 것은 물론 아니다. 모든 시대의 기독교 문헌들이 여기에 언급된 것들과 유사한 형식과 내용의 신비한 경험들을 기록하고 있다. 월쉬의 에피소드를 내놓기 2세기 전, 아빌라의 성 테레사(St. Teresa of Avila, 1515-1582)는 그의 종교적 황홀경의 체험을 자서전적으로 묘사했는데, 언어만 다를 뿐 초기 감리교도들의 모임에서 일어났던 것과 유사하다. 그녀는 수녀원에 들어가는 여부를 놓고 고뇌에 빠져 있을 때 다양한 통증과 발작, 급작스러운 경련에 시달렸다. 그 부분을 다음과 같이 소개한다.

그리고 이제 성모의 8월 축제가 돌아왔다: 나는 4월 이후로 고통 가운데 빠져 있었다. 그중에 지난 석 달은 최악이었다. . . . 발작 이 일어난 그 밤에 나흘 동안 의식을 찾지 못했다. 그동안 나에게 종유성례(Sacrament of Unction)를 베풀어 주었으나 시간마다, 순간마다, 나는 죽어가고 있다고 생각했다; 그들은 나에게 사도 신경을 되풀이해 주었을 뿐이었다. . . .[58]

어느 날 성찬을 받을 때 테레사는 자신이 하나님에 의해 "입신" 경험을 할 것이라고 느끼고 다른 수녀들에게 자신이 하나님에 의한 경련을 일으키면 자신을 붙들어 달라고 부탁했다. 그녀는 하나님이 그녀에게 환상을 보여주거나 말씀하고자 하실 때 자신의 몸이 약해지거나 경직되는 혼수상태를 묘사하였다. 이러한 극적이거나 격렬한 발작으로 인해 테레사의 지도자들은 그녀의 이야기가 하나님을 경험하는 것인지 사탄을 경험하고 있는지 의아해하였다.[59] 존 윌쉬는 존 킬링(Mr. John Keeling)도 감리교도들에게 나타난 유사한 행동을 "하나님의 역사인지 아니면 악마의 역사인지. . . ."를 심각하게 의심했다고 말하고 있다.

우리가 인용한 종교적 경험의 신체적 현상에 관하여 개신교와 가톨릭의 사례 모두 목회자들은 그 행동이 하나님에게서 온 것인지 아니면 사탄에게서 온 것인지를 알고자 하였다. 두 사례 모두에서 어떤 희생을 치르더라도 피해야 하는 위험은 자가 진단의 유혹과 더불어 소외였다고 생각된다. 사실 황홀경의 체험을 한 사람에게 나타나는 경직의

---

58. E. Allison Peers가 편집하여 번역한 *The Complete Works of Saint Teresa of Jesus*, Volume 1. 이 책은 P. Silverio de Santa Teresa, C.D.의 비평본에서 발췌한 것이다. Published by Sheed & Ward, Inc. New York (3 vols., 1957), I, 30-31.

59. 같은 책, pp. 120-127, 151.

원인을 확인할 수 있는 유일한 방법은 정밀한 조사와 평가를 위하여 자신을 다른 그리스도인에게 드러낼 때 가능하기 때문이다. 이어지는 인용문은 그리스도인의 유대감의 중요한 표현인 찬양 부르기에 대한 공감적인 관심을 분명한 진단적 징후로서 강조하고 있다. 붙잡혀 있던 사람이 다른 그리스도인들과 함께 찬양하고 싶어서 깨어났다면, 그의 경험은 분명 하나님에게서 온 것이다. 한편, 가톨릭 신자는 영적 지도자의 지시를 따르는가에 의해 진단하였다.

테레사 또는 초기 감리교도 회심자의 종교적 표현으로 묘사된 신앙 생활의 진단과 목회 돌봄은 영혼의 치료에 의미를 두지 않았다. 이어지는 인용문은 에버튼 감리교도들이 부흥 신앙을 영적 치료로 묘사하고 있는 것을 보면, 그들이 영혼 돌봄에 관해 관심을 두고 있는지 보여 준다.

부흥 신앙의 치유학

출처: 『존 웨슬리의 일기』 (1759), 저자: 존 월쉬.

여기에 우리는 에버튼과 그 주변에서 일어났던 하나님의 역사에 대하여 더 많은 이야기를 덧붙이고자 한다.

우리는 7월 9일 월요일에 출발해서 수요일 정오에 포턴(Potton)에 도착했다. 거기에서 존 킬링(John Keeling)과 다른 이들이 들려준 이야기로 기쁨을 나눴다. 기억에 남을 만한 안식일이라고 주장하는 것으로 보이지만, 그의 여동생(그날 큰 고통을 겪고 있었던)이 자유로운 몸이 되었던 열흘이 지나기까지 분명한 증거가 없었다. 은혜로운 환상을 경험한 후에 따르는 중압감에 대해 말했던 앤 쏜(Ann Thorn)과 이야기를 나눴다. 그녀는 성찬을 나눌 때 특히 사랑과 기쁨으로 압도당하여 여러 시간을 실신 상태에서 누워있었다고 하였다. 그녀는 스물한 살이었다. 우리는 곧 정원으로 초청되어 거기서 같은 나이인 패티 젠킨스(Patty Jenkins)의 이야기를 들었다. 그녀는 하나님의 사랑에 너무나 당황하여 주저앉았고, 눈을 뜬 채 단잠에 빠져있었다고 하였다. 그러나 그녀는 여전히 낮은 목소리로 기쁨과 찬양이 터져 나오는 것을 표현할 힘은 있었으나 느낀 것을 말로 드러내지는 않았다. 다만 주님의 영광을 보는 동안에는 자주 웃었다. 이것은 많은 사람이 이해할 수 없는 것인데, 이방인은 우리의 기쁨을 알 수 없기 때문이다. 그런 일이 M(adan)씨에게 일어났다. 그는 그녀에게 사랑과 찬송으로 채워준 것이 하나님이셨는지 마귀였는지 의혹을 제기하였다. 인간의 지혜의 심오함이여! 반면에 R(omaine) 부인은 엄숙한 경외감으로 가득 찼다. 내가 그녀 옆에 앉자마자 성령이 임하셔서 그녀와 똑같은 축복을 내 영혼에 부어 주셨다. 그녀에게 임한 현상은 우리가 코케인 해틀리(Cockaigne-Hatley)로 출발할 때까지 계속되었다. 그런 후 이내 그녀의 기력이 회복되었고, 열여섯 명이 함께 걸어가면서 주님께 찬양을 드렸다.

힉스 형제는 스트레이트 게이트(Strait Gate)에서 훌륭한 설교를 했다. 이튿날 아침, 12일 목요일에 그는 나에게 그의 설교를 요약할 수 있도록 여가를 주었지만, 나는 다음과 같이 어느 날 아침에 일어났던 사건을 쓸 수 있는 시간밖에 갖지 못하였다.

1759년 6월 6일―나는 오늘 아침, 오웰(Orwell)에서 이사야 55장 1절의 말씀을 전했다. 전에 죄에 대한 확신을 가졌던 한 사람은 일종의 발작으로 넘어지더니 영혼의 심한 고통 중에 갑자기 주 예수님을 부르며 구원을 외치기 시작했다. 죽음의 고통 가운데 있는 것처럼 온몸이 땀에 흠뻑 젖었다. 마치 그 영혼이 지옥에 끌려가는 것처럼 무릎을 꿇을 때 기댔던 의자가 그를 때렸다. 즉시 그의 표정이 정돈되었다. 우리는 그가 자유로워졌기를 기대하였다. 그러나 갑자기 그는 첨예한 갈등을 겪으면서 전보다 더 고통스러워하였다. 몸의 모든 근육은 마치 녹아버리는 것처럼 강하게 흔들리고 있었다. 나는 그렇게 격렬한 발작을 본 적이 없었다. 그러나 하나님께서 순간 구름을 거두어주셨다. 다시 그의 얼굴은 미소로 덮였고 마치 주님이 가까이에서 보는 것처럼 말했다. 그는 주님에게 부르짖었고 주님은 들으시고 그에게 아무런 대가 없는 용서를 선포하셨다. 그 순간 그는 손뼉을 치며 "예수는 나의 주! 나의 구세주!"라고 크게 외쳤다. 그의 영혼은 평안해졌고, 어떤 신체적 고통이나 통증을 느끼지 않았다. 내가 "당신이 다시 이런 일을 겪게 되면 어떻게 하겠습니까?"라고 물었더니, 그는 "모든 세상을 위해서는 아닙니다. 그리스도가 없다면 더 큰 고통을 겪을 것입니다. 그렇습니다. 주님을 위하여 이 모든 고난을 기꺼이 겪을 것입니다."하고 대답하였다. "지혜롭지 못한 자는 이것을 생각하지 못하며, 어리석은 자는 이것을 알지 못할 것입니다."

오늘 아침, 열 예닐곱 정도 된 앤 심슨(Ann Simpson)은 다른 말은 하지 않고 "그리스도! 그리스도!"라고 비명을 지르면서 얼굴은 아주 심하게 일그러져서 한 시간 가까이 극심한 고통을 겪으며 누워있었다. 그녀를 잠시 두고 자리를 비운 사이 찬양 소리가 들리자 앉아있을 수 없었다. 내가 그녀에게 가자 영혼의 중압감이 기쁨으로 바뀐 것을 알게 되었다. 이는 그녀의 죄가 용서받았다는 기쁨의 확신이었다. 그녀는 내 옆에서 일종의 무아지경 상태로 누워있는 젊은 여성에게 뛰어들어 그녀의 팔을 껴안고 하나님께 찬양했다. 나는 다시 지켜보았다. 얼마 지나지 않아 나에게 찬송의 전달자가 되어 달려왔다. 나는 그녀에게 왜 계속 "그리스도! 그리스도!"를 외치는지 물어보았다. 그녀는 "그 순간에 나는 작은 섬에 있다고 생각했어요. 숨어 있는 사탄을 보았어요. 끔찍한 모습이었어요. 나를 잡아먹으려고 했어요. 나를 삼키려고 지옥문을 열고 내가 떨어지기만 기다렸어요. 도움을 얻을 곳도 없고 도망할 길도 없었어요. 그런데 내가 떨어지는 동안에 주께서 나와 그 깊은 구렁 사이에 나타나셨어요. 나를 떨어지지 않게 해 주셨어요. 주님을 본 순간, 이전에 느끼던 모든 고통이 사라졌어요. 자유롭고 기뻤어요. 이제 하나님의 사랑으로 가득해졌어요."라고 대답했다.

1758년 8월 1일 처음으로 죄 용서의 확신을 하고 난 지 대략 6주 만에 마음의 평안을 얻은 힉스씨는 9월 17일 처음으로 복음을 전했다. 그 후로 그는 바보와 미치광이로 불리었다. 약 이천 명이 열두 달 동안 B(erridge)씨와 힉스씨 두 사람에 의하여 구원을 얻게 된 것으로 보인다.

13일, 금요일─M(adan)씨와 R(omaine) 부인은 여기에서 일어나는 하나님의 역사하심에 대해 회의적이었지만, 5월 20일 오늘 아침에 의로움을 얻은 창백한 소녀인 열여섯 살의 앨리스 밀러(Alice Miller)와 열두 살의 몰리 레이몬드(Molly Raymond)가 그 나이 소녀들에 걸맞는 경험담을 꾸밈없이 확신에 차서 이야기할 때 그들은 완전히 확신하게 되었다. 오전에 B(erridge)씨의 말을 듣기 위해, 케임브리지셔(Cambridgeshire)의 타들로우(Tadlow)까지 걸어갔으나, 너무 늦어 설교를 듣지 못했다. 그러나 이곳과 이웃 지역에서 일어난 하나님의 놀라운 일들에 관한 이야기로 대단히 기뻤다. 이것은 모두 앞으로 올 세상을 보여주는 것이었기 때문이다.

14일, 토요일─병이 난 B씨는 내가 그의 집에 있는 사람들에게 권면해주기를 부탁하였다. 나도 매우 놀랐던 것은 주님께서 나에게 편안하고 힘이 넘치도록 도와주셨기 때문이다. 이튿날 아침 7시. 그의 하인인 케일럽 프라이스(Caleb Price)는 200명 정도의 사람들에게 말씀을 전했다. 주님이 놀랍게 임재하셔서 스무 명 이상이 화살을 맞은 것과 같은 확신을 하게 되었다. 몇 명은 땅에 엎드러졌고, 그 가운데 일부는 죽은 것과 같이 되었고, 다른 일부는 죽음의 고통에 시달렸고 그들이 경험하는 몸의 격렬한 경련은 말로 다 표현할 수 없었다. 여기저기에서 깊고 죽음과도 같은 신음이 섞인 울부짖음과 고뇌에 찬 기도의 소리가 들려왔다.

설교가 끝나자, 그랜체스터(Grantchester)로부터 B씨에게 지난주 찬송만을 부르던 17명의 사람들을 하나님께서 회심시켰다는 좋은 소식이 전달되었다. 일곱 살의 소녀가 많은 환상을 보고 순진하지만 놀라운 자세로 말씀을 선포하여 많은 사람을 놀라게 했다.

B씨가 교회에서 설교하는 동안, 나는 멀리서 오는 사람들에게 자리를 마련해주고자 교회 뜰에 있는 사람들과 함께 일어났다. 그러는 바람에 거의 보지는 못했으나 많은 사람이 고통스러워하면서 영원한 생명을 바라고 열망하는 소리를 들을 수 있었다. 오후에 B씨에게 수많은 사람이 교회 밖으로 나와서 설교를 마무리하도록 요청하였다. 그러자 마음에 깊은 감동을 얻은 사람들이 놀랍게 영향을 받았다. 내가 처음 본 부상을 입은 남성이 넘어질 뻔해서 다른 사람들이 그를 팔로 안아 붙들어 주었다. 그러나 가만히 있지 않고 자신을 붙잡고 있는 사람들까지 휘청거리고 진동하게 했다. 그가 진동하는 세기는 바람에 옷이 날리는 것 이상이었다. 주님께서 마치 거인처럼 그에게 임하셔서, 그의 목을 붙잡고 그의 모든 뼈를 하나씩 흔드는 것 같았다. 사람들이 흩어질 때 한 여자가 두 손으로 땅을 파서 흙과 단단히 밟아 준 잔디로 채우고, 죽은 사람처럼 두 손을 포개어 잡고 그 위에 눕는 것을 보았다.

또 다른 사람은 무서운 고통 가운데 이전에 들어 본 적이 없는 외마디 소리를 질러댔다. 신자들이 기뻐하는 사례를 다 기록할 수 없었던 것은 그들의 방식이 이상하기도 했지만, 그 숫자와 빈도가 높아서이다. 우리는 어떤 이들이 하나님의 사랑에 압도당한 삶을 자연스럽게 보여주는 것만으로도 그들이 얼마나 영생을 얻은 기쁨에 사로잡혔는가를 충분히 알 수 있었다. 어떤 사람들은 마치 그들이 오랫동안 죽은 듯이 있었지만, 그들의 표정만은 고요와 평온 그 자체였다. 나는 밖에서 두세 시간 동안 누워있는 한 사람을 보았다. 그 사람은 집으로 옮겨졌으나, 또 한 시간 동안 계속 의식불명이어서 실제로 죽은 사람 같았다. 그녀가 보여준 살아 있다는 첫 번째 징후는 낮지만 기쁨이 넘치는 웃음과 찬송이 뒤섞인 환희의 경험이었다.

16일, 월요일—오늘 저녁 B씨는 자기 집에서 설교했다. 그곳에서 나는 몰리 레이몬드가 잠들어있는 것처럼 내내 쉬고 있는 것을 보았다. 그러나 한두 시간 후 나는 그녀와 이야기하기를 원했다. 나는 그녀가 왜 집에 돌아가지 않았는지 궁금해 했고, 너무 어린 소녀가 동행한 어른도 없이 어두운 길을 멀리 가야 할 것을 걱정하였다. B씨는 그 소녀만이 아니라 다른 아이들도 아무것도 두려워하지 않는다고 나에게 말했다.

17일, 화요일—우리는 할스톤(Harlston)을 향해 걸어갔다. 거의 다 가서 B씨가 갑자기 나타났다. 그는 매우 지쳐 낙심하여 말했다. "나는 이제 너무 피곤해서 옥외설교를 그만해야겠어요." 그렇지만 그는 주님께 헌신하여 거의 3천 명 가까운 사람들에게 설교하기 위해 일어섰다. 처음에는 매우 약하여 거의 말할 수 없는 상태였다. 그러나 곧 하나님께서 약속하신 대로 새로운 힘을 주시며, 강력한 권능으로 말하게 하셨다. 마른 뼈들이 크게 흔들렸다. 손을 꼭 쥐고 외치는 울음과 신음이 계속되어 죄인들의 기도는 처음으로 자신들의 비탄한 상태를 확신시켜주었다. 설교 후에 그는 활기차고 강해져서 사람으로 가득한 방은 그의 호흡에 지장을 주지 못했으며, 여덟 살과 열여섯 살 아이 둘이 하나님께 자비를 구하며 크게 외치는 소리도 그의 환희를 가로막지 못했다.

B씨가 지금 가고 있던 할스톤과 스테이플포드(Stapleford)와 트리플로우(Triplow)는 한 번도 복음을 전하지 않았던 곳이었으므로 그곳의 여러 강단에서 우레와 같은 설교를 쏟아붓지 않았다면 아마도 복음을 전하지 못했을 것이다. 사탄은 빈번히 과도하게 역사하여 도리어 자기의 왕국을 몰락시킨다.

나는 지난 주간동안 몹시 아팠다. 그런 연유로 어젯밤에 주님께 간구하였고, 오늘 아침에 8시에서 9시경에 힘겹게 일어나지 않고 평소와 마찬가지로 5시에 가뿐히 일어났다. 1마일 또는 2마일을 걸었으나 지치지 않았고 약해지지 않아서 18마일을 걸었다.

18일, 수요일—우리는 B씨가 아침에 설교해오던 집을 방문해서, 여러 사람이 하나님을 기뻐하고 갈망하는 것을 보았다. 내가 그들과 기도를 하는 중에도 많은 사람이 그 집으로 모여들었다. 어떤 이가 낯설고, 의도하지 않은 웃음을 터트리는 바람에 내 음성을 들을 수 없어서, 더 큰 소리로 말하려고 하자 갑자기 목이 쉬어버렸다. 그러자 웃음소리가 더 커졌다. 나는 그것이 사탄이라는 것을 깨닫고 계속 기도하기로 마음먹었다. 즉시 주님은 그를 책망하셔서 웃음도 내 쉰 목소리도 멈추었다. 그 집의 세 젊은 여성들 옆에 한 젊은 남자와 할스톤에서 가장 사악한 사람 중 한 명으로 알려졌던 열한 살짜리 소녀가 하나님의 위로로 큰 복을 넘치게 받을 때까지 슬픔이건 기쁨이건 하나님과의 격렬한 씨름이 온 회중 가운데 계속되었다.

확신을 얻은 사람 중에는 그동안 복음을 비웃고 울부짖는 사람들을 신랄하게 조롱하던 나이든 여인이 있었다. 그러나 지금 그녀는 어떤 참가자보다 더 크게 울부짖었다. 25년 동안 주님을 믿었던 한 사람을 살펴보았다. B씨가 그녀에게 처음 복음을 들려주었을 때, 하나님께서 오래전에 주셨던 똑같은 구원이었다는 것을 깨닫고 마음에 기쁨이 가득하였다.

우리는 쉘포드 무어(Shelford Moor)의 중심부로 걸어갔다. 양을 치는 젊은 여성 외에는 아무도 보지 못했다. 그곳에 서서 찬송을 부르자 그 소리가 그녀에게 전해졌다. 그녀는 천천히 울면서 우리에게 다가왔고, 시냇물 건너편에 서 있는 그녀의 뺨을 타고 눈물이 줄줄 흘러내리는 것을 보았다. 우리는 시온의 눈물을 흘리는 이 여성을 위하여 또 다른 찬송가를 부르며 그녀를 위해 간절한 기도를 하나님께 드렸다. 그러나 아직 그녀는 하나님의 위로를 얻지 못했다. 실제로 나는 B씨의 설교를 들었던 사람들을 살펴보면 그들이 가졌던 확신은 깊고 강력하였으며 또한 오랫동안 계속되었다. 기뻐하는 사람들 때문에 마음에 부담을 느꼈던 사람들은 그들이 처음 받을 잔이 얼마나 끔찍할지 반드시 생각해야 한다. 이제 그들은 모두 빛이다. 하지만, 그들은 어둠과 비참, 고뇌와 깊은 상처를 기억하고 있다.

우리는 캠브리지에서 5마일 떨어진 스테이플포드에서 B씨를 만났다. 그는 특히 이곳 사람들에게 마음을 더 집중한 것은 이곳에서 오륙년 동안 부목사였지만, 오늘 저녁까지는 복음 설교를 한 적이 없었기 때문이었다. 대략 천오백 명가량의 사람들이 그의 설교를 들으려고 모였는데 대다수가 비웃거나 조롱하는 사람들이었다. 그러나 하나님의 역사는 진지한 사람들에게서 급속도로 시작되었으며, 상처 입은 사람인 척하며 장난치는 사람은 거의 없었다. 이들과 하나님을 기뻐했던 사람들은 가엾은 사람들에게 채찍을 가하도록 강렬하게 요구하였던 근엄한 표정을 짓고 있는 사람들에게 큰 타격을 가했다. 하나님의 백성 중 몇 사람이 하나님께서 그의 방식대로 역사하시는 것을 원하지 않을 때 우리가 놀랄 필요가 있는가? 그리고 사람들이 울부짖고 영혼의 괴로움 가운데 기도하는 것을 볼 때 사탄은 분노에 차서 쫓겨나는 중요한 때라는 것을 우리는 잘 알고 있었다.

얼마 지나지 않아, 조롱하는 사람들 대부분이 피곤해져서 떠나갔다. 나머지는 이전과 같이 무감각해 보였다. 나는 하나님을 위한 질투를 느끼고 그분의 발이 닿는 곳이 영광의 자리가 되기 위해 기도하면서, 오랫동안 회중들 주변을 걸어 다녔다. 나의 인내가 한계에 도달하여, "영광의 왕이시여, 저들의 마음을 깨뜨려주셔서 영혼의 구원이 임하게 하소서!"라고 기도했다. 나는 멀찌감치 떨어져 있는 회중에서 무서운 소리를 듣게 되자 시선을 그쪽으로 돌렸다. 내가 지금까지 본 가장 끔찍한 모습으로 토마스 스키너(Thomas Skinner)가 앞으로 다가오는 것을 보았다. 그의 큰 가발과 머리카락은 검은색이었다. 그의 얼굴은 형언할 수 없을 정도로 뒤틀려있었다. 그는 힘을 다해 손뼉을 치면서 소리를 질러댔다. 사람들이 겁에 질려서 그에게 길을 터주었다. 그러나 잠시 지나자 그가 크게 기도하는 소리가 났고 나는 기뻤다. 조롱하던 적지 않은 사람들이 진지해졌으며, 다른 한편에는 그의 친척과 지인들이 자신들의 눈과 귀로 보고 듣는 것을 믿을 수 없었다. 그들은 그를 데리고 나가는 것을 싫어하였겠으나, 그는 땅에 엎드려져, "내 짐! 이 짐을 내가 견딜 수 없어!"라며 울었다. 그의 형제 중에 조롱하는 이들이 그가 완전히 뻗을 때까지 채찍질하였다. 그들은 그가 거의 죽었다고 말했다. 실제로 살아 있다는 유일한 증거는 숨을 쉴 때 얼굴이 일그러지는 것뿐이었다. 목의 정맥은 곧 터질 것처럼 부풀어 올랐다. 그는 조금 전까지 악한 세력의 선봉장이었다. 어떤 사람도 조롱자로 태어난 사람은 없다. 누구도 설교에 감동한 이에게 채찍질하도록 영웅적인 맹세를 할 수 있는 사람은 없다. 그는 몇 시간 동안 고통스러워하다가 이내 몸과 영혼이 편안해졌다.

B씨는 잠깐 휴식을 취한 후에 돌아와서 마무리를 지으며 회중을 향해 여전히 울부짖고 고통당하는 스키너를 통해 주신 경고를 받아들이라고 권고했다. 모든 사람이 진지해졌으며 수백 명의 사람은 B씨가 집회를 마쳤을 때도 제닝스(Jennings)씨의 정원에 남아 있었다. 특히 남자들이 감동을 많이 받았다. B씨는 집 안으로 들어온 많은 사람과 이야기를 나누었고, 얼마나 많은 숫자가 그냥 서성거리고 있는가를 본후에 나를 그들에게 보내어 함께 기도하게 하였다. 이것은 괴로운 십자가였다! 나는 그것이 주님의 뜻임을 알았지만, 몸이 약해지고 정신이 가라앉는 것을 느꼈다. 더구나 목이 쉬어서, 내 앞에 서 있는 수백명 중 몇이나 들을 수 있을까 염려하였다. 하지만 내가 순종하자 이내주님께서는 간구하는 영혼을 내게 부어 주셨고, 그토록 분명하고 강한말을 주셨기 때문에 나는 다른 사람인 것 같았다. 이것은 하나님의 종들이 자기 역량만으로 전쟁에 보내어지지 않는다는 또 다른 사례였다.

내가 마친 후 얼마 지나지 않아 테이블 위에 누워있던 스무 살의 존데니스(John Dennis)를 와서 돌보라는 요청을 받았다. 그의 몸은 동상처럼 경직되어 움직이지 않았다. 그의 목은 쇠로 만든 것 같았다. 그는하늘만 쳐다보고 음률이 있는 목소리로 크게 기도하고 있었다. 그의기도는 나와 B씨를 놀라게 했다. 나는 회중에게 "여러분들은 더 좋은설교자가 필요하지 않으며, 누구도 복음의 진리를 이 사람보다 더 분명하게 말할 수 없다"라고 말했다. 실제로 그의 기도는 기독교의 교리전체를 아주 정확하게 드러내 주었다. 그가 발작에서 벗어나 건강한모습으로 완전히 돌아온 뒤에 자신이 한 말들을 한마디도 기억하지 못한다고 하였다. 그의 어머니는 지난 2년 동안 그가 적어도 하루에 한 번 이러한 발작을 했으나 3주 전까지는 발작하면서 말을 한 적은 없었다고 말했다. 그 이후 그는 오늘 밤처럼 발작하면서 기도를 했지만, 마치 죽었던 사람처럼 무슨 일이 있었는지 몰랐다.

늦은 시각에 나는 반마일 떨어진 곳에 있는 오두막으로 갔다. 거기서 찬송가를 읽고 있는 젊은 여자를 발견했다. 주님의 권능이 청중들에게 특히 한 젊은 남자에게 임하여 고통 중에 크게 울부짖고 있어서 내가 그 자리에 함께한 모두에게 기도하기를 요청했다. 이것은 그날 하루 동안 했던 나의 일곱 번째 공적 기도이었으며, 내가 신실했다면 일곱 번도 더 기도했을 것이었다.

19일, 목요일―그랜트체스터에 있는 B씨의 말씀을 듣기 위하여 새벽 4시에 출발해 제닝스씨에게 갔다. 그는 나를 따라나섰지만 거의 말을 하지 못했다. 나는 지금까지 땀을 그렇게 많이 흘리는 사람을 본 적이 없었다. 구슬 같은 큰 땀방울이 그의 얼굴 전체에 붙어 있는 것 같았다. 오늘 아침 그랜트체스터의 회중은 원래 약 천명으로 예상하였는데, 주님이 놀랍게 그곳에 임하셔서 어젯밤보다 훨씬 더 많은 숫자가 모였다. 제닝스씨는 한 번도 어긋나 본 적이 없는 온화하고 좋은 성품의 바리새인이었다. 그러나 그는 지금 자신을 몽땅 잃었다고 확신하며, 입을 크게 벌리고 눈은 한 곳을 바라보며 당혹감에 휩싸여 절망 속에 한동안 서 있었다. 말하는 힘을 얻었을 때 그는 "나는 좋은 삶을 살아왔다고 생각했습니다. 다른 사람들처럼 그리 나쁘지 않았다고 생각했지요. 그러나 나는 이 땅에서 가장 사악한 존재입니다. 바로 지금, 이 순간에 지옥으로 떨어지고 있습니다!" 그는 그때 지옥이 열리는 것을 보았으며 사탄은 그를 던져 넣으려고 하였다. 그러나 얼마 지나지 않아 그는 주 예수님을 보았으며, 주님이 그를 받아주셨음을 알았다.

그는 그때 형언할 수 없는 황홀경에 차서 큰 소리로 부르짖었다. "나는 그리스도를 얻었습니다! 나는 그리스도를 얻었습니다!" 두 시간 동안 그는 하나님의 환상 속에 있었다. 평온은 아니었으나 기쁨으로 잠잠해졌다.

나는 제닝스씨 곁을 떠난 지 얼마 되지 않아 존 데니스가 큰소리로 하나님을 찬양하는 것을 들었다. 내가 그의 옆에 무릎을 꿇자마자 하나님의 위로가 내게 임하여서 몸에 진동이 오며 엄청나게 울었다. 성령이 충만하게 임한 것은 우리만이 아니라 집안의 모든 사람을 동참하게 했다. 존 데니스는 발작이 왔을 때 무릎을 꿇고 있었다. 우리는 그를 바닥에 눕혔고, 어젯밤처럼 곧 뻣뻣하게 되었으며, 같은 방식으로 기도했다. 그 후 그의 몸은 점점 유연해졌지만, 머리부터 발까지 경련을 일으켰다. 그가 어느 정도 회복되었을 때, 그는 하나님의 뜻에 자신을 맡겼다고 이야기하였다. 하나님이 아니고서는 자신을 이처럼 고통스러운 가운데 건져내 주실 힘을 내면에 제공해 주실 수 있는 분이 없다고 하였다.

나는 트리플로우에서 B씨의 말씀을 듣기 위해 스무 명과 함께 스테이플포드를 출발하여 걸었다. 많은 사람이 몇 명은 앞에서 가고 몇 명은 뒤따라서 같은 길을 걸어가는 것을 보았다. 이 장면은 스가랴 선지자의 말씀을 생각나게 하였다. "이 성읍 주민이 저 성읍에 가서 이르기를 우리가 속히 가서 만군의 여호와를 찾고 여호와께 은혜를 구하자 하면 나도 가겠노라 하겠으며"(슥 8:21).

천 오 백에서 이천 명가량이 트리플로우 근처에 운집했다. 청중 중에서 유일하게 안 좋았던 모습은 말을 타고 있는 몇 사람의 남자들이었다. 그들은 확신에 찬 사람들의 외침과 기뻐하는 사람들 특히 그들의 웃음 때문에 혐오감을 느꼈다. 그러나 그들은 그 사람들의 얼굴을 30

분 동안 볼 수 없었다. 나는 말씀 아래 쓰러져 있는 사람들이 모인 모든 모임을 돌보기 위하여 둘러보았다. 여기저기 한 명만 있는 곳도 있었지만, 보통 두세 명이 모여 있었으며, 한 곳에는 전투에서 죽임당한 것처럼 땅에 누워있는 일곱 명이 있었다. 나는 B씨를 따라 그 집에 갔다. 그리고 그 집과 정원에는 진지한 사람들로 가득 차 있는 것을 보았다. B씨는 힘이 다할 때까지 말씀을 전했고, 그들이 떠나지 않고 있는 것을 보고는 나에게 기도하여 그들을 해산하게 해달라고 요청했다. 크게 망설여졌지만, 내가 시작하자 성령이 나에게 강력하게 임해서 내가 약 이백 명의 사람을 위하여 기도하는 동안 어떤 부족함도 없었다. 그 후 그들이 돌아갔다고 생각했으나 한 시간이 지나도 대부분 사람이 여전히 집안이나 정원에 머물러 있어서 곳곳에 한숨과 신음, 기도, 눈물과 즐거운 찬양이 뒤섞였다.

20일, 금요일—나는 5시 전에 깨어났다. 그러나 성찬을 집례하고 나는 다시 잤다. B씨는 7시에 나를 사람들에게 보내려 하였다. 그러나 나는 지쳐서 사람들이 흩어질 때까지 갈 수 없었다. 지난밤보다 세 배나 많은 사람이 오늘 아침에 확신을 가졌다. B씨는 쓰러지기 직전까지 그들과 함께 기도했고 나를 오라고 불렀다. 그리고 내가 비천한 육신에 빠져있지 않았다면, 심지어 나 같은 사람을 통하여 하나님께서 행하신 일을 누가 알까? 그 마을에서 잘 알려진 죄인인 여인이 지금은 강한 확신에 차서 바닥에서 뒹굴며 소리를 지르고 울부짖는 모습을 보며 기뻐하였다. 그 집 주인인 남자는 그 여인이 바람을 피워 아홉에서 열 명의 자녀를 가졌다고 말해주었다. 게다가 마지막에 결혼한 남편은 그녀가 간통을 저질렀을 거라는 것보다 그 여인이 말씀을 듣는 것에 더욱 화를 내고 있다고 이야기했다. 그녀의 목사는 그녀가 결코 교회에 오지 않은 것에 대해 불쾌하게 생각하지도 않았으며, 그의 교구 모든 죄인은 그녀가 복음을 들으러 오는 것을 막기 위해 안간힘을 썼다. 나는 여덟 살 정도 된 거지 소녀를 보았다. 그 아이는 누더기가 된 낡은 깔개밖에는 걸친 옷이 없었다. 그 아이 역시 하나님의 말씀을 양날의 칼로 느꼈으며, 그리스도의 의로 옷 입혀지기 위하여 탄식하였다.

나는 트리플로우에서 오웰까지 걸었기 때문에 몸도 영혼도 피곤하고 힘겨운 가운데 겨우 에버튼에 이르렀다. B씨는 내가 들어가니 설교를 하고 있었다. 이곳에서 하나님께서 내 영혼을 다시금 새롭게 하셨다. 머리부터 발끝까지 진동을 느꼈고, 기쁨의 눈물이 얼굴을 타고 내리는 동안 나의 고통은 사라졌다.

21일, 토요일―이것이 하나님의 역사인지 악마의 역사인지 의심하는 형제들 때문에 힘들었다. 그중에 특히 존 킬링(John Keeling)은 원래 솔직하고 활기찬 열정과 하나님 안에 행복을 느꼈던 형제였으나, 지금은 우울하고 어두운 우울한 불만으로 가득하여 시큰둥하고 데면데면하였다. 우리가 함께 걷고 있을 때, 스스로가 자신을 지키려고 안간힘을 쓰는 이들은 사탄이 그들에게 환상과 황홀의 체험을 하게끔 역사하고 내버려 두려고 마음먹는다고 말했다. "그런데 마음이 불편해서 무엇을 해야 할지 모르겠어요. 우리 대부분이 서로를 피하고 있어요."라고 덧붙였다. 이제 올가미는 벗겨졌다. 그는 자신이 빠져있었던 망상을 보았다. 지금부터 그는 이스라엘의 훼방꾼들을 피할 것이라고 믿는다.

22일, 일요일―교회는 가득 찼으며 수백 명은 밖에 자리 잡았다. 이제 하나님의 화살은 밖을 향해 날아갔다. 표현할 수 없는 탄식, 애도, 기도, 외침이 너무나 컸으며, 쉬지 않고 계속되어 교회 안에 있는 모든 사람의 마음이 깨어진 것이 아닌지 생각하지 않을 수 없었다. 그러나 조회를 해 보니, 대략 이 백 명의 사람들, 대부분의 남자들이 자비를 외쳤던 것을 알게 되었다. 더 많은 사람이 차분하지만 깊은 영향을 받았다.

나는 케임브리지셔에서 온 많은 사람, 특히 존 데니스, 토마스 스키너, 그리고 우리가 쉘포드 무어에서 기도해 주었던 슬픔에 잠긴 젊은 여인을 보게 되어 기뻤다. 여러 지역, 특히 그랜트체스터로부터 좋은 소식이 들려왔다. 그곳에서 열 명 이상의 사람들이 찬송가를 부르는 가운데 감동으로 깨어졌으며, 이전에 언급했던 어린아이는 이웃 사람들을 계속 놀라게 했다. 저명한 의사가 얼마 전에 와서 그 소녀를 자세히 진단하였다. 진단 결과 의사는 마음의 병이 아니라 하나님의 손길이라고 고백하였다.

나는 아침 예배 후에 토마스 스키너를 찾아 나섰는데, 사람들과 모여 나무 밑에서 찬송가를 부르고 있는 것을 발견했다. 그들이 찬송을 멈추었을 때 나는 "당신은 어떻게 자신의 마음을 찾았는가요?"라고 물었다. 대답 대신 그는 나를 뚫어지라 쳐다보더니 깊은 한숨을 내쉬고 눈물과 기도를 쏟아내다가 땅바닥에 뒹굴더니 깊은 고뇌에 빠져 버렸다. 나중에 큰 소리로 부르짖었다. 나는 다가가서 내가 얼마나 큰 죄인이었는지 말해주었다. 그러나 내가 말을 하면 할수록 그는 점점 더 고뇌에 빠져들었다. 그래서 존 데니스와 나는 그를 위해 기도하러 갔다. 하지만 구원은 아직 없었다. 오, 주님, 그가 주님의 진리에 대적하기보다 당신의 진리의 위대한 수호자가 되게 해 주세요!

B씨는 몸은 쇠약했지만, 오늘 오후에 폐회 설교를 했다. 하지만 그가 가장 약할 때 하나님께서 그를 강하게 하셔서 음성이 멀리까지 들리는 것이 놀라웠다. 나는 전에 휫필드씨도 큰 소리로 말하는 것을 들었지만 이처럼 계속되는 강하고 부서지지 않는 테너 음성은 아니었다.

23일, 월요일-킬링씨와 나는 베드포드까지 걸어갔다. 나는 걸어가면서 하나님이 불구덩이에서 나 같은 불쏘시개를 왜 꺼내셨는지 이야기하고 있었는데 기쁨으로 인하여 나의 목소리가 잠겼다. 나는 나 자신의 회심을 나 자신이나 다른 사람들에게 반복해서 말하는 것만큼 감동을 줄 수 있는 것은 없다는 것을 종종 발견하곤 하였다.

B씨를 처음 만난 것은 1758년 6월 2일이었다. 하지만 내가 루턴 다운(Luton Down)까지 걸어갔던 6월 7일 전까지 그를 거의 생각하지 않았었다. 그날 그곳에서 하나님의 놀라운 임재를 느끼게 되었고, 내 음성은 B씨의 수고가 성공할 수 있도록 기도하라는 강한 충동은 내 영혼의 기쁨에 비례하여 점점 더 커졌다. 내 목소리는 사라지고 눈물만 남을 때까지 한 시간 가까이 나를 몹시도 사로잡았다. 그의 사역을 통해서 주님께서 나에게 주신 놀라운 미래의 전망이여! 오 놀라운 진리의 하나님께서 이 모든 것을 은혜 가운데 성취하셨군요! 주님의 시온 성의 벽 주위를 걷게 하시며 성벽을 잘 방어하고 그곳에 탑들을 셀 수 있게 하신 일은 얼마나 기쁜 일인지요!

The Journal of the Rev. John Wesley, AM., ed. by Nehemiah Curnock, (A Bicentenary Issue 1938, London: The Epworth Press, 1913, 1938), Vol. IV, pp. 333-343. By permission.

고해를 어떻게 들을 것인가: 쟝 조세프 곰

소개의 글

반(反)종교개혁 이후 근대 로마가톨릭의 목회 돌봄은 비밀 고백의 방식으로 유도하는 지도 사역에 초점을 맞추고 있다. 그러한 영성 지도의 방식은 18-9세기 프랑스에서 꽃을 피웠고, 쟝 조세프 곰 신부 (Jean Joseph Gaume, 1802-1879)의 연구 주제가 되었다. 그가 저술한 『고해 매뉴얼(*Le Manuel des confesseurs*)』은 곰이 35세 되었을 때 처음 등장해서 그가 사망한 해에는 11번째의 수정판이 들어갔다. 1825년에 서품을 받은 곰은 느베르(Nevers)에서 교사와 사제가 되었고 후에 랭스(Reims)와 몽토방(Montauban)에서 주교 총대리(vicar-general)가 되었다. 그의 책은 전통적인 가톨릭의 목회 사역인 고해성사를 회복하기를 갈망하는 옥스퍼드 운동(Tractarian party)에 가담한 영국 성공회 교회에서 특히 추앙받았다. 그 지도자 가운데 한 사람인 에드워드 부브리에 퓨지(Edward Bouverie Pusey, 1800-1882)가 곰의 책을 발췌하여 1877년에 *Advice for Those Who Exercise the*

*Ministry of Reconciliation Through Confession and Absolution*이란 제목으로 번역했다.

『고해 매뉴얼』은 가톨릭 영성 지도의 위대한 대가들의 저술들을 인용했다. 성 살레의 프란시스(1567-1622), 성 샤를 보롬코(1538-1584), 성 필립 네리(1515-1595), 성 프란시스 자비에르(1506-1552), 성 알폰소 리구오리(1696-1787) 등이 그들이었다. 이 책은 목회 지도사역을 위한 19세기의 지혜를 기술했을 뿐 아니라 종교개혁기부터 현대에 이르기까지 축적된 고해성사의 통찰을 집적한 저서이다. 구체적인 목회 도구들은 엄격하고 완전한 비밀유지를 보장해야 하므로 고해 신부가 영성 지도 특유의 기법을 배우고 성장하는 사람들에게 양심상 사례 기록을 전수할 수 없었다. 그러므로 대가들의 경험에서 나온 발췌된 원칙들에 의존하게 되었다.

퓨지가 번역한 곰의 발췌문들은 사역자들이 고통 받는 교인 또는 "자녀"에게 영적인 "아버지"가 되는 과정에서 지침을 주는 상담의 형식을 예시하고 있다. 고해 신부가 지녀야 할 도덕적인 행위와 영적인 난국에 대한 분명하고 특별한 지혜와 관점을 묘사한다. 고해 사제는 성직 수행 절차에 따라 자신이 돌보는 사람을 그의 원가족, 교회 공동체와 궁극에는 인류라는 공동체 안에 자리잡도록 하는 과제를 지닌 지도자가 된다. "아버지"는 "자녀들"에게 원하는 목표를 알려주고 이 목표를 어떻게 이룰 것인지 그 길을 제시하며, 피해야 하는 잘못된 자세와 행위를 지적해 준다. 정보를 제공하고 훈육하고 계도하며 심지어 경고하는 것들이 고해성사를 통한 목회 사역의 필수 요소들이다.

이 발췌문들은 고해 신부들에게 반복적으로 나타나는 특별한 어려움인 주도면밀성(scrupulosity)이라는 영적 조건을 강조하고 있다. "주도면밀성"은 교우가 옳고 그름에 대하여 창의적인 결정을 내릴 수 없

는 무능력을 말한다. 이 무능력은 어떤 행위를 선택하든지 죄를 지을
것에 대한 두려움으로 고조된 결과이다. 전통적으로 면밀성은 고해 신
부가 죄지은 사람의 양심을 거스르는 것일지라도 사역자의 조언을 믿
고 따를 정도로 확신을 주는 것에 활용되었다. 곰 주교는 성 필립 네리
를 인용하면서 주도면밀한 사역자가 가져야 할 태도를 "그들이 고해
신부들의 손에 전적으로 거부하지 않고 맡기며 하나님처럼 순종하며
자신들의 고민을 자유롭고 단순하게 이야기하게 하며 그가 주는 조언
이 없이는 어떤 결정도 하지 않는 것"이라 하였다. 처방적인 상담은 내
담자 중심 지도와는 대조적으로 내담자가 상담자에게 의존한다. 이것
은 영적 주도면밀성의 전조가 될 수 있는 자세이다. 고해 신부에게 더
욱 엄격하게 순종하는 것에 대한 난제의 고전적인 해결책은 근본적인
문제를 어쩌면 복잡하게 했을지도 모른다.

그러나, 다른 한편, 면밀성을 갖게 할 수 있는 바로 그 권위와 치료
책(prescriptiveness)은 죄를 고백하는 자에게 안전하고 이해할만하며
실행할 수 있는 삶의 가치를 제공한다는 점에 주목해야 한다. 그런 방
식으로 긴박한 어려움에 처한 사람은 건전한 가치들과 그것들을 추구
할 수 있는 효과적인 수단들을 당혹스러운 상황에서 자유로움을 얻을
수 있다.

다음의 자료는 성례전적인 참회를 효과적으로 인도하는 데 요구되
는 몇 가지의 고도의 전문적 기법들이며 도구들 가령, 질문, 속죄, 재
범(relapses) 등에 사용하는 영성 지도의 기법을 다루고 있다.

고해를 듣는 법

출처: 『고해 매뉴얼』(1837), 저자: 쟝 조셉 곰

질문에 대하여

정화에 대한 것뿐만 아니라 모든 주제에 대해서, 고해자가 자신이 고백해야 할 것을 수치심이나 무지로 인해 빠뜨렸다고 생각할 만한 정당한 이유를 가진 상황이 아니라면 당신은 심문으로 시작하는 것을 피해야만 한다. 고해자가 범했을 만한 모든 죄를 찾기 위한 심문으로는 목적을 이루지 못할 것이며, 고해성사가 고해자는 물론 사역자 자신에게도 혐오스러운 것이 될 수 있다. 만일 당신 자신이 고해자 상황에 처했다고 가정해 본다면 쓸모없는 질문들이 계속될 경우 지쳐서 불평하는 자가 될 것이다. 당신을 찾아온 고해자의 필요나 일어났을 법한 것을 넘어서지 말라. 고해자가 누구인지 아는 경우, 예를 들어 그가 최근에 고해를 했던 사람이며 선하고 잘 교육받은 사람이라고 믿는 경우, 스스로 고백하게 하고 당신에게 필요한 질문만 하라. 고해자가 혼란에 빠지거나 스스로 준비해 온 자기성찰을 잊어버리지 않도록 말하는 중간에 끼어들지 말라. 그의 고백이 짧을 것으로 예상되고, 최근 고백이 짧은 시간에 진행했던 것으로 판단될 때에도 그가 말을 마칠 때까지 당신의 질문을 유보하라. 고백이 길어서 당신이 잊을 것을 염려해 아주 짧게 필요한 것을 묻기 원한다면 잠깐 개입할 뿐 나머지는 마칠 때까지 마음에 두라.

* * * * * *

그러나 만약 고해자가 거룩한 은혜를 받기 위해 필수적인 것들에 대

해 무지한 것이 분명할 때는 두 가지 과정이 필요하다. 1) 고해자에게 학습의 의무, 속죄로서 교육과 요리문답 교육에 참석하고 기독교 교리에 관한 책들을 읽거나 듣도록 설명해주고 권유해야 한다. 2) 두 번째 과정은 짧다. 당신 자신이 누구인지 간략하게 말해주고, 이 모든 가르침을 암기할 때까지 기다리지 말고, 실제로 믿고, 소망하고, 사랑하고, 바르게 회개할 수 있도록 필요한 과정을 말로 천천히 경건한 마음으로 설명하고 고해자가 따라 하게 한다. 그런 후에 다른 어려움이 없으면 사죄선언을 한다. 이렇게 하는 고백의 과정이 고해자가 무지하여 일어난 일이라고 믿을 수 있으며, 신앙의 첫째 진리를 아는지 질문받았을 때 수치심을 느낄 수 있는 성인들에게 행할 수 있는 가장 좋은 과정이다. 그런 사람들을 위하여 습관적으로 이러한 속죄의 과정을 반복하여 행하는가를 물어본 후에 고백의 행위를 천천히 효과적으로 반복하도록 도와주라. 확신하는 바를 당신이 사역자로서 첫 번째 처방으로 유용하게 사용할 수 있다. 고해자에게 사죄선언을 할 수 없게 만드는 치명적인 무지 가운데 하나는 이 성사에 필요한 진정한 참회를 모르는 것이다. 자신을 주도면밀하게 살펴보는 사람 중에서도 자신의 회개에 관한 생각은 전혀 하지 않는 사람들이 얼마나 많은가! 어떤 이들은 회개를 시도한 것에 만족하고 고해소를 떠난다. 또 어떤 이는 고해신부에게서 도움을 받고자 과제를 주기를 기다리거나 사죄선언 전에 짤막한 기도를 바란다. 그러므로 당신이 당신의 고해자에게 해야 할 것들 가운데 중요한 것은 회개와 행동수정을 위한 확고한 결심을 하게 하는 것이다. 그것이 무엇보다도 중요하다는 것을 가르치고 그것을 얻는 방법들(예를 들면, 하나님께 기도하기, 자신들의 동기들을 검토하기, 그리고 그것을 갈망하기)을 제안하라. 때로는 의무감에서가 아닌 유익한 실천으로서 불완전한 뉘우침이 온전한 참회가 될 수 있도록 조언하라.

이와 같은 주의와 당부를 통하여 강화된 그들은 자신의 참회에 관한 어떠한 의심도 하지 않을 것이며 성례전에 참여하기 위하여 절실히 요구되는 자세를 갖게 될 것이다.

* * * * * *

교육받지 못한 고해자들에게 질문하는 법

자녀들에게, 1) 자비와 경건에 대해 가중죄가 되는 부모를 미워하는 마음이 있는지, 2) 밤에 외출하거나, 도박이나 좋지 못한 사귐에 참석하는 등의 정당하고 중대한 사안에 관하여 부모에게 불순종하였는지 물어보라. 정당한 사안이라고 말하는 것은 자녀들이 삶의 상황을 선택함에 있어서 부모에게 순종하도록 매이지 않았기 때문이다. 실제로 부모들은 자기 자녀들에게 결혼을 강요하거나, 종교적 계율이나 서약을 요구하거나, 부모들의 생활방식에서 불의한 도구로 자녀들을 이용하는 등의 중대한 죄를 범하게 된다. 3) 자신들의 부모들을 존경하지 않고 가령, 욕을 하거나 조롱하는 등의 행동이나 언어적 폭력이 있었는지 물어보라. 만일에 그러한 일이 있었다면, 될 수 있는 한 그들이 잘못한 부모 앞에서 용서를 구하게 하여 행동이 수정되도록 해야 한다. 이러한 행동의 수정은 사죄선언 전에 이루어지는 것이 좋다.

부모들에게, 자녀들의 교육에 힘썼으며 신앙을 가르치고 교회에 출석하여 성례전에 참여하도록 하여 악한 사귐으로부터 보호했는지 물어보라. 자녀들에게 신성모독의 행동으로 자녀들을 수치스럽게 하지 않았는지, 혹은 죄를 짓지 않도록 하는 일에 무관심했는지, 돌보지 않음으로 자녀들이 유혹에 노출되게 하였는지, 필요한 지원을 제공하는 데 게을렀는지, 결혼 또는 성직을 강요했는지 물어보라. 이런 죄들은 대죄에 속한 것들이다. 지도자들인 악마에 대항하는 주의 사항을 고지할 책임이 있으므로 하인들이 신성모독의 죄를 범하거나, 공적인 예배 참여를 게을리 하거나, 추수 때와 같은 시기에 부적절한 행위를 할 때 책망하였는지 물어보라. 남편들에게는 가정의 필요한 것을 공급하기에 게을렀는지 물어보라. 아내들에게는 남편들에게 화를 냈는지, 아내의 의무를 무시했는지 물어보라. 많은 남자들은 아내들이 가정의 책무를 등한시할 때 죄에 빠진다.

* * * * * *

난해한 사례의 처리

양심적인 고해자들이 자신들이 과거에 한 고해에 관하여 자신들의 죄와 상황을 충분히 설명하지 못했다거나 적절한 참회 없이 고백해서 과거의 삶에 대하여 충분히 이야기하지 못한 것을 두려워하거나 고통스러워할 때, 그들이 대죄를 범했다고 확신하거나 그것을 한 번도 고백한 적이 없는 경우를 제외하고는 과거에 머무르거나 죄를 다시 고백하는 것을 금해야 한다. 실제로 교회의 사역자들은 고해자가 실수로 대죄의 고백을 빠뜨렸다고 해도 그들이 고백의 진정성에 중요한 부분이라고 확신하기 전에는 그 주제로 돌아가지 않도록 해야 한다. 중차대한 불편감이 아니라면 면제하는 것이다. 이 시점에서 엄격한 순종을 권해야 한다. 만일 고해자가 따르지 않으면 엄하게 꾸짖고, 성찬에서 배제하며, 할 수 있는 한 금욕하게 하라. 이러한 고해자들은 엄중하게 대해야 한다. 이러한 까닭은 순종의 닻을 놓치면 자신들을 잃어버리게 되어 미쳐버리거나 죄의 나락에 빠질 수 있기 때문이다.

어떤 이들은 모든 행동을 할 때마다 죄를 지을까 두려워한다. 어떤 행위가 죄라는 분명한 증거가 없는데도 행동에 지장을 받게 된다면, 양심의 가책 없이 자유롭게 행동하도록 가르치는 것이 필요하다. 이것은 교회의 사역자들이 가르쳐야 하는 사안이다. 그들이 양심의 가책 없이(가책을 느끼는 사람들에게서 기대하기 힘들다), 두려워하며 행동하는 것은 상관이 없다. 이 두려움은 진짜 실제의 의심이 아니기 때문이다. 두려움 때문에 그들이 실제로 존재하는 첫 번째 판단을 알아차리지 못한다고 하더라도 그 판단을 방해하지 않는다. 그 판단은 그들이 나쁜 행동이라고 알지 못하는 그 어떤 행동을 하고 있다면 그들은 죄를 짓고 있는 것이 아니라는 것이다. 실제로 그런 경우에는 그들은 양심을 거스르지 않고 헛된 두려움만 갖는 것이다. 이런 성향의 고해자에게 양심의 가책과 고백의 내용으로 돌아올 수 없게 금하여 양심의 가책을 극복하고 과감하게 행할 수 있도록 가르쳐야 한다.

필립 네리(St. Philip Neri, 1515-1595)는 완전한 데 이르기를 원하는 면밀한 고해자들은 그들의 지도자들의 손에 온전히 돌이킬 수 없도록 자신을 맡겨야 한다고 늘 말했다. 신앙의 법도에 따라 살지 못하는 사람들은 지혜롭고 현명한 고해사제에게 하나님께 하듯이 순종하며 자신과 자신의 염려를 그 앞에 내려놓고 그의 조언이 없이는 어떤 결정도 하지 않겠다는 자세로 기꺼이 자신을 맡겨야 한다. 필립은 그런 사람은 하나님 앞에서 고백하도록 부름을 받는 것을 두려워하지 않아야 한다고 하였다. 덧붙여서 고해신부를 선택하기 전에 자신을 성찰하고 기도해야 한다고 하였다. 선택 후에는 특별한 이유 없이 바꾸지 말아야 하며, 그를 전적으로 신뢰하고 모든 것을 고해야 하며, 영혼의 구원을 위하여 어떤 것이든지 주께서 그의 실수를 허용하지 않을 것을 신뢰해야 한다고 하였다. 악마가 계략을 모두 사용하였고 사람을 큰 죄에 빠뜨릴 수 없을 때, 고해자와 고해신부 사이에 불신을 조성하여 점차로 악으로 인도할 것이다. 필립은 완전함에 신속하게 이를 수 있는 첩경은 순종이라고 늘 강조했다. 그는 영적인 삶에서 자기 자신의 판단에 의지하여 살아가는 것보다 더 위험한 일은 없다고 하며, 자신의 상상으로 엄격한 삶을 훈련하는 것보다 순종하는 일상생활을 영위하는 사람에게 더 좋은 점수를 주었다. 또 다른 한편, 선한 일을 실천하기 위하여 타인의 의지를 따르는 것보다 우리의 원수를 이길 수 있는 위대한 힘을 줄 수 있는 것은 없다. 순종, 그가 습관처럼 반복했던 말, 하나님께 순종하는 것은 마음의 제단에 우리가 드릴 수 있는 참된 제사이다.

*   *   *   *   *   *

나쁜 습관과 재범자의 치료

사역자들의 가장 힘들고 중요한 책임은 습관적으로 재범하는 죄인들을 다루는 일이다. 이들의 잘못은 전혀 예상하지 못한 형태로 반복되어 하나의 체계로 일목요연하게 다룰 수 없는 까닭에 오랜 시간 어려운 치료의 과정이 필요하다. 오늘은 열정으로 극복된 것 같으나 내일은 새롭게 등장한다. 한편으로는 해결된 것 같으나 다른 한편에서 우리를 놀라게 한다. 위에 언급한 사람들의 병든 영혼을 다루기 위해서는 공감과 격려의 기름으로 만들어진 향유를 준비하여 그들이 절망하지 않게 하며, 부모의 권위를 지닌 포도주로 자신들의 행동을 바꾸기 위한 진지한 노력이 흐트러지거나 무너지지 않게 해야 한다. 그들은 두 개의 상반되면서도 동시에 일어나는 위험에 노출되어 있다. 하나는 자신들의 상황이 어려운 데서 생겨나는 절망이고, 다른 하나는 자신들이 원하는 목적과 인내를 실제로 불가능으로 간주하도록 이끄는 가정이다.

이런 상태의 사람들에게는 사역자 자신이 만족할 만한 경우가 아니라면 즉, 다음과 같은 것이 부족한 증거가 있을 때 사죄선언을 하지 말아야 한다. 1) 고해자가 자신의 잘못을 극복하기 위한 처방을 따르지 않았을 때. 2) 잘못이 줄어들지 않았을 때. 3) 참회의 표시가 없을 때. 이런 경우에는 교정하기 위한 단호하고 효과적인 의도가 보이지 않기 때문에, 회개에 대한 저항으로 의심하게 될 것이다. 그러나 사죄선언을 미루는 동안, 사역자는 가능한 한 동기를 유발하고 수단을 제시하면서 고해자의 행동수정을 위하여 자신의 능력으로 할 수 있는 모든 것을 하고, 고해자가 속히 고해할 수 있도록 촉구해야 한다. . . . 그러나 이런 사례는 일주일 또는 열흘 이상의 공백을 두어서는 안 된다. 환자의 증상을 살펴보는 의사의 잦은 회진을 통하여 환자는 큰 도움을 얻을 수 있으며 가장 적합한 특효약을 사용할 수 있다. 그러나 뜸하게 방문할 경우 환자에 대한 잘못된 판단을 내릴 수 있다.

만일에 한 주간이 지난 후에 고해자가 어떤 변화도 없이 돌아온다면, 짧은 기간 동안 돌려보내라. 성 버나드는 청년이 부정한 죄에 습관적으로 빠진 사례를 다룰 때 삼위일체 하나님의 이름으로 금욕의 삼일을 지내고 돌아오게 하였다. 이때 죄를 범하지 않은 채 고해자가 돌아오면 성 버나드는 동정녀 마리아의 순결의 이름으로 삼일이 지난 후에 다시 오게 하였다. 청년이 재범하지 않고 돌아오면, 그는 "아들아, 너의 수호천사의 이름으로 삼일을 더 주겠노라. 그런 후에 사죄선언을 하겠노라."라고 말했다. 이 세 번의 기간이 지난 후에 청년은 "이제 앞으로 삼일만이 아니라 항상 이 죄를 짓지 않을 것을 약속합니다. 은혜나 능력이 없어서가 아니라 참된 의지가 없어서였습니다. 제게 진정한 의지가 필요했습니다. 하나님의 은혜에는 어떤 것도 불가능한 것이 없습니다"라고 말했다. 이 행복한 청년은 그를 구할 수 있는 가장 좋은 시기를 알고 있는 숙련된 신부이며 의사의 손에 붙들린 덕에 유혹의 어려움을 경감시키고 약물을 적절하게 나누어 주어 체력과 건강을 회복할 수 있었다.

한 주 동안 죄를 짓지 않는 데 실패한 고해자를 두 주 혹은 한 달 동안 물러나게 하거나, 고해자가 자신의 행동을 수정하지 않으면 고해사역자나 다른 누군가에게 가더라도 소용없다고 이야기하는 것은 큰 잘못이다. 아마도 그 고해자는 전혀 반대되는 방식으로 치료하는 데 성공했던 성 버나드 같은 사람을 찾을 것이다. 잘못된 열정이나 적절한 치료에 대한 무지, 또는 사역자 자신의 성급함과 문제를 싫어함으로 인해 고해자를 잘못 인도하지 않도록 주의해야 한다. 의심의 여지없이 때때로 사역자의 부모 같은 친절함과 의료적 기술은 정해진 교정책들을 사용함에 있어서 어떤 재범자들의 부주의에 의해 심하게 시험될 것이다. 또는 재범자들이 이러한 교정책들을 사용한다 하더라도 그들의 나쁜 습관이나 약점이나 비뚤어진 성벽으로 인해 사역자는 그들을 어떻게 대해야 할지 몰라서 사죄를 선언하지 않고 가혹한 마음으로 스스로 그것을 정당하고 심지어 필요하다고 여겨서 돌려보내고 싶은 유혹에 빠질 수 있다. 그러나 이러한 충동은 하나님께로부터 온 것이 아니라, 오히려 예수 그리스도와는 다른 바리새파의 열정으로 은폐된 성급함이라고 스스로 확신하기 위해서 사역자가 보기에 긍휼을 받기에 합당하지 않은, 끊임없이 되돌아가는 고해자에 대하여 깊이 생각해 보기를 권유한다. 사역자에게 오는 것에 저항했음에도 그가 사역자에게 온 것은 하나님이 그를 어제도 오늘도 붙들고 계시며 지금 이 순간에도 은혜로 이 죄인을 감싸고 계시기 때문이다. 단지 하나님께만 죄를 범하였고, 당신에게 죄를 범한 적이 없는 그를 당신이 견뎌내지 못하는가! 사역자를 지으신 주님의 관심보다 그를 더 알 수 있다고 생각하는가? 아니면 사역자 자신에게는 편하지만 고해자에게는 해로운 열정이 하나님의 열정보다 더 건강한 자원이라고 생각하는가? 내가 여러분에게 간청하기는 반복해서 죄를 범하는 죄인이 자신의 행동을 수정하기 어려운 상태라면 그를 절망으로 인도하는 말은 절대 하지 않기 바란다. 사역자의 본보기가 아니라 하나님의 인내와 선하심을 그에게 보여주도록 하라. 하나님을 향한 확고한 믿음을 갖고 악마를 물리치고 고해자가 낫도록 사역자의 돌봄과 처방을 견지하라. 그럴 때 고해자의 행동을 바꿀 수 있는 진정한 소원을 불러일으키며 견딜 수 있는 용기를 북돋워 줄 수 있을 것이다. 이러한 소망은 헛되지 않을 것이다. 고해자와 고해신부 모두에게 한 달이나 혹은 일 년의 인내의 기간이 될 수 있으나 경험을 통해서 우리는 배울 것이고 결국에는 확실하게 지속되는 치료가 나타날 것이다. 그런 후에 심각한 재발이 있다 하더라도 신부와 고해자가 포기하지 않고 기도하고 인내한다면 하나님께서 인정하실 것이다. 그럴 때 고해자가 자주 오게 되고 유혹의 힘이 사라져 호흡을 가다듬고 새로운 조언을 받아들이게 될 것이다. . . .

그러한 고해자들을 언제나 품어주라. 한 치의 염려나 놀라움을 보이지 않아서 그들이 심각하게 죄에 빠지지 않도록 하라. 만약 사역자가 그렇게 행동한다면 그로 인해 다시는 오지 않게 할 수 있다. 고해자들이 즉시 오도록 권유하고 재범의 원인이 무엇인지 찾기 위하여 노력해야 한다. 그들이 놓쳐버린 주의사항이 무엇인지 탐색하고 유혹이 어떻게 언제 찾아왔는지 또 그들을 어떻게 사로잡았는지 죄악의 원인과 처방을 더 잘 알아내기 위하여 세세한 사항을 찾아야 한다. 빈번하게 고해가 필요한 사람들에게 필요한 적절한 처방을 가르쳐 달라고 하나님께 구하라. 바키아(P. Baccia)가 기록한 성 필립 네리의 삶에서는, "매일 죄를 범하는 고해자가 죄를 지을 때마다 고행과제를 주지 않으면서 두 번째 죄지을 기회를 기다리지 말고 즉시 성인을 찾아 고해하라고 했다. 고해자는 그 말을 따랐고, 성 필립은 사죄선언을 하였으며 같은 참회를 계속하게 했다. 이렇게 한 지 몇 달 만에 완전히 회복되어 . . . 짧은 기간에 거룩한 삶에 이르렀다"라고 적고 있다. 물론 여러분은 사죄선언을 위하여 어떤 것이 적절한 방식인지 이 사례를 통하여 판단할 수 없다. 그러나 이 사례는 고해자가 첫 고해를 통하여 나쁜 습관을 극복할 수 없었기 때문에 그러한 방법의 적절성이 전적으로 결핍되었다고 볼 수 없다는 점을 보여주고 있다. 고해자의 궁극적인 회복은 반복되는 특별한 고해가 선한 열매가 되었다는 증거가 될 것이다. 더구나, 이러한 고해자가 죄를 범할 때마다 고해하는 어떤 경우에도 가벼운 고해는 없으며 의외로 유익한 참회가 될 수 있다는 점을 기억해야 한다. 다시 말해서, 다시 죄에 빠진 고해자가 반복되는 약속에 충실하지 못한 자신을 자책하게 되어 다른 어떤 죄인들보다 더 큰 자괴감을 느끼게 되기 때문에 결코 가볍지 않다. . . . 그러므로 고백은 만약에 그 고해자가 참된 자세로 나왔다면, 사제가 사죄선언을 하기에 불충분하다고 느끼더라도 "사효론(ex opere operato)"[60]적 성례에 부여된 도움은 재범자들에게 가벼운 고해이지만 가장 유익한 것이다. 그가 연습하는 겸손과 죄를 범할 때마다 고해신부에게 돌아와서 얻게 되는 성취감 그리고 그때 받게 되는 조언은 금식과 어떤 금욕생활보다 그에게 유익한 것이 될 수 있다. 그러므로 얼마나 자주 범죄에 빠지는지에 관계없이 그를 거부하지 말고, 그에게 무거운 과제를 부과하려고 하지 말라. 고해신부는 즉각적인 고백에 대하여 집행하면 되는 것이다. 하지만 이 모두가 고해자에게는 힘겨운 것이 될 것이며 더 필요할 것이다. 이것이 고해자의 내

---

60. 역주: 성례전을 행하는 그 행위 자체의 효력을 의미한다. 이에 반대되는 개념은 "ex opere operantis(인효론)"으로 성례전을 행하는 사람으로 효력이 나타난다는 의미를 갖는다.

면의 고통에서 오는 것이든, 신부가 그에게 부과한 과제의 무게감에서 오는 것이든 이 불행한 죄인(당신이 상상하는 것보다 더 나쁜 습관에 저항하기 위하여 몸부림치고 있는)에게 얼마나 끔찍한 일일지 생각해 보라. 처음에는 미루다가 마침내 고해 자체를 포기해버리는 흔한 덫에 빠진다면 그는 병이 악화하고 있는데도 의사가 없는 환자처럼, 혹은 늑대에게 물려서 깊은 상처를 입은 목자 없는 양처럼 될 것이다.

* * * * * *

고해와 사죄선언에 대하여

판사의 역할을 해야 하는 고해성사들과 관련하여, 고해신부는 질환 자체는 물론 환자의 체질의 강함과 약함을 고려하는 의사로서 자신의 기술에 의해 질적으로 양적으로 고해자들의 행동수정이 이루어지도록 해야 한다. 좋은 의사는 약한 사람이 심한 열이 있다 하더라도 건강한 사람과 같은 처방을 하지 않는다. 복잡한 질병의 증상을 고치면서 다른 것을 악화시키지 않도록 사려 깊게 조절하며 치료한다. 이처럼 일어날 수 있는 다양한 상황을 무시하는 의사는 유익보다 해를 더 끼칠 수 있다. 지혜로운 의사는 치료의 강도가 센 경우 병약한 환자는 단번에 감당할 수 없음을 알고 주의 깊게 그리고 점진적인 치료를 선호한다. 더 강한 처방이 환자에게 유익할 때까지 그를 준비시키고 강화한다.

그러므로 죄를 짓고 슬퍼하는 새로 입교한 죄인에게 과중한 고행의 과제를 주는 것은 지혜롭지 못한 것이다. 그렇게 한다면 그가 헌신하지 못할 위험이 따른다. 사제의 목표는 고해자의 과거 죄를 벌하는 것 뿐만 아니라, 그가 성례에 참여하고 경건에 이르게 하는 것이다. 그래서 그는 사제의 온유함과 절제 때문에 자주 돌아와서 새로운 영적인 힘을 얻을 수 있다. 그러므로 당신은 고해자에게 고행의 과제를 받을 수 있는지 아니면 더 엄격한 고해 과제를 원하는지 먼저 물어봐야 한다. 그렇게 함으로써 미숙한 엄중함에 의한 것보다는 더욱 효과적으로 하나님의 영광을 지켜낼 수 있다. 그러한 집행은 해이한 것이 아니라 판사와 의사의 기능을 지혜롭게 조합한 것이다. 성 토마스 아퀴나스는 "조그만 불 위에 너무 많은 연료를 쌓아놓으면 꺼져버리는 것처럼, 고해자가 지닌 참회의 미묘한 감정은 고행의 무게로 인하여 사라질 수 있다. 고해신부는 어떤 과제를 부과할 것인지 그리고 고해자가 기꺼이 감당할 수 있는 과제를 부과할 것이라고 말해주는 것이 좋다."고 말하고 있다. 성 크리소스톰은 과도한 엄중함의 결과에 대하여 다음과 같이 이야기한다. "자신들의 죄와 동등한 고행이 부과되어 극단의 악에 이르게 된 많은 사례를 들 수 있다. 고해는 죄의 크기에 따라, 성급하게 부과되어서는 안 되며, 고해자의 마음을 확인해야 한다. 그렇지 않으면, 신부가 벌어진 틈을 메우려다가 도리어 악수를 둘 수 있다. 실족한 자를 고치려다 더 큰 죄를 유발할 수 있다. 세상의 즐거움에 약하고 부주의하여 빠지기 쉬운 자들이든지 태어날 때부터 고결한 자들이든지 그들을 사로잡고 있는 악행으로부터 단번에 자유롭게 되는 것이 아니고 점차적으로 그렇게 될 수 있는 것이다. 처음부터 고해자를 엄중하게 책망한다면, 수월한 교정의 기회조차 잃게 될 것이다. 그 영혼은 수치심에 빠지며, 무감각하게 되어 온건한 지침에 순종하지 않고 위협에 미동하지도 않게 되며 유익함에 이르지도 못하게 된다."

그러므로 만약에 심각한 악을 행한 그의 많은 죄로 인해 길고 무거운 고행의 과제를 받아야 한다고 할지라도 그의 상황을 배려하여 그대로 그가 받아야 할 고행을 부과해서 압도당하지 않도록 해야 한다. 그의 문제를 하나님께 내려놓고 아뢰는 스스로 할 수 있는 간단한 기도문을 주는 것으로 만족하라. 그가 회복될 때 당신에게 다시 오도록 말해주라. 그런 후에 그에게 회개의 수행에 맞는 고해 과제를 부과해야 한다. 그렇게 할 수 없는 경우에 자주 고해하러 와야 하며, 선행을 행하며, 자신의 유혹에 대하여 참을성을 갖고 자신의 잘못을 고칠 수 있도록 말해야 한다. 만일 신부가 수개월이나 몇 년에 걸친 고해 과제를 명하게 되면, 고해자는 신부를 신뢰하지 못하게 되고, 지금까지 잊어버렸던 심각한 어떤 죄를 기억하게 되더라도 면죄를 얻기 위하여 신부 앞에 다시 돌아오는 것을 두려워하게 되며, 결국 몹쓸 죽음에 이르게 될 위험에 빠지게 된다. 매우 심각한 위험, 곧 신부를 두려워하는 것보다 더 위중한 것은 고해자가 회복되었을 때에도 신부에게 오지 않을 수 있다는 것이다.

부과하려는 고해 과제의 성격에 대해서도 주의를 기울여라. 수행되지 않을 수 있는 어려운 것들 의무로 부과하지 말고, 조언의 방식으로 제안하라. 예를 들면, 어린아이가 부모에게 불순종했다면 부모에게 용서를 구하게 할 수 있다. 그러나 그렇게 하도록 명령하지 말라. 술꾼에게 무조건 술을 먹지 못하도록 명하지 말라, 다만 그가 해서는 안 되는 한계를 정해주라. 절대적이라기보다는 여건에 따라 다양한 고행 과제를 줄 수 있다. 고해자가 특정의 잘못을 하고 그것에 대하여 죄책감을 느낄 때 봉사를 하게 하거나, 정한 날에 고해하러 오거나, 기도문을 읽게 할 수 있다.

더욱이 고해자의 허물을 다른 사람에게 드러내는 고해를 부과해서는 안 된다. 가령, 다른 이들과는 독립된 집안의 가장에게 하루 동안 금식을 요구할 수 있지만, 부모가 그 이유를 쉽게 짐작할 수 있는 그의 자녀에게는 부과해서는 안 된다. 하나님 아버지를 다섯 번 부르는 것과 같이 쉬운 고해 과제를 부여할 때는 매일 여러 차례 하도록 처방할 수 있다. 그러나 쉽지 않은 과제와 함께 하는 것은 좋지 않다. 이런 사례에서 고해자가 민망하여 자신이 해야 하는 것을 잊어버린 탓에 죄의식이 유발되지 않도록 적당한 자유는 허용하는 것이 좋다. 여러 가지 다른 과제를 부과한다면, 다섯 번의 금식과 다섯 번의 암송과 같이 각각의 과제에 같은 횟수를 유지하여 혼란을 겪지 않도록 하는 것이 좋다. 좀 더 힘든 과제를 부과해야 하는지 의심이 들 때는 한 주간 동안 하나님께 선한 일을 할 수 있는 과제를 주는 것이 좋다. 그럴 때 자신이 한 일을 거룩하게 생각하고 지나친 부담이 되지 않을 것이다. 빌레뉴브의 성 토마스(S. Thomas de Villeneuve, 1488-1555)는 말하기를, "고해 과제의 강도를 알맞게 조절하여, 가벼움으로 죄의 중과함을 약화시키지 말고, 지나치게 무거워 감당하지 못하는 경우가 없게 하라. 만약 당신이 쉬운 것을 부과하고, 그에게 예리한 조언을 제공한다면 안전할 것이다. 그렇게 하면 성례의 효과가 고해자의 모든 자발적이고 능동적인 고해과제에 적용될 것이다."

고해가 하나님을 향한 바른 자세를 갖는 것이며, 고해자가 미래에 죄로부터 자신을 지켜낼 수 있는 것이라는 것에 특별한 주의를 기울여야 한다. 그러므로 신체적인 고행보다는 거룩한 생각과 마음을 갖도록 격려하는 것을 우선해야 한다. 특히 예민한 사람들을 다룰 때는 더욱 유의해야 한다. 많은 영혼에게 무엇보다 고해 과제로써 주님의 수난에 대한 묵상과 영적 독서와 전념은 거룩함에 이르는 데 큰 진전을 가져온다. [지오반니] 클레리카토(Giovanni Clericato, 1633-1717)는 여러 죄인이 마지막 순간에 예사롭지 않은 참회로 은혜를 경험하는 것을 보았다고 이야기했다. 그러한 죄인들을 위해 어떤 은혜가 주어졌는지 조사하면서 그는 그들이 성만찬에 참여할 때 큰 고통을 경험했으며 그것 때문에 매우 경건해진 것을 목도했다. 그 결과 희생 제사가 드려졌으며 저들의 구원을 위한 신성한 보혈을 얻게 되었다.

성례전을 자주 실행하는 것보다 유익한 고해 과제는 없다. 성례전에 자주 참여할 수 있는 여건이 되는 사람들이 참여하지 않았을 때 그 외의 다른 어떤 도움을 받아 올바른 길을 걸어갈 수 있는 사람들은 거의 없었다. 다른 한편, 꾸준히 성례전에 참여하는 사람들은 그들이 나쁜 버릇을 가졌더라도 자신들의 죄를 서서히 이겨내고 완전한 교정에 이르게 되는 것을 발견하게 될 것이다. 성례전은 사람들에게 가장 강력한 은혜의 도구가 되기 때문이다. 그러나 올바른 자세로 성찬을 받지 않는 사람들에게는 쓸모없는 것이 된다. 결과적으로 성례전에 대한 존중과 사랑의 마음을 북돋아 주게 된다면, 저들은 성실하고 부지런하게 성례전에 임할 준비를 할 수 있을 것이다.

무엇보다도 고해를 하기 위해서 누구보다도 시급하게 와야 할 필요가 있지만 동시에 그렇게 하기가 많이 어려운 배교자들을 다룸에 있어서 최선의 기술과 자비를 활용하라. 그들이 즉시 고해하러 온다면 악과 관련해서가 아니라 그들이 치료책에 즉시 의지함으로써 그들이 보여주는 그리스도인의 겸손과 선한 의지 때문에 당신에게 큰 위로가 될 것이라고 그들에게 말해 주라. 고해 준비가 되어 있지 않다는 것은 문제가 아니라고 말해주라. 문제가 다시 발생했다는 것을 스스로 찾아와서 말하도록 하라. 이러한 신속한 겸손은 악마의 힘을 약하게 만들고 고해자에게 힘을 북돋워 준다. 하나님께서 그에게 은혜를 베풀어주신다. 그런 과정을 잘 밟음으로써 자신의 겸손과 당신의 참된 조언이 하나님의 축복으로 인해 그가 경험하였던 유혹을 이길 수 있게 할 것이다.

그러나 만약 겸손한 행보와 고백을 늦춘다면, 급속하게 실족할 위험이 있으며 자신을 수정할 수 있는 의욕과 힘을 잃어버리게 된다. 그와 같은 사람들을 수용하는 당신의 태도가 그들을 격려할 것이니 그들의 범죄에 대하여 놀라지 말고, 극심한 상태로 돌아가지 않도록 해야 한다. 사제들의 잘못 가운데 하나는 다시는 당신에게 찾아오지 않도록 좌절시키는 것이다. 일반적으로 모든 고해자들과 특히 배교자들에게 바람직한 것은 같은 고해신부에게 정기적으로 오게 하는 것이다. 그들이 당신을 찾아오면, 언제나 그들을 반갑게 맞이하며 그들을 공감해 주며, 무엇보다도 그들을 도와주라.

* * * * * *

고해자에게 부여된 가장 중요한 의무는 일반 고해(general confession)를 하는 것이다. 때때로 사제는 고해자에게 일반 고해의 의무를 알려야 하며 그렇게 하도록 조언을 해야 한다. 그러나 영적인 치유자로서 당신은 할 수 있는 한 고해자가 어떻게 자신을 살피며 기대하면서 참회를 할 수 있는지 쉽게 알려줘야 한다. 최근에 했던 특별 고해와는 별도로 범한 죄를 기록하도록 가르쳐서 일반 고해 전 또는 후에 그것들을 고백하도록 가르쳐라. 그렇게 할 때 그의 과거와 현재의 영혼의 상태를 바로잡을 수 있는 처방을 제공하기 쉽다. 무지한 사람들에 관하여 시네리(P. Seigneri, 1624-1694)는 전에 고백한 고해자가 혼란에 빠져 자신을 자책하면서 혼란스러운 설명을 한다 해도 사함을 받은 죄를 다시 반복하여 고백할 필요는 없다고 말한다. 일반적으로 이와 같은 사람들은 혼란에 빠져 있기 때문에 그들이 오랜 시간 동안 자신에 대하여 성찰하기보다는 사역자가 범죄의 횟수와 상황 등 판단을 위한 질문을 하는 것이 그들이 범한 죄를 명백하게 이해하는 데 도움이 될 수 있다. 그러므로 만약 그들이 잘 준비가 되지 않은 채 왔다면, 만약 당신이 그들을 보내버린다면, 그들은 괴로워하고 다시 돌아오지 않을 수 있으므로, 당황하지 말고 질문을 하라. 그러나 특별한 돌봄을 준비하도록 가르치고 유도하는 것과 함께 일반 고해가 그들에게 유익하다는 것을 알고 하나님께서 여기까지 도와주셨다는 것을 언젠가는 감사할 수 있도록 설득하라. 그들의 감사하는 태도가 은혜를 보존할 수 있기 때문이다. 특별한 은혜를 받게 하기 위한 매우 중요한 행위이므로 특정의 고백을 하도록 이렇게 실행하는 것을 추천하는 것이 좋다.

* * * * * *

요 약

나의 지침 요약이 특별히 중요한 것들을 지적하여 당신의 거룩한 사역을 실행하는 데 도움이 되기를 바란다.

1. 모든 것에 앞서 죄인들을 위해 가장 큰 자비를 베풀어라. 그들을 자비롭게 수용하고 하나님의 자비에 대한 확신으로 그들을 격려하라. 그러나 인간적인 면에서 그들을 진지하게 경고하고 그들의 악한 상태를 지적하고 악습의 사슬을 끊는 가장 적절한 도구를 제시하지 못하는 때는 없어야 한다. 필요한 경우에는 사죄선언을 단호하게 거부하라.

2. 신앙의 중요한 신비에 대하여 무지한 자들을 살피라.

3. 자신에게 책임이 있으면서도 그것을 살피지 않아 자신의 잘못에 대하여 무지하고 무관심한 사람들에게 질문하는 것을 잊지 말라.

4. [여성들과 어린이들에게 특히 순결에 관한 질문을 잘 간직해야 한다. 그렇지 않으면 그들이 알지 못하는 것을 가르치지 못한 실수를 하게 된다.] 이 주제에 관하여 질문할 때에 스스로가 유혹을 느낀다면 하나님께 당신의 마음을 드러라. 당신의 눈앞에 거룩한 형상을 간직하며, 고백하는 사람 앞에서 당신의 마음가짐을 언제나 순결하게 하라.

5. 자녀들의 교육에 대하여 부모들에게 일반적인 질문을 하는 것으로 만족하지 말고, 구체적인 주제, 즉, 자신의 잘못을 고치기 위하여 힘썼는지, 신앙의 가르침을 주었는지, 나쁜 친구들과의 사귐을 금했는지 등을 물어야 한다.

6. 고해자가 수치심 때문에 무언가를 말하지 않으면 그들의 과거의 삶에서 어떤 어려움이 있었는지 모든 것을 이야기하도록 격려해야 한다. 그런 과정을 통하여 많은 영혼을 구할 수 있다.

7. 많은 사람이 당신에게 오려고 할 때 서두르지 말라. 적절한 돌봄과 집중을 할 수 있는 소수의 사람을 선택하여 그들에게 필요한 조언과 견책을 주라.

8. 고해자가 대죄로 인하여 자책할 때에, 특히 여러 차례 죄를 범했을 때 그 횟수와 성격을 묻는 데 그치지 말고 습관적인 죄인지 확인하라. 자신이 범한 장소, 대상자를 물어야만 습관적인지 우발적인지 알 수 있다. 많은 고해신부가 이것을 놓치므로 수많은 영혼을 잃게 된다. 이러한 지식이 없으면 고해자가 나쁜 습관을 어떻게 극복할지, 죄 지을 기회를 어떻게 제거할지 아는 것은 불가능하다.

9. 악습에 빠진 사람에게 그가 하고자 하는 성직에 긍정적으로 요구되는 거룩함에 이르렀다고 확신하기 전에 성직 후보자로 사죄선언을 하지 말라.

10. 인간적인 판단으로 종교적인 소명에서 어떤 사람을 배제하는 것은 주의하라. 성 토마스는 그렇게 할 때 대죄에 빠지게 된다고 말했다. 어떤 고해신부들은 부모를 기쁘게 하려고 자녀들에게 그들이 부모에게 순종해야만 한다고 말하면서 망설이지 않고 그러한 소명을 단념시킨다. 성 토마스의 권위에 기초하는 신학자들의 보편적인 의견은 만민은 자신의 삶의 상황을 선택하는 자유가 있으나, 하나님께서 부르시

면 부모에게보다 하나님께 순종해야 한다는 것이다. 다른 한편, 소명 없이 성직을 선택하려는 사람에게 사죄선언을 해서는 안 된다는 것을 기억하라.

11. 당신이 사제들의 고해를 들을 때는 존중의 마음을 갖고 필요하다면 사죄선언을 유보한 채 그들을 가르침에 확고히 서도록 하라. 그들에게 하나님이 그들에게 주신 은사를 따라서 영혼의 구원을 위해서 일하는 데 더욱더 잘 준비할 수 있도록 격려하는 데 실패하지 말라. 좋은 사제가 되는 것이 결코 쉬운 일이 아님을 잊지말고 부지런히 성례전을 준비하고 마친 후에는 감사하고, 마음의 기도를 성실하게 드리도록 하라.

12. 보상행위와 관하여는 가능하다면, 사죄선언을 하기 전에 부과하라.

13. 고해자가 만일 피해자로서 그의 가해자가 법적으로 기소된 경우라면 그가 형이 면제되기 전에는 사죄선언을 하지 말라.

15. [원문 그대로] 사람들이 참회 행동을 면밀하게 했다는 확신이 들기 전까지 모든 사람이 뉘우치게 하라. 불완전한 참회와 진정한 참회의 동기에 대하여 가르치라. 그리고 만약 고해자가 적절한 자세를 갖지 않고 찾아오거든 사죄선언을 하기 전에 진정한 참회의 동기에 이르도록 가르치고 인도하는 것이 당신의 역할이다.

16. 고해자들의 죄가 비록 용서받을 만한 것일지라도 습관적일 때는 그들에게서 참된 회개와 교정을 위한 확고한 의도가 보이지 않는다면 사죄선언을 하지 말라.

17. 고해자가 수행할 수 있는 고해 과제들만을 부과하라. 그것들은 치유적이고 교정적이어야 함을 유념하라.

18. 성례전에 자주 참여하는 이들에게는 기도의 실제를 가르치고,

그들에게 모든 성례에서 어떻게 실행했는지 보고하도록 요청하라. 이것이 영혼의 구원을 위한 강력한 수단이다. 고해자에게 유익하다고 생각되면 주저하지 말고 성만찬에 자주 참석하도록 권유하라.

19. 주도면밀한 사람들을 대할 때에는 위의 언급한 모든 것들을 따르도록 종용하라. 불순종이 얼마나 위험한 것인가를 보여주라. 순종과 당신이 말한 것에 대하여 단호하고 엄격하라. 만약 주저하면서 말한다면, 그들의 불안한 상태를 부추기는 것이 될 뿐이다. 각 사람의 필요에 따라, 그들의 의심을 제거할 수 있는 일반적인 원칙을 제공하라. 가령 고해자가 과거의 허물에 대한 고백에 대하여 계속 미련이 있다면 그것이 대죄이며 고백하지 않는 것이 아닌 한, 다시 돌아가서 생각하지 않도록 하라. 그것에 대한 고백을 또 듣는 것을 단호하게 거부하라. 당신이 한 번 물러서면 고해자는 늘 불안한 상태에 있게 될 것이다. 이런 일로 인해 고해사제들은 영혼에 크나큰 해를 끼친다. 이런 고해자들을 위하여 그들이 죄라고 여길 만한 죄를 상상하게 해서 그런 죄를 극복할 수 있게 하고, 죄가 아닌 것에 대하여 자유로운 행동을 할 수 있도록 하라.

20. 의견의 선택에 관해서, 만일 고해자의 본의죄(本意罪, formal sin)의 위험을 제거하는 문제라면 기독교의 분별력의 한계를 넘어서는 관대한 견해는 따르지 말라.

21. 여성의 고백에 있어서, 분별력이 허용하는 한 겸손하게 대하며, 선물은 거절하고, 친숙함과 애착 관계로 이끄는 것은 무엇이든지 피하라.

22. 겸손하라. 자신의 지식을 자랑하지 말라. 하나님께 예수 그리스도의 은사를 통하여 어려움을 통과할 수 있는 자신을 인도하는 데 필요한 빛을 구하라. "내게 지혜의 영을 주시기를 기도합니다." 기도하지 않고 지혜롭고 분별력을 가질 수 있는 고해사제는 없다. 심각하거나 혼

란스러운 경우에 언제든지 당신보다 더 배우고 경험이 있는 분들에게 자문을 구하라. 특히 당신 자신이 초자연적인 은사에 대해 경험이 부족하다면, 하나님께서 그런 은사를 주신 원로들에게 안내받도록 하라. 금욕에 대한 어떤 지식이 있는 척하는 이들은 너무 교만하여 다른 이에게 의뢰하지 않는다. 그러나 진실로 겸손한 사제는 그렇게 행동하지 않는다. 겸손한 마음을 가진 이들은 다른 사람들을 위한 바람직한 조언을 줄 수 있을 뿐만 아니라, 자기가 감당할 수 있는 한계를 넘어서는 영혼의 인도를 보다 경험이 많은 지도자에게 부탁할 수 있을 것이다.

Jean Joseph Gaume, *Advice for Those Who Exercise the Ministry of Reconciliation through Confession and Absolution. . . ,* abridged, condensed, and adapted to the use of the English Church by E. B. Pusey (Second Edition, Oxford: James Parker & Co., 1878), pp. 119–120, 123–124, 131–132, 179–181, 279–285, 353–359, 372–373, 404–408.

친애하는 존 케블에게...
존 케블

소개의 글

시인, 찬송가 작시자, 학자이자 목회자인 존 케블(John Keble, 1792–1866)은 빅토리아 중기 영국교회의 저명한 성직자들 가운데에서도 탁월했다. 그가 섬세하고 분별 있는 목회자였다는 증거는 오랜 사역 기간에 수없이 보냈던 권면의 편지들에 잘 묘사되어 있다.

19세 나이에 특별연구원으로 임명된 오리엘 대학에서 옥스퍼드 학장까지 짧지만 빛나는 시기를 보내는 동안 그는 종교적인 논쟁에 중요한 인물들과 합류했다. 의회가 아일랜드 감독회를 억압하는 일에 반대해서 1833년 7월에 설파했던 "국가적 배교(National Apostasy)"에 관한 케블의 설교는 일반적으로 영국교회의 옥스퍼드 부흥운동(Oxford Movement)을 촉발한 것으로 간주하고 있다. 그는 기존의 교회 내에서 가톨릭의 부흥을 위한 노력의 일환이 된 *Tracts for the Times*[61]중

---

61. 역주: 이 책자는 1833–1841년 기간동안 영국 옥스퍼드 부흥운동의 주요인물들이 저술한 90편의 글로 이루어진 것이다. 후에 이 자료가 옥스퍼드 부흥의 상징이 되었다.

9개를 썼다. 여생동안 케블은 앵글로 가톨릭 정당의 지도력을 공유했다.

그러나 옥스퍼드 운동이 시작된 직후, 케블은 윈체스터 근처 허슬리에서 목회하기 위해서 학문적 추구를 그만두었다. 거기서 그는 인생의 마지막 30년 동안 근면 성실하게 목회를 하면서 개인적인 만남과 서신을 통해 영적 지도자의 역할을 감당했다. 그의 수많은 편지에서 그의 예리한 목회 능력을 드러내는 몇 가지 대표적인 것들을 발췌하였다.

케블이 가졌던 개인 신앙에 대한 깊은 실제 관심은 "The Christian Year"라는 제목으로 1827년에 처음 출판된 시 모음과 많은 찬송가, 그 가운데 잘 알려진 "나의 영혼의 태양, 사랑하는 나의 주, 주님이 가까이 계신다면 밤이 아니라오…(1820)"에 잘 나타나 있다. 1836년 리차드 후커(Richard Hooker, 1554-1600)의 글들을 출판하는 학술적인 활동도 케블의 지속적인 신앙적인 문학과 경건과 목양에 관한 관심을 꺾지 못했다. 그가 죽은 지 4년 만에 옥스퍼드는 케블 칼리지(Keble College)를 설립하여 그의 이름을 기렸다.

고통을 겪는 이들에게 보냈던 케블의 많은 편지들 중 이 장에 포함하기 위하여 선택한 몇 개의 편지들은 그가 얼마나 사려 깊고 공감적인 목회자인가 보여주면서 특유의 근대주의적 공명을 주고 있다. 하나님과 사탄의 세력 간 영적 전쟁에서 상급과 지위를 얻기 위한 위치에 인간이 있다는 내용은 거의 사라졌다. 케블의 조언에는 고통당하고 있는 사람들의 비참함이 악령에게서 야기되었거나 영향을 받는다는 개념은 어디에도 없다. 한편, 케블의 인간 문제에 대한 이해의 그 단순성은 우리 시대에 속하지 않는다. 그의 인간 이해는 프로이트, 도스토예프스키, 키에르케고르의 이해, 사회과학의 출현 이전에 형성되었다. 그러므로 그가 보았던 인간의 영혼은 귀신이나 병리적 환경과 개인적 삶의 영향에 희생당하여 혼란에 빠져 미친 것이 아니라, 자신의 단호하고 지성적 의지의 결정에 복종할 준비가 되어 있는 자유롭고 개방되고 합리적인 독립체로 보았다. 우리는 중세의 귀신들림과 강박(obsession)에 대한 문자주의로부터 거리를 두는 케블과 입장을 같이하지만, 우리는 자유를 제한하거나 건설적인 해결책에 대해 다르게 비중을 두는 인간 상황의 요소를 무시하는 결정론으로 보이는 것에 대해서는 동의하지 않는다. 케블의 "귀신론"은 근대적이지만, 그의 심리학은 드러나지 않은 영향들과 동기의 혼합물은 염두에 두지 않는 효율적으로 작용할 수 있는 인간 "기능"에 대하여 자신만만한 평가를 하던 계몽주의적 심리학의 형태를 취하고 있다. 케블이 『마녀 잡는 망치(*Malleus Maleficarum*)"[62]의 신학적 사고 체계에서 벗어난 것이 분명하지만, 인간의 결정이 사람의 어두운 잠재의식에서 처음 형성된다는 도스토예프스키의 인류학적 세계에 들어가지 않은 것 또한 명백하다.

인간 행동을 지시하는 양심의 능력에 의존하는 케블은 언제나 자유를 강력하게 행사할 것을 권하면서 이 편지에서 고통을 겪고 있는 사람의 책임과 신앙 상식을 강조한다. 다시 말해서 사람은 자신의 의무를 검토하고, 실행할 결정을 하고, 그것을 실천해야만 한다. 그러나 상담자는 고통을 겪고 있는 내담자의 실패에 대하여 관용하며 따뜻하고 공감적인 관계를 유지해야 한다. 케블의 편지들은 최상의 도덕적 훈계로 이뤄진 상담의 형태를 지니고 있다. 물론 완전히 현대적인 형태는 아니지만, 그렇다고 매력이 없는 것은 아니다.

---

62. 역주: '마녀사냥(witchcraft)'으로 흔히 번역되는 용어로 이에 대하여 가톨릭 사제인 하인리히 크레이머(Heinrich Kramer)가 치밀하게 연구하여 1487년에 독일에서 출판한 책명이다.

존 케블에게…

출처: 『편지들(1820 – c.1860)』, 저자: 존 케블

과거의 죄로 인해 고통 중에 있는 사람에게,
그리고 유혹에 대한 해결책에 관하여

친애하는 _____ 님께,

귀하께서 저의 진짜 역사를 알았더라면 약하고 잘못을 범하는 형제에게서 돌아서는 그런 사람이 아님을 아시게 될 것입니다. 그리고 제가 만약 귀하께서 잘못 생각한 그런 사람이라고 해도, 고해자를 환영하고 격려하는 것이 저의 참된 기쁨이 될 것입니다. 당신이 제게 보내주신 슬픈 이야기를 가볍게 보지 않습니다. 실족하는 일은 의심의 여지없이 무거운 것이며, 당신 자신을 판단하여 잘못을 지적한 것은 잘한 일이지만, 그 순간 낙담은 하지 마십시오. 몸의 병을 치료하듯이 참회 작업을 하십시오. 잘못에 대해 은밀하고 냉철하게 자신을 심판하고 책망하십시오. 우리 주님께서 명하신 것처럼 경계의 눈을 뜨고 힘을 다해 다시 죄에 빠지지 않도록 하십시오. 저는 이 경계보다 더 중요한 것은 없다고 생각합니다.

밤에 악한 생각이 들면, 일어나서 잠시 무릎을 꿇고 기도하되 가령, 시편 51편으로 기도하십시오. 그럴 때는 약간의 신체적 어려움이 필요합니다. 참회나 근신의 기간에 금식하는 것은 조심해야 합니다. 익숙하지 않은 사람들에게 때때로 매우 고통스러운 반응을 일으킬 수 있기 때문입니다. 당신이 그것을 두려워하는 이유가 있다면, 평소와는 달리 딱딱하고 즐기지 않는 식단으로 할 것을 권합니다.

만일 당신의 마음이 여전히 압박을 받고 있다면, 그리고 특히 원수가 계속 당신을 괴롭게 하고 있다면 고백에 관한 교회의 친절한 지침을 활용하십시오. 고백에 대한 가르침과 참회에 대한 행동지침은 최근 다시 출판된 소책자, 케틀웰(Kettlewell)의 "참회자를 위한 동반자(Companion for the Penitent)"에서 찾을 수 있습니다.

우리를 찾아오려는 마음을 접지 않도록 기도하십시오. 가정에는 무릎을 꿇고 당신과 함께 용서를 구하는 것이 허용되기 때문에 매우 감사해야 할 사람이 적어도 한 명은 있습니다. 그는 자기 스스로 찾을 수 있는 모든 도움이 필요합니다. 그에게 자신이 다른 사람들에게 얼마나 적지 않은 도움이 될 수 있는지 보여주는 것 자체가 큰 자비입니다. 언젠가 당신과 친숙해질 것을 바랍니다. 하나님과 만나는 평화 가운데 참된 참회의 자리에서 당신과 만나게 되기를 바랍니다.

언제나 당신의 다정한

J. 케블.

유혹을 받을 때 처방과 도움

사랑하는 ＿＿＿＿ 님께,

당신의 편지를 받고 슬펐지만 한편으로는 다시 소식을 들을 수 있어서 안심이 되었습니다. 이는 당신을 영영 잃게 될까 걱정이 되었기 때문입니다. 내가 품어왔던 희망을 포기해야 하는 것이 두려웠으며, 내 존재는 무가치하지만, 당신을 위해 유익한 일을 할 수 있다는 그런 위로가 있었기 때문입니다. 당신의 편지는 당신과 내가 서로에게 희망을 줄 수 있는 자비의 표시입니다. 이 말을 하는 제가 틀리지 않았다고 확신합니다.

위대한 심판자가 당신에게 이미 선고하였더라면, 당신 마음의 염려로 인해서 나에게 당신 자신에 관한 그런 편지를 쓰도록 하지 않았을 것입니다. 당신을 유익하게 하기 위한 주님의 도구로서가 아니라 다른 방향으로 나에게 편지를 쓰게 하셨을 것입니다. 그러나 그렇지 않습니다. 나의 사랑하는 젊은 친구여! 당신은 주님께서 몹시 사랑하시는 존재라는 것을 확신하십시오. 주님은 원수의 다음 공격에 대항하여 당신의 기도로 갖게 될 주님의 능력으로 당당하게 맞서게 되기를 기다리십니다. 저는 당신이 원한다면 할 수 있다는 것을 압니다. 당신은 그 힘을 가지고 있습니다. 당신과 친밀하고 거룩한 관계를 맺고 있는 부모님이나 자매와 같은 사람이 곁에 함께 있다면 어떨까요? 물론 적어도 외면상 그들이 알아차릴 수 있게끔 외적으로 드러나도록 해서는 안 되겠지요? 이 경우에 겉으로 드러나기까지 기다리면 안 됩니다. 하나님의 눈을 생각하게 되는 때는 당신의 눈이 잘못된 것을 보도록 유혹받을 때이거나, 아니면 당신의 귀가 당신이 아는 것을 들으려 하는 것은 죄의 기회가 가까이 있음을 입증한 것입니다. 비록 순결을 상실하였다 하더라도, 그 자리에서 순수함을 위한 전투가 일어나야 하며 회개의 순수함을 회복하기 시작해야 합니다.

다시 말해서 육욕적인 유혹에 대한 유일한 안전한 방법은 도피(flight)입니다. 일단 내면에 자리 잡으면 저항해봤자 헛된 일이기 때문입니다. 이에 관한 정보는 푸시(Pusey)박사가 번역하고 편집한 "영적 전투(Spiritual Combat)"라는 소책자에서 읽을 수 있습니다. 제가 생각하기에 당신에게 유익한 내용이 그 안에 많이 있습니다.

지금 당장 집에 방문하는 것 외에 다른 희망은 없다고 봅니다. 가족의 불안(내가 바라기는 그것은 고통에 이를 만큼은 아닐 것입니다)과 보통 유혹의 장면이 없는 상태가 선한 일이 일어날 만한 섭리의 부르심으로 보입니다. 나는 당신에게 당신 스스로 더 좋은 사람이라고 회상할 수 있는 모든 것 그것이 비록 사소하거나 우발적인 것으로 보인다고 하더라도 그런 것 모두를 성찰해 볼 것을 간청합니다.

내 짐작이 틀리지 않았다면, 당신은 민감하고 민첩한 상상력을 지녔으며, 따라서 당신의 영원한 친구인 주님께서 주시는 모든 은혜의 조짐을 간파하고 해석할 수 있는 능력이 있습니다. 그런 징조를 살펴보는 단순한 연습은 주님의 축복으로 여러 면에서 당신을 유익하게 할 것입니다.

라 모떼 후케(La Motte Fouqué)의 "신트람과 그의 친구들(Sintram and his Companions)"[63]에 대하여 들어 본 적이 있습니까? 없으시다면, 그 책을 구해서 읽어보십시오. 희미해 보일 수 있는 마지막 문장의 의미를 잘 설명해 줄 것입니다.

저는 지금 당신에게 주었던 거룩한 주제에 관한 논쟁이나 단순한 대화를 피하라는 조언을 그 어느 때보다 간곡하게 반복해야 하겠습니다. 당신은 그 위험에 대해 잘 알고 있을 것입니다. 마음과 행동의 진지한 준비가 없이 그러한 주제에 관하여 대화를 할 때 상처를 입을 수 있는 다른 사람들을 생각하는 것은 마땅히 해야 할 일입니다.

다른 한편으로 이런 관점에서 참된 용기를 갖기를 부탁합니다. 당신의 특별한 기도의 제목으로 삼고, 다른 고통스러운 주제와 마찬가지로, 당신에게 나쁜 생각을 하라는 것이 아니라 하나님 앞에서 죄책감을 느끼는 그 일에 동의하는 것에 확신이 있기를 바랍니다.

만일 최악의 상황에 이르러 당신의 현재 상황에서 유혹을 심하게 받아서 더는 싸울 수 없게 되었다 할지라도, 여전히 당신은 도망할 기회,

---

63. 역주: 독일의 저술가인 Friedrich Heinrich Karl Baron de la Motte Fouqué(1777-1843)의 낭만적 저술로 1854년에 출판되었다.

즉 현재의 전망을 희생하는 기회가 있습니다. 만일 그렇게 하여 자신을 처벌한다면 이는 받을 만한 제사이며 큰 축복을 받게 할 것입니다. 하지만, 이러한 행위는 무지의 처사라고 말할 수 있습니다. 그러나 이 말을 해야 할지 말아야 할지 조심하면서 이야기를 드린다면, 그렇게 하는 것이 무모한 낙담에 빠져 더 나쁜 길로 가는 것보다는 더 좋을 것입니다.

다른 어떤 것이 떠오르면 다시 당신에게 편지를 쓰겠습니다. 날마다 당신을 생각하고 있습니다. 그러나 이 문제에 대해 당신이 신뢰할 수 있는 사람이 당신 가까이 있기를 마음 깊이 바랍니다. 그러나 바로 그분이 당신 곁에 계십니다. 주님을 의뢰하지 않는 것을 두려워하십시오. 절대 절망에 빠지지 마십시오. 당신을 위해 기도하는 선한 천사들과 성인들과 그리고 먼저 떠나간 당신의 친구들을 생각하십시오. 그리고 슬픈 "그의 허다한 죄"를 "덮기" 위해서 얼마간 당신을 의지하는 가장 무익한 종을 생각하십시오.

언제나 당신을 염려하고 사랑하는
J. 케블.

동일인에게. 고백에 관하여

사랑하는 나의 젊은 형제여,

진실로 형제에게 유감스럽지만, 형제가 얻게 된 하나님의 은혜로 인하여 절망하지 않고 용기를 갖고 참회의 길로 나아가도록 당부하는 기회를 놓치지 않기 위하여 부탁하고 싶습니다. 나는 악한 영이 당신의 실족을 기뻐할 때(그 자는 당신 때문에 분주했으며, 선한 길을 가고자 애쓰는 사람들도 악한 자도 만나게 된다는 것은 의심할 바가 없습니다), 선한 천사들도 기뻐하며 당신이 고백할 마음을 가진 데 대하여 더욱 기뻐하고 있다고 확신합니다. 형제가 좋은 생각을 하게 하시는 주님께서 형제를 은혜로 더욱 강건하게 해주시기를 기도합니다. 그리하여 그리스도의 형제들과 함께 부끄러움과 두려움을 더욱 느끼게 되어 죄만이 아니라 모든 유혹과 지루하고 피곤한 시기가 형제에게 다가올 때 죄의 기회들을 피하기 위한 결단을 하게 되기를 바랍니다. 지루함과 피곤함도 견뎌낸다면 참회의 과정에 유용할 것입니다.

형제에게 이야기했는지 잊었습니다만, 이런 주제에 관하여 이야기할 때 어떤 사람들은 유혹에 대한 주제와 부정과 육체의 불결과 혐오감을 연상하는 것이 도움이 된다고 말합니다. 그러나 많은 경우(형제도 예외는 아닌 것 같습니다) 불규칙한 고백보다 규칙적인 고해가 예방과 치료에 가장 좋은 도움이 된다는 것은 설득력이 있습니다. 이런 연유로 형제에게 가장 사려가 깊고 인자한 감독이라고 생각하는 _____씨를 언급했던 것입니다. 그러나 형제를 돕기 위하여 내가 항상 준비되어 있으며, 우리가 함께할 기회가 주어져 나에게 "형제의 슬픔을 개방"할 수 있기를 바라고 있음을 이해해주기 바랍니다.

나는 형제가 자신의 삶 전체를 살펴보며 기록할 수 있는 모든 죄를 기록함으로 일반 고해(General Confession)[64]를 준비하기 바랍니다. 성만찬 준비를 위한 어떤 책이라도 형제에게 도움이 될 것입니다. 그리고 적은 종이를 곁에 놓고 새로운 잘못이 생기거나 오래된 죄들이 기억날 때마다 추가하십시오. 그리고 좋은 기회가 올 때, 그 모든 것을 사랑하는 주님의 귀에 주님의 무익한 신부 가운데 한 사람을 통하여 아뢸 수 있습니다. 그 사제의 입을 통한 주님에 의해 온전히 사죄가 될 것입

---

64. 역주: 고해성사에 있어서 일생 동안이나 일정한 기간에 범한 죄에 대하여 이미 그 때마다 고백을 하였으나 이를 한꺼번에 반복하여 고백하고 죄의 용서를 받는 일.

니다. 다시 그 죄에 빠지지 않는 한 그 죄들은 더는 입에 오르내리지 않게 될 것입니다. 형제는 겸허한 확신을 갖고 더 자주 경건하게 가까이 다가가 대화할 수 있습니다. 그러나 한편, 그런 상황에 의하여 당신은 성체를 받기 위한 준비의 일환으로, 특별 고해를 진지하게 결단하고 준비될 때까지 너무 시간이 지체되지 않는 한 성만찬의 참여를 자제할 것을 권유합니다.

이것을 위하여 아주 진지하게 기도하십시오. 아주 쓰디쓴 인내가 필요한 것이므로 이 치료를 시도하기 위한 용기를 형제가 갖게 되기를 바랄 뿐입니다. 형제가 ＿＿＿ 씨(많은 면에서 내가 기뻐하는)를 선호한다면 지체 말고 언제든지 그를 찾아가십시오. 일단 이 과정을 시작하면 주님의 선하심이 함께 하시며 선한 것을 주실 것을 믿습니다. 감독을 바꾼다고 하더라도 형제가 원하지 않는 한 일반 고해는 반복하지 않아도 됩니다.

주님께서 우리를 용서하고 축복하시며

언제나 믿어주십시오.

형제를 사랑하는 친구

제이 케블

동일한 주제의 계속

당신의 편지가 저에게 큰 위로를 주었습니다. 그래서 나는 당신이 시작한 과정에서 나아가는 동안 어떤 고통도 겪지 않기 위하여 간절히 바라며 기도합니다. 이것이 옳은 일이라고 확신합니다. 내게 충분한 시간이 주어졌더라면, 당신이 지금 하는 특별 고회에 필요한 의무를 마치는 최선의 방법에 관해 더 많이 이야기했을 것입니다. 죄 목록을 너무 세심하게 적지 말고, 그렇다고 너무 일반적으로 적지 마십시오. 다만 습관이 되어버린 예를 하나 이상 붙들어서 할 수 있다면 주어진 시간 안에 죄의 수를 세어보고 본인의 양심이 가장 책망하는 악화된 상황의 정도를 묘사해 보십시오. 그러면 그것이 온전한 고백으로 이루어진 것이라면 자비로우신 그분이 받아주실 것입니다. 당신이 적을 때 망각하지 않도록, 해를 받지 않도록 일종의 암호나 약자로 적는 것이 좋습니다. 하나님 앞에서 무릎을 꿇듯이 신앙의 훈련을 받는 것처럼 하십시오. 당신이 적은 것을 기억하는 것이 다음에 고백할 때에 회상하는 어려움을 덜어줄 것이며 순전한 회개를 위하여 더욱 편할 것입니다.

이 주제에 관해 테일러 감독(Bishop Taylor)의 "거룩한 죽음(Holy Dying)"과 "황금 숲(Golden Grove)", 그리고 케틀웰(Kettlewell)의 "참회자의 벗(Companion to the Penitent)"에서도 좋은 가르침을 얻을 수 있습니다.

하나님과 모든 선한 천사들이 당신의 선한 일에 함께 하시기를 바랍니다.

특별한 유혹에 빠진 사람에게

당신의 최악의 실족 가운데 어떤 것들은 학업이나 오락을 위해 늦게까지 앉아있음으로 몸과 마음이 흥분되고 불규칙한 상태에 빠진 것에서 발생하기 쉽다고 생각합니다. 그에 대하여 비교적 엄격한 원칙을 정하고 사소한 자기 부정은 접어두고라도 그것을 지킨다면, 여러 가지 면에서 당신에게 유익할 것입니다. 이와 동시에 당신을 이러한 유혹에 빠트리기 위하여 분주한 자가 있다는 것을 당신은 잘 알고 있습니다. . . . 그러므로 너무 지나치게 낙심하며 모든 일이 잘못되었다고 생각하며 자신이 오랫동안 내가 말하는 유혹의 길에 처해있다는 것을 발견하게 해서는 안 됩니다. 자신을 그곳에 한 시라도 두지 말고 싸우기 위하여 기다리지도 말고 도망가세요. 그리고 의심할 여지없이 그렇게 되듯이 때때로 악마의 사역으로 생각하는 일에 자기 자신을 사용하는 것이 아닌가 하는 생각이 도움이 될 것입니다. 자고 깨는 시간을 적절히 정하지 않으면 아침에 일어나자마자 다른 기도를 하기 전에 시편 51편으로 기도할 수 있는 시간을 얻지 못할 수 있습니다. 그리고 밤에 깨어야 한다면, 그것을 제안합니다. 특히 원수가 가까이에 있을 때 일어나서 기도하면 확실한 도움이 될 것입니다.

당신이 가장 부끄러워하는 그런 때를 기억하고 대처하도록 쓰라리고 경멸적인 말들을 사용하여 세운 원칙은 그다지 도움이 되지 않을 것입니다. 언제나 빠르고 표면적인 생각이기는 하지만 그 노력이 회개에 이르는 데 별 도움이 되지 않아 보입니다.

저는 같은 생각과 마음을 지닌 벗이 당신의 간절한 소원을 인정하고 당신의 원하는 방법에 효과적인 도움이 있게 되기를 바라며 기도해야겠습니다. 나는 당신이 겪는 시련들이 사회나 삶의 상황에서가 아니라 힘쓰는 사람을 축복하시는 하나님의 은혜로 극복될 수 있다는 섬세한 특성을 알아야 한다고 생각합니다. 그런 친구가 당신에게 있다고 해도 당신의 무거운 시련이 계속되어 그러한 외면의 이점이 없이도 하나님의 은혜로 온전히 구원받을 수 있을 것입니다. 오직 생각과 감각들을 엄격하게 살피십시오. 마음의 순결이 하나님의 축복으로 다시 찾아올 것입니다. 내가 잘못되지 않았다면, 이것은 당신이 불평하였던 쓰라린 분노의 생각과 말들을 지적하는 것보다 더 도움이 될 것입니다. 나는 사람이 부끄러워하는 것과 혐오하는 것에 계속해서 빠지는 느낌이 들게 하는 것보다 사람을 더 어려움에 처하게 하는 것은 없다고 생각합니다.

언제나 당신을 사랑하는

J. 케블.

의식적인 사랑과 헌신의 부재에 관하여, 여성에게

사랑하는 _____ 에게,

제 견해는 당신의 고통은 소위 "병적인 감정"이라는 확신이 들어서 이를 다루는 방법은 직접적인 대처보다는 그 고통에 주목하지 않고 마음을 다른 방향으로 돌리는 것이라고 생각합니다. 그러므로 내가 가진 권위로 말합니다. 적어도 나와 만날 때까지 당신은 최선을 다하여 다음과 같은 것을 하십시오. 무엇보다 먼저 기도하십시오. 그러나 고통이 찾아오면 그것을 마음에 품지 않도록 하십시오. 만일 다른 사람이 당신과 같은 마음의 고통을 갖고 당신을 찾아오면 "당신에게 하나님을 향한 사랑이 없다면, 당신은 그분을 향한 당신의 사랑이 부족하다는 걱정은 하지 않을 것입니다"라고 말할 것이 분명합니다. 그러나 이것은 단번에 당신의 경우와 내가 한 설교에서 제시했던 것 사이에 말할 수 없는 차이점을 만들어냅니다. 나는 이 주제를(이것은 진실입니다) 유용하게 사용할 기회를 제공하기 위하여 설교했습니다. 고통에 대하여 끊임없이 생각하지 말고, 그 주제에서 돌아서십시오. 현재 상황에 대한 자기 성찰, 생각, 태도, 기분을 당신의 친구들을 향하도록 관리하십시오. 이것은 하나님의 축복으로 모든 면에서 당신에게 효과적인 도움이 될 것입니다. 이러한 축복이 사랑하는 딸, 당신에게 있기를 간절히 기도합니다.

당신을 사랑하는 친구,

J. 케블

동일인에게 동일한 주제에 관하여

우리 주안에 있는 나의 사랑하는 자녀에게

당신의 고통에 대해 진심으로 유감을 전합니다. 하지만 실제로 당신에게 도움이 안 될까 염려가 되어 말하지 않은 것이 있었습니다. 당신이 적어도 따분하고 답답한 의식의 상태를 원하지 않는 것이 문제의 근원입니다. 비록 조바심을 낸 적이 없다 하더라도 성급한 마음을 갖지 않도록 주의하십시오. 그 이유를 찾아내기 위하여 지나치게 세밀하게 굴지 말고 일반적인 행동 특히 당신의 허약한 기질에 유념하셔야 합니다. "내가 노예근성에서 나온 두려움 때문에 하나님을 계속 믿어야 합니까?"라고 화를 내며 질문하지 마십시오. 물론 그것이 하나님의 뜻이라면 반드시 해야 합니다. 그분을 믿지 않고 사는 것보다 훨씬 더 나은 것이 아닌가요? 이 문제에도 집착하지 말고, 이로 발생하는 부정적인 감정에 자신을 빠지게 하지 마십시오. 매일 아침, 우리를 사랑하시는 주님께 그 문제를 위하여 간절히 기도하시고 그 후에는 물리쳐 버리세요. 그리고는 그 문제에 대하여 조바심을 내지 마십시오. 그러지 않으면, 개인적으로 또는 공적인 예배시간에 그 문제가 발생할 때 그 일에 대하여 슬퍼하지 않을 수 없습니다. 그러나 그때, 간절한 소망을 하나님 앞에 품고 그 문제를 물리치도록 끝까지 아뢰면, 하나님께서 그 소원을 들어주시며 당신의 잘못 때문에 발생하게 된 그 어떤 것도 용서하시며 그것을 수정할 수 있도록 도와주실 것입니다. 그뿐 아니라, 하나님께서 그 문제를 경감시켜주시거나, 당신의 최선을 아시는 주님께서 그것을 견딜 수 있도록 당신을 능하게 하실 것입니다. 무엇보다 그 모든 쓰라림을 이길 수 있도록 기도하십시오.

독서 자료로 "주님의 삶과 죽음에 관한 묵상(Meditations on the Life and Death of our Lord)"을 강력히 추천합니다. 이 문제에 관하여 아이작 윌리엄스(Isaac Williams)의 책들을 알고 있나요? 읽지 않았다면, 그의 책들도 추천합니다.

하나님께 함께 하시기를.

그리스도 안에서 당신을 사랑하는 아버지[65],

J. 케블.

(중략) . . . . 주님의 말씀에 대해 당신이 묘사한 약간 병리적인 기분에 빠져서는 안 된다고 생각하지만, 그 기분을 지나치게 제압할 필요도 없습니다. 겸손을 위장한 위험(그리고 아마도 그 안에 진짜 겸손이 섞여 있을 수 있습니다만)이 도사리고 있어서 하나님을 향한 병리적인 기분 즉 오래 묵은 위험을 건드릴 수 있습니다. 하나님의 말씀에서 위로를 얻을 수 있도록 은혜를 간구하는 짧은 기도를 매일 아침 드리는 것은 어떨까요?

동일 인물에게.

사랑하는 나의 자녀에게

당신의 고통에 내 마음 깊이 슬픔을 느끼고 있습니다. 그리고 당신을 어떻게 도울 수 있는지 마땅히 잘 알아야 하는 사람인 내가 나의 부족함으로 인해 돕지 못하는 것이 두렵기 짝이 없습니다.

이는 전적으로 나의 꿈같은 병적인 상상에 기인한 것입니다만, 가끔 나 자신이 의사였다면 이런 문제를 잘 다룰 수 있지 않을까 생각하기도

---

65. 역주: 가톨릭교회에서 신부를 부를 때 신자들이 사용하는 용어.

합니다. 이 말은 당신을 위해 기도하는 것이 적어도 돌볼 책무를 지닌 자로서 결코 무시하면 안 되는 일이라는 뜻입니다. 제가 그렇게 하지 않기를 바랍니다.

다른 면에서 이와 비슷한 공격을 이전에 당했을 때, 어떤 생각들과 대처법들이 당신에게 도움을 주었는지, 그리고 다른 사람이 그러한 경우에 처하여 갖게 되는 기분을 위하여 당신이 뭐라고 말할 것인가를 차분히 생각해 보거나 적어보면 어떨까요? 능하신 주님께서 당신의 고통을 덜어주시길 기도합니다.

영원히 당신을 사랑하는,

J. 케블.

동일인에게.

사랑하는 나의 자녀에게,

당신의 고통이 계속되고 있다는 소식에 유감을 전합니다. 그러나 고통 속에 자학과 고의적인 짜증이 없는지, 그리고 지금까지 치료책이 하나님의 긍휼이 아니라 자신의 힘으로 이루어졌다고 생각한 것은 아닌지 자기 양심의 판단을 하기 바랍니다. 치통을 치료하기 위하여 열심히 노력한 것처럼, 당신을 따라다니는 병적인 기분에서 벗어나기 위하여 진정으로 노력하였는지 자문할 것을 진심으로 요청합니다. 과거에 경험했던 이와 비슷한 시련들을 참고하십시오. 당신이 그때는 잘 진전된 것 같다고 말했던 ＿＿＿ 씨와의 과정에 있었던 것을 말하는 것도 좋을 것입니다. 하나님께서 당신에게 복을 주시고 어려움에서 건져주시기를 기도합니다! 그리고 당신 자신에게 부족한 것이 없다면 하나님께서 반드시 그리하실 것을 확신합니다.

하나님의 은혜 안에서 언제나 당신의 가장 진실한 벗,

J. 케블.

너무 치밀하게 동기를 살피는 것에 반하여

사랑하는 나의 자녀에게,

당신은 회개하는 과정에서 할 일의 동기에 대하여 지나치게 불안해
하고 있다고 확신합니다. 하나님께서는 대부분은 의도적으로 그것을
숨기십니다. 어떤 사람들도 어느 정도만큼의 사랑, 두려움과 수치와
분노 등이 열등하지만 정당한 동기에 의해 영향을 받았다고 말할 수는
없습니다. 나의 아들 당신은 이 고통스러운 의심을 견디며, 주님께서
당신을 자유롭게 하시고 의도한 죄로부터 지켜주신 것에 감사하기를
배워야 합니다. 기도하고 사랑하기를 힘쓰기를 배워야 합니다. 하지
만, 마치 자신에게 저열한 의도만 있는 것처럼 느끼면서 격렬히 괴로
워하거나 자신에게 화를 내면 안 됩니다.

그 문제를 고칠 수 있도록 오랫동안 가만히 앉아서 울적한 기분으로
공허하게 시간을 보내지 마십시오. 다른 사람들을 향하는 판단과 행동
과 감정, 이것에 당신이 세심하게 주의를 기울여야 합니다. 그리할 때
당신이 의식 가운데 지니고 있다고 느끼고 있는 어떤 것보다 훨씬 더
참된 참회의 증거가 될 것입니다.

그리스도 안에서 당신을 사랑하는 아버지,

J. K.

사생아의 아버지에게

귀하께

나는 아주 고통스러운 문제에 대해 몇 말씀 드리고 싶습니다. . . .
당신이 _____의 아이의 아버지라는 것을 부인할 수 없다는 것이 저
역시 힘듭니다. 이 사실이 당신의 마음에 얼마나 무거운 짐이 될까 깊
이 생각합니다. 당신은 원칙이 없는 사람들 가운데 성장한 무지한 자
가 아닙니다. 세상은 이러한 죄를 가볍게 여길지 모르지만, 성경은 분
명하게 이러한 일을 행한 사람은 하나님의 나라를 상속받을 수없다고
말씀합니다. 당신은 세례와 견진성사를 받으면서 버렸던 죄악된 색욕
이었으나, 지금 당신은 그러한 죄악에 탐닉하여 세례의 축복을 던져버
렸으니, 하나님 앞에서 참된 참회를 하고 있다는 선한 증거를 가질 때
까지 한순간도 마음의 평화를 얻어서는 안 됩니다. 마태복음 7장 7-10
절; 누가복음 11장 5-13절; 마태복음 18장 1-14절.

이런 분명한 이유로 인하여 당신은 평안하지 못할 것입니다. 당신이
변화되지 못한 채 죽게 된다면, 영원히 기회를 잃을 것이기 때문입니
다. 하나님의 놀라운 말씀과 모순되지 않고는 이 사실을 부인할 수 없
습니다. 당신 자신의 영혼의 위험은 제쳐놓더라도, 그와 같은 죄에 빠
진 불행한 동반자들, 당신 때문에 타락하기 전까지 무고했던 그 전에
잘못된 길을 갔다 해도 당신 때문에 더 심한 악행에 빠져들게 된 그들
에 대하여 답을 하는 것이 얼마나 부담스러운 일인가요!

우리 주님의 말씀을 기억하십시오. "이 작은 자들 가운데 한 사람을
죄를 범하게 만드는 것보다 그것은 더 나을 것이다." 마지막 날에 그들
을 만나게 될 때 무슨 일이 있을지 생각해 보십시오. 당신이 그들의 파
멸의 원인이며 저들을 악마의 왕국에 들어가도록 준비한 악마의 대리

인이며, 그들만이 아니라 그러한 나쁜 표본으로 다른 사람들까지 타락하게 만든 장본인이란 것을 생각해 보십시오.

나는 당신이 이 잘못을 일부러 하였다고 생각하지 않습니다. 좋은 성품을 가진 청년으로서 가엾은 젊은 여인의 현재 겪고 있는 불행에 대하여 미안해하고 있음을 의심하지 않습니다. 당신의 잘못은 이미 저질러졌습니다. 좋은 가르침에도 불구하고 열정에 끌려갔습니다. 지금 현재는 미안해하지만, 분명히 미래의 자신에 대해 신뢰를 할 수 없다는 것을 경험을 통하여 배웠습니다. 이제 새롭게 바뀌어서 지금까지 해왔던 일보다 더 참되고 선한 방법을 얻기 위하여 하나님의 용서를 구하지 않는다면 기회는 없으며, 더 나쁜 길로 가게 되어 그 결과는 어떻게 될 것인지를 확실히 느껴야 합니다. 당신의 부모님과 자신을 위해서, 이 일에 대하여 심사숙고하기를 요청합니다. 나와 당신은 이 순간이 곧 올 것에 대하여 생각해 왔고 잘 알고 있습니다. 우리 주님과 교회의 가르침에 따라 당신이 나 또는 다른 목회자의 도움으로 꾸준한 회개의 힘든 작업을 하고자 한다면, 당연히 모든 목회자는 그에게 알려진 모든 사람의 비밀을 지킨다는 것을 당신이 알기 바랍니다.

분명하기는 이런 일 후에 하는 회개는 길고 고통스러운 일입니다. 특히 죄를 조롱하는 사람들의 어리석은 웃음에 개의치 않겠다는 결심을 하는 것이 필요합니다. . .당신이 간절한 마음으로 회개하려고 한다는 것을 아는 것이 저에게 위로가 되게 하십시오.

Letters of Spiritual Counsel and Guidance, by the Late Rev. J. Keble, M. A. Vicar of Hursley, ed. R. F. Wilson 편집 (Oxford and London: printed by James Parker and Co.; New York : Messrs. Pott and Amery, 1870), pp. 86-91, 95-99, 102-103, 126-131, 133, 138-140.

치료적 종교
윌리엄 제임스

소개의 글

미국의 철학자이며 심리학자인 윌리엄 제임스는 1842년 스웨덴 신학자의 아들이자 유명한 소설가 헨리 제임스의 형으로 태어났다. 그는 하버드 대학교에서 처음에는 의학으로 후에는 심리학을 그리고 철학을 가르치는 경력을 가졌다. 제임스는 실용주의적인 철학자로서 하나님을 "신앙하는 권리"를 바탕으로 신앙인들의 정신-신체적인 복지를 위한 종교적 신앙의 유용성에 대하여 정의하려고 힘썼다. 심리학자로서는 인간 유형과 상태들의 무한한 다양성이 매우 다원적인 종교적 태도와 활동들의 원인이 된다고 주장했다. 제임스는 고전적인 기포드 강연(Gifford Lectures)에서 이러한 다양성을 『종교경험의 다양성(*The Varieties of Religious Experiences*)』에 관하여 분류하고 정의하고 있다. 이 사례는 그 책에서 발췌한 것이다. 또 다른 책에서는 종교적 경험의 진정성을 정의하고 변증하고 있는데 주로 종교적 교리와 예전을 묘사하기보다는 현실에 근접한 "신앙 상태"를 적시하고 있다.

기포드 강연에서 제임스는 "건강한 정신" 혹은 "한 번 태어난" 그리고 "병든 영혼" 또는 "두 번 태어난" 성격의 차이를 구분하고 있다. 후자의 경우가 악의 세력에 관하여 심각하게 판단하기 때문에 더 심오한 것이라고 보고 있다. 자기 자신을 일신론과 보편신론에 반하는 "점진적" 초자연주의자로 설정한 제임스는 종교적인 체험이 "우리보다 더 큰 무엇인가와 연합되고 그 연합 안에서 큰 평안을 찾을 수 있다는 것을 확실하게 증언한다"[66]고 주장했다.

제임스의 연구와 강연은 현대 종교심리학에 관심을 불러일으켰으며, 특히 미국에서 실용주의를 지향하는 종교적 사상과 실천을 이끌었다. 종교체험의 치료적인 가치에 관한 재평가를 하였던 제임스의 기여와 그의 중요성에 관하여 현대 학자가 다음과 같이 요약하고 있다.

> . . . 건강과 질병의 개념을 죄와 구원이라고 이해할 수 있는 종교 경험의 유형에 적용하였다. 제임스는 종교적 유형을 "건강한" 혹은 "병든" 것으로 묘사할 때 자신이 알고 있었던 것보다 더 예언자적이게 되었다. 건강한 마음과 병든 영혼을 대조시킬 때에 아주 미묘하게 예언자적이게 되었다. 왜냐하면, 현대의 목회 상담과 아울러 현대 정신건강의학의 근본 목적은 병든 영혼에게 건강한 마음을 제공하려는 것이기 때문이다. 즉, 심리적인 분석과 정신건강의학적인 진단은 적어도 어떤 면에서 깨어진 영혼에게 자신의 상태에 대해 비판적으로 임상적으로 이해할 수 있는 도구를 제공한다. 그러므로 하나님의 말씀에 근거한 인간의 죄에 대하여 죄인들은 "심판" 받아야 한다고 하였던 보편적이며 전통적인 심판은 구체적인 진단과 처방으로 보완될 수 있게 되었

---

66. *The Varieties of Religious Experience* (New York: Longmans, Green, and Co., 1902), 521, 525.

다. 범죄와 질병, 도덕과 종교, 영원한 복지와 현세적인 복지 사이에 그어진 예리한 선은 희미해졌다. 어떤 구분들은 분명히 남아있지만, 몸-마음-영혼의 복합체는 인격 또는 자기 개념에 연합되었으며, 그리하여 건강-의-구원의 복합체는 풀기 어렵지만 결합된 문제가 되었다.[67]

제임스는 철학적인 업적과 더불어 현대 목회신학에 지대한 공헌을 했다. 그의 두 권짜리 저서, 『심리학의 원리 (*The Principles of Psychology,* 1890)』는 당대의 일반 심리학에 관한 광대한 저서임에 틀림이 없으며, 그 책이 출판된 이후 제임스의 사상은 심리학을 진지하게 연구하는 곳에서는 피할 수 없는 주제가 되었다. 종교와 종교적 신앙에 관한 제임스의 연구는 경험적이며 과학적 심리학 분야의 부분인데 실질적으로 『종교적 경험의 다양성』은 현대 종교심리학의 효시가 되었다.

그 초기 단계의 연구에서, 제임스는 한편으로는 하나님의 존재 여부와 같은 문제는 경험적 자료의 도움 없이 판단해야 한다면서도, 종교적 가설 자체는 신중한 심리학적 연구로 검증되어야 한다는 결론을 내렸다. 그는 강연들에서 종교적 신앙은 인간의 삶에 의미심장한 차이를 가져오며 종교적 헌신은 전적인 선에 관한 것이라고 주장했다. 그는 종교적 회심을 유익한 것으로 보면서, 그 이유는 과거에는 갈등하던 성향이 고도로 효율적인 수준에서 새로운 성격을 통합할 수 있는 초점이 되어 새로운 이상적 집단에 종속시키기 때문이다. "건강한" 종교에 대하여 제임스는 최근 긍정적 사고의 힘이라고 알려지게 된 개념을 차분하고

---

67. Herbert Wallace Schneider, *Religion in 20ᵗʰ Century America* (Cambridge, Mass.: Harvard University Press, 1952), 186.

진지하게 분석하고 있다. 그리고 "병든 영혼"의 종교는 악과 고통의 와중에 근본주의적 낙관주의를 만들어낼 가능성이 있다고 보았다. 지금의 종교심리학은 제임스가 활동할 당시보다 더 혼란스러운 주제이기는 하지만, 그의 논점은 현대인들에게 분명한 울림을 주고 있다. 19세기 마음 치료 운동(mind cure movement)에 대한 제임스의 분석은 우리 시대에 노만 빈센트 필의 책, 『긍정적 사고의 힘(The Power of Positive Thinking)』이 이백만 부 이상 팔린 것을 상기시켜주고 있다. 제임스가 루터교회와 웨슬리 운동에서 알게 된 반도덕주의적인 이완(relaxation) 치료에에 대한 설명은 오늘날 많은 종교적 상담자들의 조언 가운데 여전히 좋은 효과를 끼치며 살아 있다.[68]

이어지는 글들은 제임스의 종교에 대한 혁신적인 연구서에서 발췌한 것으로 이 책의 마지막 장을 장식하기에 적합하다. 이는 이전의 종교에 대한 익숙한 자료들을 재해석한 것임과 동시에 목회 돌봄에 관하여 현대사회를 향해서 이야기하고 있기 때문이다.

치료적 종교

출처: 『종교적 경험의 다양성(1901-1902)』, 저자: 윌리엄 제임스

만약에 모든 사물을 선하게 보는 성향을 건강한 마음(healthy mindedness)[69]이라고 부른다면, 건강한 마음을 가지게 되는 불수의

---

68. Smiley Blanton, M.D.의 "The Best Prescription I Know," *The Reader's Digest*, December 1962을 참고하라.
69. 역주: 종교심리학의 선구자였던 제임스 당시에는 인간의 종교적 태도 또는 자세를 분명하게 내린 적이 없었다. 이때에 제임스는 불모지의 개척자로서 종교적 감정을 표현하였다.

적인 것(involuntary)과 수의적인 것(voluntary), 혹은 체계적인 방법을 구별해야 한다. 불수의적인 건강한 마음은 사물에 대하여 즉각적으로 행복하게 느끼는 것이며, 체계적인 방법은 사물을 선한 것으로 인식하는 추상적인 방식이다. 사물을 인식하는 추상적인 방법은 사물의 어떤 한 국면을 당분간 사물의 본질로 선택하며, 다른 국면들은 무시한다. 선이 존재의 보편적이고 본질적인 측면이라고 인식하는 체계적인 건강한 마음은 의도적으로 악을 보지 않으려고 한다. 그러나 솔직히 표현하자면, 자기 자신에 대해 지적으로 성실하고 사실들에 대하여 정직한 사람들이 이러한 태도를 취하는 것은 어려워보인다. 조금만 생각해보면 단순하게 비판하기에는 상황이 너무 복잡하다는 것을 알 수 있다.

우선, 다른 정서적 상태와 마찬가지로 행복감은 불안으로부터 자기를 보호하기 위한 본능적인 무기이기 때문에 부여된 사실에 반대되는 것들에 대하여는 눈이 멀고 무감각하다. 우리가 행복감에 젖어있을 때 악에 대한 생각이 현실적으로 느껴지지 않는 것처럼 우울할 때 선에 대한 생각도 현실적으로 느껴질 수 없다. 무슨 연유에서든지 실제로 행복한 사람은 악을 더 믿지 못한다. 그는 악을 무시하고 주변 사람들에게 악에 대하여 고집스럽게 눈을 감고 언급하지 말라고 하는 것처럼 비친다.

그러나 악에 대하여 언급을 회피하는 그것이 완벽하게 솔직하고 정

이에 상대되는 개념은 sick soul(병든 영혼)로서 반드시 전자에 대하여 부정적인 국면으로 대비시키려는 노력보다는 범주 간에 확실한 벽이 없이 유연하여 변화가 가능한 것으로 묘사한다. 제임스가 탐색하고자 했던 인간의 종교적 감정이 자리한 다양한 영역들 간에 일어나는 상호작용을 그리려 했다고 보는 것이 좋다. 참고, Martin Marty, "Introduction", ix, in William James, *The Varieties of Religious Experiences* (New York, NY: Penguin Books, 1982).

직한 마음이면 신중한 종교적인 행동방침 혹은 선입견(*parti pris*) [예를 들자면 편견]으로 성장해 갈 수 있다. 우리가 악이라 부르는 많은 것들은 대부분 사람이 현상을 받아들이는 방식에서 기인한다. 그것은 고통 받는 사람의 내적 태도를 두려움에서 투쟁의 자세로 바꾸게 되면 많은 경우에 활기차고 든든한 자산으로 바뀔 수 있다. 사람이 단지 명예에 매어서 처음에 그를 당황스럽게 만들어버릴 것 같았던 사실들에 대한 많은 이들의 평가를 보면, 그 자세를 갖지 않으려고 도피하려는 헛된 노력을 한 후에 활기차게 직면하고 견디면 악의 독소는 제거되고 오히려 그 맛을 즐기게 된다. 그것들의 악함을 인정하기를 거부하라. 그것들의 능력을 멸시하고, 존재를 무시하라. 당신의 관심을 다른 곳으로 돌려라. 당신이 관심을 주지 않는 한, 그 사실들은 여전히 존재할지라도 그 악한 특성은 더 이상 존재하지 않는다. 사람들이 악 또는 선이라고 부르는 것은 자신들의 생각에 따른 것이므로, 어떤 것에 주로 관심을 가질 것인가는 당신의 사고가 지배하는 것이다.

마음을 낙관적으로 전환하는 선택을 하면 그것은 그 사람의 철학이 된다. 일단 그렇게 되면 그것의 정당한 범위를 추적하기는 어렵다. 행복을 추구하는 인간의 본능은 자기보호를 위해서 부정적인 것을 무시하고 그것이 유리한대로 작동할 뿐만 아니라 보다 높은 내면의 이상들을 추구하게 한다. 불행의 태도는 고통스러울 뿐 아니라 초라하고 추하다. 어떤 외부적인 어려움들 때문에 그렇게 되었든 애타게 그리워하고, 무기력하고, 울적한 기분보다 더 상스럽고 무가치한 것이 어디 있겠는가? 어떤 것이 다른 이들에게 더 해로울 수 있나? 무엇이 난관에서 벗어나는 데 도움이 될까? 그러나 그런 시도를 하는 것은 문제를 더 촉발하고 악화시킬 뿐이며, 전체 상황을 악화시킬 뿐이다. 그러므로 있는 힘을 다해 우리는 그러한 기분의 동요를 줄이고, 자신과 다른 이들 안에 있는 그 기분을 탐색하여 관용을 보이지 말아야 한다. 하지만 애써서 객관적인 영역의 더 밝은 측면들은 강조하고 동시에 더 어두운 측면들을 최소화하지 않지 않는다면 주관적인 영역에서 이러한 훈련을 수행하는 것은 불가능하다. 우리 내면의 비교적 작은 것에서 시작되는, 불행에 빠지지 않을 수 있는 우리의 해결책은 그것이 그것의 필요들에 어울리는 충분히 낙관적인 체계적 관념에 현실에 대한 온전한 틀을 제공해주는 것이어야만 한다.

여기에서 나는 모든 사물의 전체적인 틀이 절대적으로 선해야만 한다는 그 어떤 신비주의적인 통찰이나 주장에 대하여 한마디도 하지 않았다. 그와 같은 신비주의적인 주장은 종교 의식의 역사에서 막대한 역할을 해왔으며, 우리가 다음에 자세히 살펴보아야 할 것이다. 그러나 지금은 너무 깊게 들어갈 필요가 없다. 나의 당면한 논점은 흔히 경험하는 비신비주의적인 황홀경에 대한 것이면 충분하다. 모든 도덕적으로 격정적인 상태와 감정적인 종교적 열정은 어떤 면에서는 사람을 악에 대해 무감각하게 만든다. 애국자는 일반적인 형벌에 흔들리지 않고, 사랑하는 사람은 물불을 가리지 않는다. 열정이 극도에 달하면, 고통은 실제로 영광스러운 것이 될 수 있고, 이상적인 명분이 있다면, 죽음은 그 쏘는 것을 잃게 되고 무덤은 승리하지 못할 것이다. 이 상태에서, 선과 악의 보편적인 대비는 높은 가치에 가려진 것처럼 된다. 사람이 자신의 생에 있어서 영광스러운 경험을 환영하는 그러한 전능하게 느끼는 감격이 악을 삼켜버리는 것과 같다. 그는 이것이 진정한 삶이며, 나는 영웅적인 기회와 모험을 크게 기뻐한다고 말한다.

종교적인 태도로서 건강한 마음을 체계적으로 개발하는 것은 인간 본성에 있어서 중요한 흐름과 맥을 같이 하며, 결코 모순되지 않는다. 사실, 우리는 우리의 공적인 신학이 일관되게 금지해야만 할 때에도 그것을 어느 정도 개발한다. 우리는 할 수 있는 대로 우리의 관심을 질병과 죽음으로부터 다른 데로 돌리려고 한다. 그리고 우리의 삶의 기반이 되는 끝이 없는 아수라장과 외설스러움은 시야에서 사라져 버리고 일언반구도 언급되지 않기 때문에, 우리가 문학과 사회에서 공식적으로 인식하는 세상은 실제 세상보다 훨씬 그럴 듯하고 깨끗하고 좋은 시적 허구의 세상이다.

* * * * * *

여기에 좀 더 구체적인 여성의 사례가 있다. 다른 부가 설명 없이 여러분들에게 읽어주고자 한다. 이 사례들은 우리가 연구하고 있는 마음의 다양한 상태를 묘사하고 있는 것들이다.

"나는 어릴 적부터 마흔 살이 될 때까지 고생하였다 [좋지 못한 건강에 대한 상세한 이야기는 생략한다]. 공기를 바꾸면 좋겠다 싶어 몇 달 동안 버몬트(Vermont) 주에서 지냈다. 하지만 점점 더 약해진 시월 말경 어느 날, 오후에 쉬고 있을 때 갑자기 이런 말이 들렸다. '너는 고침을 받게 될 것이며 네가 지금까지 꿈꿔보지 못한 일을 하게 될 것이다.' 이 말은 오직 하나님만이 발휘할 수 있는 그런 힘으로 내 마음에 깊은 인상을 주었다. 보스턴으로 돌아온 성탄절까지 고통과 나 자신의 연약함이 계속되었지만 나는 그 말씀을 믿었다. 이틀이 지나지 않아 젊은 친구가 나를 정신치료자에게 데려가겠다고 하였다(1881년 1월 7일). 치료자는 '마음밖에 없습니다. 우리는 모두 그 마음이 표현된 것일 뿐이지요. 몸은 사람이 생각하듯이 사라지게 마련입니다'라고 하였다. 나는 그녀가 말한 것을 받아들일 수가 없었지만, 그 말을 나를 위하여 바꾸어 보았다. '하나님밖에 없네. 나는 그분께서 지어주셨네. 나는 그분께 절대적으로 의존해야 하네. 마음은 사용하라고 내게 주어진 것이며, 나의 무지와 두려움과 과거의 경험에 묶인 굴레에서 내 몸이 건져져서 옳은 행위를 해야 한다는 생각을 가져야 하네.' 그날부터 그 가정에서 준비해 준 음식을 조금씩 먹기 시작했다. 계속 나에게 말했다. '위장을 지어주신 능력은 내가 먹는 것들을 돌봐 줄 것이다.' 저녁까지 이 생각을 부여잡고 잠자리에 들어 잠들기 전에, '나는 혼과 영이며, 하나님이 나를 돌아보시는 생각과 하나이다.' 라고 하고 잠든 이후 지난 몇 년 동안 처음으로 밤새도록 한 번도 깨지 않고 잘 수 있었다[밤에 고통으로 뒤척이다가 보통 두 시경에 깼다]. 다음 날 나는 탈출한 죄수처럼 느껴졌다. 완벽한 건강을 얻은 비결을 발견했다고 믿었다. 십 일 동안 다른 사람들을 위해 조리된 음식을 무엇이든지 먹을 수 있었고, 두 주 후에는 나에게 징검다리가 되어 준 진리에 대한 긍정적인 믿음의 제안들을 갖게 되었다. 몇 가지를 써보면, 두 주 간격으로 일어난 것이다.

"첫째. 나는 혼(Soul)이다, 그러므로 나는 잘 될 거야.

"둘째. 나는 혼이다, 그러므로 나는 건강하다.

"셋째. 나 자신에 관한 내면의 환상은 고통 받고 있는 내 몸 곳곳에 혹이 달린 네발 가진 짐승이 내 얼굴을 하고 있으며 나 자신이란 것을 인정해달라고 애원하는 모습이다. 이런 모습을 한 나의 옛 자기를 쳐다보는 것조차 거부하면 내가 잘 될 것이라고 마음을 굳게 먹었다.

"넷째. 짐승의 저 뒤에 있는 약한 음성이 들리는 환상이다. 다시 인정하지 않았다.

"다섯째. 같은 환상이 나타났지만 내 눈은 갈망의 눈초리였다. 그러나 다시 거부하였다. 그러자 확신, 나는 완전히 좋아졌고 항상 그랬던 것이라는 내면의 의식이 찾아왔다. 이는 내가 영혼이며, 하나님의 완벽한 생각의 표현이기 때문이다. 나는 과거의 나와 다른 사람들에게 비췄던 내가 완벽하고 전적으로 분리된 것을 보았다. 이 일이 있고 난 뒤, 나는 이 진리를 계속 확신하면서 나의 참 존재를 결코 잊지 않는 데 성공했으며, 점진적으로 (이렇게 되기까지 이 년간 열심히 노력하여 이르게 되었지만) *나는 내 몸 전체에 걸쳐 계속 건강을 표현했다.*

"그 후 19년 동안의 경험으로 나는 이 진리를 적용할 때 비록 내가 무지하여 실패한 적이 있긴 하지만 진리가 실패한 적은 없었다. 하지만 나의 실패를 통하여 작은 어린아이의 단순함과 신뢰를 배웠다."

그러나 내가 너무 많은 사례를 주어서 독자들이 싫증을 느낄까 두려워 철학적 일반론으로 다시 돌아가겠다. 여러분은 이와 같은 체험의 기록들을 통해서 마음-치료를 일차적으로 하나의 종교 운동으로 분류할 수 밖에 없다는 것을 이미 보았다. 우리의 생명이 하나님의 생명과 하나라는 강령은 실제로 기포드 강연에서 여러분의 가장 유능한 스코틀랜드 종교철학자들에 의하여 수호되었던 그리스도의 메시지에 대한 해석과 분간할 수 없는 것이다.

* * * * * *

대체로, 우리는 마음-치료 운동과 루터교회와 웨슬리 부흥운동 사이에 있는 심리학적인 유사점에 충격을 받는다. 도덕주의와 선행을 신봉하는 자는 "내가 무엇을 해야 구원을 얻을 수 있는가?" 하고 불안한 마음으로 질문할 것이다. 루터와 웨슬리는 "당신이 믿기만 하면, 지금 구원을 얻을 것입니다."라고 답할 것이다. 그리고 마음-치료자도 매우 비슷한 해방의 메시지를 전한다. 구원의 개념이 과거의 신학적인 의미는 상실하였지만, 그럼에도 불구하고 그와 똑같은 영원한 인간의 문제로 괴로워하는 사람들에게 그들은 이것이 진리라고 말한다. 뭔가 잘못되었어, 그럴 때 그들은 "깨끗하고 바르고, 건강하고 형통하려면, 내가 뭘 해야 하나?"하고 묻는 것이 그들의 질문의 정형이다. 답변은, "그것을 알기만 하면, 너는 이미 좋아졌고, 건강하고 깨끗해졌어." "모든 문제는 이 한 문장으로 요약될 수 있어." 내가 이미 인용한 저자들 가운데 한 사람은 "하나님이 온전하시니, 너희도 온전하다. 너희의 참 존재에 대한 지식에 깨어 있어야 한다."라고 말한다.

겉으로 보면 어리석게 들릴 수 있지만 그와 동일한 적절성이 마음-치료의 메시지에 있다. 그것의 영향력이 급속하게 커지고 치료적으로 효과가 큰 것을 보고, 어떤 사람은 이전 시기의 운동들이 그랬던 것처럼 그것이 미래의 대중적인 종교의 발달에서 큰 역할을 하도록 운명지워진 것은 아닌지(아마도 그 현상들의 다수에서 보이는 생경함과 기발함 때문에) 질문하고 싶다.

그러나 이 강연에 어떤 청중들에게는 "거슬릴 수 있는" 말을 시작할까 한다. 그러한 엉뚱한 생각들이 이 저명한 기포드 강연에서는 받아들여지지 않을 것이라고 여러분들은 생각할지 모르겠다. 나는 여러분들의 인내를 간청할 뿐이다. 내가 상상하기로는 이 강연의 전반적인 결과는 여러분의 마음에 다른 사람들의 영적 생활이 보여주는 엄청난 다양성들에 대해 강조하는 것이 될 것이다. 그들의 요구들, 감수성들 그리고 역량들은 모두 다르고 다른 항목으로 분류되어야만 한다. 결과적으로 종교적 경험에는 실제로 다른 유형들이 있는 것이다. 그리고 이 강연을 통하여 건강한 마음 유형과 좀 더 친숙해지기를 추구하면서, 우리는 그 유형의 가장 본질적인 형태를 발견해야만 한다. 개별적인 성격 유형의 심리학은 아직 그에 대한 윤곽조차 잡지 못했으며, 우리의 강연은 그 구조에 대해 부스러기와 같은 기여만 할 뿐이다. 마음에 드는 첫 번째 생각은(특히 우리가 만약에 다른 사람들을 무시하려는 유혹에 빠지게 되는, 성직자-학자-과학자 유형, 공식적이고 인습적으로 "올바른" 유형, 아주 "존경할 만한" 유형에 속한다면) 우리들이 그 유형 중에 어떤 것도 받아들일 수 없어서 우리의 관심에서 현상을 배제하는 것과 같이 어리석은 일은 없는 것이다.

　이제 루터교회의 믿음에 의한 구원과 감리교회의 회심, 그리고 내가 마음-치료 운동이라고 하는 것의 역사는 만약 공식적인 도덕주의자들이 만들어 놓은 규정들에 정확하게 반대되는 대로 한다면, 적어도 어떤 발달 단계에서의 더 나은 성품의 변화가 그 규정들에 의해 촉발되는 것과는 사뭇 다르게 더욱더 성공적으로 일어나게 될 수많은 사람들이 존재함을 입증 해주는 것 같다. 공식적인 도덕주의자들은 우리의 분투의 자세를 늦추지 말라고 권유한다. "밤이나 낮이나 깨어 있으라, 너희들의 수동적인 경향을 억제하고, 항상 노력을 게을리하지 말아라. 너희 의지를 활처럼 항상 팽팽하게 유지하라."라고 저들은 우리에게 엄명한다. 그러나 내가 보았던 사람들은 이 모든 의식적인 노력이 실패와 분노로 초래하고, 그들을 이전보다 두 배나 더한 지옥의 자식들로 만들 뿐이라는 것을 발견하였다. 긴장되고 자발적인 태도는 그들에게 견딜 수 없는 신열과 고문이 되었다. 저들의 기계장치는 베어링이 너무 뜨겁고 벨트가 너무 팽팽해서 작동을 거부한다.

　이러한 상황에서 성공을 향한 길은, 진정성이 있는 수없이 많은 개인적 이야기들이 입증하고 있듯이, 반도덕주의적인 방법과 나의 두 번째 강연에서 말한 "내려놓음(surrender)"에 의하여 가능하다. 능동성이 아닌 수동성, 팽팽함이 아닌 느슨함이 지금의 규정이 되어야 한다. 책임감을 포기하고, 여러분이 부여잡은 손을 놓고, 여러분의 운명에 대한 염려를 보다 높은 차원의 힘에게 맡기고, 어떤 결과가 나오더라도 진정으로 신경쓰지 말라. 그러면 여러분은 내면의 온전한 평안을 얻게 될 뿐만 아니라, 덧붙여서 여러분이 체념하였지만 진지한 생각이

미쳤던 특별한 것을 얻게 될 것이다. 이것이 루터 신학이 말하는 자기-절망을 통한 구원이며, 진정으로 태어나게 될 죽음이며, 야콥 베멘(Jakob Behmen)[Jakob Boehme, 1575-1624][70]이 저술했던 무(*nothing*)에 이르는 길이다. 구원을 얻기 위해서는 중요한 지점, 그것과 하나가 되는 모서리를 반드시 지나야 한다. 무언가는 무너져야 하고, 타고난 강함은 부서지고 녹아야 한다. 이 사건은(이 후에 많이 보게 될 것이다) 빈번히 갑작스럽고 자동적이며, 외부의 힘에 의하여 만들어진 인상을 경험 주체에게 남긴다.

그것의 궁극적인 의미가 어떤 것으로 증명되든지, 이것은 인간 경험의 근본 형태 중 하나임에 틀림이 없다. 어떤 이는 그것에 대한 능력 또는 무능력이 도덕주의적인 특성으로부터 종교적인 경험을 분리한다고 말한다. 그것을 온전하게 겪은 사람들에게는 어떤 비판도 그것의 현실성에 대하여 의심하게 하지 못한다. 그들은 알고 있다. 왜냐하면, 자신들의 개인적 의지가 초래하는 긴장을 내려놓고 보다 높은 차원의 힘을 실제로 느꼈기 때문이다.

부흥 설교자들은 밤에 절벽 끝으로 미끄러진 사람의 이야기를 자주 한다. 그 사람은 나뭇가지를 붙잡고 추락을 멈추었는데, 몇 시간 동안 거기에 매달려 있었다. 그러나 결국 잡은 손가락에 힘이 빠져 생에 작별을 고하고 손을 놓았다. 그러나 그는 만지 6인치 떨어졌다. 만약에 안간힘 쓰는 일을 좀 더 일찍 그만두었다면 그의 고통을 줄일 수 있었을 것이다. 설교자들은 우리에게 만약 우리 자신의 힘을 의지하는 낡은 습관이 결코 우리를 보호하고 구원하는 피난처가 되지 못한다는 주의사항

---

70. 역주: 독일의 16-7세기에 활동하던 루터교회 신학자였다. 영국에서는 Behmen으로 명기되었다. 제임스의 저서에서는 영국식으로 표기되었으나, 이 책에서는 독일식 표기를 병기하고 있다.

에 그것을 그를 포기하고 전적으로 믿고 맡긴다면 대지어머니(mother earth)가 그 사람을 받아준 것처럼 영원한 팔이 우리를 안아줄 것이라고 말한다.

마음-치료자들은 이와 같은 경험에 대한 폭넓은 시야를 제공해주었다. 그들은 루터교회의 이신칭의 교리와 웨슬리 운동의 은혜의 수용 교리와 심리적으로 구분할 수 없는 쉼(relaxing)과 내려놓음(letting go)을 통한 중생의 모습이 죄의 자각과 루터신학에 어떤 관심도 없는 사람들에게도 나타나고 있음을 보여준다. 작고 사적이며 경직된 자기에게 쉼을 주고 더 큰 자기가 거기에 있다는 것을 알게 한다. 느리든 갑작스럽든, 크든 작든, 낙관주의와 기대감이 결합되어 나타나는 결과들, 노력의 포기에 뒤이어 일어나는 중생의 현상들은 우리가 사물의 궁극적인 인과론에 대한 유신론, 범신론적 이상주의, 또는 의료-유물론적인 관점을 가졌든지 상관없이 인간 본성의 확고한 사실로 남는다.

우리가 부흥회를 통한 회심 현상을 받아들일 때, 이것에 대한 더 많은 것을 배워야 한다. 한편 마음-치료자들의 방법에 대하여 간단히 말하고자 한다.

그들은 당연히 대부분 암시적이다. 환경의 암시적 영향은 모든 영적 교육에 큰 역할을 한다. 그러나 공식적인 지위를 획득한 "암시"라는 말은 불행하게도 개개인의 사례가 지닌 다양한 취약점에 관한 연구를 가로막는 데 사용되면서 많은 영역의 연구에 방해꾼의 역할을 하고 있다. "암시"는 신념과 행위에 대한 효력이 입증되는 한 관념들이 지닌 힘을 표현하는 다른 이름이다. 어떤 사람들에게 효력이 있는 관념이 다른 사람들에게는 효력이 없다. 특정의 시기들과 환경에서 효력이 있었던 관념들이 다른 시기와 환경에서는 그렇지 못하다. 그리스도 교회의 관념들은 오늘날 치료지향적인 곳에서는 그것이 전 세대에 무엇을 의미했든지 효력이 없다. 왜 소금이 이곳에서는 맛을 잃었거나 저곳에서는 맛을 내거나에 대한 전체적인 질문이 있을 때 "암시"라는 낱말의 공허한 나부낌은 마치 깃발이 아무런 빛을 내지 못하는 것처럼 되고 있다. 신앙치료에 대한 직설적인 심리 에세이를 쓴 고다드 박사(Dr. Goddard)는 신앙치료들이란 일상적인 암시에 불과하다고 하면서, "종교(우리의 대중적 기독교를 의미하는 것으로 보이는)는 그 안에 정신치료의 모든 것을 갖고 있고, 그 가운데 최선의 형태를 지니고 있다. (우리의 종교적) 관념을 갖고 살아간다면 우리가 할 수 있은 어떤 것도 할 수 있다."라고 결론을 내린다. 대중적 기독교는 절대적으로 아무것도 하지 않고, 마음-치료가 구원책으로 오기 전까지 아무것도 하지 않았다는 사실에도 불구하고 그렇다.

암시적인 관념은 계시의 힘을 갖고 개인에게 찾아온다. 건강한 마음의 복음으로서 마음-치료는 기독교 교회가 굳게 만든 사람들의 마음 가운데 계시로 찾아왔다. 높은 삶을 향한 샘을 솟게 하였다. 어떤 집단의 사람들에게 그때까지 봉해져 있던 그 샘들이 자유롭게 흘러나오는 수로를 찾을 수 있게 하지 않았다면, 어떤 종교 운동의 원천이 존재할 수 있겠는가?

개인의 신앙과 열정과 모범, 그리고 그 위에 모든 새롭게 하는 힘은 이와 같은 성공에 언제나 으뜸 되는 암시의 통로가 된다. 만일에 마음-치료가 공식적이고 존중받을 만하며 보호되어야 한다면, 그 암시적 효력의 요소는 사라질 것이다. 위기의 단계에 있는 모든 종교는 광야의 유랑자가 되어야 한다. 교회는 다수의 오래된 종교에 대항하여 소수의 위기의 종교가 끊임없이 내면의 씨름을 통해 영적인 움직임에 반대하는 비신앙보다 더 좋지 않은 방해 작업으로 단단해져 있다는 사실을 잘 알고 있다. 조나단 에드워드(Jonathan Edwards, 1703-1758)는 "우리는 모든 성인이 살아있는 그리스도인들이 아니며, 그들이 우리 삶에서 다시 살아나거나 떠나갈 수 있다는 것을 생각하면서, 만일에 오늘 어떤 이들이 때때로 말하는 것, 즉, 차갑게 죽어 있는 성인들이 보통 사람들보다 더 상처를 주고, 영혼들을 지옥으로 인도하고 그래서 그들이 모두 다 죽어 있는 것이 인류를 위하여 더 나은 것이 사실이기를 바라고 기도한다."고 하였다.

성공의 다음 조건은 내려놓음으로써 기꺼이 중생하려는 마음과 건강한 마음을 통합한 사람들이 분명하게 많이 있다는 것이다. 개혁교회 신앙은 자연인에 대하여 지나치게 비관적이며, 가톨릭 신앙은 율법주의적이며 도덕주의적이었으므로 이 두 가지가 결합한 성격 유형에 대하여 어느 쪽도 너그럽지 못했다. 지금 여기에 있는 우리 가운데 그런 유형에 속한 사람이 아무리 적다할지라도, 이 유형이 세상 가운데 잘 대변되는 특정한 도덕적인 조합을 이루고 있는 것이 자명해졌다.

마지막으로 마음-치료는 개혁교회 국가들에서 전무후무하게 잠재의식적인 삶에 크게 활용됐다. 마음-치료의 개척자들은 합리적인 조언과 교리적인 확신에 수동적인 쉼, 집중 그리고 명상의 체계적인 훈련을 추가하였고, 심지어 최면술과 같은 것들도 끌어들였다.

*   *   *   *   *   *

[병든 영혼]

이제 우리는 잠깐 이런 사고방식과 작별을 고하고, 악한 의식의 짐을 신속하게 던져버리지 못하고 악의 존재 때문에 고통 받게끔 선천적으로 운명 지워진 사람들에게 향하고자 한다. 건강한 마음에도 얕은 수준과 깊은 수준이 있고 행복에도 동물과 같은 낮은 차원과 중생한 차원의 행복이 있는 것처럼, 병든 마음에도 다른 차원이 있으며 전자는 후자보다 훨씬 더 만만치 않은 것이다. 어떤 사람들에게 악은 사물들에 대한 부적응, 자신의 삶을 환경과 잘 조화시키지 못 하는 것을 의미한다. 그러한 악은 적어도 원리에 있어서 자연 단계에서 치료할 수 있다. 이는 자기 또는 사물들이 각각 수정하거나, 둘 다 한 번에 수정함으로써 두 가지가 적절하게 만들어져서 마치 결혼식 종이 울리듯이 잘 어울리게 되기 때문이다. 그러나 악이 주체와 특별한 외부 사물들과의 관계에 불과한 것이 아니라 보다 근본적이고 일반적인 어떤 것, 즉 근원적인 본성에 있는 오류나 사악함이라고 보는 사람들도 있다. 이 경우 환경을 변화시키고 내적 자기를 인위적으로 재조정한다고 해서 치유될 수는 없기 때문에 어떤 초자연적인 처방이 필요하다. 전반적으로 라틴 민족들은 악이 질병과 죄의 복수 형태로 이루어져 있어 하나하나 제거할 수 있다고 보는 전자의 방식을 배웠다. 반면에 게르만 민족들은 죄(Sin)를 대문자 S로 표현된 단수 형태이고, 우리 본성의 주관성 가운데 뿌리 깊이 배어있는 생각하는 경향이 있었다. 피상적이며 점진적인 작업을 통해서는 결코 제거할 수 없는 것으로 보고 있다. 민족들을 이렇게 비교하지만, 언제나 예외는 있다. 그러나 의심할 수 없이 종교에서의 북부의 분위기는 보다 깊은 곳에서부터 비관적인 경향으로 기울어져 있었으며, 감정이 다소 극단적으로 기울어져 있어 우리 연구에 좀 더 교훈이 되는 것을 알게 될 것이다.

최근 심리학은 마음의 한 단계에서 다른 단계로 넘어가는 지점에 대한 상징적인 표현으로 "임계점(threshold)"이란 낱말을 주로 사용하고 있다. 우리는 인간 의식의 임계점을 일반적으로 이야기할 때 소음, 압력 또는 그의 주의를 일으킬 수 있는 외부의 자극을 나타내기 위하여 사용한다. 높은 임계점을 가진 사람은 소음에도 잠을 잘 수 있는가 하면, 낮은 임계점을 가진 사람은 즉시 깨게 될 것이다. 이와 비슷하게 감각 기준에서 작은 차이에도 예민할 때, 우리는 그를 가리켜서 낮은 "차이의 임계점"을 가진 사람으로 의식의 차이에 대하여 쉽게 의문을 가지게 된다고 말한다. 우리는 "고통-임계점", "공포-임계점," "비참-임계점"에 대하여 말할 수 있고, 어떤 사람들의 의식은 그 한계를 빠르게 넘어서지만 다른 사람들은 그 한계가 너무 높아서 그들의 의식이 흔히 도달하지 못한다는 것을 발견할 수 있다. 낙천적이고 건강한 마음을 지닌 사람들은 자신들의 비참한 지경에서도 양지바른 곳에 습관적으로 기거하며, 우울하고 침울한 사람들은 그 반대편인 어둠과 염려 속에서 지낸다. 어떤 이들은 선물로 받은 샴페인 한두 병을 갖고 생을 시작한 것처럼 보이는 반면, 어떤 이들은 고통-임계점에 가까이 태어나서 아주 사소한 감정의 자극으로도 치명상을 입게 되는 것처럼 보이는 사람들도 있다.

고통-임계점의 한 측면에서 습관적으로 살아온 사람은 그 반대편에서 습관적으로 살아온 사람과는 다른 종교를 필요로 할 수 있지 않을까? 다른 유형의 종교와 다른 유형의 욕구 의 상대성에 관한 이 질문은 이 시점에 자연스럽게 제기가 되고 우리가 그렇게 하기 전에 심각한 문제가 될 것이다. 그러나 우리는 일반적인 개념으로 그것과 직면하기 전에 건강한 마음과 대비해서 부르는 영혼들이 그들만의 독특한 의식의 형태인 감옥의 비밀에 대하여 말하는 것을 들어야 하는 즐겁지 않은 과제를 반드시 우리 스스로 해야 한다. 이제 한번 태어난 것으로 족한 사람들과 그들의 하늘색 낙관적인 복음에서 단호하게 방향을 다른 곳으로 돌려보자. 그러면 모든 현상에도 불구하고, "우주여 만세— 하나님은 하늘에 계시고, 세상 모든 것은 잘 돌아가는구나"라고 단순히 소리칠 수 없을 것이다. 차라리 연민과 고통과 두려움과 인간의 무력감이 심오한 관점을 열어줄 수 있는지, 상황에 대한 의미를 풀 수 있는 더 복잡한 열쇠를 우리 손에 쥐어줄 수 있는지 살펴보아야 한다.

* * * * * *

최악의 우울은 압도하는 공포의 형태를 보인다. 여기 훌륭한 사례를 출판하도록 허락해 준 고통 받는 분에게 감사를 전한다. 원문은 불어로 쓰였다. 그가 이것을 기록할 당시에 분명히 신경 상태가 좋지 못하였지만, 이 사례는 단순명료한 강점이 있다. 나는 자유롭게 번역하였다.

"나의 미래에 관한 철학적인 비관론과 일반적인 영혼의 우울 상태에 있는 어느 날 저녁, 옷 방에 놓인 물건을 가지러 들어갔다. 아무런 조짐도 없이 갑자기 어둠 속에서 무엇인가 튀어나온 것처럼 나 자신의 존재에 대한 무서운 공포가 엄습하였다. 동시에 전에 정신병동에서 만났던 초록빛이 도는 피부와 검은 머리를 가진 완전 백치의 간질 환자였던 청년의 모습이 떠올랐다. 그는 온종일 벤치에 앉아 있거나 벽에 붙은 선반 위에서 무릎에 턱을 괴고 앉아 있었다. 그는 단벌의 회색 내의가 자신의 몸을 감싸고 있는 모양을 하고 있었다. 그는 이집트 고양이 조각상이나 페루의 미라처럼 앉아서 검은 눈동자 외에는 움직이지도 않고 전혀 사람이 아닌 것처럼 보였다. 이 모습과 나의 두려움이 서로 조합을 이루었다. 어쩌면 저게 내 모습이야 라고 느꼈다. 그를 쳤던 것처럼 나를 치게 되는 순간이 온다면 내가 가진 어떤 것도 이 운명에서 나를 지킬 수 없을 것이다. 그에 대한 공포가 있었고, 순간적으로 그와는 차이가 있다는 깨달음이 있었지만, 마치 내 가슴 속에서 어떤 단단한 것이 완전히 빠져나가 버린 듯 내 몸은 두려움에 떨고 있는 덩어리가 되어버렸다. 이후에 우주는 한꺼번에 바뀌어 버렸다. 매일 아침 이

전에 알지 못했으며 그 후로 지금껏 느껴보지 못했던 뱃속 깊은 곳에 있는 끔찍한 두려움과 불안감으로 깼다. 이것은 어떤 계시와 같았다. 비록 즉각적인 느낌은 지나가 버렸지만, 그 경험은 이제껏 다른 사람들의 병들어 있는 느낌을 공감할 수 있게 만들었다. 점점 사라지긴 했지만 몇 달 동안 어두운 곳에 혼자 다닐 수 없었다.

"대부분 홀로 남겨질까 두려웠다. 삶의 표면 아래 불안의 구덩이를 알아채지 못한 채 다른 사람들은 어떻게 살아가고 있으며 난 지금까지 어떻게 살아왔는지 궁금했던 것이 생각난다. 특히 나의 어머니는 명랑한 분인데, 내게는 어머니가 지닌 위험에 대한 무의식이 완벽한 역설처럼 보여, 내 의식 상태를 드러내어 혼란에 빠트리지 않으려고 무척 조심했던 것을 여러분도 이해할 것이다. 나는 항상 내가 겪은 우울 경험이 종교적인 태도와 관계가 있다고 생각하였다."

이 사연의 주인공에게 마지막 문장이 무엇을 의미하느냐고 질문하자 그는 다음과 같은 답변을 적었다.

"이 두려움이 너무 압도적이고 강해서 '영원하신 하나님께서 나의 피난처'라거나, '무거운 짐 진 자들아 내게로 오라,' 또는 '나는 부활이요 생명이니' 하는 성경 구절을 의지할 수 없었더라면, 내가 정말 미쳐버릴 것으로 생각했다."

더 이상의 예는 필요하지 않을 것이다. 우리가 살펴본 사례들이면 충분하다. 그중의 하나는 사라져 버릴 것들의 허망함, 다른 하나는 죄의식을, 남은 하나의 사례는 우주의 공포를 잘 묘사했다. 이 세 개 중에 하나나 두 개만 보더라도 인간의 원초적인 낙관주의와 자기만족은 티끌과 같다는 것을 보여준다.

위 사례 가운데 어떤 것도 사실관계에 대한 지성적인 광기나 망상을 다룬 것은 없지만, 우리가 환각과 망상이 있는 광기 어린 우울증에 대하여 논의의 장을 시작한다면, 더 힘든 이야기 즉, 절대적이고 완벽한 절망, 우주 전체가 시작도 없고 끝도 없이 고통 받고 있는 자를 에워싸고 압도하는 공포 속으로 몰아넣는 이야기가 될 것이다. 악에 대한 개념이나 지적인 인식이 아닌 다만 소름 끼치고 피가 얼어서 심장박동이 멈추는 악에 대한 감각을 사람이 가까이서 경험할 때는 다른 어떤 개념이나 감각은 잠시도 함께할 수가 없다. 이처럼 도움이 절실한 상황에서 우리의 일상적인 세련된 낙관주의와 지성과 도덕적인 위로들이 아무런 상관이 없이 얼마나 멀리 떨어져 있는 것처럼 보이던가! 여기에 종교적 문제의 진짜 핵심이 있다. 살려 주세요! 도와주세요! 어떤 선지자도 이러한 상황에 있는 희생자들의 귀에 현실의 소리를 담고 있는 것들을 말해 주지 않는다면 그는 결코 궁극의 메시지를 전달할 수 없다. 만일 구원이 효력을 가지려면 호소하는 만큼 강렬한 모양으로 찾아와야 한다. 그래서인지 피와 기적과 초자연적인 활동으로 이루어지는 저속하고 부흥을 유발하고 소란스러운 종교들을 대체할 만한 것이 없는 것처럼 보인다. 어떤 성격의 사람들은 그런 것을 지나치게 필요로 한다.

이 시점에 이르러 우리는 삶을 바라보는 건강한 마음의 방식과 악의 경험을 본질적인 것으로 받아들이는 방식 사이에 얼마나 큰 대립이 일어날 수 있는지 자연스럽게 알게 된다. 후자의 방식 곧 우리가 병적인 마음의 방식이라고 부를 수 있는 것에 비한다면, 순수하고 단순한 건강한 마음은 말할 수 없이 맹목적이고 천박하게 보인다. 다른 한편, 건강한 마음에 비긴다면, 병든 영혼의 방식은 나약하고 병리적으로 보인다. 빛 가운데 사는 대신에 쥐구멍을 파고 두려움을 날조하고, 건강에 좋지 않은 온갖 종류의 고통에 사로잡혀 있으므로, 분노의 자녀들과 중생을 갈망하는 자들에 대한 혐오감이 있다. 만약에 종교적인 편견, 교수형과 화형 등이 삶의 질서의 방편이 된다면, 과거에 있었던 것들이 어떻게 벌어졌든지 간에, 건강한 마음을 가진 사람들은 두 부류 가운데 덜 탐닉적인 존재로 자신들을 드러내리라는 것은 전혀 의심할 것이 못 된다.

아직 포기하지 못한 채, 공정한 방관자의 태도를 보인 우리는 이 논쟁에 대하여 뭐라고 말할 수 있을까? 나에게는 병적인 마음을 가진 사람들의 범위가 넓은 경험의 척도를 차지하고 있어서 이에 관한 연구가 중복될 수 있다고 이야기할 수 있을 것으로 여겨진다. 한 사람의 주의를 악으로부터 돌려 선의 관점에서 단순하게 살아가게 하는 방법은 그것이 기능하게 되는 한 훌륭한 것이다. 많은 사람에게 기능할 것이다. 우리 대부분이 생각하는 것보다 훨씬 더 많은 사람에게 기능할 것이다. 종교적인 해결책처럼 이에 대하여 반대할 만한 성공적인 행위가 없는 범위 안에서 그러할 것이다. 그러나 사람은 우울이 찾아오는 즉시 무력하게 무너져 버린다. 자기 자신의 우울로부터 꽤 자유로워진 사람조차, 건강한 마음의 방법은 철학적인 원리로는 부적합하다는 것이 확실하다. 이는 성향상 적극적으로 설명하기를 거부하는 악의 요소들이 현실의 진정한 일부이기 때문이다. 결국은 그것들이 삶의 의미를 알게 하는 가장 좋은 열쇠이며, 진실의 가장 깊은 곳까지 우리의 눈을 뜨게 하는 유일한 것일 수 있다.

삶의 정상적인 과정은 광기 어린 우울로 가득한 그런 나쁜 순간들도 포함한다. 그 순간에는 악의 근원이 활동의 주도권을 쥐고 견고한 공격을 감행한다. 공포에 대한 광인의 환상들은 모두가 일상사의 소재에서 기인한다. 우리의 문명은 아수라장 위에 세워졌으며 모든 개인의 실존은 무능한 고통이 일으키는 외로운 발작 가운데 분투하고 있다.

나의 친구여, 만일 저항하고자 한다면, 자기 자신에게 도달할 때까지 기다리라! 지질학 시대의 육식 파충류의 존재를 믿는 것은 우리의 상상력으로는 힘들다. 이는 그것들이 박물관의 박제처럼 보이기 때문이다. 박물관의 해골들 가운데 어느 것도 이빨이 없지만, 그 당시에는 오랜 세월 동안 산 채로 잡혀 절망 가운데 안간힘을 쓰던 짐승의 몸을 보고 먹지 않고 기다리지는 않았을 것이다. 좀 더 작은 크기의 공간에 적용한다면, 그 희생된 동물들이 가졌던 공포의 형태들이 오늘날 우리가 사는 세상을 채우고 있다. 우리들의 벽난로와 뜨락 안에는 악랄한 고양이가 숨을 헐떡이는 쥐를 가지고 놀고 있거나, 아직 몸이 뜨거운 팔딱거리는 새를 아가리에 물고 있다. 악어들과 방울뱀 그리고 거대한 비단뱀은 우리가 삶의 순간에 실재하듯이 살아가고 있다. 징그러운 그 짐승들은 몸뚱이를 길게 늘어뜨리고 매일 순간마다 도사리고 있다. 이 짐승들이나 다른 야생의 짐승들이 살아있는 먹이를 움켜쥐고 있을 때는 언제나 치명적인 공포를 느끼게 된다. 이는 흥분한 우울증 환자가 닥친 상황에 대하여 느끼게 되는 그런 공포와 문자 그대로 같은 반응이다.

사물의 절대적 전체성 총합과 종교적인 화해는 불가능하다는 것이 진실인 것 같다. 어떤 악은 진실로 보다 높은 차원의 선에 도움이 된다. 그러나 어떤 형태의 악은 너무나 극단적이어서 선한 체계로 들어갈 수 없는 때도 있다. 그러한 악에 관해서는, 조용히 굴복하거나 그저 무시해버리는 것이 유일하게 실제적인 방책일 수 있다. 이 문제는 차후에 우리가 직면해야만 한다. 잠정적으로, 그리고 프로그램과 방법의 문제로서 제시한다면, 악은 선과 마찬가지로 자연의 진정한 일부이기 때문에, 철학적인 전제는 악에도 어떤 합리적인 중요성이 있다는 것, 그리고 체계적인 건강한 마음이 슬픔, 고통, 죽음에 대해 긍정적이고 적극적인 관심을 기울이지 못한다면, 적어도 이러한 요소들을 포함시키려고 애쓰는 체계[71]보다 덜 완전하다는 것이어야 한다.

그러므로 가장 완전한 종교들은 비관적인 요소들이 가장 잘 발달된 것들이라고 하겠다. 불교는 물론 기독교는 이러한 종교들 중에 최선의 것으로 알려져 있다. 이 종교들은 본질적으로 구원의 종교이다. 인간은 참다운 삶으로 태어나기 전에 헛된 삶에 대하여 죽어야 한다. 나의 다음 강의에서 나는 이 두 번째 탄생의 심리적 조건에 대하여 논의할 것이다. 다행스럽게 지금부터 우리가 지금껏 살펴보았던 주제들보다 좀 활기찬 주제들을 다루게 될 것이다.

William James, *The Varieties of Religious Experience* (New York: Longmans, Green, and Co., reprinted, with revisions, August, 1902), pp. 87-90, 104-105, 107-115, 133-136, 159-165.

---

71. 역주: 이 시스템은 결국 "병든 영혼"을 가리키고 있다. 건강한 마음과 병든 영혼의 이원론적인 대비는 결국 제임스의 관점에서, 전자보다는 후자가 병들고 나약해 보이더라도 악과 선의 요소들을 포용하여 고통가운데 병적인 상태에 머물더라도 더 신앙과 참된 삶의 철학에 나아가는 길로 보고 있다.

역사로 보는 목회돌봄

1판 1쇄 인쇄   2022년 1월 5일
1판 1쇄 발행   2022년 1월 10일

편저자   윌리암 A. 클렙쉬 & 찰스 R. 재클
옮 김   김진영 · 현상규
발행인   문희경
발행처   도서출판 지혜와 사랑

출판등록   제 2015-000007호
등록일자   2015년 04월 14일
주소   경기도 남양주시 다산지금로 146길67 7403-1203호
문의   010-5585-7731
E-mail   headnheart@hanmail.net

ISBN 979-11-957392-6-4 (93230)

값 30,000원